edition suhrkamp

Redaktion: Günther Busch

W0236712

Ernst-Ulrich Huster, geboren 11. 9. 1945, Studium der Germanistik und Politik; Gerhard Kraiker, geboren 26. 6. 1937, Studium der Soziologie, Politikwissenschaft und Psychoanalyse, Promotion im Fach Politikwissenschaft; Burkhard Scherer, geboren 3. 8. 1950, studiert Politikwissenschaft und Soziologie; Friedrich-Karl Schlotmann, geboren 22. 4. 1940, studiert Politikwissenschaft und Germanistik; Marianne Welteke, geboren 23. 3. 1938, Studium der Soziologie, Politikwissenschaft und Ökonomie, Magister-Prüfung im Fach Politikwissenschaft. Alle Autoren sind als Wissenschaftliche Assistenten bzw. Tutoren im Fachbereich Gesellschaftswissenschaften der Universität Gießen tätig.

Zeitlich auf die Entstehungsphase der Bundesrepublik konzentriert, wird hier versucht, die Determinanten herauszuarbeiten, die zur Restitution der kapitalistischen Wirtschafts- und Gesellschaftsordnung in Westdeutschland geführt haben. Untersucht und in ihrem Stellenwert aufeinander bezogen werden die Faktoren, die als exogene oder endogene Einfluß auf die Gestaltung der politischen und wirtschaftlichen Struktur in Westdeutschland ausübten. Dabei wird die Entstehungsgeschichte der BRD aus dem Gegensatz der ehemaligen Partner der Anti-Hitler-Koalition abgeleitet, vor allem der USA und der UdSSR, deren divergierende Interessen letztlich nicht nur zur Teilung Deutschlands, sondern auch zur Stützung jeweils jener Kräfte führten, die den eigenen Ordnungsvorstellungen am meisten entsprachen. Als determinierend erweisen sich Unterlassungen und Maßnahmen der Alliierten bzw. Siegermächte ebenso wie tradierte politische und ökonomische Grundstrukturen. Auf dem Raster dieser Determinanten werden die Neuordnungsvorstellungen gesellschaftlicher Organisationen analysiert, vor allem insoweit sie in dem von den Alliierten gesetzten Rahmen praktische Bedeutung erlangen konnten.

Determinanten der westdeutschen Restauration 1945-1949

Autorenkollektiv:
Ernst-Ulrich Huster, Gerhard Kraiker,
Burkhard Scherer, Friedrich-Karl Schlotmann,
Marianne Welteke

Suhrkamp Verlag

edition suhrkamp 575
Erste Auflage 1972
© Suhrkamp Verlag, Frankfurt am Main 1972. Erstausgabe.
Printed in Germany. Alle Rechte vorbehalten, insbesondere das der Übersetzung,
des öffentlichen Vortrags und der Übertragung durch Rundfunk oder Fernsehen,
auch einzelner Teile. Fotosatz, in Linotype Garamond, Druck und Bindung bei
Georg Wagner, Nördlingen, Gesamtausstattung Williy Fleckhaus.

8 9 10 11 12 13 – 88 87 86 85 84 83

Determinanten der
westdeutschen Restauration
1945 - 1949

Vorbemerkung

> »Die empirische Beobachtung muß in jedem einzelnen
> Fall den Zusammenhang der gesellschaftlichen und
> politischen Gliederung mit der Produktion empirisch
> und ohne alle Mystifikation und Spekulation auf-
> weisen.«　　　　Marx, *Die deutsche Ideologie*

Die Geschichte der Bundesrepublik, die Teil der Geschichte
des Kalten Krieges ist, muß in vieler Hinsicht neu geschrieben
werden, denn der Kalte Krieg war nicht nur eine Form des
Systemkonflikts, sondern auch ein Krieg der Ideologiepro-
duzenten gegen die historische Faktizität. Erst die studenti-
sche Protestbewegung Mitte der sechziger Jahre schuf die
Voraussetzungen für eine historisch-materialistische Analyse
der Geschichte der Bundesrepublik Deutschland, indem sie die
Gleichsetzung von sozialistischer Theorie und stalinistischer
Praxis in Frage stellte.

Die vorliegende Studie fühlt sich den Ansprüchen einer
historisch-materialistischen Analyse zwar verpflichtet, kann
deren Anforderungen jedoch nur bedingt einlösen. Der Mangel an entsprechenden Detailstudien und die Absetzung von
den Hof- und Festschreibern des Kalten Krieges erforderte ein
Zweifaches: einerseits die Konzentration auf zentrale Ideologeme des Kalten Krieges, andererseits die vorläufig nur skiz-
zenhafte Entfaltung der Genese von Theorien und Strategien,
die für die Restitutionsphase in Westdeutschland bestimmend
waren. Ungeachtet dieser Einschränkung halten wir es für
sinnvoll, die hier formulierten Thesen vorzulegen.

Um die gegenwärtige politische Realität der Bundesrepublik
Deutschland politisch begreifen zu können, bedarf es der
Analyse ihrer historischen Implikate. Diese sind vor allem die
Quasi-Kolonialisierung Deutschlands nach dem Zusammen-
bruch des Faschismus, die Restitution einer kapitalistischen
Gesellschaftsordnung und die Etablierung eines bürgerlich-
parlamentarischen Staates.

Dem Text sind Dokumente beigefügt; sie vermitteln über die
im analytischen Teil geleistete Aufarbeitung hinaus weiter-
führende Probleme.

Die vorliegende Arbeit ist von einer Gruppe geschrieben worden. Die einzelnen Abschnitte wurden gemeinsam vordiskutiert, von Einzelnen erarbeitet, wieder diskutiert und korrigiert. Die Verantwortung für die aufgestellten Thesen tragen wir gemeinsam; auf namentliche Zuordnung der Abschnitte haben wir darum verzichtet.

Das Manuskript wurde im Januar 1972 abgeschlossen.

I. Grundlagen des Systemkonflikts

Der Krieg gegen Deutschland als Konsensus antagonistischer Mächte

Auch die heutige Geschichtsschreibung betrachtet den Zweiten Weltkrieg, zumindest in seinem europäischen Teil, noch immer ausschließlich als antifaschistischen Befreiungskampf der Alliierten UdSSR, USA und England, mit dem Ziel, Deutschland und Europa vom Joch des Hitler-Regimes zu befreien. Diese Befreiung war mit der Zerschlagung der deutschen Wehrmacht zweifellos gegeben; die dann folgende Okkupation bedeutete aber nicht nur Sicherung vor neuem Faschismus, sondern auch Import neuer Interessen – der der Besatzungsmächte –, also Konfrontation der deutschen Bevölkerung mit neuen Herrschaftssystemen, die sich freilich in ihrer Gegnerschaft zum Faschismus einig waren, aber auch nur darin.

Die Betonung des altruistischen bzw. antifaschistischen Elementes im Handeln der Sieger verdeckt weitgehend deren tatsächliche Motive und kann so die nach Kriegsende auftretende Diskrepanz zwischen den Siegermächten, vor allem zwischen den USA und der UdSSR, nur schwerlich erklären. – In diesem Kapitel soll das Handeln der Alliierten während des Weltkrieges als ihren jeweiligen (und divergierenden) Systemen kontingentes Geschehen dargestellt und ihr Interaktionsprozeß in diesem Rahmen interpretiert werden.

Die USA – »Sendbote der Demokratie« und des Kapitalismus

»Auslandsmärkte müssen zurückgewonnen werden, wenn die amerikanischen Produzenten eine ausgelastete und dauerhafte Inlandswirtschaft für unser Volk wieder aufrichten sollen. Es gibt keinen anderen Weg, wenn wir schmerzhafte ökonomische Umstrukturierungen, soziale Umschichtungen und Arbeitslosigkeit vermeiden wollen.«[1] Das hier zitierte

1 Zit. nach Ekkehart Krippendorff, *Die amerikanische Strategie*, Frankfurt/M. 1970, S. 25.

Statement des amerikanischen Präsidenten Roosevelt von 1935 bezeichnet den Springpunkt amerikanischer Außenpolitik: die Sicherung von Absatzmärkten für Kapital und Waren. Diese Feststellung, auf die auch marxistischer Theorie abholde Autoren[2] kaum noch verzichten, ist in ihren Implikationen so weitreichend, daß sie erläutert werden soll.

»Die kapitalistische Produktion beruht auf dem Werte oder der Entwicklung der in dem Produkt enthaltenen Arbeit als gesellschaftlicher. Dieses ist aber nur möglich auf der Basis des auswärtigen Handels und des Weltmarktes. Dieser ist also sowohl Voraussetzung wie Resultat kapitalistischer Produktion«, schrieb Karl Marx 1862 in den *Theorien über den Mehrwert*; zu diesem Zeitpunkt hatten die USA schon sechzig militärische Aktionen im Ausland unternommen, um eben diesen »auswärtigen Handel« zu sichern.[3]

Seit der amerikanischen (bürgerlichen) Revolution 1776 fanden solche Interventionen ihre ideologische Rechtfertigung in der Behauptung, die Amerikaner bildeten das demokratische Staatswesen par excellence und seien daher berufen, überall in der Welt als Sendboten der Demokratie aufzutreten. Doch diese Mission war immer schon eng verknüpft mit der Ökonomie: Wohin sie die Demokratie brachten, dorthin kam auch amerikanisches Kapital, oder wo ihr Kapital war, dort sorgten sie durch die Institutionalisierung demokratischer Regimes dafür, daß es sich auch ungehindert entfalten konnte.[4] Als der wesentliche Inhalt der Demokratie galt ihnen so stets Freiheit und Unantastbarkeit des Privateigentums, d. h. ihres Kapitals.

Amerikanische Partizipation am Weltmarkt vollzog und vollzieht sich in zwei Formen: in der des Warenexports und der des Kapitalexports. Warenexport findet statt, wenn sich Güter auf dem Binnenmarkt nicht absetzen lassen und der Export die einzige Möglichkeit ist, diese Güter zu verkaufen,

2 So z. B. Ernst Otto Czempiel: »Der Wirtschaftssektor barg die eigentlichen amerikanischen Interessen, mußte demzufolge die erste Rolle bei den Nachkriegsplanungen spielen.« In: ders., *Das amerikanische Sicherheitssystem 1945-1949*, Berlin (West) 1966, S. 35.

3 Vgl. Krippendorff, *Strategie*, a.a.O., S. 46 ff.

4 Wenn Demokratien diesen Ansprüchen nicht genügen konnten, schritten die USA allerdings auch zur Stützung oder Etablierung faschistischer Diktaturen wie in Griechenland, Portugal, Spanien.

oder wenn ein Land auf höherer technologischer Stufe – also billiger – produziert und so durch den Warentransfer in andere Länder, die teurer produzieren, Extraprofite realisieren kann. Kapitalexport wird notwendig, wenn im Inland akkumuliertes Kapital dort nicht mehr profitabel angelegt werden kann. Dieser Fall war für die USA besonders nach dem Zweiten Weltkrieg gegeben, wenn man berücksichtigt, daß »das Nettosozialprodukt [...] zwischen 1941 und 1945 von 116,8 Mrd. Dollar auf 201 Mrd. Dollar [stieg]«[5] und eine Umstellung von Kriegs- auf Friedensproduktion nötig wurde.

Politische Formeln für die Durchsetzung dieser Interessen waren in der Roosevelt-Ära die der »One World« und die der »Open Door«; beide bezeichnen eine Strategie, die es sich zum Ziel gesetzt hat, »primus inter pares« einer Welt von friedlich miteinander Handel treibenden (möglichst kapitalistischen) Staaten zu sein, in der es den USA an jeder Stelle der Erde möglich ist, die ihren Kapitalinteressen adäquaten Investitionen vorzunehmen. Daß einer solchen Strategie die Konsolidierung eines Staates, der durch die Einführung sozialistischer Planwirtschaft der willkürlichen kapitalistischen Investitionspolitik Schranken gesetzt hatte, ein »Dorn im Auge« sein mußte, sei hier nur am Rande erwähnt.

Defensiver Bolschewismus und der Popanz der Weltrevolution

Die massenhafte Wiederentdeckung von Stalin-Zitaten aus internationalistisch-revolutionärer Zeit während des Kalten Krieges kann nicht darüber hinwegtäuschen, daß es sich bei der Sowjetunion der vierziger Jahre längst nicht mehr um einen Staat handelte, der sich als Bestandteil und vorantreibendes Element einer erwarteten Weltrevolution verstand. Edgar Snows Feststellung, daß mit der Konstituierung der Kriegskoalition »Stabilität in den Beziehungen zu den kapitalistischen Großmächten der Sowjetunion wichtiger war als das Schicksal der kommunistischen Parteien, die sich an sie

5 Czempiel, a.a.O., S. 44.

anlehnten«[6], galt auch schon früher – deutlich ablesbar an der Abwürgung der spanischen Revolution 1936-39, um den dort wirtschaftlich engagierten potentiellen Bündnispartner England nicht zu verschrecken.[7]

Die Kommunistische Internationale (KI), 1919 gegründet zur Koordinierung der Weltrevolution, verlor zusehends an Bedeutung – statt jährlicher Kongresse in der ersten Zeit lag zwischen dem VI. Kongreß 1928 und dem VII. ein Zeitraum von sieben Jahren – und entwickelte sich ausschließlich zu einem Instrument zur Verhinderung militärisch aggressiver, gegen die Sowjetunion gerichteter Regimes, bis sie 1943 von Stalin »wie ein rostiger Revolver« (Thalheimer) als Konzession an seine Alliierten fallengelassen wurde.[7a]

Diese Wendung zur Defensive war darin begründet, daß Anfang der 20er Jahre in Westeuropa sozialistische Revolutionen ausblieben, die die ökonomisch und militärisch schwache Sowjetunion hätten unterstützen können; daraus ergab sich die Notwendigkeit, den wirtschaftlichen Aufbau im eigenen Land zu forcieren, wobei ein großer Militärapparat eine erhebliche finanzielle Belastung und den Entzug von Arbeitskräften bedeutet hätte. Ein weiterer Faktor bestand in der fortdauernden »kapitalistischen Einkreisung«, die sich nach dem Scheitern der militärischen Intervention der »weißen« Truppen im russischen Bürgerkrieg in allgemeiner diplomatischer und wirtschaftlicher Ächtung fortsetzte; so erfolgte z. B. die diplomatische Anerkennung durch die USA erst 1933.

Konsensus, Konflikt und Systemkonkurrenz

Erst der deutsche Angriff auf die Sowjetunion, damit das Zerbrechen des Hitler-Stalin-Paktes, der weitgehend als Reflex auf die zögernde Bündnisbereitschaft der Westmächte zu betrachten ist, schuf die Allianz der späteren Siegermächte. Die Erleichterung, mit der der Ausbruch des deutsch-russi-

6 Ders., *Stalin Must have Peace*, New York 1947, S. 100 (Übers. von uns, d. Verf.).
7 Vgl. z. B. Pierre Broué/Emile Témime, *Revolution und Krieg in Spanien*, Frankfurt/M. 1968.
7a Vgl. Dok. 1 im Anhang.

schen Krieges in England und den USA aufgenommen wurde, ist verständlich: Ein unter Deutschland und die Sowjetunion aufgeteiltes Europa wäre militärisch kaum noch angreifbar und als ökonomische Einflußsphäre verloren gewesen; mit dem beginnenden Krieg war die Gefahr einer deutschen Invasion in England zumindest bis zu einer möglichen Niederwerfung Rußlands schon aus logistischen Gründen vorerst gebannt. Gleichwohl erklärte Churchill am Tage des deutschen Angriffs auf die Sowjetunion: »Niemand ist in den letzten 25 Jahren ein unbedingterer Gegner des Kommunismus gewesen als ich. Ich werde kein Wort zurücknehmen, das ich damals darüber geäußert habe. Aber all dieses schwindet dahin vor dem Schauspiel, das jetzt abrollt«[8], und bezeichnete so die Sowjetunion als unbequemen, aber notwendigen Bündnispartner. Der damalige amerikanische Senator Truman faßte diesen Tatbestand sehr krude in den strategischen Vorschlag: »If we see that Germany is winning the war we ought to help Russia, and if Russia is winning we ought to help Germany, and in that way *let them kill as many as possible.*«[9]

Die Ambivalenz solcher »Beistandserklärungen« motivierte Stalin, auf längerfristige vertragliche Abmachungen schon für die Nachkriegszeit zu drängen, um sich so kontinuierlicher Zusammenarbeit zu versichern. Die Westalliierten zeigten sich daran nicht interessiert; einziges Unterpfand ihrer Solidarität blieben vorerst die Leih- und Pachtlieferungen der Amerikaner, die, wenn sie auch quantitativ nicht sehr beeindruckend waren – sie machten ungefähr 4% der russischen Kriegsproduktion aus –, die Russen mit Mangelwaren wie Flugzeugen, Edelmetallen und Armeestiefeln versorgten. So zahlten die USA mit Kriegsmaterial, was die Russen mit Blut bezahlten: Trumans »let them kill« war, wenn auch nicht programmatisch formuliert, für die Sowjetunion brutale Realität.

Stalins Verlangen nach aktiver Teilnahme der Westmächte an den Kriegshandlungen, die allein eine wirkliche Entlastung

8 Zit. nach Robert E. Sherwood, *Roosevelt und Hopkins,* Hamburg 1950, S. 237.
9 Zit. nach D. F. Fleming, *The Cold War and its Origins 1917-1960,* Vol. I, London 1961, S. 135 (Hervorheb. d. Verf.).

für die Rote Armee bringen konnte, die gegen ca. 250 feindliche Divisionen zu kämpfen hatte, ist einleuchtend. Seine Forderung nach dem Aufbau einer zweiten Front im Westen in Form einer Landung in Frankreich datiert schon vom 8. Juni 1941, also wenige Tage nach Kriegsausbruch. Roosevelt kam ihr entgegen und versprach sie noch für 1942. In diesem Jahr traten die USA und England auch tatsächlich aktiv in den Krieg ein, doch vorsichtshalber erst einmal in Nordafrika und nicht – wie gefordert und zugesichert – in Frankreich. Dies hatte für sie den Vorteil, große Siege, hauptsächlich über kampfunlustige italienische Truppen, feiern zu können und außerdem Territorium zu sichern, in dem nach Zusammenbruch der faschistischen Armeen sozialistische Revolutionen drohten; militärisch waren diese Aktionen belanglos.

Stalins Drängen setzte bald mit Hartnäckigkeit wieder ein, doch selbst noch auf der Konferenz von Teheran im Dezember 1943 wurde ihm eröffnet, man habe in »Overlord« zwar schon einen Decknamen für die geplante Invasion, aber noch keinen Oberkommandierenden; daraufhin äußerte er den Verdacht, daß dann die Operation doch wohl nur »leeres Gerede« sei. Die westliche Kooperationsbereitschaft, sowohl was militärisches Engagement als auch was die Bereitwilligkeit zu vertraglichen Regelungen für die Nachkriegszeit betrifft, stieg erst, als sich die Überlegenheit der Roten Armee über die deutschen Truppen abzuzeichnen begann und Sowjettruppen Teile Osteuropas eroberten. So einigten sich England und die UdSSR im Oktober 1944 über ihre Einflußsphären nach dem Kriege und fanden dafür einen grotesken Schlüssel: »Nach Churchills eigenem Bericht schlug er eine ›90 prozentige Mehrheit in Rumänien‹ für Rußland, die gleiche Mehrheit für Großbritannien und Griechenland und ein Verhältnis von 50:50 für Jugoslawien vor. Dann fügte er die in den fünf Balkanländern beabsichtigte Aufteilung der Machtbereiche hinzu, wobei Ungarn zu 50 und Bulgarien zu 75 % von Rußland und zu 25 % durch die anderen Mächte kontrolliert werden sollte.«[10]

10 David Horowitz, *Kalter Krieg – Hintergründe der US-Außenpolitik von Jalta bis Vietnam*, Bd. I, Berlin (West) 1969, S. 49.

Die erste und daher systematisch wichtige Probe auf die Tragfähigkeit solcher Abmachungen stellte die Behandlung der ›Polenfrage‹ im Frühjahr 1945 dar, als die verschiedenen Konzeptionen sich konträr gegenüberstanden. Stalin wollte in dem ihm zugestandenen Einflußbereich von seinem Recht auf Etablierung sowjetfreundlicher Regierungen – so hatte z. B. Churchill in Teheran bestätigt, »daß wir die Existenz eines starken und unabhängigen Polen wünschen, das Rußland freundlich gesinnt ist«[11] – Gebrauch machen. Die USA hingegen unterstützten die sowjetfeindliche polnische Exilregierung in London[12], von der sie glaubten, sie sei ihrer »One World«-Konzeption eher zugänglich, und winkten unverhohlen mit Banknotenbündeln als Anreiz für eine proamerikanische Orientierung. Hinter ihrer Forderung nach »freien Wahlen« steckte lediglich der Versuch der Revision der von der Sowjetunion zu ihren Gunsten getroffenen Maßnahmen bezüglich einer Regierungsbildung. Dies wurde von Stalin als Einmischung in sowjetische Angelegenheiten abgelehnt. Die Legitimation dazu konnte er aus seiner Vertragstreue ableiten, die so weit ging, selbst die Zerschlagung der sozialistischen griechischen Befreiungsfront EAM – diese war zu diesem Zeitpunkt die weitaus stärkste politische Organisation in Griechenland – durch die Engländer hinzunehmen, denen er einen 90prozentigen Einfluß in Griechenland zugestanden hatte. Churchill sparte deshalb auch nicht mit Lob und erklärte im Februar 1945 vor dem britischen Unterhaus: »Ich kenne keine Regierung, die fester zu ihren Verpflichtungen steht als die sowjetrussische Regierung.«[13]

Der erste Versuch einer Revision der unter dem Druck des Krieges getroffenen Vereinbarungen noch unter der Roosevelt-Administration schlug also fehl; neue Versuche folgten.

11 Zit. nach Alexander Fischer (Hrsg.), *Teheran-Jalta-Potsdam. Die sowjetischen Protokolle von den Kriegskonferenzen der »Großen Drei«*, Köln 1968, S. 83.

12 Vgl. dazu Rolf Hochhuths Drama *Soldaten*, Reinbek bei Hamburg, 1967, außerdem Dok. 2.

13 Zit. nach Horowitz, *Krieg*, a.a.O., S. 27.

Markantester Ausdruck der sich verändernden amerikanischen Strategie war der Abwurf von zwei Atombomben auf Hiroshima und Nagasaki am 6. und 8. August 1945. Obwohl selbst von militärisch-offizieller Seite noch vor dem Abwurf als militärisch unnötig bezeichnet[14], und obwohl Truman wußte, daß Japan sich um Friedensgespräche bemühte, explodierten die zwei Bomben – ausschließlich als Signal für die Sowjetunion, daß die Zeit der »Zugeständnisse« seitens der USA beendet sei.

Schon am Vorabend der Potsdamer Konferenz, am 16. Juni 1945, erklärte Truman seinen Beratern: »If it [die Atombombe, d. Verf.] explodes, as I think, it will, I'll certainly have a hammer on those boys [die sowjetische Delegation, d. Verf.].«[15] Einen ausführlichen Bericht über die an diesem Tage erfolgte Zündung der ersten Atombombe in Neu-Mexiko erhielt er drei Tage später; er wurde dann auch, wie selbst Apologeten zugeben[16], plötzlich und merklich ruppiger in seiner Verhandlungsführung und fuhr nach Amerika zurück, nachdem er alle konkreten Diskussionen über die die Sowjetunion interessierenden Fragen blockiert hatte, und ohne Stalin von der Explosion unterrichtet zu haben.

Truman wollte konkrete Verhandlungen bis zu einem ersten militärischen Einsatz der Bombe, der mit allen Mitteln forciert wurde, aufschieben, um dann aus einer Position der Stärke Forderungen stellen zu können. In nur aus diesem Konzept heraus verständlicher Freude kommentierte er vor Offizieren des Kreuzers »Augusta«, auf dem er die Nachricht von dem »erfolgreichen« Abwurf der Bombe auf Hiroshima erfuhr, dieses Ereignis mit den Worten: »This is the greatest thing in history!«[17] Der Einsatz der Atombombe war für Amerika die Fortsetzung ihrer Politik mit anderen Mitteln.

---

14 Vgl. ebd., S. 46.
15 Zit. nach J. Daniels, *The Man of Independence*, Philadelphia 1950, S. 266.
16 Vgl. z. B. Robert Murphy, *Diplomat unter Kriegern*, Berlin (West) 1965, S. 334 ff.
17 Harry S. Truman, *Memoirs*, Vol. I, *Year of Decisions*, New York 1955, S. 421.

Der Wechsel der Präsidentschaft von Roosevelt, der im April 1945 starb, zu Truman war der Wechsel von einem Mann, der mit Stalin ein Bündnis einging, zu einem Mann, der ihm den (kalten) Krieg erklärte; gleichwohl liegt der Schlüssel zu diesem Wandel nicht in den unterschiedlichen Charakteren der beiden Staatsmänner, sondern in den Bedingungen, unter denen sie Politik machten. Roosevelt war konfrontiert mit dem Krieg gegen Japan, der für die Amerikaner militärisch erheblich aufwendiger und riskanter war als der europäische, und mit Deutschland, das sich anschickte, ganz Europa zu unterwerfen und es amerikanischem Einfluß zu entreißen; Kooperation mit Rußland war daher notwendig und der amerikanischen Ideologie nach auch möglich, da diese mehr und mehr eine Konvergenztheorie entwickelte, die den Bolschewismus in Rußland als politische Organisation eines unterentwickelten Landes – und nur als das – analysierte, mit der Implikation, daß dieser sich mit steigender technologischer Entwicklung, möglichst durch amerikanisches Kapital forciert, der von den USA repräsentierten Form von Demokratie angleichen werde. Diese ideologische Rechtfertigung der Kooperationsmöglichkeit gegensätzlicher gesellschaftlicher Systeme fand auf russischer Seite ihr diese These scheinbar stützendes Korrelat in einer Faschismustheorie[18], die annahm, daß mit der Zerschlagung des Faschismus der Kapitalismus allgemein sich wandeln würde und auf lange Sicht ohnehin zum Zusammenbruch verurteilt sei.

Ganz anders war Trumans Ausgangsposition: Der japanische Krieg ging seinem Ende zu, die Sowjetunion hatte weite Teile Europas besetzt, und die USA waren als das unbestreitbar mächtigste kapitalistische Land aus dem Weltkrieg hervorgegangen (und obendrein einziger Besitzer der Atombombe). Als sich abzeichnete, daß die UdSSR, obwohl militärisch und ökonomisch geschwächt, »Hilfe« der Vereinigten Staaten zu deren Bedingungen[19] nicht zu akzeptieren bereit war, war ein Wechsel der amerikanischen Taktik notwendig, wobei das strategische Ziel der »One World« erhalten blieb, aber jetzt

18 Vgl. dazu S. 27.
19 Vgl. dazu S. 64.

hinter aggressiven Formeln wie der des »containement« und später des »roll back« zurücktrat. Der sich vollziehende taktische Wandel war also weitgehend unabhängig von den politisch handelnden Persönlichkeiten, seine Logik ergibt sich aus der veränderten politischen Konstellation, die in Verbindung mit gleichbleibenden amerikanischen Interessen diese Veränderung der Taktik induzierte.

II. Die Spaltung Deutschlands

*Herr Bundeskanzler, wir sind uns doch sicherlich
über den geschichtlichen Ablauf der Nachkriegszeit
einig—:*
(Abg. Rösing [CDU]: Sollte man meinen!)
*Militärblöcke und z. B. unsere Zugehörigkeit zu dem
einen sind doch erst sehr viel später entstanden.*
*(Abg. Dr. Marx [Kaiserslautern, CDU]: So ist es! –
Abg. Rösing [CDU]: Nach der Luftbrücke!)*
Die NATO gibt es seit 1949.
*(Abg. Dr. Marx [Kaiserslautern, CDU]: Das war
die Antwort!)*
*Wir sind darin, glaube ich, seit 1955. Die Nato
ist doch nicht, meine Damen und Herren, eine Ursache
von Spannungen, sondern ist die Antwort auf den
Machtwillen der Kommunisten!*
(Lebhafter Beifall bei der CDU/CSU.)
*Dieser Machtwille ist doch nicht eine Erfindung von
irgendwem!*
(Abg. Katzer [CDU]: Sehr wahr!)
Den haben wir doch gespürt in der Blockade Berlins,
(Abg. Stücklen [CSU]: Und an anderem!)
*in dem Umsturz in der Tschechoslowakei, der doch
das Signal für die Bildung der NATO war; und da
ist ja inzwischen noch einmal etwas passiert.*
*Nein, meine Damen und Herren, wenn wir nicht ganz
klar sehen, daß das Bündnis und die deutsche
Spaltung nur Folgen, Konsequenzen, Antworten auf
die kommunistische Herausforderung sind, wenn wir
uns darüber nicht klar sind, werden wir weiterhin die
falschen Dinge für Spannungsursachen halten,*
(Abg. Katzer [CDU]: Sehr wahr!)
*nämlich andere Dinge als die Forderungen der
Kommunisten, und wir sitzen am Schluß auf der
falschen und schiefen Bahn.*
(Lebhafter Beifall bei der CDU/CSU.)
*Rainer Barzel in der Debatte über die Ostverträge
im Deutschen Bundestag am 25. Februar 1972*

Zu den wesentlichen Faktoren der Restauration in Westdeutschland gehört die Spaltung Deutschlands in zwei sepa-

rate Staaten. Mit ihr war entschieden, daß Westdeutschland dem unter amerikanischer Hegemonie stehenden kapitalistischen Westblock zugehören würde; damit war im Prinzip auch die Form seines künftigen Gesellschaftssystems präjudiziert.

Um diese Entwicklung rankt sich eine Reihe von Mythen. Als beständigster Mythos erwies sich der, die Sowjetunion habe ganz Deutschland unter ihre Herrschaft bringen wollen, so daß die Errichtung eines separaten westdeutschen Staates und dessen Integration in das westliche Blocksystem als Gegenwehr zu sowjetischen Hegemoniebestrebungen erscheinen. Vom Jahre 1947 an, als die Westmächte die Politik der Spaltung forcierten und man einer Rechtfertigung für diese Politik bedurfte, bis in die Gegenwart, versuchte man den Mangel an überzeugenden Beweisen für diese Behauptung durch ihre ständige Wiederholung zu ersetzen. Was als Beweis gemeinhin angeboten wird, beruht auf einer Umkehrung von Aktion und Reaktion, d. h. es werden Vorgänge in den Ostblockstaaten aus der Zeit *nach* Verkündung der Truman-Doktrin als Nachweise genereller sowjetischer Expansionsabsichten zitiert.

Eine andere in Verbindung mit der Spaltung verbreitete Behauptung lautet, die Sowjetunion habe von Anfang an auf die Trennung ihrer Zone vom westlichen Teil Deutschlands hingearbeitet, um in dem von ihr besetzten Teil Deutschlands ein sozialistisches Gesellschaftssystem errichten zu können. Sozialisierungen und Bodenreform im Jahre 1946 in der sowjetischen Zone werden als Belege für diese Behauptung genannt. Tatsächlich waren jedoch Sozialisierung und Bodenreform lediglich Folgerungen, die sich aus den Vereinbarungen der Alliierten ergaben, den Faschismus von Grund auf zu vernichten. Die Vertreter dieser These erklären nicht, wieso die Sowjetunion ihrer Zone bis in die 50er Jahre ersatzweise für ganz Deutschland Reparationen erheblichen Ausmaßes entnahm, wenn sie schon zu dieser Zeit das Ziel verfolgt haben soll, diesen Teil Deutschlands dauerhaft in den Bereich sozialistischer Länder zu integrieren.[1]

Was die Wiederherstellung der politischen und wirtschaftli-

1 Vgl. Ernst Richert, *Das zweite Deutschland*, Frankfurt/M. 1966, S. 11.

chen Einheit des in Zonen aufgeteilten Deutschland verhinderte, war neben unmittelbaren ökonomischen Interessen – die Reparationsforderungen einerseits und Ausgleich der Export-Import-Bilanz Westdeutschlands andererseits – vor allem der Antagonismus zwischen den Gesellschaftssystemen der bedeutendsten Besatzungsmächte, USA und UdSSR. Während die Vereinigten Staaten ihre politischen, ökonomischen und militärischen Interessen in Europa nur gesichert sahen, wenn in dessen Mitte, also in Deutschland, ein dem amerikanischen und den übrigen westeuropäischen Ländern ähnliches Gesellschaftssystem etabliert würde, hielt die Sowjetunion ihr Sicherheitsbedürfnis gegenüber Deutschland nur dann für befriedigt, wenn die sozialökonomischen Strukturen, die zu Faschismus und Aggressionskrieg geführt hatten, beseitigt sein würden. Die sowjetischen Sicherheitsinteressen bedingten nicht notwendig die Etablierung einer sozialistischen Gesellschaft in Deutschland, wohl aber die Überführung konzentrierter privater ökonomischer Macht in die Verfügungsgewalt des Staates, dessen Struktur ihrer Vorstellung nach parlamentarisch sein sollte. Worin sich diese antagonistischen Interessen in der alliierten Deutschlandpolitik manifestierten und wie sie sich auf die Entwicklung Westdeutschlands auswirkten, ist das Thema der folgenden Abschnitte.

Vereinbarungen der Alliierten über Deutschland vor Kriegsende

Den Kriegsalliierten gelang es vor der deutschen Kapitulation nicht, eine einheitliche Konzeption über die Zukunft des besiegten Deutschland herzustellen. Jeder über allgemeine Grundsätze hinausreichende Versuch dazu hätte womöglich deutlich werden lassen, wie brüchig die Basis der antifaschistischen Koalition tatsächlich war. Sowohl die Westmächte als auch die Sowjetunion wurden während des Krieges nie ganz das Mißtrauen los, der andere könne vorzeitig einen separaten Frieden mit dem faschistischen Deutschland schließen – die Westmächte, weil sie in Hitler und Stalin einander ähnliche »totalitäre« Herrscher vermuteten; die Sowjetunion, weil sie ein Bündnis zwischen dem spätliberalen Kapitalismus der angelsächsischen Länder und dem faschistischen Kapitalismus Deutschlands für möglich hielt.

Die Absprachen über die Behandlung Deutschlands nach dessen Niederlage blieben auf einige globale Bestimmungen beschränkt; dabei einigte man sich auf allgemeine Prinzipien wie Entmilitarisierung, Demokratisierung und Wiedergutmachung, die übereinstimmender Interpretationen bedurften, sowie auf Konstruktionen wie den nur einstimmig beschlußfähigen Kontrollrat, so daß in die Nachkriegszeit projiziert wurde, wozu man sich im Augenblick außerstande sah. Tatsächlich aber mußte eine Einigung zwischen den von ihren unterschiedlichen Gesellschaftssystemen her gegensätzlichen Alliierten um so schwerer fallen, je mehr der Einigungszwang, der vom gemeinsamen Gegner ausging, nachließ.

Auf der ersten Konferenz der drei kriegführenden Mächte vom 28. November bis 1. Dezember 1943 in Teheran, an der die Regierungschefs selbst beteiligt waren, fand der Vorschlag Roosevelts, Deutschland nach dem Kriege aufzugliedern, die prinzipielle Zustimmung aller Beteiligten. Lediglich die Form der Aufgliederung war strittig. Während Roosevelt einen Plan vorlegte, dem zufolge Deutschland in fünf Teile gegliedert und die Industriegebiete an Saar und Ruhr internationalisiert werden sollten, schlug Churchill eine Zweiteilung in Preußen und in einen Donaubund vor. Stalin zeigte sich eher geneigt, dem Plan Roosevelts als dem Churchills zuzustimmen.[2] Auf der Jalta-Konferenz vom 3. bis 11. Februar 1945 wurde eine territoriale Teilung Deutschlands noch einmal diskutiert; Roosevelt und Churchill hielten an der Idee einer Aufgliederung Deutschlands in mehrere selbständige Staaten fest, fühlten sich jedoch zu diesem Zeitpunkt außerstande, konkrete Pläne dafür auszuarbeiten. Stalin beschränkte sich in der Diskussion auf die Rolle desjenigen, der selbst keine dezidierte Ansicht hat, aber auf Klärung der Positionen seiner Gesprächspartner drängt.[3] Das Resultat der Diskussion war, daß in die Kapitulationsbedingungen für Deutschland ein

2 Vgl. Alexander Fischer (Hrsg.), *Teheran-Jalta-Potsdam. Die sowjetischen Protokolle von den Kriegskonferenzen der »Großen Drei«*, Köln 1968, S. 84 ff.
3 Vgl. ebd., S. 106 ff.

Passus aufgenommen wurde, der den Anspruch der Alliierten zum Ausdruck bringt, als Sieger über Deutschland zugleich über dessen Territorium frei verfügen zu können.[4]

Die Festlegung der Besatzungszonen, auf die sich die Konferenzteilnehmer in Jalta nach einem Vorschlag der Europäischen Beratenden Kommission[5] einigten, vollzog sich unabhängig von der Frage nach der Aufgliederung Deutschlands. Die Besatzungszonen wurden als zeitlich begrenzte Einrichtungen angesehen, während die Aufgliederung als definitive Maßnahme gedacht war. Daß sich im Verlauf weiterer Entwicklungen ein Zusammenhang zwischen beiden Maßnahmen noch herstellen könnte, wurde gleichwohl schon damals von Roosevelt mit Zustimmung Edens vermerkt. Es sei möglich, so antwortete Roosevelt auf die Frage Stalins nach dem Zusammenhang zwischen den Absichten einer Aufteilung und der Verwaltungsform des besetzten Deutschland, »daß diese Zonen den ersten Schritt zur Aufgliederung Deutschlands darstellten«.[6]

In einem Fall einigten sich die Alliierten schon vor Kriegsende darauf, von der Verfügungsgewalt über deutsches Territorium Gebrauch zu machen, indem sie festlegten, »daß Polen einen beträchtlichen Gebietszuwachs im Norden und Westen erhalten muß«.[7] Polen wurde damit Ersatz für die Ostgebiete jenseits der Curzon-Linie[8] zuerkannt, die die Sowjetunion beanspruchte. Entgegen der Empfehlung einer Kommission des Völkerbundes nach dem Ersten Weltkrieg, in der diese Gebiete gemäß ihrer überwiegend ukrainischen und weißrussischen Bevölkerung der Sowjetunion zugesprochen worden waren, hatte Polen sich die Gebiete im Krieg von 1920 ange-

4 Vgl. Dokument 3, S. 271.
5 Die drei Großalliierten beschlossen 1943 in Moskau, eine ständige Kommission einzurichten. Daraus wurde die »Europäische Beratende Kommission«, die ihren Sitz in London hatte.
6 Fischer, a.a.O., S. 107.
7 Amtlicher Bericht über die Krim-Konferenz (Jalta), in: Cornides/Volle (Hrsg.), Um den Frieden mit Deutschland. Dokumente und Berichte des Europa-Archivs, Bd. 6, Oberursel 1948, S. 56.
8 »Curzon-Linie« wird die Grenze zwischen Polen und der Sowjetunion genannt, die nach dem Ersten Weltkrieg eine Völkerbundskommission nach ethnischen Gesichtspunkten vorschlug. Weil sich der damalige englische Außenminister Lord Curzon die Grenzempfehlung zu eigen machte, wurde sie nach ihm benannt.

eignet. Die von Krieg und Bürgerkrieg geschwächte Sowjetunion hatte die Annexion damals hinnehmen müssen. Die
Revision dieser Grenze, die die Sowjetunion im Zuge der
Befreiung Polens von deutscher Besetzung vornahm, fand
daher auch in Jalta die volle Unterstützung der Westmächte.
Während die polnische Westgrenze erst bei einer Friedenskonferenz endgültig festgelegt werden sollte, wurde die Curzon-Linie als Grenze zwischen der Sowjetunion und Polen
schon in Jalta definitiv festgelegt.

Solange der Kampf gegen das vom Faschismus beherrschte
Deutschland noch währte, war es das gemeinsame Ziel der
Alliierten, Deutschland zur bedingungslosen Kapitulation zu
zwingen. Bereits im Januar 1943 hatten Roosevelt und Churchill zusammen mit den alliierten Stabschefs in Casablanca
die Forderung nach bedingungsloser Kapitulation erhoben,
und anläßlich der Moskauer Außenministerkonferenz vom
Oktober 1943 hatte auch die Sowjetunion sich diese Forderung offiziell zu eigen gemacht.[9] Ebenso war man sich in dem
Ziel einig, durch strukturelle Maßnahmen aggressive Handlungen Deutschlands gegen andere Länder ein für alle Mal
unmöglich zu machen. Die territoriale Aufteilung war die
weitestreichende Maßnahme, die man zur Verwirklichung
dieses Zieles als notwendig ansah; andere waren die Entnazifizierung durch Zerschlagung der nationalsozialistischen
Organisationen und durch Eliminierung aller nationalsozialistischen Einflüsse auf das öffentliche Leben, die radikale Entwaffnung und Auflösung militärischer Organisationen sowie
eine umfassende industrielle Abrüstung Deutschlands. Die
deutsche Industrie sollte, soweit sie für militärische Zwecke
Verwendung finden könnte, beseitigt oder doch wenigstens
unter Kontrolle gestellt werden.[10]

Mit der politisch begründeten Absicht einer industriellen
Abrüstung Deutschlands verband sich die Forderung nach
Wiedergutmachung der materiellen Kriegsschäden, die die
deutsche Aggression in anderen Ländern verursacht hatte.
Unbestritten war dabei, daß die Sowjetunion in besonderer
Weise von der deutschen Aggression betroffen war und ihr

9 Vgl. Heinrich v. Siegler, *Dokumentation zur Deutschlandfrage*, Hauptband
I, Bonn/Wien/Zürich, 1961², S. 4 f.
10 S. Dokument 3.

deshalb auch besondere Ansprüche auf Wiedergutmachung zuzuerkennen seien. Bereits im September 1944 hatten Roosevelt und Churchill auf einer Zweierkonferenz in Quebec festgestellt, »daß die Deutschen einen großen Teil der Industrien der Sowjetunion und anderer benachbarter Alliierter verwüstet haben und daß es nicht mehr als billig ist, daß diese Länder das Recht erhalten, die Maschinen abzubauen, die für ihre Wiederaufrüstung erforderlich sind«[11]. Weil in Jalta über die Gesamthöhe der Reparationen kein Konsens zu erzielen war, einigte man sich in einem – erst im März 1947 veröffentlichten – Geheimabkommen auf die Bildung einer Kommission, für die nach einer Vereinbarung zwischen Roosevelt und Stalin (Großbritannien schloß sich davon ausdrücklich aus) 20 Milliarden Dollar die Ausgangsbasis ihrer Besprechungen sein sollten; 50 % dieser Summe waren als Reparationsanteil der Sowjetunion zugedacht.

Von besonderer Bedeutung für die spätere Auseinandersetzung zwischen den Alliierten um die Wiedergutmachung sind die Übereinkünfte der Jalta-Konferenz über die Form der deutschen Reparationsleistungen; sie seien hier deshalb im Wortlaut wiedergegeben: »(a) innerhalb zweier Jahre nach der Übergabe Deutschlands oder dem Aufhören organisierten Widerstandes, Wegschaffungen von deutschem Nationalvermögen, welches sich sowohl auf dem Gebiete Deutschlands selbst als auch außerhalb des Gebietes befindet (Werkzeugmaschinen, Schiffe, rollendes Material, deutsche Investitionen im Auslande, Aktien Industrieller, Transport- und anderer Unternehmungen in Deutschland), welche Wegschaffungen hauptsächlich für den Zweck der Zerstörung des Kriegspotentials Deutschlands durchzuführen sind; (b) jährliche Lieferungen von Gütern von der laufenden Produktion für eine festzusetzende Zeitspanne; (c) Benützung deutscher Arbeitskräfte.«[12]

Wenn es den Alliierten in Jalta noch einmal gelang, zwar allgemeine, aber doch weitgehend widerspruchsfreie Vereinbarungen über die Behandlung Deutschlands zu erzielen, so vor allem deshalb, weil zu dieser Zeit relevante Entscheidungen, die die antagonistischen Interessen zwischen den Alliierten betrafen, noch ausgeklammert werden konnten. Überdies

11 Vgl. Cornides/Volle (Hrsg.), a.a.O., S. 54.
12 S. Dokument 3, S. 272.

verzichtete man darauf, die Differenzen in der Faschismusdeutung, wie sie zwangsläufig zwischen den Westalliierten und der Sowjetunion bestanden, zu erörtern. Bis Kriegsende traten diese Differenzen in den Verhandlungen der Alliierten überhaupt nie zutage; sie wurden durch Affinitäten im aktuellen Feindbild überspielt. Erst nach der Besetzung Deutschlands, als das affektiv bestimmte Feindbild in Anschauung der deutschen Wirklichkeit sich allmählich auflöste und als Entscheidungen über die Zukunft Deutschlands unausweichlich wurden, gewannen die Unterschiede in der Beurteilung des Faschismus praktische Bedeutung. Was unter der Vernichtung des militärisch-industriellen Komplexes Deutschlands, auf die man sich in Jalta geeinigt hatte, zu verstehen sei, wurde nach Kriegsende in zunehmendem Maße kontrovers.

Zentral für das amerikanische Faschismus- bzw. Feindbild – beide unterschieden sich nicht – war die Behauptung eines moralisch verwerflichen deutschen Nationalcharakters. Herrschsucht, Unterwürfigkeit, Aggressivität etc. wurden als konstante Bestandteile des deutschen Charakters angesehen, die, wenn sie überhaupt erklärungsbedürftig erschienen, als Folgeerscheinungen des deutschen Obrigkeitsstaates und des preußischen Militarismus galten. Durch diese Reduktion des Faschismus auf eine deutsche Sozialpathologie[13] blieb sein struktureller Zusammenhang mit dem Kapitalismus verdeckt. Wenn Industrie und Banken in Deutschland augenscheinlich mit dem faschistischen System liiert waren und von dessen Rüstung und Expansion optimal profitierten, so war auch dies nur ein Ausfluß des schlechten Charakters der Deutschen. Der faschistische Kapitalismus in Deutschland war damit zu einer Perversion stilisiert, der sich zum Kapitalismus der westlichen Alliierten verhielt wie das Abnorme zum Normalen. Am drastischsten manifestierte sich dieses Faschismusbild in dem Plan für Deutschlands Zukunft, den der amerikanische Finanzminister Henry Morgenthau entwickelte und den Präsident Roosevelt in abgeschwächter Form übernahm[14]. Morgenthau sprach dem deutschen Nationalcharakter die Reife ab, mit

13 Vgl. Hans-Peter Schwarz, *Vom Reich zur Bundesrepublik*, Neuwied 1966, S. 92 ff.

14 Vgl. John Morton Blum, *The Morgenthau Diaries. Years of War 1941-1945*, Boston 1967.

den Potentialien einer hochentwickelten Industrie vernünftig umgehen zu können; die Deutschen selbst und ihre Nachbarn, so meinte er, würden am ehesten Ruhe finden, wenn die deutsche Wirtschaft agrarisch und handwerklich- mittelständisch strukturiert würde. Als Inbegriff des Deutschen-Hasses auf alliierter Seite verschrien, strebte der Morgenthau-Plan in Wirklichkeit nichts grundsätzlich anderes an, als auch manche deutsche Konservative nach 1945 ihrem Land zuzumuten bereit waren, weil sie glaubten, auf diese Weise sowohl eine Restauration des Kapitalismus als auch eine Entwicklung zum Sozialismus verhindern zu können[15]. Wie die Ideen dieser Konservativen war auch der Morgenthau-Plan reaktionär, da er Deutschland auf einen früheren sozial-ökonomischen Stand, den der einfachen Warenproduktion, zurückwerfen wollte.

Im Unterschied zur amerikanischen Führung hatte die sowjetische eine Faschismustheorie; nach dieser stellte der Faschismus die höchste Form des staatsmonopolistischen Kapitalismus und die aggressivste Form des Imperialismus dar. Ausgehend von dieser Theorie, unterschied die sowjetische Führung zwischen deutschen Faschisten und deutschem Volk. Wie aus Reden Stalins hervorgeht, erwartete die Sowjetunion in den ersten Kriegsjahren, in Deutschland werde bald eine Revolte des unterjochten Volkes gegen die faschistischen Herren stattfinden[16]. Aber nachdem diese erwartete Unterstützung aus dem Innern Deutschlands ausblieb und die Unterscheidung zwischen den anstürmenden »faschistischen Horden« und dem unterdrückten deutschen Volk immer abstrakter wurde, trat zunehmend in der Sowjetunion ein Feindbild in den Vordergrund, das gewisse Affinitäten zum Feindbild der USA aufwies. Der deutsche Angriffskrieg erklärte sich danach eher aus der Kontinuität einer von Aggressionen gekennzeichneten deutschen Geschichte denn als spezifisch faschistische Expansion. So erklärte Stalin nach den sowjetischen Protokollen der Teheran-Konferenz gegenüber Roosevelt: »Der erste große von Deutschland begonnene Krieg im Jahre 1870 endete

15 Vgl. z. B. die ersten Jahrgänge der katholischen Zeitung *Rheinischer Merkur* und der Zeitschrift *Neues Abendland.*
16 Vgl. J. W. Stalin, *Reden, Ansprachen, Tagesbefehle aus den Jahren 1939-1943,* Cerelina 1943, S. 79 ff.

1871. Insgesamt 42 Jahre nach diesem Krieg, das heißt im Jahre 1914, begann Deutschland einen neuen Krieg. Nach wiederum 21 Jahren, das heißt im Jahre 1939, entfachte Deutschland erneut einen Krieg. Die für die Wiederherstellung Deutschlands notwendige Frist verkürzte sich also offensichtlich. Sie werde sich auch weiterhin verkürzen.«[17] Es entsprach dieser Einschätzung der deutschen Aggression, wenn für die Sowjetunion die Sicherung gegenüber künftigen Angriffen Deutschlands im Zentrum ihrer Überlegungen über die Zukunft Deutschlands stand. Von diesem Sicherheitsbedürfnis her ergab sich eine Konvergenz mit den Resultaten der Pläne Morgenthaus und Roosevelts, die eine Entmilitarisierung und eine Entindustrialisierung Deutschlands vorsahen. Zudem versprach das Entindustrialisierungsprogramm eine optimale Befriedigung der Wiedergutmachungserwartungen, die die Sowjetunion an das Nachkriegsdeutschland knüpfte.

Grundlegung von Konflikten: die Potsdamer Konferenz

Die Potsdamer Konferenz vom 17. Juli bis 2. August 1945, die einzige Gipfelkonferenz, die zwischen den drei Großmächten USA, UdSSR und Großbritannien nach Kriegsende zustande kam, sah ihre Aufgabe in der Exekutive der Beschlüsse von Jalta. »Das Ziel dieser Übereinkunft bildet die Durchführung der Krim-Deklaration über Deutschland«, heißt es in der Einleitung zu den Konferenzbeschlüssen über Deutschland.[18] Tatsächlich gelang es auf der Potsdamer Konferenz, in einigen Deutschland betreffenden Fragen Übereinkünfte zu erzielen. So wurden die in Jalta beschlossenen Grundsätze über die Entmilitarisierung, Entnazifizierung und industrielle Abrüstung bestätigt und teilweise auch konkretisiert. Darüberhinaus einigte man sich auf eine Reihe politischer und ökonomischer Prinzipien zur Verwaltung Deutschlands unter den Besatzungsmächten. Es wurden die Wiederherstellung rechtsstaatlicher Prinzipien, die Initiierung lokaler Selbstverwaltungen sowie die Zulassung demokratischer Parteien beschlossen. Statt einer deutschen Zentralregierung sollten

17 Fischer, a.a.O., S. 47.
18 Potsdamer Abkommen vom 2. August 1945, S. Dok. 4.

vorerst zentrale deutsche Verwaltungsstellen eingerichtet werden. Die deutsche Wirtschaft beschloß man zu dezentralisieren, »mit dem Ziel der Vernichtung der bestehenden übermäßigen Konzentration der Wirtschaftskraft, dargestellt insbesondere durch Kartelle, Syndikate, Trusts und andere Monopolvereinigungen.«[19]

Die Frage einer territorialen Aufgliederung Deutschlands spielte in Potsdam keine bedeutsame Rolle mehr. Sie wurde erst später wieder von Frankreich, das die Alliierten nach Potsdam als vierten in den Bund kooptierten, durch die Forderung nach Abtrennung des linksrheinischen sowie des Saar- und Ruhrgebietes aktualisiert.[20] Hinsichtlich der sowjetischen und der polnischen Westgrenze blieb man in Potsdam bei den Vereinbarungen von Jalta. Hinzu kam, daß die Eingliederung der Stadt Königsberg und des angrenzenden Raumes in das sowjetische Staatsgebiet prinzipiell anerkannt wurde; eine endgültige Regelung blieb auch in diesem Fall, wie in der Frage der polnischen Westgrenze, einer Friedenskonferenz vorbehalten.

An dem Beschluß, deutsche Zentralverwaltungsstellen einzurichten, und deutlicher noch an der Bestimmung, daß Deutschland während der Besatzungszeit als wirtschaftliche Einheit zu betrachten sei, zeigte sich die Absicht der Alliierten, die Aufteilung in Besatzungszonen nicht zum ersten Schritt einer deutschen Spaltung werden zu lassen. Die zentralen Verwaltungsstellen wurden jedoch nie etabliert, u. a. deshalb, weil sich die Alliierten dem Veto Frankreichs, das als Nichtbeteiligter an der Potsdamer Konferenz deren Beschlüsse nicht akzeptierte, beugten.[21] Für die Herstellung der deutschen Wirtschaftseinheit schufen die Konferenzteilnehmer selbst noch erhebliche Hindernisse, indem sie wirtschaftliche Grundsätze aufstellten, die in hohem Maße konfliktträchtig waren.

Wie schon in Jalta gelang es den Russen auch in Potsdam nicht, die definitive Zustimmung der Westalliierten für eine fixe Reparationssumme zu erhalten. Zwar war Roosevelt in

19 Ebd., S. 279.
20 Vgl. Richard Thilenius, *Die Teilung Deutschlands,* Hamburg 1957, S. 129 ff.
21 Vgl. dazu S. 35 f.

Jalta mit der Zahl 20 Milliarden Dollar als Verhandlungsgrundlage für die Reparationskommission einverstanden
gewesen, aber Edwin Pauley, der amerikanische Beauftragte
in der Reparationskommission, hatte gleichwohl in den Kom-
missionsverhandlungen, die zwischen den Konferenzen von
Jalta und Potsdam in Moskau stattfanden, jede Festsetzung
einer Gesamtsumme verweigert.[22] In Potsdam einigte man
sich schließlich auf Drängen des amerikanischen Außenministers Byrnes auf das ohnehin Unvermeidliche, die Entnahme
aus dem jeweiligen Zonenbereich.[23] Da die Sowjetunion 50%
aller Reparationsanteile erhalten sollte und vor allem an
Industriegütern interessiert war, da außerdem die Ansprüche
Polens vom sowjetischen Anteil mit abzudecken waren, bil-
ligte man der Sowjetunion im Austausch gegen Nahrungsmittel und Rohstoffe zusätzlich 15% der Industrieanteile aus den
westlichen Zonen zu, die, wie es im Abkommen heißt, »für die
deutsche Friedenswirtschaft unnötig« seien. Weitere 10%
Anteile sollte die Sowjetunion ohne Gegenleistung erhalten.
Der Rest sowie der größte Anteil der deutschen Auslandsguthaben und alles von den Alliierten erbeutete deutsche Gold
verblieben den Westmächten und anderen Anspruchsberech-
tigten. Dem Kontrollrat wurde aufgetragen, Umfang und Art
der für die deutsche Friedenswirtschaft überflüssigen Industrien festzulegen, wobei jedoch den jeweiligen Zonenkom-
mandierenden das letzte Entscheidungsrecht vorbehalten
blieb. – Mit diesem Vetorecht der alliierten Kommandierenden sowie mit der Vereinbarung von Prozentzahlen von einer
noch unbestimmten Gesamtsumme war der Konflikt über die
Reparationen in wichtigen Teilen wiederum nicht gelöst, sondern vertagt.
Angereichert wurde das Konfliktpotential für die nächsten
Jahre noch durch zwei weitere wirtschaftliche Grundsätze des
Abkommens. Der eine erklärte es zum Ziel der alliierten
Wirtschaftspolitik, den Deutschen einen »mittleren Lebensstandard«, gemessen am mittleren Lebensstandard der europäischen Länder mit Ausnahme Großbritanniens und der
Sowjetunion, zu gewährleisten. Der zweite Grundsatz schrieb
vor, die Bezahlung der Reparationen sollte den Deutschen

22 Vgl. Gar Alperovitz, *Atomare Diplomatie,* (dt.) München 1966, S. 181.
23 Vgl. J. F. Byrnes, *In aller Offenheit,* (dt.) Frankfurt/M., o. J., S. 117.

genügend Mittel belassen, um ohne Hilfe von außen existieren zu können. Weiter heißt es im Wortlaut: »Bei der Aufstellung des Haushaltsplanes Deutschlands sind die nötigen Mittel für die Einfuhr bereitzustellen, die durch den Kontrollrat in Deutschland genehmigt worden ist. Die Einnahmen aus der Ausfuhr der Erzeugnisse der laufenden Produktion und der Warenbestände dienen in erster Linie der Bezahlung dieser Einfuhr.«[24] Zwar wurden die 15% bzw. 10% Reparationsanteile der Sowjetunion aus den westlichen Zonen von diesen Bestimmungen ausgenommen, der Konflikt wurde aber, wie noch zu zeigen ist, durch diese Einschränkung gleichwohl nicht verhindert.

Die Unausgeglichenheit des wirtschaftlichen Teils im Potsdamer Abkommen geht vor allem darauf zurück, daß die Konferenz zu einem Zeitpunkt stattfand, zu dem gegenläufige Konzeptionen die amerikanische Deutschlandpolitik bestimmten. Es wurde bereits darauf hingewiesen, daß die USA, je mehr sich mit dem Kriegsende die neue Machtstellung der Sowjetunion abzeichnete, von der Rooseveltschen Politik gegenseitiger Respektierung von Einflußzonen abrückten. Frühere Zugeständnisse an sowjetische Hegemoniebestrebungen in Osteuropa wurden von amerikanischer und britischer Seite im Laufe der Zeit als Indizien für einen unbegrenzten sowjetischen Expansionismus uminterpretiert. Gewiß kann man für das Jahr 1945 noch nicht von einer Verlagerung der amerikanischen und britischen Feindfixierung von Deutschland auf die Sowjetunion sprechen; aber in den Führungskreisen beider Länder zeichnete sich diese Verschiebung des Feindbildes bereits deutlich ab. Mehr und mehr wurde als eine von der Sowjetunion ausgehende Gefahr projiziert, was in Wirklichkeit das eigene Interesse war: die militärische und ökonomische Dominanz vor allem in Europa. Obwohl die »isolationistischen« Kräfte in den USA, die auf einen schnellen Rückzug der amerikanischen Truppen aus Europa drängten, noch immer recht einflußreich waren, verstärkte sich in politischen, militärischen und wirtschaftlichen Führungskreisen die Tendenz, Europa als Teil der ökonomischen und militärischen Sicherheitszone der USA anzusehen.[25] Das bedeutete, die

24 S. Dokument 4, S. 281.
25 Vgl. Schwarz, a.a.O., S. 63 ff.

USA beanspruchten, ihre Interessen in Europa bevorzugt zur Geltung zu bringen, und wer, wie die Sowjetunion, diese Vorzugsstellung einschränkte, bedrohte damit aus amerikanischer Sicht den »freien Westen«.

Mit dem wachsenden Interesse der USA am Nachkriegseuropa änderte sich auch ihre Einstellung gegenüber dem besiegten Deutschland. Die Auffassung, die das amerikanische Außenministerium schon 1944 in einer Denkschrift festgehalten hatte, die aber dann durch die Intervention der Morgenthau-Gruppe vorerst unwirksam geblieben war[26], daß der Wiederaufbau Europas unter Ausschaltung Deutschlands ausgeschlossen sei, wurde nach Kriegsende mehr und mehr handlungsleitender Gesichtspunkt der amerikanischen Deutschlandpolitik. Zwar war auch nach der Potsdamer Konferenz für die amerikanische Militärregierung in Deutschland noch immer die Direktive JCS 1067 vom 26. April 1945 formal gültig, in der wichtige Elemente der Roosevelt-Morgenthau-Politik in Übereinstimmung mit dem Jalta-Abkommen in konkrete Anweisungen gebracht waren; aber der amerikanische Militärgouverneur in Deutschland, General Clay, sah in den von den USA durchgesetzten wirtschaftlichen Grundsätzen des Potsdamer Abkommens nicht zu Unrecht eine Revision der Direktive in entscheidenden Punkten. Die Direktive schrieb der Militärregierung vor, keine Maßnahmen zu ergreifen, »die (a) zur wirtschaftlichen Wiederaufrichtung Deutschlands führen könnten oder (b) geeignet sind, die deutsche Wirtschaft zu erhalten oder zu stärken«.[27] Regulierende Eingriffe in die deutsche Wirtschaft sollten nur insoweit erfolgen, als es die industrielle Abrüstung, die Wiedergutmachung oder der Schutz der Besatzungstruppen erforderlich machten. Diese Anweisung der Direktive sah Clay zugunsten genereller Eingriffsrechte durch das Potsdamer Abkommen aufgehoben. Die ökonomischen Bestimmungen von Potsdam interpretierte er als grundlegende Umkehr der amerikanischen Deutschlandpolitik: »Jetzt waren wir direkt verpflichtet, eine ausgeglichene Wirtschaft zu entwickeln, die Deutschland auf eigene

26 Vgl. Paul Y. Hammond, *Directives for the Occupation of Germany. The Washington Controversy*, in: H. Stein (Hrsg.), *American Civil-Military Decisions*, Univ. of Alabama Press 1963.

27 S. Dok. 5a, S. 290.

Füße stellen sollte. Das war eine sehr bedeutsame Änderung unserer offiziellen Linie, die unsere Verwaltung Deutschlands fast von Anfang an beeinflußte. Der Wandel ging auf eine frühzeitige Würdigung der Tatsache zurück, daß Deutschland, falls es nicht in genügendem Ausmaß produzierte, nicht bloß auf die Hilfe der Besatzungsmächte angewiesen war, sondern auch den Wiederaufbau in Europa hemmte.«[28]

In die gleiche Richtung zielte eine Erklärung des State Departments vom Dezember 1945[29], die nach Vorsprache General Clays und seines politischen Beraters Robert Murphy in Washington abgegeben wurde[30]. Darin wurde ausgeführt, daß keine Vernichtung oder Schwächung der deutschen Friedensindustrie mit dem Ziel, Deutschland vom Weltmarkt auszuschließen oder den amerikanischen Export zu fördern, beabsichtigt sei. Damit wandte sich das Ministerium gegen vielfältige Versuche amerikanischer Industriekreise, die Beschränkung der deutschen Produktion als Mittel zu benutzen, deutsche Konkurrenz auszuschalten[31]. Die USA seien auch nicht damit einverstanden, so hieß es weiter in der Erklärung, jetzt an die Adresse der anderen Alliierten gerichtet, daß die Potsdamer Beschlüsse über die industrielle Abrüstung Deutschlands auf Kosten der deutschen Friedensindustrie zur Förderung eigener wirtschaftlicher Zwecke oder Ziele ausgenutzt würden. Sie sei sich dessen bewußt, daß der vorgenommene oder noch vorzunehmende Abtransport industrieller Anlagen im Rahmen der Reparationen eine Verzögerung der wirtschaftlichen Erholung Deutschlands zur Folge habe. Sie beabsichtige, zusammen mit den anderen Alliierten dem deutschen Volk zu gestatten, die Ausbeutung seiner Hilfsquellen selbst durchzuführen und einen höheren Lebensstandard anzustreben, wobei die Alliierten lediglich die Produktion von Kriegsmaterial verbieten würden. Der Abtransport der Maschinen solle nicht so weit gehen, daß er Deutschland der Möglichkeit beraube, Exportgüter zur Deckung sei-

28 Lucius D. Clay, *Entscheidung in Deutschland*, (dt.) Frankfurt/M. o. J., S. 57.
29 Text in: *Europa-Archiv* 1. Jg. (1946/47), S. 257 f.
30 Vgl. John Gimbel, *Amerikanische Besatzungspolitik in Deutschland 1945–1949*, (dt.) Frankfurt/M. 1971, S. 44 ff.
31 Ebd. S. 51.

nes Importbedarfs zu produzieren. Zur Vermeidung von Seuchen und Unruhen müßten die USA und die übrigen Alliierten für 1946 und 1947 ein Importprogramm finanzieren.

Obwohl in dieser Erklärung des Außenministeriums schon alle Elemente einer Revision der amerikanischen Deutschlandpolitik enthalten waren, blieb die amerikanische Militärregierung bis in die erste Hälfte des Jahres 1946 bemüht, auch die einem deutschen Wiederaufbau ungünstigen oder gar entgegengesetzten Übereinkünfte von Potsdam einzuhalten. Wie vereinbart, wurden auch ohne Fertigstellung eines Reparationsplanes Vorauslieferungen aus der amerikanischen und britischen Zone an die Sowjetunion aufgenommen. Im März 1946 gab der Alliierte Kontrollrat den I. Industrieplan bekannt[32], der das künftige deutsche Industriepotential und die Erzeugungsquoten festlegte, die den einzelnen Industriezweigen ab 1949 zugebilligt werden sollten. Nach diesem Plan gehörten zu den vollständig verbotenen und zu demontierenden Produktionsanlagen vor allem solche, die unmittelbar oder mittelbar der Rüstung gedient hatten. Darüberhinaus war die gesamte Produktion von Kugel-, Rollen- und Kegellagern, der Bau von Werkzeugmaschinen und Traktoren ebenso wie die Herstellung von Gummi, Benzin, Öl und Ammoniak verboten. Insgesamt sah der I. Industrieplan eine Reduktion der industriellen Kapazität Deutschlands auf 50%-55% des Standes von 1938 (oder 67% des Standes von 1936) vor. Wäre dieser Industrieplan langfristig gültig geblieben, hätte er Deutschland in jenen Zustand versetzt, den die Morgenthau-Gruppe für wünschenswert gehalten hatte. Der Abbau der Grundstoff- und Produktionsmittelindustrien hätte eine weit größere Reduktion des Erzeugungsniveaus zur Folge gehabt, als die Planzahlen ausweisen.

Wirtschaftseinheit – Reparationen – Bizone

Im März 1946 verschlechterte sich die Ernährungslage in den Westzonen erheblich. Während 2000 Kalorien pro Person als Existenzminimum angenommen wurden, standen in der amerikanischen Zone nur 1275 Kalorien pro Person zur Verfü-

32 Text in: Cornides/Volle, a.a.O., S. 90 ff.

gung; in der britischen Zone waren es nur 1015, in der französischen sogar nur 940 Kalorien. Großbritannien hatte zunächst 500 000 t, dann nochmals 200 000 t Nahrungsmittel, die für den Eigenbedarf vorgesehen waren, nach Deutschland gebracht. Die Folge war, daß in England erstmals eine Rationierung des Brotes eingeführt werden mußte, was selbst während des Krieges nicht notwendig gewesen war.[33] Lebensmittelimporte mußten von den Alliierten bezahlt werden, weil es Deutschland an Exportäquivalenten fehlte.

In Reaktion auf diese Ernährungssituation griffen die USA erneut und mit größerer Entschiedenheit als zuvor die Bestimmung des Potsdamer Abkommens auf, welche die Behandlung Deutschlands als Wirtschaftseinheit vorschrieb. Nach amerikanischen Vorstellungen sollte mit der Herstellung der Wirtschaftseinheit erreicht werden, daß Rohstoffe und Fertiggüter aus der sowjetischen Zone, die bis dahin von der Sowjetunion als Reparationsleistungen entnommen wurden, zum Ausgleich des deutschen Exportdefizits Verwendung fänden. Außerdem erhoffte man sich durch interzonalen Ausgleich eine unmittelbare Verbesserung der Ernährungslage, denn Amerikaner und Briten nahmen an, das Lebensmitteldefizit in den Westzonen sei durch Einfuhren aus der sowjetischen Zone abzudecken.[34]

Über die Krisensituation des Frühjahrs 1946 hinaus mußten die USA aber auch generell an einer schnellen Beseitigung der zonalen Schranken interessiert sein; die ihnen zugefallene Zone enthielt nur etwa ein Fünftel der deutschen Industriekapazität und war deshalb auf interzonalen Ausgleich besonders angewiesen. Die USA befürchteten zudem, in den industriellen Ballungsgebieten vor allem der britischen und sowjetischen Zone könnten relevante, den amerikanischen Intentionen zuwiderlaufende Entscheidungen über die künftige gesellschaftliche Struktur Deutschlands, wie beispielsweise Sozialisierungen, gefällt werden.

Vorangegangene Versuche zur Herstellung der Wirtschaftseinheit im Herbst 1945 waren im Kontrollrat am Veto Frankreichs gescheitert. Aus Sicherheitsgründen wandten sich die

---

33 Vgl. Michael Balfour, *Viermächtekontrolle in Deutschland 1945-1946*, (dt.) Düsseldorf 1959, S. 202 ff.
34 Vgl. Byrnes, a.a.O., S. 229.

Franzosen gegen jeden Ansatz einer Rezentralisierung in Deutschland und weigerten sich deshalb auch, der Einrichtung von deutschen Zentralverwaltungsstellen – der institutionellen Voraussetzung der Wirtschaftseinheit – zuzustimmen. Noch auf der Pariser Außenminister-Konferenz 1946 und später machte Frankreich seine Zustimmung zu einer Rezentralisierung davon abhängig, daß das Saargebiet nicht einbezogen werde. Seiner Vorstellung nach sollte das Saargebiet Frankreich angegliedert, das Ruhrgebiet internationalisiert und das Rheinland von Deutschland abgetrennt und französischer Militärkontrolle unterstellt werden.[35]

Obgleich das Nein der Franzosen in dem auf Einstimmigkeit festgelegten Kontrollrat sowie auf den Deutschlandkonferenzen über Jahre hinaus eines der Haupthindernisse für die Einrichtung von deutschen Zentralstellen war, bestand in der amerikanischen Regierung von Anfang an die Tendenz, die Sowjetunion als Schuldigen hinzustellen. Auf die Aufforderung General Clays im Herbst 1945, diplomatischen Druck auf Frankreich auszuüben, damit es im Kontrollrat der Realisierung der Potsdamer Beschlüsse zustimme, erhielt er aus Washington die Auskunft, man vermute, es sei in erster Linie die Sowjetunion, die die wirtschaftlichen und politischen Grundsätze des Potsdamer Abkommens nicht erfüllen wolle. Als Anhaltspunkte dafür wurden eine Reihe Maßnahmen der sowjetischen Militärregierung in ihrer Zone angeführt. Clay, jeder prosowjetischen Einstellung unverdächtig, verwies in seiner Antwort auf analoge autonome Entscheidungen in der amerikanischen und französischen Zone und betonte die Souveränität aller Zonenbefehlshaber, solange überzonale Einrichtungen nicht bestünden.[36] – Dieser Vorgang ist deshalb von Interesse, weil er zeigt, wie früh schon amerikanische Regierungskreise einen Dissens in der Frage der deutschen Einheit mit der Sowjetunion projizierten; mit Frankreich glaubte man zu gegebener Zeit sich einigen zu können. Die später oft wiederholte Behauptung, die Sowjetunion habe mit der frühzeitigen Einrichtung deutscher Zentralstellen in ihrer Zone und mit der schnell erfolgten Zulassung von Parteien die

35 Vgl. den Bericht über die französischen Pläne im *Europa-Archiv* 1. Jg. (1946/47), S. 266 ff.
36 Vgl. Gimbel, a.a.O., S. 49 f.

Absicht verfolgt, über diese Institutionen Einfluß auf Gesamtdeutschland zu gewinnen, reflektiert diese von der amerikanischen Regierung offenbar schon 1945 gehegten Befürchtungen. Wie noch zu zeigen sein wird, fürchtete man lediglich,
die Sowjetunion werde tun, was eigenes Vorhaben war.

Dem amerikanischen Vorstoß im Sommer 1946 zur Verwirklichung der wirtschaftlichen Einheit stellte neben Frankreich
dieses Mal auch die Sowjetunion Bedingungen entgegen. Sie
fürchtete, die für sie dringend notwendigen Reparationen aus
ihrer Zone zu verlieren. In Potsdam hatten die USA mit ulti-
mativen Forderungen durchgesetzt[37], daß die Sowjetunion
ihre Reparationsanteile überwiegend aus ihrer Zone zu
befriedigen hatte. Da die erklärte Intention, die sich mit dem
amerikanischen Vorschlag umgehender Verwirklichung der
Wirtschaftseinheit verband, darin bestand, die Reparationsleistungen dem Export-Import-Ausgleich unterzuordnen, sah
die Sowjetunion das ihr einzig sichere Reparationsreservoir,
das ihrer Zone, bedroht. Sie verlangte daher ihrerseits, daß
vor der Verwirklichung der Wirtschaftseinheit die 10 Milliarden Dollar Reparationen, an denen sie seit Jalta als Wieder-
gutmachungsforderung an Deutschland festhielt, anzuerkennen seien. Sie war bereit, einer Erhöhung der im 1. Industrieplan festgesetzten Produktionsquoten zuzustimmen.[38] Offenbar hatte man auf sowjetischer Seite eingesehen, daß die
geforderten Reparationen aus vorhandenen Produktionsmitteln nicht ohne katastrophale Auswirkungen für die deutsche
Wirtschaft zu erbringen waren. Mit dem Zugeständnis einer

37 Der damalige Außenminister Byrnes schreibt in seinen Erinnerungen: »Am
31. Juli sagte ich Molotow, es stehe noch die Regelung von drei Fragen aus: der
Reparationen, der Verwaltung eines Teils der sowjetischen Zone durch Polen
und unsere Denkschrift über die ›Aufnahme in die Vereinten Nationen‹, die sich
mit Italien und den Balkanstaaten befaßte. Ich unterbreitete einen Rahmenvor-
schlag, der alle Zugeständnisse enthielt, die wir zu machen bereit waren, und
ersuchte Molotow, die drei Vorschläge Generalissimus Stalin vorzulegen, so
daß man über sie in der Nachmittagssitzung verhandeln könne. Ich sagte ihm,
daß wir eine Einigung in allen drei Fragen oder in gar keiner errreichen wollten,
und daß der Präsident und ich am nächsten Tag nach den Vereinigten Staaten
abreisen würden.« (a.a.O., S. 119).
38 Zur sowjetischen Position vgl. die Reden Molotows auf der Pariser Außenminister-Konferenz (25. April-12. Juli 1946), in: W. M. Molotow, *Fragen der Außenpolitik*, Moskau 1949, S. 59 ff. Vgl. auch das Interview
Hugh Bailies' mit Stalin vom 29. 10. 1946, abgedr. in: *Europa-Archiv* 1. Jg.
(1946/47), S. 185 f.

Erhöhung der Produktionsquoten war deshalb die Erwartung verbunden, Reparationen aus der laufenden Produktion entnehmen zu können. Die Amerikaner lehnten jedoch Reparationsentnahmen aus der laufenden Produktion mit dem Argument ab, diese stellten einen Verstoß gegen das Potsdamer Abkommen dar.[39] Tatsächlich war jedoch in Potsdam eine diesbezügliche Vereinbarung von Jalta nicht widerrufen worden, und da der Deutschland-Teil des Abkommens von den Alliierten ausdrücklich als Durchführung der Krim-Deklarationen bezeichnet worden war, konnte sich die Sowjetunion mit ihrer Forderung zu Recht auf alliierte Übereinkünfte berufen. Ein von den USA damals und später immer wieder vorgebrachtes Argument war, die Lieferung der sowjetischen Reparationsanteile aus den Westzonen sowie die Entnahmen aus der laufenden Produktion der sowjetischen Zone gingen indirekt zu Lasten der amerikanischen und britischen Steuerzahler; Amerikaner und Briten müßten das deutsche Exportdefizit ausgleichen, während die Sowjetunion Güter, mit denen dieser Ausgleich herzustellen war, als Wiedergutmachungsleistungen abtransportiere. Vom Stand des Frühjahrs 1946 aus gesehen war diese Argumentation richtig. Sie ließ freilich unberücksichtigt, daß die amerikanische Regierung zuvor selbst einiges zur Entstehung der Krise des Frühjahrs 1946 beigetragen hatte. Im Juni 1945 hatte Präsident Truman ohne vorherige Konsultation der sowjetischen Regierung angeordnet, daß eine im Norden und Westen Europas entstandene Kohlenkrise mit Lieferungen aus Deutschland zu beseitigen sei[40]; bis zum 1. Januar 1946 waren seiner Anweisung gemäß 10 Millionen Tonnen und bis zum 30. April 1946 weitere 15 Millionen Tonnen Kohle nach Frankreich, Holland, Belgien, Dänemark, Norwegen und Großbritannien zu exportieren. Der amerikanische Kriegsminister Stimson, dessen Ministerium Förderung und Export der Kohle in diesem Fall zu organisieren hatte, wies schon anläßlich der Entscheidung Trumans darauf hin, daß die Erfüllung des Auftrags eine erhebliche Steigerung der Gesamtwirtschaft Deutschlands und Importe größeren Ausmaßes durch die Besatzungsmächte

39 Vgl. die Rede von Außenminister Byrnes vom 6. September 1946, s. Dok. 66.
40 Vgl. dazu und zum folgenden Gimbel, a.a.O., S. 26 f.

notwendig machen werde. Im Frühjahr 1946 war von dieser Voraussicht anscheinend wenig in Erinnerung geblieben. Plötzlich erschien die Sowjetunion als Verantwortliche für das deutsche Exportdefizit. Zu dieser Sicht dürfte beigetragen haben, daß Truman die Armee für den Ausgleich des Export-Import-Programms in Deutschland verantwortlich gemacht hatte, ohne ihr dafür zusätzliche finanzielle Mittel zu bewilligen; damit war die Steigerung des deutschen Exporterlöses in das Interesse der Militärs, insbesondere der Militärregierung in Deutschland, gestellt.[41]

Es gehört zur westlichen Ideologie des Kalten Krieges, die Entschiedenheit, mit der die Sowjetunion die Priorität der Reparationen verfocht, moralisierend anzugreifen. So behauptet etwa Michael Balfour, die Russen hätten mit der Reparationsentnahme aus der laufenden Produktion ihrer Zone »die Menschlichkeit der Angelsachsen« ausgenutzt.[42] Solche moralischen Urteile werden ausschließlich über die sowjetische Haltung gefällt, nicht etwa auch über Frankreich, das in der Reparationsfrage, der Abtrennung deutscher Gebiete und der vorbeugenden Kontrolle Deutschlands eine vergleichbare Position einnahm. Diese partielle Übereinstimmung erklärt sich daraus, daß die Sowjetunion und Frankreich die deutsche Invasion zweimal in ihren Ländern hatten bekämpfen müssen, was für die angelsächsischen Länder nicht zutraf.

Für die Sowjetunion und Frankreich waren die Reparationen einmal Mittel zur Kompensation von Kriegsschäden im eigenen Lande, zum anderen aber auch ein Medium zur industriellen Abrüstung Deutschlands, von der allein sie sich eine sichere Zukunft versprachen. In England sah man in den Reparationen offenbar vor allem eine gute Gelegenheit, deutsche Konkurrenzen vorbeugend auszuschalten.[43] Keine wirkliche ökonomische Bedeutung hatten die Reparationen für die

41 Ebd., S. 28.   42 Balfour, a.a.O., S. 207.
43 So zitierte Victor Agartz in seinem Referat auf dem Hannoveraner SPD-Parteitag im Mai 1946 die Londoner Times: »»Der Verband englischer chemischer Fabrikanten wünscht laut einer Erklärung, die er gestern zur Frage der Behandlung der chemischen Industrie Deutschlands nach dem Kriege abgab, dringend, daß man ins Auge fassen sollte, die deutsche Farbstoffindustrie im Interesse des Weltfriedens gänzlich stillzulegen.‹« (Sozialistische Wirtschaftspolitik, hrsg. v. d. SPD Groß-Hessen, Frankfurt/M. o. J.)

USA; für diese waren sie eher ein politisches Mittel zur Bestrafung und Entmachtung Deutschlands. Nachdem mit Kriegsende das Strafbedürfnis nachließ und die USA aufgrund ihrer geänderten Strategie gegenüber der Sowjetunion eher in einem noch weiter entmachteten Deutschland ein Sicherheitsrisiko für sich wähnten als in den erhalten gebliebenen deutschen Industriepotentialen, waren die Reparationen für die USA nur noch eine lästige Vereinbarung aus der Vergangenheit, die es zu minimalisieren galt. Für die Deutschen war diese gewandelte Einstellung der Vereinigten Staaten gewiß von unmittelbarem Vorteil; für die ehemaligen Verbündeten indessen, insbesondere für die Sowjetunion, stellte sie eine massive Brüskierung dar, weil sie ihre im Prinzip anerkannten Forderungen hinter Bedürfnisse des besiegten Gegners zurückstellte.

Die Sowjetunion hatte durch den deutschen Angriff Verluste an Menschen, Anlagen und Gütern in einem Ausmaß erfahren, das alle bis dahin durch kriegerische Aggression verursachte Leiden und Schäden bei weitem übertraf: »Nach russischen Unterlagen waren zwischen 15 und 20 Millionen sowjetischer Bürger getötet worden; die Deutschen hatten 15 Großstädte, 1710 Kleinstädte sowie 70 000 Dörfer völlig oder teilweise zerstört; sie hatten 6 Millionen Gebäude niedergebrannt bzw. verwüstet und 25 Millionen Menschen obdachlos gemacht; sie zerstörten 31 850 Industriebetriebe, 65 000 km Eisenbahnstrecke, 4100 Bahnhöfe, 36 000 Post-, Telegrafen- und Fernsprechämter, 56 000 Meilen Hauptstraßen, 90 000 Brücken und 10 000 Kraftwerke; sie vernichteten 1135 Kohlenbergwerke und 3000 Ölquellen und transportierten nach Deutschland 14 000 Dampfkessel, 1400 Turbinen und 11 300 Dynamo-Maschinen; sie plünderten 98 000 Kolchosen und 2890 Maschinen- und Traktorenstationen; sie schlachteten oder verschleppten 7 Millionen Pferde, 17 Millionen Stück Rindvieh, 20 Millionen Schweine, 27 Millionen Schafe und Ziegen, 110 Millionen Stück Geflügel; sie plünderten und zerstörten 40 000 Krankenhäuser und Polikliniken, 84 000 Schulen und Universitäten sowie 43 000 öffentliche Bibliotheken mit 110 Millionen Bänden; sie zerstörten 44 000 Theater, 427 Museen und 2800 Kirchen.«[44]

44 Zit. nach David Horowitz, *Kalter Krieg*, Bd. 1, (dt.) Berlin 1969, S. 21 f.

Angesichts dieser immensen Verluste war die Wiedergutma-
chungsforderung von 10 Milliarden Dollar – etwa zwei Jah-
resbudgets des Bundesverteidigungsministeriums heute – alles
andere als unangemessen hoch; ebenso verständlich war die
Hartnäckigkeit, mit der die Sowjetunion an der Priorität der
Reparationen gegenüber den amerikanischen Forderungen
nach Ausgleich der deutschen Handelsbilanz und Herstellung
eines mittleren europäischen Lebensstandards für die Deutschen festhielt. Wenn die angelsächsischen Alliierten darauf
hinwiesen, die Entnahme von Reparationen aus der laufenden
Produktion in der sowjetischen Zone ginge zu ihren Lasten,
weil mit diesen Gütern die deutsche Import-Export-Bilanz
ausgeglichen werden könnte, so konnte dieses Argument
wenig Eindruck auf die Sowjetunion machen, denn nicht nur
war das Zonenprinzip für die Reparationszahlungen gegen
den Willen der Sowjetunion von den USA in Potsdam durchgesetzt worden; mehr noch durfte sich die Sowjetunion in
Erinnerung daran im Recht fühlen, daß die Verbündeten
durch Verzögerungen bei Errichtung der Westfront ihr die
Hauptlast des Krieges überlassen hatten.
Die Differenzen in der Reparationsfrage waren 1946 Anlaß
für eine Reihe folgenreicher Entscheidungen. Am 3. Mai 1946
kündigte General Clay die Einstellung der Reparationslieferungen aus der amerikanischen Zone an die Sowjetunion an.
Am 5. September wurde die Vereinbarung über die Bildung
der Bizone, der wirtschaftlichen Vereinigung der amerikanischen und britischen Zone, bekanntgegeben. Bereits am
26. Mai hatte Clay seiner Regierung einen entsprechenden
Vorschlag unterbreitet[45], und Außenminister Byrnes hatte am
11. Juli auf der Pariser Außenministerkonferenz an alle Besatzungsmächte das Angebot einer wirtschaftlichen Zonenvereinigung gerichtet[46], selbstverständlich unter der stillschwei-
genden Bedingung, daß die von den USA gesetzten Prioritä-
ten akzeptiert würden. Nur Großbritannien kam der Aufforderung nach. Am 2. Dezember 1946 schlossen die beiden
Mächte einen Vertrag über die Errichtung der Bizone, der am
1. Januar 1947 offiziell in Kraft trat. Frankreich ließ sich
selbst durch wirtschaftliche Sanktionsandrohungen noch nicht

45 Vgl. Clay, a.a.O., S. 95.
46 Vgl. *Europa-Archiv* 1. Jg. (1946/47), S. 107.

zum Beitritt bewegen.[47] Großbritannien befand sich jedoch in
den ersten Nachkriegsjahren in einer außerordentlich prekä-
ren Finanzlage, die ihm keine Wahl zwischen Ablehnung und
Annahme des amerikanischen Angebots ließ. Da seine daraus
resultierende Abhängigkeit von den Vereinigten Staaten von
beträchtlicher Bedeutung für die Kräftekonstellation der
Besatzungsmächte im Westen Deutschlands war, ist es angebracht, diese Abhängigkeit im folgenden etwas genauer zu
beschreiben.

Prädominanz der USA

Eine Folge des Leih- und Pachtsystems, auf dessen Grundlage
die USA die anderen Alliierten mit Kriegsgütern versorgt hatten, war eine starke Importabhängigkeit Englands bei Stagnation seiner Exporte. England hatte 24 von den insgesamt 47
Milliarden Dollar erhalten, die die USA an Leih- und Pacht-
zahlungen leisteten. Durch die abrupte Einstellung der amerikanischen Lieferungen nach der japanischen Kapitulation
wirkte sich das Mißverhältnis zwischen Import und Export
voll aus; wie Premierminister Attlee vor dem Unterhaus eingestehen mußte, geriet England dadurch in erhebliche
Schwierigkeiten: »Wir hatten nicht damit gerechnet, daß die
Lieferungen des Leih- und Pachtsystems nach der Niederlage
Japans längere Zeit anhalten würden, aber wir hatten gehofft,
daß die Einstellung der gegenseitigen Hilfe, die soviel zum
Siege beigetragen hat, nicht ohne Konsultation und ohne Diskussion der allgemeinen Probleme, die durch das Verschwinden des Systems aufgeworfen werden, vorgenommen würde.
[...] Das plötzliche Aufhören der Unterstützung bringt uns
in eine sehr ernste finanzielle Lage.«[48] Im September 1945 sah
sich Großbritannien gezwungen, die Vereinigten Staaten um
einen Kredit in Höhe von 6 Milliarden Dollar zu ersuchen.[49]
Gewährt wurden 3,75 Milliarden Dollar zu günstigen Zinsbe-

47 Man drohte, Frankreich keine Güter mehr aus der Bizone zu liefern. (Vgl.
Thilenius, a.a.O., S. 149)
48 Zit. nach Archiv der Gegenwart XV. Jg. (1945) S. 387 D.
49 Vgl. dazu und zum folgenden die Analyse von Winfried W. Kretzschmar,
Auslandshilfe als Mittel der Außenwirtschafts- und Außenpolitik, München
1964, S. 158 ff.

dingungen (2%) und einer langen Rücklaufzeit (50 Jahre von 1951 an). Um so härter waren freilich die wirtschaftspolitischen Auflagen, die die USA mit der Vergabe des Kredits verbanden. Sie zielten darauf ab, Großbritannien in kürzester Zeit der von den USA für die Nachkriegszeit geplanten multilateralen Handels- und Finanzpolitik anzuschließen. Die wichtigsten Auflagen des Finanzabkommens waren:

— Eilige Ratifizierung der Verträge über die Bretton-Woods-Institutionen (Weltwährungsfond und Weltbank) sowie Beteiligung an der Errichtung einer internationalen Handelsorganisation.[50]

— Konvertibilität des Pfundes für alle Transaktionen aus laufender Rechnung vom 15. Juli 1947 an;

— Aufhebung aller Zahlungsbeschränkungen für Importe aus den USA.[51]

Diese Auflagen wurden in Großbritannien allgemein als diskriminierend empfunden. Der *Economist* schrieb: »Es ist eine schmerzliche Feststellung, daß unser Lohn für den Verlust eines Viertels unseres Volksvermögens für die gemeinsame Sache die Verpflichtung ist, ein halbes Jahrhundert lang Tribut an jene zu entrichten, die durch den Krieg reicher geworden sind.«[52] Der englischen Regierung blieb jedoch keine andere Möglichkeit, als den Kredit zu den diktierten Bedingungen anzunehmen. Gleichwohl war die Besserung der englischen Handelsbilanz nur von kurzer Dauer. »1947 verschlechterte sich die Lage zusehends. Der britische Export war im zweiten Quartal niedriger als im dritten Quartal 1946, während der Import eine Steigerung um 44% aufwies. Besonders ungünstig entwickelte sich der sichtbare Handel mit dem Dollarraum, der 1947 allein ein Defizit von 437 Mill. Pfund hatte gegenüber einem Defizit von 404 Mill. Pfund der gesamten Handelsbilanz.«[53] Der britische Import aus den

50 Vom 10. - 22. Juli 1944 fand in Bretton Woods, New Hampshire, eine Weltwährungskonferenz unter Beteiligung von 44 Nationen statt. Die Konferenz beschloß die Bildung eines Weltwährungsfonds und die Gründung einer internationalen Bank für Wiederaufbau und Entwicklung. Vgl. dazu die kritische Analyse von Elmar Altvater, *Die Weltwährungskrise*, Frankfurt/M. 1969.
51 Kretzschmar, a.a.O., S. 166 f.
52 Zit. nach Kretzschmar, a.a.O., S. 168.
53 Ebd., S. 174.

USA verdreifachte sich 1947 gegenüber der Vorkriegszeit. Am 16. August waren von den 3,75 Milliarden-Kredit vom Dezember 1945 nur noch 850 Millionen übriggeblieben. Die britische Regierung mußte die USA ersuchen, die gemäß dem Finanzabkommen am 15. Juli in Kraft getretene Konvertibilität des Pfundes wieder aufheben zu dürfen.

Die ökonomische Abhängigkeit Großbritanniens von den USA führte schließlich auch zur Aufhebung der britischen Selbständigkeit als Besatzungsmacht in Deutschland. Im ersten Abkommen zwischen den beiden Ländern über die Errichtung der Bizone vom 2. Dezember 1946 waren die Lasten noch gleichmäßig verteilt[54]; Ende 1947 jedoch mußte die britische Regierung die USA um Übernahme eines sehr viel größeren Anteils bitten. Das daraufhin am 17. September 1947 abgeschlossene Ergänzungsabkommen legte den Vereinigten Staaten die größere Last auf, gab ihnen aber zugleich das größere Stimmrecht in den amerikanisch-britischen Wirtschaftsinstitutionen »Joint-Export-Import-Agency« (JEIA) und »Joint Foreign Exchange Agency« (JFEA).[55] Mit diesem Abkommen war Großbritannien als bestimmender Faktor in Deutschland ausgeschaltet.

Die amerikanischen und britischen Entscheidungen, die im Zusammenhang mit dem Reparationsstreit erfolgten, bildeten wichtige Faktoren in einer Entwicklung, an deren Ende zwei separate deutsche Staaten standen. Wie Thilenius zurecht betont, »mußte beiden Regierungen klar sein, daß sie mit dieser Zonenvereinigung einen völlig neuen Weg beschritten, der mit der bisherigen Viermächte-Deutschlandpolitik, mit ihrem Ausführungsorgan, dem Kontrollrat, und mit ihrem Kodex, dem Potsdamer Abkommen, nicht mehr zu vereinbaren war. Ebenso klar mußte sein, daß dieser Weg, da es nicht die geringste Aussicht auf irgendeine Form späterer Verständigung mit der Sowjetunion gab, auch politisch schließlich nur zur Spaltung Deutschlands führen konnte.«[56] So zutreffend diese Feststellung ist, so darf doch nicht vergessen werden, daß der gesamte Reparationsstreit nur auf dem Hintergrund

54 Text des Abkommens in: Cornides/Volle, a.a.O., S. 95 ff., Auszüge s. Dok. 7a.
55 S. Dok. 7b.
56 Thilenius, a.a.O., S. 147.

der amerikanischen Einstellungsänderung gegenüber der Sowjetunion entstehen konnte und daß diese Einstellungsänderung wiederum aus Befürchtungen resultierte, die ökonomische und politische Dominanz der USA könne an irgendeinem Platz der Welt, insbesondere aber in Europa, durch die Sowjetunion beschnitten werden. Der amerikanische Liberale Henry Wallace faßte im Juli 1946 in einer Eingabe an den Präsidenten besorgt die militärischen Maßnahmen zusammen, die deutlicher noch als die politischen Handlungen den amerikanischen Anspruch auf weltweite Dominanz manifestierten: »Wie stehen eigentlich andere Völker zu den Maßnahmen, die die USA seit dem Sieg über die Japaner ergriffen haben? Unter Maßnahmen verstehe ich konkrete Dinge wie die 13 Milliarden Dollar für das Kriegs- und Marineministerium, die Atombombenversuche auf dem Bikini-Atoll, die Fortsetzung der Atombombenproduktion, den Plan, die Lateinamerikanischen Länder mit unseren Waffen auszurüsten, die Produktion von Bombern vom Typ B-29 und die geplante Produktion von Bombenflugzeugen des Typs B-36 sowie das fieberhafte Bemühen, um den halben Erdball Luftstützpunkte zu errichten, von denen aus dann die andere Hälfte der Erde bombardiert werden kann.«[57]

Für Deutschlands Zukunft bedeutete der Dominanzanspruch der USA, daß diese nur einem gesellschaftlich-staatlichen System ihre Zustimmung zu geben bereit waren, das ihnen optimalen politischen und ökonomischen Einfluß gewährleistete. Bereits die politischen Grundsätze des Potsdamer Abkommens, die höchstwahrscheinlich auf eine Fassung der USA zurückgehen[58], lassen die Intention erkennen, in Deutschland ein föderalistisch-demokratisches System zu etablieren. Wie selbstverständlich wird auch in der Stuttgarter Rede von Außenminister Byrnes vom September 1946, in der den Deutschen die Wandlung der amerikanischen Deutschlandpolitik offiziell bekanntgegeben wurde, davon ausgegan-

57 Zit. nach Horowitz, a.a.O., S. 53.
58 Wie Byrnes berichtet, hatte die amerikanische Delegation genaue Vorschläge ausgearbeitet (a.a.O., S. 99), und da die politischen Grundsätze auf der Konferenz nicht diskutiert wurden, ist anzunehmen, daß die amerikanischen Vorschläge ohne weiteres die Zustimmung der beiden anderen Teilnehmer fanden.

gen.[59] In den Richtlinien der amerikanischen Regierung an den Kommandierenden General in Deutschland, Lucius D. Clay, veröffentlicht am 17. Juli 1947, mit denen die Direktive JCS 1067 abgelöst wurde, wird zwar wiederholt betont, die amerikanische Regierung wolle hinsichtlich der politischen und ökonomischen Struktur Deutschlands keine Präjudizien schaffen; tatsächlich werden jedoch in einem Atemzug mit diesen Absichtserklärungen der amerikanischen Militärregierung sehr bestimmte Strukturziele genannt, die alles andere als systemneutral sind. So wird ein Satz vor der Erklärung, die amerikanische Regierung wolle »Deutschland nicht ihre eigenen, geschichtlich entwickelten Formen der Demokratie und der gesellschaftlichen Ordnung aufzwingen«[60], ausgeführt: »Ihre Regierung ist der Ansicht, daß sich das deutsche politische Leben am besten entwickeln kann, wenn deutsche Bundesstaaten (Länder) und eine zentrale deutsche Regierung, deren Aufgaben und Machtvollkommenheiten sorgfältig definiert und begrenzt sind, gebildet werden. Alle Befugnisse mit Ausnahme derer, die ausdrücklich der Zentralregierung vorbehalten bleiben, sollen den Ländern übertragen werden.«[61]

Mit dieser Absicht, in Deutschland eine föderalistisch-staatliche Ordnung zu errichten, war eine Vorentscheidung nicht nur für die künftige staatliche Struktur getroffen; eine föderalistische Staatsordnung schloß ein planwirtschaftliches System, das auf zentrale Planungsinstanzen angewiesen ist, weitgehend aus. Ebenso präjudizieren mußte die in der gleichen Richtlinie enthaltene Erklärung dazu, in Deutschland eine politische Organisation zu etablieren, die neben demokratischen Wahlen und dem Schutz der Menschenrechte auch die Sicherung der bürgerlichen Rechte zum Ziel erklärt. Da das zentrale bürgerliche Recht das des Privateigentums an Produktionsmitteln ist, richtete sich die Erklärung gegen die Möglichkeit einer sozialistischen Gesellschaft in Deutschland. In dem Abschnitt der neuen Direktive über wirtschaftliche

59 Vgl. auch schon vor der Byrnes-Rede die von General Clay verfaßten Grundsätze zur amerikanischen Besatzungspolitik vom 19. Juli 1946, Zusammenfassung bei: Gimbel, a.a.O., S. 109 ff.
60 S. Dok. 5b.
61 Ebd.

Einrichtungen in Deutschland bekundet die amerikanische Regierung unumwunden ihre Intention, die Restitution eines kapitalistischen Systems zu unterstützen und Ansätze zu einem sozialistischen Gesellschaftssystem unter dem Signum, Präjudizierungen verhindern zu wollen, zu unterbinden: »Während es zwar ihre Pflicht ist, dem deutschen Volke die Möglichkeit zu geben, die Grundsätze und Vorteile einer freien Wirtschaft kennenzulernen, werden sie in der Frage des öffentlichen Besitzes von Unternehmungen in Deutschland nur einschreiten, wenn es sich darum handelt, sicherzustellen, daß jegliche Entscheidung für oder gegen das öffentliche Besitzverhältnis frei und durch das normale Vorgehen innerhalb einer demokratischen Regierungsform getroffen wird. [...] Bis zu einer endgültigen Entscheidung über die Form und die Rechte einer deutschen Zentralregierung dürfen sie keine Maßnahmen in bezug auf ein öffentliches Besitzrecht billigen, die dieses Recht einer Zentralregierung vorbehalten wollen.«[62]

Die Praxis der amerikanischen Deutschlandpolitik hielt sich präzise an diese Anweisungen. Sozialisierungsartikel wie der in der Hessischen Verfassung (Art. 41) oder Sozialisierungsgesetze wie das Durchführungsgesetz des Art. 160 der Bayrischen Verfassung, das im Mai 1947 vom Bayrischen Landtag verabschiedet wurde, oder das Gesetz zur Enteignung des Kohlebergbaus vom Januar 1947 in Nordrhein-Westfalen wurden von der amerikanischen Militärregierung bzw. auf deren Initiative hin suspendiert[63]. Im ersten Fall dieser Art, dem Hessischen Verfassungsartikel, glaubte die amerikanische Militärregierung noch die offene Intervention durch die Auflage eines gesonderten Plebiszits zu dem Sozialisierungsartikel entgehen zu können. Die Abstimmung ergab indessen 72% Ja-Stimmen.[64] Die amerikanische Militärregierung untersagte daraufhin die Anwendung des Artikels.

In der Sozialisierungsfrage wirkte sich der Verlust britischer Selbständigkeit gegenüber den USA besonders negativ aus.

62 Ebd., S. 303.
63 Vgl. Hans-Hermann Hartwich, *Sozialstaatspostulat und gesellschaftlicher Status quo*, Köln/Opladen 1970, S. 76 ff.
64 Vgl. *Verfassung des Landes Hessen* und *Grundgesetz für die Bundesrepublik Deutschland*, Bad Homburg v. d. H. 1962[16], S. 22.

Die Labour-Regierung hatte es zum Bestandteil ihrer Politik erklärt, die deutschen Rohstoff- und Großindustrien zu sozialisieren, und auf Konferenzen der Alliierten auch entsprechende Vorstöße unternommen.[65] Da die USA unter dem Vorwand, keine Präjudizierungen zulassen zu können, Sozialisierungen zu verhindern bestrebt waren, und Frankreich sich gleichfalls ablehnend verhielt, weil es als Folge von Sozialisierungen eine Stärkung der Zentralisation in Deutschland befürchtete, war Großbritannien die einzige westliche Besatzungsmacht, die auf Sozialisierung hinarbeitende deutsche Kräfte hätte unterstützen können. Die entscheidende Verhandlung zwischen den Vereinigten Staaten und Großbritannien über die Sozialisierung der deutschen Kohlenbergwerke fand im August 1947 in Washington statt, zum gleichen Zeitpunkt also, zu dem sich Großbritannien gezwungen sah, die USA von der Entbindung einiger Bestimmungen des amerikanisch-britischen Finanzabkommens zu ersuchen. Die britische Regierung mußte dem amerikanischen Vorschlag zustimmen, die Sozialisierung um fünf Jahre hinauszuschieben und stattdessen sogenannte Treuhandverwaltungen einzurichten.[66] Mit der Bestellung von Treuhandverwaltern wurde der Anschein erweckt, als würden die Besitzer der Großindustrie entmachtet und doch zugleich Präjudizierungen vermieden, indem man die endgültige Entscheidung über die Eigentumsrechte einer künftigen deutschen Regierung vorbehielt; tatsächlich wurde jedoch damit nur erreicht, daß das Privateigentum an Produktionsmitteln im Bereich der Schlüsselindustrien die Zeit starker Sozialisierungstendenzen in der deutschen Bevölkerung überdauerte.

Daß dies auch die Absicht war, bestätigte der amerikanische Militärgouverneur in Deutschland, General Clay, der seine Instruktionen aus Washington zur Sozialisierungsfrage so interpretierte, daß »in Deutschland die wirtschaftliche und politische Stabilität hergestellt sein muß, ehe das deutsche Volk seine Meinung frei äußern kann. [...] Wenn wir daher die Angelegenheit hinauszögern können, während die freie

65 Vgl. Ergänzende Richtlinien für die Behandlung Deutschlands (Bevin-Plan) vom 31. März 1947, in: Cornides/Volle, a.a.O., S. 97 ff.; vgl. auch Hartwich, a.a.O., S. 77 ff.
66 Vgl. Gimbel, a.a.O., S. 201 f.

Unternehmerwirtschaft fortfährt zu arbeiten und wirtschaftliche Verbesserungen sich einstellen, dann wird sich die Frage dem deutschen Volk vielleicht gar nicht mehr stellen.«[67]

Ein Mittel, den deutschen Imperialismus niederzuhalten, ohne den Kapitalismus beseitigen zu müssen, glaubten die USA in der Entflechtung der deutschen Wirtschaft zu haben. In dem Gesetz über das »Verbot der übermäßigen Konzentration deutscher Wirtschaftskraft« vom 12. Februar 1947 heißt es einleitend, das Gesetz sei erlassen,

»(I) um zu verhindern, daß Deutschland die Sicherheit seiner Nachbarn gefährdet und den internationalen Frieden von neuem bedroht;

(II) um Deutschlands wirtschaftliche Fähigkeit, Kriege zu führen, zu zerstören;

(III) um sicherzustellen, daß die für den Wiederaufbau Deutschlands ergriffenen Maßnahmen mit friedlichen, demokratischen Zielen in Einklang stehen;

(IV) um die Grundlage für den Aufbau einer gesunden und demokratischen deutschen Wirtschaft zu schaffen.«[68]

Die USA verstanden das Gesetz als Durchführung der Bestimmung des Potsdamer Abkommens, nach der das deutsche Wirtschaftsleben durch Vernichtung der bestehenden Konzentration dezentralisiert werden sollte. Es schrieb vor, jede Form übermäßiger Konzentration aufzulösen, insbesondere »Kartelle, Interessengemeinschaften, Trusts, Verbände und alle sonstigen Formen von Absprachen oder gemeinschaftlichen Unternehmungen von Personen, deren Zweck oder Wirkung in der Beschränkung des Binnen- oder Welthandels oder anderer wirtschaftlicher Tätigkeit, in der Förderung einer monopolistischen Kontrolle derselben oder in der Beschränkung des Zugangs zu Binnen- oder Weltmärkten besteht [...].«[69] Einbezogen waren überdies Unternehmen mit mehr als 10 000 Beschäftigten. Der Militärregierung war

67 Zit. nach Gimbel, a.a.O., S. 225.
68 Gesetz Nr. 56, D 56/1. Zit. nach Sammlung C. F. Müller, 2. Aufl. Die britische Militärregierung erließ ein Gesetz mit gleichem Titel; inhaltlich weicht jedoch die britische Fassung in einigen Punkten von der amerikanischen ab. Die Engländer hielten zu diesem Zeitpunkt noch an Sozialisierungszielen fest, so daß die Schlüsselindustrien nach ihrem Gesetz keiner Entflechtung oder Kartellkontrolle unterstellt werden sollten. (Vgl. Hartwich, a.a.O., S. 83).
69 Gesetz Nr. 56, a.a.O.

vorbehalten, für den Einzelfall weitere Kriterien für Entflechtungen sowie auch Ausnahmen von der Norm des Gesetzes festzulegen. Die für Konzentrationsgesetzgebungen geradezu charakteristischen Ausnahmeregelungen und Vorbehaltsklauseln fehlten also auch in diesem Gesetz nicht. Dennoch ging es insgesamt erheblich weiter als das von der gleichen Ideologie eines mittelständischen Antimonopolismus geprägte deutsche Wettbewerbsgesetz von 1957, mit dem das alliierte Kartellgesetz abgelöst wurde. Allerdings entsprach die Praxis der Entflechtung nicht entfernt den Möglichkeiten des Gesetzes; wie noch jede mittelständisch orientierte Antimonopolpolitik wurde auch diese sehr bald durch ökonomische Effizienzgesichtspunkte, die auf Konzentration drängen, und durch die Macht der an Konzentration Interessierten überspielt. Innerhalb der amerikanischen Militärregierung fanden heftige Auseinandersetzungen statt, wobei General Clay, der die Entscheidungsbefugnis besaß, auf der Seite derjenigen stand, die die Entflechtungen einzugrenzen suchten. Clay berichtet darüber selbst: »Einige Mitglieder der Dekartellisierungsgruppe waren über meine Entscheidung, die ihren Empfehlungen zuwiderlief, empört; ein Mitglied trat zurück. Seit vielen Monaten schon waren von dieser Gruppe fortgesetzt Beschuldigungen erhoben und von einigen ihrer Mitglieder Briefe an den Kongreß geschrieben worden, die behaupteten, ihre Bemühungen würden von meinen wirtschaftlichen Beratern durchkreuzt. Die Dekartellisierungsgruppe bestand aus Extremisten, die es zwar gut meinten, die aber fest entschlossen waren, die deutsche Industrie ohne Rücksicht auf ihre wirtschaftliche Lebensfähigkeit in kleine Einheiten zu zerlegen.«[70]

Die Entflechtungsmaßnahmen konzentrierten sich vornehmlich auf den IG-Farben-Konzern, die Großbanken und die Montanindustrie, die mit dem Gesetz Nr. 75 aus dem Jahre 1948 in den Entflechtungskomplex einbezogen wurde. Aber obwohl in diesen Sektoren aus Konzernen eine Reihe rechtlich autonomer Unternehmen gebildet wurden, hatte dies keine sichtbare Wirkung für die Wiederherstellung der Konkurrenz in diesen Wirtschaftsbereichen. Monopolistisches oder oligopolitisches Marktverhalten ist nicht an bestimmte rechtlich-

[70] Clay, a.a.O., S. 368.

organisatorische Formen gebunden, wenngleich durch sie die Abstimmung des Marktverhaltens erleichtert oder erschwert werden kann. Es dauerte überdies auch nur wenige Jahre, bis auch organisatorische Formen der Zusammenarbeit wiederhergestellt waren. Die Banken z. B. schlossen sich schon 1950 in drei großen Banknetzen wieder zusammen.

Ebenso wirkungslos wie die Entflechtungen waren die Maßnahmen der Westalliierten, die unter den Begriff ›Bodenreform‹ fielen. Während die USA die Bodenreform ohnehin nur auf den im westlichen Teil Deutschlands nicht sehr häufigen Großgrundbesitz beschränken wollten, waren Engländer und Franzosen bereit, Grundbesitz von 100 ha an in die Reform einzubeziehen. Über Gesetze und Verordnungen hinaus gewann die Bodenreform indes nur in Schleswig-Holstein, dem Land des stärksten Flüchtlingszustromes, eine gewisse praktische Bedeutung. »Das gesamte Verfahren schleppte sich bis über den Zeitpunkt der Verabschiedung des Grundgesetzes hinaus. Was auch immer angestrebt wurde, eine eindeutige Neustrukturierung bei Grundbesitz und landwirtschaftlichen Betrieben oder etwa gar eine nennenswerte Umwandlung der gegebenen Besitzverhältnisse gab es bei der Verabschiedung des Grundgesetzes nicht.«[71]

Die nach der Auflösung nationalsozialistischer und militärischer Organisationen noch vorhandenen Reste des Faschismus glaubten die USA gemäß ihrem Faschismusbild durch eine umfassende personelle Entnazifizierung beseitigen zu können. Konsequent durchgeführt, hätte dieses Entnazifizierungsprogramm immerhin die deutliche personelle Kontinuität verhindern können, die sich in Westdeutschland vor allem in der staatlichen Verwaltung und in der Wirtschaft von der faschistischen zur nachfaschistischen Periode herstellte. Aus mehreren Gründen erwies sich jedoch die von den Alliierten betriebene Entnazifizierung als dafür untauglich. Zwar hatte es zunächst den Anschein, als würde energisch gegen alle führenden und belasteten Nationalsozialisten vorgegangen: Bis September 1945 waren in der amerikanischen Zone 66 500 und in der britischen Zone bis Ende desselben Jahres 70 000 Personen interniert. Indessen wurden auf Druck der englischen Öffentlichkeit 1946 zwei Drittel der von den Englän-

71 Vgl. Hartwich, a.a.O., S. 91.

dern Festgehaltenen wieder entlassen, nachdem sie einem verkürzten Verfahren unterworfen worden waren. Die Verfahren der meisten anderen zögerten sich bis zum Abschluß des Nürnberger Prozesses hin, teilweise, weil abgewartet werden sollte, welche Bedeutung das Gericht der Zugehörigkeit zu den verschiedenen NS-Organisationen beimessen werde[72], teilweise auch, weil es sich um schwere Fälle handelte, bei denen die Beschaffung der Unterlagen länger dauerte. Durch diesen Aufschub geschah es, daß sogenannte Mitläufer, deren Verfahren unmittelbar nach Kriegsende abgeschlossen wurden, verhältnismäßig schärfer bestraft wurden als NS-Wirtschaftsführer und Partei- und Verwaltungsfunktionäre, die zu einem Zeitpunkt vor Gericht oder Spruchkammern kamen, als der »Antifaschismus« schon weitgehend durch den Antikommunismus verdrängt war. Als im Herbst 1947 Washington Druck auf die Militärregierung auszuüben begann, das Entnazifizierungsverfahren bis zum Frühjahr 1948 abzuschließen, wurden von der Militärregierung neue Bestimmungen erlassen, auf deren Grundlage die Zahl der höher Eingestuften im Handumdrehen von 750 000 auf 250 000 reduziert wurde.[73]

Weitere Schwierigkeiten ergaben sich aus der Zahl der von der Entnazifizierung Betroffenen; der NSDAP hatten ca. 8 Millionen Deutsche angehört und nochmals 4 Millionen den verschiedenen Unterorganisationen. Das hieß, etwa ein Fünftel der Gesamtbevölkerung mußte dem Verfahren unterzogen werden.[74] Da es die Alliierten für richtig hielten, die Spruchkammern mit Deutschen zu besetzen, alle Richter aber nationalsozialistisch organisiert gewesen waren, gab es einen erheblichen Mangel an geeigneten Personen.[75] Nicht selten waren Mitglieder von Spruchkammern selbst Belastete. Im November 1946 sah sich General Clay veranlaßt, das milde Vorgehen der deutschen Spruchkammern und die schnelle

72 Vgl. Balfour, a.a.O., S. 266.
73 Vgl. Gimbel, a.a.O., S. 214.
74 Vgl. Balfour, a.a.O., S. 261.
75 Die Vorsitzenden der Spruch- bzw. Berufungskammern sollten Befähigung zum Richteramt oder zum höheren Verwaltungsdienst haben. Die vier Beisitzer wurden von den Parteien vorgeschlagen und vom zuständigen Landesminister bestellt. Dazu sowie zu den Entnazifizierungsverfahren insgesamt vgl. ausführlich Justus Fürstenau, *Entnazifizierung*, Neuwied 1969.

Wiedereinstellung von Mitläufern in die Verwaltung zu kritisieren.[76] Gleichzeitig stellte er sich jedoch vor den in Bayern für die Entnazifizierung zuständigen Minister Pfeiffer[77], dessen Entnazifizierungspolitik von Offizieren der amerikanischen Militärregierung angegriffen worden war. Das unter Pfeiffers Leitung stehende Ministerium hatte 60% derjenigen, die automatisch als »Hauptschuldige« hätten eingestuft werden müssen, entweder als »Entlastete« oder als »Mitläufer« eingestuft bzw. mit nur geringen Geldstrafen belegt. Zwei Drittel der Beamten in Bayern, die die amerikanische Militärregierung entlassen hatte, wurden von bayrischen Entnazifizierungsrichtern entlastet. Und als der Stuttgarter Entnazifizierungsrichter 1947 ein Verfahren gegen den Ministerpräsidenten von Württemberg-Baden, Reinhold Maier, und dessen Kultusminister Simpfendörfer einleiten wollte, die beide dem Ermächtigungsgesetz zugestimmt und darüber hinaus 1933 öffentlich Hitlers »nationales Programm« (Maier) bzw. die Ablösung der »weichen« Weimarer Republik (Simpfendörfer) begrüßt hatten, duldeten die Amerikaner die Entlassung des Richters.[78]

Viele Besatzungsoffiziere fanden zu ehemaligen Parteifunktionären und -mitgliedern, die, wie sie selbst, aus bürgerlichen Kreisen stammten, leichter Kontakt als zu Antifaschisten, die oft proletarischer Herkunft waren.[79] Hinzu kam, daß die Militärverwaltungen oft glaubten, auf die ersteren als »Experten« nicht verzichten zu können. Vor allem den nationalsozialistischen Wirtschaftsführern kam zugute, daß den Besatzungsmächten kapitalistische Geschäftsmentalität vertraut war. So etwa wurde Wilhelm von Opel, der Generaldirektor der Opel-Werke, lediglich zu einer Geldstrafe von 200 Dollar verurteilt, obwohl er bereits vor dem Ermächtigungsgesetz an Konferenzen mit Hitler teilgenommen, einen Appell zur Unterstützung der NSDAP unterzeichnet und einen Betrieb geleitet hatte, der im wesentlichen Kriegsmaterial produziert hatte. Die gleiche Geldstrafe erhielt ein Postbote, weil er von

76 Vgl. Fürstenau, a.a.O., S. 74 f.
77 Vgl. Arthur D. Kahn, *Offiziere, Kardinäle und Konzerne*, (dt.) Berlin o. J., S. 202. Kahn war als amerikanischer Besatzungsoffizier in Deutschland, sein Buch ist ein kritischer Bericht darüber.
78 Ebd., S. 203 f.
79 Ebd., S. 60 ff.

1939 bis 1942 der NSDAP angehört hatte; ihm wurde überdies noch die Ausübung öffentlicher Funktionen verboten.[80] Eine zynische Rechtfertigung solch konzilianter Beurteilung deutscher Wirtschaftsführer gab General Clay selbst: »Wenn man ein Urteil aus der Tatsache macht, daß jemand während der dreizehn Jahre unter Hitler Geld verdiente, schließt man jede Fähigkeit und Erfolg aus.«[81] Deutlicher noch äußerte sich der Vertreter Robert Murphys, Reinhard, anläßlich eines ähnlich gelagerten Falles: »Wenn die Russen die linke Seite der Elbe bolschewisieren, so ist das ihre Sache; es entspricht jedoch nicht den amerikanischen Regeln, wenn durch eine umfassende Entnazifizierung die Basis des Privateigentums aufgehoben würde.«[82]

Sowjetische Gegenvorschläge zur Politik der USA

Die Rede des amerikanischen Außenministers Byrnes vom 6. September 1946, in der er eine deutsche Zentralregierung auf föderalistischer Grundlage postulierte, war eine Reaktion auf die von Außenminister Molotow zuvor in Paris erhobene Forderung nach Errichtung einer zentralen deutschen Regierung. Byrnes befürchtete, das sowjetische Angebot könne die Amerikaner in der Meinung der Deutschen ins Hintertreffen geraten lassen, weshalb er als Ort seiner Gegenrede eine deutsche Großstadt, Stuttgart, wählte.[83]
Die sowjetischen Vorstellungen von einer deutschen Regierung waren zunächst sehr viel genereller als die amerikanischen. Die künftige deutsche Regierung, so forderte Molotow am 10. Juli 1946 in Paris, müsse demokratisch und in der Lage sein, die Überreste des Faschismus zu beseitigen sowie die Verpflichtungen gegenüber den Alliierten, insbesondere hinsichtlich der Reparationen, zu erfüllen.[84]
Konkreter waren die Vorstellungen, die Molotow auf der Moskauer Ratskonferenz der Außenminister (10. März bis 24.

80 Ebd., S. 209 f.
81 Zit. nach Eberhard Schmidt, *Die verhinderte Neuordnung 1945-1952*, Frankfurt/M. 1970, S. 56.
82 Zit. nach Kahn, a.a.O., S. 208.
83 Vgl. Byrnes, *In aller Offenheit*, a.a.O., S. 242, S. 250 f.
84 S. Dok. 6a.

April 1947) vortrug. Die Beseitigung der Überreste des Faschismus bestand danach – neben dem radikalen Ausschluß aller Nationalsozialisten aus dem öffentlichen Leben – in der Verwirklichung der Bodenreform und der Verstaatlichung der Monopole.[85] Damit stellte die Sowjetunion dem langfristig wirkungslosen mittelständischen Antimonopolismus der USA eine konsequentere Form der in Potsdam vereinbarten Auflösung der Monopolvereinigungen entgegen. Der künftige deutsche Staat sollte nach sowjetischer Vorstellung eine parlamentarische Form mit einem Zweikammer-System entsprechend der Weimarer Verfassung erhalten. Entgegen der im Westen verbreiteten Meinung, nach der die Sowjetunion auf einen zentralistischen Einheitsstaat in Deutschland abzielte, intendierte der sowjetische Vorschlag, einen dezentralisierten Einheitsstaat zu errichten, in dem die Länder die gleiche Stellung haben sollten wie in der Weimarer Verfassung.[86] Wörtlich lauteten die sowjetischen Vorschläge zum deutschen Staatsaufbau:

»1. Deutschland wird als einheitlicher friedliebender Staat, als demokratische Republik mit einem aus zwei Kammern bestehenden gesamtdeutschen Parlament und einer gesamtdeutschen Regierung wiederhergestellt, wobei die verfassungsmäßigen Rechte der zum deutschen Staat gehörenden Länder zu sichern sind.

2. Der Präsident der Deutschen Republik wird vom Parlament gewählt.

3. Auf dem Territorium ganz Deutschlands wird die vom Parlament festgelegte gesamtdeutsche Verfassung, in den Ländern werden die von den Landtagen festgelegten Länderverfassungen Gültigkeit haben.

4. Die deutsche Verfassung wie auch die Länderverfassungen werden auf demokratischen Grundlagen aufgebaut. Sie sollen die Entwicklung Deutschlands als eines demokratischen und friedlichen Staates verankern.

5. Die gesamtdeutsche Verfassung und die Länderverfassung werden die ungehinderte Gründung und Tätigkeit aller demokratischen Parteien sowie der Gewerkschaftsverbände

85 Vgl. W. M. Molotow, *Fragen der Außenpolitik*, Moskau 1949, S. 385, S. 403 f.
86 Ebd., S. 449.

und anderer öffentlichen demokratischen Organisationen und Institutionen gewährleisten.

6. Allen deutschen Staatsbürgern ohne Unterschied der Rasse, des Geschlechts, der Sprache und des Glaubensbekenntnisses werden durch die gesamtdeutsche Verfassung und die Länderverfassungen demokratische Freiheiten garantiert, einschließlich der Freiheit des Wortes, der Presse, der religiösen Kulthandlungen, der öffentlichen Versammlungen und der Koalition.

7. Das Parlament und die Landtage der Länder werden auf Grund des allgemeinen, gleichen und direkten Wahlrechts bei geheimer Stimmabgabe und nach dem Verhältniswahlsystem gewählt werden.

8. Die örtlichen Selbstverwaltungsorgane (Kreis- und Gemeinderäte) werden auf denselben demokratischen Grundlagen gewählt wie die Landtage der Länder.«[87]

Die sowjetischen Vorstellungen über den staatlichen Aufbau Deutschlands stimmten in wesentlichen Punkten mit denen der britischen Regierung überein, die diese im Bevin-Plan vom 31. März 1947 entwickelte. Wie die Sowjetunion schlug auch Großbritannien einen dezentralisierten Einheitsstaat und ein Zweikammersystem vor. Beide Länder stimmten auch darin überein, die Kompetenzen des Präsidenten im Vergleich zur Weimarer Republik erheblich zu begrenzen.[88] Aus dem Bevin-Plan geht überdies hervor, daß eine Einigung beider Länder auch hinsichtlich der Entmonopolisierung möglich gewesen wäre; der britische Plan erwähnt die Sozialisierung ausdrücklich als eine Möglichkeit.

Die Vorschläge der Sowjetunion zur politischen und ökonomischen Struktur entsprachen ihren unmittelbaren und langfristigen Interessen gegenüber Deutschland. Unmittelbare Interessen waren die für den Wiederaufbau in Rußland benötigten Reparationsleistungen, die absehbar nur von einem wirtschaftlich und staatlich geeinten Deutschland in der geplanten Größenordnung zu erhalten waren. Die langfristigen Interessen entsprangen dem sowjetischen Sicherheitsbedürfnis; nur wenn es gelang, in Deutschland die Restitution jener

87 Ebd., S. 430 f.
88 Vgl. Ergänzende Richtlinien (Bevin-Plan), a.a.O., S. 97; Molotow, a.a.O., S. 445.

durch Spätfeudalismus und Monokapitalismus bestimmten sozialen Verhaltnisse zu verhindern, die den ersten und zweiten imperialistischen Weltkrieg ausgelöst hatten, war eine erneute Aggression ausgeschlossen. Die Bereitschaft, an der Vernichtung der sozialökonomischen Verhältnisse mitzuwirken, die den Faschismus hervorgebracht und zur Auslösung der Weltkriege geführt hatten, und ihre Wiederherstellung zu verhindern, war deshalb für die Sowjetunion das Kriterium für die antifaschistische und demokratische Einstellung von Personen und Parteien. In einem politisch wieder geeinten Deutschland, so nahm sie an, würden die antifaschistischen und demokratischen Kräfte von der Mehrheit der Bevölkerung gestützt. Unter der Bedingung voneinander abgeschlossener Zonen aber sah sie die politische Aktivität dieser Kräfte eingeschränkt.[89] Vor allem in den Ländern Süddeutschlands, so die Kritik der in Moskau erscheinenden Wochenzeitung *Neue Zeit*, herrschten Parteien und sonstige Gruppen, die sich – im Schutz des von den Amerikanern praktizierten Föderalismus – der endgültigen Beseitigung des Faschismus widersetzten. Wörtlich heißt es: »Die Potsdamer Beschlüsse der drei Großmächte verlangen eine weitgehende Demokratisierung des öffentlichen Lebens in ganz Deutschland. Unbedingte Voraussetzung hierfür wäre eine allseitige Förderung der demokratischen Parteien, der Gewerkschaften und der anderen antifaschistischen Organisationen, die Verstärkung ihrer Tätigkeit und ihre Zusammenfassung über ganz Deutschland. Nimmt man Kurs auf eine Zerstückelung Deutschlands und fördert die separatistischen Tendenzen, so ist das einer Erfüllung dieser Aufgabe abträglich. In einzelnen Ländern schießen kleine Parteien und Gruppen wie Pilze aus der Erde. Um sie scharen sich die reaktionären Elemente. Sie predigen alle möglichen antidemokratischen Ideen, angefangen von den Churchillschen ›Vereinigten Staaten von Europa‹ bis zu offenen Revancheforderungen. In der politischen Arena ganz Deutschlands wären diese Parteien sofort entlarvt und bloßgestellt, sie hätten die Öffentlichkeit gegen sich und würden zweifellos unschädlich gemacht werden. In den stillen Winkeln der einzelnen Länder aber vergiften sie die Gemüter und widersetzen sich aktiv den Versuchen, Deutschland auf

89 Vgl. Molotow, a.a.O., S. 383 ff.

den Weg einer demokratischen, friedlichen Entwicklung zu führen. In Kreisen der deutschen Öffentlichkeit weiß man sehr wohl, mit welchen Gefahren der Föderalismus die demokratische Entwicklung Deutschlands bedroht.«[90]

Von der Bizone zum westdeutschen Staat

Dem Selbstverständnis der Amerikaner und Engländer nach war mit der Gründung der Bizone kein politischer Akt erfolgt, der Deutschland teilte. Die Bizone war in ihren Augen lediglich ein wirtschaftlicher Zusammenschluß, von dessen Erfolg, wie Kriegsminister Patterson annahm, Russen und Franzosen bald so beeindruckt sein würden, daß sie sich ihm anschlössen.[91] Einen Beweis, daß es sich um keinen politischen Zusammenschluß handele, sah man in dem Verzicht auf Errichtung von effektiven Zentralverwaltungsstellen. Die fünf Zentralämter der Bizone wurden auf fünf Städte verstreut; eine Koordination zwischen ihnen war nicht vorgesehen.[92] Legislative Vollmachten blieben entweder den Militärregierungen vorbehalten oder, wie in der amerikanischen Zone, zonalen Institutionen. Da außerdem die Länderverwaltungen fortbestanden und diese in der britischen Zone zentralistisch, in der amerikanischen Zone dagegen föderalistisch organisiert waren, bestand ein außerordentlicher Kompetenzwirrwarr in dieser ersten Phase der Bizonenverwaltung. Wahrscheinlich wäre diese ineffektive Organisation bald beseitigt worden und hätten die Bizoneninstanzen gegenüber den Zonen- und Ländereinrichtungen größere Rechte erhalten, wenn nicht im Januar 1947 der linke Sozialdemokrat Viktor Agartz zum Vorsitzenden des Verwaltungsrates für Wirtschaft gewählt worden wäre, dessen Exekutivausschuß nach Neuwahlen fast nur noch aus Sozialdemokraten bestand. Die *New York Times* sah in der Wahl Agartz' gleich einen Sieg des Sozialismus in Deutschland.[93] Versuche der Ministerpräsi-

90 Zit. nach *Europa-Archiv* 1. Jg. (1946/47), S. 633.
91 Vgl. Gimbel, a.a.O., S. 194.
92 Dazu und zum folgenden vgl. Tilman Pünder, *Das Bizonale Interregnum*, Waiblingen 1966, S. 83.
93 Vgl. Gimbel, a.a.O., S. 161.

denten, eine politische Koordination der Bizonenbehörden herzustellen, scheiterten am Einspruch der amerikanischen Militärregierung, die befürchtete, »die Sozialdemokraten in der britischen Zone würden sich mit ihren Parteifreunden in der amerikanischen Zone verbünden, um auf dieser Ebene das gleiche zu tun, was sie in Minden im Verwaltungsrat für Wirtschaft getan hatten.«[94] Alle Reformen der Bizonenverwaltung verschob die Militärregierung bis zum Abschluß der nächsten Außenministerkonferenz, die im März/April in Moskau tagte.

Verhandlungsgegenstand in Moskau waren noch einmal alle jene Streitpunkte bezüglich Deutschlands, die man in Jalta, Potsdam und später nicht oder nicht eindeutig zu klären vermocht hatte. Die Sowjetunion kritisierte die unzureichende Verwirklichung der auf den genannten Konferenzen oder im Kontrollrat getroffenen Vereinbarungen über die Entmilitarisierung, industrielle Abrüstung, Entnazifizierung, Wiedergutmachung, Vernichtung der Monopole und Durchführung einer Bodenreform durch die Westmächte.[95] In der noch immer ungeklärten Reparationsfrage bot die sowjetische Delegation an, eine Laufzeit von zwanzig Jahren vorzusehen; an ihrer Forderung von 10 Milliarden Dollar Gesamtsumme hielt sie indessen fest. Ebenfalls verlangte sie weiterhin mit Hinweis auf ihr Sicherheitsinteresse gegenüber Deutschland eine Viermächtekontrolle des Ruhrgebietes; dieses, so argumentierte Molotow, umfasse drei Viertel der Kohlen- und Hüttenindustrie Deutschlands und sei »die Hauptbasis des deutschen Militarismus und die entscheidende Stütze der Hitleraggression« gewesen.[96] Die Lösung der Reparationsfrage, die internationale Kontrolle des Ruhrgebietes sowie die Auflösung der Bizoneneinrichtungen waren sowjetische Bedingungen für die Verwirklichung der Zentralverwaltungsstellen. – Alle diese sowjetischen Forderungen und Vorschläge stießen auf Ablehnung.

Die USA legten in Moskau noch einmal den Vertragsentwurf über eine langfristige Viermächtekontrolle Deutschlands vor,

94 Ebd., S. 162.
95 Vgl. den ausführlichen Bericht mit Redetexten über die Konferenz in: *Europa-Archiv* 2. Jg. (1947), S. 671 ff.
96 Molotow, a.a.O., S. 389.

der bereits auf der Pariser Ratskonferenz diskutiert worden war.[97] Erklärtes Ziel des Vertrages sollte es sein, die Entmilitarisierung Deutschlands dauerhaft zu gewährleisten und damit die Sicherheitsbedürfnisse vor allem Frankreichs und der Sowjetunion zu befriedigen. Durch diesen Vertrag wollten die USA die Bedingungen dafür schaffen, ihre militärische Präsenz in Europa möglichst bald abbauen zu können und mittels der Kontrollfunktion über Deutschland dennoch politisch präsent zu bleiben. Byrnes, einer der Initiatoren des Vertrages, gab angesichts sowjetischer Vorbehalte der Hoffnung Ausdruck: »Er [Molotow, die Verf.] dürfte allmählich zu der Einsicht gekommen sein, daß wir mit oder ohne Vertrag unser Interesse an Europa zu wahren beabsichtigen.«[98] Eindrucksvoller noch faßt der aus amerikanischer Perspektive schreibende Historiker des Kalten Krieges, Gerhard Wettig, die Tendenz des Vertragsentwurfes zusammen; der diesem zugrunde liegende Gedankengang, so führt Wettig aus, »setzte voraus, daß die politische Präsenz der Vereinigten Staaten auf dem europäischen Kontinent von allen dortigen Staaten einschließlich der Sowjetunion als eine Wohltat begrüßt würde«.[99] Daß die Sowjetunion die amerikanische Präsenz in Europa nicht als Wohltat zu empfinden vermochte, war freilich nicht, wie aus den sowjetischen Änderungsvorschlägen hervorgeht, der einzige Grund für ihre Vorbehalte gegenüber dem Vertragsentwurf. Da dieser sich auf eine dauerhafte Entmilitarisierung Deutschlands beschränkte, aber die in Potsdam vereinbarten politischen und ökonomischen Strukturveränderungen mit dem Ziel einer restlosen Beseitigung des Faschismus unberücksichtigt ließ, beantragte die Sowjetunion die Aufnahme dieser Vereinbarung in den Vertrag.[100] Die grundsätzliche Differenz in der Deutung des Faschismus, seiner Ursachen und seiner Beseitigung erhielt bei dieser Diskussion wie generell bei den Plänen für die künftige politische und ökonomische Struktur Deutschlands eine praktische Bedeutung.

97 Text des Vertragsentwurfs in: *Europa-Archiv* 1. Jg. (1946/47), S. 258 ff.
98 Byrnes, *In aller Offenheit*, a.a.O., S. 236.
99 Gerhard Wettig, *Entmilitarisierung und Wiederbewaffnung in Deutschland 1943-1955*, München 1967, S. 142.
100 Text des sowjetischen Alternativentwurfs in: *Europa-Archiv* 2. Jg. (1947), S. 731 f.

In dieser Differenz dürfte auch die Hauptursache dafür zu suchen sein, daß man sich in Moskau zwar darauf einigen konnte, drei Monate nach Errichtung von Zentralverwaltungen einen deutschen Konsultativrat zu bilden, mit dessen Hilfe 9 Monate später eine provisorische deutsche Regierung zustande kommen sollte, jedoch über die Zusammensetzung des Konsultativrates ein Konsens nicht herzustellen war. Ihrem föderalistischen Programm gemäß und entsprechend der Struktur des Länderrates in ihrer Zone wollten die USA den Konsultativrat aus den Ministerpräsidenten der Länder bilden; die Sowjetunion dagegen schlug einen Konsultativrat vor, der sich aus allen demokratischen Parteien, Gewerkschaften und anderen antifaschistischen Organisationen zusammensetzen sollte.

Von amerikanischer Seite hat man die Moskauer Konferenz und insbesondere die Vorlage des Viermächtekontrollvertrages als Versuch ausgegeben, »den sowjetischen Partner vor die Wahl zu stellen, entweder die Spielregeln der alliierten Kooperation anzunehmen und einen maßvollen außenpolitischen Kurs zu steuern oder aber seinen imperialistischen Charakter entlarvt zu sehen«.[101] Freilich hat man gleichzeitig alle Vorkehrungen getroffen, das Versuchsergebnis der zweiten Möglichkeit entsprechend im voraus festzulegen.

Zwei Tage nach Beginn der Konferenz, am 12. März 1947, wurde die Truman-Doktrin verkündet[102], die allen »freien Völkern« amerikanische Unterstützung gegen den Kommunismus auferlegte. Damit wurde die Politik der Eindämmung gegenüber der Sowjetunion offiziell zum Programm erhoben, eine Politik, »die darauf hinauslief, Staaten an der sowjetischen Peripherie als antirussische Bollwerke aufzubauen«.[103] Ein amerikanischer Teilnehmer der Moskauer Konferenz berichtet, welche Wirkung die Verkündung der Truman-Doktrin dort hatte: »In den ersten Tagen der Konferenz waren die Berichte in der sowjetischen Presse ausführlich gehalten und frei von ihren üblichen sarkastischen Nebenbemerkungen über die Motive des Westens. Molotow zeigte sich in der Eröffnungsdiskussion über die Verfahrensordnung von einer

101 Wettig, a.a.O., S. 144.
102 Text der Kongreßbotschaft Trumans, s. Dok. 8.
103 Schwarz, a.a.O., S. 80.

überaus konzilianten Seite und ging zunächst auf die Vorschläge Marshalls, dann auf die Bevins ein. Zweifellos nahmen die Russen an, daß alles in Ordnung sei und daß die Dinge ordnungsgemäß verlaufen würden. Aus den Verhandlungen über die Friedensverträge mit den Satellitenstaaten hatten sie gelernt, welches Verfahrensrezept anzuwenden sei, und sie waren bereit, danach zu handeln, diesmal freilich mit größerer Gelassenheit, denn inzwischen kannten sie die Schliche: zwei Jahre Streiten, Feilschen und Unter-Druck-Setzen, bis man auf einen toten Punkt angelangt war, dann auf dieser Basis verhandeln. [...] Ausgerechnet auf dem Höhepunkt der Konferenz zwei Tage nach dem sie begonnen hatte, platzte die Bombe der Truman-Doktrin. Präsident Trumans Ausführung, daß fast jede Nation sich zwischen zwei Welten entscheiden müsse, klangen für das übrige Europa wie ein Ultimatum, entweder mit uns zu sein oder zu unseren Gegnern gerechnet zu werden. Das Lächeln auf den Gesichtern der Russen verschwand.«[104]

Stalin gab dem amerikanischen Außenminister zu verstehen, die Sowjetunion sehe in allen wesentlichen Punkten Möglichkeiten eines Kompromisses, was zugleich hieß, daß die sowjetische Regierung zu Zugeständnissen bereit war.[105] Amerikanische Konferenzbeobachter hatten freilich den Eindruck, »daß keine sowjetische Konzession mit Ausnahme einer vollständigen Kapitulation vor den amerikanischen Gesichtspunkten einen Fortschritt der Verhandlungen bewirkt hätte«.[106] Als Berater Außenminister Marshalls fungierte auf der Konferenz John Foster Dulles. Eine »Denkschrift« von diesem diente Marshall bereits bei einer die Konferenz vorbereitenden Besprechung in Berlin als Redegrundlage.[107] Aus der antikommunistischen Eindämmungspolitik zog Dulles die Konsequenz, nicht mehr in den Kategorien der Potsdamer Konferenz einer politischen und wirtschaftlichen Einheit Deutschlands zu planen, sondern auch innerhalb Deutschlands in Blöcken. Gleich Adenauer, mit dem er sich später in der Hochphase des Kalten Krieges ausgezeichnet verstand,

104 Zit. nach Horowitz, a.a.O., S. 64.
105 Vgl. Horowitz, a.a.O., S. 64.
106 Schwarz, a.a.O., S. 81.
107 Vgl. Gimbel, a.a.O., S. 166.

dachte Dulles schon damals nur noch in der Dimension eines gespaltenen Europa, wobei das Rheinland als (ökonomisches) Zentrum Westeuropas erscheint. Amerikaner und Briten erinnerte er an ihre Macht in Deutschland und empfahl, sie zu nutzen, was hieß, in Westdeutschland ohne Rücksicht auf die sowjetischen Interessen vorzugehen.[108]

Mit der Verkündung der Truman-Doktrin und dem – wie man annehmen muß: geplanten – Scheitern der Moskauer Konferenz war der Kalte Krieg sichtbar ausgebrochen. Für die Sowjetunion war damit erneut und sogar verstärkt eingetreten, was sie seit ihrem Bestehen als die größte Gefahr empfunden hatte und was durch die Allianz gegen den Faschismus und durch die freiwillige Preisgabe des proletarischen Internationalismus überwunden zu sein schien: eine kapitalistische Bündnispolitik mit der permanenten Gefahr militärischer Intervention gegen sie, die den »Aufbau des Sozialismus in einem Lande« bedrohte.[108a] Die erste Reaktion der Sowjetunion war die gewaltsame Ausschaltung der Mehrheitspartei in Ungarn. Damit begann der Prozeß der Absicherung des ihr einmal von den Westmächten zugestandenen und jetzt durch die Eindämmungspolitik bedrohten Einflusses in den Balkan-Ländern durch deren Sowjetisierung.

Infolge des Scheiterns der Moskauer Konferenz fühlten sich die Vereinigten Staaten und Großbritannien berechtigt, die Blockbildung im Westen und als deren Bestandteil die Verselbständigung des westlichen Teils Deutschlands weiter voranzutreiben. Am 17. Juli 1947 wurde die Direktive JCS 1779 veröffentlicht, die, wie schon gezeigt wurde, Präjudizierungen der Gesellschaftsstruktur Deutschlands zu vermeiden vorgab, sie gleichwohl aber implizierte. Zuvor, am 5. Juni 1947, hatte Marshall die nach ihm benannte europäische Wirtschaftshilfe angekündigt. Sie bildete das ökonomische Pendant zur Truman-Doktrin.[109] Mit ihr verband sich die Erwartung, eine auf ihrer Grundlage aufgebaute und zusammengeschlossene westeuropäische Wirtschaft werde über kurz oder lang auf die

---

108 Vgl. die Reden Dulles' vom Januar 1947 in: *Europa-Archiv* 1. Jg. (1946/47), S. 563 ff.
108a Vgl. die Studie von U. Schmiederer, *Die sowjetische Theorie der friedlichen Koexistenz*, Ffm. 1968, S. 17 ff.
109 Text der Rede Marshalls s. Dok. 9.

sowjetische Zone, Polen und die Tschechoslowakei eine unwiderstehliche Anziehungskraft ausüben.[110]

Zwar galt das Angebot der Wiederaufbauhilfe formell auch den Ostblockstaaten; Polen, Jugoslawien sowie die Tschechoslowakei waren – mit Zustimmung der Sowjetunion – denn auch bereit, sie in Anspruch zu nehmen[111]; gleichfalls lehnte die Sowjetunion, die die USA schon früher vergeblich um einen Sechs-Milliarden-Dollar-Kredit gebeten hatte[112], das amerikanische Angebot nicht von vornherein ab. Aber wie sich auf einer eigens zur Besprechung des Planes einberufenen Konferenz in Paris (27. Juni - 2. Juli 1947) zeigte, waren die amerikanische und britische Regierung an einer Annahme durch die Sowjetunion nicht ernsthaft interessiert[113]; vor allem aber erwiesen sich die Bedingungen des Planes als unannehmbar, denn die »Hälfte« sollte im Zusammenhang eines integrierten Wirtschaftsplanes der europäischen Länder gewährt werden, was die Sowjetunion befürchten ließ, im Zuge der damit verbundenen Arbeitsteilung würden die osteuropäischen Länder auf ihrem industriell niedrigeren Entwicklungsstand fixiert bleiben.[114] Der sowjetische Gegenvorschlag war, die europäischen Länder sollten ihren Bedarf selbst ermitteln, und die Hilfe der USA sei dann entsprechend dieser Bedarfsfeststellung einzusetzen. Damit freilich wäre die ökonomische Funktion, die der Marshall-Plan für die USA hatte, nämlich die Absorbierung von Produktions- und Kapitalüberschüssen, nur noch begrenzt zu erfüllen gewesen.[115]

Noch auf der Rückreise aus Moskau erteilte Marshall in Berlin General Clay Anweisungen für den weiteren Ausbau der Zweizonenorganisation. Dieser vollzog sich ohne deutsche Beteiligung. Oberste deutsche Organe der Bizone wurden ein

110 Gimbel, a.a.O., S. 217.

111 Vgl. Horowitz, a.a.O., S. 65.

112 Die USA hatten als Bedingung des Kredits an die Sowjetunion erklärt, daß a) die bestehenden bilateralen Handelsverträge der UdSSR mit Rumänien, Ungarn, Bulgarien, Polen und Finnland zugunsten multilateraler Handelsbeziehungen geändert würden und daß b) eine für die USA akzeptable Regelung für den früheren amerikanischen Ölbesitz in Ungarn gefunden würde. Vgl. *Europa-Archiv* 1. Jg. (1946/47), S. 36.

113 Vgl. Horowitz, a.a.O., S. 65.

114 Vgl. dazu und zum folgenden Molotow, a.a.O., S. 505 ff.

115 Vgl. zum Marshall-Plan auch S. 72 ff.

Wirtschaftsrat, ein Exekutivrat und die Direktoren der Verwaltung. Die 52 Vertreter im Wirtschaftsrat wurden aus den Landtagen im Verhältnis der nach der letzten Wahl verteilten Stimmen entsandt.[116]

Eine dritte Umbildung der Bizonenorganisationen erfolgte nach der Londoner Außenministerkonferenz vom November/Dezember 1947, auf der ein Friedensvertrag mit Deutschland vorbereitet werden sollte, die aber tatsächlich nur eine Verschärfung der Gegensätze zum Ergebnis hatte.[117] Obwohl die Westmächte den sowjetischen Vorwurf, auf einen separaten westdeutschen Staat hinzuarbeiten, in London als unbegründet zurückwiesen[118], begannen Amerikaner und Engländer sofort nach der Konferenz mit der Planung regierungsähnlicher Institutionen in der Bizone. Die Mitgliederzahl des Wirtschaftsrates wurde verdoppelt und seine Gesetzgebungskompetenz erweitert; den Exekutivrat ersetzte man durch einen Länderrat, der sich, wie der spätere Bundesrat, aus Regierungsvertretern der Länder zusammensetzte. Außerdem wurde ein Verwaltungsrat konstituiert, der dem Wirtschaftsrat verantwortlich war und gleichsam das Kabinett darstellte.[119] Wenig später gewannen die USA auch Frankreich zum Beitritt in die Bizone, indem sie ihm, vorbehaltlich einer Friedensvertragsregelung, den Anschluß des Saargebietes an Frankreich de-facto anzuerkennen versprachen.

Den endgültigen Schritt zur Teilung Deutschlands durch Errichtung eines separaten westdeutschen Staates vollzogen die Westmächte mit der Einberufung der Londoner Sechs-Mächte-Konferenz im Februar 1948. Daß es sich bei dieser Konferenz zugleich um einen Schritt in der Westblockbildung handelte, geht schon daraus hervor, daß die in London zur Beratung über Westdeutschland versammelten sechs Länder (neben den drei Westalliierten die drei Benelux-Länder) zur gleichen Zeit in Brüssel den Brüsseler Pakt, das Vorabkommen zur NATO, schlossen. Das Ziel einer politisch-ökonomischen Westblockbildung wird auch im Kommuniqué ange-

116 Vgl. Pünder, a.a.O., S. 98.
117 Einen ausführlichen Bericht über die Londoner Konferenz bringen Cornides/Volle, a.a.O., S. 11 ff.
118 Ebd., S. 34.
119 Vgl. dazu ausführlich Pünder, a.a.O., S. 130 ff.

sprochen; die von den Konferenzteilnehmern verfolgte Politik, so heißt es dort, »erstrebt den wirtschaftlichen Wiederaufbau Westeuropas einschließlich Deutschlands und die Schaffung einer Grundlage für die Einbeziehung eines demokratischen Deutschlands in die Gemeinschaft der freien Völker«.[120]

Die Sowjetunion blieb von der Londoner Besprechung unter dem Vorwand ausgeschlossen, sie habe die Realisierung der in Potsdam beschlossenen Wirtschaftseinheit verhindert.[121] Richtig hätte es heißen müssen, die UdSSR habe sich den von den USA für die Herstellung der Wirtschaftseinheit kompromißlos gesetzten Bedingungen nicht unterworfen. Andererseits ist nicht zu übersehen, daß es die Sowjetunion der amerikanischen Diplomatie und der antisowjetischen Propaganda im Westen leicht machte, indem sie – taktisch ungeschickt – von den in Jalta als Verhandlungsgrundlage angenommenen zehn Milliarden Dollar-Reparationen nicht abzuweichen bereit war. Nicht nur war spätestens seit der Moskauer Konferenz deutlich, daß das unabdingbare Festhalten an dieser Summe auf die Forderung des Alles oder Nichts hinauslief; die Sowjetunion geriet dadurch auch in den Augen der Deutschen in die Rolle desjenigen, der die Beseitigung der Not und den Wiederaufbau zu behindern drohte, während die Vereinigten Staaten Deutschland mit dem Marshall-Plan uneigennützige Hilfe zu gewähren schienen.

Die wichtigste Empfehlung der Londoner Konferenz – sie verstand sich als inoffiziell und faßte deshalb keine Beschlüsse, sondern gab nur »Empfehlungen« – bezog sich auf die Einberufung einer verfassunggebenden Versammlung durch die Ministerpräsidenten der deutschen Länder. Der von den USA vorgesehene Staatsaufbau für Deutschland wurde der verfassunggebenden Versammlung als Rahmen vorgegeben: »Diese Verfassung soll es den Deutschen ermöglichen, ihrerseits zur Beendigung der augenblicklichen Teilung Deutschlands beizutragen, nicht durch die Wiederherstellung eines zentral regierten Reiches, sondern durch eine föderalistische Regierung, die die Rechte der einzelnen Staaten angemessen

120 Text des Kommuniqués s. Dok. 10.
121 Vgl. die Note der drei Westmächte an die Sowjetunion vom 21. 2. 1948, in: v. Siegler, a.a.O., S. 67.

schützt, zur gleichen Zeit eine angemessene zentrale Körperschaft vorsieht und die Rechte und Freiheiten des einzelnen Menschen garantiert. Wenn die von der Verfassunggebenden Versammlung ausgearbeitete Verfassung diesen Forderungen nicht entgegensteht, werden die Militärgouverneure genehmigen, daß sie der Bevölkerung der einzelnen Staaten zur Ratifizierung vorgelegt werden.«[122]

Gleichzeitig mit dem Aufbau eines separaten westdeutschen Staates sahen die sechs Mächte die Ausarbeitung eines Besatzungsstatutes sowie die Konstitution einer internationalen Ruhrkontrolle vor, die sich auf Produktion und Verteilung von Kohle, Koks und Stahl bezog. Weiterhin empfahl die Konferenz, die Besatzungstruppen aus Deutschland nicht abzuziehen, »ehe nicht der Frieden in Europa gesichert ist«. Für die Zeit nach dem Abzug der Truppen sollte ein Abkommen getroffen werden, das den entmilitarisierten und industriell abgerüsteten Zustand in Deutschland garantierte. Damit ging die amerikanische Idee einer Viermächtekontrolle, wie sie auf den Pariser und Moskauer Außenminister-Konferenzen verhandelt worden war, in modifizierter Form in die Empfehlungen ein.

Die Sowjetunion protestierte schon vor Beginn der Londoner Konferenz gegen diese als einem Verstoß gegen das Potsdamer Abkommen, das die Behandlung Deutschlands als einheitliches Ganzes vorschreibt. In einer zweiten Note vom 6. März 1948 wies sie darauf hin, daß gemäß der am 6. Juni 1945 von den vier Siegermächten veröffentlichten Deklaration über die Niederlage Deutschlands die Vier verpflichtet seien, das Statut für Deutschland oder Teile davon gemeinsam festzulegen.[123] Da die Proteste wirkungslos blieben, reagierte die Sowjetunion am 20. März damit, daß sie den Alliierten Kontrollrat verließ. Zehn Tage später gab sie neue Bestimmungen für den Berlinverkehr, über den zwischen den Alliierten keine Übereinkunft bestand, bekannt, deren Inkraftsetzung die sogenannte Berlin-Blockade auslöste.

Am 1. Juli 1948 übergaben in Frankfurt die drei westlichen Militärgouverneure den Ministerpräsidenten der westlichen Länder die »Empfehlungen von London«. Auf einer gemein-

122 Kommuniqué, a.a.O., S. 345 f.
123 Text der Noten in: v. Siegler, a.a.O., S. 65 f., S. 67.

samen Konferenz Ende Juli wurde die Konstituierung des Parlamentarischen Rates für den 1. September 1948 beschlossen. Zuvor, am 20. Juni 1948, hatten die drei Alliierten in Westdeutschland eine Währungsreform durchgeführt, die die bestehenden ungleichen Besitzverhältnisse noch verstärkte.[124] Im politischen und sozialökonomischen Bereich waren mit diesen Maßnahmen entscheidende Präjudizien für die politisch-gesellschaftliche Struktur in Westdeutschland geschaffen.

124 Vgl. dazu S. 86 ff.

III. Ökonomische Faktoren des Restaurationsprozesses

Das Jahr 1945 war nicht das »Jahr Null«; gleichwohl war es eine Zäsur: der deutsche Faschismus war besiegt. Die Deutschen, die ihn gestützt oder erduldet hatten, waren politisch entmündigt. Für die überlebende Bevölkerung und die zurückkehrenden Soldaten war das besiegte und zertrümmerte Deutschland ein politisches und wirtschaftliches Chaos, in dem jeder nach Überlebenschancen suchte. Hunger, Wohnungsnot, Krankheiten, die Suche nach Familienangehörigen waren mehr oder weniger das Schicksal aller; in der Sorge um die nackte Existenz verbrauchten sich die spärlichen Energien einer durch einen barbarischen Krieg psychisch und physisch erschöpften Bevölkerung.

Für die meisten war Politik eine Sache der Siegermächte. Dennoch waren breite Bevölkerungskreise – und das gilt vor allem für die in Gewerkschaften und Parteien organisierten Arbeiter – getragen von der Hoffnung, daß mit dem Faschismus der Kapitalismus besiegt sei, daß an seine Stelle etwas Neues treten werde. Die Zerstörung der Städte, Straßen, Brücken, Eisenbahnen und Produktionsanlagen schien so ungeheuer, der Zusammenhang von Kapitalismus, Faschismus und Krieg so evident, der Wille der Siegermächte, die Kriegsverbrecher in Militär und Industrie zu bestrafen, so eindeutig, daß nur eine Alternative noch denkbar war: Sozialismus oder was mehr oder weniger vage darunter verstanden wurde.

Es soll gezeigt werden, daß trotz dieser scheinbaren Prädisposition sehr bald Kräfte in Westdeutschland wirksam wurden, die darauf gerichtet waren, eine sozialistische Alternative zu verhindern. Die wirksamste Kraft sind die USA gewesen, deren politisches und ökonomisches Interesse auf eine Restauration des Kapitalismus in Deutschland gerichtet war. Weil potentiell systemverändernde Maßnahmen oder Programme (Sozialisierungen, Entflechtungen etc.) entweder nur ansatzweise oder überhaupt nicht realisiert wurden, blieb der ökonomische Grundsachverhalt des kapitalistischen Systems, nämlich das Privateigentum an Produktionsmitteln, erhalten. Daran änderten auch solche Maßnahmen nichts, die zeitweise private Eigentümer durch Treuhänder ersetzten, Vorgänge, die zumeist – wie Dekartellierungen und Entflechtungen – später revidiert wurden.

Allen deklarierten Neuordnungsvorstellungen – sowohl der englischen Besatzungsmacht als auch der Gewerkschaften und Parteien zum Trotz – konnten die USA aufgrund ihrer politischen Macht und ökonomischen Potenz systemverändernde Maßnahmen verhindern oder revozieren. Mit ihrer ›Hilfe‹ und unter ihrem Einfluß mobilisierte sich die deutsche Reaktion, die für kurze Zeit von der politischen und wirtschaftlichen Bildfläche abgetreten war, um in der Farce eines Entnazifizierungsprozesses ›zur Verantwortung‹ gezogen zu werden.

Es hat in Deutschland keinen Wiederaufbau des Kapitalismus gegeben, weil er nicht untergegangen war. Unter der Oberfläche gleichsam, für viele unbemerkt, aus politischen Gründen zunächst noch zögernd, haben die USA – das meint: amerikanische Kapitalinteressen – dem deutschen Kapital sukzessive auf die Beine geholfen. Und während die deutsche Bevölkerung die amerikanischen Lebensmittellieferungen zur Linderung der schlimmsten Not als einen Akt humanitärer Gesinnung begrüßte – dem Marshall-Plan wurden ähnliche Motive unterstellt –, wurden mit eben diesen Maßnahmen die Weichen gestellt für einen raschen kapitalistischen Restaurationsprozeß und die Westintegration Deutschlands.

Tatsächlich ist das allgemeine Tempo des wirtschaftlichen Wiederaufstiegs Westdeutschlands, der nach 1948 für alle sichtbar sich fortsetzte, ein Indiz für den Ausbeutungsgrad der Arbeiter, die drei Jahre lang für fast wertloses Geld oder Naturalien unter heute kaum vorstellbaren Entbehrungen die privaten Produktionsanlagen in Gang gesetzt haben. Mit der Währungsreform und den wirtschaftlichen Folgemaßnahmen wurde dieser Prozeß besiegelt. Was danach als Ergebnis der vom Wirtschaftsrat unter Erhard verordneten Währungsreform ausgegeben wurde und als erster Erfolg der Sozialen Marktwirtschaftspolitik erschien und sich in vollen Schaufenster demonstrierte, war in Wahrheit das Ergebnis der vorangegangenen jahrelangen, völlig ungehinderten und schließlich legalisierten Auspowerung der Arbeitskraft, die die Voraussetzung war für einen (vor allem nach der Währungsreform einsetzenden) grandiosen Akkumulationsprozeß privaten Kapitals. – Spärliche Mitbestimmungsrechte der Arbeiter im Betrieb und eine Partizipation der sozial Abhängigen am gesellschaftlich produzierten Reichtum, die den Rahmen verordneten Konsums kaum überschritt, sind die kümmerlichen Entschädigungen für den Verzicht auf eine gesellschaftspolitische Alternative, die für viele als Sozialismus gedacht war und im restaurierten Kapitalismus unterging.

Entwicklung der westdeutschen Wirtschaftsstruktur

Bedeutsames Merkmal der westdeutschen Wirtschaftsstruktur ist das disproportionale Verhältnis zwischen den Wirtschaftsbereichen der Grundstoff-, Produktionsgüter- und Investitionsgüterindustrien einerseits und der Konsumgüterindustrie andererseits.[1] Diese Disproportionalität zu Ungunsten der Konsumgüterindustrie war bereits vor dem Zweiten Weltkrieg für die deutsche Wirtschaftsstruktur kennzeichnend; sie wurde während des Krieges durch Investitionen vor allem im Grundstoff- und Investitionsgütersektor und nach 1945 als Folge der Teilung Deutschlands verstärkt.

Lieferungen von Lebensmitteln und anderen lebenswichtigen Gütern durch die Westalliierten, deren Bezahlung überhaupt nicht oder zu einem späteren Zeitpunkt erfolgen sollte, und Importe von Rohstoffen und Maschinenausrüstungen im Rahmen des Marshall-Planes, deren Gegenwerte für Investitionen in industriellen Engpässen und Infrastrukturbereichen zur Verfügung standen, waren insofern von weitreichender

---

1 Zu den Grundstoffindustrien gehören die Güter, die später in die Produktionssphäre eingehen: außer Rohstoffen auch solche Halbwaren, die in anderen Wirtschaftsbereichen (Landwirtschaft, Industrie, Handwerk, Baugewerbe) weiterverarbeitet werden: Kohle, Eisen und Stahl, Chemikalien, Kunststoffe, Papier, Öl u. a. Zu den Investitionsgüterindustrien gehören: Stahlbau, Maschinen- und Fahrzeugbau, Elektrotechnik, Feinmechanik und Optik, Eisen-, Blech- und Metallwarenindustrie und Stahlverformung. – Zur Konsumgüterindustrie gehören die Industriezweige, deren Produkte den Produktionsbereich endgültig verlassen und dem Verbrauch in den Haushaltungen dienen: Nahrungs- und Genußmittel, Bekleidung u. a.

Bedeutung, als sie die westdeutsche Wirtschaft von der Notwendigkeit, über den Export Devisen zur Bezahlung der Hilfslieferungen zu erwirtschaften, vorläufig entlasteten. Einerseits waren sie Voraussetzung dafür, daß die vorhandenen Produktionsanlagen und -kapazitäten rasch auf- und ausgebaut werden konnten, die dem Bedarf der eigenen Industrie und dem des Weltmarktes an Grundstoff- und Investitionsgütern in der Wiederaufbauphase entsprachen, andererseits trugen sie dazu bei, das Ungleichgewicht der Wirtschaftsbereiche zu verstärken, so daß die Bundesrepublik in zunehmende Abhängigkeit von Störungen auf dem Weltmarkt geriet.

Zu den Faktoren, die die Reorganisation der kapitalistischen Wirtschaft außerordentlich begünstigten, gehören außerdem:

– amerikanische technologische Innovationen und amerikanisches Anlagekapital;
– die von den USA konzipierte Währungsreform mit ihrer eindeutigen Stützung des Kapitals;
– steuer- und kreditpolitische Maßnahmen zugunsten der Unternehmungen;
– niedriges Lohnniveau – verstärkt durch die Lohnkonkurrenz mit den Vertriebenen und Flüchtlingen als industrielle Reservearmee;
– die allgemeine durch Kriegszerstörungen bedingte große Nachfrage im Inland und Ausland, die der deutschen Wirtschaft für lange Zeit Absatzmärkte garantierte.

Im folgenden soll auf die wichtigsten wirtschaftspolitischen Maßnahmen und Faktoren eingegangen werden, die die Restitution der kapitalistischen Wirtschafts- und Gesellschaftsordnung in Westdeutschland bestimmten.

Funktion und Hintergründe des Marshall-Planes

Die alliierten bzw. amerikanischen Pläne[2], die auf militärische, politische und ökonomische Schwächung Nachkriegsdeutschlands abzielten, lassen die Anwendung des 1947 von den USA initiierten Europäischen Hilfsprogramms auf Westdeutschland zunächst nicht plausibel erscheinen. Die allmäh-

2 Vgl. S. 24 f.

liche Überlagerung des ursprünglichen, auf eine Schwächung Deutschlands gerichteten Konzepts durch ein Wiederaufbauprogramm reflektiert die veränderte ökonomische Situation in den USA. Politische und ökonomische Gründe für die sukzessive Wandlung der amerikanischen Deutschlandpolitik lassen sich nicht voneinander trennen. Die ökonomisch desolate Situation sowohl in Deutschland als auch nach Kriegsende in den USA ist Motiv und Legitimationsgrundlage für wirtschaftspolitische Entscheidungen der USA gewesen, die eindeutig die politische Entwicklung in Deutschland – und Europa – determinierten. In der berühmten Rede des amerikanischen Staatssekretärs Marshall am 5. 6. 1947 in der Havard-Universität wurde die Idee der wirtschaftlichen Hilfeleistungen an Europa publik gemacht[3]: Es komme darauf an, betonte Marshall, unrationelle Konkurrenz der europäischen Volkswirtschaften auszuschalten und eine internationale Arbeitsteilung durchzuführen. »Das moderne System der Arbeitsteilung, auf dem Austausch von Produkten basierend, droht zusammenzubrechen. Die Wahrheit ist es, daß die Bedürfnisse Europas für die nächsten drei bis fünf Jahre an ausländischen Nahrungsmitteln und anderen lebensnotwendigen Produkten, in der Hauptsache aus Amerika, um vieles größer sind, als die gegenwärtige Fähigkeit Europas, dafür zu bezahlen. Europa muß deshalb eine wesentliche zusätzliche Hilfe erhalten oder einer wirtschaftlichen, sozialen und politischen Verelendung schwersten Charakters entgegengehen. Das Hilfsmittel besteht darin, den gefährlichen Kreislauf zu unterbrechen und das Vertrauen der europäischen Völker in die wirtschaftliche Zukunft ihrer Länder und Europas als Ganzem wiederherzustellen. [...] Auch abgesehen von dem demoralisierenden Effekt auf die Welt als Ganzes und den Möglichkeiten von Unruhen, die aus der Verzweiflung der betreffenden Völker entstehen können, würden die Konsequenzen der geschilderten Entwicklung für die Wirtschaft der Vereinigten Staaten eindeutig sein. Es ist daher logisch, daß die Vereinigten Staaten alles mögliche tun sollten, um die Wiederkehr normaler, gesunder wirtschaftlicher Verhältnisse in der Welt herbeizuführen, ohne welche

3 Text der Rede s. Dok. 9.

eine politische Stabilität und ein gesicherter Friede nicht bestehen können.«

Die Zielsetzung der US-Auslandshilfe ist in der Präambel und im ersten Absatz des Artikels 102 des »Gesetzes für wirtschaftliche Zusammenarbeit von 1948« (Marshall-Plan)[4] deutlich dargestellt; sie werden deshalb ausführlich zitiert. Die Gesetzes-Präambel: »Ein Gesetz des Weltfriedens und der allgemeinen Wohlfahrt, der nationalen Interessen und der auswärtigen Politik der Vereinigten Staaten durch wirtschaftliche, finanzielle und andere Maßnahmen, die zur Aufrechterhaltung der Verhältnisse im Ausland notwendig sind, wo freiheitliche Einrichtungen weiterhin bestehen sollen, und die dem Gedanken zur Erhaltung der Macht und Stabilität der Vereinigten Staaten entsprechen, mögen Senat und Repräsentantenhaus der Vereinigten Staaten von Amerika beschließen.«

Artikel 102, Absatz a:

»a) In Anerkennung der engen wirtschaftlichen und anderweitigen Beziehungen zwischen den Vereinigten Staaten und den europäischen Nationen und in der Erwartung, daß die Zielsetzung als Folge des Krieges nicht durch nationale Grenzen aufgehalten wird, befindet der Kongreß, daß die in Europa bestehende Lage die Schaffung eines dauerhaften Friedens, die allgemeine Wohlfahrt und das nationale Interesse der Vereinigten Staaten sowie die Erreichung der Ziele der Vereinigten Nationen gefährdet. Die Wiederherstellung oder Aufrechterhaltung der Grundsätze individueller Freiheit, freiheitlicher Einrichtungen und echter Unabhängigkeit in den europäischen Ländern beruht weitgehend auf der Errichtung gesunder wirtschaftlicher Verhältnisse, fester internationaler Wirtschaftsbeziehungen und der Herstellung einer gesunden Wirtschaft Europas, die von außergewöhnlicher auswärtiger Hilfe unabhängig ist. Die Verwirklichung dieser Ziele verlangt einen Plan für die Wiederherstellung Europas, der allen denjenigen Nationen offensteht, die in einem solchen Plan zusammenarbeiten, dessen Grundlage eine energische Produktionssteigerung, die Ausdehnung des Außenhandels, die Schaffung und Aufrechterhaltung nationa-

---

4 *Economic Cooperation Act of 1948, Public Law 472, 80th Congress. Deutscher Text in: Europa Archiv 6/7/1948, S. 1385 ff.*

ler finanzieller Stabilität und die Entwicklung einer wirtschaftlichen Zusammenarbeit sind, einschließlich aller möglichen Schritte, um angemessene Wechselkurse festzusetzen und aufrechtzuerhalten und die weitere Beseitigung der Handelsbeschränkungen zu erreichen. Eingedenk der Vorteile, die die Vereinigten Staaten durch das Vorhandensein eines großen, heimischen Marktes ohne interne Handelsbeschränkungen erfahren haben, und in der Überzeugung, daß ähnliche Vorteile den Ländern Europas erwachsen können, wird hiermit erklärt, daß es die Politik des amerikanischen Volkes ist, diese Länder durch eine gemeinsame Organisation zu ermutigen, sich mit vereinten Kräften zu bemühen, [...] um die wirtschaftliche Zusammenarbeit in Europa rasch zustande zu bringen, die für dauernden Frieden und Wohlstand wichtig ist. Es wird weiterhin erklärt, daß es die Politik des amerikanischen Volkes ist, die Grundsätze der individuellen Freiheit, freiheitlicher Einrichtungen und echter Unabhängigkeit in Europa durch Hilfe auch an solche europäischen Ländern zu stützen und zu stärken, die an einem gemeinsamen, auf Selbsthilfe und gegenseitige Zusammenarbeit gegründeten Wiederaufbauprogramm teilnehmen, vorausgesetzt, daß eine Hilfe an die Teilnehmerstaaten, die hier in Betracht gezogen werden, die wirtschaftliche Stabilität der Vereinigten Staaten nicht ernstlich beeinträchtigt. Es wird weiterhin erklärt, daß es die Politik der Vereinigten Staaten ist, die dauernde Hilfe der Vereinigten Staaten zu allen Zeiten von der dauernden Zusammenarbeit der an diesem Programm beteiligten Staaten abhängig zu machen.«[5]

Das European-Recovery-Programm (ERP), die sogenannte Marshall-Plan-Hilfe, wurde und wird weithin mißverstanden als aus humanitären Motiven erwachsene amerikanische Unterstützungsaktion für die notleidenden europäischen Staaten, an der vor allem Westdeutschland bedeutenden Anteil hatte. Tatsächlich trug der Marshall-Plan, dessen Zuschüsse und Kredite als Initialzündungen wirkten, auch erheblich dazu bei, die unmittelbare Notsituation zu lindern und die Stagnation der europäischen Volkswirtschaften zu überwinden. Seine wesentliche Funktion für die USA bestand indessen im Ausbau ihrer ökonomischen Einflußsphäre. Darin eingeschlossen war die politische Funktion, Westeuropa in einen antikommunistischen Block zu integrieren. Darüber hinaus kam dem Marshall-Plan noch eine dritte Funktion zu, nämlich die amerikanische Wirtschaft selbst vor einer drohenden Krise zu bewahren; nur ein wirtschaftlich gesundes Europa konnte zum Absatzgebiet amerikanischer Waren und amerikanischen Kapitals werden. In diesem Sinn ist die Warnung Marshalls zu verstehen: »Der Patient *Europa liegt im Sterben,* während die Ärzte noch immer beraten. Auf keinen Fall dürfen die notwendigen Tatsachen hinausgeschoben werden.«[6]

Die Umstellung der amerikanischen Wirtschaft von Kriegs- auf Friedensproduktion barg die Gefahr einer Rezession in sich. Nachdem der Preisstopp in den USA aufgehoben worden war, der während der letzten Kriegsjahre den Inflationsprozeß aufgehalten hatte, konnten nur so lange die im Lande produzierten Waren abgesetzt werden, bis der aufgestaute Kaufkraftüberhang abgebaut war.[7]

Weil der Binnenmarkt die Waren der auf Friedensproduktion umgestellten Industrie nicht würde absorbieren können, erklärte der stellvertretende Staatssekretär William Clayton[8], müsse der Überschuß exportiert werden. Um Arbeitslosigkeit und Depression für die nächsten Jahre zu vermeiden, sei ein Exportüberschuß von 4 Mrd. Dollar jährlich notwendig. Da die Nachfrage des Auslandes ohne Zweifel vorhanden, dessen Zahlungsfähigkeit aber nicht ausreichend sei, befürwortete Clayton Zuschüsse und Kredite in dieser Höhe an das Ausland.

Die Gegenwerte der Warenlieferungen aus dem Marshall-Plan ermöglichten den am Wiederaufbauprogramm beteiligten europäischen Staaten Importe aus den USA und stützten auf diese Weise wiederum die amerikanische Konjunktur.

6 Rundfunkrede Marshalls, zit. nach: *Rheinischer Merkur* vom 10. 5. 1947.
7 Die USA hatten während des Krieges ihre Produktionskapazität fast verdoppelt, obgleich bis zu 11,25 Millionen Arbeitskräfte in der Army gebunden waren, die nun – nach Kriegsende – Arbeit finden mußten. Francis B. Sayre, »Special Assistent« Hulls, erklärte vor einem Kongreßausschuß: »Wenn unsere Soldaten von den Schlachtfeldern zurückkehren, müssen wir einen Weg finden, um ihnen Arbeit und Sicherheit zu geben, sonst ist unser System des freien Unternehmertums zum Untergang verdammt, und wir werden einen Sturm ernten.« Zit. nach: W. Kretzschmar, a.a.O., S. 129.
8 Ebd., S. 130.

Außerdem eröffnete der kriegsbedingte Nachholbedarf an technischen Innovationen in beinahe allen europäischen Ländern dem amerikanischen Kapital neue gewinnträchtige Investitionschancen.

Für den konservativen *Rheinischen Merkur* stellte sich die Wirtschaftslage der USA 1947 ähnlich dar: Im Krieg und besonders seit Ende des Krieges habe die amerikanische Wirtschaft einen ungeahnten Aufschwung genommen. Mit einem weiteren Wachstum könnten die USA aber erst nach Herstellung des Gleichgewichts der Wirtschaft rechnen. Seit Aufhebung der Preiskontrolle vor einem Jahr seien die Preise und Löhne in einer ununterbrochenen Spirale stark gestiegen. Dafür verantwortlich sei in erster Linie der Dollarüberhang, der sich während des Krieges angesammelt habe und der nun auf die Preise einwirke. Dieser Überhang scheine jetzt aufgebraucht zu sein. Im Verhältnis zum laufenden Volkseinkommen seien aber jetzt die Preise zu hoch.[9] »Der Wert der Gesamtproduktion überstieg im Frühjahr 1947 das Volkseinkommen um zirka ein Fünftel. Außerdem besteht noch ein Mißverhältnis zwischen den Agrar- und Industriepreisen, da die ersten wie überall auf der Welt verhältnismäßig zu hoch sind. Diese Preisschere und die Tatsache der Vordringlichkeit der Ernährung haben zur Folge, daß der für den Ankauf von Industrieerzeugnissen ›freie‹ Teil des Volkseinkommens gegenüber normalen Zeiten zu *gering* ist.«[10] In manchen Wirtschaftszweigen sei aus diesen Gründen das Ende des vom Verkäufer beherrschten Marktes, auf dem die Preishöhe fast keine Rolle spiele, sofern Ware überhaupt zu kaufen gewesen sei, gekommen. Der Höhepunkt der Produktion sei überschritten, und man rechne mit einer ›leichten Wirtschaftsdepression‹ für den Herbst dieses Jahres (1947). Die Produktion werde vermutlich um 5 bis 10% zurückgehen und die Zahl

9 Preisentwicklung einiger amerikanischer Exportartikel

1938 = 100	(Einheitswerte)		1938 = 100	(Einheitswerte)	
	1946	1947		1946	1947
Weizen	232	284	Rohöl	120	150
Tabak	166	167	Eisen und Stahl	144	220
Fleisch	197	286	LKWs	216	259
Baumwolle	260	310	PKWs	168	202

Zit. nach: W. Kretzschmar, a.a.O., S. 246.

10 *Rheinischer Merkur*, 5. 8. 1947.

der Arbeitslosen um 5 bis 6 Millionen ansteigen. Der Appell zur freiwilligen Preissenkung an die Unternehmer sei ohne Erfolg geblieben.

Angesichts dieser Entwicklung erwies sich die Forderung, der Steuerzahler müsse endlich von der Unterhaltszahlung für den Kriegsgegner befreit werden, auch in den USA als eines der wirksamsten Argumente gegen diejenigen, die noch auf einer ›Agrarisierung‹ Deutschlands bestanden.[11]

Im Wiederaufbauprogramm für Europa kam Deutschland mit seinen vielfältigen Handelsbeziehungen besondere Bedeutung zu. Das Ruhrgebiet hatte in Friedenszeiten zu einem beträchtlichen Teil das übrige Europa mit Eisen- und Stahlerzeugnissen, Steinkohle, Maschinen, Elektrogeräten, Chemikalien und anderem versorgt. In Anbetracht der Kriegszerstörungen mußten daher viele Länder ein Interesse daran haben, »daß ihre größte Werkstatt, die gesamte deutsche Industrie nicht auf ein Niveau der Selbstversorgung hinabgedrückt werde«.[12]

Die Abhängigkeit des europäischen Wiederaufbaus von Deutschlands ökonomischer Entwicklung beschreibt Fritz Baade: »Nur wenn Deutschlands Lebenshaltung mindestens den Vorkriegsstand erreicht, können die Zigarettentabak produzierenden Länder, wie Griechenland und die Türkei, ihren normalen Wohlstand wiedererlangen. Nur wenn der Verbrauch von Frühgemüse, Pfirsichen und Weintrauben mindestens wieder den Vorkriegsstand einnimmt, können die auf die Belieferung Deutschlands mit diesen Produkten eingestellten Länder, wie Italien, Spanien und die Niederlande, ihren normalen Wohlstand erreichen. Ja selbst der Weinkonsum in Deutschland müßte das normale Niveau erhalten, damit gewisse Gebiete in Frankreich und den Mittelmeerländern wieder zu ihrem früheren Wohlstand kommen können. Jedes Programm, das im Geiste des Potsdamer Abkommens die Lebenshaltung der breiten Massen unter dem Vorkriegsniveau hält, bedeutet nicht nur eine Verzögerung des wirtschaftlichen Wiederaufbaus in Deutschland, sondern in allen

11 Morgenthau-Plan; Directive C.J.S. 1067. Vgl. dazu: Dok. 5a. Dazu auch: Hans-Peter Schwarz, *Vom Reich zur Bundesrepublik*, Neuwied und Berlin 1966, S. 99.
12 Karl Häuser, *Die Teilung Deutschlands*, in: Gustav Stolper u. a., *Deutsche Wirtschaft seit 1870*, Tübingen 1966, S. 230.

mit Deutschland arbeitsteilig verbundenen europäischen Gebieten.«[13]

In der amerikanischen Öffentlichkeit wachse das Bewußtsein, heißt es im *Rheinischen Merkur*[14], daß es sich wie im Kriege um große durchgreifende Hilfsmaßnahmen handeln müsse, wenn die westeuropäischen Länder über die Währungs- und Produktionskrisen hinweggebracht werden sollten, die andernfalls auch ernste Rückwirkungen auf das amerikanische Wirtschaftsleben haben würden. »In diesem Zusammenhang wird in Amerika auch die Notwendigkeit erörtert, die *drei westlichen Okkupationszonen* zum wenigsten wieder so weit zu sanieren, daß sie keine Zuschußgebiete mehr sind.« In einem anderen Artikel wird zu der – wie es dort heißt – vielvertretenen These, Amerika *müsse* seine überschüssige Produktion der Alten Welt zur Verfügung stellen, um eine Wirtschaftskrise im eigenen Land zu verhindern, ausgeführt: Daß die USA aus der Not eine Tugend machten, um ihren Produktionsüberschuß abzusetzen, sei nur teilweise richtig; sie hätten zwar ein Interesse daran, doch nur unter der Voraussetzung, daß Europa auch bezahlen könne. »Die USA sind von vornherein nicht daran interessiert, den kranken Kontinent unentgeltlich oder à fonds perdu zu versorgen, also gewissermaßen auf die Dauer den Weihnachtsmann zu spielen.«[15] Erst wenn Europa wieder zu einem zahlungsfähigen Kunden geworden sei, könne es in das System der ›wachsenden Weltwirtschaft‹ eingeschaltet werden. Der Zeitpunkt im Sinne des Marshall-Planes sei jetzt besonders günstig, weil die USA den Höhepunkt ihrer Produktion überschritten hätten. Rückgänge, mit denen in nächster Zeit gerechnet werden müßten, könnten durch massive Ausfuhren nach Europa vermieden werden.

Wenn auch das Volumen der Auslandshilfe im Verhältnis zur gesamten amerikanischen Produktion relativ klein war[16], so

13 Fritz Baade, *Der europäische Longterm-Plan und die amerikanische Politik*, Kiel 1949, S. 8 f.
14 *Rheinischer Merkur*, 10. 5. 1947.
15 *Rheinischer Merkur*, 5. 8 1947.
16 Die Auslandshilfe der USA betrug 1948 2,1% des Bruttosozialprodukts; 1949 2,4%, 1950 1,5%, 1951 1,4%. Dabei muß allerdings berücksichtigt werden, daß das Sozialprodukt im Laufe des angegebenen Zeitraums selbst stark gestiegen war, so daß die Auslandshilfe nur relativ zum BSP, nicht aber absolut sank. Vgl. W. Kretzschmar, a.a.O., S. 45.

war sie doch für bestimmte Wirtschaftszweige – sowohl in der Landwirtschaft als auch in der Industrie – von besonderer Bedeutung.[17] Zwischen 1948 und 1950 machten zum Beispiel die Exporte von Brotgetreide und Mehl, Grobgetreide, Tabak und Tabakerzeugnisse und Baumwolle, die nach Europa verschickt wurden, mehr als die Hälfte der gesamten Exporte dieser Gruppen aus.[18] Allgemeiner: Der Anteil des Warenexports im Rahmen der amerikanischen Auslandshilfe am gesamten Warenexport betrug im gleichen Zeitraum durchschnittlich 41 %; im Durchschnitt der Jahre 1951 bis 1955 immerhin noch 30 %.[19]

Am Beispiel der amerikanischen Schiffahrt wird der spezifische Stellenwert der Auslandshilfe besonders deutlich: Ohne Begünstigungsklauseln (Abschnitt IIIa [2] des Auslandshilfegesetzes von 1948), die der amerikanischen Handelsschiffahrt mindestens 50 % des mit dem Auslandshilfsprogramms verbundenen Transportgeschäfts garantierte, wäre die amerikanische Trampschiffahrt in eine schwere Krise geraten.[20] Daß aufgrund dieser Maßnahmen und Praktiken die Schiffe veraltet und die Transportkosten hoch waren, sich also auch die Kosten der Auslandshilfe stark verteuerten, sei nur am Rande vermerkt.

Abgesehen von der kurzfristigen Stützungsfunktion, die die US-Auslandshilfe für bestimmte Wirtschaftsgruppen hatte, wird ihre langfristige Wirkung so beschrieben: »Sie erschließt dem amerikanischen Exporteur für die Zukunft neue Märkte. Das Auslandshilfeprogramm hat für ihn eine hohe Werbewirkung. Denn die Empfängerländer gewöhnen sich an amerikanische Maschinen und Erzeugnisse, sie brauchen Ersatzteile, und sie werden ihre Produktion, soweit sie auf amerikanischen Maschinen beruht, nicht ohne weiteres auf nichtameri-

17 Im Rahmen der Auslandshilfe wurden 1948 23 % des produzierten Brotgetreides exportiert; Reis 5,4 %, Baumwolle 9,8 %, Tabak 9,7 %. Der Anteil des Exports der Bau-, Bergwerks- und Materialbeförderungsgeräte an der Gesamtproduktion dieser Gütergruppen betrug 1948 5,8 %, der Motoren und Turbinen 6,9 %, der Traktoren 5,8 %, der maschinellen Werkzeuge 5,7 %.
18 Zwischen 1948 und 1951 wurde Brotgetreide und Mehl im Wert von über 1,8 Mrd. Dollar nach Europa exportiert, Baumwolle 1,5 Mrd. Dollar, Grobgetreide 500 Mill. Dollar, Tabak und Tabakerzeugnisse 450 Mill. Dollar u. a.
19 W. Kretzschmar, a.a.O., S. 65.
20 Ebd., S. 52 f.

kanische Maschinen umstellen wollen, auch wenn sie diese
Maschinen zu einem späteren Zeitpunkt nicht mehr unentgeltlich oder zu einem günstigen Zinssatz geliehen bekommen.«[21]

Auf den amerikanischen Vorschlag hin, ein Wiederaufbauprogramm für Europa zu entwerfen, wurde eine Konferenz der
beteiligten 16 Nationen einberufen[22], auf der ein Ausschuß
(CEEC) beauftragt wurde, ein europäisches Wiederaufbauprogramm auszuarbeiten. Im Rahmen des im September 1947
fertiggestellten Programms war Deutschland die Rolle des
Exporteurs von Kohle, Holz und Schrott zugedacht – vor dem
Krieg hatte Deutschland zu 80% Fertigwaren und nur zu
20% Rohstoffe und Halbfabrikate exportiert. Die Placierung
Deutschlands im Entwurf eines europäischen Wiederaufbau-
programms war Ausdruck des Bedürfnisses vor allem Englands und Frankreichs, sich gegen eine Erholung der deutschen Wirtschaft abzusichern und es als Konkurrenten auf
dem Weltmarkt auszuschalten.[23] Den Wiederspruch, der zwischen den Stahlanforderungen an die USA durch das CEEC-
Programm und den im Industrieplan von 1947 dekretierten
Demontagen der deutschen Stahlindustrie bestand, berück-
sichtigte der Bericht des Sonderausschusses des Repräsentan-
tenhauses für Auslandshilfe im Mai 1948 im sogenannten

21 Ebd., S. 65.
22 16 Länder Europas schickten im Juni 1947 ihre Vertreter nach Paris zur
Planung des europäischen Wiederaufbaus; sie konstituierten den Ausschuß für
Europäische Wirtschaftliche Zusammenarbeit (CEEC). Im Dezember 1947
ermächtigte der amerikanische Kongreß die Regierung unter dem »Economic
Cooperation Act« zur Durchführung des offiziell mit ERP bezeichneten Hilfe-
programms, das für einen Zeitraum von 4¼ Jahren mit 17 Mrd. Dollar ausge-
wiesen wurde, von denen ca. 7 Mrd. Dollar gleich verfügbar waren; 437 Mill.
Dollar wurden im ersten Jahr des Planes für Westdeutschland festgelegt.
Parallel zur neu gegründeten ECA (Economic Cooperation Administration) in
Washington, dem zur Durchführung aller Maßnahmen zuständigen amerikanischen Organ des ERP, entstand in Paris die OEEC (Organization for European
Economic Cooperation) zur Koordinierung des Programms. In der OEEC
waren die Westzonen Deutschlands durch ihre Militärgouverneure vertreten,
bis 1949 die BRD selbst Mitglied der Organisation wurde. Vgl.: Keesing's
Archiv der Gegenwart vom 16. 4. 1948 (1464-1466).
23 Entsprechend dem Industrieplan von 1947 war die CEEC davon ausgegan-
gen, ein Drittel der deutschen Stahlindustrie würde durch Demontagen zerstört
werden, die Kapazitäten der Walzwerke würden auf die Hälfte und die der
Röhrenindustrie auf ein Drittel reduziert werden.

»Herter-Report«[24]; in ihm wurde unter anderem die Steigerung der deutschen Stahlproduktion und die völlige Einstellung der Demontage der entsprechenden Fabriken vorgeschlagen. Außerdem sollte die Leitung der deutschen Industriebetriebe an ihre alten Eigentümer übergehen und der Industrieplan von 1947 im Hinblick auf das Europäische Wiederaufbau-Programm überprüft werden.

Der Widerspruch zwischen den Demontageabsichten und -maßnahmen bei gleichzeitiger Forcierung des ökonomischen Wiederaufbaus erklärt sich unter anderem daraus, daß der Kongreß von der Notwendigkeit des Marshall-Planes überzeugt werden mußte und schließlich die Gelder zu bewilligen hatte, während die Regierung aufgrund alliierter Vereinbarungen noch an die Demontagepolitik gebunden war.[25]

Das Marshall-Plan-Gesetz trat am 3. 4. 1948 in Kraft und wurde auf die drei Westzonen Deutschlands angewendet. Von den Empfängerländern beantragte Dollarbeträge wurden mit der Auflage zur Verfügung gestellt, amerikanische Waren zu importieren. Den Gegenwert der eingeführten Waren mußten die Importeure in Landeswährung auf sogenannte Gegenwertkonten einzahlen[26]; diese Gegenwertmittel (counterpart fonds) bildeten das ERP-Sondervermögen, das mit Zustimmung der ECA für Investitionskredite verwendet werden konnte. Weil aus dem ERP-Sondervermögen nur in Ausnahmefällen verlorene Zuschüsse gewährt wurden, stellte er einen wachsenden Kapitalfonds dar, aus dem revolvierend Investitionsvorhaben finanziert werden konnten. Das ERP-Sondervermögen setzte sich zusammen aus:

– den von den Importeuren für GARIOA –[27] und ERP-Einfuhren gezahlten DM-Gegenwertmitteln;

– den Tilgungen der Investitionskredite, die aus Gegenwertmitteln gewährt wurden;

– den Zinsen für solche Kredite;

24 Vgl. *Deutschland und das Europäische Wiederaufbauprogramm. Die wichtigsten Dokumente.* (Oberursel) o. J.; W. Kretzschmar, a.a.O., S. 192 f.

25 Ebd., S. 195.

26 Gegenwertkonten bestanden bei der Bank Deutscher Länder, später Deutsche Bundesbank.

27 GARIOA (Government Appropriations for Relief in Occupied Areas)

28 Vgl. dazu auch: W. Kretzschmar, a.a.O., S. 198.

– den Zinsen für die zeitweilige Anlage dieser Mittel in Form von Bankguthaben.[28]
Bis Ende 1952 wurden aus dem ERP-Sondervermögen für Investitionszwecke in Westdeutschland Kredite in Höhe von 5,708 Mrd. DM bereitgestellt.[29]

Höhe der Marshall-Plan-Mittel für Deutschland 1948–1952[30]

1. Jahr	3.4.1948 – 30.5.1949	613,550	Mill. Dollar
2. Jahr	1.7.1949 – 30.6.1950	457,133	Mill. Dollar
3. Jahr	1.7.1950 – 30.6.1951	384,758	Mill. Dollar
4. Jahr	1.7.1951 – 30.6.1952	106,000	Mill. Dollar
		1.561,441	Mill. Dollar

Während die dem Marshall-Plan vorausgegangene GARIOA-Hilfe »zur Vermeidung von Seuchen und Unruhen« in Dollarkrediten bestanden hatte, die weitgehend für Nahrungsmittel ausgegeben worden waren[31], verlagerte sich der Akzent der Importe im Rahmen des Marshall-Planes auf industrielle Rohstoffe.[32] Der Marshall-Plan hatte für West-

29 Während GARIOA-Mittel direkt von der Militärverwaltung gewährt wurden, wurden von den Teilnehmerländern des ERP normalerweise 6 Monate vor Beginn eines Marshall-Plan-Jahres Gesamtprogramme bei der CEEC eingereicht, aufeinander abgestimmt und der ECA in Washington vorgelegt. Der von der ECA bestätigte Dollarbetrag wurde in Teilbeträgen zur Verfügung gestellt. Danach wurde ECA eine detaillierte Einfuhrliste eingereicht, nach deren Genehmigung eine Beschaffungsermächtigung erteilt wurde; danach wurden die Einfuhren durchgeführt.
30 Bundesministerium für den Marshall-Plan, *Wiederaufbau im Zeichen des Marshall-Plans 1948-52*, Bonn 1953, S. 23. Ab 1952 bekam nur noch Berlin direkte Finanzhilfe aus dem Marshall-Plan; allerdings stand der Kreditfonds weiter zur Verfügung.
31 Die GARIOA-Hilfe an Westdeutschland betrug 1.620 Mill. Dollar. Davon entfielen 72,4% auf die Einfuhr von Nahrungsmitteln, Saatgut und Kunstdünger. Von 1945 bis 1948 wurden 65-70% der Gesamteinfuhr in die Westzonen durch GARIOA gedeckt.
32 1948/49 betrugen die landwirtschaftlichen Lieferungen 55%, industrielle (hauptsächlich Rohstoffe) 37%, Frachten 8%. 1951/52 betrugen die Lieferungen an industriellen Rohstoffen und Fertigwaren 52%, an landwirtschaftlichen Produkten 36%, Frachten 12% der gesamten ERP-Lieferungen nach Deutschland. Vgl.: W. Kretzschmar, a.a.O., S. 199 f.

deutschland seine Bedeutung darin, Devisen für die benötigten Einfuhren gewährt und zum anderen, einen Fonds für spezifische Investitionen geschaffen zu haben.

Die wichtigsten Wirtschaftszweige, die durch Investitionen aus ERP-Mitteln gefördert wurden, waren[33]:

Elektrizitätswirtschaft	967,3 Mill. DM
Kohlenbergbau	581,0 Mill. DM
Stahlindustrie	167,7 Mill. DM
Gas und Wasser	109,6 Mill. DM
Wohnungsbau	476,0 Mill. DM
Landwirtschaft	508,6 Mill. DM
Bundesbahn	455,0 Mill. DM
Seeschiffahrt	203,1 Mill. DM
Fertigwarenindustrie	46,7 Mill. DM
Sonstige Industrie	638,6 Mill. DM

Nachdem der Gegenwertfonds durch die Kreditanstalt für Wiederaufbau (KW) übernommen worden war, konnte deren Kreditvolumen für Investitionen ausgedehnt werden. Die Kreditanstalt für Wiederaufbau, durch Gesetz am 5. 11. 1948 gegründet, versorgte die deutsche Wirtschaft auf der Grundlage des Marshall-Plan-Gegenwertkontos mit zusätzlichen Krediten. Der KW war durch ihr Gründungsgesetz die Aufgabe übertragen worden, die Gegenwerte der GARIOA-Lieferungen und ERP-Güter, die sich im Gegenwertfonds bei der Bank Deutscher Länder angesammelt hatten, zu übernehmen und sie als langfristige Darlehen für wirtschaftliche Wiederaufbauvorhaben zur Verfügung zu stellen. Darüber hinaus war es ihr möglich, sich Mittel durch Ausgabe von Inhaberschuldverschreibungen[34] und Darlehen bei der Verwaltung des Vereinigten Wirtschaftsgebietes, der BdL und im Ausland zu beschaffen. Über die begrenzten liquiden Mittel der Handelsbanken hinaus, die durch die Währungsreform

---

33 Bundesministerium für den Marshall-Plan, a.a.O., S. 29.
34 Bei einer Inhaberschuldverschreibung verpflichtet sich der Aussteller zur Leistung an den Inhaber der Urkunde.

noch vermindert worden waren, sollte diese »Bank der Banken« durch Kredite Investitionslücken schließen helfen.[35]
Erklärtes Ziel dieser »zweiten Zentralbank« war also, langfristige Investitionspolitik zu treiben – z. B. Regionalförderung, Forcierung notwendiger Strukturveränderungen in Industrie und Landwirtschaft. Sie war eine Institution, die 1. unabhängig war von kommerziellen Kreditgebern und 2. langfristige Investitionen vornehmen konnte in Bereichen, die von privaten Unternehmungen wegen unsicherer oder ungenügender Gewinne vernachlässigt wurden, aber Engpässe im gesamten ökonomischen Prozeß darstellten.[36]
Der Anteil der Gegenwertmittel an der Finanzierung der Netto-Anlageinvestitionen war quantitativ nicht sehr bedeutend. Mit 17,5 % im ersten Halbjahr 1950 erreichte er seinen Höhepunkt; im Durchschnitt betrug sein Anteil 8 %. Dabei ist aber zu berücksichtigen, daß die Gegenwertmittel bei einem anfangs nur schwachen Kapitalmarkt eine wichtige Lücke füllten. Während zu Beginn des Marshall-Planes die Mittel noch relativ breit gestreut wurden, konzentrierten sich die Investitionen später auf Sektoren, die sich als »Engpässe« herausstellten: Grundstoffindustrien und Kohlebergbau, die aufgrund des Preisstops in ihrem Bereich weit weniger als andere Industriebereiche in der Lage waren, ihre Investitionen aus Gewinnen zu finanzieren und daher auch kein anziehendes Objekt für Fremdkapital darstellten, sozialer Wohnungsbau in Industriegebieten, Schiffs- und Kraftwerke u. a. »Manövriermasse der Investitionsplanung«[37] zu sein – darin lag ihre vornehmliche Bedeutung. – Wichtig ist in diesem Zusammenhang die Tatsache, daß die Gegenwertmittel nur mit Genehmigung amerikanischer Dienststellen verwendet werden durf-

35 Während das Wirtschaftsministerium der KW Dringlichkeitsstufen der verschiedenen Investitionsvorhaben nannte, bestand die Aufgabe der KW in der Auswahl der Firmen für bestimmte Investitionsprojekte und in der Überwachung der Durchführung. Die Tatsache, daß in der Regel die Handelsbanken Anträge ihrer Kunden auf Investitionsanleihen prüften und an die KW weiterleiteten, sorgte dafür, Industriekapital dort zu investieren, wo es dringend gebraucht wurde.
36 A. Shonfield, *Geplanter Kapitalismus, Wirtschaftspolitik in Westeuropa und USA*, Köln, Berlin, S. 333.
37 Vgl.: Henry C. Wallich, *Triebkräfte des deutschen Wiederaufstiegs*, (dtsch.) Frankfurt/Main 1955, S. 345.

ten (ECA); damit sicherten sich die USA entscheidenden Einfluß auf Investitionsrichtungen und -volumen.

Die im Zusammenhang mit dem Marshall-Plan genannten Zahlen vermitteln nur einen unzureichenden Eindruck von dem tatsächlichen Effekt, den die Mittel – über den quantitativen Beitrag zur deutschen Zahlungsbilanz hinaus – hatten. Hätten die westlichen Besatzungszonen nach 1945 ihre Exporte, die vor allem in Kohle, Nutzholz und Schrott bestanden[38], zur Bezahlung ihrer Importe, vor allem also Lebensmittel, verwenden müssen, so wäre die industrielle Entwicklung wegen mangelnder Devisen zur Bezahlung von Rohstoffen und anderer Zulieferungen aus dem Ausland wesentlich verzögert worden. Daß dagegen der Industrieauf- und -ausbau, unabhängig von dem Zwang, auf niedrigstem Produktionsniveau exportieren zu müssen, um den akuten Bedarf an Konsumgütern zu decken, vonstatten gehen konnte, ist auf die Auslandsmittel zurückzuführen. Zusammen mit der Währungsreform und der Aufhebung der Bewirtschaftungsmaßnahmen waren sie Initialzündung für die wirtschaftliche Entwicklung der Bundesrepublik.

Geld- und finanzpolitische Faktoren

Die inflationistische Kriegsfinanzierung der Nationalsozialisten hatte zu einer ungeheuren Aufblähung des Geldvolumens geführt.[39] Die Disproportionalität zwischen Geld- und Warenvolumen bestand auch nach dem Krieg fort. Für den einzelnen bedeutete das in der Regel, daß ihm mehr – vor allem während des Krieges gespartes – Geld zur Verfügung stand, als er für seine Zuteilungen an Lebensmitteln, Miete und Heizung benötigte. Das Geld verlor weitgehend seine Funktion als Zahlungsmittel; Ersatzwährung wurde die amerikanische Zigarette: Auf dem schwarzen Markt wurde sie für 3 bis 5 Mark gehandelt. Für ein Pfund Butter bezahlte man in

38 1947 stellten sie 70% der Gesamtausfuhr aus der Bizone dar.
39 *Geschäftsbericht der Bank Deutscher Länder 1948/49; Deutschland-Jahrbuch 1949*, S. 224-232; Eduard Wolf, *Geld- und Finanzprobleme der deutschen Nachkriegswirtschaft*, in: *Die deutsche Wirtschaft zwei Jahre nach dem Zusammenbruch*, Deutsches Institut für Wirtschaftsforschung (Hrsg.), Berlin 1947.

den Städten 150 bis 300 Mark; dafür mußte ein gelernter Arbeiter zwei bis drei Wochen arbeiten.

Da nach Kriegsende die alten Geldansprüche zum größten Teil respektiert wurden und die Banken vorerst ihre Tätigkeit fortsetzten, blieb das aufgeblähte Geldvolumen erhalten; sein Umfang und seine Umlaufgeschwindigkeit wurden sogar noch erhöht. Beispielsweise stiegen die Fürsorgelasten der öffentlichen Haushalte, deren Einnahmen dagegen auf einen Bruchteil ihres bisherigen Umfangs schrumpften. Damit entstand neues Einkommen, dem keine zusätzlichen Leistungen im Wirtschaftskreislauf entsprachen.[40]

Eine andere Quelle der Geldexpansion nach Kriegsende war die alliierte Mark, ad hoc geschaffenes Geld, um die Besatzungskosten, die den Alliierten entstanden, zum Teil decken zu können. »Der inflatorische Charakter der Finanzgebarung war in diesem Fall völlig evident, erfolgte doch hier die Mittelaufbringung in der klassischen Form der inflatorischen Geldschöpfung, nämlich durch die lediglich bedarfsorientierte Ausgabe von Staatspapiergeld mit Zwangscharakter.«[41] Es wird angenommen, daß der Umlauf an deutschen Zahlungsmitteln durch zusätzliches Besatzungsgeld bis Anfang 1946 um ca. 12 Mrd. RM erweitert worden war.[42] Im Laufe des Jahres 1946 wurde daher von den Alliierten kein Besatzungsgeld mehr ausgegeben.[43]

Weitere Maßnahmen zur Verminderung des Geldvolumens bestanden in Steuererhöhungen, die im ersten Halbjahr 1946 verfügt wurden. Sie betrafen vor allem die Einkommen- und Umsatzsteuer, später auch die wichtigsten Verbrauchssteuern. Trotz teilweise drastischer Progressionen war das Mißverhältnis zwischen Steuereinnahmen und Geldvolumen zu groß, um

40 Ebd., S. 208.
41 Ebd., S. 212.
42 Ebd., S. 215.
43 Die Rekonvertierbarkeit der alliierten Mark in heimische Währung hatte in der Praxis zur Folge, daß in die USA Zahlungsmittel einströmten, die die Kaufkraft vergrößerten, ohne daß dem ein Güter- bzw. Leistungsäquivalent entsprochen hätte, während andererseits in Deutschland ein Teil des Bargeldvolumens über Käufe auf dem schwarzen Markt abgezogen werden konnte. Besatzungsangehörige erhielten ihren Sold in auf heimische Währung lautenden Zahlungsmitteln, sog. Dollar-Scripts, mit denen sie sämtliche Ausgaben zu bestreiten hatten und die nicht an Deutsche oder Angehörige anderer Staaten weitergegeben werden durften.

eine nennenswerte Reduktion des Geldüberhanges zu bewirken.[44]

Das Mißverhältnis zwischen Güter- und Geldvolumen veränderte sich nicht zuletzt auch deshalb relativ wenig, weil der Geldkreislauf nicht begrenzt war durch den Umfang der im Produktionsprozeß entstandenen Einkommen; stattdessen wurden Sparguthaben für die laufenden privaten Ausgaben ebenso in Anspruch genommen, wie ein Teil der Unternehmungen auf Reserven zurückgreifen konnte – veranlaßt durch die drastischen Steuererhöhungen und die Verfügung, Preissteigerungen erst dann zuzulassen, wenn die liquiden Mittel der Antragsteller erschöpft seien. Ohne Kredite in Anspruch nehmen zu müssen, konnten die Unternehmungen weitgehend Löhne und Investitionen mit ihren Geldreserven finanzieren. Durch die Mobilisierung dieser Reserven wurden die Deflationsmaßnahmen vermutlich sogar überkompensiert.

Für viele Steuerpflichtige – die niedrigen Einkommensempfänger – war indessen eine solche Kompensation des Einkommensentzuges nicht möglich. In solchen Fällen mußte Kaufkraft geopfert werden, obwohl bei den Betroffenen gar kein Geldüberhang existierte. Oder wie Wolf feststellte: »[...] es wird hier aus dem laufenden Wirtschaftsprozeß stammende Kaufkraft abgezogen, um einen Ausgleich dafür zu schaffen, daß an ganz anderen Stellen aus dem Geldüberhang stammende Kaufkraft in den laufenden Wirtschaftsprozeß eingeht. Das macht die steuerliche Sterilisierung vom Standpunkt der Sozialpolitik aus jedoch zu einer bedenklichen Maßnahme, zumal sich [...] der Anteil der sogenannten Massensteuern am gesamten Steueraufkommen im Vergleich zu früher erheblich erhöht hat. Es kommt hinzu, daß die gegenwärtige Höhe der Steuersätze den Anreiz zur Mehrleistung wesentlich schmälert. Für viele wird dadurch die Verlockung, sich Mehreinnahmen durch Schwarzmarktkäufe statt durch reguläre Arbeit zu verschaffen, noch erhöht, und die Folge ist, daß die Proportion zwischen legaler und illegaler Wirtschaft, die vom Standpunkt der Gesamtheit aus weitgehend mit produktiver und unproduktiver Arbeit identisch ist, noch mehr zuungunsten der ersteren verschoben wird.«[45]

44 Vgl.: *Steuern*, in: *Deutschland-Jahrbuch 1949*.
45 E. Wolf, a.a.O., S. 225.

Hinzu kam, daß Kleinproduzenten und mittelständische Betriebe teilweise Dinge produzierten und auf den Markt brachten, die angesichts des Mangels an lebenswichtigen Gebrauchsgegenständen teilweise absurd anmuteten: kosmetische Erzeugnisse und andere Luxusartikel, Lampenschirme, Aschenbecher, Knöpfe, Kunsthandwerk-Artikel und anderes mehr, während Nähnadeln, Schrauben, Nägel etc. unerreichbare Kostbarkeiten waren. »Die Produktionsstatistik in den einzelnen Zonen vermittelte zwar allmählich das Bild einer zunehmenden Güterversorgung. Aber die Versorgung der Bevölkerung mit den nötigsten Gütern des Massenbedarfs wurde nicht besser, sondern schlechter.«[46]

Der Verzicht auf eine rationale Lenkung und Planung der Produktion und die Geringschätzung des Geldes erklären auch die Hortung der produzierten Waren, die dann am Tage nach der Währungsreform angeboten wurden und die scheinbare »Nivellierung des Elends« als Lügen entlarvten. Die Unternehmungen hatten produziert, ohne zu verkaufen. Oft hatten sie sogar die Produktion gedrosselt, um die Rohstoffbestände nicht zu rasch zu erschöpfen oder um den Produktionsapparat zu schonen. In einem Bericht des Deutschen Institutes für Wirtschaftsforschung von 1947 heißt es: »Die Wirtschaft stemmt sich also, so sie kann, gegen den Einsatz von Reserven, deren Heranziehung im Interesse der »Initialzündung« heute vielfach unerläßlich ist, ja zum Teil läßt sie sogar einen Teil der laufenden Produktion in Hamsterläden versickern und verhindert damit, daß diese Güter zur Grundlage einer weiteren Produktionsausdehnung werden [...]. Würden z. B. ausländische Rohstoffe in stärkerem Umfang zur Verfügung gestellt werden, so müßte damit gerechnet werden, daß zumindest ein Teil von ihnen nicht in die Zirkulation eingeht, sondern teils unmittelbar, teils in Form von Halbprodukten oder Fertigwaren, in den Lägern der Fabrikanten verschwindet.«[47]

Trotz der vielfältigen deutschen Vorschläge zur Geldreform[48] lagen der dann praktizierten Reform amerikanische Pläne

46 Karl Häuser, *Die Teilung Deutschlands*, a.a.O., S. 239.
47 E. Wolf, a.a.O., S. 231.
48 Vgl. dazu: Hans Möller, *Zur Vorgeschichte der Deutschen Mark. Die Währungsreformpläne 1945-1948*, Tübingen 1961.

zugrunde. Am 20. 6. 1948 wurden Barvermögen und Bankdepositen im Verhältnis von 100:6,5 abgewertet. Jeder erhielt einen Betrag von 40,– DM; zwei Monate später weitere 20,– DM. Firmen erhielten einen Geschäftsbetrag von 60,– DM für jeden Beschäftigten. Länder, Gebietskörperschaften und andere Behörden bekamen Deutsche Mark in Höhe der Einnahmen eines Monats, während ihre Altgeldbestände und Guthaben gestrichen wurden. Sämtliche Schulden wurden im Verhältnis 10:1 abgewertet.[49] Die deutsche Währungsreform wurde als gewaltiger Erfolg gefeiert: »Keine andere finanzielle Transaktion in der deutschen Geschichte hatte eine solche sofort einsetzende und zugleich tiefgreifende Wirkung. Beobachter aller Parteirichtungen stimmten darin überein, daß sie den deutschen Alltag binnen vierundzwanzig Stunden völlig umwandelte.«[50] Am 21. Juni gab es wieder Waren in den Läden zu kaufen; der schwarze Markt schrumpfte; »Hamsterfahrten« aufs Land hörten auf; die Produktivität der Arbeit nahm zu und die Produktionskurve ging steil in die Höhe[51].

Die Geldreform begünstigte Unternehmer, Geschäftsleute und Schuldner auf Kosten von Lohn- und Gehaltsempfängern und Gläubigern. Sachwertbesitzer hatten nichts verloren; ihnen war die ganze »Fülle der produktiven Besitztümer [geblieben], die durch Kriegs- und Kriegsfolgeschäden viel weniger gelitten hatte, als man damals noch ahnte [...]; sie waren zu 90% ihrer Verbindlichkeiten befreit worden und das allein, weil sie als Garanten der Zukunft galten«.[52] Nur das umfassende System der deutschen Sozialversicherung, so wurde eingeräumt, habe denen einen gewissen Boden unter den Füßen belassen, die sonst in ein wirtschaftliches Nichts abgesunken wären.[53] Die Arbeiter, die drei Jahre lang für Hungerrationen Trümmer aufgeräumt und Produktionsanlagen wieder in Gang gesetzt hatten, wurden am Stichtag der Geldreform mit einem »Kopfgeld« von 40 DM abgefunden,

49 100 RM wurden zu 10 DM abgewertet. Von diesen 10 DM waren 5 DM frei verfügbar; danach wurde noch eine weitere Mark freigegeben, während weitere 0,50 DM für Investitionszwecke auf ein »Anlagekonto« überwiesen wurde und dort über 5 Jahre blockiert war.
50 H. Wallich, a.a.O., S. 69.
51 Ebd., S. 69 f.
52 Kurt Pritzkoleit, *Gott erhält die Mächtigen*, Düsseldorf, 1963, S. 169 f.
53 H. Wallich, ebd., S. 70.

während den Sachwertbesitzern ihr von den Arbeitern in Gang gesetzter Produktionsapparat uneingeschränkt belassen wurde. Die jahrelange ungehinderte Ausbeutung der Arbeitskraft war die wesentlichste Voraussetzung für den nach der Währungsreform forciert einsetzenden Akkumulationsprozeß des Kapitals.

Auf Betreiben Erhards wurden unmittelbar nach der Währungsreform – bis auf wenige Ausnahmen – die Bewirtschaftungsmaßnahmen aufgehoben. Die im Verhältnis zu den Produktionskosten stark ansteigenden Preise enthielten beträchtliche Gewinne und machten zunehmend die Eigenfinanzierung unternehmerischer Investitionen möglich.[54] Die durch die starke Nachfrage nach Konsumgütern ausgelösten Preissteigerungen hatten erneute Hortungstendenzen der Unternehmungen zur Folge; man erwartete ein zweite Geldreform.

Die Bank Deutscher Länder vermochte den explosionsartigen Expansionsprozeß der Industrie über Erhöhungen der Mindestreservesätze und Diskontraten nicht wirksam zu bremsen. Die gleichwohl gegen Ende 1948 spürbar langsamere Gangart der Inflation ist unter anderem Ausdruck der sich weiter öffnenden Schere zwischen Preisen und Konsumentenkaufkraft, die auf die zurückhaltende Lohnpolitik der Gewerkschaften (nach Aufhebung des Lohnstopps im Herbst 1948) zurückzuführen war. Ihr Widerstand gegen Preissteigerungen und zunehmende Einkommensungleichheit hatte sich in verbalen Protesten erschöpft. Oktroyierter Konsumverzicht auf der einen Seite und beträchtliche Unternehmergewinne auf der anderen waren somit Grundlage für den forcierten deutschen Wiederaufbau. »Für die Gesundung und das weitere Wachstum Westdeutschlands waren die sechs Monate des Booms nach der Währungsreform von außerordentlicher Bedeutung. Während dieser Zeitspanne wurde die Grundlage gelegt für das, was kommen sollte. Enorme Gewinne aus gehorteten Vorräten ergaben sich infolge der Preissteigerung, und die weiten Spannen versprachen auch zukünftig hohe Einnahmen [...]. Als Resultat der schnell zunehmenden

54 Das Bank-Kreditvolumen war innerhalb weniger Monate um ca. 4 Mrd. DM gestiegen; es betrug im Dezember 1948 5,2 Mrd. DM; das verfügbare Geldvolumen Ende 1948 ca. 17 Mrd. DM. Vgl.: H. Wallich, a.a.O., S. 70 f.

Ungleichheit in der Einkommensverteilung erhoben sich Ersparnisse und Investitionen auf einen Stand, den man normalerweise für ein verarmtes Land als unmöglich angesehen hätte.«[55]

Was die Hilfslieferungen des Auslandes während der ersten Nachkriegsjahre nicht vermocht hatten, trat mit der Währungsreform ein, die den Unternehmern die volle Sachwertsubstanz beließ und sie entschuldete, außerdem die Preisbindung aufhob, aber den Lohnstopp einstweilen beibehielt.[56] Mit der Währungsreform, die den Beginn eines ungeahnten Aufschwungs in den Westzonen einleitete, war das letzte Bindeglied für die Wirtschaft der vier Besatzungszonen zerschlagen. Die wirtschaftspolitische Teilung Deutschlands war endgültig vollzogen. Mit der Gründung des Frankfurter Wirtschaftsrates, ab Frühjahr 1948 von Erhard geführt, begann die Ära der »Sozialen Marktwirtschaft«.

Kriegszerstörungen und Demontagen

Die ökonomische Entwicklung, die nach der Geldreform in den Westzonen als das deutsche Wirtschaftswunder gepriesen wurde, erscheint angesichts der chaotischen Verhältnisse in den ersten Nachkriegsjahren in der Tat eindrucksvoll. Die anfänglichen akuten Versorgungsschwierigkeiten in den Westzonen, die sich durch den Flüchtlingszustrom noch verschärften, betrafen die Nahrungsmittel- und Rohstoffversorgung. Hinsichtlich der industriellen Produktionskapazitäten zeigt sich bei genauerer Betrachtung indessen folgendes: Die Tatsache, daß vor dem Krieg der Anteil Westdeutschlands an der Produktion der Grundstoffindustrien 66% und an den Investitionsgüterindustrien 61% betrug, d. h. fast zwei Drittel der industriellen Kapazitäten im Gebiet der späteren Bundesrepublik lagen, mußte sich langfristig für den Westen als vorteilhaft erweisen.[57] Westdeutschland verlor zwar mit Schlesien (Kohlebergbau und Schwerindustrie) und Sachsen

55 Ebd., S. 76.
56 Der seit 1935 bestehende Lohnstopp wurde im Oktober 1948 durch Gesetz des Wirtschaftsrates aufgehoben.
57 H. Wallich, a.a.O., S. 187 ff.

(Textilindustrie und Maschinenbau) zwei wichtige Industriegebiete, aber in seinen Grenzen lag das Ruhrgebiet, das seit jeher die schwerindustrielle Basis der gesamten deutschen Industrie darstellte. Während im Gebiet der späteren DDR vor allem Produktionszweige der Leichtindutrie, des Maschinenbaus, der elektrotechnischen und Textilindustrie und andere Verbrauchsgüterindustrien angesiedelt waren, befanden sich in Westdeutschland die Hauptstandorte des Steinkohlenbergbaus, der Eisen- und Stahlproduktion und des Maschinenbaus. Einige Industriezweige sind infolge der Teilung ganz oder teilweise verloren gegangen; das gilt für Bereiche der Chemie ebenso wie für Erzeugungsstufen der Papierindustrie, der Büromaschinen-, Strumpf-, Handschuh- und Textilindustrie.

Mit der Teilung wurde ein Wirtschaftsgebiet zerrissen, das durch vielfältige Abhängigkeiten in Produktion und Handel miteinander verbunden und aufeinander angewiesen war: Der Braunkohlenbergbau in der sowjetischen Besatzungszone bezog früher Maschinen und Ersatzteile aus dem Ruhrgebiet; Spinnereien waren vor allem in Westfalen, Webereien in Sachsen angesiedelt; die Kameraindustrie in der amerikanischen Besatzungszone war angewiesen auf optisches Glas aus der sowjetischen, Linsen und Momentverschlüsse aus der französischen Zone.[58] Hinzu kommt, daß entlang der Zonengrenze Notstandsgebiete entstanden, weil sich der Schwerpunkt der industriellen Produktion zunehmend nach Nordrhein-Westfalen verlagerte.

Die genannten Verluste waren indessen für die Wirtschaftsentwicklung in den Westzonen nicht sehr gravierend. Es ist nämlich zu beachten, daß während des Krieges Investitionen vor allem im Grundstoff- und Investitionsgütersektor vorgenommen worden waren, die später nicht nur für Rüstungszwecke verwendbar waren. Vor allem im Bergbau, den Grundstoff- und Produktionsgüterindustrien, aber auch in den Investitionsgüterindustrien stiegen in der Periode zwischen 1936 und 1944 die Brutto-Anlageinvestitionen steil an,

58 Michael Balfour, *Viermächte-Kontrolle in Deutschland 1945-1946,* Düsseldorf 1959, S. 22. Vgl. auch: (Hrsg.) Bremer Ausschuß für Wirtschaftsforschung, *Am Abend der Demontage. Sechs Jahre Reparationspolitik,* Bremen 1951, S. 134 ff.

während sie in den Verbrauchsgüter-, den Nahrungs- und Genußmittelindustrien nur minimal zunahmen.[59] Der Anteil des Bergbaus, der Grundstoff- und Produktionsgüterindustrien an den industriellen Brutto-Anlageinvestitionen stieg von 59,6% im Jahre 1936 auf 65,5% 1939. Auf die chemische Industrie entfielen zwischen 1936 und 1939 ca. 23% aller industriellen Investitionen.[60] Die Tabelle zeigt den Trend der während des Krieges vorgenommenen Kapazitätserweiterungen im Grundstoff- und Investitionsgütersektor:

Industrieproduktion nach Gruppen 1938—1944*)[61]

1943 = 100	Gewichtung	1938	1939	1940	1941	1942	1943	1944
Grundstoffe	23,5	73	80	81	94	94	100	85
Rüstungsgerät	31,1	20	25	44	44	64	100	125
Bauten	6,4	325	320	208	173	118	100	88
Übrige Investitionsgüter	15,5	89	102	97	107	108	100	71
Verbrauchsgüter	23,5	110	110	104	106	95	100	95
Industrieproduktion insg.	100,0	84	89	86	88	89	100	98

*) Wägung nach den geschätzten Netto-Produktionswerten von 1943.

Aus der Tabelle geht hervor, daß die Grundstofferzeugung von 1938 bis 1943 kontinuierlich anstieg; 1944 ging sie infolge von Zerstörungen, Energieausfall und Personalmangel zurück, war aber immer noch um 16,4% größer als 1938. Dasselbe gilt für die Investitionsgüterindustrien. Zusammenfassend läßt sich feststellen, daß die Industrieproduktion insgesamt zwischen 1942 und 1944 größer war als 1938; die

59 Vgl. dazu: Robert Katzenstein, *Die Investitionen und ihre Bewegung im staatsmonopolistischen Kapitalismus*, Berlin 1967, S. 93 ff., bes. S. 94.
60 Ab 1936 entstanden im Gebiet Salzgitter Werke zur Verhüttung von sauren Erzen, der Kohle-Hydrierung zur Herstellung von Benzin, der Produktion von synthetischem Kautschuk usw. Ebd.
61 Rolf Wagenführ, *Die deutsche Industrie im Kriege 1939-1945*, 2. Aufl., Berlin 1963, S. 191.

industrielle Potenz war während des Krieges also nicht gesunken, sondern wies eine steigende Tendenz auf.[62]
Kriegszerstörungen und Demontagen werden sowohl in ihrem Umfang als auch in ihren Folgen für die Wirtschaftsentwicklung nach 1945 in der Regel überschätzt. Die offensichtlichen Zerstörungen von Wohnungen, Straßen, Eisenbahnen, Brücken usw. verleiten zu der Annahme, es habe auch im Bereich der industriellen Produktion ähnlich hohe Verluste gegeben. Oft waren nur Teile der Produktionsaggregate von den Kriegseinwirkungen betroffen gewesen, so daß Reparaturen und gezielte Ersatzinvestitionen einen hohen Kapazitätszuwachs ermöglichten. Daß dennoch der Produktionsprozeß sich nur zögernd entwickelte, hatte unter anderem seine Ursachen in den von den Besatzungsmächten dekretierten Produktionsbeschränkungen bzw. -verboten, den Preiskontrollen, der unzureichenden Versorgung mit Rohstoffen infolge von Importkontrollen bzw. Devisenmangel, im Funktionsverlust des Geldes, der sich nachteilig auf Investitionsentscheidungen auswirkte.
Der Kapazitätsverlust durch den Krieg betrug 8,1%, und 7,3% der Kapazität von 1936 fielen der Demontage zum Opfer. Demnach betrugen die Verluste der westdeutschen Industrie zusammen 15,4% der Kapazität von 1936.[63] Dabei muß jedoch bedacht werden, daß die Kapazität von 1944 sich in Volumen und Qualität wesentlich von der 1936 unterschied. Hinzu kommt, daß infolge technischer Neuerungen während des Krieges die Produktivität der Arbeit in vielen Bereichen außerordentlich gestiegen war.[64]
Es gibt für die unmittelbare Nachkriegsperiode keine zuverlässigen statistischen Angaben. Bei zeitgenössischen Schätzungen muß angenommen werden, daß sie in bezug auf Demontagen und Entnahmen, Produktionseinschränkungen und -verboten und der damals noch unübersehbaren allgemeinen Zerstörungen zu hoch angesetzt wurden. Später zeigte sich, daß die Reaktivierbarkeit der Industrieanlagen viel günstiger war, als man zuerst angenommen hatte. Die starke Überschätzung der Kapazitätsverluste resultiert nicht zuletzt daraus,

62 Vgl. dazu: K. Pritzkoleit, a.a.O., S. 72 ff.
63 *Am Abend der Demontage*, a.a.O., S. 25.
64 Vgl.: R. Wagenführ, a.a.O., S. 124 ff.

daß Demontagemaßnahmen und -pläne zur Durchsetzung politischer Interessen[65] strapaziert wurden, zumal sie wie kaum andere Entscheidungen und Maßnahmen die Öffentlichkeit erregten, weil von ihrer Durchführung die Arbeitsmöglichkeiten und damit die Lebensinteressen der Bevölkerung unmittelbar berührt wurden. M. Balfour kommt zu folgender Einschätzung des Demontageproblems: »Es kann nicht behauptet werden, die alliierte Demontage hätte der deutschen Wirtschaft ernsthaften Schaden zugefügt. Eine zu einem späteren Zeitpunkt gemachte Feststellung gibt folgenden Überblick: Nach den Höchstschätzungen betrugen die Reparationen aus den Westzonen 5% der gesamten Industriekapazität. Betroffen wurden in der Hauptsache Industrien, bei denen im Verhältnis zu einer friedensmäßigen Produktionsstruktur eine Überkapazität bestand, wie bei der Stahlindustrie, der chemischen Industrie und beim Maschinenbau. Tatsächlich erreichten die Reparationsleistungen in den Westzonen nur ein Viertel der in Aussicht genommenen Höhe und verteilten sich über eine Reihe von Jahren, wobei wider Erwarten das Jahr 1949 den Höhepunkt darstellte. Bis Ende 1946 wurden 100 Betriebe im Werte von 215 Mill. RM, nach Vorkriegspreisen errechnet, demontiert, und bis 1949 belief sich die Gesamtsumme auf 714 Mill. RM. Demgegenüber waren ursprünglich 3 Mrd. RM veranschlagt worden. Der Umfang der Reparationsleistungen entsprach etwa 3 bis 4% der 1949 insgesamt vorgenommenen Neuinvestitionen in festen Kapitalwerten.«[66] Borchardt kommt zu dem Ergebnis: »Alles in allem war die Kapazität der Anlagen in der Industrie 1948 gar nicht niedriger als vor dem Krieg, belief sich doch der Umfang des Zerstörten nur etwa auf das, was von 1939 bis 1944 an Anlagen hinzugekommen war.«[67]
In der Bewertung der demontierten Anlagen zeigten sich die Alliierten allerdings nicht kleinlich. Die bei der Bewertung abgesetzten Abschreibungssätze waren so hoch[68], daß der

65 Z. B. Adenauers Argumentation und Politik im Zusammenhang mit dem Ruhrstatut. Vgl. dazu: Waldemar Besson, *Die Außenpolitik der Bundesrepublik*, München 1970, S. 82 ff.; K. Pritzkoleit, a.a.O., S. 190 ff.
66 M. Balfour, a.a.O., S. 253 f.
67 Knut Borchardt, *Die Bundesrepublik Deutschland*, in: G. Stolper u. a., a.a.O., S. 257.
68 Vgl.: *Deutschland-Jahrbuch 1949*, S. 120.

Marktwert[69] der Anlagen den Restwert, der Deutschland auf dem Raparationskonto gutgeschrieben wurde, weit überstieg. Der Restwert lag oft unter den durch den Abbau der Anlagen verursachten Kosten. Dazu veröffentlichten deutsche Stellen folgende Vergleichszahlen[70]:

(in Mill. RM)	Marktwert	Restwert	Demontagekosten
Kruppwerke			
E.-Borbeck	120	9,5	19,5
Deschimag	60	4,8	–
Schieß A.G.	30,6	12,49	18,6

Konnte der ursprüngliche Kaufpreis nicht durch Originalrechnungen nachgewiesen werden, dann wurde für oft hochwertige Maschinen das Gewicht zugrundegelegt und der Schrottpreis errechnet. So wird auch die Differenz verständlich zwischen den rund 1,5 Mrd. DM, die die Interalliierte Reparationskommission den drei Westzonen für Demontagegüter auf dem Reparationskonto gutgeschrieben hatte, und den von deutscher Seite auf rund 5 Mrd. Mark geschätzten Sachverlusten.[71]

Das Maß der tatsächlich vorgenommenen Demontagen wird durch eine Berechnung illustriert, nach der 1954 von der Gesamtausfuhr der Schwerindustrie, des Maschinenbaus und der chemischen Industrie über die Hälfte in Anlagen erzeugt wurde, die fünf Jahre zuvor noch auf der Demontageliste gestanden hatten.[72]

69 Errechnet nach den in Deutschland üblichen betriebswirtschaftlichen Bewertungssätzen.
70 Deutschland-Jahrbuch 1949, S. 121.
71 Karl Häuser, a.a.O., S. 221.
72 Ebd., S. 279. Wäre die erste Demontageliste (1500 Betriebe) realisiert worden, hätte sich die Kapazität der Schwerindustrie auf 50-55% von 1938 vermindert. Sie ist indessen mehrmals revidiert worden. Im Frühjahr 1949 wurde die Demontageliste auf rd. 700 Werke gekürzt; weitere Abstriche wurden im November 1949 gemacht.

Die Bevölkerungszunahme durch Flüchtlinge und Vertriebene stellte nicht nur Versorgungsprobleme; in seinen frühen Stadien schien zwar das Flüchtlingsproblem unlösbar, aber schon nach wenigen Jahren zeigte sich, daß Vertriebene und Flüchtlinge ein der wirtschaftlichen Entwicklung günstiger Faktor waren. »Bei Kriegsende bewegten sich Menschenströme durch Deutschland, wie sie die Weltgeschichte wohl nur in wenigen Fällen kennt. Rund acht Millionen displaced persons (Verschleppte) verließen die Stätte ihrer Zwangsarbeit, um in ihre Heimat zurückzukehren oder sich irgendwo in der Welt eine neue Existenz aufzubauen. Die Einwohner von Gebieten, in denen insgesamt fast 17 Millionen Deutsche ansässig waren, suchten in West- oder Ostdeutschland Zuflucht. Vier Millionen gingen in die russisch besetzten Territorien, acht Millionen nach Westdeutschland. Zwei Millionen Einwohner der sowjetisch besetzten Zone flohen außerdem im Laufe der folgenden Jahre nach Westdeutschland.«[73]

Infolge der stark zerstörten Großstädte mußten die Ausgebombten ebenso wie die aus dem Osten gekommenen Deutschen in Kleinstädten und Dörfern Unterkunft suchen. Von 15,8 Millionen Wohnungen, die es vor dem Krieg in Westdeutschland gab, waren mehr als ein Viertel ganz zerstört oder so stark beschädigt, daß sie neu gebaut werden mußten. 5 bis 6 Millionen Wohnungen waren leichter beschädigt und nur etwa ein Drittel war von direkten Kriegseinwirkungen verschont geblieben.[74] 1946 – so wurde geschätzt – fehlten bei 9 Millionen noch vorhandenen Wohnungen ungefähr 6 Millionen, sollte eine den Vorkriegsverhältnissen angemessene Unterbringung der Bevölkerung gewährleistet sein.[75] 1948 hatten die westlichen Besatzungszonen ca. 8,5 Millionen Flüchtlinge und Vertriebene aufgenommen; bis 1953 erhöhte sich ihre Zahl auf ca. 10 Millionen.

73 H. Wallich, a.a.O., S. 255. Die Zahlen basieren auf Angaben des Statistischen Bundesamtes, *Statistisches Taschenbuch über die Heimatvertriebenen*, Wiesbaden 1953, S. 3.
74 Robert Nieschlag, *Die Kriegssachschäden*, in: *Die deutsche Wirtschaft zwei Jahre nach dem Zusammenbruch*, a.a.O., S. 46.
75 Karl Häuser, a.a.O., S. 233.

	Bevölkerungszahl in 1000		Veränderung 1939 − 1946	
	1939	1946	in 1000	in v. H.
I. Reichsgebiet im Zeitpunkt der Volkszählung Mai 1939	79 375	–	–	–
II. Sog. »Altreichsgebiet« (wie I, jedoch ohne Österr. u. Sudetenl.)	69 460	–	–	–
III. »Restdeutschland«, d. h. Gebiet der 4 Besatzungszonen u. Berlin	59 794	65 930	+ 6 136	+ 10,3
Davon:				
Britische Zone	19 825	22 304	+ 2 479	+ 12,5
Sowjetische Zone	15 160	17 333	+ 2 173	+ 14,3
Amerikanische Zone	14 276	17 173	+ 2 897	+ 20,3
Französische Zone[76]	6 194	5 940	− 254	− 4,1
Berlin	4 339	3 180	− 1 159	− 26,7

Quelle: (Hrsg.) Deutsches Institut für Wirtschaftsforschung, W. Bauer, a. a. O., S. 15

Aus dieser Tabelle wird ersichtlich, daß Deutschland 1946 mit 65,9 Mill. Menschen etwa 6,1 Mill. oder 10% mehr Einwohner zählte, als vor dem Krieg auf dem Gebiet der vier Besatzungszonen und Berlin (59,8 Mill.) gelebt hatten. Sie zeigt auch, daß die Bevölkerungszunahme durch Vertriebene und Flüchtlinge in den einzelnen Zonen sehr ungleichmäßig war. Während die Bevölkerung in der französischen Zone um 4%, in Berlin um ca. 26% abnahm, betrug die Steigerung in der amerikanischen Besatzungszone ca. 20%. Darüberhinaus war die Verteilung der Flüchtlinge innerhalb der amerikanischen und britischen Zone sehr verschieden; der Zustrom war am stärksten in die dünn besiedelten ländlichen Gebiete.

76 Da sich die französische Regierung anfänglich weigerte, Flüchtlinge und Ausgewiesene in ihre Besatzungszone aufzunehmen, spiegelt die in der Tabelle verzeichnete Veränderung von − 4,1% den realen Bevölkerungsverlust wider. Erst nach Bildung der Trizone bzw. der BRD wurden Flüchtlinge auch in diese Gebiete umgesiedelt. 1952 lebten in Rheinland-Pfalz insgesamt ca. 305 000 Flüchtlinge und Vertriebene.

Zunahme der Wohnbevölkerung in der amerikanischen und
britischen Zone 1939 und 1946

Land	Einwohner 1939	1946	Veränderung 1939/1946
	in 1000		in v. H.
Schleswig-Holstein	1 589,0	2 590,2	+ 63,0
Hamburg	1 711,9	1 418,0	− 17,2
Niedersachsen	4 539,5	6 277,6	+ 38,3
Nordrh.-Westfalen	11 945,1	11 735,4	− 1,8
Bremen	562,9	485,5	− 13,8
Hessen	3 479,1	3 995,7	+ 14,8
Württ.-Baden	3 217,4	3 607,3	+ 12,1
Bayern	7 037,6	8 789,7	+ 24,9
insgesamt	34 082,5	38 899,4	+ 14,1

Quelle: *Wirtschaft und Statistik,* 1. Jg. NF 1949, S. 5 (Die Zahlen von
1939 und 1946 stützen sich auf die Volkszählungen am
17. 5. 1939 und am 29. 10. 1946).

Einerseits wurden zwar durch die Aufnahme der Flüchtlinge
die akuten Versorgungsschwierigkeiten verschärft, die vor
allem die Engländer in ihrer Zone aus eigenen Mitteln nicht
zu lösen vermochten, langfristig jedoch trug die Bevölkerungszunahme, mit der das Arbeitskräftepotential sich ver-
größerte, zur Erhöhung des Volkseinkommens bei. Die Vertriebenen und Flüchtlinge aßen nicht nur, sondern sie arbeiteten auch, und als nach der Währungsreform die durch
Konsumverzicht mitfinanzierten Waren auf dem Markt angeboten wurden, stellte ihr Einkommen zusätzliche monetäre
Nachfrage dar, das in Anbetracht ihres außerordentlichen
Bedarfs an kurz- und langlebigen Verbrauchsgütern und
Wohnungen sicheren Absatz garantierte. Die Arbeitswillig-
keit der an Entbehrungen gewöhnten Flüchtlinge, der relativ
hohe Anteil an Facharbeitern unter ihnen, ihre hohe regionale
und berufliche Mobilität, weil sie an bestimmte Wohnorte und
Standards weniger gebunden waren als Einheimische, drück-
ten die Löhne, die aufgrund der Arbeitslosigkeit ohnehin
niedrig waren[77]; darin liegt eine wesentliche Ursache für die

77 Vgl. dazu: *Monatsbericht der Bank Deutscher Länder vom August 1949;*
ebenso K. Pritzkoleit, a.a.O.,, S. 171.

hohe Selbstfinanzierungsquote der westdeutschen Industrie. »In einer Zeitspanne, in der niedrige Löhne höhere Gewinne und mehr Investitionen bedeuteten, führte der von den Flüchtlingsarbeitskräften auf die Löhne ausgeübte Druck zu einer schnelleren Ausdehnung der Kapazitäten. Schließlich haben die Flüchtlinge eine unbestreitbare Rolle bei der Aufrechterhaltung eines hohen Standes wirtschaftlicher Aktivität und ihrer Expansion gespielt. Ihr Bedarf war größer als bei vielen Einheimischen. Ihre Nachfrage hatte den Wohnungsmangel derart verschärft, daß er für eine Reihe kommender Jahre eine Stütze der Konjunktur zu werden versprach. Die Flüchtlingsnot hat unter diesen Umständen eine anhaltende deutsche Wirtschaftsblüte garantiert.«[78]

Steuerpolitik für das Kapital

Nachdem im Juli 1948 90% der geltenden Preisvorschriften aufgehoben worden waren, stiegen die Lebenshaltungskosten in der zweiten Jahreshälfte 1948 um ca. 18% im Vergleich zum ersten Halbjahr; dagegen stiegen die Stundenlöhne im zweiten Halbjahr 1948 nur um 4,5%. Die niedrigen Löhne und die Tatsache, daß die Einkommensverteilung, die vor dem und im Krieg in Deutschland bestand, weder durch die Besteuerung noch durch die Währungsreform nach 1945 zugunsten der Nicht-Besitzenden geändert wurde, machen plausibel, warum die Einkommensverteilung 1950[79] sich nicht wesentlich von der von 1928 unterschied. Aus der folgenden Tabelle[80] wird ersichtlich, daß die überkommene Einkommenshierarchie erhalten geblieben war. Das höchste Jahreseinkommen bei den unteren 50% der Einkommensempfänger lag bei 2000 DM; das niedrigste unter den 5% »Spitzenverdienern« lag bei 6000 DM.

Darüber hinaus macht die Tabelle deutlich, daß 50% der Einkommensempfänger 16% des Gesamteinkommens erhielten, während sich 27% des Volkseinkommens auf 5% der obersten Einkommensklassen konzentrierte.

78 H. Wallich, a.a.O., S. 267.
79 Vgl.: *Wirtschaft und Statistik,* Juni 1954, S. 265.
80 Zit. nach H. Wallich, a.a.O., S. 171.

Einkommensverteilung 1928 und 1950

	% des Einkommens	
% der Empfänger	1928	1950
0–50	23,2	16,0
50–90	39,6	48,3
90–95	10,0	8,7
95–98	9,5	9,2
98–99	4,8	3,2
99–100	12,6	14,6

Quellen: *Das deutsche Volkseinkommen vor und nach dem Kriege*, Einzelschriften zur Statistik des Deutschen Reichs, Nr. 24, Berlin, 1932, S. 108, – *Zur Frage der Einkommensschichtung*, Wirtschaft und Statistik, 6. Jahrgang, Heft 6, Juni, 1954, S. 265. Für 1928, Paul Jostock, *Die Berechnung des Volkseinkommens und ihr Erkenntniswert*, Schriften der deutschen Wirtschaftswissenschaftlichen Gesellschaft (Stuttgart und Berlin, W. Kohlhammer Verlag, 1941), S. 115. zit. nach Wallich, a. a. O., S. 171.

Eine »Korrektur nach oben« erfuhren zusätzlich die Gruppen der obersten Einkommen, wenn man in Rechnung stellt, daß beispielsweise die Aktiengesellschaften mit hohen Gewinnen ihren Aktionären nur niedrige Dividende zahlten, dafür die Aktienkurse stiegen und Gratisaktien ausgegeben wurden.[81] Man bemühte sich, das steuerpflichtige Einkommen niedrig zu halten. Steuerliche Abschreibungsmöglichkeiten für persönliche Ausgaben, Reisen, Autos, Unterhaltung, Werbung und sogar Wohnungen – als Geschäftsunkosten deklariert – begünstigten diejenigen, die Besitz hatten auf Kosten der Lohn- und Gehaltsempfänger. Wallich vermutet: »Die in den Steuerstatistiken festgestellten Einkommen liegen um fast 30 % unter dem gesamten Volkseinkommen. Gewiß haben eine Reihe legitimer Faktoren zu diesem Ergebnis beigetragen, aber die Steuerhinterziehung dürfte keine quantité négligeable dargestellt haben.«[82] Wie wenig die beschrieben Einkommensungleichheit durch die Besteuerung korrigiert worden ist, zeigt sich beispielsweise daran, daß die Einkommenssteuerbelastung auf Einkommen von 250 000 DM 1950 nur 55 % des steuerpflichtigen Einkommens betrug. Berücksichtigt man außerdem die mannigfaltigen steuerlich zulässigen Absetzungen, so lag die tatsächliche Belastung vermutlich

81 Ebd., S. 44 ff.
82 H. Wallich, a.a.O., S. 47.

unter 40%. Nach 1950 sind die Steuersätze noch mehrfach herabgesetzt worden.[83]

Besonders einträglich aber waren die seit 1948 im Vereinigten Wirtschaftsgebiet zulässigen Sonderabschreibungsmöglichkeiten, die das Einkommenssteuergesetz gewährte. Im geänderten § 10 des geltenden EStG[84] wurde bestimmt, daß Beiträge und Prämien für verschiedene Versicherungen und für Bausparkassen, Aufwendungen für den ersten Erwerb von Anteilen an Bau- und Wohnungsgenossenschaften und Beiträge zu bestimmten anderen Kapitalansammlungsverträgen als Sonderausgaben vom Gesamtbetrag des steuerpflichtigen Einkommens abgezogen werden konnten.[85] § 7 des EStG betraf die Bewertungsfreiheit beweglicher Wirtschaftsgüter, die zwischen dem 1. 1. 1939 und der Währungsreform ausgeschieden und zwischen Januar 1949 und Dezember 1952 ersetzt worden waren. Neben den normalen Abschreibungsmöglichkeiten konnten aufgrund des § 7a EStG 50% der Anschaffungskosten zusätzlich abgeschrieben werden.[86] Mit diesen Steuerprivilegien sollten Produktionsanlagen wiederhergestellt und die Investitionsgüterproduktion angekurbelt werden. Ebenso bestanden beschleunigte Abschreibungsmöglichkeiten für – während des Krieges gebaute – Wohnhäuser (§7b EStG), für neue Fabrikgebäude, Lagerhäuser und landwirtschaftliche Betriebsgebäude (§7e EStG) und für Investitionen (1952), die durch Investitionshilfen finanziert wurden (§36 EStG).[87]

Im zweiten Gesetz zur vorläufigen Neuordnung von Steuern vom 20. 4. 1949[88] wurde der § 7c in das Einkommensteuergesetz eingefügt; ihm zufolge konnten steuerpflichtige Zuschüsse und unverzinsliche Darlehen zur Förderung des Wohnungsbaus als Betriebsausgaben vom steuerpflichtigen Gewinn abgesetzt werden. Die außerordentlichen Begünsti-

83 Ebd.,S. 49, vgl. dazu auch: *Deutschland-Jahrbuch 1949*, »Steuern«.
84 Anhang zum Gesetz Nr. 64 zur vorläufigen Neuordnung von Steuern vom 22. 6. 1948, *Amtliches Mitteilungsblatt der Verwaltung für Finanzen des Vereinigten Wirtschaftsgebietes*, 1948, S. 3.
85 Vgl.: G. Gutmann u. a., *Die Wirtschaftsverfassung der Bundesrepublik*, Sttgt. 1964, S. 158 ff.
86 Dieses Gesetz konnte bis 1951 von allen Steuerpflichtigen in Anspruch genommen werden. Vgl. Pritzkoleit, a.a.O., S. 249.
87 Vgl.: H. Wallich, a.a.O., S. 152.
88 *Gesetzblatt der Verwaltung des Vereinigten Wirtschaftsgebietes*, 1949, S. 69.

gungen, die die Abschreibungsmöglichkeiten vor allem für Unternehmer und Bezieher hoher Einkommen darstellten, höhlten so die hohen Einkommensteuersätze[89] aus; wer Geld besaß oder sich (über Kredite) Geld beschaffen konnte, hatte die Chance, es zu vermehren – der Fiskus selbst half ihm dabei.

H. Wallich konstatiert zwar die außerordentlichen Vergünstigungen, die den höheren Einkommensklassen und vor allem den Sachwertbesitzern durch die Steuerkonzessionen eingeräumt wurden im Interesse »einer Stimulierung der wirtschaftlichen Anstrengungen«[90] ebenso wie den Subventionscharakter der Investitionen auf Kosten des Konsums und räumt auch ein, daß den Schwachen nur ein Minimum an Beachtung geschenkt wurde, daß nur die Leistungen der Sozialversicherungen und der Fürsorge verhinderten, »daß sie den Boden unter den Füßen verloren«[91], er stellt aber abschließend fest: »Die Zeiten waren zu hart, um jedermann gegenüber Fairneß walten zu lassen. Den Starken sollte eine Chance gegeben werden, sich selbst zu retten, um späterhin auch den anderen Rettung zuteil werden zu lassen.«[92] Auch K. Borchardt konstatiert, daß sich die Steuerpolitik in jener Zeit über sozialpolitische Bedenken hinweggesetzt habe und »daß gerade diejenigen geschont wurden, die in erster Linie in der Lage gewesen wären, hohe Steuern zu zahlen. Unternehmer und Kapitalgesellschaften konnten in diesen Jahren schon beträchtliche Vermögen ansammeln, als die Masse der Arbeitenden noch kärglich lebte. Man glaubte aber kein anderes Mittel zu haben, um schließlich die Versorgung aller zu verbessern.«[93] Daß der soziale Friede damals gewahrt blieb, sei dem Steigen des Lebensstandards, der Zurückhaltung der Gewerkschaften und sozialpolitischen Hilfen zu verdanken gewesen.

Die Notwendigkeit der Kapitalakkumulation wurde auch von

89 Die Besatzungsmächte hatten 1946 die Einkommensteuer drastisch erhöht, um inflatorische Kaufkraft abzuschöpfen. Die Steuersätze wurden allerdings zum Zeitpunkt der Währungsreform wieder gesenkt. Vgl. dazu auch: Knut Borchardt, a.a.O., S. 263.
90 H. Wallich, a.a.O., S. 122.
91 Ebd., S. 124.
92 Ebd.
93 Knut Borchardt, a.a.O., S. 263.

den Gewerkschaften anerkannt; sie schlossen sich damit der Logik des kapitalistischen Systems an, nämlich durch Steigerung der Mehrwertrate die Wirtschaft wieder in Gang zu bringen.

Die Finanzierung der Neuinvestitionen (in Mill. D-Mark)

	1. Hj. 1950		1. Hj. 1951		1. Hj. 1952	
	Betrag	%	Betrag	%	Betrag	%
1. Öffentliche Haushaltsmittel	1 411	28,0	2 105	29,1	2 790	37,0
2. Langfristige Bankkredite	551	10,9	846	11,7	289	3,8
3. Bausparkassen	180	3,6	201	2,8	216	2,9
4. Wertpapiere (ohne Unterbringung bei Großzeichnern u. Versicherungen)	147	2,9	113	1,5	202	2,7
5. Lebens- u. Sachversicherungen	171	3,4	220	3,0	260	3,4
6. Sozialversicherungen	78	1,6	210	2,9	485	6,4
7. Weitergeleitete Gegenwertfonds	862	17,1	364	5,0	252	3,3
Mittel- u. langfristige Fremdfinanzierung insgesamt	3 400	67,5	4 059	56,0	4 494	59,5
8. Vorfinanzierung des Zentralbanksystems	220	4,4	86	1,2	–	–
9. Selbstfinanzierung, kurzfristige Bankkredite, Privatkredite	1 421	28,1	3 105	42,8	3 056	40,5
Sämtliche Netto-Investitionen	5 041	100,0	7 250	100,0	7 550	100,0
Reinvestierte Abschreibungen	3 169		3 650		4 250	
Brutto-Investitionen (ohne Vorratsveränderungen)	8 210		10 900		11 800	

Quelle: *Geschäftsbericht der Bank Deutscher Länder*, zit. nach: K. Pritzkoleit, *Gott erhält. . .*, a.a.O., S. 220.

»Der Staat erhielt die Mittel über die Steuern, die Unternehmungen erhielten sie über die im Vergleich zu den Kosten hohen Preise.«[94] Beides bedeutete Beschränkung des Konsums zugunsten hoher Gewinne, die Selbstfinanzierungsquoten bis zu drei Fünftel ermöglichten.

Aus der Tabelle wird der hohe Anteil der Eigenfinanzierung am Gesamtbetrag der Investitionen ersichtlich[95]; zu ihr hatten beigetragen:

– die Auflösung der Hortungen, die vor allem vor der Währungsreform mit niedrigen Material- und Lohnkosten angelegt worden waren, und deren Gewinne nach der Währungsreform investiert werden konnten;

– Steuerprivilegien für die Unternehmungen;

– stark gestiegene Erzeugerpreise bei zurückbleibenden Löhnen;

– steigende Produktivität der Arbeit[96];

– die für die Unternehmungen günstige Arbeitsmarktsituation mit einer bis in die fünfziger Jahre hinein beträchtlichen industriellen Reservearmee[97] und weiter zurückhaltender gewerkschaftlicher Lohnpolitik.

»Es ist klar«, so folgert Wallich aus kapitalistischer Perspektive, »daß nicht sehr viel erreicht worden wäre, hätte man die Entscheidung über die Ersparnisbildung dem freien

94 Ebd., S. 262 f.

95 Zeile 9 der Tabelle, »Selbstfinanzierung, kurzfristige Bankkredite und Privatkredite«, enthält nach Schätzungen der Zentralbank $2/3$ Selbstfinanzierung; hinzuzurechnen sind noch die reinvestierbaren Abschreibungen. Dabei ist zu beachten, daß sich die angegebenen Zahlen nicht nur auf die Anlagetätigkeit der Industrie beziehen, sondern Investitionen im Handwerk, in der Landwirtschaft, der öffentlichen Hand, im Groß- und Einzelhandel u. a. m. einschließen.

96 Die Produktivität der Arbeit nahm vom 1. Halbjahr 1949 bis zum 2. Hj. 1951 in der gesamten Industrie (ohne Bau u. Energieerzeugung) um rd. ein Drittel zu, lag allerdings im Bergbau sehr viel niedriger. In den Grundstoff- u. Produktionsgüterindustrien stieg sie um 28%, in den Verbrauchsgüterindustrien um 28,7%; dagegen hatten die Investitionsgüterindustrien einen Anstieg von 46% zu verzeichnen, woran der Fahrzeugbau beispielsweise mit 112,8% beteiligt war. Vgl.: Pritzkoleit, a.a.O., S. 226.

97 Während im Juni 1948 auf 1000 offene Stellen 666 Arbeitslose kamen, waren es Ende 1949 14 895 und Ende 1951 25 055. Das heißt, die Reservearmee war 1951 25mal so stark wie die Zahl der neu hinzukommenden Arbeitsplätze. Vgl. Pritzkoleit, a.a.O., S. 223. 1952 betrug die Arbeitslosigkeit im Jahresdurchschnitt 8%.

Willen der Konsumenten überlassen. Die Bürde der Finanzierung wurde sehr weitgehend von der Kapitalakkumulation der Unternehmer getragen.«[98] Diese Bürde ist allerdings nicht sehr schwer gewesen: »In sämtlichen Jahren außer 1953 [seit Juni 1948, d. V.] entsprangen 70 v. H. oder mehr der gesamten Investitionsmittel aus außergewöhnlich hohen Gewinnen und Abschreibungen der Unternehmungen sowie, bis zu einem gewissen Grad, kurzfristigen Bankkrediten.«[99]

Wirtschaftspolitik der bürgerlichen Parteien

Die grundsätzliche Übereinstimmung zwischen der amerikanischen Militärregierung und den deutschen politischen Entscheidungsträgern forcierte die restaurative Entwicklung, indem – sei es aufgrund von Unterlassungen oder bestimmten Maßnahmen – wirtschaftspolitische Grundentscheidungen getroffen wurden, für deren Revision in Zukunft immer geringere Chancen bestanden.

Das Votum der Wähler für die CDU/CSU anläßlich der ersten Bundestagswahl im September 1949 war weniger eine Wählerentscheidung für ein gesellschaftspolitisches Konzept als Ausdruck des Wunsches nach Fortsetzung der von der CDU/CSU eingeleiteten wirtschaftlichen Konsolidierung. Nach dem Chaos der vorangegangenen Jahre wurden selbst so restriktive Maßnahmen wie beispielsweise die Währungsreform als notwendig erachtet und dabei auftretende Härten und Ungerechtigkeiten in der Hoffnung auf eine »Normalisierung« der Verhältnisse in Kauf genommen und nachsichtig bewertet. Die Dominanz der CDU/CSU in der politisch wichtigsten Institution, dem Wirtschaftsrat, wies sie als verantwortungtragende regierungsfähige Partei aus. Hinzu kam, daß die sich allmählich bessernden Lebensbedingungen nach der Währungsreform als erste positive Ergebnisse einer Markt-

98 H. Wallich, a.a.O., S. 147.
99 Ebd., S. 146. Investitionsmittel aus Haushalten der öffentlichen Hand – aus Steueraufkommen – beliefen sich auf ca. 15 % ; aus Gegenwertmitteln kamen ca. 3 % hinzu. Der Kapitalmarkt, einschließlich langfristiger von Banken aufgebrachter Mittel, finanzierte bis 1952 ca. 10 % der Gesamtinvestitionen; unter diese Kategorie fallen auch die Ersparnisse der Verbraucher. Ebd., S. 146 f. und 157 ff.

wirtschaftspolitik galten, deren Fortsetzung nur eine CDU-Regierung zu gewährleisten schien.

Währungsreform und Aufhebung der Bewirtschaftungsmaßnahmen hatten die ersten sichtbaren Erfolge gebracht. Demgegenüber waren Vorstellungen über Planwirtschaft doppelt diskreditiert: durch die wirtschaftspolitischen Maßnahmen der Nationalsozialisten und durch die im Westen propagandistisch hochgespielten Maßnahmen in der sowjetischen Besatzungszone (Bodenreform, Enteignungen etc.).

Im Hinblick auf die spätere Wirtschaftsverfassung der Bundesrepublik muß die dritte Phase des Wirtschaftsrates[100] als die wichtigste angesehen werden. Unmittelbar und mittelbar wurde durch die Gesetzgebungskompetenz des Wirtschaftsrates die wirtschaftliche und politische Entwicklung Westdeutschlands präjudiziert. Das soll im folgenden an wenigen Beispielen erläutert werden.[101]

Die von den Alliierten durchgeführte Währungsreform und das vom Wirtschaftsrat am 24. 6. 1948 erlassene »Gesetz über Leitsätze für die Bewirtschaftung und Preispolitik nach der Geldreform«[102] stellen die wichtigsten Präjudizien für die folgende gesellschaftspolitische Entwicklung in Westdeutschland dar. In der Präambel des Gesetzes wurden in Thesenform Leitsätze für die Gestaltung der künftigen Wirtschaftspolitik aufgeführt; sie erläuterte außerdem die »soziale« Funktion der neuen Marktwirtschaft und stellte fest, daß »die Wirtschaftspolitik wirtschaftliche und soziale Gesichtspunkte in gleicher Weise in Betracht zu ziehen« habe. Die wichtigsten Leitsätze waren[103]:

– »Der Freigabe aus der Bewirtschaftung ist vor ihrer Beibehaltung der Vorzug zu geben«;

– »Der Freigabe der Preise ist vor der behördlichen Festsetzung der Vorzug zu geben«;

– »Soweit der Staat den Verkehr mit Waren und Leistungen nicht regelt, ist dem Grundsatz des Leistungswettbewerbs

---

100 Tilmann Pünder, *Das bizonale Interregnum. Die Geschichte des Vereinigten Wirtschaftsgebietes 1946-1949*, Waiblingen 1966, S. 128.
101 Ebd. Vgl. auch: Hans-Hermann Hartwich, *Sozialstaatspostulat und gesellschaftlicher Status quo*, Köln und Opladen 1970, S. 92ff.
102 WiGBl S. 59; vgl. auch: T. Pünder, a.a.O., S. 303 ff.
103 Vgl. dazu: H. H. Hartwich, a.a.O., S. 110 f.

Geltung zu verschaffen. Bilden sich wirtschaftliche Monopole, so sind sie zu beseitigen und bis dahin staatlicher Aufsicht zu unterstellen. Der Entwurf eines dahingehenden deutschen Gesetzes ist dem Wirtschaftsrat alsbald vorzulegen«;

– »Es ist darauf hinzuwirken, daß mit der Lockerung der Bewirtschaftung und der Preisbildung eine entsprechende Lockerung der Lohnbildung verbunden ist.«

Bestehen blieben Bewirtschaftungsmaßnahmen für Mieten, Verkehrstarife, *Hauptnahrungsmittel* und Rohstoffe, die eine wesentliche Grundlage für die gewerbliche und landwirtschaftliche Gütererzeugung bildeten. Nach einem Jahr wurden die obligatorischen Vorschriften allerdings in Kann-Bestimmungen umgewandelt. Dieses Rahmengesetz wurde nach und nach durch besondere Vollzugsvorschriften ausgefüllt.

Auf das »Zweite Gesetz zur vorläufigen Neuordnung von Steuern«, das vom Wirtschaftsrat am 20. 4. 1949 erlassen worden war, wurde bereits hingewiesen. Damit hatte der Wirtschaftsrat Möglichkeiten geschaffen, die hohen Steuersätze der Einkommenssteuer zu kompensieren, deren Senkung ihm nicht gelungen war – ein typisches Beispiel dafür, wie noch vor der Wählerentscheidung im Herbst 1949 der Privatwirtschaft durch außerordentliche Selbstfinanzierungsmöglichkeiten Bedingungen ihrer Expansion geschaffen worden waren. Das gilt auch für das DM-Bilanzgesetz vom 21. 8. 1949[104]. Allen Kaufleuten, die zur Führung von Handelsbüchern verpflichtet waren, wurde zur Pflicht gemacht, für den 21. 6. 1948 eine Eröffnungsbilanz aufzustellen. Bewertungsgrundsatz für die Neubewertung der Sach- und Geldwerte der Unternehmen war, daß die Vermögensgegenstände höchstens mit dem Wert angesetzt werden durften, der ihnen am Stichtag der Eröffnungsbilanz beizulegen war. Die sich aus der Eröffnungsbilanz und Neufestsetzung ergebenden zahlenmäßigen Veränderungen waren steuerfrei; die neuen Wertsätze waren Ausgangswerte der Steuern und Grundlage der Abschreibungsrechnungen. Das Dilemma, in das die Unternehmer geraten waren, da die Neubewertung zugleich die Grundlage von Besteuerung und Lastenausgleichsabgaben

104 Vgl. dazu: H. H. Hartwich, a.a.O., S. 111.

war, bestand in Wirklichkeit nicht; mit dem DM-Bilanzgesetz gelang der Privatwirtschaft eine fast verlustlose Umstellung ihrer Sach- und Geldwerte, so daß sie diejenige Gruppe war, für die die Währungsreform eine außerordentliche Wohltat darstellte. Sie konnte sich nichts mehr wünschen als die Fortsetzung einer Wirtschaftspolitik, die so offensichtlich ihren Interessen entsprach.

Verglichen mit dem Boom, der unmittelbar nach der Währungsreform einsetzte und bis Ende des Jahres anhielt, verlangsamten sich die Fortschritte während der folgenden 15 Monate. Die westdeutsche Industrieproduktion, die zwischen Juni und Dezember 1948 um rund 50% zunahm, stieg 1949 um rund 25%. Besorgniserregender aber war, daß die Zahl der Arbeitslosen kontinuierlich anstieg; sie betrug unmittelbar nach der Währungsreform 450 000, Ende 1948 760 000, Ende Juni 1949 1,3 Millionen und im Januar 1950 ca. 2 Millionen.[105]

Der relativ geringe Anteil, den die Unternehmungen an der anfänglichen Geldmenge (Juni 1948) hatten, zwang sie, ihre Hortungslager zu räumen, um liquide zu werden, so daß dem auf den Markt drängenden Konsumentengeld ein verhältnismäßig hohes Warenangebot gegenüberstand. Inzwischen war mit der Umwandlung der alten RM-Guthaben in DM neue Konsumkaufkraft entstanden. Neue Hortungstendenzen der Unternehmungen, bei nur mäßigen Einfuhrsteigerungen – weil die JEIA[106] bis Anfang August 1949 nur einen relativ kleinen Teil der durch die Ausfuhr entstandenen Devisen freigab und die Marshallplan-Einfuhren erst allmählich anliefen–, führten zu einem wachsenden Mißverhältnis von Angebot und Nachfrage, »das im gewerblichen Bereich, in dem mit der Währungsreform die Preisbindungen großenteils aufgehoben worden waren, zu erheblichen Preissteigerungen führte und auf den noch bewirtschafteten Gebieten, wie vor allem in der

105 Vgl.: *Geschäftsbericht der Bank Deutscher Länder für die Jahre 1948 und 1949,* Frankfurt/Main, Mai 1950, S. 12. Die Zunahme erklärt sich u. a. durch die arbeitsuchenden Vertriebenen und Flüchtlinge, v. a. aus den landwirtschaftlichen Bereichen. Hinzu kamen Rationalisierungsmaßnahmen in den Unternehmungen, bei denen Arbeitskräfte freigesetzt wurden. Vgl. ebd., S. 7.

106 Über die JEIA (Joint Export and Import Agency) wurden bis Dezember 1948 die Außenhandelsgeschäfte der amerikanisch und britisch besetzten Zone abgewickelt.

Nahrungsmittelversorgung, den schwarzen Märkten neuen Auftrieb gab.«[107] Selbst wenn man in Rechnung stellt, daß mit Aufhebung der Preisbindungen die Produktionskosten der Unternehmungen stiegen, »ging die einsetzende Preissteigerung bald in weiten Wirtschaftsbereichen über eine Anpassung an die Produktionskosten hinaus, so daß teilweise beträchtliche Gewinne entstanden. Auch diese waren nun zwar für den gesamtwirtschaftlichen Umstellungsprozeß insofern wesentlich, als sie im Rahmen der volkswirtschaftlichen Kapitalaufbringung an die Stelle der fehlenden freiwilligen Ersparnisse traten und damit ein Investitionsvolumen ermöglichten, das auch den Produktionsgüterindustrien im Gegensatz zu den ursprünglich gehegten Befürchtungen eine sehr günstige Konjunktur sicherte, mögen auch diese ›selbstfinanzierten‹ Investitionen nicht in allen Fällen den dringendsten volkswirtschaftlichen Bedürfnissen entsprochen haben.«[108]

Die konventionellen Maßnahmen des Zentralbanksystems (Erhöhung der Zins-, Diskont-, Mindestreservesätze etc.) vermochten wegen der von ihm unabhängigen hoheitlichen Geldschöpfung weder die Hortungstendenzen der Unternehmer noch den Preisauftrieb zu dämpfen. Selbst im *Geschäftsbericht der Bank Deutscher Länder von 1948/49* heißt es dazu: »Den wichtigsten Damm gegen die inflationistischen Tendenzen bildeten schließlich nur noch die Löhne, die dank der Stabilhaltung der offiziellen Nahrungsmittelpreise, der Mieten, Verkehrstarife und einiger anderer Bestandteile der Lebenshaltungskosten sowie vor allem dank der Einsicht und Disziplin der Gewerkschaften verhältnismäßig wenig stiegen und damit die Entstehung einer gefährlichen ›Inflationsspirale‹ verhinderten.«[109]

Kein anderer Beitrag zum Wiederaufbau der westdeutschen Wirtschaft hat so ungeteilte Anerkennung gefunden wie der der Gewerkschaften mit ihrer »geradezu heroische[n] Diszi-

---

107 *Geschäftsbericht der Bank Deutscher Länder,* a.a.O., S. 5. Am 12. Nov. 1948 kam es in der Bizone zu einem Generalstreik. Die Gewerkschaften forderten die Verkündigung des Wirtschaftsnotstandes und die Einsetzung von Preisbeauftragten. Dieser Antrag wurde von der Verwaltung der Bizone abgelehnt.
108 Vgl.: *Geschäftsbericht der BDL,* a.a.O., S. 5.
109 Ebd., S. 6.

plin in der Lohnpolitik«.[110] Allerdings waren der Gewerkschaftspolitik durch die Arbeitslosenzahlen und die Organisationsquote Grenzen gesetzt.

Gleichwohl zeigten sich 1949 Stagnationstendenzen. Zwar hatte Westdeutschland durch Auslandshilfe und kommerzielle Einfuhren 1949 die Vorkriegsmenge seiner Einfuhren wieder erreicht, aber deren Zusammensetzung hatte sich verändert. Während die ernährungswirtschaftlichen Einfuhren 1936 rund ein Drittel der gesamten Einfuhren ausmachten, betrugen sie 1949 50%. Zurückgegangen waren gegenüber 1936 die gewerblichen Importe, insbesondere Rohstoffe. Auch der Export war seit der Währungsreform erheblich gestiegen (1948 betrug er 642 Mill. Dollar, 1949 1,1 Mrd. Dollar), aber er war – ähnlich den Importen – ungünstiger strukturiert: Während 1936 der Anteil der Rohstoffe und Halbfertigwaren 20% der gesamten Exporte dargestellt hatte, betrug er 1949 50%.[111] Obwohl im vierten Quartal 1949 die Fertigwarenexporte um 45% über den Durchschnitt der ersten drei Vierteljahre 1949 gestiegen waren, erreichte das Ausfuhrvolumen an Fertigwaren je Kopf der Bevölkerung 1949 erst rund ein Viertel der Größe von 1936. »Zur Förderung der Fertigwarenausfuhr hat die Bank Deutscher Länder im Spätsommer 1949 eine bevorzugte Kreditgewährung an die Exportindustrie durch eine Refinanzierungszusage von DM 100 Millionen ermöglicht. Anfang 1950 sind im Rahmen des Investitionsprogrammes der Bundesregierung unter Einschaltung der Kreditanstalt für Wiederaufbau weitere DM 300 Millionen für diesen Zweck von der Notenbank bereitgestellt worden.«[112]

Konjunkturentwicklung

Noch ehe das zur Belebung der Wirtschaft von der Bundesregierung geplante Arbeitsbeschaffungs- und Wohnungsbau-

---

110 Erwin Hielscher, *Der Leidensweg der deutschen Währungsreform*, München 1948, S. 56.
111 *Geschäftsbericht der BDL*, a.a.O., S. 33. Wegen der Autarkiepolitik der Nationalsozialisten ist 1936 als Vergleichsjahr allerdings sehr problematisch.
112 Vgl.: ebd., S. 36.

programm[113] in Angriff genommen wurde, zeichnete sich ein neuer Konjunkturaufschwung ab, der wenig später durch den Ausbruch des Korea-Krieges potenziert wurde. Mit einer allgemeinen Kaufpsychose, die sowohl Unternehmer, die im Ausland Rohstoffe zu steigenden Preisen kauften und horteten, als auch die Verbraucher erfaßte, fielen die inzwischen wirksam werdenden monetären und finanzpolitischen Maßnahmen[114] zusammen, die Monate vorher zur Überwindung der sich abzeichnenden Krise beschlossen worden waren.

In die Konjunktur, die der Korea-Krieg einleitete, wurde auch die Bundesrepublik hineingezogen. Daß auch die westdeutsche Industrie – mittelbar – an dem gestiegenen Bedarf rüstungswirtschaftlicher Rohstoffe partizipieren konnte, ist zum einen auf die Wirksamkeit der oben beschriebenen wirtschaftsexogenen Faktoren (Auslandshilfen, Marshallplan etc.) zurückzuführen; d. h. daß 1950 nicht nur eine Wirtschafts*struktur* vorhanden war, die dem potentiellen Bedarf entsprach, sondern auch ein *Industriepotential*, das ihn zu decken vermochte; zum anderen mobilisierte die Wirtschaft selbst zunehmend Kräfte, »die den Aufstieg vorantrieben, indem sie von Jahr zu Jahr höhere Mittel der Selbstfinanzierung bereitstellte«.[115]

Weitere günstige Faktoren für die westdeutsche Wirtschaftsentwicklung waren das technische Wissen aus der Kriegswirtschaft und die durch die Reintegrierung in den Welthandel wieder zugänglichen Lizenzen, so daß die neu geschaffenen Produktionskapazitäten im Vergleich zu den Konkurrenzländern (außer den USA) einen hohen technologischen Entwicklungsstand repräsentierten. Hinzu kam, daß die in vergleichbaren Volkswirtschaften zu beobachtende Tendenz zur Ausweitung des »tertiären Sektors« zu Lasten der Industrie und Landwirtschaft sich in der Bundesrepublik noch nicht durchsetzte; dagegen erhöhte sich der Beitrag des produzierenden Gewerbes zum Bruttosozialprodukt (BSP) von 49,5 % (1950)

---

113 Ziel der Aktion war, die öffentlichen Investitionsausgaben v. a. der Länder im 3. Vierteljahr 1949 auf 1 Mrd. DM zu steigern. Ebd., S. 9.

114 Ende März 1949 waren Kreditrestriktionen aufgehoben worden, die den Kreditstand der Kreditinstitute auf den von Oktober 1948 festgesetzt hatten. Die Mindestreservesätze wurden von Juni 1949 bis Sept. 1949 von 15% auf 10% reduziert. Ebd.

115 K. Pritzkoleit, a.a.O., S. 217.

auf über 53% (1960).[116] Dieser Entwicklung entsprach andererseits ein Rückgang des Anteils am Bruttosozialprodukt, der auf den privaten Konsum entfiel von 65,8% (1949) auf 57,3% (1960), der damit um etwa 10% geringer war als in den USA und England. Dagegen stieg die Investitionsquote im gleichen Zeitraum kontinuierlich von 21,4% auf 26,4%.[117]

Wachsendes Investitionsvolumen und steigende Produktivität (Erweiterungs- und Rationalisierungsinvestitionen) bedeuten erweiterte Warenproduktion. Die begrenzte Aufnahmefähigkeit des westdeutschen Binnenmarktes mußte durch die Ausweitung der Exporte kompensiert werden. »Zwangssparen« über die Steuern oder über die Preise war zwar einerseits die Voraussetzung für Investitionen, löschte aber andererseits potentielle Konsumkaufkraft. Darüber hinaus waren die im Vergleich zu den Verbrauchsgüterindustrien überproportionalen Investitionen im Grundstoff- und Produktionsgütersektor und im Investitionsgüterbereich mit der Perspektive eines Weltmarktabsatzes erfolgt. Deutschland war ja bereits vor dem Krieg gezwungen gewesen, hochwertige Industrieprodukte zu exportieren, um seinen Bedarf an industriellen Rohstoffen und landwirtschaftlichen Produkten zu decken. Während des Krieges hatte sich die Disproportionalität weiter zugunsten der Grundstoff-, Produktions- und Investitionsgüterindustrien verschoben. Nach dem Krieg machte die Teilung Deutschlands den Neuaufbau bzw. Ausbau von Industriezweigen notwendig, die bis dahin ganz oder in erheblichem Maß im Gebiet der späteren DDR zentriert waren. Dadurch stieg zwar einerseits die Nachfrage nach Investitionsgütern und trug u. a. zu dem außerordentlichen Wirtschaftsaufschwung in Westdeutschland bei, aber andererseits mußten sich die aufgebauten Kapazitäten mit dem Ende der Rekonstruktionsperiode als zu umfangreich erweisen, so daß Überkapazitäten die Folge waren. Die Tatsache, daß kriegsbedingter Nachholbedarf im Investitionsgütersektor auch in anderen westeuropäischen Ländern bestand und West-

116 Vgl.: *Stabilität ohne Stagnation*, JG 1965/66 des Sachverständigenrates zur Begutachtung der gesamtwirtschaftlichen Entwicklung, Stuttgart/Mainz 1965, S. 213.
117 K. W. Roskamp, *Capital Formation in West Germany*, Detroit 1965, S. 67.

deutschland aus später zu erläuternden Gründen Konkurrenzvorteile genoß, bewahrte es vor frühen Überproduktionskrisen. Wesentlich war, daß der Westen Deutschlands über eine industrielle Grundstruktur verfügte, die, forciert ausgebaut, den Weltmarktbedürfnissen nach Produktions- und Investitionsgütern entsprach. Dafür mußte es allerdings in Kauf nehmen, daß zu Lasten der Verbrauchsgüterindustrien vor allem Investitionsgüterindustrien weiter überproportioniert wurden – mit anderen Worten, sich eine Verstärkung dieser Wirtschaftsbereiche herausbildete, die die Stabilität der westdeutschen Wirtschaft zunehmend von den Absatzchancen auf dem Weltmarkt abhängig machte.

Zu Beginn der 50er Jahre ließ sich bereits absehen: Produktions- und Investitionsgüterindustrien hatten ihr verhältnismäßiges Gewicht gegenüber 1936 erhöht, während die Konsumgüterindustrien ihre alte relative Bedeutung nicht wieder erlangten. »Die strukturellen Veränderungen der Industrie waren für Deutschlands Fähigkeit, Wiederaufbau und Expansion durchzuführen und seine Zahlungsbilanzprobleme zu lösen, von erheblicher Wichtigkeit. Die Verlagerung zu den Kapitalgütern und die relative Abnahme der Verbrauchsgüterindustrien reflektiert den hohen Bedarf an Investitionen und die Beschränkung des Konsums. Sie hat Deutschland dazu befähigt, dem Trend des internationalen Bedarfs zu entsprechen und seine Exporte auszudehnen.«[118]

Die Tabelle auf Seite 116 zeigt den Exportanteil der einzelnen Industriezweige und damit ihr verhältnismäßiges Gewicht in der gesamten industriellen Produktion:

Zu Beginn der 50er Jahre auftretende Engpässe vor allem im Grundstoff- und Produktionsgütersektor, mangelhafte Versorgung mit infrastrukturellen Dienstleistungen und die unzureichende Binnennachfrage machten zunehmend staatliche Interventionen notwendig. Insofern aber staatliche Wirtschaftspolitik private Investitionsentscheidungen noch absicherte (Steuerpolitik, Abschreibungserleichterungen, Exportbegünstigungen, Sterilisierung von Haushaltsüberschüssen zur Dämpfung der von der Binnenwirtschaft ausgehenden

---

118 H. Wallich, a.a.O., S. 192.

	Anteil der einzelnen Ind.-Zweige am industr. Gesamtexp. (in v. H.)	Exportanteil an jeweiliger Gesamtproduktion* (Exp.-quote) (in v. H.)	
	1952	1952	1953
Gesamte Industrie	100,0	11,6	12,1
Bergbau	11,3	23,2	22,7
Kohle	(10,3)	24,4	24,3
Grundstoffe	27,8	10,5	11,6
Eisen und Stahl	(8,3)	13,0	13,1
Chemie	(9,5)	14,4	17,2
Investitionsgüter	50,0	21,8	21,9
Maschinen	(22,2)	30,7	31,8
Fahrzeuge, ohne Eisenbahnausrüstung	(7,1)	17,8	19,2
Schiffsbau	(3,0)	39,4	35,5
Elektrotechnik	(6,1)	14,7	14,6
Optik und Feinmechanik	(3,1)	34,7	36,6
Stahl- und Leichtmetallprodukte	(5,0)	10,6	13,8
Konsumgüter	10,0	5,5	5,7
Textilien	(5,3)	6,6	7,0
Lebensmittelindustrien	0,9	0,7	1,3
	100,0		

Quelle: *Wirtschaft und Statistik*, Mai 1953, S. 197-203.
* Basiert auf gesamten inländischen und ausländischen Verkäufen, einschließlich Umsätzen zwischen den verschiedenen Industriezweigen. 50% der Exporte bestanden 1952 demnach aus Kapitalgütern, 17,8% aus den Bereichen Eisen, Stahl und Chemie.

Wachstumsimpulse u. a. m.[120], verzichtete sie erstens auf eine mögliche Stimulierung der Binnenkonjunktur und verstärkte zweitens die Disproportionalität der Wirtschaftsstruktur mit der Folge weiter zunehmender Exportabhängigkeit, und das

119 Zitiert nach H. Wallich, S. 206.
120 Vgl. dazu: Herbert Ehrenberg, *Die Erhard-Saga. Analyse einer Wirtschaftspolitik, die keine war*, Sttg. o. J.

heißt gleichzeitig: Abhängigkeit der deutschen Wirtschaft von außenwirtschaftlichen Störungen.

Gezielte öffentliche Investitionen und zweckgebundene Investitionszuschüsse an private Unternehmungen mußten vor allem Engpässe in den Grundstoffindustrien überwinden helfen. Vorab im Kohlenbergbau und in der Eisen- und Stahlindustrie, die in ihren Selbstfinanzierungsmöglichkeiten durch Preiskontrollen gehindert waren, wurden Erweiterungs- und Ersatzinvestitionen durch Subventionen, günstige Kredite, Sonderabschreibungen, direkte Investitionshilfen[121] gefördert. Hinzu kamen öffentliche Investitionen im Verkehrs- und Bauwesen, ohne daß von staatlicher Seite die Möglichkeit genutzt worden wäre, auf Standorte der Industrieansiedlung – z. B. in ländlichen und Zonenrandgebieten, wo sich Arbeitskräfte befanden bzw. ein Bedarf an Industrieansiedlungen bestand – entscheidenden Einfluß zu nehmen. Das Fehlen langfristiger Planung hatte zur Folge, daß Investitionen (z. B. im Steinkohlenbergbau oder in der Landwirtschaft) gefördert wurden, die bereits Ende der 50er Jahre als verfehlt gelten mußten.

Außer den oben angeführten Faktoren: überlieferte Potenzen im Industriebereich; Auf- und Ausbau der Grundstoff-, Produktionsgüter- und Investitionsgüterindustrien unter dem Nationalsozialismus, die nach Kriegsende teilweise der Friedensproduktion dienen konnten; eine Industriestruktur, deren Produktion den in- und ausländischen Bedürfnissen in der Wiederaufbauphase entsprach; kriegsbedingter Ausbau des Know how; die für Unternehmungen günstige Arbeitsmarktsituation; die Entlastung der westdeutschen Wirtschaft durch Hilfslieferungen, traten als strukturelle Vorteile in der Folgezeit hinzu:

– das ohne Kostenaufwand wachsende Potential ausgebildeter Industriearbeiter durch die DDR-Flüchtlinge;

121 Das Investitionshilfegesetz vom 7. 1. 1952 ermöglichte, Sonderabschreibungen bis zu 50%, bzw. 30% der Anschaffungs- und Herstellungskosten beweglicher bzw. unbeweglicher Wirtschaftsgüter des Anlagevermögens für den Zeitraum vom 11. 1. 1952 bis 31. 12. 1954, zusätzlich zu den Absetzungen nach § 7EStG, für die begünstigten Unternehmen der Grundindustrie. Vgl.: H. H. Hartwich, S. 226.

– die gegenüber den Konkurrenzländern später einsetzende Belastung durch Rüstungsausgaben;
– der durch staatliche Maßnahmen auch weiterhin begünstigte Ausbau einer Industriestruktur, die dem ausländischen Bedarf an Produktions- und Investitionsgütern entsprach;
– das relativ hohe Preisniveau der rüstungsbelasteten Länder, von deren höherer Inflationsrate die deutsche Exportindustrie profitierte.

Die eklatante Schwäche der westdeutschen Wirtschaftsstruktur sollte sich allerdings in der Krise 1966/1967 zeigen: Die Vorteile, die die deutsche Industrie gegenüber ihren Konkurrenzländern lange Zeit genossen hatte, waren verloren gegangen. In der Weiterentwicklung von Technologien und Wissenschaften hat die Bundesrepublik nicht Schritt halten können; der Know how war gleichsam aufgezehrt bzw. eingeholt, ohne daß angemessene Investitionen im Forschungs- und Bildungssektor erfolgt wären. Einige überdimensionierte Industriezweige wie der Kohlenbergbau und die Stahlindustrie waren angesichts des technischen Wandels in eine strukturelle Krise geraten. Auch die Vorteile einer langsameren Preisinflation in der Bundesrepublik waren infolge der steigenden Erzeuger- und Verbraucherpreise bei nachhinkendem volkswirtschaftlichen Lohnvolumen aufgezehrt. Als dann sowohl die Nachfrage auf dem Binnenmarkt zurückging als auch die Exportsituation sich verschlechterte, wurde die Situation als ernst genug empfunden, so Werner Hofmann, »um den Ruf nach dem rettenden Eintritt des Staates in den Konjunkturprozeß allenthalben laut werden zu lassen. So ist es zu einem höchst unvermittelten Übergang der Geschäftswelt wie der Wirtschaftspolitiker von der bisherigen Haltung eines Schönwetter-Liberalismus zu einem Programm des ›angewandten Keynesianismus‹ gekommen«.[122] Eventualhaushalt, »deficit spendig«, vermehrte öffentliche Investitionen kennzeichnen die dritte Phase der westdeutschen Wirtschaftsentwicklung: Konjunktur- und Wachstumspolitik haben Vorrang vor Sozialpolitik. »Wer aber etwa argwöhnt, daß der neue Eintritt des Staates in den Wirtschaftsprozeß einen Schritt zur ›Gemeinwirtschaft‹ bedeutet, darf beruhigt sein: Indem der Staat

122 Werner Hofmann, *Die Wende der Konjunkturpolitik*, in: ders., *Abschied vom Bürgertum*, Ffm. 1970, S. 120.

– d. h. hier: Fiskus und Notenbank – *Funktion* im Wirtschaftsprozeß erhält, wird er selbst den allgemeinen Bedürfnissen unserer erwerbswirtschaftlichen Ordnung dauerhaft integriert.«[123]

123 Ebd., S. 122.

IV. Die Organisation der Arbeiterklasse nach 1945

SPD und KPD und die Niederlagen der Arbeiterklasse

In die Zeit von 1928 bis 1949 fallen zwei entscheidende Niederlagen der deutschen Arbeiterklasse. Der Sieg des Faschismus 1933 führte große Teile ihrer Organisationen SPD und KPD in die Konzentrationslager, das Proletariat selbst auf die Schlachtbank des Zweiten Weltkrieges; das Faktum der Niederlage war nicht wegzudiskutieren, was beide Parteien zu Überlegungen über strategische Neuansätze nötigte. Die zweite, weniger signifikante Niederlage war mit der Proklamation der BRD als bürgerlich-parlamentarisch verfaßtem deutschen Teilstaat angezeigt: Untätig und zersplittert, nahm die Arbeiterklasse die Ratifikation der von den Westalliierten betriebenen Restauration eines spätkapitalistischen Systems hin, das dem von Weimar gar nicht so unähnlich war.

SPD und KPD sowie die Gewerkschaften als ökonomische Kampforgane sind nicht mit der Arbeiterklasse gleichzusetzen; gleichwohl wäre es nur ihnen möglich gewesen, den Kampf der gegensätzlichen Interessen der Westalliierten und des westdeutschen Proletariats organisatorisch zu fassen.

Dieser Abschnitt soll aufzeigen, wo und wie in der praefaschistischen und faschistischen Zeit die Weichen für die Nachkriegsniederlage gestellt wurden, dem zweiten, ausführlichen Teil obliegt die Diskussion der konkreten Entwicklung beider Parteien und der Gewerkschaften nach 1945.

Das Elend der Legalität

Die SPD nahm ihre Zerschlagung schweigend hin; als der Faschismus schon wütete, klammerte sie sich noch immer an ihr damals unter dem Sozialistengesetz von Ignaz Auer formuliertes Erfolgsrezept: »An unserer Gesetzlichkeit müssen unsere Feinde zugrunde gehen!«[1] Diese Vorstellung ist jedoch nur als konsequentes Produkt einer Organisation zu verstehen, die sich selbst dem bürgerlichen Staat verpflichtet fühlt. Seit der Propagierung der Wahlen zur Nationalversammlung 1919 hatte die SPD in der Beteiligung am Parlament ihr politisches Aktionsfeld und in der Eroberung der Mehrheit der Wählerstimmen ihr strategisches Ziel gefunden, wenn auch in ihren Programmen immer noch sozialistische Konzepte durchschimmerten. Ihr Glaube an parlamentarisch-legale Wirkungsmöglichkeiten wurde auch nicht durch die Tatsache erschüttert, daß sämtliche von ihr intendierten wichtigeren Reformen, wie z. B. die Sozialisierung der Schlüsselindustrie oder die Konzeption der Wirtschaftsdemokratie, systemimmanent nicht zu verwirklichen waren; sie vermochte auch nicht die Zurücknahme der Kampfergebnisse der »Novemberrevolution« zu verhindern (BVG 1920, Aufhebung des 8-Stunden-Tages 1923). Der noch immer bestehende Anspruch auf Realisierung eines Distributionssozialismus, der nicht gegen die Lohnarbeit selbst, die Grundlage des Kapitalismus, gerichtet war, sondern nur gegen die Modalitäten der Verteilung des Volksvermögens, somit auch auf radikale Klassenaktionen verzichten und annehmen konnte, seine Ziele durch Aktivität im Distributionsbereich erreichen zu können, wurde so mehr und mehr überlagert von der politischen Maxime des kleineren Übels, was für eine Organisation, die ihre Verstrikkung in die Logik des Kapitals nicht zu zerbrechen suchte, nur als konsequent erscheint. Die SPD stützte das Präsidialkabinett Brüning, das auch von ihr als halbdiktatorisches analysiert worden war[2], weil es ihr immer noch besser erschien als eine Regierung Hitler; andererseits behinderte sie mit den ihr zur Verfügung stehenden Mitteln – in »demokratischer« Absicht – kommunistische Aktivitäten, am deutlichsten am »Blutmai« 1929, als die Berliner Polizei unter Anleitung des sozialdemokratischen Polizeipräsidenten Zörgiebel in die Menge der unbewaffneten, aber nicht genehmigten 1.- Mai-Demonstration, zu der die KPD aufgerufen hatte, schoß. Als

1 Zit. nach Susanne Miller, *Das Problem der Freiheit im Sozialismus*, Frankfurt/M. 1964, S. 179.
2 Vgl. Julius Braunthal, *Geschichte der Internationale*, Bd. II, Hannover 1963, S. 378 ff.

größtes Übel erschien ihr der Bürgerkrieg; die Vermeidungsstrategie dagegen war konsequent. Ohne erkennbaren Widerstand nahm sie den Papen-Staatsstreich gegen die SPD-Regierung in Preußen hin. Ihre einzige Kampfmaßnahme, eine Klage vor dem Staatsgerichtshof, war zwar juristisch erfolgreich, praktisch aber folgenlos. Die Ernennung Hitlers zum Reichskanzler wurde verharmlost mit dem Hinweis, daß auch Deutschnationale im Kabinett vertreten seien, ein zwingender Grund zum Widerstand daher noch nicht gegeben sei. Die auch von Sozialdemokraten zugegebene Streik- und Demonstrationsbereitschaft der Arbeiterklasse sollte sich erst dann in Praxis umsetzen, wenn es zum äußersten, der offenen faschistischen Diktatur, käme.[3] Da freilich war es zu spät. So bedeutete der Sieg des Faschismus gleichzeitig die Niederlage des Reformismus, aber auch die des Stalinismus.

Niederlage des Stalinismus

Unter Stalinismus sei in diesem Zusammenhang verstanden die Unterordnung der nationalen antikapitalistischen Bewegungen unter den Primat der Verteidigung des »Sozialismus in einem Lande« der Sowjetunion, also letztlich Unterordnung unter das ZK der KPdSU, das zu dieser Zeit von J. W. Stalin geführt wurde.
Der organisatorische Transmissionsriemen zwischen der KPdSU und den anderen kommunistischen Parteien war die Kommunistische Internationale (KI), ihrem Anspruch nach »Weltpartei des Proletariats«, der die einzelnen KP's als Sektionen angehörten. Auf ihrem VI. Weltkongreß (1928) konstatierte die KI einen allgemeinen revolutionären »Aufschwung« und entwickelte daraus die Losungen der Eroberung der Mehrheit des Proletariats und des revolutionären Sturzes der Bourgeoisie. Die These vom revolutionären Aufschwung wurde abgeleitet aus den für die kommunistischen Parteien günstigen Wahlergebnissen und aus der Erkenntnis, daß die Phase der »relativen Stabilisierung des Kapitalismus« (1924-28) zu Ende sei; mit der Krise des Kapitalismus werde eine allgemeine Radikalisierung der Massen einhergehen, die

3 Ebd., S. 399 ff.

dann naturwüchsig den KP's als einzig revolutionären Organisationen zufließen würden.

Die Krise wurde also nicht in ihren klassenspezifischen Auswirkungen – etwa den unterschiedlichen Reaktionen des Kleinbürgertums und des Proletariats – analysiert, vielmehr kämpfte die KPD jetzt gegen alles, was ihr mit der Kapitalherrschaft zusammenzuhängen schien: gegen Bourgeoisie, Nationalsozialisten und Sozialdemokraten – letztere trugen ab jetzt die Komintern-offizielle Bezeichnung »Sozialfaschisten«. Der unzutreffende Gebrauch des Terminus »Faschismus« machte es unmöglich, diesen in seinem Klassencharakter als offen brutale Herrschaft des Kapitals zu erkennen, ebenso seinen qualitativen Unterschied zu einem noch parlamentarischen Regime. Die darauf hinwiesen, daß Faschismus totale Zerschlagung der Arbeiterklasse bedeute und deshalb den Hauptstoß gegen diesen in einem Aktionsbündnis mit der Sozialdemokratie unter vorwiegend demokratischen Losungen führen wollten, die trotzkistische Linksopposition (LO) und die »rechtsopportunistische« Gruppe um Brandler und Thalheimer, wurden aus der KPD ausgeschlossen, selbst mit dem Bannfluch des Sozialfaschismus belegt und gründeten eigene Organisationen, die Sekten blieben.[4]

Die KPD war trotz verbaler und organisatorischer Bolschewisierung – die seit 1925 zum Programm erhoben war und hauptsächlich Übernahme stalinistischer Organisationsformen in der Partei, z. B. Aufhebung der innerparteilichen Demokratie, meinte – nicht als kampfkräftige Organisation anzusehen. Ihre Mitglieder rekrutierten sich gegen Ende der Weimarer Republik überwiegend aus Arbeitslosen. Die Folgen waren eine starke Migliederfluktuation, die in manchen Jahren bis zu 80% betrug, sowie ein nur geringer Rückhalt in den Betrieben; so bestanden 1932 nur in 0,73% der Betriebe mit Belegschaften zwischen 11 bis über 5000 Mann Betriebszellen, und diese allein wären fähig gewesen, Massenstreikaktionen zu initiieren.[5] Die ultralinke Gewerkschaftspolitik der

4 Vgl. dazu: Siegfried Bahne, *Der Trotzkismus in Deutschland 1931-33*, Phil. Diss. Heidelberg 1958, und: K. H. Tjaden, *Struktur und Funktion der »KPD-Opposition«* (KPO), Meisenheim am Glan 1964.
5 Vgl. Ossip K. Flechtheim, *Die KPD in der Weimarer Republik*, Frankfurt/M. 1969, S. 239.

»Revolutionären Gewerkschaftsopposition« (RGO), die bis 1928 als kommunistische Opposition in den Gewerkschaften arbeitete, dann aber zur Gründung kommunistischer Gegengewerkschaften, die ohne Resonanz blieben, aufrief, tat ein übriges, den Einfluß der KPD in der Arbeiterklasse auszulöschen.

Spaltung und Niederlage

Sieg des Faschismus bedeutete Scheitern zweier Strategien, aber auch das Scheitern einer in zwei Parteien gespaltenen Arbeiterklasse. So recherchierte das Innenministerium sehr genau, ob eine Ernennung Hitlers zum Reichskanzler gemeinsame Streikaktionen von KPD und SPD zur Folge haben könnte; erst als ein reibungsloser Übergang zum Faschismus wahrscheinlich schien, wurde dieser Schritt vollzogen.[6] In der Spaltung des Proletariats kann daher der letzte und nicht unwichtigste Grund für die Niederlage gesehen werden.

In dieser organisatorischen Form bestand die Spaltung seit 1919, zum letzten Mal durchbrochen wurde sie 1926 bei dem Volksbegehren gegen die Fürstenabfindung, als KPD, SPD und Gewerkschaften gemeinsam ein Plebiszit gegen die vom Reichstag geplante Entschädigung des Adels der Wilhelminischen Ära erzwangen. Fortan eskalierte der Kampf zwischen der Partei, die das bürgerliche System auf parlamentarischlegalem Wege zu reformieren gedachte, und der, die es in der Diktatur des Proletariats aufheben wollte, um sich dann nach 1928 fast ins Absurde zu steigern.

Die von der KPD gegen die SPD gewandte Formel vom »Sozialfaschismus« wäre allerdings nicht massenwirksam geworden, hätten nicht die Mitglieder der KPD selbst ihre scheinbare Berechtigung sinnlich erfahren können: Die Partizipation an der Herrschaft brachte die SPD in Handlungszwänge, die sie den Kommunisten als mit der Herrschaft des Kapitals identisch erscheinen ließen, wie z. B. bei dem schon erwähnten Berliner »Blutmai« 1929 und bei der Bewilligung

6 Vgl. *Geschichte der deutschen Arbeiterbewegung*, herausgegeben vom Institut für Marxismus-Leninismus beim Zentralkomitee der SED, Bd. IV, Berlin 1966, S. 583.

der Anleihe für den Bau des »Panzerkreuzers A«. Auch spiegelte sich diese Situation z. B. bei Entlassungen wider, von denen zuerst immer kommunistische Arbeiter betroffen waren, während ihre sozialdemokratischen Kollegen oft weiterarbeiten konnten. Spaltung hieß also nicht nur Kampf zweier Parteivorstände, sondern gleichfalls und noch verhängnisvoller Haß der verschieden Organisierten gegeneinander, der sich bis in die Kinderorganisationen[7] hinein erstreckte.

Die KPD »löste« das Dilemma, die SPD einerseits als sozialfaschistisch zu denunzieren und andererseits auf deren Mitglieder nicht verzichten zu können, mit der Losung der »Einheitsfront von unten«, welche die individuelle Unterwerfung von SPD-Mitgliedern, die durch die kapitalistische Krise radikalisiert werden sollten, unter die KPD meinte, faktisch daher den Namen Einheitsfront nicht verdiente und ihn in der Praxis auch nicht einlösen konnte. Vor diesem Hintergrund erscheint das Nichtzustandekommen von Massenaktionen zum Sturze Hitlers folgerichtig.

Der Kampf der KPD gegen die SPD dauerte bis Herbst 1934. Zu einem Zeitpunkt, als beide Organisationen zerschlagen waren und Kommunisten und Sozialdemokraten zusammen die KZ's füllten, stellte die KPD beharrlich fest, die SPD sei noch immer die soziale Hauptstütze der Bourgeoisie; SPD-Polemik entfaltete sich noch einmal am deutsch-sowjetischen Nichtangriffspakt, in dem sie eine Bestätigung ihrer Theorie vom »braun gleich rot« sah. Erst die gemeinsame Erfahrung des faschistischen Krieges konnte zu einer teilweisen Revision dieser Fehleinschätzungen führen.

Die Erfahrung des Faschismus als Lernaufforderung

Die Erfahrung der Ohnmacht angesichts fortschreitender Barbarei unter dem faschistischen Regime machte für beide Parteien eine Neudiskussion ihrer Strategie notwendig, wobei der Schwerpunkt auf einer Vermeidung eines neuen Faschis-

---

7 So schrieb z. B. die *Trommel*, Zentralorgan der komm. Kinderorganisation: »Schlagt die kleinsten Zörgiebels aus den Schulen und Spielplätzen!« Zit. nach: Flechtheim, KPD, a.a.O., S. 269. Vgl. Dok. 11a und b.

mus nach Kriegsende lag. Die gravierendsten Erfahrungen, die in neuen Konzeptionen zu verarbeiten waren, waren folgende:

– Auf seiten der SPD die Einsicht in den Klassencharakter des kapitalistischen Staates, dessen rechtsstaatlicher Charakter sich auf den Verkehrsformen der bürgerlich-kapitalistischen Gesellschaft erhebt, aber mit deren Veränderung auch selbst modifiziert bzw. aufgehoben werden kann; was die Einsicht in die Ohnmacht einer sozialistischen Partei impliziert, die die vorgegebenen Spielregeln selbst dann noch akzeptiert, wenn die herrschende Klasse sich längst von ihnen gelöst hat.

– Auf seiten der KPD die Erfahrung des qualitativen Unterschiedes zwischen einem bürgerlich-parlamentarischen Regime und einem offen faschistischen Regime als größtem Übel, was auch eine Revision der Theorie vom »Sozialfaschismus« implizierte.

Im Deutschen Reich selbst praktische Konsequenzen zu ziehen, war unter den Bedingungen der Nazi-Herrschaft nur in der Illegalität möglich, was in den sich bildenden Widerstandsgruppen auch geschah. Das Schwergewicht der Arbeit konnte jedoch nur auf einer *Diskussion* über Nachkriegskonzeptionen, die die gemachten Fehler zukünftig auszuschließen hatten, liegen. Die theoretisch relevantesten Beiträge dieser Art erschienen um 1935. Der VII. Weltkongreß der Kommunistischen Internationale und im Anschluß daran die Brüsseler Konferenz der KPD liquidierten den Ultimatismus gegenüber der SPD zugunsten einer Volksfront-Strategie zur Abwehr des Faschismus. Begründet lag diese Wandlung hauptsächlich in der Drohung des kommenden Krieges, was die Sowjetunion zwang, Bündnispartner im kapitalistischen Ausland, besonders Frankreich und England, zu gewinnen, was durch revolutionäre Agitation gegen die englische und französische Bourgeoisie erschwert oder verhindert worden wäre, sowie in der Gefahr weiterer faschistischer Machtübernahmen. Ohne offizielle Legitimation durch die KI war schon 1934 in Frankreich eine solche Volksfrontregierung etabliert worden, deren theoretische Begründung auf dem VII. KI-Kongreß hauptsächlich von G. Dimitroff geliefert wurde; diese Begründung lag auch der Nachkriegspolitik der KPD zugrunde.

Vom Exilvorstand der SPD in Prag erschien 1934 das »Prager

Manifest«, geschrieben vom Finanzexperten Rudolf Hilferding, das theoretisch die Einsicht in die Notwendigkeit auch illegalen Kampfes formulierte: »Im Kampf gegen die nationalsozialistische Diktatur [...] ist für Reformismus und Legalität keine Stätte.«[8] Diese phänomenologische Übereinstimmung der beiden scheinbar synthetisierbaren Strategien kann jedoch nicht über die begrenzte theoretische Einsicht hinwegtäuschen, die sie widerspiegeln. So ist die Radikalität des Prager Manifests vorwiegend in dem Versuch des Parteivorstandes, linke Dissentergruppen wieder an die SPD zu binden, begründet. Auch die wechselnde Einstellung der KPD fand ihre Begründung nicht in einer klassenanalytischen Revision der Sozialfaschismustheorie als vielmehr in der taktischen Notwendigkeit von Zugeständnissen gegenüber der Sozialdemokratie zur Abwehr weiterer faschistischer Regime. Dies wird anschaulich illustriert durch das Schlußwort Wilhelm Piecks auf der Brüsseler Konferenz, in dem er feststellt, »daß die Sozialdemokratie aufgrund ihrer durch den Sieg des Faschismus herbeigeführten veränderten Lage nicht mehr die Rolle der sozialen Hauptstütze der Bourgeoisie spielen kann«,[9] was mit anderen Worten bedeutet, daß die Einschätzung der KPD zumindest bis zum Januar 1933 richtig war. Andererseits postuliert er: »Wir müssen jeden Versuch, die Einheitsfront als Werbeaktion für die KPD zu betrachten zurückweisen [...] und jede Geringschätzung der sozialdemokratischen Arbeiter energisch bekämpfen.«[10]
Dieser Widerspruch zwischen völlig verändertem praktischem Verhalten und gleichbleibender theoretischer Einstellung blieb den Sozialdemokraten nicht verborgen. So kam es auch nur zu sporadischen Kontakten zwischen beiden Parteien, vor allem in den Ballungszentren der exilierten Linken wie in Paris, nicht aber zu Kontakten zwischen den beiden Parteivorständen.
Zusammenfassend läßt sich sagen, daß die Überwindung der Spaltung nur als Tendenz vorhanden war, die sich organisatorisch lediglich in Mikrokosmen wie KZ's, Widerstandsgrup-

8 *Prager Manifest*, abgedruckt u. a. in: Wolfgang Abendroth, *Aufstieg und Krise der deutschen Sozialdemokratie*, Frankfurt/M., 1969², S. 114 ff.
9 Zit. nach: *Geschichte . . .*, a.a.O., Bd. V, S. 473.
10 Ebd.

pen und Kriegsgefangenenlagern umsetzte. Die Herstellung der Einheit war bis nach Kriegsende aufgeschoben.

Das vorweggenommene Schisma

Sofort nach Kriegsende konstituierten sich drei Zentren der alten Arbeiterbewegung: in Hannover die Gruppe um den fanatischen Antikommunisten Schumacher, in Berlin die Gruppe um Otto Grotewohl und, aus Moskau kommend, die Gruppe Ulbricht. Dezidierte Einigungsbestrebungen gingen lediglich von Grotewohl aus, der bemüht war, es gar nicht erst zu getrennten Parteigründungen kommen zu lassen, in der richtigen Erkenntnis, daß damit wieder der Grundstein für alte Konkurrenzen, Verdächtigungen, Ängste und Verleumdungen gelegt würde. Seine Bemühungen vom 8. Mai 1945 an, mit Ulbricht über die Gründung einer Einheitspartei zu sprechen, schlugen jedoch fehl, weil die Sowjetunion zu diesem Zeitpunkt noch die Konzeption der »Block-Bildung« vertrat, worunter breite antifaschistisch-demokratische Organisationen zu verstehen sind, in denen die Kommunisten nicht eigenständig auftreten, jedoch möglichst die Schlüsselpositionen besetzen sollten. Das Bild änderte sich, als einen Monat später die Gruppe Pieck, ebenfalls aus Moskau, mit neuen Instruktionen kam, die zwar an der Vorstellung der Block-Bildung festhielten, gleichzeitig aber die Wiedergründung der KPD forderte, die dann am 12. Juni 1945 in Berlin stattfand. Organisatorische Einheit mit der SPD wurde nur noch als »Fernziel« bezeichnet; als Reflex fand am 17. Juni die Neugründung der SPD für die sowjetische Zone und Berlin statt.
Damit waren die Voraussetzungen geschaffen, daß sich im Nachkriegsdeutschland dieselben Mechanismen zwischen beiden Parteien entwickeln konnten, wie in der Weimarer Republik, die zu bekämpfen beide Parteien seit 10 Jahren lautstark vorgaben.

Sozialdemokratie und Restauration

Fünf Jahre nach der Zerschlagung des deutschen Faschismus zog Kurt Schumacher, der Vorsitzende der Sozialdemokratischen Partei Deutschlands, auf dem Hamburger Parteitag im Mai 1950 die Bilanz der postfaschistischen Entwicklung in Westdeutschland: »Dieselben Kreise, die die Nutznießer der Inflationsperiode waren und die dadurch auch die politische Macht erhielten, dieselben Kreise sind heute noch die Nutznießer durch den Kapitalismus und der Gewinnquoten in einem früher nicht gekannten Umfange.«[1]

Den Vorwurf in seiner Entgegnung auf die erste Regierungserklärung Adenauers im September 1949, die BRD befinde sich bereits in einer »Periode der absoluten Restauration«[2], führte er im Mai 1950 weiter aus: »Die erzwungene und klassenpolitisch motivierte soziale Passivität der Regierung ist die Keimzelle des Faschismus und der Diktatur!«[3] Die Partei aber, die gemäß ihrem Selbstverständnis die Führung im postfaschistischen Deutschland beanspruchte, und zwar auf Grund ihrer »demokratischen Tradition«, ihres »antifaschistischen Kampfes« und ihrer Annahme, daß der Mehrzahl aller Deutschen während der faschistischen Diktatur klar geworden sei, daß ihre Interessen nicht von den nur auf ihren »Geldbeutel« bedachten bürgerlichen Parteien vertreten werden könnten[4], stand in der Opposition. Und »das System und seine Dynamik«, das nach Meinung von Viktor Agartz auf der Anklagebank in Nürnberg fehlte und von dem er 1946 sagte: »Die Sozialdemokratie kennt aus eigener Erfahrung den Faschismus als die gefährlichste Erscheinungsform des Spätkapitalismus«[5], waren wieder hergestellt.

1 Kurt Schumacher, *Rede auf dem Parteitag der SPD*, Hamburg 1950, in: *Turmwächter der Demokratie, ein Lebensbild von Kurt Schumacher*, hrsg. v. Arno Scholz u. Walter G. Oschilewski, Berlin-Grunewald 1953, Bd. II: *Reden und Schriften*, S. 240, im weiteren abgekürzt: Schumacher, *Reden und Schriften*.
2 In: *Verhandlungen des Deutschen Bundestages*, I. Wahlperiode 1949, Stenographische Berichte, Band 1, Bonn 1950, S. 33 A.
3 Schumacher, *Reden und Schriften*, a.a.O., S. 240.
4 Vgl. Schumacher: *Rede vor den Funktionären des Ortsvereins Hannover vom 6. Mai 1945*, hektographiert beim Parteivorstand der SPD, Archiv der Friedrich Ebert-Stiftung, Bonn-Bad Godesberg (abgekürzt: Rede 6. Mai 1945); Schumacher, *Aufruf, Sommer 1945*, in: *Reden und Schriften*, a.a.O., S. 31 u. 44; Schumacher, *Politische Richtlinien*, Hannover 1945.
5 Viktor Agartz, *Sozialistische Wirtschaftspolitik*, Referat, gehalten auf dem Parteitag der SPD in Hannover, Mai 1946, hrsg. v. d. SPD Groß-Hessen, Frankfurt o. J., S. 4 u. S. 16.

Zu untersuchen ist, worin die Diskrepanz zwischen dem Führungsanspruch der Sozialdemokratie, deren Neuordnungsvorstellungen für Deutschland nach dem Kriege und der faktisch vollzogenen Restauration begründet liegt.

Neuordnungsvorstellungen der SPD

»Sozialismus – eine Gegenwartsaufgabe«: Die Konzeption vom »Dritten Weg«

In seiner Rede auf dem Parteitag in Hannover 1946 stellte Kurt Schumacher für die Entwicklung im postfaschistischen Deutschland die Alternative: »Entweder wird es uns gelingen, Deutschland in seiner Ökonomie sozialistisch und in seiner Politik demokratisch zu formen, oder wir werden aufhören, ein deutsches Volk zu sein.«[6] Mit dieser programmatischen Formulierung des »Sozialismus – eine Gegenwartsaufgabe« grenzte sich die Sozialdemokratie gegenüber zwei anderen gesellschaftlichen Systemen ab: dem Kapitalismus, wie er sich in Deutschland entwickelt hatte, und dem Bolschewismus – gegenüber dem Kapitalismus, den soziale Ungleichheiten und ökonomische Ausbeutung kennzeichne, gegenüber dem Bolschewismus, der fundamentale Grundrechte einschränke und undemokratisch sei.

In einer Rede am 6. Mai 1945 vor Funktionären der SPD in Hannover stellte Kurt Schumacher fest[7], daß der Faschismus in Deutschland auf länger zurückliegenden ökonomischen und sozialen Voraussetzungen beruhe. Die Hochschutzzollpolitik von 1878 habe zu einem unproportionierten Anwachsen der Schwerindustrie geführt und damit, bei Vernachlässigung der Bedarfsdeckung der heimischen Bevölkerung, zu steigendem Absatz auf den äußeren Märkten. Dieser imperialistische Drang nach auswärtigen Märkten habe schließlich in einem Bündnis der Schwer- und Rüstungsindustrie und des Finanzkapitals mit den preußisch-deutschen Militaristen und Großagrariern kulminiert, was eine Verschärfung der sozialen

6 Schumacher, *Rede auf dem Parteitag der SPD*, Hannover 1946, hrsg. v. d.

7 Schumacher, *Rede 6. Mai 1945*, a.a.O., S. 1 ff.

und politischen Lage im Innern und eine Drohpolitik nach
außen nach sich gezogen habe, die schließlich im Ersten Weltkrieg mündete. Nach dem Bankrott dieser Politik habe die
Macht des Kapitals nur kurz zurückgedrängt werden können.
Erneut sei es zu einer »unheiligen Allianz« gegen die Arbeiterklasse gekommen. Der deutsche Großbesitz habe – Schumacher zitiert einen deutschen Schwerindustriellen – »eine
einmalige Chance gesehen, die Bedrohung des Sozialismus aus
der Welt zu schaffen« und, so fährt er fort, verbündete sich
mit einer »Horde verkrachter Existenzen von Verbrechern
und Abenteurern«. Die Überwindung der Wirtschaftskrise
durch die Aufrüstung sei jedoch nur eine scheinbare gewesen.
Bei aller äußeren Belebung der Wirtschaft habe sie dem
Volksvermögen nichts zugeführt, sondern vielmehr »den tatsächlichen und möglichen Überschuß der deutschen Wirtschaft auf mehrere Jahrzehnte hinaus« unproduktiv verbraucht. »Die Staatsfinanzen, die Kapitalbildung, das Spark-
pital und die Sozialversicherung« seien derart in »diesen sinnlosen Konsum« hineingezogen worden, daß 1939 eine Wirtschaftskrise auszubrechen drohte. Und so hätten jene, die
bereits den Ersten Weltkrieg angezettelt hatten, zum zweiten-
mal in diesem Jahrhundert zu imperialen Eroberungen
gedrängt.
Der ökonomische Ansatz dieser Faschismusanalyse wird nicht
durchgehalten. Schumacher konstatiert »die fatale Eigenschaft des deutschen Besitzes, daß er lieber das Leben seiner
Söhne im Krieg opfert, als im Frieden Steuern zu zahlen und
Macht abzutreten.«[8] Im übrigen sind es seiner Ansicht nach
»die besonderen Voraussetzungen der deutschen Klassenpsychologie« neben den »zwangsmäßigen Gegebenheiten der
deutschen Geschichte«, die den Großbesitz – anders als in den
Ländern der »alten Demokratien des Westens« – immer wieder
veranlassen würden, »sein Geld in politische Macht umzusetzen, die er dann gegen die Demokratie und den Frieden
anwendet«.[9]
Damit stellt sich für Schumacher die Koalition von Kapitalisten und Nationalsozialisten als eine Koalition der »Abarti-
gen« zur Errichtung eines »Räuberstaates« dar, eines Staates

8 Ebd., S. 2.
9 Schumacher, *Aufruf, Sommer 1945*, in: *Reden u. Schriften*, a.a.O., S. 39.

der »Taugenichtse und Lebensuntüchtigen, dem Abfall des Ersten Weltkrieges«, eines Staates, in dem »abgerissene Bettler« zu Millionären geworden seien, eines Staates, dessen Herrscher »keinen Respekt vor fremdem Eigentum und Leben« gekannt hätten.[10]

Aus eben dieser »spezifischen«, deutschen Klassenpsychologie heraus zieht Schumacher den Schluß, daß nie wieder »neue gewaltige Kapitalmassen in der Hand unverantwortlicher Großkapitalisten entstehen [dürfen], die ihr Geld wieder in politische Macht umsetzen würden, um sie gegen die Arbeitenden, gegen Demokratie und Frieden anzuwenden.«[11]

Daneben gelte es, aus der unmittelbaren Not Deutschlands die Konsequenzen zu ziehen. In einer Resolution, verabschiedet auf dem ersten Nachkriegsparteitag in Hannover 1946, wird festgestellt: »Das heutige Deutschland ist nicht mehr in der Lage, eine privatkapitalistische Unternehmerwirtschaft zu ertragen und Unternehmerprofite, Kapitaldividende und Grundrenten zu zahlen.«[12]

Aus dem »Klassencharakter des Nazismus«[13], der »deutschen Klassenpsychologie« und der unmittelbaren Not wurde die Forderung nach Sozialismus abgeleitet: »Die Deutschen haben im Reichtum nicht Sozialisten sein wollen, sie werden jetzt in der Armut Sozialisten sein müssen.«[14] Dieser Sozialismus aber sei ohne Demokratie nicht möglich. Sozialismus und Demokratie bedingten einander.

Im gleichen Maße, in dem die Sozialdemokratie die Restituierung des Kapitalismus in Deutschland ablehnte, wandte sie sich gegen einen Sozialismus sowjetischer Prägung, der die »Quintessenz der bürgerlichen Revolution« mißachte.[15] »Dreißig Jahre Bolschewismus haben bewiesen, daß er den

10 Schumacher, *Für ein neues, besseres Deutschland*, in: *Nach dem Zusammenbruch*, Hamburg 1948, S. 11 f.
11 Ebd., S. 12.
12 Kundgebung der Sozialdemokratischen Partei Deutschlands, einstimmig angenommen auf dem Parteitag in Hannover, Mai 1946, abgedruckt in: *Sozialismus eine Gegenwartsaufgabe* (Rede Schumachers auf dem Parteitag Mai 1946) o. O. u. J., S. 23.
13 Schumacher, *Politische Richtlinien*, Hannover 1945, S. 3.
14 Schumacher, *Aufruf, Sommer 1945*, in: *Reden u. Schriften*, a.a.O., S. 38.
15 Schumacher, *Kommentar zur Entschließung der Sozialdemokratischen Partei in der britischen Besatzungszone auf einer Konferenz, Hannover, 3./4. 1. 1946*, in: *Reden u. Schriften*, a.a.O., S. 64.

europäischen Völkern fremd ist und daß es einen aufgeklärten Absolutismus in proletarischer Abwandlung nicht gibt.«[16] Das hinter dem Bolschewismus stehende Prinzip sei das der Antidemokratie[17], der Ausschluß von Geistesfreiheit[18] und damit der allgemeinen Menschenrechte. Diese Form der Negierung der Demokratie sei nicht eine Diktatur des Proletariats, sondern eine Diktatur über das Proletariat.[19] Das, was sich als sozialistische Planwirtschaft russischer Prägung ausgebe, sei bestenfalls Staatskapitalismus.[20]

Und schließlich: »In der praktischen Politik, die heute Rußland gegenüber Deutschland und den anderen Staaten der Welt zeigt, ist von der Idee der Weltrevolution nichts weiter zu spüren, als daß sie als Mittel der Agitation und der Propaganda zur Aufrechterhaltung stehender Heere in allen Ländern der Welt ausgenützt wird. In der Sache ist sie längst tot, und all die zahlreichen Opfer, welche die internationale Arbeiterklasse für diese Idee gebracht hat [...], sind in Wirklichkeit nicht für den Sozialismus und die proletarische Weltrevolution, sondern nur für das Wohlergehen eines immer mehr chauvinistischen und imperialistischen Nationalstaates gebracht worden.«[21] In Kenntnis der harten Kollektivierungsmaßnahmen in der Sowjetunion und abgestoßen von den großen politischen Schauprozessen der dreißiger Jahre, Maßnahmen, die das Bild des Bolschewismus in der Sozialdemokratie entscheidend mitprägten, resümierte Schumacher: »Wenn das, was wir im Osten erleben, tatsächlich Sozialismus wäre, dann wäre damit vor der europäischen Menschheit das Todesurteil über den Sozialismus ausgesprochen.«[22]

Privat- bzw. staatskapitalistisch, immer aber gegen die wirklichen Interessen der Arbeiterklasse gerichtet, antidemokratisch und potentiell weltzerstörerisch – unter diesen Momenten einer Totalitarismustheorie subsumiert Schumacher letzt-

16 Schumacher, *Rede auf dem Parteitag der SPD,* Düsseldorf 1948, in: *Reden u. Schriften,* a.a.O., S. 151.
17 Schumacher, *Kommentar* (s. Anm. 15), in: *Reden u. Schriften,* a.a.O., S. 69.
18 Ebd., S. 64.
19 Ebd., S. 63.
20 Ebd., S. 61.
21 Ebd., S. 57.
22 Ebd., S. 61.

lich beide: den deutschen, wieder vom latenten zum offenen Faschismus drängenden Kapitalismus und den russischen Bolschewismus. Der Weg der Sozialdemokratie im postfaschistischen Deutschland könne daher nur ein dritter sein: der Weg eines freiheitlichen, demokratischen Sozialismus. Sein Ziel sei die »ökonomische Befreiung der Persönlichkeit« – »eine Persönlichkeit auf sozial sicherer Basis« – ein Ziel, das Kapitalismus und Bolschewismus nicht erreichen könnten.[23]

Diese Reduktion des Faschismus und Bolschewismus auf Elemente des Totalitären[24] kennzeichnet deutlich den theoretischen Ansatz der Sozialdemokratie unter Kurt Schumacher nach 1945: Die phänomenologische Betrachtungsweise ermöglicht eine undifferenzierte Gleichsetzung von Faschismus und Bolschewismus, wobei die Unterschiede in der ökonomischen Struktur und dem Klassencharakter beider Systeme nicht mehr diskutiert werden.

Folgenschwer für das Verhalten der Sozialdemokratie war vor allem die aus ihrem personalisierten Kapitalismusverständnis resultierende Fixierung auf spezifisch deutsche »klassenpsychologische« Faktoren der Bourgeoisie, die in den »alten westlichen Demokratien« keineswegs in gleicher Weise antidemokratisch sei. So führt Schumacher die Tatsache, daß sich zwischen den beiden Weltkriegen in den angelsächsischen Ländern keine faschistischen Systeme etabliert hatten, auf deren lange demokratische Tradition zurück. Zudem war sein Bild von den angelsächsischen Ländern von der Vorstellung eines Reformkapitalismus (New Deal, Labour) geprägt. Darin sah er eine Bestätigung seiner Annahme, der Kapitalismus in Deutschland sei durch die Mitarbeit in parlamentarischen Institutionen auf evolutionärem Wege zu überwinden, sofern nur jemand da sei, der diese demokratische Tradition verkörpere – die deutsche Sozialdemokratie.

Die nun wieder aufgegriffene und für die postfaschistische Entwicklung aktualisierte Konzeption der »Wirtschaftsdemokratie« basierte allerdings auf zwei Annahmen, die sich in der Gründungsphase als falsch erwiesen: 1. der Faktizität und Permanenz eines Reformkapitalismus in den USA, in dem sich

23 Ebd., S. 64.
24 Vgl. dazu auch: Paul Sering (Pseudonym f. Richard Löwenthal), *Jenseits des Kapitalismus,* Lauf b. Nürnberg 1946, S. 212 f.

134

dank der »Persönlichkeit Roosevelts« »eine neue Regelung des Verhältnisses zwischen Kapital und Arbeit und der politischen Machtverteilung zwischen beiden Faktoren«[25] angebahnt habe und der eine Transformation des deutschen Kapitalismus in einen Sozialismus sozialdemokratischer Prägung zulassen würde; 2. der Unabhängigkeit Englands von auswärtigen Mächten, von deren Labour Party man »Verständnis und Zusammenarbeit«[26] erhoffte und noch 1947, obwohl Großbritannien längst wirtschaftlich völlig von den USA abhängig geworden war[27], die Einsicht erwartete, »daß das große Experiment auf der kleinen Insel [...] erst dann gesichert ist, wenn auf dem Festlande ähnliche sozialökonomische Strukturwandlungen vor sich gehen.«[28]

Die Konzeption der »Wirtschaftsdemokratie«

Exkurs: Das Staatsverständnis der SPD in der Weimarer Republik

Fritz Naphtali, ein Theoretiker der »Wirtschaftsdemokratie« in der Weimarer Republik[29], faßte im *Vorwärts* die Wandlungen des Kapitalismus und des Verhältnisses von Staat und Wirtschaft zusammen: »Das tiefe Eindringen der Staatsmacht in die Wirtschaft im Verlauf dieser Krise [Wirtschaftskrise, d. Verf.] könnte zum wichtigen Ansatzpunkt einer Neugestaltung des Wirtschaftssystems werden, wenn im Staate der *Wille* [Hervorheb. d. Verf.] lebendig wäre, nicht nur dem strauchelnden kapitalistischen Unternehmer auf Kosten der Gesamtheit Krücken zur Verfügung zu stellen, sondern auch aus dieser Hilfestellung die Konsequenzen der Herrschaft der Gesamtheit über die privatkapitalistische Willkür zu ziehen. [...] Auf der anderen Seite müssen die Gegenspieler, die

25 Schumacher, *Rede 6. Mai 1945*, a.a.O., S. 38.
26 Ebd.
27 Siehe Seite 42 ff.
28 Schumacher, *Rede auf dem Parteitag der SPD*, Nürnberg 1947, in: *Reden u. Schriften*, a.a.O., S. 124. Vgl. dazu auch Sering, a.a.O., S. 209 f.
29 Fritz Naphtali, *Wirtschaftsdemokratie – Ihr Wesen, Weg und Ziel* (1928), neu: Frankfurt 1966.

Arbeiter, die Sozialdemokratie, mit allem Nachdruck fordern, daß aus der systemlosen Übernahme von Risiken in der privaten Wirtschaft durch den Staat die Folgerung gezogen wird, daß der neue Risikoträger Staat auch den entscheidenden Machtanspruch gegenüber der Wirtschaft geltend macht und sich zur *planmäßigen Führung* [Hervorh. d. Verf.] der Wirtschaft im Interesse der Gesamtheit durcharbeitet.«

Konzediert Naphtali dem Kapitalismus, daß er mit Hilfe »eines von ihm beherrschten Staates vielleicht noch lange weiter vegetieren« wird, so ist er doch sicher, daß »ein neues jugendfrisches Leben für die Gesamtheit [...] aber erst dann zur Entfaltung kommen [kann], wenn ein von den Kräften der Zukunft beherrschter Staat den Durchbruch vom gestützten Kapitalismus zum sozialistischen Aufbau vollzieht.«[30]

Naphtalis voluntaristische Strategie zum Sozialismus, die sich letztlich auf ein Auswechseln der bürgerlichen Herrschafts- und Funktionseliten durch sozialistische reduziert, läßt die Bestimmungen des bürgerlichen Staates durch Marx außer acht, dessen Analyse ehemals für die Theorie der SPD – aber auch nur für die Theorie – konstitutiv war (Erfurter Programm): daß sich nämlich die bürgerliche Gesellschaft im Staat selbst entfremdet, sich verdoppelt und damit zugleich eine ihr gegenüber fremde Gewalt schafft, die ihrerseits die Rahmenbedingungen der bürgerlichen Gesellschaft sichert. Insofern aber die bürgerliche Gesellschaft auf dem Antagonismus von Lohnarbeit und Kapital beruht, ist der Staat, wiewohl als Repräsentant des Allgemeinen mystifiziert, in seinen rechtlichen und ideologischen Normen und hoheitlichen Maßnahmen Produkt wie Garant des Antagonismus in den Produktionsverhältnissen und somit Instrument der herrschenden Klasse zur Sicherung ihrer ökonomischen Interessen.

In seiner 1926 abgeschlossenen Dissertation über den *Kampf um den Staatsgedanken in der deutschen Sozialdemokratie* definierte Kurt Schumacher die Funktion des Staates ähnlich wie Naphtali: »Der Staat regelt weder sämtliche gesellschaftlichen Funktionen, noch ist er auf die Verfolgung bloß gesellschaftlicher Zwecke begrenzt, sondern er hat auch eigene, nur

30 *Vorwärts*, hrsg. v. Parteivorstand der SPD, Berlin, Ausgabe v. 1. 1. 1933, Zweite Beilage o. S.

ihm eingehende Zwecke. Die Regelung aber kann er nur treffen kraft seiner Macht über die Menschen, seiner Erhöhung über die Einzelwesen. Mit der aus dieser Macht erwachsenden Souveränität setzt er das Recht, schützt es, wehrt Störungen von den Gewaltunterworfenen ab, Tätigkeiten, die ihn *verselbständigen* [Hervorh. d. Verf.] und die allein es ermöglichen, daß die einzelnen Individuen, die er vertritt und verpflichtet, zu einer wirklich aktionsfähigen Einheit zusammengeführt werden. Diese neue Einheit erschöpft sich nicht in der Betätigung der Souveränität, sondern betätigt auch soziale und wirtschaftliche Kräfte, die ganz und gar Äußerungen des Staates sind und nicht der Gesellschaft im *gegensätzlichen* [d. Verf.] Sinne zum Staate.«[31]

Der Staat wird damit zu einem abstrakten Agens, das nicht per se Interessenträger einer Klasse ist, sondern souveräne Ordnungsfunktionen wahrnimmt und Sanktionsmittel zu ihrer Durchsetzung hat. Diese Ordnungsfunktionen werden bestimmt einmal von normativen Zielvorstellungen, zum anderen vom Rahmen der gesellschaftlichen Realität. So sehr etwa der Staat qua Staatsinterventionismus auf reale Vorgänge in der Wirtschaft reagieren muß (am Beispiel Naphtalis: in der Weltwirtschaftskrise), so sehr muß er – immer als abstrakte Größe – diesem Gesellschaftlich-Realen seinen Willen aufdrücken, es formen. Dieses Normative muß im Sinne der Mehrheit der Bevölkerung, also der Lohnabhängigen, wirken, notfalls gegen eine anders verfaßte Gesellschaft. Dem Staat kommt damit die Funktion zu, in die Gesellschaft verändernd einzugreifen; er wird zum historischen Subjekt. Der Kampf um die Veränderung in der Gesellschaft findet demzufolge nicht mehr zwischen den antagonistischen Klassen selbst statt, sondern im Kampf um die Macht im Staate, das meint: im Kampf um die Mehrheit im Parlament. Der *Kampf um den Staatsgedanken in der deutschen Sozialdemokratie* endet so in einem »abstrakt republikanischen Staatsbewußtsein.«[32]

Die Sozialdemokratie erkennt den Klassencharakter der Gesellschaft und die gegenwärtige Funktionalisierung des

---

31 Schumacher, *Der Kampf um den Staatsgedanken in der deutschen Sozialdemokratie*, Inaug. Diss., Münster 1926 (masch. schriftl.), S. 2.
32 Wolfgang Abendroth, *Aufstieg und Krise der deutschen Sozialdemokratie*, Frankfurt 1969², S. 58.

Staates im Interesse des Kapitalismus und – so Naphtali – konzediert, daß dieser Zustand noch längere Zeit andauern kann, will aber gleichwohl das Instrumentarium dieses Klassenstaates zu seiner Transformation übernehmen. Ihre Unfähigkeit, selbst den bürgerlichen Rechtsstaat, das Ergebnis der bürgerlichen Revolution von 1918/19, gegen eine offene Faschisierung zu schützen, widerlegte handgreiflich diese »Logik«.

Die Brutalität des deutschen Faschismus nicht nur nach außen, sondern auch nach innen, scheint prima facie Lernprozesse initiiert zu haben. In den »politischen Richtlinien« von 1945[33] formulierte Kurt Schumacher das Ziel sozialdemokratischer Politik im postfaschistischen Deutschland: »Aus dem Klassencharakter des Nazismus ergibt sich zu seiner Überwindung als Konsequenz: der Sozialismus. Die Voraussetzung ist die völlige Zerbrechung der finanzkapitalistischen, imperialistischen und militärischen Linie. Die Arbeit kann sich nicht im Negativen erschöpfen. Das positive Ziel und einzige ausreichende Sicherung gegen die Wiederkehr solch volkszerstörender und weltgefährdender Kräfte ist die Änderung der ökonomischen und gesellschaftspsychologischen Voraussetzungen deutscher Politik.« Die Konzeption, die daraus hervorgeht, basiert auf der Erkenntnis, daß Demokratie im politischen Bereich ohne Bestand ist, wenn sie nicht auch auf den wirtschaftlichen Sektor übertragen wird[34], das meint, wenn nicht auch die Wirtschaftsverfassung demokratisch ist. Die Anarchie kapitalistischer Produktion soll durch eine an den realen Bedürfnissen der Menschen orientierte sozialistische Planwirtschaft abgelöst werden. Viktor Agartz hat auf dem Parteitag in Hannover 1946 Ziel und Struktur dieser Konzeption näher ausgeführt. Grundsätze einer Wirtschaftsverfassung im postfaschistischen Deutschland sollen demnach sein[35]:
»a. die Elementarbedürfnisse aller Mitglieder des Staates sind in der Rangfolge ihrer naturgegebenen Dringlichkeit sicherzustellen;

33 Schumacher, *Politische Richtlinien*, Hannover 1945, S. 3.
34 Schumacher, *Kommentar* (s. Anm. 15), in: *Reden u. Schriften*, a.a.O., S. 66.
35 Agartz, *Sozialistische Wirtschaftspolitik*, a.a.O., S. 7 u. S. 8. S. Dok. 14b.

b. jedem arbeitsfähigen und arbeitswilligen Mitglied muß jederzeit eine Arbeitsmöglichkeit eroffnet werden;

c. grundsätzlich ist die freie Wahl des Berufes und des Arbeitsplatzes ein unabdingbarer Bestandteil der ökonomischen Freiheit jedes einzelnen Menschen;

d. ein Anteil am gesamten Sozialprodukt kann zukünftig ohne produktive Gegenleistung nur den noch nicht und nicht mehr Arbeitsfähigen gewährleistet werden.«

»Das Ziel der Produktion muß künftig sein: Eine Versorgung der Bevölkerung ohne neue Gefährdung ihrer Existenz mit dem höchstmöglichen Maß an Befriedigung in der Arbeit. Nicht ein Maximum, sondern ein Optimum an Versorgung soll angestrebt werden.«

Konsequenz dieser Grundsätze, die auf Gewährung von sozialen Rechten zielen, soll eine einschneidende Veränderung der Wirtschaftsstruktur sein. Diese Veränderung intendiert jedoch nicht eine Sozialisierung der Gesamtproduktion. Dort, wo nach Meinung von Agartz Ausbeutung nicht vorliegt, vor allem in kleineren landwirtschaftlichen Betrieben, im Handwerk, im Einzelhandel, die zumeist auf familiärer Basis wirtschaften, aber auch in den mittleren industriellen und landwirtschaftlichen Betrieben, wo freie Konkurrenz noch gewährleistet ist und daher keine Monopolrenten erwirtschaftet werden können – und auf letzteres reduziert Agartz faktisch das Kriterium für Ausbeutung –, erübrige sich ein strukturveränderndes Eingreifen des Staates. Hier sei vielmehr eine von den einzelnen Kleinproduzenten initiierte genossenschaftliche Organisation zu fördern. Dort aber, wo Ausbeutung durch monopolistische Extraprofite nachweislich vorliege, in der weitgehend monopolistischen Grundstoffindustrie und beim Großgrundbesitz, habe der Staat entweder durch eine neue Besitzverteilung (Bodenreform) oder aber durch Sozialisierung der Grundstoffindustrie die aus dem Monopol- und Agrarkapital erwachsene ökonomische und politische Macht zu brechen. – Sozialisierung wird als ein Mittel neben anderen angesehen. Wesentlich an diesen Sozialisierungsmaßnahmen in der Grundstoffindustrie sei jedoch, daß sie sich auch auf alle von der Grundstoffindustrie abhängigen Wirtschaftssektoren auswirkten; der Staat bringe damit einen wichtigen Wirtschaftssektor in seine unmittelbare

Verfügungsgewalt, von dem aus er indirekt auch auf andere Einfluß nehmen könne.

Abgesehen von diesem die Struktur der Besitzverhältnisse und Verfügungsgewalt verändernden Eingriff soll sich der Staat allerdings »auf das jeweils erforderliche Maß« bei seinen Interventionen beschränken. Anstelle direkter Intervention soll eine Lenkung treten, die den wirtschaftlichen Rahmen qua Lohn- und Preiskontrolle, Konjunkturpolitik, Verstaatlichung des Bankwesens und damit Lenkung der Kredit- und Investitionspolitik vorgibt, innerhalb dessen sehr wohl auch privatwirtschaftliche Unternehmen, vor allem in der verarbeitenden Industrie, beibehalten werden und »marktwirtschaftliche Elemente des Wettbewerbs«[36] wirken sollen. Das, was der liberale Kapitalismus nicht erreichte, die Sicherung des freien Wettbewerbs, soll nun institutionalisiert werden; das heißt hier der Wettbewerb einmal zwischen den sozialisierten Betrieben, zum anderen zwischen diesen und den privaten bzw. genossenschaftlich organisierten.

Oberstes Kontroll- und Lenkungsorgan dieser Wirtschaft aber kann nicht diese Wirtschaft selbst sein, sondern nur das demokratisch legitimierte Parlament des Gesamtstaates. Ihm selbst und, gemäß der Forderung, Planung, Lenkung und Kontrolle so weit wie möglich zu dezentralisieren, auch den regionalen und lokalen Parlamenten sollen mit beratender Funktion Wirtschaftsräte zur Seite gestellt werden, in denen alle an der Wirtschaft beteiligten Kräfte, Unternehmer, Arbeiter und Konsumenten, vertreten sein sollen.[37] Die Demokratisierung im Betrieb selbst soll durch ein weitgehendes Mitbestimmungsrecht der Arbeiter gesichert werden.[38] Mittels staatlicher Gesetzgebung, Kontrolle und Sanktionsgewalt einerseits und gewerkschaftlicher Politik andererseits soll so die Wirtschaftsdemokratie prozessual verwirklicht werden, in der Absicht, »einen Weg zu einem freiheitlichen Sozialismus zu finden.«[39]

Die hier dargelegte Konzeption der Wirtschaftsdemokratie ist zwar in sich stimmig, baut allerdings auf falschen Prämissen

36 Ebd., S. 9.
37 Ebd., S. 9 f.
38 Zur Frage der Mitbestimmung vgl. S. 204 ff.
39 Agartz, *Sozialistische Wirtschaftspolitik*, a.a.O., S. 16.

auf. Einmal wird in ihr der Grad der Funktionalisierung des Staates durch die herrschende Klasse verkannt. Auf Grund des personalistischen Kapitalismusverständnisses wird außer acht gelassen, daß es nicht die schlechten Charaktere von Kapitalisten sind, die staatliche Einrichtungen zu Gunsten der herrschenden Klasse funktionalisieren, sondern die Zwänge des Kapitalverwertungsprozesses. Zur Vermeidung von Disproportionalitäten z. B. zwischen Warenproduktion und Massenkaufkraft bei Sicherung von Monopolprofiten, zur Sicherung von Arbeitsplätzen und damit von Massenkaufkraft kann der Staat in der Phase des Spätkapitalismus in toto nur *reaktiv* in die ökonomische Entwicklung eingreifen. Die Verkennung der Funktionalisierung des bürgerlichen Staates durch die Wirtschaft versperrt nun allerdings die Erkenntnis, daß ein Staatsinterventionismus, wie ihn die Konzeption der Wirtschaftsdemokratie anstrebt, eine Sozialisierung in den entscheidenden Sektoren der Wirtschaft bereits voraussetzt; sie allein könnte verhindern, daß die staatlichen Maßnahmen sich im Rahmen der vom Kapital gesetzten Schranken bewegen müßten.

Andererseits gehen diese theoretischen Vorstellungen von einem falschen Verständnis von Ausbeutung aus. Die skizzierte Konzeption stellt den Versuch dar, in Teilen der Wirtschaft Elemente des liberalen Kapitalismus zu restituieren, die darauf abzielen, daß jede Ware zu ihrem Wert auf dem Markt verkauft wird. Die kapitalistischen Produktionsverhältnisse, die in weiten Teilen der Wirtschaft nicht verändert werden sollen, sind somit weiter durch das Verhältnis von Besitz und Nichtbesitz an Produktionsmitteln gekennzeichnet. Dies impliziert notwendig die Beibehaltung von Lohnarbeit, damit die Abpressung von relativem Mehrwert als Grundlage kapitalistischer Akkumulation. Diese Akkumulation aber ist notwendiger Bestandteil einer konkurrierenden Wirtschaft. Die postulierte Aufhebung von Ausbeutung ist bei Beibehaltung kapitalistischer Produktionsverhältnisse und Marktmechanismen damit unmöglich. Aufhebung von Ausbeutung ist nur bei planmäßiger und gesellschaftlicher Kontrolle von Produktion und Distribution möglich.

Schließlich sollen von der Regression der spätkapitalistischen Wirtschaftsordnung auf Elemente der liberalkapitalistischen mit institutionalisierter Sicherung des Marktes jene Bereiche ausgenommen werden, die infolge der technologischen Entwicklung und ihrer Bedeutung für die Bedarfsdeckung der Bevölkerung nicht auf diese zurückgeführt werden können; sie sollen durch staatliche Gesetzgebung sozialisiert werden. Gerade die Entwicklung in Großbritannien zeigt aber, daß parlamentarisch verfügte Verstaatlichungen bei Regierungswechsel (Labour-Konservative) rückgängig gemacht werden können, also keine qualitative Strukturveränderung der Wirtschaft bedeuten, solange nicht entsprechende Maßnahmen im gesellschaftlichen Bereich gesichert sind.

Die Konzeption der Wirtschaftsdemokratie ist der Versuch, die Forderungen des Liberalismus, politische Freiheit und soziale Gleichheit, mit den Institutionen des Liberalismus zu verwirklichen. Waren diese Forderungen im Kampf des Bürgertums gegen den Feudalismus progressiv, so wurden sie mit der Konsolidierung der bürgerlichen Gesellschaft zur Ideologie, weil die Trennung von Lohnarbeit und Kapital, Basis der kapitalistischen Produktion, soziale Ungleichheit impliziert und zunehmend forciert; dies um so mehr, als durch zunehmende Kapitalkonzentration monopolistische Extraprofite realisiert werden können. Es ist bezeichnend, daß die Konzeption der Wirtschaftsdemokratie in einem Zeitraum explizit entwickelt wurde, da Auslandsanleihen nach den Inflationsjahren in der Weimarer Republik eine Prosperität, wenn auch auf tönernen Füßen, gebracht hatten und mit einer neuen Stufe der Kapitalakkumulation und -konzentration einhergingen.

Die hier dargestellten theoretischen Neuordnungsvorstellungen der deutschen Sozialdemokratie und – wie unten noch auszuführen ist – der Gewerkschaften, d. h. erstens die Konzeption vom »Dritten Weg«, zweitens die der »Wirtschaftsdemokratie«, bestimmten Strategie und Taktik der SPD. Im weiteren gilt es, die Umsetzung dieser Konzeption in praktisches Verhalten aufzuzeigen.

Die Reorganisation der Partei

Die Frage der Einheit der Arbeiterklasse

Wie bereits angedeutet, organisierten sich gegen Ende des Dritten Reiches und unmittelbar nach Kriegsende an vielen Stellen Deutschlands sogenannte antifaschistische Komitees, bestehend aus ehemaligen Sozialdemokraten und Kommunisten. Diesen antifaschistischen Komitees ging es weniger um eine ideologische Klärung ihres Standpunktes als vielmehr um eine aus den gemeinsam erlittenen Verfolgungen unter der NS- Diktatur begründete Beendigung des »Bruderkampfes«[40] als Vorbedingung zur Liquidierung des Faschismus, des Kapitalismus und zur »Demokratisierung des politischen, sozialen und kulturellen Lebens der Nation«[41]. In diesem Sinne ist auch der Aufruf des Berliner Zentralausschusses vom 15. Juni 1945 verfaßt. Der 1933 ins Exil gegangene Parteivorstand hatte diesen Ausschuß mit dem Mandat versehen, die Aufgaben in Deutschland wahrzunehmen. Da es während der Illegalität unmöglich war, innerparteiliche Wahlen abzuhalten, besetzte dieses Gremium vakant gewordene Positionen durch Berufung neuer Mitglieder. Der Zentralausschuß, der sich nach Kriegsende erneut selbst ergänzte, vertrat die Auffassung, daß jenes ihm 1933 übertragene Mandat bis zur Einberufung eines ersten gesamtdeutschen Parteitages Gültigkeit habe. Er verstand sich als Sprecher der gesamten SPD in Deutschland.[42] In seinem Aufruf hieß es: »Wir bieten unsere Bruderhand allen, deren Losung ist: Kampf gegen den Faschismus, für die Freiheit des Volkes, für Demokratie und Sozialismus.«[43]

Diese Vereinigungsversuche ließen jedoch außer acht, daß die Konstituierung der Parteien im postfaschistischen Deutschland nicht an den bereits in der Weimarer Republik, vor allem der Schlußphase, heftigen ideologischen und praktischen

---

40 Zit. n.: *Geschichte der deutschen Arbeiterbewegung,* hrsg. vom Institut für Marxismus-Leninismus beim Zentralkomitee der SED, Berlin-Ost, Bd. 6, 1966, S. 360.
41 Ebd.
42 Vgl. dazu: Waldemar Ritter, *Kurt Schumacher, eine Untersuchung seiner politischen Konzeption,* Hannover 1964, S. 56.
43 *Aufruf vom 15. Juni 1945 zum Neuaufbau der Organisation,* s. Dok. 13.

Divergenzen von SPD und KPD und an den jeweiligen Interessen der Besatzungsmächte vorbeigehen konnte. Der Versuch der »Berliner«, eine Neukonstituierung von KPD und SPD als getrennte Parteien zu verhindern und eine einheitliche deutsche Arbeiterpartei zu bilden, scheiterte an der bereits am 12. Juni 1945 erfolgten Neugründung der KPD.[44]

Im übrigen waren es vor allem der Londoner Exilvorstand und Kurt Schumacher[45], die eine Vereinigung mit der KPD ablehnten. So bedauerte Erich Ollenhauer, Mitglied des Exilvorstandes der SPD, 1942 zwar »das Unglück der Spaltung der Arbeiterschaft«, das es »endgültig zu überwinden« gelte, doch stellte er zugleich fest: »Solange die neue sozialistische Partei an ihren Prinzipien eines einheitlichen Sozialismus festhält und solange die KPD sich nicht zu einer *unabhängigen deutschen* [Hervorh. d. Verf.] Arbeiterpartei entwickkelt, bedeutet eine organisatorische Verschmelzung der Sozialisten und Kommunisten in einer Partei die Unterstellung dieser vereinten Partei unter den direkten Einfluß der Prinzipien und der Politik der Komintern.«[46]

Die mit der faktischen Abhängigkeit der KPD von der Sowjetunion begründete Ablehnung einer organisatorischen Vereinigung zu einer Partei, es sei denn, wie Schumacher es 1945 hypothetisch formulierte, um den Preis einer »völligen Sozialdemokratisierung der kommunistischen Anhänger«[47], aktualisierte die Konzeption eines »Dritten Weges« auch im innerdeutschen Bereich. Dieser »Dritte Weg« sollte gerichtet sein gegen eine KPD als Agentur sowjetischer Außenpolitik und gegen die bürgerlichen, auf Restituierung des Kapitalismus gerichteten Kräfte. Für Schumacher selbst reduzierte sich

44 Vgl. hierzu Ritter, a.a.O., S. 77.

45 Schon wenige Tage nach der Besetzung Hannovers durch amerikanische Truppen traf Schumacher mit früheren sozialdemokratischen Funktionären in Hannover zusammen. Unter der Tarnbezeichnung »Büro Dr. Schumacher« wurden Verbindungen mit SPD-Funktionären in den Westzonen aufgenommen. Ziel dieses »Büros« war es, den Neuaufbau der SPD in Angriff zu nehmen. Vgl. dazu Ritter, a.a.O., S. 57.

46 Erich Ollenhauer, *Grundgedanken eines Referates von Erich Ollenhauer in der Mitgliederversammlung der »Union« am 6. Dezember 1942 in London*, hrsg. v. d. Union deutscher sozialistischer Organisationen in Großbritannien, London o. J. (1942), S. 16 f.

47 Schumacher, *Politische Richtlinien*, Hannover 1945, S. 11.

die Frage der Einheit der Arbeiterpartei auf das Aufsaugen der sozialdemokratischen Splittergruppen durch die Partei.[48]

In der ersten SPD-Konferenz für Gesamtdeutschland am 5. Oktober 1945 in Wennigsen bei Hannover, an der Vertreter des Berliner Zentralausschusses, des Londoner Exilvorstandes und Vertreter aus den westlichen Besatzungszonen teilnahmen, kam es zu einer Kontroverse zwischen den »Berlinern« einerseits und der Gruppe um Schumacher und dem Exilvorstand andererseits über die Aktionsgemeinschaft mit der KPD und den Führungsanspruch in Gesamtdeutschland. Schumachers Konzept, keine organisatorische Verbindung mit der KPD einzugehen, wurde schließlich auch von den »Berlinern« geteilt. In der Frage des Führungsanspruchs kam es allerdings zum Dissens, da das Mandat der »Berliner« unter Grotewohl nicht anerkannt, sondern auf den Bereich der sowjetischen Zone beschränkt wurde, während die Vertreter der Westzonen und der Exilvorstand Kurt Schumacher als Sprecher für die Westzonen einsetzten.[49] Damit war für die weitere Entwicklung eine wesentliche Entscheidung gefallen; es gab faktisch zwei Mandatsträger.

Schumacher, dessen zehnjährige KZ-Haft und dessen Opposition gegenüber dem Nationalsozialismus ihn zum Sinnbild antifaschistischen Verhaltens gemacht hatten, agitierte nun in den Westzonen gegen jegliches Zusammengehen mit der KPD. Auf Deligiertenkonferenzen – am 3. Januar 1946 in der britischen und drei Tage später in der amerikanischen Zone – setzte er sich erfolgreich für Beschlüsse ein, die eine Verschmelzung mit der KPD ablehnten.[50] Die in der sowjetischen Besatzungszone weder der Form noch dem Inhalt nach freiwillige Vereinigung von SPD und KPD[51] verstärkte den Antikommunismus in der SPD zur Hysterie. Die gesamte SED – also auch die früheren SPD-Mitglieder – wurde nun als sozialfaschistisch, imperialistisch und konterrevolutionär bezeichnet. Auch wurde die Theorie von »braun gleich rot«

48 Schumacher, *Rede 6. Mai 1945*, a.a.O., S. 36.
49 Theo Pirker, *Die SPD nach Hitler. Die Geschichte der Sozialdemokratischen Partei Deutschlands, 1945-1964*, München 1965, S. 37 ff.
50 Ebd., S. 40.
51 S. Seite 186 ff.

wieder aktualisiert, indem Schumacher die Mitglieder der SED als »rotlackierte Nazis« diffamierte.[52]

Diese agitatorische Polemik gegen KPD bzw. SED schloß Neutralität aus. Indem die Sozialdemokratie um Schumacher diesen Parteien jegliche demokratische Legitimation absprach, sie selbst aber nicht die absolute Mehrheit in den Landtagswahlen erreichte, konnte es nicht zu Koalitionen mit den Kräften kommen, zu denen sie auf Grund ihrer Klassenlage eine deutliche Affinität hätte haben müssen; die SPD ging daher nur Koalitionen mit den bürgerlichen Parteien ein, denen sie, wie den »alten westlichen Demokratien«, eine »demokratische« Grundeinstellung zumindest nicht gänzlich absprechen zu können glaubte. Bei aller Schärfe der Kritik an Faschismus, Kapitalismus, bürgerlichen Parteien, vor allem der CDU/CSU, katholischer Kirche, Westmächte etc. sah die SPD ihre Hauptaufgabe in der Abgrenzung von der KPD bzw. SED und im Kampf gegen sie. Daraus folgte eine Politik, die sich »in der Mitte« wähnte, aber primär antikommunistisch war. Dem antifaschistisch-demokratischen Einheitspostulat der KPD setzte sie eine »antikommunistisch-demokratische« Konzeption entgegen. Diese Strategie wurde getragen von einer weitgehend schon während der Weimarer Republik in der SPD organisierten Mitgliedschaft, einer aus Funktionären der Weimarer Republik neu aufgebauten Parteiorganisation und einem ebenfalls schon vor 1933 entworfenen Konzept, die Partei von einer Klassen- zu einer Volkspartei umzugestalten.

Mitgliedschaft und Organisation

Klaus Schütz faßt die Neukonstituierung der Sozialdemokratie treffend zusammen: »Die Menschen, die sich als Sozialdemokraten nach der Kapitulation in allen Gebieten Deutschlands – teils legal, teils halblegal – zusammenfanden, hatten zwar die Vorstellung von einer *neuen*, den veränderten Verhältnissen angepaßten Politik; aber sie kamen zusammen, um eine fast 80 Jahre alte Partei erneut in die politische Öffent-

---

52 Schumacher, *Rede auf dem Parteitag 1946*, a.a.O., S. 23.

lichkeit zu führen.«[53] Solcher Traditionalismus wird aus der personellen Kontinuität von Mitgliedschaft und Parteifunktionären verständlich. Als Kurt Schumacher 1946 zum Parteivorsitzenden gewählt wurde, waren rund zwei Drittel der SPD-Mitglieder Alt-Mitglieder, d. h. bereits vor 1933 in der Partei organisiert. Dieses Verhältnis änderte sich bis zum Tode Schumachers 1952 nur geringfügig. Schätzungen, die auch die der SPD angeschlossenen Organisationen mitberücksichtigten, kommen zu dem Ergebnis, daß ca. 95% der SPD-Mitglieder nach 1945 vor 1933 entweder in der SPD selbst oder in ihr nahestehenden Organisationen organisiert waren.[54] Dem entspricht die Altersstruktur der Partei: Weniger als 20 Prozent der Mitglieder der örtlichen Organisationen waren jünger als 40 Jahre. Das Gros der Organisierten, 80 Prozent, waren also Mitglieder, »die die Zerstörung der Partei als Erwachsene miterlebt hatten; sie waren Arbeiter und Gewerkschaftler gewesen und wurden zumindest in den Ortsorganisationen noch von den alten Parteifunktionären geführt«.[55]

Dem Mangel an jüngeren Mitgliedern in der Partei entsprach ein Mangel an jüngeren Funktionären. Obgleich sich Schumacher entschieden gegen die Rückkehr von SPD-Funktionären wandte, die dem Nationalsozialismus nicht eindeutig Widerstand geleistet hatten und sich statt dessen, z. B. als »Staatspensionäre« oder gar durch partielle Kooperation mit den Faschisten kompromittiert hatten, und obgleich er die Partei mit jungen, unbelasteten Sozialdemokraten aufbauen wollte, war dieses Vorhaben wegen der »gähnenden Leere«[56], die durch Krieg und Terror des Faschismus entstanden war, nicht zu verwirklichen. Andererseits kamen durch die Besatzungsmächte selbst viele alte SPD-Funktionäre ohne Abstimmung mit der Partei in lokale und regionale Verwaltungspositionen; ihre Stellung in den Parteiorganisationen wurde dadurch gestärkt. Besonders einflußreich in diesem Zusammenhang ist

53 Klaus Schütz, *Die Sozialdemokratie im Nachkriegsdeutschland*, in: *Parteien in der Bundesrepublik*, mit Beiträgen von M. G. Lange, G. Schulz, K. Schütz u. a., Stuttgart u. Düsseldorf 1955, S. 158.

54 Lewis J. Edinger, *Kurt Schumacher, Persönlichkeit und politisches Verhalten*, Köln und Opladen 1967, S. 157.

55 Ebd., S. 157.

56 Ebd., S. 143.

die Rolle des »vielleicht prominentesten noch lebenden SPD-Politikers der Weimarer Republik«, Carl Severing, der faktisch die Funktion des »Personalchefs« der britischen Militärregierung übernahm und der meinte, daß »mit den Grundsätzen und Einrichtungen der Partei vertraute jüngere Kräfte« nur schwer zu finden seien. Severing verwies bei Ämterbesetzungen daher vorwiegend auf Freunde aus der Zeit vor 1933.[57]

Der Einfluß des Parteivorstandes auf die Arbeit der Partei in den einzelnen Ländern war schon deshalb nicht sehr groß, weil viele der von den Besatzungsmächten eingesetzten alten Funktionäre das Hauptgewicht ihrer Tätigkeit auf die Lösung der unmittelbaren Versorgungsschwierigkeiten richteten und hierbei, im Gegensatz zur Parteiführung, auf die Kooperation mit anderen Parteien und den Besatzungsmächten angewiesen waren. Diese Restitution der alten Parteifunktionäre auf lokaler und regionaler Ebene, durch die Personalunion mit lokalen und regionalen Verwaltungspositionen verstärkt, hatte wichtige Konsequenzen, denn diese Funktionäre tradierten nicht nur die alten Zielvorstellungen in die Nachkriegsphase, sondern griffen, mit unzähligen Verwaltungsaufgaben betraut, auch »lieber auf vertraute Organisations- und Agitationsmethoden zurück, als nach neuen Mitteln und Wegen zu suchen«.[58] Andererseits waren sie wegen der Versorgungsprobleme gezwungen, mit den jeweiligen Besatzungsmächten zu kooperieren; dies ließ die von Schumacher postulierte Unabhängigkeit von allen Besatzungsmächten[59] in kürzester Zeit hinfällig werden.

Angesichts dieser manifesten Restitution der alten Parteiorganisationen war die Reformdiskussion in der Sozialdemokratie nach 1945 nur abstrakt-theoretischer Natur, zumal die Positionen sehr divergierten. So sprach sich ein Teil für eine »pragmatische Revision der sozialdemokratischen Strategie und Taktik« aus, ein anderer betonte die »Bedeutung der Partei im internationalen Klassenkampf« und wollte die Partei als Klassenpartei neu konstituieren, wieder anderen ging es um die Fundierung der Partei in einem sozialistischen Huma-

57 Ebd., S. 142.
58 Ebd., S. 161.
59 So Schumacher u. a. in der *Rede vom 6. Mai 1945*, a.a.O., S. 34.

nismus.[60] Die Diskussion, geführt vor allem in Zeitschriften und von einer intellektuellen Minderheit, änderte jedoch nichts an der Grundkonzeption der Partei und ihrer Struktur. Erst der enorme Mitgliederschwund (ca. 200 000) von 1948-1950 und die zweimalige Niederlage bei den Bundestagswahlen 1949 und 1953 lösten eine breit angelegte Reformdiskussion aus, die im *Godesberger Programm* ihren vorläufigen Abschluß fand.[61]

Das sozialdemokratische Konzept einer Volkspartei

Neben der Restitution der traditionsgebundenen Mitgliederschaft und Parteiorganisation griff die SPD nach 1945 zugleich auf die bereits im Görlitzer Programm 1921 formulierte Konzeption zurück, die SPD von einer Partei des Proletariats zu einer des gesamten Volkes zu machen. Dort hieß es: »Die Sozialdemokratische Partei Deutschlands ist die Partei des arbeitenden Volkes in Stadt und Land. Sie erstrebt die Zusammenfassung aller körperlich und geistig Schaffenden, die auf den Ertrag eigener Arbeit angewiesen sind, zu gemeinsamen Erkenntnissen und Zielen, zu Klassengemeinschaft für Demokratie und Sozialismus.«[62]

Ihre Identifizierung von Demokratie und Parlamentarismus führte die Sozialdemokratie in ein Dilemma, das sich zwar schon bei der Wahl der Weimarer Nationalversammlung abzeichnete, spätestens aber mit den Reichstagswahlen von Juni 1920 deutlich sichtbar wurde, als ihr Stimmenanteil gegenüber den Wahlen zur Nationalversammlung im Januar 1919 um knapp die Hälfte zurückging, vor allem zu Gunsten der USPD; aber selbst SPD, USPD und KPD zusammen

60 Eine knappe Darstellung der Positionen ist bei Edinger, a.a.O., S. 161, zu finden.
61 Vgl. Pirker, a.a.O., S. 128. Die innerparteiliche Diskussion bis zum Godesberger Programm stellt die 1970 abgeschlossene Dissertation von Helmut Köser dar: *Die Grundsatzdebatte in der SPD von 1945/46 bis 1958/59, Entwicklung und Wandel der Organisationsstruktur und des ideologisch-typologischen Selbstverständnisses der SPD*, Dissertationsdruck, Freiburg i. Br. 1971.
62 *Görlitzer Programm*, 1921, in: *Programme der Deutschen Sozialdemokratie*, hrsg. v. Bundessekretariat der Jungsozialisten, Hannover 1963, S. 83.

erhielten damals nur 41 Prozent der Gesamtstimmen.[63] Die erhoffte und angestrebte Mehrheit im bürgerlichen Parlament erreichte die SPD auch nicht nach der Wiedervereinigung mit dem rechten Flügel der USPD auf dem Görlitzer Parteitag. Aus diesem Grunde versuchte die Sozialdemokratie, ihr Wählerreservoir über den traditionellen Bereich der Arbeiterschaft durch permanente Adaption an bürgerliche Wertvorstellungen auszudehnen; dies kam theoretisch im Heidelberger Programm von 1925 und praktisch in der Stützung oder Tolerierung von bürgerlichen Minderheitsregierungen seit 1924 zum Ausdruck.

Die agitatorische Anpassung an bürgerliche Wertvorstellungen wurde jedoch gerade vom Bürgertum kaum honoriert. Der Stimmenanteil der sozialistischen Parteien bei den Reichstagswahlen blieb immer auf ca. 35 Prozent bis maximal 40 Prozent beschränkt (von 1920 bis November 1932), während der Bürgerblock sich die restlichen Stimmen teilte. Obwohl infolge der Monopolisierung die im Görlitzer Programm vorausgesagte Existenzbedrohung des selbständigen Mittelstandes eintrat, verstärkt durch die Weltwirtschaftskrise, und obwohl die Veränderungen im Produktionsprozeß auch den Unterschied zwischen Arbeitern und Angestellten immer mehr verringerten, zeigte sich, daß die mittelständischen Schichten kein Aktionsbündnis mit der Arbeiterschaft gegen das Kapital eingingen, sondern sich vielmehr der ihren differierenden Bedürfnissen eher entsprechenden amorphen NS-Ideologie anschlossen[64] – und damit objektiv sowohl an der Zerstörung der bürgerlichen Republik als auch an der Zerschlagung der Arbeiterbewegung 1933 beteiligt waren.

Nach dem Zusammenbruch des Dritten Reiches faßte Schumacher diese Erfahrungen zusammen: »Wenn es noch einmal geschieht, daß der gewerbliche und kaufmännische Mittelstand, daß der Angestellte und der Bauer sich in ihrem größeren Teil ›bürgerlich‹, d. h. kapitalistisch, antidemokra-

---

63 Vgl. Hans-Joachim Winkler, *Die Weimarer Demokratie*, Berlin 1963, Anhang 4. Übersicht der Reichstagswahlergebnisse, Koalitionen und Reichsregierungen, S. 88 ff.
64 Hans G. Helms, *Fetisch Revolution, Marxismus und Bundesrepublik*, Neuwied und Berlin 1969, S. 32 ff.

tisch und antisozialistisch orientieren, dann gibt es keinen Aufstieg mehr für Deutschland. Der Kampf um die Gewinnung des Mittelstandes ist schwer.«[65] Zugleich konstatierte Schumacher die von der Mittelschicht eingebrachte ideologische Differenz zum klassischen Industrieproletariat. Bereits im Mai 1945 stellte er fest: »Die politische Idee der Arbeiterklasse ist die reine Demokratie, die Geltendmachung der Zahl«[66]; d. h. die Sozialdemokratie stand vor dem gleichen Dilemma wie in der Weimarer Republik: Entweder es würde ihr durch Adaption an bürgerliche Wertvorstellungen gelingen, auch für Teile des mittelständischen Bürgertums wählbar zu werden, oder aber sie würde die kümmerliche Existenz einer permanenten parlamentarischen Opposition führen. Schumachers richtige Erkenntis, daß eine Sicherung der Demokratie in Deutschland nur mittels der Stabilisierung des Mittelstandes erfolgen kann – allerdings nur die Sicherung einer bürgerlich-parlamentarischen Demokratie –, bewirkte bei der SPD die Anpassung an die Interessen des Mittelstandes. Dies zeigte sich in der bereits dargelegten Konzeption der Wirtschaftsdemokratie, die mittelständische Betriebe durch Institutionalisierung von Wettbewerb und durch Sozialisierung von Großbetrieben vom Druck des Großkapitals zu befreien suchte.

Die Ausweitung der Basis der Partei von der Arbeiterklasse auf alle, die nicht ausbeuten – wobei dies nicht näher präzisiert und auch auf mittelständische Betriebe angewandt wurde – führte faktisch zur Aufgabe einer klassenorientierten Begründung sozialdemokratischer Politik, die früher, wenn auch nur rhetorisch, im Klassenstandpunkt des Proletariats gesehen worden war. Und so formulierte Kurt Schumacher bereits 1945 das Konzept einer Volkspartei: »Eine solche Partei muß viele Wohnungen für viele Arten von Menschen kennen. Unverzichtbar ist für sie nur der Wille ihrer Mitglieder, Sozialist, Demokrat und Träger der Friedensidee zu sein. [...] Mag der Geist des Kommunistischen Manifests oder der Geist der Bergpredigt, mögen die Erkenntnisse rationalistischen oder sonst irgendwelchen philosophischen Denkens ihn bestimmt haben, oder mögen es Motive der Moral sein, für

---

65 Schumacher, *Aufruf, Sommer 1945*, in: *Reden u. Schriften*, a.a.O., S. 40.
66 Schumacher, *Rede 6. Mai 1945*, a.a.O., S. 21.

jeden, die Motive seiner Überzeugung und deren Verkündung ist Platz in unserer Partei. Deren geistige Einheit wird dadurch nicht erschüttert.«[67] Diese Formel verdeutlicht, wie sehr sich die Sozialdemokratie gerade den differierenden Bedürfnissen der bürgerlichen Mittelschichten anzupassen trachtete.

Der Adaptionsversuch führte jedoch auch in der Gründungsphase der BRD nicht zu dem gewünschten Erfolg. Es gelang der SPD auch jetzt nicht, in den parlamentarischen Wahlen – trotz eigenen Bekundens – die dominierende Kraft zu werden. Sie errang in den Landtagswahlen 1946/47 ca. 35 Prozent der gültigen Stimmen, was ihr in der britischen Zone eine führende und in der amerikanischen Zone eine bedeutende Stellung verschaffte; doch war sie, außer in Schleswig-Holstein, immer auf Koalitionen mit bürgerlichen Parteien angewiesen. Auch wenn die SPD häufig mehr Stimmen als die CDU/CSU errang bzw. mit dieser stimmengleich war, lag sie insgesamt weit hinter den bürgerlichen Parteien. Diese klare Tendenz macht die Euphorie der SPD vor der Wahl zum 1. Bundestag im August 1949 unverständlich.[68] Zum Ergebnis der Bundestagswahlen, die der SPD nur einen Stimmenanteil von 29,2%[69] brachten, stellte sie fest: »Große Massen des Volkes haben millionenfach gegen ihre ureigensten wirtschaftlichen und sozialen Interessen gewählt. Sie dürften jetzt die Opfer der von ihnen geschaffenen politischen Machtverteilung werden.«[70] Es kam also wieder nicht zu einem Durchbruch in die Mittelschichten. Fanden sich nach 1945 zunächst auch bürgerliche Kreise zu einer Neuordnung Deutschlands auf sozialreformerischer Grundlage bereit, so änderte sich dies bald infolge der von den USA intendierten und forcierten, nun von bürgerlichen Kreisen in Deutschland fortgesetzten und von Sozialdemokratie und Gewerkschaften kaum bekämpften Restauration in Westdeutschland. Dadurch aber waren die Voraussetzungen mittelständischer Interessenvertretung durch bürgerliche Parteien im Gegensatz zu einer von

67 Schumacher, *Programmatische Erklärung v. 5. Oktober 1945*, in: Flechtheim (Hrsg.), a.a.O., S. 8.

68 Vgl. Edinger, a.a.O., S. 294.

69 Edinger, a.a.O., S. 295.

70 *Neuer Vorwärts*, hrsg. v. Parteivorstand der SPD, Ausgabe vom 20. August 1949, S. 1.

der Sozialdemokratie vertretenen Strategie vom »politischen Kampf aller Schaffenden« wiederhergestellt.[71] Die Hinwendung zu den bürgerlichen Parteien war insofern nur konsequent.

Gleichzeitig mit dem Scheitern des Versuchs, in die Mittelschichten einzudringen, erwies sich, daß die SPD auch weiterhin vorwiegend eine Arbeiterpartei war. Eine von Egon Franke, einem Mitglied des Parteivorstandes, auf dem Dortmunder Parteitag 1952 vorgelegte Analyse der Sozialstruktur der Mitgliedschaft zeigt am Beispiel eines Parteibezirks, der nach wirtschaftlicher Struktur und Einwohnerdichte einen mutmaßlichen Durchschnitt für das gesamte Bundesgebiet darstellen sollte, das Übergewicht der Arbeiterschaft in der SPD[72]:

Arbeiter	45 %
Angestellte	17 %
Beamte	5 %
Selbständige u. Handwerker	12 %
Landwirte	2 %
Hausfrauen	7 %
Rentner	12 %

Aus diesem Übergewicht der Arbeiter in der Partei und aus der Notwendigkeit, die Mittelschichten zu gewinnen, folgten zwei Konsequenzen: 1. Eine »Reformdiskussion«, in der die Sozialdemokratie ihre bisherige Adaption weiter vorantrieb bis zur Übernahme der von den bürgerlichen Parteien in der Nachkriegsphase konzipierten Ideologie der sozialen Marktwirtschaft. 2. wurde sie, neben den Gewerkschaften, zum Transmissionsriemen zwischen den bürgerlich-kapitalistischen Interessen und der Arbeiterschaft. Hierin realisierte sich, was Marx bereits nach der Juniinsurrektion 1848 im *18. Brumaire* über das Bündnis von Proletariat und Kleinbürgertum konstatiert hatte: »Der eigentümliche Charakter der Sozial-Demokratie faßt sich darin zusammen, daß demokratisch-republikanische Institutionen als Mittel verlangt werden, nicht um zwei Extreme, Kapital und Lohnarbeit, beide aufzuheben, sondern um ihren Gegensatz abzuschwächen und

71 Zit. n. Ritter, a.a.O., S. 179; vgl. Schütz, a.a.O., S. 228.
72 Vgl. Schütz, a.a.O., S. 204.

in Harmonie zu verwandeln. Wie verschieden Maßregeln zur
Erreichung dieses Zweckes vorgeschlagen werden mögen, wie
sehr er mit mehr oder minder revolutionären Vorstellungen
sich verbrämen mag, der Inhalt bleibt derselbe. Dieser Inhalt
ist die Umänderung der Gesellschaft auf demokratischem
Wege, aber eine Umänderung innerhalb der Grenzen des
Kleinbürgertums.«[73]

Entscheidungen der SPD in der Restitutionsphase

Die in den Potsdamer Beschlüssen ausgedrückte Forderung,
Deutschland als politische und wirtschaftliche Einheit zu
betrachten, wurde von der deutschen Sozialdemokratie als
zentraler Bestandteil ihrer Nachkriegspolitik aufgenommen.
Selbst auf die Gefahr hin, von den Besatzungsmächten und
der ausländischen Presse als »nationalistisch« verschrien zu
werden, hielt die SPD während der gesamten hier behandelten Phase verbal an der Forderung nach deutscher Einheit
fest. Schumacher führte dabei nicht nur das »Recht auf nationale Selbstbehauptung«[74] an, sondern sah in der nationalen
Einheit aller Staaten, also auch Deutschlands, zugleich die
Voraussetzung und Bedingung supranationaler Vereinigungen, so eines Europa, das sich als »dritte Kraft« zwischen USA
und UdSSR behaupten sollte.[75] Aus der Tatsache, daß
Deutschland ein besetztes Land war, folgerte er, daß die
Frage der deutschen Einheit zuallererst von den Besatzungsmächten geregelt werden müsse. »Letzten Endes, das muß
man den Alliierten sagen, bedeutet totaler Sieg auch totale
Verantwortung.«[76]. Die von den Besatzungsmächten zu
fällenden Entscheidungen könnten ihnen von deutschen Politikern nicht abgenommen werden. Dies gelte vor allem für die
Frage der deutschen Einheit, aber auch für alle daraus
folgenden Probleme, z. B. die Versorgung der Bevölkerung

73 Zit. n. Marx/Engels, *Werke (MEW)*, Bd. 8, S. 141.
74 Schumacher, *Politische Richtlinien*, Hannover 1945, S. 5. Zur Deutsch-
land- und Europa-Konzeption der SPD vgl. Wolf-Dieter Narr: *CDU-SPD,
Programm und Praxis seit 1945*, S. 114 ff.
75 Schumacher, *Volk in Not, ein Mahnruf der SPD an die Sieger*, Rede am
12. Januar 1947 in München, o.O.u.J., S. 11.
76 Ebd., S. 3.

und die wirtschaftliche Konsolidierung.[77] Daß die Präsenz der Besatzungsmächte in Deutschland überdies bedeutende gesellschaftspolitische Konsequenzen hatte, stellte Schumacher 1947 in einer Rede in München klar heraus: »Und 1945 lagen die revolutionären, sozialen und ökonomischen Konsequenzen und die politischen und moralischen Konsequenzen auf der Hand. Und wer hat 1945 in allen vier Zonen die notwendige revolutionäre Umschichtung in Deutschland verhindert: die Tatsache der Besatzungsmacht.«[78]

In der Präsenz der Besatzungsarmeen in Deutschland erblickte Schumacher eine, wenn nicht die wesentliche Determinante der deutschen Nachkriegsentwicklung. Doch obgleich deutsche Politik als fremdbestimmt charakterisiert wurde, sollte im Rahmen dessen, was von den Besatzungsmächten konzediert würde und was von deutschen Politikern vertreten werden konnte, die Neugestaltung Deutschlands begonnen werden.

Sozialisierungsgesetzgebung und Veto der Alliierten

Als bedeutsame Restriktion sozialdemokratischer Politik nach 1945 erwies sich, daß die vier Besatzungsmächte nicht die in Potsdam vorgesehenen zentralen deutschen Einrichtungen schufen. Daraus zog die SPD die Konsequenz – zwar mit Blick auf das dereinst zu schaffende Ganze –, ihr Hauptaugenmerk zunächst auf die Länder und Zonen zu richten.[79]

Mit der Vereinigung von SPD und KPD im Frühjahr 1946 verlor die Sozialdemokratie in der sowjetischen Zone eine eigene Aktionsbasis. In der französischen Zone hatte die Sozialdemokratie kaum Gewicht, da die französische Militärregierung vor allem die föderalistisch gesinnte CDU-Führung förderte und zugleich verhinderte, daß die SPD-Landesverbände in die westdeutsche SPD-Organisation eingegliedert wurden; hinzu kam ihr stark dezentralistischer Aufbau, der

77 Vgl. dazu Schumacher, *Rede auf dem Parteitag 1946*, a.a.O., S. 9; Agartz, *Sozialistische Wirtschaftspolitik*, a.a.O., S. 19; Schumacher, *Rede auf dem Parteitag 1948*, in: *Reden u. Schriften*, a.a.O., S. 161.

78 Schumacher, *Volk in Not*, a.a.O., S. 14.

79 Schumacher, *Rede auf dem Parteitag der SPD*, Hannover 1946, a.a.O., S. 11.

auch innerhalb der Zone nur die Konstituierung der Parteien auf Landesebene gestattete.[80]

Die Landtagswahlen 1946/47 fielen, wie bereits erwähnt, in der britischen und der amerikanischen Besatzungszone für die SPD relativ günstig aus. In fünf der elf danach gebildeten westdeutschen Länderregierungen stellte sie die Ministerpräsidenten: in Schleswig-Holstein, Hamburg, Bremen, Niedersachsen und Hessen. Darüber hinaus strebte die Sozialdemokratie bei allen Koalitionsverhandlungen vor allem nach zwei Ressorts: dem Wirtschafts- und dem Innenministerium, um einerseits ihre wirtschaftspolitische Konzeption durchsetzen zu können, und um andererseits durch Neuaufbau und Kontrolle der Verwaltung die Überreste des Nazismus zu tilgen und so zu verhindern, daß eine illoyale Administration die Realisierung der Neuordnungsvorstellungen sabotierte.[81]

Im Dezember 1947 besetzte die SPD in acht von elf Regierungen, an denen sie beteiligt war, das Wirtschaftsressort; von den neun Länderinnenministerien wurden acht von Sozialdemokraten geführt.[82] Die Besetzung dieser beiden Ressorts wurde häufig zur Schlüsselfrage der Koalition, so 1946, als die CDU in Nordrhein-Westfalen der SPD das Innenressort verweigerte und, obwohl sie die stärkste Fraktion im Landtag war, an der Bildung der Landesregierung unter Führung der SPD nicht beteiligt wurde.[83]

Die sozialdemokratische Politik in den Ländern war auf eine sofortige Sozialisierung der Schlüsselindustrien gerichtet. Bereits in den ersten Sitzungen der neugewählten Landtage wurden entsprechende von der SPD eingebrachte Gesetzentwürfe behandelt, in Schleswig-Holstein, Stadt Berlin und Hessen auch bald verabschiedet; in Hessen und Bremen wurde zudem die Sozialisierung der Grundstoffindustrien in den Landesverfassungen verankert (Hess. Verf. Art. 41; Bremer Verf. Art. 41-44). Ermuntert durch die Sozialisierungsmaßnahmen in Großbritannien und durch Äußerungen des britischen Außenministers Bevin, setzte auch der nordrheinwestfälische Landtag Anfang 1947 mit Stimmen von CDU

80 Zur Entwicklung der SPD in der franz. Zone: Edinger, a.a.O., S. 248 ff.
81 Ebd., S. 284.
82 Schütz, a.a.O., S. 218.
83 Ebd., S. 218.

und SPD ein erstes Gesetz und, nach dessen Suspendierung durch die britische Militärregierung, im August 1948 mit den Stimmen der SPD und KPD bei Stimmenthaltung der CDU-Fraktion ein zweites Gesetz über die Sozialisierung der Grundstoffindustrie durch.[84]

Gegen die fadenscheinige Begründung der amerikanischen Militärregierung, mit der Art. 41 der Hess. Verfassung (Sozialisierungsparagraph) – obwohl ihm 72% der hessischen Wähler zugestimmt hatten – suspendiert wurde, über eine derartig zentrale Frage könne nur ein gesamtdeutsches Parlament entscheiden, erfolgte von der Sozialdemokratie nur ein formaler Protest. Die Reaktion auf die Suspendierung des Sozialisierungsgesetzes in Nordrhein-Westfalen beschreibt der *Neue Vorwärts* am 11. Sept. 1948: »So verheißungsvoll das amerikanische Eingreifen in der Demontagefrage ist, so wenig fördernd wirkt sich das Eingreifen der angelsächsischen Besatzungsmächte in Fragen der deutschen Wirtschaftsorganisation aus. [...] Ebenso versagte die britische Militärregierung dem Beschluß des nordrhein-westfälischen Landtages über die Sozialisierung der Ruhrkohle ihre Zustimmung, mit der Begründung, eine Entscheidung von so weittragender Bedeutung könne nicht auf Länderbasis getroffen werden, sondern müsse einer gesamtdeutschen Regelung vorbehalten bleiben. Da in England sogar von Bevin selbst die Überführung der Grundstoffindustrie im Rhein-Ruhrgebiet in Gemeineigentum mehr als einmal gefordert worden war, war mit einer derartigen Entscheidung nicht zu rechnen. Der Parteivorstand der SPD protestierte in einem Telegramm an die Labour Party gegen diese Haltung der Militärregierung.«[85] Die Unkenntnis oder Nichtzurkenntnisnahme der amerikanischen Rekapitalisierungsabsichten und der faktischen Abhängigkeit Großbritanniens von den USA – wiewohl beides in der bürgerlichen Presse (z. B. im *Rheinischen Merkur*) breit dargestellt wurde – verdeckte ihr das systematische Programm hinter der Verhinderung der Sozialisierungsmaßnahmen. Nur behutsam an den Entscheidungen der Besatzungsmächte Kritik übend, wandte sich die Sozialdemokratie hauptsächlich

---

84 Zur Sozialisierungsgesetzgebung vgl. Eberhard Schmidt, *Die verhinderte Neuordnung 1945–1952*, Frankfurt/M. 1970, S. 85 u. S. 150 ff.
85 *Neuer Vorwärts*, a.a.O., Ausgabe vom 11. September 1948, S. 4.

gegen die bürgerlichen Parteien und die deutschen Unternehmer. Den Besatzungsmächten wurde nur »Wissen und Willen und Duldung« der Restauration angekreidet, während deren treibende Kräfte in Deutschland selbst zu suchen seien.[86]

Das Fehlen einer Analyse der amerikanischen Interessen und die Vorstellung von einem Reformkapitalismus in den angelsächsischen Ländern bei gleichzeitiger Ablehnung einer Kooperation mit der Sowjetunion führten die Sozialdemokratie in kürzester Zeit zu einer starken Westorientierung; damit wurde ihre Konzeption eines »Dritten Weges« obsolet. Indem sie und die Gewerkschaften der Verhinderung der Sozialisierungsmaßnahmen in den einzelnen Ländern keinen entscheidenden Widerstand entgegensetzten, stützten sie objektiv diejenigen, die an der Restituierung des Kapitalismus interessiert waren. Diese hofften, mit dem wirtschaftlichen Wiederaufstieg Deutschlands würden sich auch die Mehrheitsverhältnisse in den Parlamenten so gestalten, daß die »Gefahr« einer Sozialisierung nicht mehr bestünde. Nachdem die Realisierung des sozialdemokratischen Konzepts durch das Veto vor allem der amerikanischen Besatzungsmacht verhindert worden war, verblieb der Sozialdemokratie, von ihren eigenen Voraussetzungen her gesehen, nur noch die Wahl zwischen einer beständigen Opposition oder der Mitgestaltung der Politik unter den gegebenen Voraussetzungen. Dieser Alternative entzog sich die SPD allerdings, indem sie die Restauration in Westdeutschland zwar verbal radikal ablehnte, andererseits aber durchaus in den entsprechenden Institutionen mitarbeitete – im Sinne einer »konstruktiven Opposition«.

Die Entscheidung für die Opposition im Wirtschaftsrat

Viktor Agartz forderte 1946 auf dem Parteitag in Hannover die Realisierung der in Potsdam vereinbarten wirtschaftlichen Einheit Deutschlands, da sich die zonalen Grenzen als erhebliches Hemmnis bei der Versorgung der Bevölkerung erwiesen hätten. Das Beispiel Groß-Berlins beweise, daß die zonalen

---

86 Schumacher, *Rede auf dem Parteitag der SPD*, Nürnberg 1947, in: *Reden u. Schriften*, S. 112.

Grenzen kein Hindernis für eine wirtschaftliche Einheit sein müßten.[87]

Mit der Bildung der Bizone durch die USA und Großbritannien, ohne Konsultation deutscher Politiker, wurde die Forderung nach deutscher Einheit strategisches Ziel, die Politik in der Bizone taktisches Mittel der Sozialdemokratie. So bezeichnete Schumacher im Januar 1947 die Überwindung der wirtschaftlichen Teilung als »die aktuelle Frage«.[88] Und weiter: »Ich glaube, daß dieser Zwei-Zonen-Plan, bei dem wir dankbar anerkennen, daß es ohne ihn nicht gelingen würde, die hungernden Millionenmassen an Rhein und Ruhr und aus anderen Industriegebieten am Leben zu erhalten, nicht nur ökonomisch, sondern auch politisch seine Bedeutung dadurch bekommt, daß er ganz offen als ein erster Schritt gewertet wird. Wir können nach diesem ersten Schritt nicht stehen bleiben. Dieser Zwei-Zonen-Plan muß einen sozialökonomischen Magnetismus erzeugen, der die anderen Zonen anzieht.« An einer weiteren Vereinigung könnten allerdings nur diejenigen Zonen beteiligt werden, in denen *alle* Parteien an der allgemeinen Willensbildung mitwirken könnten; dies impliziere, bezogen auf die sowjetische Zone, daß die SPD dort wieder als eigenständige Partei zugelassen werden müsse. Schumacher resümierte: »Ohne eigenen politischen Willen der westdeutschen demokratischen Bevölkerung ist auf die Dauer weder die Abwehr des östlichen Ansturms, noch die Eroberung der Ostzone mit der Idee der politischen Demokratie möglich.«[89]

Die hier sichtbar werdende Position übernahm wesentliche Ideologeme der amerikanischen Deutschlandkonzeption. Mit der Zwei-Zonen-Regelung verzichte man nicht auf die deutsche Einheit; sie diene vielmehr als Mittel zu deren Realisierung. Der westliche, prosperierende Teil Deutschlands würde magnetisch auf den Osten wirken und den Einigungsprozeß beschleunigen. Die Westzonen seien ein Bollwerk gegen den Ansturm des östlichen Totalitarismus.

Die erste Phase der bizonalen Verwaltung, die Phase der Verwaltungsräte mit dezentralisierten Verwaltungsämtern,

---

87 Agartz, *Sozialistische Wirtschaftspolitik,* a.a.O., S. 21.
88 Schumacher, *Volk in Not,* a.a.O., S. 12.
89 Ebd., S. 17.

stand noch stark unter dem direkten Einfluß der beiden Alliierten. Bei der Einsetzung der Verwaltungsräte im September 1946 gelangte kein Sozialdemokrat in eine leitende Position. Erst nach den für die SPD relativ günstigen Landtagswahlen und der Besetzung zahlreicher Landeswirtschaftsministerien mit Sozialdemokraten, die im »Verwaltungsrat für Wirtschaft« Sitz und Stimme hatten, wurde Anfang 1947 der von den Alliierten eingesetzte hessische Wirtschaftsminister Dr. Mueller, LDP-Mitglied, infolge eines Mißtrauensvotums des Rates (SPD-Mehrheit) durch Viktor Agartz ersetzt. Die Ablösung Muellers durch Agartz wurde im In- und Ausland als Politikum ersten Ranges angesehen – von den Sozialdemokraten, weil ihre Hoffnung, auf parlamentarischem Wege entscheidende Positionen zu erringen, gestärkt wurde, von den bürgerlichen Parteien und den USA, weil ihre Furcht vor einer Sozialisierung sich zu bestätigen schien. Doch wegen des Übergangscharakters der ersten Phase, der Überschneidung zonaler und bizonaler Kompetenzen und der Einflußnahme der Besatzungsmächte konnte Agartz eine am Beispiel der britischen Labour-Regierung orientierte und in der britischen Zone unter seiner Leitung bereits praktizierte Planwirtschaft kaum im bizonalen Bereich realisieren. In den anderen vier Verwaltungsräten war der Einfluß der SPD noch geringer.[90]

Die in der Ablösung Muellers durch Agartz angelegte Kontroverse zwischen den bürgerlichen Parteien und der Sozialdemokratie spitzte sich nach der Neuorganisation der bizonalen Institutionen im Mai 1947 zu. Die Institutionen des Wirtschaftsrates für das Vereinigte Wirtschaftsgebiet (VWG) enthielten bereits Elemente eines parlamentarischen Regierungssystems. Das föderalistische Prinzip war durch ein Zwei-Kammern-System gesichert. Neben dem Wirtschaftsrat im engeren Sinn, in den die Landtage Delegierte entsandten, wurde der Exekutivrat als Vertretung der Länderregierungen konstituiert. Träger der Exekutive waren fünf Direktoren, die vom Exekutivrat vorgeschlagen und von dem Wirtschaftsrat im engeren Sinn gewählt werden sollten. Durch die unter-

90 Vgl. Tilman Pünder, *Das bizonale Interregnum, Die Geschichte des Vereinigten Wirtschaftsgebietes 1946–1949*, Waiblingen 1966, S. 70 f.; vgl. Schütz, a.a.O., S. 223.

schiedlichen Mehrheitsverhältnisse im Exekutivrat und im Wirschaftsrat[91] wurden zweimal die Kandidaten des Exekutivrates für die Direktorenposten durch den Wirtschaftsrat zurückgewiesen. Die Vorschläge des Exekutivrates, denen auch die dort vertretenen CDU-Minister zugestimmt hatten, zielten faktisch auf eine »Große Koalition« und umfaßten drei CDU/CSU-Mitglieder und zwei Sozialdemokraten; dem Sozialdemokraten Kubel sollte das Wirtschaftsressort übertragen werden.

Die bürgerliche Mehrheit im Wirtschaftsrat argumentierte, daß die Sozialdemokraten in den Ländern der Bizone bereits alle acht Wirtschaftsministerien besetzt hätten und die CDU/CSU als zweitgrößte Partei nicht gänzlich aus der Wirtschaftspolitik ausgeschaltet werden könne. Die sozialdemokratische Fraktion dagegen hielt an ihrer Konzeption fest, auch dieses Wirtschaftsressort zu übernehmen und lehnte den Vermittlungsvorschlag Adenauers ab, drei Wirtschaftsministerien in den Ländern an die bürgerlichen Parteien als Kompensation für das Wirtschaftsressort im VWG abzutreten. Als auch nach der zweiten Abstimmung Kubel unterlag, zog die SPD ihre Kandidaten zurück und überließ den bürgerlichen Parteien sämtliche Direktorenposten. Mit dieser, vor allem von Schumacher beeinflußten Entscheidung legte sich die SPD auf die Rolle der Opposition im Wirtschaftsrat fest. Schoettle, Fraktionsvorsitzender der SPD, erklärte: »Die sozialdemokratische Fraktion wird der Tatsache ins Auge zu sehen haben, daß infolge der Mehrheit, die in diesem Hause besteht, die Besetzung der Direktorate einen einseitigen politischen Charakter tragen wird. Wir werden uns trotzdem nicht weigern, in diesem Hause mitzuarbeiten. [...] Es wird nicht die Form einer hemmungslosen Opposition sein. Es wird die Form einer praktischen, konstruktiven Opposition sein gegen Maßnahmen, von denen wir sicher sind, daß sie sich zum Schaden des deutschen Volkes auswirken werden.«[92]

---

91 Im Exekutivrat hatte die SPD die Mehrheit. Im Wirtschaftsrat waren SPD und CDU/CSU zwar stimmengleich, doch waren die bürgerlichen Parteien zusammen stärker als die SPD vertreten.

92 Zit. n. Pünder, a.a.O., S. 112. Zur Neuorganisation der Bizone und der hier beschriebenen Auseinandersetzung im Wirtschaftsrat vgl. Pünder, a.a.O., S. 97 ff. und Schütz, a.a.O., S. 223 ff.

Damit hatte die Sozialdemokratie eine folgenschwere Entscheidung getroffen. Es entsprach zwar der Rationalität ihrer eigenen Neuordnungsvorstellungen, auf dem Wirtschaftsressort zu insistieren, da diesem ein weit größeres Gewicht zukommen würde als dem früheren Verwaltungsrat, und weil hier für das gesamte Bizonengebiet wichtige Fragen entschieden werden sollten; allerdings war diese Entscheidung auch damit begründet, eine Politik nicht mitverantworten zu wollen, deren Scheitern sie vorauszusehen glaubte. Sie selbst wollte sich dann bei den Wählern als die Kraft profilieren, die eine klare Alternative zur Politik der bürgerlichen Parteien anbieten könne.

Was mit »konstruktiver« Opposition gemeint war, zeigte sich sehr bald, z. B. in der Frage des »Gesetzes über Notmaßnahmen auf dem Gebiete der Wirtschaft, der Ernährung und des Verkehrs (Bewirtschaftungsnotgesetz)«, eines Gesetzes, das die Versorgung und Zukunftsplanung bizonal einheitlich regeln sollte. Der Berichterstatter des Ausschusses legte in seinem Ausschußbericht die beiden unterschiedlichen Konzeptionen von CDU/CSU und SPD dar. Es sei die Frage, »ob man in dem Warenverkehrsgesetz nur eine Anordnung, eine Regelung treffen will für die Dinge, die tatsächlich als Ergebnis der Produktion, als Ware, auf den Markt kommen, d. h. eine Erfassung und gerechte Verteilung der Wirtschaftsgüter erzielen will, und dies wiederum nur aus der Not der Wirtschaft heraus, das heißt beschränkt auf eine gewisse Zeitdauer; oder ob man in diesem Gesetz den Versuch machen will, die Dinge grundlegend zu verankern, die als notwendig erachtet werden, um die gesamte Wirtschaft nach einem bestimmten Prinzip zu regeln, zu lenken, zu planen.«[93]

Die Positionen waren klar geschieden; ein Konsens zwischen der bürgerlichen Mehrheit, die Planung als Übel betrachtete, und der SPD, die die Planung als Strukturprinzip der Wirtschaft einführen wollte, kam nicht zustande. Die sozialdemokratische Fraktion lehnte das Gesetz ab. Dies hinderte sie jedoch nicht, an den »Verordnungen« zu diesem Gesetz z. T. federführend mitzuarbeiten. Ihr Sprecher Gerhard Kreyssig erklärte dazu: »Wir haben in dieser Durchführungsverord-

93 Zweizonenwirtschaftsrat, Sten. Bericht, 7. Vollversammlung, 29./30. Oktober 1947, S. 158, zit. n. Schütz, a.a.O., S. 226.

nung, obwohl wir – wie dem Haus und inzwischen ja auch der Öffentlichkeit bekannt ist das Bewirtschaftungsnotgesetz abgelehnt haben, aktiv mitgearbeitet, und zwar unter einem für uns entscheidenden Gesichtspunkt, da bewirtschaftet werden *muß*, dafür zu sorgen, daß möglichst gut und möglichst wirkungsvoll bewirtschaftet wird.«[94]

Hier setzte die Politik des »als ob« ein: Die SPD arbeitete mit, bei prinzipieller Negation des gegnerischen Standpunktes, »als ob« die vorgesehenen Regelungen im Prinzip ihrer Konzeption entsprächen und »als ob« damit Grundlagen geschaffen würden, auf denen die SPD dann, wenn die neoliberale Wirtschaftspolitik der bürgerlichen Parteien zusammengebrochen sein würde, bruchlos aufbauen könne.[95] – Zugleich aber mußte sich die sozialdemokratische Fraktion eingestehen, daß eine »Kooperation« nur im Rahmen bürgerlicher Interessen möglich war. So erklärte Herbert Kriedemann auf dem Düsseldorfer Parteitag 1948 resigniert: »Eine Zusammenarbeit mit der CDU ist in Frankfurt nicht so möglich, wie in den Ländern, weil die CDU in Frankfurt einseitig unternehmerorientiert ist, wozu noch der Einfluß der FDP kommt.« Dennoch bekenne sich die SPD zum Prinzip der »konstruktiven Opposition«. Allerdings seien ihre Gesetzesinitiativen erfolglos geblieben, so z. B. das Enthortungsgesetz, »das von der Verwaltung des Herrn Erhard regelrecht sabotiert worden ist«.[96] Schumacher stellte zu diesem Gesetzentwurf fest: »Besonders als auf sozialdemokratischen Wunsch die Hortung von Industriewaren aufgelockert werden sollte, besaß die Mehrheit in Frankfurt die eiserne Stirn, der Behörde die Aufgabe zu setzen, festzustellen, ob und in welchem Umfang überhaupt gehortet worden sei. So log man sich von taktischer Position zu taktischer Position.«[97]

Die SPD freilich log sich von Unkenruf zu Unkenruf über das nahe Ende der Erhardschen Marktwirtschaft.[98] Die Hoffnung auf deren zwangsläufigen Zusammenbruch ersetzte eine akti-

94 Ebd., 9. Vollversammlung, 18. Dezember 1947, S. 244, zit. n. Schütz, a.a.O., S. 226 f.
95 Vgl. Pirker, a.a.O., S. 126 f.
96 Abgedruckt in *Neuer Vorwärts*, Ausgabe vom 18. September 1948, S. 7.
97 Schumacher, *Zweimal Deutschland*, o.O. u. J., S. 5.
98 So u. a. Schumacher, *Rede auf dem Parteitag der SPD*, Düsseldorf 1948, in: *Reden u. Schriften*, S. 158. Vgl. Köser, a.a.O., S. 164 f.

ve, gegen die sich vollziehende Restituierung des Kapitalismus gerichtete Politik. Als sich immer deutlicher abzeichnete, daß die wirtschaftliche Entwicklung Westdeutschlands von einem Konsens zwischen den USA und den bürgerlichen Kräften in Deutschland getragen wurde, zog lediglich Viktor Agartz die Konsequenzen und legte sein Mandat im Wirtschaftsrat mit der Begründung nieder, daß er nicht alliierte Wirtschaftspolitik betreiben wolle.[99]

Die Zustimmung zum Marshall-Plan

Allerdings verkannte diese späte Einsicht, daß mit den alliierten Hilfsmaßnahmen, die von den deutschen Sozialdemokraten selbst mehrfach gefordert worden waren, notwendig amerikanischer Einfluß auf die deutsche Wirtschaft einherging. Es war Viktor Agartz selbst, der 1946 auf dem Parteitag in Hannover einen »erheblichen Gütereinschuß« verlangt hatte, der den wirtschaftlichen Verfallsprozeß in Deutschland aufhalten sollte. Dieser Gütereinschuß sei auch im wohlverstandenen Interesse der Siegermächte nötig; nur so könne Deutschland wieder in die Lage versetzt werden, sich selbst zu versorgen und die Alliierten von weiteren Hilfsleistungen zu entlasten.[100]

Ein halbes Jahr später forderte der Parteivorstand in der sogenannten »Kölner Resolution« eine sofortige entscheidende Hilfe der Siegerstaaten für Deutschland, um die Not zu lindern und die Katastrophe im bevorstehenden Winter abzuwenden. Er verlieh dieser Forderung Nachdruck, wenn sie auch nicht als »Ultimatum an die Besatzungsmächte« mißverstanden werden sollte, indem er ankündigte, alle Minister in den Ländern würden zentral zurückgezogen, falls nicht entscheidende Maßnahmen erfolgten. Taktisches Kalkül, so sagte Schumacher 1947 in Nürnberg, habe die Sozialdemokratie von dieser Konsequenz zurückgehalten: »Einmal standen wir am Vorabend von Moskau. Wir mußten da für unser Volk die Möglichkeit demokratischer Mitwirkung lebendig erhalten. Sicher ist im Verlauf dieser Moskauer Konferenz auch das

99 Vgl. Köser, a.a.O., S. 162.
100 Agartz, *Sozialistische Wirtschaftspolitik*, a.a.O., S. 20.

Auge der Welt für das deutsche Feld ein anderes geworden. Daß wii iecht damit getan haben, zeigt jetzt die Situation der amerikanischen Hilfsaktion.«[101] Und auf dem Nürnberger Parteitag 1947, wenige Tage nach Ankündigung des Marshall-Plans, verteidigte Schumacher die amerikanische Finanzhilfe als großherzige Hilfe der USA gegenüber Europa. Gegen Kritiker in der eigenen Partei und die KPD gerichtet, sagte er: »Als erstes kam diese kriegerische Antwort vom Dollarimperialismus und vom Okkupationsdollar. Diese Art, ein so schwerwiegendes und lebenswichtiges Problem zu beantworten, ist unter allen Umständen falsch und verderblich. [...] Man hat nicht das Recht, sich in solchen agitatorischen Formulierungen zu gefallen, solange in Europa mehr als 100 Millionen Menschen hungern. [...]

Es ist aber besser, eine große Krise zu vermeiden, als sie herbeizuführen und dann politisch auszuschlachten zu versuchen. Wir haben in Deutschland eine ganz spezielle Erfahrung darin, wohin Verelendungskrisen führen. Wir sollten uns deshalb von jeder Revolutionsromantik der Verelendung frei halten. Die Amerikaner haben erkannt, daß man, wenn man die Folgen nicht will, die Bedingungen ändern muß, aus denen solche Folgen entstehen. Die Verantwortung für die Millionen Hungernder schreibt uns vor, diese große Initiative nicht zu entmutigen. Die Pflicht aller demokratischen Sozialisten in jedem europäischen Lande ist unserer Ansicht nach, diese Hilfe mit guten und stichhaltigen Argumenten zu begrüßen. [...] Ein Projekt von so gewaltigem Ausmaß ist niemals ein Geschäftsprojekt. Ein Objekt von solcher Enormität ist stets ein Stück echter Hilfeleistung und Verantwortung vor der Welt für die Welt.«[102] Es störte Schumacher lediglich, daß dieses Hilfsprogramm auch ein »kapitalistisches Echo« gefunden hatte, und zwar »aus den Kreisen, die aus einer gemutmaßten gesellschaftlichen Affinität mit den maßgebenden gesellschaftlichen Schichten in USA und von dort aus sich für ihr System Hilfe erhoffen«.[103]

101 Schumacher, *Rede auf dem Parteitag der SPD,* Nürnberg 1947, in: *Reden u. Schriften,* a.a.O., S. 125.
102 Ebd., S. 113 ff.
103 Ebd., S. 113.

Die amerikanische Regierung konnte keinen beredteren und effizienteren Fürsprecher für ihr »Hilfsprogramm« in Deutschland finden als Schumacher. Seine Emphase, die selbst dann noch, als man die Funktionalisierung des Marshall-Plans im Sinne einer Rekapitalisierung lauthals kritisierte[104], beibehalten wurde, indem Schumacher in seiner Entgegnung auf die Regierungserklärung Adenauers ausdrücklich den Dank der Sozialdemokratie gegenüber den USA für diese Hilfe zum Ausdruck brachte[105], erklärte sich aus der Kontinuität der Forderung nach Finanzhilfe. Die Sozialdemokratie, die sich bereits in den ersten Nachkriegsmonaten – schon zu einem Zeitpunkt, als noch ein partieller Konsens zwischen USA und Sowjetunion bestand – in ihrer Politik gegenüber der Sowjetunion eindeutig festgelegt hatte, mußte sich bei totaler Konfrontation von USA und Sowjetunion von ihrer unhaltbar gewordenen Konzeption eines »Dritten Weges« fort- und zu den USA hinwenden. Nur von ihnen konnte sie finanzielle Hilfe erwarten, um die deutsche Wirtschaft wieder in Gang zu setzen. Diese Konsequenz ihrer Politik konvergierte mit den amerikanischen Absichten, Westeuropa und damit Westdeutschland als Investitionsgebiet und Absatzmarkt zu sichern.

Daß die Entscheidung für den Marshall-Plan eine Entscheidung gegen die Sozialisierungsforderungen war, konnte Schumacher ebensowenig verborgen geblieben sein wie den westdeutschen Gewerkschaftsführern. Im März 1948 stimmten diese in London auf einer internationalen Gewerkschaftskonferenz zum Thema »Europäischer Hilfsplan« ebenfalls dem Marshall-Plan zu.[106] Man überging die Einwände gegen die gesellschaftspolitischen Konsequenzen mit dem Hinweis, daß die Sozialisierung nur vertagt, nicht aber aufgegeben sei. Die einzige Kritik betraf die Unvereinbarkeit von Demontagen und Marshall-Plan. Schumacher forderte daher unablässig die sofortige Einstellung der Demontagen.[107]

104 Schumacher, *Rede auf dem Parteitag der SPD*, Düsseldorf 1948, in: *Reden u. Schriften*, a.a.O., S. 159.

105 *Verhandlungen des Deutschen Bundestages*, a.a.O., I. Wahlperiode, Bd. 1, S. 36B.

106 Schmidt, a.a.O., S. 115 f.

107 U. a. *Rede auf dem Parteitag der SPD*, Düsseldorf 1948, in: *Reden u. Schriften*, a.a.O., S. 154.

Ebenso wie den Marshall-Plan begrüßte die Sozialdemokratie die Währungsreform in Westdeutschland. Im September 1948 sagte Schumacher: »Ein Ereignis von größter Bedeutung ist die Währungsreform. Sie ist das Werk der angelsächsischen Besatzungsmächte, vor allem der Amerikaner. Die deutsche Mithilfe hat sich auf den finanztechnischen Komplex beschränkt. Daß die Angelsachsen aber den radikalen Schritt der Währungsreform taten, ohne zugleich das Problem der Lastenverteilung zu gestalten oder wenigstens auf das richtige Gleis zu setzen, ist auch schon ein Stück Politik, und zwar eine, wenn vielleicht auch nicht bewußte Parteinahme zugunsten des Großbesitzes.«[108]

Nicht die Währungsreform selbst, auch nicht ihre Modalitäten wurden kritisiert, sondern das Versäumnis des Lastenausgleichs, den die Sozialdemokratie mit einer Währungsreform gefordert hatte. Ein solcher Lastenausgleich aber war nicht gedacht als Eingriff in die tradierte Besitzstruktur; er sollte lediglich über eine Besteuerung der Besitzenden besonders Flüchtlinge, Kriegsgefangene und Ausgebombte teilweise entschädigen.[109]

In der Realität blieb der Lastenausgleich weit hinter diesen Forderungen zurück. Die Kritik der SPD richtete sich nicht gegen die Besatzungsmächte selbst, sondern gegen die bürgerliche Mehrheit im Wirtschaftsrat und später im Bundestag sowie den hinter ihr stehenden »Sachwertbesitzern«, die weder direkt (Steuern) noch indirekt (niedrige Preise) bereit seien, den geforderten Lastenausgleich zu finanzieren.[110]

Die Kritik der SPD an der in Westdeutschland erfolgten Restauration hatte zwei Hauptakzente: Erstens wurde das Ausbleiben sozialer Veränderungen im postfaschistischen (West-)Deutschland auf die Präsenz alliierter Truppen, auf

---

108 Ebd., S. 156.
109 So etwa in der »Entschließung zur Flüchtlingsfrage«, angenommen auf dem Parteitag der SPD, Hannover 1946, abgedruckt in: *Sozialismus – eine Gegenwartsaufgabe*, a.a.O., S. 31 f. S. auch Agartz, *Sozialistische Wirtschaftspolitik*, a.a.O., S. 22.
110 Schumacher, *Rede auf dem Parteitag der SPD*, Düsseldorf 1948, in: *Reden u. Schriften*, a.a.O., S. 156.

die Lähmung deutscher Initiativen, auf die internationale Kräftekonstellation zurückgeführt[111]; dabei wurde den westlichen Besatzungsmächten nicht vorgeworfen, direkt zugunsten einer Rekapitalisierung interveniert zu haben, sondern Planlosigkeit und Unkenntnis der deutschen Verhältnisse.[112] Zweitens kritisierte die Sozialdemokratie die großbürgerlichen Kreise, die selbst nach dem zweiten politischen Bankrott – 1918 und 1945 – erneut die Konsolidierung und Ausweitung ihrer ökonomischen Position angestrebt und versucht hätten, ihre ökonomische Macht wieder in politische umzusetzen. Diese Differenzierung zwischen mehr oder weniger passiven Besatzungsmächten und aktiver deutscher Bourgeoisie verkannte jedoch die Voraussetzungen der Restauration, nämlich die Übereinstimmung zwischen beiden, so daß ein Kampf, zumal ein parlamentarischer, gegen den innenpolitischen Gegner den wirklichen Urheber dieses Prozesses außer acht ließ.

Die verfassungspolitischen Vorstellungen der SPD

Die Kritik an der offensichtlichen Restitution des Kapitalismus trat mit der Aufforderung der Westalliierten, eine Verfassung zu erarbeiten, in ein neues Stadium. Einerseits sah die Sozialdemokratie hierin den Ansatz, in Westdeutschland, als Keimzelle von Gesamtdeutschland, von der Phase des »Verwaltens« zum »Regieren« zu gelangen.[113] Andererseits war für sie – im Rahmen ihres wirtschaftsdemokratischen Konzepts – ein legalisiertes, staatliches Handeln die Voraussetzung dafür, nun auch im gesellschaftlichen Bereich ihre eigenen Vorstellungen durchzusetzen und so über zentrale deutsche Einrichtungen die Restauration rückgängig zu machen.

In den Diskussionen, die dem Zusammentritt des Parlamentarischen Rates vorausgingen, stellte Schumacher drei wichtige

111 Schumacher, *Jetzt heißt es festbleiben*, Rede vom 20. April 1949 vor dem Parteivorstand der SPD, o.O.u.J., S. 6.
112 Vgl. u. a. Schumacher, *Volk in Not*, a.a.O., S. 5. Schumacher, *Jetzt heißt es festbleiben*, a.a.O., S. 13.
113 Schumacher, *Rede 6. Mai 1945*, a.a.O., S. 24.

Forderungen: Er beharrte auf einem Besatzungsstatut der Siegermächte; in ihm sollten die rechtlichen Beziehungen zwischen den deutschen staatlichen Organen und den Besatzungsmächten geregelt und darüber hinaus klargestellt werden, daß bis zur endgültigen Übertragung aller Souveränitätsrechte auf deutsche Organe die Hauptverantwortung für die Wiederherstellung der deutschen Reichseinheit bei den Besatzungsmächten liege.[114] Schumacher wollte damit auch zum Ausdruck bringen, daß die staatliche Konsolidierung der Westzonen auf Initiative der Westmächte erfolgte.[115] Zum anderen lehnte er aus seiner gesamtdeutschen Konzeption heraus die Bildung eines separaten Weststaates ab und setzte durch, daß dieser Weststaat nur als »Provisorium« konzipiert wurde; dieses sei nur als Übergangslösung bis zu einer endgültigen Wiederherstellung Gesamtdeutschlands zu betrachten. Aufgrund seiner demokratischen Legitimation sei es allerdings jetzt schon »Sprecher« des »ganzen Deutschland«.[116] Der Übergangscharakter bedinge, daß es sich nicht um eine Verfassung im staatsrechtlichen Sinne, sondern nur um ein vorläufiges »Grundgesetz« handeln dürfe; mit dem Tage der Wiedervereinigung sollte es seine Gültigkeit verlieren und durch eine gesamtdeutsche Verfassung abgelöst werden. (Präambel und Artikel 146 GG) – Schließlich bestand Schumacher darauf, daß die Arbeit im Parlamentarischen Rat »originär« deutsche Rechtssetzung sein müsse und über die Londoner Beschlüsse hinaus keine weiteren Interventionen der Alliierten erfolgen dürften.[117]

Konnte über die ersten beiden Forderungen, den Erlaß eines Besatzungsstatuts und die Anerkennung des westdeutschen Staates als »Provisorium«, zwischen allen Beteiligten ein Konsens hergestellt werden, so zeigte sich bei den Verhandlungen

---

114 Vgl. u. a. Schumacher, *Jetzt heißt es festbleiben*, a.a.O., S. 7; *Jahrbuch der Sozialdemokratischen Partei Deutschlands 1948/1949*, hrsg. v. Vorstand der SPD, o.O.u.J., S. 8.
115 Vgl. Werner Sörgel, *Konsensus und Interessen. Eine Studie zur Entstehung des Grundgesetzes für die Bundesrepublik Deutschland*, Stuttgart 1969, S. 23.
116 So Schumacher im Vorwort zum *Jahrbuch der Sozialdemokratischen Partei Deutschlands 1948/1949*, a.a.O., S. 5.
117 Schumacher, *Rede auf dem Parteitag der SPD*, Düsseldorf 1948, in: *Reden u. Schriften*, a.a.O., S. 162.

mit den Alliierten, daß die sozialdemokratischen Ministerpräsidenten, anders als die Parteiführung um Schumacher, zu
einer nachgiebigeren Verhandlungstaktik neigten. Es war vor
allem der Berliner Regierende Bürgermeister Ernst Reuter,
der an einer möglichst raschen Verabschiedung des Grundgesetzes interessiert war, weil er die Integration des von der
Blockade stark betroffenen West-Berlin in die Bundesrepublik erreichen wollte.[118] Die Haltung der Ministerpräsidenten
kennzeichnet die Bemerkung Kaisens (SPD), Bürgermeister
von Bremen, sie würden »lieber akzeptieren als Zeit zu verlieren«.[119] Erst auf die Intervention der Besatzungsmächte
zugunsten eines stark föderalistischen Aufbaus reagierte im
April 1949 die sozialdemokratische Führung geschlossen
gegen die alliierten Auflagen.

Die Intention sozialdemokratischer Forderungen für das zu
erarbeitende Grundgesetz hat Sörgel treffend zusammengefaßt: »Im Vertrauen darauf, daß die Sozialdemokratie die
führende politische Kraft im deutschen Gemeinwesen sein
werde, glaubten Schumacher und die Führungsspitze der SPD
davon absehen zu können, ihre gesellschaftspolitischen
Reformpläne direkt durch die Verfassung abzusichern. Auf
der anderen Seite waren sie jedoch stets darauf bedacht, in
dieser Verfassung Vorsorge dafür zu treffen, daß die von
ihnen beabsichtigte soziale und ökonomische Neuordnung
Deutschlands keinesfalls am Einspruch privilegierter politischer Kräfte – etwa an dem Veto der Länder – würde scheitern können.«[120]

Der Verzicht auf Verankerung einer den sozialdemokratischen Vorstellungen entsprechenden Wirtschaftsverfassung
im Grundgesetz war bereits angelegt in den 1947 verabschiedeten *Richtlinien für den Aufbau der Deutschen Republik*.[121]
Die dort formulierte Konzeption ist die eines bürgerlich-parlamentarischen Staates, basierend auf der Volkssouveränität,
die nur in den Wahlen zum Gesamtparlament und in Plebis-
ziten ihren unmittelbaren Ausdruck finden sollte, jedoch »nur
für bestimmte, in der Verfassung festzulegende Fälle unter

118 Vgl. Pirker, a.a.O., S. 77 f.
119 Zit. n. Sörgel, a.a.O., S. 52.
120 Sörgel, a.a.O., S. 59.
121 S. Dok. 15.

Wahrung bestimmter Verfahrensvorschriften«. Die plebiszitären Elemente sollten somit gegenüber der Weimarer Reichsverfassung (WRV) erheblich reduziert werden.[122] Demgegenüber forderte die Sozialdemokratie eine Stabilisierung der Exekutive durch das später in Artikel 67 GG verankerte »konstruktive Mißtrauensvotum«. Ein Notstandsrecht, analog zum Artikel 48 der WRV, das es »dem Parlament gestattet, sich der parlamentarischen Verantwortung zu entziehen«, lehnte sie ab. Der neu zu bildende Staat war als Bundesstaat konzipiert, wobei die Finanz- und Steuerhoheit und die »Kompetenz-Kompetenz« bei dem zentralen Parlament liegen, den Ländern vor allem die Auftragsverwaltung übertragen werden sollte. Die kommunale Selbstverwaltung sollte gesichert sein.

Die Bedeutung der politischen Parteien im staatlichen Leben, die als Bestandteil der Gesamtverfassung zu betrachten seien, hatte Schumacher schon 1945 hervorgehoben; das Verhältniswahlrecht sollte mit Sperrklauseln gekoppelt werden, um Splitterparteien aus dem Parlament auszuschließen.[123]

Das Ziel einer solchen Konzeption war, eine parlamentarische Regierungsform zu entwickeln, dies aber besser zu machen als die Weimarer Nationalversammlung. Ebenso wie die bürgerlichen Parteien erblickte auch die Sozialdemokratie in der Konstruktion der WRV eine wesentliche Ursache für die Zerstörung der Weimarer Republik.

Die Kritik an der labilen Konstruktion zwischen Reichspräsident – Regierung – Parlament in der WRV führte einen Konsens zwischen den bürgerlichen Parteien und der Sozialdemokratie über die starke Stellung der Exekutive gegenüber dem Parlament herbei. Mit dem von der SPD geforderten »konstruktiven Mißtrauensvotum« schuf sie – damals noch in der Gewißheit, selbst den Regierungchef zu stellen – die Voraussetzungen für den später von ihr unablässig angeprangerten »autoritären Führungsanspruch der Regierung« Adenauer, in dem Schumacher mehr »vom Geiste Wilhelms II. und von dem Austrofaschismus der Dollfuß' und Schuschniggs lebendig« sah, »als einer lebendigen deutschen Demokratie

122 Vgl. Pirker, a.a.O., S. 93.
123 Schumacher, *Politische Richtlinien*, Hannover 1945, S. 8 ff.

guttut«.[124] Wegen der von der SPD selbst vorgenommenen Reduzierung plebiszitärer Elemente konnte keine außerparlamentarische Entscheidung gegen diese Regierung herbeigeführt werden.

Zum entscheidenden Dissens im Parlamentarischen Rat zwischen Sozialdemokraten und der CDU/CSU sowie zu einer massiven Intervention der Alliierten kam es in der Frage des föderalen Aufbaus. Für die SPD war in allen Entwürfen zum Grundgesetz und in den Diskussionsbeiträgen zu dieser Frage bestimmend, daß »die Lebensbedingungen in den Ländern Westdeutschlands möglichst gleichmäßig gestaltet werden und [nur] ein unmittelbar vom Volk gewähltes Parlament eine neue und gerechte Sozialordnung über die Zuständigkeit der elf Länder hinaus für ein größeres Gesamtgebiet aufbauen kann«.[125] Der Streit mit den Unionsparteien entzündete sich an zwei Punkten: einmal an der Beteiligung der Länder an der Bundesgesetzgebung, also dem Problem der »Zweiten Kammer« (Bundesrat), und zum anderen an der Finanzhoheit des Bundes, die von der SPD mit der Forderung nach einer Bundesfinanzverwaltung verbunden wurde. Sie ging dabei von der – pragmatischen – Überlegung aus, daß »da, wo die Steuermacht liegt, fast immer auch die politische Macht liegt«.[126] Zudem wollte die SPD auch in anderen Gesetzgebungsfragen den Ländern nur einen eng umrissenen Bereich konzedieren, während das Gros der Gesetzgebung in den Händen des Bundes liegen sollte.[127]

In diesen Fragen konnte kein Konsens zwischen den beiden großen Parteien erzielt werden; er war aber notwendig, da das Inkrafttreten des Grundgesetzes von der Zustimmung von mindestens zwei Dritteln der Länderparlamente abhängig gemacht worden war und deshalb keine der beiden Parteien übergangen werden konnte. Schließlich konnte sich die SPD in der Frage der Bundesfinanzverwaltung im Parlamentari-

---

124 Schumacher, *Rede auf dem Parteitag der SPD,* Hamburg 1950, in: *Reden u. Schriften,* a.a.O., S. 244.

125 *Jahrbuch der Sozialdemokratischen Partei Deutschlands 1948/1949,* a.a.O., S. 16.

126 Walter Menzel (SPD), *Parlamentarischer Rat,* Sten. Bericht, 3. Sitzung, 9. September 1948, S. 33, zit. n. Schütz, a.a.O., S. 234.

127 Vgl. Schütz, a.a.O., S. 233.

schen Rat mit den Stimmen der FDP in dem zuständigen Ausschuß, wenn auch nur knapp, durchsetzen.

An dieser Stelle intervenierten die Besatzungsmächte zweimal. In ihrem *Aide-Mémoire* vom 22. November 1948 präzisierten sie ihre föderalistischen Vorstellungen und legten ihr Veto gegen eine Bundesfinanzverwaltung ein. In einem zweiten *Aide-Mémoire* vom März 1949 legten sie für die betreffenden Artikel einen ausdrücklichen »Formulierungsvorschlag« vor, der die Bundeskompetenz erheblich einschränkte.

Hatte die SPD im gesellschaftlichen Bereich die Aktivität der Besatzungsmächte mehr oder weniger passiv hingenommen, ja z. T. sogar begrüßt, so raffte sie sich angesichts dieser offensichtlichen Intervention zugunsten der Unionsparteien zu einem heroischen Veto auf. Auf einer Tagung der führenden Gremien der Partei am 20. April 1949 begründete Schumacher ausführlich das »Nein« der SPD zu den Vorschlägen der Alliierten und stellte fest: »Wenn wir heute in Deutschland über ein Grundgesetz für einen Teil Deutschlands diskutieren, so geschieht das nach dem Willen der Alliierten; aber nicht nach ihrem Willen, um die deutsche Substanz der Deutschen wegen zu gestalten, sondern nach dem Willen, in diesem Teil Deutschlands einen Beitrag für die Neuordnung der alliierten Kräfteverhältnisse, d. h. zwischen Sowjetrußland und dem Westen und umgekehrt, zu haben.« Und weiter: »Die Gestaltung des deutschen Westens ist weiter unter einer außerordentlich geringen Berücksichtigung der Interessen der Arbeiter erfolgt.«[128]

Diese Kritik an den Westmächten veranlaßte die SPD jedoch nicht dazu, die völlige Souveränität Deutschlands, die Verankerung einer demokratischen Wirtschaftsverfassung und die Einbeziehung sozialer Grundrechte ins Grundgesetz zu fordern, sondern intendierte eine Stärkung der Zentralgewalt. Ihre Kritik verebbte in den apodiktisch erhobenen Forderungen: »Sie [die SPD] sieht eine letzte Möglichkeit, die Arbeit im Parlamentarischen Rat zu einem erträglichen Abschluß zu bringen, wenn

die notwendige deutsche Entschlußfreiheit durch die Besatzungsmächte nicht weiter beeinträchtigt wird,

128 Schumacher, *Jetzt heißt es festbleiben*, a.a.O., S. 6 u. S. 8.

der Grundgesetzentwurf auf das Notwendigste beschränkt wird,

die die Volkssouveränität einengenden Vollmachten des Bundesrates entscheidend gemindert werden,

die Erhaltung der deutschen Rechts- und Wirtschaftseinheit auf allen Gebieten, vor allem auf dem der Gesetzgebung, sichergestellt wird,

eine Regelung im Finanzwesen getroffen wird, die dem Bund die Mittel und Möglichkeiten gibt, deren er zur Erfüllung seiner Aufgaben bedarf, endlich

die Gleichartigkeit der Lebensverhältnisse in allen Teilen des Bundesstaates, insbesondere eine gleiche Sozialordnung und einen angemessenen Finanz- und Lastenausgleich gewährleistet wird.

Die Sozialdemokratische Partei Deutschlands wird ein Grundgesetz ablehnen, das einer dieser Forderungen nicht genügt.«[129]

Die hier vorgetragenen Forderungen stellten ihrerseits einen Kompromiß gegenüber früheren Forderungen dar, so z. B. in der Frage der Finanzverwaltung. Andererseits aber sahen sich die Besatzungsmächte durch dieses Veto veranlaßt, ihre Einwände zu modifizieren bzw. zurückzunehmen, so daß die sozialdemokratischen Vorschläge mehr oder weniger in das Grundgesetz übernommen werden konnten. Angesichts dieses »Sieges« stimmte die SPD dem Grundgesetz zu.

Neben dem Verzicht auf die Verankerung einer Wirtschaftsverfassung unterließ es die Sozialdemokratie auch, die von den Gewerkschaften gewünschte Festlegung »sozialer Grundrechte« im Grundgesetz anzustreben. Ausgehend von der These, daß das zu schaffende Grundgesetz keine Verfassung im traditionellen Sinne sei, sahen auch die beiden sozialdemokratischen Entwürfe für ein Grundgesetz (Erster und Zweiter Menzel-Entwurf) nicht die Übernahme des liberalen Grundrechtkataloges vor. Schließlich erklärten sich die Sozialdemokraten bereit, diesen formal zu übernehmen und auch die UN-Menschenrechte und Normen des Völkerrechtes im Grundgesetz (Artikel 25) zu verankern. Andererseits verzichtete sie auf die Fixierung von sozialen Grundrechten, da dies

129 Abgedruckt in: *Jahrbuch der Sozialdemokratischen Partei Deutschlands 1948/1949*, a.a.O., S. 138 f.

ihrer Ansicht nach Sache der späteren Gesetzgebung, nicht aber Sache der Verfassung sei.[130] Sie begnügte sich mit der in Artikel 20, Absatz 1 verankerten Sozialstaatsklausel, die eine spätere Gewährung von sozialen Rechten zumindest nicht ausschlösse bzw. die Grundlage der Sozialgesetzgebung werden sollte.[131]

Somit stellt die sozialdemokratische Mitarbeit an der staatsrechtlichen Fundierung des westdeutschen Teilstaates – eines Provisoriums mit der schon damals klar erkennbaren Verewigungstendenz – die aktive Restituierung eines bürgerlich-parlamentarischen Staates dar. Er sollte stabiler und funktionsfähiger werden als die Weimarer Republik – er wurde, wie die Sozialdemokratie bald erkennen mußte, allzu stabil. Die Restauration im wirtschaftlichen Bereich entzog ihr, wie dargelegt wurde, zugleich die Grundlage für die parlamentarische Eroberung der Macht. Die Wahlniederlage im August 1949 und die daraus folgende Oppositionsrolle zeigten, daß die SPD im Nachkriegsdeutschland nicht die entscheidende Kraft geworden war.

Die Politik der KPD in der Nachkriegsphase

Die politische Strategie der KPD ex post als falsch zu denunzieren, ist ebenso einfach wie banal. Allein schon die phänomenologische Feststellung der Diskrepanz zwischen ihrem Anspruch, Hauptkraft beim Aufbau eines antifaschistisch-demokratischen Deutschlands zu sein, und ihrer faktisch stattfindenden Isolation bis zur Sekte könnte eine solche Aussage legitimieren. Einer Analyse dieser Art blieben allerdings die Ursachen für Fehlentscheidungen verdeckt, es sei denn, sie rekurrierte auf menschliche Unzulänglichkeiten der Strategen.

Die hier vorgelegte Erklärung will deshalb vordringlich versuchen, Theorie und Praxis der KPD mit zeitgenössischer kritischer marxistischer Analyse zu konfrontieren, um aus den

---

130 Vgl. Sörgel, a.a.O., S. 114 f.
131 Vgl. Sörgel, a.a.O., S. 209. Zur Entstehung der Sozialstaatsklausel vgl. Hans-Hermann Hartwich, *Sozialstaatspostulat und gesellschaftlicher Status quo*, Köln und Opladen 1970, S. 22 ff.

sich ergebenden Differenzen Schlüsse auf die Ursachen der gescheiterten KPD-Strategie ziehen zu können.

Möglichkeiten der Theorie und Theorie des Möglichen

Kurz nach Kriegsende erschienen von August Thalheimer (1919-1924 Mitglied der Zentrale der KPD und 1929 wegen »Rechtsopportunismus« ausgeschlossen) zwei Broschüren[132], die, obwohl im Exil in Havanna geschrieben, die Lage in Deutschland so gründlich reflektieren, daß sie hier referiert seien; sie belegen, daß Entschleierung des scheinbaren Chaos auch zu dieser Zeit möglich war, woran allein sich eine erfolgreiche sozialistische Politik hätte orientieren können.

Ausgangspunkt ist für Thalheimer der Widerspruch zwischen dem imperialistischen Lager mit den USA an der Spitze und der »nicht-kapitalistischen, nicht-imperialistischen Sowjetunion«, der im Weltkrieg durch den Widerspruch im imperialistischen Lager selbst, und zwar zwischen dem Lager der »im Angriff befindlichen imperialistischen Mächte Deutschland, Italien und Japan«, die auf Grund der verspäteten industriellen Entwicklung nicht an der imperialistischen Aufteilung der Welt teilgenommen hatten und dies jetzt nachholen wollten, und dem Lager der sich in politischer Verteidigung befindlichen Mächte USA, Frankreich und England überlagert worden sei. Der Krieg Deutschlands sowohl gegen Frankreich, England und die USA als auch gegen die Sowjetunion habe bedingt, »daß die Gegensätze zwischen beiden imperialistischen Mächten ihren gemeinsamen Gegensatz [zur UdSSR, d. Verf.] überwogen«.[133] Ergebnis des Zweiten Weltkrieges sei die Liquidation des angreifenden imperialistischen Lagers und dessen »Kolonialisierung«, so daß sich wieder eine einfache Bipolarität zwischen der UdSSR und den USA ergebe, wobei die USA wegen ihrer wirtschaftlichen und militärischen Übermacht den unangreifbaren Führer des imperialistischen Lagers repräsentierten.

132 August Thalheimer, *Grundlinien und Grundbegriffe der Weltpolitik nach dem zweiten Weltkrieg*, o. O. 1946¹, hier zit. nach 2. Aufl. 1950, ders., *Die Potsdamer Beschlüsse. Eine marxistische Untersuchung der Deutschlandpolitik der Großmächte nach dem 2. Weltkrieg*, o. O. 1945¹, 2. Aufl. 1950.
133 Thalheimer, *Grundlinien*, a.a.O., S. 1.

Die faktische Nachkriegskonstellation gibt Thalheimer folgendermaßen an: »Die Elbe, Neiße, Adria sind jetzt nicht nur politische Grenzen, sie sind zugleich gesellschaftliche Grenzen: die Grenzen zweier gegensätzlicher Wirtschafts- und Gesellschaftssysteme.«[134] Diese Spaltung sei keine statische; ihre Dynamik sei gespeist von einem beiderseitigen, wenn auch unterschiedlich begründeten »Ausdehnungsbedürfnis«, das notwendig die Konfrontation beinhalte: »Beide Lager sind im Aufmarsch gegeneinander begriffen [...] In Europa vollzieht sich der Hauptaufmarsch in Deutschland und um Deutschland, das so in eine östliche und eine westliche Aufmarsch- und Vorbereitungszone zerschnitten ist.«[135]

Thalheimer antizipiert diesen Zustand einerseits aus den Entwicklungstendenzen der beiden Systeme, andererseits aus der konkreten Politik der Alliierten mit Deutschland, besonders dem labilen Konstrukt einer einheitlichen Behandlung Deutschlands trotz seiner Teilung in vier Zonen, und folgert: »Schon die Organisationsform selbst zeigt also, daß die Gegensätze das Wesentliche, die Regel sind, und die Einigkeit das Zufällige, die Ausnahme.«[136] Beide Lager verkleiden einstweilen ihre wahren Züge mit der scheinbar gemeinsamen »Flagge der ›Demokratie‹ – nur daß sie hier und dort entgegengesetzte Wirklichkeiten deckt«.[137] Die Konsequenz ist, daß die Entwicklungsmöglichkeiten für eine sozialistische Praxis in der sowjetischen Zone und in den Westzonen ihrem Wesen nach verschieden sind, deshalb auch getrennt analysiert werden müssen.

Die Lage in den Westzonen

Thalheimer sieht richtig voraus, daß das amerikanische Kapital Verwertungsmöglichkeiten innerhalb der USA für zwei bis drei Jahre habe; dann aber würden neue Kapitalanlagesphären so dringlich, daß Kolonialisierungspläne wie der Morgenthaus obsolet würden und auch in Deutschland abgelöst wer-

134 Ebd., S. 2.
135 Ebd., S. 26 f.
136 Thalheimer, *Potsdam*, a.a.O., S. 7.
137 Ebd., S. 3.

den müßten von einem Wiederaufbau. »Des Wiederaufbaus von was? Von kapitalistischen Wirtschaftsformen.« Dieser Wiederaufbau sei gebunden an zwei Bedingungen: 1. die Niederhaltung der deutschen Arbeiterklasse und damit die Verhinderung einer möglichen sozialistischen Revolution, 2. die permanente Kontrolle, damit aus diesem Wiederaufbau nicht erneut ein imperialistischer Konkurrent hervorgehen kann. Die Möglichkeit zur Restriktion deutscher Aktivitäten sei schon im Potsdamer Abkommen fixiert, das von der Notwendigkeit der Erziehung der Besiegten durch die Sieger spräche, also »Demokratie teelöffelweise verabreichen« wolle, wobei das Maß an Demokratie immer funktional den Zielen der Sieger festgelegt würde. Für politische Parteien hieße das, daß man sie nur so weit zulassen werde, »soweit sie den Interessen der Besatzungsmächte dienen«. Die Folgerung aus der Erkenntnis dieses Widerspruchs zwischen den Interessen der westdeutschen Bevölkerung und denen der Siegermächte müsse der Aufbau unabhängiger Klassenorganisationen sein, mit dem Ziel der Errichtung eines Rätesystems, das einzig die Bezeichnung »demokratisch« verdiene, zumal dieses in Deutschland auf einer höheren Stufe wirtschaftlicher Entwicklung basieren würde, somit auf die terroristischen Elemente, die in der Sowjetunion wegen der niedrigen wirtschaftlichen Entwicklung naturwüchsig den Sozialisierungsprozeß begleitet hätten, verzichten könnte. Eine notwendige strategische Etappe dazu sei die »revolutionäre Bewaffnung des Proletariats«. Hier muß Thalheimer zugestehen, daß dies unter den Bedingungen der Besatzungsherrschaft illusorisch ist; er stellt aber fest: »Es ist ein himmelweiter Unterschied zwischen einer Arbeiterklasse, die nach revolutionärer Bewaffnung strebt und einer, die das nicht tut.«[138]
Die strategische Leitlinie soll, zusammengefaßt, die Kooperationsverweigerung der westdeutschen Arbeiterklasse gegenüber den westlichen Siegermächten und der Aufbau autonomer Klassenorganisationen sein, andernfalls bliebe das kolonialisierte Deutschland das Objekt des amerikanischen Imperialismus.

138 Ebd., S. 10.

Auch hier trete die Sowjetunion als Besatzungsmacht mit eigenen Interessen auf. Thalheimer stellt bei ihr ein »sozialistisches Ausdehnungsbedürfnis« fest, das aber nicht in der Notwendigkeit der Sicherung und Schaffung von Kapitalanlagesphären begründet sei, da es in der Sowjetunion und überhaupt in planwirtschaftlichen Systemen kein »überflüssiges« Kapital geben könne, sondern in der Dynamik von geplanten Systemen, die die Tendenz hätten, Planung zu universalisieren und daher »ihrer Natur nach Weltwirtschaft« seien. So sei die Sowjetunion am sozialistischen Handel mit hochentwickkelten Industriestaaten interessiert, um die eigene Industrialisierung optimieren zu können. Dies sei auch ihr Hauptinteresse an der sowjetischen Zone.

Zu unterscheiden seien allerdings zwei Formen sozialistischer Ausdehnung. Die eine sei die, bei der eine bedrängte nationale Revolution durch militärischen Beistand anderer sozialistischer Staaten gestützt wird, was auch den Vorstellungen von proletarischem Internationalismus entspreche. Die zweite Form sei die Eroberung fremden Territoriums durch einen sozialistischen Staat, der sich dann die nationalen sozialistischen Kräfte dienstbar mache. Die zweite Form ist für Thalheimer in der sowjetischen Zone gegeben; die Konsequenz muß seiner Meinung nach deshalb auch dort der Aufbau autonomer Klassenorganisationen sein, mit dem Ziel eines mit der Sowjetunion kooperierenden Rätesystems. Als Kronzeugen gegen die Politik der UdSSR bis zu diesem Zeitpunkt führt Thalheimer Friedrich Engels an, der in einem Brief an Kautsky schreibt: »Nur das eine ist sicher: das siegreiche Proletariat kann keinem fremden Volk irgendwelche Beglückkung aufzwingen, ohne damit seinen Sieg zu untergraben.«[139] Der gravierende Unterschied zwischen der Ost- und den Westzonen sei, daß das Proletariat zwar immer seine eigene Revolution machen müsse, dies in der sowjetischen Zone mit der Besatzungsmacht geschehen könne, in den Westzonen aber nur gegen sie.

Im Gegensatz zu Thalheimer, der den Schein der übereinstim-

---

139 In: Thalheimer, *Grundlinien*, a.a.O., S. 25.

menden »demokratischen Absichten« der Siegermächte zerfetzt, gibt die KPD diesen Schein als Realität aus und propagiert eine »antifaschistisch-demokratische Neuordnung«, die den Beschlüssen der Potsdamer Konferenz, dem Konsensus der »Großen Drei«, konform sein soll. Programmatisch formuliert wurde dieses Ziel der Errichtung der »demokratischen Republik« von der KPD zuerst auf der sogenannten Brüsseler Konferenz, einer Parteikonferenz, die 1935 in der Nähe von Moskau stattfand. Damals ging die KPD davon aus, daß das terroristische Hitlerregime sich in Gegensatz zur gesamten deutschen Bevölkerung gebracht habe, weil es die Bedürfnisse selbst derjenigen Schichten, die den Faschismus zur Massenbewegung machten, nicht habe befriedigen können. Diese sinnliche Erfahrung der Bevölkerung sei umzusetzen in Massenaktionen mit demokratischer Zielsetzung unter Einschluß des Bürgertums. Neben dieser (»Volksfront« genannten) Bündniskonzeption bestand die der »Einheitsfront«, die einheitliches Handeln der Arbeiterklasse, somit auch Aufhebung des Kampfes zwischen KPD und SPD, intendierte.

Einheitsfront ist im Unterschied zur Volksfront klassenspezifisch und kann sich nur konstituieren zur Durchsetzung proletarischer Forderungen. Beide Formen repräsentieren daher sich gegenseitig ausschließende politische Strategien: die eine ist orientiert an der *volonté générale* der Ablehnung des Faschismus, beruht also auf einem »minimum consensus« zwischen großen Teilen des Bürgertums und Proletariat, während die andere dezidiert sozialistisch sein muß, denn nur im gemeinsamen Kampf für als richtig erkannte Forderungen ist eine Überwindung der Spaltung des Proletariats denkbar.

Dieser Widerspruch blieb jedoch in der kommunistischen Orthodoxie weitgehend unreflektiert, sie vermengte vielmehr beide Formen, indem Einheitsfront als appellativ herstellbare vorgestellt wird, die sich dann an die Zielsetzung der Volksfront anpaßt und diese zu führen versucht.

Schon kurz nach der Verkündung der Losung vom Kampf um die »demokratische Republik« mittels der Volksfront-Strategie setzte oppositionelle kommunistische Kritik ein, die das Problem thematisierte. So stellte die sogenannte »Berliner Opposition«, eine illegal arbeitende KPD-Gruppe, fest, daß mit der Volksfront »unweigerlich die Sache der Arbeiterklasse

– der Kampf für den Sozialismus – geopfert« würde[140], weil ihrer Erfahrung nach weder das Bürgertum für den Sozialismus noch das Proletariat für bürgerliche Programme zu gewinnen sei. Ähnlich argumentierte die KPD(O): »Was wir an der Volksfront von Anfang an bekämpft haben und weiter bekämpfen, das ist die Verfälschung des Gedankens der proletarischen Einheitsfront und die Gewinnung der nicht-proletarischen Werktätigen für den Einheitsfrontkampf. Der Fehler besteht darin, daß man den Glauben erweckte, die demokratische Staatsform und die bürgerlichen Demokraten bildeten ein Bollwerk gegen den Faschismus, falls nur das Proletariat auf seine revolutionären Ziele zeitweilig verzichtet und sich darauf beschränkt, seine Gegenwartsinteressen zu vertreten. Die Praxis beweist, daß die bürgerlichen Koalitions- und Volksfrontgenossen kein Bollwerk gegen den Faschismus sind, und daß sie den Kampf für die Tagesinteressen der Werktätigen nicht tolerieren, sondern alle demokratischen Spielregeln preisgeben, wenn ihre kapitalistischen Eigentumsinteressen verletzt werden.«[141] Zu einer theoretischen Auseinandersetzung zwischen diesen Kritikern und der KPD kam es allerdings nicht, die KPD bediente sich vielmehr solch einfacher Formeln wie: »Jeder Antifaschist muß sich bewußt sein, daß eine Kritik an den antifaschistischen Organisationen nur dem Klassenfeind hilft«[142], um jede Kritik an ihrer Strategie als schädlich zu denunzieren.

Der »Aufruf der KPD an das schaffende Volk«

Grundlegendes programmatisches Dokument der Nachkriegspolitik der KPD wurde der Aufruf des Zentralkomitees vom 11. Juni 1945 an das »schaffende Volk in Stadt und Land« mit seinem schon klassischen Statement, es sei falsch, »Deutschland das Sowjetsystem aufzuzwingen«, weil dies nicht den »gegenwärtigen Entwicklungsbedingungen in

---

140 Zit. nach Rüdiger Griepenburg, *Volksfront und deutsche Sozialdemokratie*, Marburg/L. 1971, S. 34.
141 *Der internationale Klassenkampf*, Herausgegeben vom I.V.K.O., 1. Jg., Nr. 4, Wolfisheim 1936, S. 12.
142 Zit. nach Griepenburg, a.a.O., S. 35.

Deutschland« entspräche, vielmehr sei der richtige Weg der der »Aufrichtung eines antifaschistisch-demokratischen Regimes, einer parlamentarisch-demokratischen Republik mit allen demokratischen Rechten und Freiheiten für das Volk«. Der praktische Teil des Aufrufs besteht überwiegend aus einer Paraphrase der in Potsdam von den Siegermächten beschlossenen Grundsätzen mit dem Kulminationspunkt in der Parole: »Völlig ungehinderte Entfaltung des freien Handels und der privaten Unternehmerinitiative auf den Grundlagen des Privateigentums.« Die KPD betrachtete diesen Aufruf nicht nur als Parteiprogramm, sondern war auch der Auffassung, er solle »als Grundlage zur Schaffung eines Blocks der antifaschistischen- demokratischen Parteien (der Kommunistischen Partei Deutschlands, der SPD, der Zentrumspartei und anderer)« dienen.[143]

Die als Blockpartner bezeichneten Parteien existierten zu diesem Zeitpunkt allerdings noch nicht; erst nach der dem Aufruf folgenden Konstituierung der KPD etablierten sich wieder Parteien ähnlich denen der Weimarer Republik, was die Spaltung der Arbeiterklasse in zwei Parteien einschloß. Dem voran gingen Bestrebungen zur Gründung einer Arbeitereinheitspartei, besonders von seiten des Zentralausschusses der SPD in Berlin. Erste Versuche der Kontaktaufnahme im Mai 1945 wurden jedoch von der Gruppe Ulbricht, der vorübergehenden KPD-Spitze, blockiert, vermutlich in der Absicht, in einem zu bildenden antifaschistischen Block gar nicht als parteigebundene Kommunisten aufzutreten, sondern lediglich als bewährte Antifaschisten. Einen Monat später jedoch kam die Gruppe Pieck mit dem *Aufruf,* der gleichzeitig Gründungsdokument für die Neukonstituierung der KPD am 12. Juni 1945 war, aus dem Moskauer Exil, und nach kurzen Verhandlungen erlaubte die sowjetische Militäradministration in Deutschland (SMAD) die Gründung antifaschistisch-demokratischer Parteien.

Über die Motive der KPD und der KPdSU, entgegen den Beschlüssen der Berner Konferenz der KPD von 1939 in der

143 *Aufruf des Zentralkomitees der KPD vom 11. Juni an das deutsche Volk zum Aufbau eines antifaschistisch-demokratischen Deutschlands,* in: *Dokumente der Kommunistischen Partei Deutschlands 1945-1956, Berlin 1965,* S. 1 ff., s. Dok. 12.

sowjetischen Zone separate Parteigründungen vorzunehmen – am 17. Juni erfolgte dann die Neugründung der SPD –, lassen sich nur Vermutungen anstellen. Offensichtlich war das Vertrauen darein, daß die alten KPD-Kader die neue antifaschistische Block-Politik akzeptiert hätten, so gering, daß die Parteiführung vor einer Verschmelzung mit der SPD die eigene Mitgliedschaft erst einen ideologischen Homogenisierungsprozeß durchlaufen lassen wollte. Vereinigungsangebote der SPD wurden deshalb mit dem Hinweis auf die Notwendigkeit einer vorherigen Klärung der Standpunkte zurückgewiesen, doch scheint die Annahme berechtigt, daß es sich in Wirklichkeit um die Klärung in der KPD selbst handelte. So schreibt die SED-offiziöse *Geschichte der deutschen Arbeiterbewegung:* »Die Kader der KPD widerlegten auch die in der Arbeiterklasse vorhandene Ansicht, man müsse sofort mit dem Aufbau des Sozialismus beginnen.«[144] Die Notwendigkeit der Vereinheitlichung der KPD auf der Basis der Volksfront-Strategie spiegelt sich auch in einem Entwurf Walter Ulbrichts über die Aufnahmekriterien für die zu gründende KPD vom Februar 1945 wider, in dem es heißt: »Wer früher wegen Zugehörigkeit zu parteifeindlichen Gruppierungen (Brandleristen [d. h. KPD(O), d. V.], Trotzkisten, Neumanngruppe) ausgeschlossen wurde, [...] kann nicht wieder in die Partei aufgenommen werden.«[145] Die Furcht vor der innerparteilichen Opposition gegen die Volksfrontpolitik war überall gegenwärtig, nicht zufällig erschien deshalb in der sowjetischen Zone als eine der ersten Schriften der kommunistischen Klassiker Lenins Text *Der linke Radikalismus, die Kinderkrankheit im Kommunismus*, eine Polemik, die dieser Anfang der zwanziger Jahre gegen die linken Marxisten Westeuropas verfaßt hatte.

Kann das Vorgehen der KPD im ersten Nachkriegsjahr (hier: die Verweigerung der Verschmelzung mit der SPD, mit dem Ziel der Schaffung einer Volksfront einer starken KPD als Hauptkraft) als konsequent angesehen werden, so ist doch noch nicht begründet, warum sie, als Faschismus nicht mehr

144 *Geschichte*, a.a.O., Bd. VI, S. 46.
145 Abgedruckt in: Horst Laschitza, *Kämpferische Demokratie gegen Faschismus*, Berlin 1969, S. 229 ff. Vgl. auch Arnold Sywottek, *Deutsche Volksdemokratie*, Düsseldorf 1971, bes. S. 199.

sinnlich erfahrbar und auch keine unmittelbare Drohung war, auf eine Strategie zurückgriff, die ihre Legitimität aus der über das Proletariat hinausgehenden Widerstandsbereitschaft gegen einen aktuellen Faschismus gewinnen sollte. Der Schlüssel zu diesen Problemen muß unserer Einsicht nach in der internationalen Konstellation gesehen werden.

Exkurs: »Moskaus 5. Kolonne«

Wie schon erwähnt, läßt sich die Schwenkung der KI-Konzeption im Jahr 1935 um 180 Grad nicht allein aus den Bedürfnissen der kommunistischen Parteien unter aktuellen Faschismen erklären, sondern sie muß auch in Verbindung mit der allgemeinen Vorkriegssituation interpretiert werden, die gekennzeichnet war durch die Gefahr weiterer Faschismen, also sowjetfeindlicher Regierungen und dem Bestreben der Sowjetunion, im kapitalistischen Ausland nach Bündnispartnern gegen das sich zum Krieg rüstende Deutschland zu suchen. Deshalb sollten die KP's durch »konstruktive« Mitarbeit in bürgerlichen Regierungen versuchen, zumindest Neutralität des Bürgertums gegenüber der Sowjetunion zu erzielen. Eine ähnliche Konstellation ergab sich nach Kriegsende, als die ausgeblutete UdSSR[146] einzig die Restauration aggressiver kapitalistischer Regimes verhindern wollte, dies aber bei dem militärischen Übergewicht der USA nicht auf revolutionärem Wege durch den Sturz des Kapitalismus erreichen zu können glaubte, sondern nur durch Kooperation mit den jeweiligen nationalen Bourgeoisien. Das erforderte die Preisgabe traditioneller Zielsetzung, nämlich die Reduktion sozialistischer Forderungen der nationalen, von den KP's beeinflußten Arbeiterklassen auf ein Maß, das die Bündnismöglichkeit mit dem Bürgertum nicht gefährdete.

Diese Anpassung der kommunistischen Parteien an die Bedürfnisse der Sowjetunion, auch nach Auflösung der Komintern 1943, wurde von Konservativen und Sozialdemokraten immer wieder benutzt, um die KP's als »5. Kolonne Moskaus« oder »russische Agenten« zu denunzieren. So massenwirksam diese Formeln in der Zeit des Kalten Krieges auch

146 »Würde ich mich beklagen, so fürchte ich, würden Sie in Tränen ausbrechen, so schwer ist die Lage in Rußland.« *Stalin auf der Potsdamer Konferenz,* zit. nach Fischer (Hrsg.), *Teheran, Jalta, Potsdam,* Köln 1968, S. 323.

wieder werden sollten, so falsch sind sie, wenn sie subjektiven Verrat anprangern sollen. »Agent« der Sowjetunion zu sein, war für die kommunistischen Parteien und ihre Mitglieder nie Sache nationalen Verrats, sondern stets eine Selbstverständlichkeit, da ihnen – besonders nach dem Ausbleiben weiterer erfolgreicher sozialistischer Revolutionen Anfang der zwanziger Jahre – der Schutz des ersten sozialistischen Staates und dessen Wohl identisch war mit ihren eigenen Interessen, lakonisch zusammengefaßt in der Formel: »Was der Sowjetunion nützt, nützt dem Weltproletariat.« Die Emanzipation von dieser Logik ist nur wenigen, ehemals linientreuen Kommunisten gelungen, so Trotzki in seinen letzten Lebensjahren und – zeitweise – Brandler und Thalheimer. Der Primat der Verteidigung der Sowjetunion, entstanden in der Zeit des Bürgerkrieges in Rußland, setzte sich in Anbetracht des Aufbaus des Sowjetstaates und der gleichbleibend feindlichen Haltung der kapitalistischen Länder in den orthodoxen kommunistischen Bewegungen bis heute fort, nur daß er heute, angesichts der wirtschaftlichen und ökonomischen Potenz der UdSSR und der Existenz eines sozialistischen Lagers, kaum noch Legitimität beanspruchen kann wie zur Zeit des »weißen Terrors«.

Die loyale Beteiligung am Wiederaufbau

In der ersten Zeit nach dem Kriege hatten die Kommunisten noch gelegentlich die Möglichkeit, ihre programmatisch versprochene Mithilfe beim Aufbau einer demokratischen antifaschistischen Republik in der Praxis zu beweisen, da die Westmächte sich damals noch scheuten, sie von der Wahrnehmung öffentlicher Aufgaben auszuschließen. Im Rahmen der Arbeit in den regionalen Selbstverwaltungsgremien konstituierten sich in verschiedenen Städten Westdeutschlands Aktionsgemeinschaften zwischen KPD und SPD, die vorwiegend Kooperation bei der Erfüllung der unmittelbaren Aufgaben wie Lebensmittelbeschaffung, Wohnungsbau etc. zum Ziel hatten, darüber hinaus aber auch immer wieder die Verwirklichung des Potsdamer Abkommens forderten, besonders die Verstaatlichung der Schlüssel- und Monopolindustrien sowie die Enteignung des Großgrundbesitzes. Diese Aktionsgemeinschaften, die gegen den Willen der Westzonenleitung der SPD, die inzwischen bei der Gruppe um Schumacher lag, handelten, waren als mögliche Keimzellen einer zu bildenden Einheitspartei anzusehen.

Der Tod der Einheitsfront

Waren nach der Gründung der KPD alle Vereinigungsangebote der SPD mit der Warnung vor »Überstürzung« zurückgewiesen worden, so trat am 9. November 1945 mit einer Rede Piecks, des KPD-Vorsitzenden, zur Feier der Novemberrevolution eine plötzliche Änderung ein; Pieck forderte, nunmehr »mit aller Kraft« eine Vereinigung von KPD und SPD anzustreben. Diesmal jedoch opponierte die SPD, die sich durch die sowjetische Militäradministration diskriminiert fühlte, die bevorzugt Kommunisten mit öffentlichen Aufgaben versah; sie forderte, einer Vereinigung müsse eine breite Diskussion in der Mitgliedschaft vorausgehen, außerdem sollten sich die Parteien erst als gesamtdeutsche konstituieren, was zu diesem Zeitpunkt auf Grund alliierter Verbote noch nicht möglich war. Durch den mehr oder weniger subtilen Druck der SMAD (Papierkürzung für sozialdemokratische Zeitungen, Redeverbot für Vereinigungsgegner) und unterstützt vom Willen vieler alter SPD- Mitglieder, die die Spaltung endlich überwunden wissen wollten, gelang es dem ZK der KPD schließlich, den Zentralausschuß der SPD zu Verhandlungen zu bewegen. Sie scheiterten jedoch vorerst an dem von der KPD vorgeschlagenen Paritätenschlüssel, der die Doppelbesetzung jedes Amtes mit einem ehemaligen SPD- und einem ehemaligen KPD-Mitglied vorsah, was die numerisch stärkere SPD für eine Übervorteilung hielt; sie wollte die nächsten Wahlen abwarten, um den tatsächlichen Rückhalt der beiden Parteien in der Bevölkerung festzustellen. Das zweite Hindernis für die Konstituierung einer gesamtdeutschen Einheitspartei waren die Statements Kurt Schumachers sowie der SPD-Landeskonferenzen der britischen und der amerikanischen Besatzungszone, die sich im Januar 1946 alle gegen eine Vereinigung aussprachen, woraufhin die KPD nur noch eine Vereinigung in der sowjetischen Zone forderte.

Erst die von der KPD in Zusammenarbeit mit der SMAD inszenierten »spontanen« regionalen Vereinigungen von KPD und SPD zur SED brachten den Zentralausschuß dazu, den Vorstellungen der KPD-Führung zuzustimmen. So konstituierte sich am 20. und 21. April 1946 nach vorhergehenden getrennten Parteitagen beider Parteien die »Sozialistische Einheitspartei Deutschlands« mit Otto Grotewohl und Wilhelm Pieck als gleichberechtigten Parteivorsitzenden an der Spitze.

So erfolgreich der Zusammenschluß für die KPD in der sowjetischen Zone gewesen sein mag, so negativ wirkte er sich für sie in den Westzonen aus, weil mit dieser manipulierten Vereinigung den rechten SPD-Führern neuer Agitationsstoff geliefert wurde. Die SPD, vor allem Kurt Schumacher, konnte sich auf den von (dem kürzlich zur CDU übergetretenen) Klaus-Peter Schulz so genannten »Freiheitskampf der SPD in Berlin«[147] berufen: Hier hatten sozialdemokratische Opponenten der Vereinigung eine Mitgliederabstimmung organisiert, in der sich 82 Prozent der in den Westzonen votierenden Mitglieder – im Ostsektor hatte die SMAD die Abstimmung kurzfristig verboten – gegen eine sofortige Verschmelzung aussprachen. Meist wird allerdings unterschlagen, daß 60 Prozent der Wähler die Frage: »Bist du für ein Bündnis beider Parteien, welches gemeinsame Arbeit sichert und Bruderkampf ausschließt?« mit »ja« beantworteten.[148] Das konnte die agitatorischen Möglichkeiten, die mit dieser Abstimmung den rechten SPD-Führern gegeben waren, jedoch kaum schmälern.

Die Gründe für die plötzliche Schwenkung der KPD-Führung können wiederum nur vermutet werden. Die zwei plausibelsten Erklärungen sind wohl, daß sie nach den Wahlniederlagen (in Österreich 5,4%, bei Wahlen in 17 Landkreisen Groß-Hessens 4,6%) in Zukunft solchen Debakeln aus dem Wege gehen wollte, und die Hoffnung, mit der Vereinigung ein Beispiel für die Westzonen zu geben, um vielleicht so die sich

147 Vgl. ders., *Auftakt zum Kalten Krieg. Der Freiheitskampf der SPD in Berlin 1945/46*, Berlin (West) 1965.
148 Vgl. Carola Stern, *Porträt einer bolschewistischen Partei*, Köln 1957, S. 38.

verbreiternde Kluft zwischen KPD und SPD überbrücken zu können. Als Indiz dafür kann gelten, daß in anderen Ländern unter sowjetischem Einfluß vergleichbare Vereinigungen erst 1947 stattfanden, und zwar nach Verkündigung der Truman-Doktrin und der damit verbundenen allgemeinen Verschärfung des Systemkonfliktes, die sich u. a. in der Gründung der Kominform, einem Zusammenschluß von zehn kommunistischen Parteien mit dem offiziellen Ziel der wechselseitigen Information und dem faktischen Ziel verstärkter Kontrolle dieser Parteien durch die KPdSU, niederschlug.[149] Mit der Zwangsvereinigung in der sowjetischen Zone war die Möglichkeit einer Volks- und/oder Einheitsfront in den Westzonen entscheidend verringert worden, weil a) die KPD sich durch dieses Manöver bei den bürgerlichen Kräften und der Sozialdemokratie diskreditiert hatte, und b) weil die Westalliierten von nun an alle Versuche zur Bildung einer Einheitspartei im Keime erstickten. – Die in immer neuen Formen auftretenden Bemühungen der KPD, das verlorene Terrain zurückzuerobern, waren zum Scheitern verurteilt.

Die KPD und die bürgerlichen Kräfte

> »Der Bourgeoisie den friedlichen Charakter einer kommunistischen Partei aufzuschwatzen, sie gar zu einem Bündnis oder dergleichen zu überreden, um sie dann zu übertölpeln, geht nicht.«
>
> Sebastian Franck, 1938[150]

Konnte die SED in der sowjetischen Zone als führende Kraft des auch bürgerliche Kreise umfassenden antifaschistischen Blocks Maßnahmen durchsetzen, die zwar noch dem Potsdamer Abkommen entsprachen, aber gleichwohl über den Kapitalismus hinauswiesen, wie die Enteignung der Großgrundbesitzer und die Verstaatlichung der Schlüsselindustrien, so waren ihre parlamentarischen Wirkungsmöglichkeiten in den Westzonen mehr als begrenzt. Auch die bürgerlichen Parteien

149 Vgl. Julius Braunthal, *Geschichte der Internationale*, Bd. III, Hannover 1971, S. 179 ff.
150 Ders., *Zur Kritik der politischen Moral*, Offenbach a. M., o. J. (1946), S. 72.

betrieben die Bildung eines parlamentarischen Staates, doch nicht unter dem Primat des Antifaschismus, sondern zur Rekonstruktion ihrer alten Privilegien, die sie nur in einem westdeutschen Teilstaat erhalten zu können glaubten. Die Ablehnung eines Bündnisses mit der KPD durch die SPD reproduzierte sich verstärkt bei der CDU und der FDP, die zwar manchmal mit den Kommunisten stimmten, wie der linke Flügel der CDU bei der Beschlußfassung des Hessischen Landtages über den »Sozialisierungsparagraphen 41«, doch zu einer weitergehenden Solidarisierung kam es nicht, auch dann nicht, wenn, wie in diesem Fall, eine Maßnahme von den Besatzungsmächten sabotiert wurde und einheitliches Handeln gegen diese Eingriffe geboten schien. Vielmehr richteten CDU und SPD ihre Anstrengungen darauf, im Zusammenspiel mit den Besatzungsmächten nach und nach alle Kommunisten aus öffentlichen Positionen zu entfernen. So beschwerte sich Kurt Schumacher in einem Brief an die Militärregierung über die Umtriebe des kommunistischen Mitherausgebers der *Frankfurter Rundschau*, Emil Carlebach, und bat dezent um Abhilfe, wobei zu berücksichtigen ist, daß Kommunisten mit 3 von Hundert Zeitungslizenzträgern Anfang 1947 ohnehin unterrepräsentiert waren und auch diese bis Mai 1949 noch verloren gehen sollten.[151] Während der fast gesetzmäßig fortschreitenden Isolation fiel der KPD immer mehr die Rolle des Verfassers von Resolutionen zu, die beharrlich die Durchsetzung der Potsdamer Beschlüsse forderten, den Parlamenten vorgelegt, niedergestimmt und abgeheftet wurden. So konnte sie auch ihren Einfluß weder im Wirtschaftsrat gegen Ludwig Erhards »soziale Marktwirtschaft« noch im Parlamentarischen Rat gegen die verfassungsmäßige Verankerung des westdeutschen Separatstaates geltend machen; im letzteren Fall verweigerte sie deshalb die Unterschrift unter die Schlußdokumente.

Die Volksfrontstrategie scheiterte an den divergierenden Interessen der möglichen Bündnispartner, deren antifaschistisches Engagement in dem Augenblick zu einer »quantité négligeable« wurde, als ihnen eine klassenpolitische Vertretung ihrer Interessen wieder möglich erschien und sie immer

151 Vgl. Ute Schmidt/Tilman Fichter, *Der erzwungene Kapitalismus*, Berlin (West) 1971, S. 160.

mehr in der Scheinalternative »Bolschewismus« oder »Bündnis mit dem westlichen Lager« dachten; sie nahmen nicht wahr, daß die sowjetische Konzeption für Deutschland wie für Westeuropa lediglich die Etablierung bürgerlich-parlamentarischer Regierungen mit sowjetfreundlichem Charakter intendierte.

Die KPD und die Arbeiterklasse

Ungleich stärker als dort, wo die KPD abstrakte Postulate aufstellte, waren ihre Erfolge, wo sie praktische Arbeit leisten konnte: in den Betrieben. So waren Ende 1946 38% der Betriebsräte im Bergbau Mitglieder der KPD[152]; ihr Einfluß zeigte sich bei den großen Massenaktionen im Ruhrgebiet 1946/47, als die Arbeiterschaft in Streiks und Massendemonstrationen gegen die in ihren Augen von den Besatzungsmächten verschuldeten Hungerrationen, aber auch für die Verstaatlichung der Kohlengruben votierte. Diese Aktionen nahmen schließlich ein solches Ausmaß an, daß die Militärregierung ein generelles Streik- und Demonstrationsverbot erließ.
Doch auch in diesem Falle offenbarte sich wieder das Dilemma der Volksfrontpolitik: Als auf dem Höhepunkt der Massenmobilisierung im April 1947 im Landtag von Nordrhein-Westfalen die bürgerlichen Parteien zusammen mit der SPD wiederholt Verstaatlichungsanträge der KPD niederstimmten, trieb diese den Kampf nicht weiter voran, z. B. durch die Einleitung von Massenstreiks, die die Alliierten zu diesem Zeitpunkt empfindlich getroffen hätten, sondern wiegelte die Bewegung ab, in der Meinung, eine Zuspitzung »konnte nur dazu führen, die Bündnismöglichkeiten der Arbeiterklasse einzuengen, sie in die Isolierung und breite kleinbürgerliche und bürgerliche Kreise erneut in die Verstrickung reaktionärer Politik zu treiben.«[153] Dieser Abbruch verstärkte die Resignation in der Arbeiterklasse – der Ver-

152 Vgl. Gerhard Mannschatz/Josef Seider, *Der Kampf der KPD im Ruhrgebiet für die Einigung der Arbeiterklasse und die Entmachtung der Monopolherren (1945–1947)*, Berlin 1961, S. 208.
153 Rolf Badstübner, *Restauration in Westdeutschland 1945–49*, Berlin 1965, S. 47.

zicht auf eine Radikalisierung der Kämpfe war eine weitere Ursache dafür, daß die Restauration sich schleichend und ohne großen Widerstand zu provozieren fortsetzen konnte.

Der Kampf um die Einheit Deutschlands und die Einheitspartei

Je weiter sich das ost- und das westdeutsche System voneinander entfernten und je mehr die KPD Bündnismöglichkeiten und Anhänger verlor, desto mehr griff sie auf einfache organisatorische Tricks zurück, um ihre alten Hauptzielvorstellungen doch noch zu verwirklichen. So wurde am 14. Februar 1947 eine Arbeitsgemeinschaft KPD/SED gegründet, die auch Vertreter in den Parteivorstand der SED entsandte, um die Fiktion einer gesamtdeutschen Partei aufrechtzuerhalten.

Im März wurde dann die Verschmelzung mit der SED propagiert; allerdings sei zuvor »die vorgeschlagene Verschmelzung [...] gemeinsam mit sozialdemokratischen und parteilosen Werktätigen zu diskutieren.«[154] Diese Konzeption stellte eine Neuauflage der »Einheitsfront von unten«, die individuelle Kooptation an die KPD, dar und ist schon daher das Eingeständnis eines gescheiterten Bündnisses mit der SPD als Partei. Doch auch dieser Versuch blieb erfolglos, weil die Resonanz in den Massen ausblieb und obendrein die Besatzungsmächte die Konstituierung einer SED in den Westzonen untersagten. Eine neue Anstrengung wurde gemacht, als im April 1948 die Delegiertenkonferenz der Partei eine Namensänderung in »Sozialistische Volkspartei Deutschlands« beschloß, um sich als Sammelbecken aller Sozialisten zu präsentieren. Aber selbst diese Nomenklaturänderung wurde von den Alliierten verhindert.

Am 3. Januar 1949 schließlich gestand sich die KPD die Fruchtlosigkeit dieser Versuche ein und schrieb im *Kommuniqué der 8. Tagung des Parteivorstandes:* »Die besonderen Kampfbedingungen in den Westzonen Deutschlands stellen die KPD vor die Notwendigkeit der Durchführung einer *selbständigen, diesen Bedingungen entsprechenden Politik.*

---

154 *Ein weiterer Schritt zur Einheit,* in: *Dokumente der KPD,* a.a.O., S. 117.

Daher beschließt der Parteivorstand die organisatorische Trennung von KPD und SED.«[155]

Ebenfalls erfolglos blieb die Agitation der KPD für ein einiges Deutschland. Sie prangerte zwar jede ökonomische Maßnahme der Westmächte wie die Bildung der Bizone, den Marshall-Plan und die Währungsreform als imperialistische Spaltungsversuche an, doch die Zustimmung zu den mit diesen Maßnahmen verbundenen ökonomischen Vorteilen überdeckte bei der westdeutschen Bevölkerung offensichtlich ihre gesamtdeutschen Gefühle.

Einen organisatorisch recht unorthodoxen Versuch, die Spaltung Deutschlands zu überwinden, unternahm die KPD, als deutlich war, daß die anderen Parteien im Parlamentarischen Rat der Gründung der BRD zustimmen würden, indem sie für einen deutschen Volkskongreß agitierte. Dieser sollte, neben den vorhandenen parlamentarischen Organen bestehend, über gewählte Vertreter aus ganz Deutschland eine provisorische gesamtdeutsche Regierung aufstellen, die dann als Gegenorgan zu den gegebenen Institutionen den Willen *aller* Deutschen[156] zur Einheit zu formulieren hätte. In der sowjetischen Zone hatten sich schon Volkskongreßkomitees gebildet, aus denen der provisorische Vorsitzende des deutschen Volksrates, Wilhelm Pieck, gewählt worden war, als die KPD im April 1949 schrieb: »Der Parteivorstand der KPD ruft in dieser Stunde das ganze deutsche Volk zum *Kampf* gegen diesen westdeutschen Staat und gegen das Besatzungsstatut auf. Er wendet sich an die, denen das Leben und das Wohl der deutschen Nation am Herzen liegt, mit der Aufforderung,

155 Abgedruckt in: *Dokumente der KPD*, a.a.O., S. 166.
156 »Die Antwort auf den amerikanischen Versuch zur Dezimierung und Auslöschung der deutschen Nation kann nur in der Bildung und Entwicklung der Nationalen Front liegen. In sie tritt der Sozialist wie der bürgerliche Liberale, der gläubige Christ wie der Atheist, der Arbeiter wie der Handwerker, der Intellektuelle wie der Unternehmer unter Beibehaltung seiner eigenen Überzeugung und seiner Weltanschauung in dem Bewußtsein ein, daß angesichts der brennenden Gefahr der Hauptaufgabe, die da lautet, *Deutschlands Einheit* und *Unabhängigkeit* herzustellen und *den* Frieden für das *ganze* Land zu schließen, alle Sonderinteressen unterzuordnen sind.« In: *Der Dollarimperialismus. Der Todfeind des deutschen Volkes*. Herausgegeben vom Sekretariat der deutschen Volkskongreßbewegung, Berlin 1950, S. 20.

Delegierte zum Volkskongreß in Berlin zu *wählen*.«[157] Doch auch in Berlin kämpften nur Delegierte aus der sowjetischen Zone und der KPD und ihrer Nebenorganisationen, eine Massenmobilisierung wurde nicht erreicht. Mit einem Stimmenanteil der KPD von 5,7% bei den Wahlen zum ersten Deutschen Bundestag, der bei den Wahlen zum zweiten Bundestag auf 2,3% sinken sollte, war die Niederlage ihrer Nachkriegsstrategie offensichtlich geworden.

Die Gewerkschaften als Integrationsfaktor

Die Neukonstituierung der Gewerkschaften

Die beiden vorhergehenden Abschnitte befaßten sich mit dem Scheitern der beiden bedeutendsten Parteiorganisationen der Arbeiterklasse in der Restaurationsphase Westdeutschlands. Die historisch vermittelte[158] und nach 1945 wieder aufgegriffene Trennung von politischem und ökonomischem Kampf in der Arbeiterbewegung läßt es angebracht erscheinen, auf den kontingenten Zusammenhang zwischen politischer und gewerkschaftlicher Organisation des Proletariats im postfaschistischen Deutschland einzugehen und zu zeigen, wie und warum die Gewerkschaften ihr genuines Kampfpotential nicht im Sinne einer Verhinderung der Restauration einsetzten, sondern vielmehr unter Verlust und Aufgabe desselben selbst ein bedeutender Integrationsfaktor wurden.

Ausgangspunkt der gewerkschaftlichen Entwicklung nach 1945 war, wie bei den politischen Parteien, eine zunächst spontane Neuorganisation einzelner Gewerkschaftszellen, wobei diese Neugründungen darauf zielten, die vor allem gegen Ende der Weimarer Republik verhärtete ideologische Frontstellung der verschiedenen Gewerkschaften durch Bildung einer Einheitsgewerkschaft zu überwinden. So konstituierte sich in Hamburg schon wenige Tage nach dem Einmarsch der britischen Truppen aus ehemaligen sozialdemokratischen und kommunistischen Gewerkschaftern die

157 *Erklärung des Parteivorstandes der KPD* (April 1949), in: *Dokumente . . .*, a.a.O., S. 181.
158 Vgl. Rosa Luxemburg, *Politische Schriften I*, Ffm. 1966, S. 135 ff.

»Sozialistische Freie Gewerkschaft« (SFG) mit Genehmigung der Militäradministration. In kürzester Zeit stellten 50 000 Hamburger Arbeiter einen Aufnahmeantrag und unterstützten materiell den organisatorischen Aufbau. Die Modalitäten ihrer verordneten Selbstauflösung allerdings verdeutlichen die Problematik derartiger spontaner Vereinigungen. Die britische Militärregierung entzog ihr am 18. 6. 1945 ihre Zustimmung, weil sie den Aufbau einer Einheitsgewerkschaft ablehnte und zugleich fürchtete, die Kommunisten würden in dieser Gewerkschaft zu stark werden. Andererseits aber wurde in der nur fünfwöchigen Existenz dieser Einheitsgewerkschaft deutlich erkennbar, daß entscheidende Divergenzen zwischen den an der KPD orientierten Mitgliedern und Kadern und denen der SPD in der Frage der strategischen Konzeption bestanden. Während die KPD-Anhänger auf »weitgehenden politischen Forderungen in Hinsicht auf die Mitarbeit in der Stadtverwaltung« bestanden, hielten die SPD-Mitglieder an der Trennung von politischem und ökonomischem Kampf fest. Durch die verfügte Selbstauflösung der SFG konnten die Differenzen nicht weiter diskutiert werden.[159] Die weitere Reorganisation der Gewerkschaften in den Westzonen ist gekennzeichnet von einem Gegensatz zwischen den auf Reorganisation des alten Gewerkschaftsapparates drängenden Gewerkschaftsführern der Weimarer Zeit und den an der betrieblichen Basis arbeitenden Betriebsräten. Im Herbst 1945 wurden von der britischen und der amerikanischen Militärregierung erste Betriebsratswahlen in ihren Zonen genehmigt. Aus diesen Wahlen gingen die Kommunisten als die stärkste Gruppe hervor. Im Ruhrgebiet entfielen bis Ende Januar 1946 auf kommunistische Betriebsräte 49 983 Stimmen, während sozialdemokratische Betriebsräte nur 28 313 Stimmen gewannen.[160] Ende 1946 stellten die Kommunisten im Bergbau 666 Betriebsräte von 1738 gegenüber 632 sozialdemokratischen, 240 christdemokratischen und 169 parteilosen Betriebsräten.[161]

159 Vgl. U. Schmidt/T. Fichter, *Der erzwungene Kapitalismus, Klassenkämpfe in den Westzonen 1945–48*, Berlin-West 1971, S. 14.
160 Frank Deppe u. a., *Kritik der Mitbestimmung*, Frankfurt/M. 1969, S. 70, Anm. 37.
161 Ebd., S. 80.

Diese Dominanz kommunistischer Betriebsräte wurde sowohl von den Besatzungsmächten als auch von den nichtkommunistischen Gewerkschaftern als Gefahr betrachtet, die es zu beseitigen galt. Der Historiker der amerikanischen Militäradministration Zink stellte unumwunden fest, die amerikanische Militärregierung hätte diese Wahlen zu einem solch frühen Zeitpunkt keineswegs zugelassen, wenn sie schon damals die damit verbundenen Einflußmöglichkeiten für kommunistische Betriebsräte erkannt hätte. Die amerikanischen Behörden richteten daher, so schreibt Zink, ihre ganze Aufmerksamkeit darauf, mit Hilfe eines veränderten Genehmigungsverfahrens für den Aufbau der Gewerkschaften den Einfluß der KPD in den Betriebsräten zu reduzieren. Zink konstatierte, daß infolge dieser Politik der Anteil der kommunistischen Betriebsratsmitglieder im Bergbau von 71 Prozent in den Jahren 1946 bis 1950 erheblich zurückgegangen sei.[162]

»Das Argument war, durch langsames Vorgehen bei der Wiedererrichtung von Arbeiterorganisationen in Deutschland das bedeutende Risiko, daß solche Organisationen von den Kommunisten erobert würden, merklich zu verringern, wenn nicht ganz auszuschalten.«[163]

Die amerikanische Militärverwaltung intendierte die Absicherung ihrer Vorstellungen auch über die Einflußnahme auf die Gewerkschaften. General Walter J. Muller, Direktor des Amtes der amerikanischen Militärregierung für Bayern, umschrieb auf dem 1. Ordentlichen Kongreß der Landesgewerkschaften in Bayern im März 1947 die Aufgaben der Gewerkschaften: »Wir in der Militärregierung setzen große Hoffnungen auf Sie. In freien, demokratischen Gewerkschaf-

162 Harold Zink, *The United States in Germany 1944–1955, Princeton 1957,* S. 285. Die von Zink angegebenen und von Schmidt/Fichter, a.a.O., S. 13, rezipierten Angaben, denen zufolge der Anteil der kommunistischen Betriebsratsmitglieder von 71 Prozent in den Jahren 1946 bis 1948 auf 32 Prozent im Jahre 1949 und auf 25 Prozent im Jahre 1950 zurückgegangen sei, konnten nicht verifiziert werden; sie sind, zumindest für 1946, bei weitem zu hoch angesetzt. Die oben angeführten Stimmenanteile weisen den kommunistischen Betriebsratsmitgliedern einen Anteil von ca. 38 Prozent im Jahre 1946 zu. Vgl. dazu Mannschatz/Seider, *Der Kampf der KPD im Ruhrgebiet für die Einigung der Arbeiterklasse und die Entmachtung der Monopolherren 1945/47,* Berlin (Ost) 1962, S. 208.
163 Harold Zink, a.a.O., S. 282, zit. n. Schmidt, *Die verhinderte Neuordnung 1945–1952,* Frankfurt 1970, S. 33.

ten sehen wir eine Form der Demokratie in Tätigkeit. Wir erwarten, daß Ihre Reihen in genügender Menge solche demokratischen Führer liefern werden, die bereit sind, den Grundsätzen der Demokratie zu dienen und damit dem Staat und dem Volk. Kurz, wir haben die brennende Hoffnung und den Glauben, daß die freien, demokratischen Gewerkschaften, die Sie jetzt aufbauen, gleichzeitig helfen werden, ein demokratisches Rückgrat für ein künftiges Deutschland zu formen.«[164] Als »demokratische Führer« boten sich vor allem die alten Gewerkschaftsführer aus den Reihen der SPD an. Vor allem sie adaptierten mehr oder weniger widerstandslos die Vorstellungen der Besatzungsmächte, in der Hoffnung, durch Wohlverhalten einen größeren Spielraum für eigenes Handeln zu erlangen.

Dies zeigte sich zunächst in der wichtigen Frage des Organisationsprinzips der zu bildenden Gewerkschaften. Führende Gewerkschafter forderten den Aufbau einer Einheitsgewerkschaft und traten dazu in Verhandlungen mit den Militärregierungen ein. Eine Einheitsgewerkschaft sollte alle Lohn- und Gehaltsabhängigen umfassen; sie schloß sowohl das Industrieverbandsprinzip wie das der Richtungsgewerkschaften aus. Gegen diese Absicht setzten die Besatzungsmächte in der britischen und amerikanischen Zone das Industrieverbandsprinzip durch, indem sie die Reorganisation der Gewerkschaften von der Erfüllung des Verbandsprinzips abhängig machten und den weiteren Aufbau bis zu dessen Annahme blockierten.[165]

Die Hinnahme dieser Auflagen durch verschiedene provisorische Gewerkschaftsgremien, in der britischen Zone unter Leitung des späteren DGB-Vorsitzenden Hans Böckler, kennzeichnet das Dilemma der Gewerkschaften: Sie konnten nur durch Anlehnung an die Vorstellungen der Besatzungsmächte aktiv werden, mußten damit aber zugleich eigene Zielvorstellungen aufgeben, in diesem Falle die einer starken, nicht durch Spaltung in Einzelgewerkschaften geschwächte Vertretung der Arbeiterinteressen. Schon hierbei wurde das in der weiteren Entwicklung immer wieder angeführte Argument

164 Zit. n. Theo Pirker, *Die blinde Macht, Die Gewerkschaftsbewegung in Westdeutschland,* Erster Teil, München 1960, S. 59.
165 Schmidt, a.a.O., S. 36 ff.

formuliert, daß der Verzicht auf Realisierung der eigenen Pläne nur ein vorübergehender sei.[166]

Unabhängig von der Übernahme des Industrieverbandsprinzips, das später durch die Vereinigung der Einzelgewerkschaften (zunächst 1947 auf zonaler und 1949 auf Bundesebene) partiell zugunsten des Einheitsprinzips rückgängig gemacht wurde, konnte sich in der Frage der Richtungsgewerkschaften die deutsche Konzeption durchsetzen: Es entstanden keine ideologisch konkurrierenden Einzelgewerkschaften wie in Weimar, allerdings um den Preis parteipolitischer Neutralität.

Gleichzeitig forderten die westdeutschen Gewerkschaften eine gesamtdeutsche Arbeiterorganisation. In den Jahren 1946 bis 1948 kam es zu insgesamt neun interzonalen Gewerkschaftskonferenzen, an denen auch Vertreter des FDGB, der Gewerkschaft der sowjetischen Zone und Berlins, teilnahmen. Diese interzonalen Konferenzen waren u. a. vom 1945 gegründeten Weltgewerkschaftsbund (WGB) initiiert worden, der die Aufnahme der deutschen Gewerkschaften in diesen Verband von einer gesamtdeutschen Gewerkschaftsorganisation abhängig gemacht hatte. In Abstimmung mit dem alliierten Kontrollrat organisierte der WGB das 1. interzonale Treffen am 7. und 8. November 1946 in Mainz und entsandte ausländische Gewerkschafter, u. a. seinen Generalsekretär Louis Saillant.[167] Auf den ersten interzonalen Tagungen zeigte sich, daß ein Konsens in zentralen Sachfragen möglich war: Entnazifizierung, Demokratisierung der Wirtschaft, Mitbestimmung, Planwirtschaft unter starker Beteiligung der Gewerkschaften, Bodenreform, Wiederherstellung der deutschen Wirtschaftseinheit und einheitliche Währungsreform.[168]

Dieser Konsens wurde jedoch immer brüchiger. Auf der 6. Interzonenkonferenz am 13. Oktober 1947 in Bad Pyrmont stimmte nur noch eine knappe Mehrheit für die Einberufung eines Allgemeinen Deutschen Gewerkschaftskongresses zum Frühjahr 1948.

Dennoch schien die Entwicklung auf eine gesamtdeutsche

166 Vgl. ebd., S. 41.
167 Vgl. Pirker, a.a.O., S. 66.
168 Vgl. ebd., S. 67 ff.

Gewerkschaftsorganisation hinauszulaufen und kollidierte so mit den von den Westmächten geschaffenen Realitäten. Die gesamte interzonale Aktivität und die Verbindung zum WGB, dem der amerikanische Gewerkschaftsbund (AFL) nicht beigetreten war, wohl aber die sowjetischen Gewerkschaften, wurden von der AFL und der amerikanischen Militärregierung mehr und mehr kritisiert, da sie darin ein Aufweichen ihrer klaren Blockpolitik sahen. Zugleich konnten sich in den westdeutschen Gewerkschaften jene Kräfte durchsetzen, die eine organisatorische Vereinigung auf gesamtdeutscher Ebene ablehnten; die Mehrzahl der Gewerkschaftsführer stand bereits in Weimar in führenden Positionen des ADGB und der christlichen Gewerkschaften und hatte schon damals gegen die Kooperation mit den Kommunisten votiert.[169] Schon im August 1947 hatten die Gewerkschaftsvorstände der britischen und der amerikanischen Zone auch für den Gewerkschaftsbereich die Byrnes-Formel übernommen, daß man zwar prinzipiell für eine Einigung aller Zonen eintrete, aber, falls diese nicht erreichbar sei, auch mit dem Erreichbaren, also den drei Westzonen, zufrieden sei. Es sollte unter allen Umständen verhindert werden, daß ein Kongreß einberufen würde, der mehrheitlich sozialistisch orientiert wäre. Auf der 7. Interzonenkonferenz im Februar 1948 setzten sich die Vertreter der Westzonen durch und verschoben die Einberufung des gesamtdeutschen Gewerkschaftskongresses.

Die Taktik der westdeutschen Gewerkschaftler war zunehmend darauf gerichtet, die ostdeutschen Gewerkschaftler zu provozieren und diesen unmißverständlich klar zu machen, daß kaum noch ein Konsens herstellbar sei, anderseits aber nicht selbst den offiziellen Anlaß für einen endgültigen Bruch der Verbindungen zu liefern. Dies zeigte sich u. a. an einer von Fritz Tarnow – Sekretär des Verbindungsbüros der Gewerkschaften der Bizone – vorgelegten Prinzipienerklärung mit dem Titel *Gewerkschaft und Demokratie*. Sie faßte im ersten Teil die sozialdemokratischen gesellschafts- und staatspolitischen Grundsätze zusammen und war in ihrem zweiten Teil derart deutlich gegen die gesamte Entwicklung in der sowjetischen Zone gerichtet, daß sie von den Vertretern

169 Vgl. zur personellen Kontinuität Schmidt, a.a.O., S. 48 ff.

des FDGB als Provokation aufgefaßt werden mußte und abgelehnt wurde. Wiewohl dieses Ergebnis voraussehbar gewesen war, zogen die westdeutschen Vertreter erst in diesem Augenblick die Resolution zurück.[170]

Die beiden letzten Interzonenkonferenzen waren nur noch ein Epilog. Die gegensätzlichen Auffassungen vor allem zum Marshall- Plan und die Annahme desselben durch die westdeutsche Gewerkschaftsführung[171] – ein weiterer Schritt zur Integration in das westliche Wirtschaftssystem – führten im August 1948 zum Bruch und zur Einstellung weiterer Gespräche. Auch auf dem Gewerkschaftssektor hatte sich das Konzept vom »Dritten Weg« als Illusion erwiesen.

Die selbstauferlegte parteipolitische Neutralität der Gewerkschaften führte innerorganisatorisch zu einer scharfen Auseinandersetzung zwischen den in den Betrieben teilweise erfolgreich agitierenden kommunistischen Gewerkschaftern und der an der SPD und dem linken Flügel der Unionsparteien orientierten Gewerkschaftsspitze. Ziel der Gewerkschaftsführung war u. a., die Einflußmöglichkeiten der kommunistischen innergewerkschaftlichen Opposition auszuschalten. Geschäftsordnungsmaßnahmen und organisatorische Umstrukturierungen und schließlich direkte Ausschlußverfahren waren die Mittel dazu. Am Beispiel der IG Metall der britischen Zone zeigt sich exemplarisch, wie durch eine Statutenänderung die Betriebsgruppen zugunsten von Stadtteilgruppen oder Industriegruppen als organisatorische Grundeinheiten aufgegeben wurden, um den Kommunisten die Basis ihrer agitatorischen Arbeit, die Betriebszellen, zu zerstören. Dann wurde jene in § 8 der DGB-Satzung verankerte Pflicht zu »absoluter Unabhängigkeit der Gewerkschaften den politischen Parteien gegenüber« gegen die Anhänger der KPD gewendet und ihnen das Verteilen von Propagandamaterial der KPD untersagt. Mittels einer faktischen Nichtvereinbarkeitsklausel einer Mitgliedschaft in der KPD und der IG Metall wurden schließlich 1950 zahlreiche KPD-Mitglieder aus der Gewerkschaft ausgeschlossen. Kommunisten gelangten immer seltener in höhere Vertretungsgremien der Gewerkschaften. Anfang der 50er Jahre war die kommunisti-

170 Vgl. Pirker, a.a.O., S. 76; Schmidt, a.a.O., S. 118 ff.
171 Vgl. Kapitel: *Die Zustimmung zum Marshall-Plan*, S. 164.

sche Opposition faktisch ausgeschaltet. Clay sprach auf dem
1. Ordentlichen Kongreß der IG Metall 1950 den Gewerkschaften seine Anerkennung dafür aus, daß es ihnen gelungen
sei, »die kommunistische Opposition gegen den Marshallplan
in ihren Reihen besiegt« zu haben.[172]

Der in der Ausschaltung der kommunistischen Opposition
sich manifestierende Antikommunismus hatte allerdings weit-
reichende Konsequenzen für die gesamte strategische Konzeption der Gewerkschaften. »Zwar wird man nicht unterstellen dürfen, daß die Gewerkschaftsführung in den Westzonen
den Ausschluß der Kommunisten betrieb, um die Anerkennung der Besatzungsmächte zu erhalten. Dennoch bedeutete
diese Politik, die auf Ausschaltung der Opposition zielte,
einen weiteren Schritt der Eingliederung in das westliche
Blockdenken. Sie trug dazu bei, Alternativen zur Politik der
Gewerkschaftsführung aus der Diskussion auszuschalten und
förderte den allgemeinen Trend zur Unbeweglichkeit der
Großorganisation im politischen Kampf durch eine Entpolitisierung der Mitgliedschaft.«[173]

Massenstreiks und Sozialisierung

Die Entpolitisierung der Mitgliedschaft hatte ihre Ursache
letztlich in dem bereits beschriebenen Gegensatz von gewerkschaftlicher Basis und Gewerkschaftsführung. Die Gewerkschaftsführung, die sich durch Wohlverhalten gegenüber den
Besatzungsmächten baldige Hilfe für die Not in Deutschland
und eine Ausweitung ihrer Kompetenzen erhoffte, zugleich
aber Furcht davor hatte, Massenbewegungen könnten die
kommunistische Opposition innerhalb der Gewerkschaften
stärken, kanalisierte entweder von ihr nicht initiierte Streiks
in ihrem Sinne oder distanzierte sich von ihnen. Sie stand
daher häufig im Widerspruch zu Massenaktionen nach 1945.
Vor allem die unmittelbare Notlage, die durch Demontagen
und Reparationsleistungen noch verschärft und auch nach der

172 Lucius D. Clay, *Entscheidung in Deutschland*, dt. Frankfurt 1950, S. 325.
Zur innergewerkschaftlichen Auseinandersetzung zwischen Gewerkschaftsführung und kommunistischer Opposition vgl. Schmidt, a.a.O., S. 120 ff.
173 Schmidt, a.a.O., S. 124.

Konstituierung des Wirtschaftsrates keineswegs im Sinne der Lohnabhängigen behoben wurde, war Anlaß zu zahlreichen Arbeitsniederlegungen und Demonstrationen. So weigerten sich in einer gegen die Böckler-Gruppe von den überwiegend kommunistischen Betriebsräten organisierten Urabstimmung im November 1946 89,9 Prozent der betroffenen Bergleute im Ruhrgebiet, von der britischen Militärregierung zur Steigerung der Kohleförderung für Reparationszwecke geforderte Sonderschichten zu leisten; sie machten ihre eventuelle Zustimmung von der Sozialisierung der Kohlengruben und von der »Volkskontrolle über die Nahrungsmittel« abhängig.[174]

Den ersten Kulminationspunkt erreichten die Streikaktionen im Frühjahr 1947, bedingt vor allem durch die katastrophale Ernährungslage. Im März und April 1947 streikten Hunderttausende; die Streiks weiteten sich von Tag zu Tag aus und wurden immer militanter. Höhepunkt in der britischen Zone war ein zweitägiger Streik, an dem sich 334 000 Arbeiter und Angestellte beteiligten.[175] Auch in der amerikanischen Besatzungszone kam es in großem Umfange zu Arbeitsniederlegungen und Massendemonstrationen.[176]

Die Reaktion sowohl der Besatzungsmächte als auch der Gewerkschaftsführung auf diese Massenaktionen war symptomatisch. Die britische und amerikanische Militärregierung drohte unverhohlen mit Belagerungszustand und Standrecht.[177] Die Gewerkschaftsführung ihrerseits trat den Massenaktionen zunächst dadurch entgegen, daß sie den Teilnehmern an »wilden Streiks« mit einem Ausschlußverfahren drohte. Da sie die Demonstrationen nicht verhindern konnte,

174 Schmidt/Fichter, a.a.O., S. 25.
175 Vgl. ebd., S. 27.
176 Vgl. Schmidt, a.a.O., S. 135.
177 Vgl. ebd., S. 137. Oberst Newman, der amerikanische Kommandant für den Frankfurter Raum, erklärte am 16. 5. 1947 in einer Rundfunkansprache: »Streiks oder andere Umtriebe gegen die Politik der Militärregierung, die in irgendeiner Weise die Forderungen oder Pläne der Besatzungsmacht gefährden könnten, werden in Hessen nicht geduldet werden; dabei spielt es keine Rolle, ob ihr Zweck ein politischer oder ein anderer sein möge. Jede Person oder Gruppe von Personen, die so handelt, wird bestraft werden, und vergessen Sie nicht, daß nach den Gesetzen der Besatzungsarmeen und der Militärregierung die Schuldigen sogar mit der Todesstrafe belegt werden können.« Zit. n. Schmidt, a.a.O.

aber auf jeden Fall die Masse der Arbeiter von den kommunistischen Kadern abspalten wollte, stellte sie sich nachträglich hinter die Aktionen. Eine Entschließung des DGB (britische Zone) im April 1947 zu einem 24stündigen Bergarbeiterstreik betonte: »Wir erwarten, daß, nachdem durch die Arbeitsniederlegung unserer Not und Verzweiflung sichtbar Ausdruck verliehen wurde, nunmehr die Wirtschaft vor weiteren Störungen bewahrt wird.«[178] Und in Bayern erklärte Fritz Tarnow auf dem Kongreß der bayerischen Landesgewerkschaften, daß die »Uhr des privatkapitalistischen Systems« abgelaufen sei und deshalb Streiks überflüssig seien.[179]

Ungeachtet dieser unverblümten Gewaltandrohung der Besatzungsmächte und der Domestizierungstaktik der Gewerkschaftsführung kam es Anfang 1948 zu weiteren Ausständen. Die Forderung nach einem Generalstreik wurde von kommunistischen Oppositionellen erhoben. Die Modalitäten der Währungsreform und die Aufhebung des Preisstopps unter Beibehaltung des Lohnstopps durch den Wirtschaftsrat hatten faktisch eine Senkung des Realeinkommens zur Folge und führten dazu, daß sich im Herbst 1948 die Streikaktionen erneut ausweiteten. In dieser Situation konnte es die Gewerkschaftsführung nicht mehr bei der Ablehnung von Streikaktionen bewenden lassen. Zunächst waren es vor allem lokale Gewerkschaftsleitungen, z. B. in München und Düsseldorf, deren Streikaufrufe von Tausenden befolgt wurden. Doch je größer die Diskrepanz zwischen Lebenshaltungskosten und Löhnen wurde, desto mehr sah sich die Gewerkschaftsführung zu stärkeren Maßnahmen genötigt; sie beschloß eine befristete Arbeitsniederlegung in der gesamten Bizone – und trat darüber in Verhandlungen mit den Besatzungsmächten ein. Während die britische Militärregierung immerhin einen 48stündigen Streik konzedieren wollte, war die amerikanische nur für einen 24stündigen zu gewinnen. Und so wurde von der Gewerkschaft ein 24stündiger Streik für den 12. November 1948 ausgerufen, einen Freitag, der die Gewähr dafür bot, daß der Streik zeitlich nicht ausgedehnt werden

178 *Frankfurter Rundschau* v. 5. 4. 1947, dort im Wortlaut, zit. n. Schmidt, a.a.O., S. 139.
179 Protokoll, Erster ordentlicher Kongreß der Landesgewerkschaft Bayerns vom 27.–29. 3. 1947, zit. n. Schmidt/Fichter, a.a.O., S. 29.

konnte. Die Gewerkschaften mußten den Militärregierungen überdies zusichern, daß es sich hierbei nur um einen gewerkschaftlichen, nicht aber um einen politischen Streik handele.[180]

Die Kanalisierung von Streiks hatte ihre Ursache im Antikommunismus der Gewerkschaftsführung. Aus Furcht, erneut Gelegenheit zu kommunistischer Agitation zu geben, verhinderte sie eine umfassende Aufklärung über den Marshall-Plan und eine Mobilisierung der Arbeiter, die allein ein Gegengewicht zur Rekapitalisierung hätte schaffen können.[181] Darüber hinaus, und auch hier der Tradition von Weimar verhaftet, wurden die wesentlichen Entscheidungen ohne eine breite Willensbildung getroffen, was notwendigerweise zur Entpolitisierung der Arbeiterklasse führte. Dieser Verlust der Massenbasis war für die Gewerkschaftsführung nicht schmerzlich; sie hielt an den wirtschaftsdemokratischen Vorstellungen der SPD fest und konnte sich Sozialisierungen nur auf dem Wege staatlicher Gesetzgebung vorstellen. Damit manövrierte sie sich selbst in die Objektrolle dessen, über den im bürgerlich-parlamentarischen Raum verhandelt wird.

Die faktische Passivität stand, wie bei der SPD, im Widerspruch zu dem Verbalradikalismus, mit dem sie die Restauration in Westdeutschland kritisierte. Erik Nölting hat auf dem SPD-Parteitag 1947 in Nürnberg diese Haltung – von ihm allerdings als Kritik an der sozialdemokratischen Politik im Jahre 1918 verstanden – treffend charakterisiert: »Uns fehlte die große zusammenfassende Konzeption, und hinter dem Radikalismus der Formel verbarg sich weitgehend eine nur verbal verhüllte Impotenz im Handeln.«[182]

Die Gewerkschaften leisteten nicht, wie Deppe formuliert, »jene Vermittlung zwischen aktuellen Tagesforderungen und der Einsicht in die Notwendigkeit sozialistischer Umgestaltung, der Neuordnung von Wirtschaft und Gesellschaft, durch die Anleitung im politischen Kampf herzustellen, d. h. dieses Vakuum politischer Orientierung der Massen mit einem

180 Vgl. Schmidt, a.a.O., S. 141 f.
181 Ebd. S. 114 ff.
182 Parteitag der SPD, 29. Juni bis 2. Juli 1947 in Nürnberg, *Protokoll*, S. 158/159, zit. n. Frank Deppe, *Das Bewußtsein der Arbeiter*, Köln 1971, S. 293.

sozialistischen, klassenkämpferischen Bewußtsein zu füllen [...].«[183]

Wie wenig sie für ihre strategische Konzeption die Realität reflektierte, dokumentieren die *Wirtschaftspolitischen Grundsätze des DGB,* beschlossen auf dem Gründungskongreß in München im Oktober 1949. Ungeachtet der Tatsache, daß mit der Annahme des Marshall-Planes und der Politik der bürgerlichen Parteien in Wirtschaftsrat und Bundestag faktisch die Rekapitalisierung Westdeutschlands weitgehend abgeschlossen war, wurden in diesen Grundsätzen die bekannten wirtschaftsdemokratischen Forderungen aufgestellt, jedoch ohne daß eine konkrete Strategie entwickelt worden wäre, wie unter den gegenwärtigen Bedingungen diese Forderungen zu erfüllen seien, sieht man von folgendem Hinweis ab: »In diesen entscheidenden Jahren nach dem Zusammenbruch des volksfeindlichen Systems des Terrors und der Diktatur rufen die deutschen Gewerkschaften alle Werktätigen auf, geeint im Wollen und bewußt ihrer Verpflichtung, für diese großen Ziele tatkräftig und unerschrocken zu wirken.«[184]

Die Gewerkschaften konzentrierten sich jetzt ausschließlich auf ihre traditionellen Arbeitsgebiete: Tarifverträge, Ausbau der kollektiven Interessenvertretung, betriebliche Mitbestimmung, staatliche Sozialgesetzgebung und Demokratisierung des Bildungswesens, wobei sie außer in der Lohnpolitik und der Mitarbeit in den selbst staatliche Gesetzgebung institutionalisierten Mitbestimmungsorganen prinzipiell die Rechtsetzung des Parlaments respektierten und sich ihr unterordneten. Nach Konstituierung der Bundesrepublik haben sie nur in einem Fall eine davon abweichende Haltung eingenommen: bei der Absicherung der paritätischen Mitbestimmung in der Montanindustrie.

Der »Kampf« um die Mitbestimmung

Theoretische Grundlage der Neuordnungsvorstellungen im postfaschistischen Deutschland war die bereits im Zusammen-

183 Deppe, a.a.O., S. 291.
184 S. Dok. 17.

hang mit der Sozialdemokratie ausführlich dargelegte Konzeption der Wirtschaftsdemokratie. Die Forderung nach sozialistischer Planwirtschaft implizierte zugleich eine Beteiligung der Gewerkschaften an der gesamtwirtschaftlichen Leitung. In Ergänzung zu der Naphtalischen Konzeption sollte zudem als wesentliches Moment der Demokratisierung der Wirtschaft auch die Mitbestimmung im Betrieb selbst abgesichert werden. »Die Erfahrung des Nationalsozialismus mit seiner autoritären Betriebsstruktur, die den engen Zusammenhang zwischen kapitalistischer Wirtschaftsstruktur und Nationalsozialismus demonstriert hatte, war ein warnendes Beispiel dafür, daß die Demokratisierung des Betriebes für die Demokratisierung der Wirtschaft insgesamt nicht unterschätzt werden durfte.«[185] Die Gewerkschaften nach 1945 forderten daher neben der Sozialisierung der Grundstoffindustrie und sozialistischer Planwirtschaft eine betriebliche und überbetriebliche Mitbestimmung. Die Bedeutung dieser Forderung unterstrich Böckler auf dem 1. Zonentreffen der Gewerkschaften der britischen Zone, indem er warnte: »Ein zweites Mal soll es dem deutschen Arbeiter nicht passieren, was in den Jahren 1920/21 passiert ist, daß sie trotz ihres ehrlichen Bemühens doch wieder die Betrogenen sind«[186] – das meint die Zurücknahme der durch die Novemberrevolution 1918 errungenen Rechte mit dem 1920 verabschiedeten Betriebsverfassungsgesetz.

Die Mitbestimmungsdiskussion konzentrierte sich zunächst auf die innerbetriebliche Mitbestimmung. Hier war es vor allem das Kontrollratsgesetz Nr. 22 vom 10. April 1946, das in allen Besatzungszonen gelten sollte. Dieses Gesetz enthielt allerdings keine zwingende Vorschrift für die Konstituierung von Betriebsräten, sondern gestattete sie nur. Darüber hinaus war der Wirkungskreis der Betriebsräte nur unpräzise gefaßt; das Gesetz sah betriebsinterne Regelungen zwischen den Unternehmern[187] und den Gewerkschaften bzw. Betriebsräten vor. Die Gewerkschaften protestierten gegen dieses

185 Schmidt, a.a.O., S. 67.
186 Protokoll der 1. Gewerkschaftskonferenz der britischen Zone vom 12.–14. März in Hannover-Linden, S. 19, zit. n. Deppe u. a., *Mitbestimmung*, a.a.O., S. 83.
187 Mit diesem Kontrollratsgesetz wurden auch wieder Unternehmerorganisationen zugelassen. Vgl. Deppe u. a., *Mitbestimmung*, a.a.O., S. 71.

Kontrollratsgesetz, da es selbst hinter dem Betriebsratsgesetz von 1920 zurückblieb.[188]
Parallel zu dieser gesetzgeberischen Initiative des Kontrollates und angesichts der in der britischen Zone drohenden Dekartellisierungspolitik der Besatzungsmacht kam es zu einem verblüffenden Angebot der ehemaligen Besitzer bzw. Manager verschiedener Konzerne – sie fungierten häufig als Treuhänder ihrer eigenen Firmen –, die Mitbestimmung in diesen Gesellschaften auszudehnen. Die Unternehmervertreter hatten in der britischen Besatzungszone zwar die unmittelbare Verfügungsgewalt über ihren Besitz verloren, vor allem in der Grundstoffindustrie durch die Gründung der »North German Iron und Steel Company« (NGISC), arbeiteten aber auf eine spätere Rückgabe ihres Besitzes hin. Sie hofften, mit dieser Offerte sowohl noch bestehenden Sozialisierungsabsichten als auch der Entflechtungspolitik im Montanbereich entgegenzuwirken. Heinrich Dinkelbach[189] unterbreitete in vertraulichen Gesprächen mit Gewerkschaftsführern folgenden Plan für die Entflechtungsmaßnahmen im Montanbereich: »Bei dem Plan müssen zwei Dinge herausgestellt werden: a. daß die bisherigen Eigentümer nicht mehr über ihr Eigentum verfügen können, mit anderen Worten
b. daß die Arbeiter in ehrlicher Weise mit in die Leitung der Werke eingeschaltet werden.«[190] Die Firmen sollten als Aktiengesellschaften, losgelöst von den bisherigen Besitzern, unter Treuhandverwaltung stehen, wobei man sich über die Besetzung der Aufsichtsräte noch verständigen müsse; Unternehmer und Arbeiter sollten in jedem Falle paritätisch vertreten sein; offen blieb zunächst die Vertretung der Treuhändergesellschaft in den jeweiligen Aufsichtsräten. Diesem Vorschlag stimmten die Gewerkschaftsvertreter zu.[191]
Als den Unternehmensvertretungen das gesamte Ausmaß der Entflechtungsmaßnahmen bekannt wurde, machten sie noch

188 Vgl. hierzu Schmidt, a.a.O., S. 90 f.
189 Heinrich Dinkelbach war Leiter der unter Aufsicht der NGISC arbeitenden Treuhänderverwaltung. Bis Kriegsende war er Vorstandsmitglied der Vereinigten Stahlwerke, des größten Konzerns der Branche. Vgl. Schmidt, a.a.O., S. 57.
190 Niederschrift über die Zusammenkunft mit den Vertretern der Gewerkschaften am 14. 12. 1946, zit. n. Schmidt, a.a.O., S. 77.
191 Vgl. Schmidt, a.a.O., S. 77.

weitergehende Angebote; sie schlugen beispielsweise eine kapitalmäßige Beteiligung der Gewerkschaften vor und konzedierten überdies, daß die Gewerkschaften und die öffentliche Hand zusammen im Aufsichtsrat die Mehrheit bilden sollten.[192]

Die Gewerkschaften gingen auf dieses Bündnisangebot der Unternehmerverbände ein. Sie stellten zwar fest, die Mitbestimmung sei nicht Endziel, sondern nur Anfang einer Neugestaltung der deutschen Wirtschaft, willigten aber schließlich in das Konzept der Treuhandverwaltung ein. In den aus der NGISC ausgegliederten Unternehmen sollte, ohne Klärung der Eigentumsfrage, die paritätische Mitbestimmung eingeführt werden. Vom 1. März 1947 bis zum 1. April 1948 wurden insgesamt 25 Hüttenwerke ausgegliedert; sie wurden von je einem paritätisch besetzten Aufsichtsrat und einem Vertreter der Treuhandgesellschaft geleitet.[193]

Die Zustimmung der britischen Militärregierung zur paritätischen Mitbestimmung im Montanbereich erklärt sich nicht aus der von den Gewerkschaften unterstellten Solidarität der Labour-Regierung mit den gewerkschaftlichen Forderungen. In dem ersten Bericht des britischen »Controllers« (Chef der NGISC) Harris-Burland über den Erfolg der Dekartellisierungsmaßnahmen heißt es dazu: »In den einzelnen Stahlwerken drängten die Betriebsräte, die im allgemeinen linker orientiert und weniger verantwortungsbewußt als die Gewerkschaften waren, das Management der Konzerneigentümer zu weitreichenden Zugeständnissen, von denen viele anarchischer und unpraktikabler Natur waren.«[194]

Die gegenüber der Gewerkschaftsführung radikaleren Betriebsräte drohten zu einem Störfaktor der industriellen Produktion zu werden; dies galt es im Hinblick auf die notwendige Steigerung der Produktion für Reparationszwecke und für den Import- Export-Ausgleich zu vermeiden.

Die paritätische Mitbestimmung war zwar auch ein Ergebnis

192 Vgl. ebd., S. 78.
193 Vgl. Schmidt, a.a.O., S. 79 f., und Deppe u. a., *Mitbestimmung*, a.a.O., S. 87.
194 Der Bericht ist abgedruckt in Auszügen bei Herbert John Spiro, *The Politics of German Codetermination*, Cambridge (Mass.) 1958. Hier zit. n. Schmidt, a.a.O., S. 81.

gewerkschaftlicher Politik, vor allem aber ein Beschwichtigungsmittel gegenüber innerbetrieblichen Unruhen und schließlich ein Ausdruck unternehmerischer Taktik, Sozialisierung und Entflechtung ihrer Betriebe zu verhindern. Die kommunistische Opposition in der Gewerkschaft warf daher der Gewerkschaftsspitze vor, die bereits nach 1918 praktizierte Politik der »Arbeitsgemeinschaft« zwischen Gewerkschaften und Unternehmern fortgesetzt und damit objektiv die Sozialisierung unterbunden zu haben.[195]

Die Absicht der Gewerkschaften, ein Mitbestimmungsrecht — also zentral ein Mitbestimmungsrecht in Wirtschaftsfragen — auch in anderen Industriebereichen durchzusetzen, konnte dagegen nicht verwirklicht werden. Der DGB (britische Zone) arbeitete zwar im Sinne des Kontrollratsgesetzes 22 eine Musterbetriebsvereinbarung aus, die als Grundlage von Verhandlungen zwischen Betriebsräten und Unternehmervertretern dienen sollte; die darin geforderte Mitbestimmung in wirtschaftlichen Fragen und die Mitbestimmung bei Einstellung und Entlassung wurde indes von den Unternehmervertretern kategorisch abgelehnt. Nur in einigen wenigen Betrieben erzielten Betriebsräte durch Kampfmaßnahmen entsprechende Vereinbarungen und stärkten somit ihre Position auch gegenüber den übergeordneten Gewerkschaftsgremien. Aus ihrem Gegensatz zu den Betriebsräten erklärt sich, daß die Gewerkschaftsführung keineswegs daran interessiert war, dies hinzunehmen und durch zentrale Streikmaßnahmen zu forcieren. Die Furcht vor einer in den Augen der Gewerkschaftsführung »radikalen Betriebsrätebewegung«[196] und ihre Angst vor Repressalien der britischen Besatzungsmacht bei Streikmaßnahmen führten letztlich dazu, daß bis zum Herbst 1947 in der gesamten britischen Zone nur 21 Betriebsvereinbarungen abgeschlossen werden konnten; sie entsprachen den Forderungen nach einem Mitbestimmungsrecht in Wirtschaftsfragen meist nicht. Auch in der amerikanischen Besatzungszone konnten auf dieser Ebene kaum Erfolge erzielt werden.[197]

195 Vgl. Schmidt, a.a.O., S. 82; Deppe u. a., *Mitbestimmung*, a.a.O., S. 89. Zur Politik der »Arbeitsgemeinschaft« vgl. auch Hannes Heer, *Burgfrieden oder Klassenkampf. Zur Politik der sozialdemokratischen Gewerkschaften 1930–1933*, Neuwied und Berlin-West, 1971, S. 14.
196 Schmidt, S. 95.
197 Ebd.

Als einziger Weg blieb den Gewerkschaften der parlamentarische. Sie erarbeiteten Vorschläge, wie Mitbestimmungsrechte in den Länderverfassungen, dem Grundgesetz und den Betriebsverfassungsgesetzen verankert werden sollten, die sie dann über die mit ihnen zusammenarbeitenden Parteien den parlamentarischen Gremien vorlegten. Während in den Länderverfassungen weitgehend ihre Vorstellungen übernommen wurden, gelang es den Gewerkschaften im Parlamentarischen Rat schon nicht mehr, ihr Konzept im Grundgesetz zu kodifizieren.[198]

Die in den Länderverfassungen verbrieften Mitbestimmungsrechte waren an Ausführungsgesetze geknüpft. Die entsprechenden Betriebsverfassungsgesetze wurden häufig erst beträchtlich später verabschiedet, »und dann unter Bedingungen, die denen der anfänglichen Periode nach dem Zusammenbruch nicht mehr entsprachen«.[199] Selbst die ab 1948 verabschiedeten Betriebsverfassungsgesetze stießen in den für die Gewerkschaften entscheidenden Fragen der wirtschaftlichen und der überbetrieblichen Mitbestimmung auf das Veto der Besatzungsmächte. Auch eine von den Gewerkschaften organisierte Protestkundgebung in Hessen am 12. 8. 1948, an der rund 300 000 Arbeiter teilnahmen, konnte die Suspendierung der entscheidenden §§ 30 Abs. 1, 32 Abs. 1 und 52 bis 55 durch General Clay nicht verhindern. Clay begründete dieses Veto, wie schon in der Sozialisierungsfrage, damit, ein derart zentrales Problem könne nicht auf Länderebene gelöst, sondern müsse von gesamtdeutschen Gremien beschlossen werden.[200]

Alliierte Interventionen – explizit im Einklang mit der bürgerlichen Koalition im Wirtschaftsrat – waren es auch, die den einzigen Ansatz einer überbetrieblichen Mitbestimmung auf bizonaler Ebene zunichte machten. Nach Lockerung des Bewirtschaftungsnotgesetzes[201] wurde im Wirtschaftsrat die Einrichtung wirtschaftlicher Fachstellen diskutiert, die die Aufsicht über die Verteilung der noch bewirtschafteten Waren wahrnehmen sollten. Auf Antrag der SPD-Fraktion sollten die Gewerkschaften paritätisch mit den Unter-

---

198 Vgl. hierzu: *Die verfassungspolitischen Vorstellungen der SPD*, S. 168 ff.
199 Schmidt, a.a.O., S. 96.
200 Vgl. ebd., S. 163.
201 Vgl. S. 107 f., S. 162 f.

nehmervertretern darin vertreten sein. Dieser Antrag wurde sowohl von den Wirtschaftsverbänden als auch von den bürgerlichen Parteien verworfen. Das Votum der beiden Militärregierungen, den Gewerkschaften nur eine beratende Funktion zuzugestehen, ließ diesen Antrag schließlich scheitern. Die Fachstellen wurden dem Wirtschaftsdirektorat direkt untergeordnet; in die Beiräte wurden nur Vertreter der Unternehmerverbände, aber keine Gewerkschaften berufen.[202]

Faßt man das Ergebnis der gewerkschaftlichen Entwicklung bis zur Gründung der BRD zusammen, so zeigt sich, daß die erhoffte Unterstützung durch die Labour-Regierung – vom Montan-Bereich abgesehen – ausblieb und Wohlverhalten gegenüber den Besatzungsmächten kaum honoriert wurde. Außerdem waren die Gewerkschaften auf Grund ihrer wirtschaftsdemokratischen Konzeption an einer möglichst raschen Konsolidierung eines Gesamtstaates interessiert, um über die Parteien ihre gesellschafts- und wirtschaftspolitischen Vorstellungen realisieren zu können; eine Fixierung sozialer Grundrechte im Grundgesetz und eine demokratische Wirtschaftsverfassung setzten sie nicht durch. Die Restitution der alten Besitzverhältnisse nahmen sie kampflos hin.

Nur einmal wich die Gewerkschaftsführung von dieser affirmativen Praxis ab, als mit der Rückgabe der Montanindustrie durch das Gesetz Nr. 27 vom 20. 5. 1950 und die entsprechenden Ausführungsgesetze an die ehemaligen deutschen Besitzer und der Unterstellung dieser Betriebe unter deutsches Recht die paritätische Mitbestimmung rückgängig gemacht werden sollte. Gegen diese Absichten, von der Bundesregierung geäußert, reagierten die Gewerkschaften mit der Androhung von Streiks in der gesamten Montanindustrie. Die IG Metall informierte die Arbeiter und Angestellten der betroffenen Hüttenwerke ausführlich über die Konsequenzen der Betriebsrückgabe und organisierte eine Urabstimmung; 95,9 Prozent der Organisierten sprachen sich für einen Streik aus. Auch im Bergbau votierten in einer Urabstimmung 92,8 Prozent der Mitglieder mit »ja«.[203] Angesichts dieser Entschlossenheit war es Adenauer selbst, der sich als Vermittler zwischen Unter-

202 Vgl. Schmidt, a.a.O., S. 132 f.
203 Vgl. ebd., S. 194 f.

nehmerverbänden und Gewerkschaften anbot und – unter Berufung auf das längst obsolete *Ahlener Programm* – den gewerkschaftlichen Forderungen zustimmte. In Verhandlungen wurde schließlich Einigkeit erzielt über die paritätische Besetzung des Aufsichtsrates, einen elften »neutralen« Mann in diesem und die Bestellung eines gleichberechtigten Vorstandsmitgliedes als Arbeitsdirektor, der nicht gegen den Willen der Arbeitervertreter ernannt werden durfte.[204] Ein Bundesgesetz garantierte diese Vereinbarung. Wo es sich um die Sicherung einer Rechtsposition handelte, vermochten sich also die Gewerkschaften sehr wohl durchzusetzen – allerdings um den Preis der Zustimmung zur geplanten Wiederaufrüstung der BRD.[205]

An diesem Fall entzündete sich eine heftige Debatte über die Rolle der Gewerkschaften im Staat. Nach Meinung Adenauers war sie auf die Besserung der Arbeits- und Wirtschaftsbedingungen beschränkt; die Gewerkschaften dürften nicht Gesetzgebungsakte erzwingen. Dieser Auffassung von Demokratie, hinter der sich die Absicht verbarg, »die Gewerkschaften zur Anerkennung der bestehenden Wirtschaftsordnung zu zwingen und die systemändernden Bestrebungen, die von dort her die Restauration der alten Besitz- und Machtverhältnisse bedrohten, zurückzudrängen«[206], stellte Böckler die Konzeption entgegen, das Parlament habe die Interessen gesellschaftlicher Organisationen anzuerkennen. Das Koalitionsrecht im wirtschaftlichen Bereich sei extensiver zu interpretieren, als es durch die Regierung geschehe: »Wenn das Koalitionsrecht [...] nur die Bildung von Vereinigungen gestattet, ohne gleichzeitig die Möglichkeit der Betätigung für sie einzuschließen, wäre es in sich widersinnig.«[207]

Die Kontroverse erwies sich jedoch bald als historisch: Am 22. Mai 1950 hatte der DGB-Bundesvorstand Bundesregierung und Bundestag »Vorschläge für die Neuordnung der deutschen Wirtschaft« vorgelegt, die einen umfassenden Gesetz-

204 Vgl. ebd., S. 187.
205 Zu diesem Punkt vgl. Arnulf Baring, *Außenpolitik in Adenauers Kanzlerdemokratie*, München und Wien 1969, S. 193 ff.
206 Schmidt, a.a.O., S. 190.
207 Böckler, in: *Informations- und Nachrichtendienst der Bundespressestelle des DGB*, Düsseldorf 1950–1952 Bd. II, S. 10; zit. n. Schmidt, a.a.O., S. 189.

entwurf darstellten und nach Meinung des DGB als interfraktioneller Gesetzentwurf im Bundestag eingebracht werden sollte. In Teil I war das innerbetriebliche Mitbestimmungsrecht, in Teil II das überbetriebliche Mitbestimmungsrecht postuliert. Es handelte sich um eine Konkretisierung wirtschaftsdemokratischer Vorstellungen, allerdings unter Eliminierung der Sozialisierungsforderung.[208]

Die Bundesregierung hatte inzwischen ebenfalls einen Gesetzentwurf vorgelegt, der nur die betriebliche Mitbestimmung verankern sollte, und auch diese nur im personellen und sozialen Bereich. Verhandlungen zwischen Gewerkschaften und Unternehmern über ein zu schaffendes Betriebsverfassungsgesetz scheiterten vor allem an der Weigerung der Unternehmer, ein wirtschaftliches Mitbestimmungsrecht einzuräumen. Angesichts des antizipierbar geringen Erfolgs weiterer Verhandlungen entschloß sich der Bundesvorstand des DGB[209], erneut mit Kampfmaßnahmen zu drohen und die Verabschiedung des Regierungsentwurfs zu verhindern. Im Gegensatz zum Mitbestimmungskampf im Montanbereich gab nun allerdings die Gewerkschaftsführung auf Drängen Adenauers ihre Streikdrohung und die Vorbereitung weiterer Aktionen auf, um »ohne Druck« mit der Regierung zu verhandeln.

Mit diesem Nachgeben, das erhebliche Verwirrung in den mittleren und unteren Funktionärskreisen stiftete, verzichteten die Gewerkschaften auf ihr einziges Druckmittel und zeigten offen die Konzeptionslosigkeit, mit der sie der faktisch vollzogenen Restauration gegenüberstanden. – Nach erneuten Verhandlungen, die ebenfalls scheiterten, und nachdem sich der Bundesausschuß des DGB in einem neuen Beschluß mit klarer Mehrheit gegen Kampfmaßnahmen ausgesprochen hatte, konnte die bürgerliche Mehrheit im Bundestag[210] im Juli 1952 das Betriebsverfassungsgesetz verabschieden, ohne auch nur im geringsten die Vorstellungen der Gewerkschaften übernommen zu haben.

208 Vgl. Schmidt, a.a.O., S. 169.
209 Als Nachfolger des verstorbenen Hans Böckler war Christian Fette zum Vorsitzenden des DGB gewählt worden.
210 Vgl. hierzu die Darstellung der Debatte im Deutschen Bundestag bei Deppe u. a., *Mitbestimmung*, S. 96 ff.

Dieser Verzicht, durch Kampfmaßnahmen eigenen gesellschaftspolitischen Forderungen Nachdruck zu verleihen, bedeutete die Integration der Gewerkschaften in das bestehende gesellschaftliche System und die endgültige Unterordnung unter das Parlament. So erklärte der IG-Metall-Vorsitzende Walter Freitag: »Das Parlament hat gesprochen und der Entscheidung des Parlaments müssen wir uns beugen.«[211]

211 Protokoll des 2. Gewerkschaftstages der IG Metall 1952, S. 169, zit. n. Schmidt, a.a.O., S. 218.

V. Die politische Reorganisation des Bürgertums

Die Gründung der »Christlichen Partei«

Im Jahre 1920 postulierte der katholische Gewerkschafter Adam Stegerwald auf einem Kongreß der Christlichen Gewerkschaften in Essen die Gründung einer Partei, die »deutsch, christlich, demokratisch und sozial« sein sollte.[1] Die christlichen Konfessionen einerseits, Arbeiter und Bauern andererseits sollten nach Stegerwalds Vorstellung politisch vereinigt werden; als wichtigster Bundesgenosse der neuen Partei war die SPD gedacht. Die Idee wurde nicht verwirklicht, unter anderem deshalb nicht, weil der politische Katholizismus – d. h. die im Sinne der kirchlichen Doktrin politisch aktiven Katholiken – auf die Zentrumspartei damals noch nicht zu verzichten bereit war.

Im Jahre 1945 wurde der Gedanke Stegerwalds von ehemaligen christlichen Gewerkschaftern, zum Beispiel von Jakob Kaiser in Berlin, noch einmal aufgegriffen. Die Erfahrung des Faschismus ließ nicht nur konfessionelle Gegensätze im politischen Bereich als anachronistisch erscheinen, sondern hatte auch die Differenzen zwischen katholischen und sozialdemokratischen Arbeiterorganisationen relativiert. Für kurze Zeit wurde daher erwogen, eine Partei nach dem Vorbild der englischen Labour-Party zu gründen, in der weltanschauliche Gegensätze zugunsten gemeinsamer sozialreformerischer Ziele neutralisiert sein würden.[2] In der Neukonstitution der Gewerkschaften waren die Berliner um Kaiser bereit, noch einen Schritt weiterzugehen; statt der miteinander konkurrierenden Richtungsgewerkschaften der Weimarer Republik verstand man sich zur Gründung einer Einheitsgewerkschaft, in der vom ehemaligen »Deutschen Handlungsgehilfenverband« über christlich und sozialdemokratisch orientierte

---

1 Vgl. seinen eigenen Bericht dazu in: Adam Stegerwald, *Von deutscher Zukunft*, Würzburg 1946, S. 20.
2 Vgl. dazu ausführlicher Gerhard Schulz, *Die CDU – Merkmale ihres Aufbaus*, in: *Parteien in der Bundesrepublik*, Stuttgart/Düsseldorf 1955, S. 29 f.

Gewerkschaften bis zu den Kommunisten – unter Wahrung gewisser Selbständigkeit der traditionellen Richtungen – alle organisatorisch zusammengefaßt sein sollten. Die Kommunisten wurden in diesen Plan freilich weniger aus der Einsicht einbezogen, die Einheit der Arbeiterbewegung wenigstens auf gewerkschaftlicher Ebene herstellen zu müssen, als vielmehr in der Absicht, einer Gewerkschaftsgründung unter kommunistischer Führung zuvor zu kommen.[3]

Während die Einheitsgewerkschaft zustande kam, konnte der Gedanke einer Christen und Sozialdemokraten vereinigenden Arbeiterpartei nicht realisiert werden, einmal weil die SPD in alter Form schnell wiedererstand, zum anderen, weil starke Kräfte in der SPD eher zu einer Vereinigung mit den Kommunisten als mit christlichen Sozialreformern tendierten. Gegründet wurde statt dessen eine »christliche Partei«, die nicht nur beanspruchte, den konfessionellen Gegensatz im politischen Bereich aufzuheben, sondern als »Union« auch die sozialen Gegensätze in sich zu überwinden.[4]

Wie sehr die politische Vereinigung der christlichen Konfessionen bürgerlichem Interesse entsprach, nämlich als Ausgangspunkt für eine antisozialistische Sammelpartei unter christlichem Vorzeichen, hat Konrad Adenauer bereits im August 1945 in einem Brief an den Münchner Oberbürgermeister Karl Scharnagl artikuliert. Die bayrischen Gesinnungsfreunde, so mahnte Adenauer, sollten sich vergegenwärtigen, »daß allein diese geplante Zusammenfassung aller auf christlichen und demokratischen Grundlagen stehenden Kräfte uns vor den aus dem Osten drohenden Gefahren schützen kann«.[5] Tatsächlich war keine Ideologie nach 1945 geeigneter, die Grundlage für eine neue bürgerliche Partei abzugeben, als ein nach bürgerlichen Interessen interpretiertes Christentum. Die Kirchen als Repräsentanten des Christentums, vor allem die katholische Kirche, erschienen als die einzigen bürgerlich-konservativen Institutionen, die gegenüber dem Faschismus eine gewisse Resistenzkraft bewiesen

3 Vgl. Werner Conze, *Jakob Kaiser, Politiker zwischen Ost und West 1945–1949*, Stuttgart 1969, S. 12 ff.
4 Vgl. *10 Jahre Christlich-Soziale Union in Bayern*, hrsg. v. Generalsekretariat der CSU, München 1955, S. 5.
5 Zit. nach Ernst Deuerlein, *CDU/CSU 1945–1957*, Köln 1957, S. 57.

hatten. Daß dies nur für die zweite Hälfte der faschistischen
Herrschaftsperiode und auch da nur für Minderheiten zutraf,
während in der ersten Periode sich die Kirchen weitgehend
mit dem System arrangiert hatten[6], drang erst sehr viel später
wieder in das öffentliche Bewußtsein[7]; zunächst einmal waren
die Kirchen in den Augen der deutschen Bevölkerung und der
westlichen Besatzungsmächte[8] durch antifaschistischen Widerstand renommierte Institutionen. Darauf gründend erhob
die katholische Kirche, die im Unterschied zur evangelischen
weder damals noch später sich selbst und der Öffentlichkeit
ihren Anteil an der Etablierung der faschistischen Herrschaft
eingestand, einen geistigen Führungsanspruch für den Wiederaufbau von Gesellschaft und Staat.[9] Gerechtfertigt wurde
dieser Führungsanspruch mit der Behauptung, zentrale Ursache des Faschismus sei die Säkularisierung gewesen, was als
primäres Ziel einer »Neuordnung« der Gesellschaft deren
Rechristianisierung ergab. In einer Schrift der CDU über ihr
»Wesen und Wollen« heißt es dementsprechend: »Auf welche
Ursachen ist dieser volkliche, moralische, kulturelle und wirtschaftliche Niedergang des deutschen Volkes in der neueren
Zeit zurückzuführen! Wir sind überzeugt, im wesentlichen auf
die Abirrung weitester Volkskreise von Gott und seinem Sit-
tengesetz. Es gibt für die Menschheit eine von Gott gesetzte
Lebensordnung, die zu allen Zeiten Gültigkeit hat. Keine
angemaßte Allmacht des Staates, kein Volkswille, kein philo-
sophisches System, kann ungestraft das Naturrecht, das auf
göttliche Anordnung jedem Menschen zur Seite steht, leugnen

6 Erinnert sei nur an den Konkordatsabschluß vom 20. Juli 1933 und an die
Anerkennung des faschistischen Staates als »rechtmäßige Obrigkeit« durch die
deutschen Bischöfe am 28. März 1933. Aus der Fülle der Literatur sind vor
allem zu nennen: Hans Müller, *Katholische Kirche und Nationalsozialismus
1930–1935*, München 1963; Guenter Lewy, *Die katholische Kirche und das
Dritte Reich*, München 1965.
7 Die Erinnerung setzte im katholischen Bereich selbst ein, mit dem Aufsatz
von E.-W. Böckenförde, *Der deutsche Katholizismus im Jahre 1933*, veröffentlicht in der Zeitschrift *Hochland* (1961); dem folgte die Studie von Carl Amery,
Die Kapitulation oder Deutscher Katholizismus heute, Hamburg 1963, sowie
die schon erwähnte Dokumentensammlung von Hans Müller.
8 Vgl. den Bericht des amerikanischen Besatzungsoffiziers Arthur D. Kahn,
Offiziere, Kardinäle und Konzerne (zuerst ca. 1949), Berlin 1963, S. 84 ff.
9 Vgl. dazu und zum folgenden ausführlich Gerhard Kraiker, *Politischer
Katholizismus in der Bundesrepublik*, Stuttgart 1972, S. 25 ff.

und mit Füßen treten. Das aber ist in stets zunehmendem Maße in den letzten Jahrhunderten bei uns geschehen. [...] Nur in der kompromißlosen Rückkehr von diesem Irrweg, der uns in die Tiefe geführt hat, zur Herrschaft des christlichen Gedankengutes im Leben der Individuen und des Staates in all seinen Einrichtungen und Lebensäußerungen liegen die Kräfte des Wiederaufstieges begründet.«[10]

Wenngleich in solchen christlichen Führungsanspruch anmeldenden Äußerungen nicht zwischen katholischem und evangelischem Christentum unterschieden wurde, handelte es sich vor allem um einen katholischen. Nicht nur waren in den regionalen CDU- bzw. CSU-Gründerkreisen Katholiken, ehemalige Zentrumsmitglieder und katholische Gewerkschafter personell dominierend; die Katholiken in der Partei verfügten zudem in der katholischen Naturrechtslehre, der Staats- und Sozialtheorie über ein ideologisches Instrumentarium, mit dem sie geschlossener und dezidierter agieren konnten, als dies Protestanten möglich war.[11]

Der »christliche Sozialismus« der Anfangszeit

Mit der Übernahme des Rechristianisierungs-Postulats einer sich inzwischen in hohem Maße mit der bürgerlichen Ordnung identifizierenden Kirche waren bürgerlich-restitutive Tendenzen von Anfang an in der CDU/CSU stark ausgeprägt. Zwar hat es den Anschein, als sei in den ersten Jahren der politisch-soziale Standort der Partei den bürgerlichen Restitutionstendenzen entgegengesetzt gewesen, denn immerhin war ein »christlicher Sozialismus« das Motto vieler programmatischer Erklärungen aus dieser Zeit; bei näherem Zusehen erweist sich dieser Sozialismus indessen in der Regel als reformkapitalistische Ideologie. Gewiß erhoben die christlichen Sozialisten auch Forderungen, die den Rahmen des

10 *Die Christlich-Demokratische Union. Ihr Wesen und ihr Wollen*, Schriftenreihe der Christlich-Demokratischen Union Deutschlands, Landesverband Rheinland, Heft 1, Köln o. J., S. 9.
11 Vgl. die zeitgenössische Schilderung von Paul Schempp, *Die Stellung der Kirche zu den politischen Parteien und das Problem einer christlichen Partei*, Stuttgart 1946.

kapitalistischen Systems überschritten, wie z. B. Bedarfsdekkung als Kriterium ökonomischen Handelns und Sozialisierung der Grundstoffindustrien. Aber wie in der katholischen Soziallehre dieser Zeit stehen auch in den Parteierklärungen Postulaten dieser Art andere Doktrinelemente entgegen, z. B. das Naturrecht auf Privateigentum, so daß sich in den programmatischen Äußerungen der ersten zwei Jahre kaum ein progressives, d. h. sozialistisches Moment finden läßt, das nicht an anderer Stelle aufgehoben wird.

Die christlichen Sozialisten gingen von der Prämisse aus, daß die bürgerliche Epoche zu Ende sei und an ihre Stelle das Zeitalter des werktätigen Volkes trete.[12] Getäuscht durch den Augenschein allgemeiner Zerstörung und Not in Deutschland sahen führende christliche Sozialisten wie Kaiser und Arnold diesen historischen Umwandlungsprozeß voll im Gang, ja fast schon abgeschlossen. So sprach Kaiser schon 1946 nur noch von einem »Rest der Menschen besitzbürgerlicher Lebensorientierung« in Deutschland.[13] Die Annahme, durch Kriegszerstörungen, Flüchtlingselend und militärische Vernichtung des Faschismus sei das Zeitalter des Sozialismus gleichsam als Begleiterscheinung eingetreten, kam katholischem, sozialer Harmonie verpflichtetem Denken und Empfinden sehr entgegen, denn damit schien jeder Klassenkampf zur Durchsetzung des Sozialismus überflüssig geworden zu sein.[14] Während sie den »marxistischen Sozialisten« vorwarfen, noch überall Klassenherrschaft zu sehen und deshalb an der Notwendigkeit

12 So schrieb Adam Stegerwald in seinem 1946 erschienenen Buch: »Bei der französischen Revolution im 18. und 19. Jahrhundert hat das Bürgertum seine soziologische und politische Position gegen feudale Gewalten durchgesetzt. Im 20. Jahrhundert wird die unselbständige Lohnarbeit, werden die Arbeiter sich den ihnen ebenfalls zustehenden staatserhaltenden Platz im Staats- und Gesellschaftskörper erkämpfen. Der Emanzipationskampf der Arbeiterschaft auf allen Gebieten wird keine deutsche Sache sein, er wird eine Weltangelegenheit werden, wie die französische Revolution eine Weltangelegenheit geworden ist.« (a.a.O., S. 6). Vgl. auch Jakob Kaiser, *Rede auf dem Berliner Parteitag 1946*, in: *Deutschland und die Union. Die Berliner Tagung 1946*, Reihe: *Wege in die neue Zeit*, Nr. 4, Berlin o. J., S. Dok. 18b; Karl Arnold, *Rede auf dem Berliner Parteitag 1946*, in: *Deutschland und die Union*, a.a.O.
13 Kaiser, a.a.O., S. 11.
14 Vgl. Kaiser, a.a.O., S. 13; Karl Arnold, in: *Gerechtigkeit schafft Frieden.* Der 73. Deutsche Katholikentag v. 31. 8.–4. 9. 1949 in Bochum, hrsg. v. Generalsekretariat des Zentralkomitees der Deutschen Katholiken, Paderborn 1949, S. 65.

des Klassenkampfes festzuhalten, begriffen die christlichen Sozialisten sich als Mittler zwischen der alten bürgerlichen und der neuen sozialistischen Ordnung, sprachen sie öfter von den Gefahren der letzteren als von denen der ersteren. Als Gefahren galten die Diktatur der vormals unterdrückten Klasse, die »Vermassung«, d. h. soziale Strukturlosigkeit, Besitzlosigkeit des ganzen Volkes, die Preisgabe der Rechtsstaatsidee, Verlust von Initiative und individueller Freiheit im Wirtschaftsprozeß durch dessen Verbürokratisierung.[15] Was anspruchsvoll als Mittlertum zwischen bürgerlicher und sozialistischer Gesellschaft gedacht war, geriet so unter der Hand zur Apologie bürgerlicher Ideologie. Deutlich manifestierte sich dieser Vorgang bereits in einem von der CDU des Rheinlandes herausgegebenen Bericht über die erste Reichstagung der CDU in Bad Godesberg; dort heißt es u. a.: »Der Sozialausschuß bekannte sich in der von ihm ausgearbeiteten Entschließung zu einem Sozialismus aus christlicher Verantwortung. Darunter versteht er ›ein System planvoller Wirtschaftslenkung, das von der alten abendländischen Idee der freien und verantwortlichen Persönlichkeit belebt ist‹. Jede Art von Kollektivismus, die im Einzelmenschen nur ein Besitz- und Gebrauchsgut eines allmächtigen Staates erblickt und Privateigentum und Privatinitiative des einzelnen ausschaltet, ist damit klar und eindeutig abgelehnt. Nicht Enteignung ist das Ziel, noch soll die private Initiative des einzelnen zugunsten einer Wirtschaftsbürokratie vernichtet werden. Im Gegenteil: beide sind zum guten Gelingen des Wiederaufbaues unseres wirtschaftlichen Lebens unerläßlich.«[16]

Im Unterschied zur Kultur- und Rechtspolitik der CDU/CSU war der katholische Einfluß auf dem Gebiet der Gesellschaftspolitik nur bis etwa 1947 vorherrschend. Sobald der CDU/CSU Entscheidungen zufielen, die die künftige sozialökonomische Struktur formten, deutlich ab 1948 im Wirtschaftsrat, stützte sie sich in immer stärkerem Maße auf den

15 Vgl. neben Kaiser und Arnold auch Ernst Lemmer, in: *Deutschland und die Union*, a.a.O., S. 33; *Erste Reichstagung der Christlich-Demokratischen Union in Godesberg v. 14., 15. und 16. 12. 1945*, hrsg. v. Generalsekretär K. Zimmermann, Schriftenreihe der Christlich-Demokratischen Union des Rheinlandes, Heft 3, Köln o. J.
16 *Erste Reichstagung . . .*, a.a.O., S. 7.

Neoliberalismus, die Ideologie des sich restituierenden Kapitalismus in der Wiederaufbauphase. Der Übergang von der wesentlich katholischen zur stärker neoliberalen Phase stellt indessen keinen Bruch dar. Die »Soziale Marktwirtschaft« der Düsseldorfer Leitsätze von 1949 enthielt sowohl neoliberale Marktwirtschaftselemente als auch Elemente katholischer Integrationsideologie, wie Verbürgerlichung des Proletariats durch Eigentumsbildung, Familienlastenausgleich, Sozialpartnerschaft usf.[17] Die Differenzen auch der christlichen Sozialisten zu den Neoliberalen erwiesen sich als wesentlich systemimmanenter Natur, d. h. sie bezogen sich auf jenen Grad von Strukturverbesserungen und staatlicher Interventionen in den Wirtschaftsprozeß zugunsten der Lohnabhängigen und Mittelschichten, der das kapitalistische System prinzipiell nicht in Frage stellt.

Die sozialökonomische Programmatik der ersten Jahre

Eine Ausnahmestellung unter den christlichen Sozialisten in der CDU – in der CSU war von Sozialismus zu keiner Zeit die Rede – nahm die Gruppe um die Herausgeber der *Frankfurter Hefte*, Walter Dirks und Eugen Kogon, ein. Diese waren gleichfalls katholisch, hielten sich indessen nicht an den von der kirchlichen Doktrin abgesteckten Rahmen. Während in anderen ersten programmatischen Äußerungen lokaler CDU-Vereinigungen von »Sozialismus aus christlicher Verantwortung« oder »wahrem christlichem Sozialismus« die Rede war, sprachen die unter dem Einfluß dieser Gruppe zustande gekommenen Frankfurter Leitsätze von einem »wirtschaftlichen Sozialismus auf demokratischer Grundlage«.[18] Grundstoff- und Großindustrien sowie Großbanken, so forderte man, seien in Gemeineigentum zu überführen. Der ökonomische Prozeß sollte »im großen einheitlich und planvoll gelenkt« werden, wozu auch eine öffentliche Kontrolle und

17 *Vgl. dazu ausführlich Kraiker, a.a.O., S. 106 ff.; zu Neoliberalismus und* »*Soziale Marktwirtschaft*« *siehe im folgenden S. 236 ff.*
18 *Frankfurter Leitsätze vom September 1945,* in: O. K. Flechtheim (Hrsg.), *Dokumente zur parteipolitischen Entwicklung in Deutschland seit 1945,* Band II, Berlin 1963, S. 42.

Lenkung der Kapitalanlagen gerechnet wurde. Nicht privatwirtschaftliche Rentabilitäts-, sondern gesamtwirtschaftliche
Produktivitätsgesichtspunkte sollten Maxime ökonomischen
Handelns sein. Privateigentum wurde nicht generell gerechtfertigt, wohl aber hieß es, den Besitzlosen sei zu Eigentum zu
verhelfen, »weil nur auf der Grundlage dieses Eigentums ein
gesundes Familienleben wachsen kann«. Wie individuelles
Eigentum, so wurden auch persönliche Initiative und Leistungswettbewerb für notwendig gehalten, freilich im Rahmen einer sozialistischen Gesellschaft.
Einen anderen Stellenwert nahm der Sozialismus in den übrigen Leitsätzen der CDU ein; in ihnen war er in stärkerem
oder geringerem Maße Korrektiv einer im Prinzip bürgerlichen, d. h. auf Privateigentum gründenden Ordnung. So war
z. B. in der Entschließung der Berliner CDU vom Juni 1946
davon die Rede, daß »die allgemeine Richtung der Produktion und die Grundzüge der Versorgung von der öffentlichen
Hand entschieden werden« sollten[19]; offensichtlich war dabei
aber nicht wirklich an Planung gedacht, denn es wurde im
weiteren nur von einer »festen Wirtschaftsverfassung nach
den Grundsätzen des Christentums« und von »öffentlicher
Wirtschaftslenkung« gesprochen, Begriffe, die z. B. von Nell-
Breuning S. J. auch in Verbindung mit einer »sozialen Marktwirtschaft« gebraucht wurden.[20] Sozialisierung angesichts
konzentrierter ökonomischer Macht wurde nicht ausgeschlossen; aber als Möglichkeiten, diese Macht zu begrenzen, wurden auch Überwachung und Dezentralisation im Sinne mittelständischer Ideologie genannt. Vor allem aber wurden Privateigentum und Erbrecht mit katholisch-naturrechtlichen Formulierungen gerechtfertigt. An »Bodenschätzen des Landes
und an unpersönlichem und geballtem wirtschaftlichen Eigentum« räumte man der Gesellschaft ein »Mitrecht« ein, aber
nur gegen Entschädigung der bisherigen Kapitaleigner.
Noch widerspruchsvoller als in der Berliner Entschließung

19 *Berliner Tagung der Union vom 15.–17. 6. 1946. Die Entschließungen*,
Reihe: *Wege in die neue Zeit*, Nr. 5, Berlin o. J., S. 2.
20 Vgl. Oswald v. Nell-Breuning S. J., *Berufsständische Ordnung und soziale
Marktwirtschaft*, in: H. Krehle (Hrsg.), *Christliche Neuordnung von Wirt-
schaft und Gesellschaft*, Vortragsreihe der 2. Katholischen Sozialen Woche in
München 1949, München 1950.

stellt sich der christliche Sozialismus in den Leitsätzen der rheinischen und westfälischen CDU dar. An ihrer Ausarbeitung war der Dominikaner Eberhard Welty maßgeblich beteiligt, hinter dessen »Sozialismus« sich lediglich ein autoritärer Sozialkonservatismus verbarg.[21] Welty, der schon vor 1945 der theoretische Kopf eines Diskussionskreises war, dem später führende CDU-Politiker (Jakob Kaiser, Karl Arnold, Johannes Albers u. a.) angehörten, und der Dominikanerprovinzial Laurentius Siemer hatten zu der Tagung im Kloster Walberberg eingeladen, auf der die ersten Kölner Leitsätze abgefaßt wurden.[22] In ihrer ersten Fassung wurden die christlichen Tugenden, die in der *Enzyklika Quadragesimo anno* (1931) der liberalen Wirtschaft entgegengehalten worden waren[23], zum Maßstab einer neuen »Volksgemeinschaft« erhoben; bezeichnenderweise schloß sich daran die Bestimmung eines »christlichen Sozialismus« an, der vom tradierten »kollektivistischen Sozialismus« abgehoben wurde: »Soziale Gerechtigkeit und soziale Liebe sollen eine neue Volksgemeinschaft beschirmen, die die gottgegebene Freiheit des einzelnen und die Ansprüche der Gemeinschaft mit den Forderungen des Gemeinwohls zu verbinden weiß. So vertreten wir einen wahren christlichen Sozialismus, der nichts gemein hat mit falschen kollektivistischen Zielsetzungen, die dem Wesen des Menschen von Grund auf widersprechen.«[24]

Ähnlich allgemein und beliebig auslegbar blieben überwiegend auch die Vorstellungen zur sozialökonomischen Struktur der Gesellschaft in den Kölner Leitsätzen. Die Eigentumsverhältnisse, so heißt es in der ausführlicheren zweiten Fassung[25], seien nach dem Grundsatz der sozialen Gerechtigkeit und den Erfordernissen des Gemeinwohls zu ordnen. Den Besitzlosen solle durch »gerechten Güterausgleich« und »soziale Lohngestaltung« zu Eigentum verholfen werden. Soweit es das Allge-

21 Vgl. Eberhard Welty O. P., *Christlicher Sozialismus*, in: *Die neue Ordnung*, 1. Jg. (1946/47); ders., *Die Entscheidung in die Zukunft*, Heidelberg 1946.
22 Vgl. Leo Schwering, *Frühgeschichte der Christlich-Demokratischen Union*, Recklinghausen 1963, S. 71 ff.
23 Pius XI., *Enzyklika Quadragesimo anno*, n. 88.
24 *Vorläufiger Entwurf zu einem Programm, vorgelegt von den Christlichen Demokraten Kölns im Juni 1945*, in: Flechtheim, a.a.O., S. 31.
25 *Leitsätze der Christlich-Demokratischen Partei im Rheinland und Westfalen*. Zweite Fassung der Kölner Leitsätze, in: Flechtheim, a.a.O., S. 34 ff.

meinwohl erfordere, könne das Gemeineigentum erweitert werden. Bestimmter wurden Post, Eisenbahn, Kohlenbergbau und Energieerzeugung als öffentliche Angelegenheiten bezeichnet und die staatliche Kontrolle des Bank- und Versicherungswesens verlangt. Als Ziel der Wirtschaft wurde Bedarfsdeckung postuliert, die man durch überbetriebliche Mitbestimmung, Monopolkontrolle und Stärkung mittelständischer Betriebe institutionell für ausreichend gesichert hielt.

Im Parteiprogramm der britischen Zone vom 1. März 1946 wurde das Recht auf Privateigentum verteidigt und die Sicherung wirtschaftlicher Freiheit gefordert, die Sozialisierungsfrage aber als zu der Zeit »nicht praktisch« vertagt.[26] Im letzteren sah Adenauer, wie seinen *Erinnerungen* zu entnehmen ist, einen entscheidenden Sieg der Bürgerlichen in der Partei: »Ich halte die Tagung der CDU in Neheim-Hüsten für eine der entscheidensten Tagungen der CDU. In ihr überwanden wir die Kräfte, die eine zu starke Sozialisierung befürworteten, und verhinderten dadurch ein Auseinanderfallen der Partei.«[27]

Eine Umorientierung schien sich noch einmal mit dem kurz vor den Landtagswahlen veröffentlichten *Ahlener Wirtschaftsprogramm* für Nordrhein-Westfalen vom 3. Februar 1947 anzubahnen. Immerhin findet sich bereits im ersten Satz dieses Programms die Feststellung, das kapitalistische Wirtschaftssystem sei den staatlichen und sozialen Lebensinteressen des deutschen Volkes nicht gerecht geworden. Ziel einer »Neuordnung von Grund aus« müsse eine »gemeinwirtschaftliche Ordnung« sein.[28] Öffentliche Planung und Lenkung der Wirtschaft werden zwar auch hier, im Unterschied zu den Frankfurter Leitsätzen, lediglich als Ergänzungen privatwirtschaftlicher Tätigkeit vorgesehen, aber es heißt auch, das Ziel der Bedarfsdeckung werde überbetriebliche Planung und Lenkung auch in normalen Zeiten erforderlich machen. Instanzen dafür sollten Selbstverwaltungseinrichtungen sein,

26 *Aufruf und Parteiprogramm von Neheim-Hüsten vom 1. März 1946,* in: Flechtheim, a.a.O., S. 51.
27 Konrad Adenauer, *Erinnerungen 1945–1953,* Frankfurt/M. 1967, S. 56.
28 *Das Ahlener Wirtschaftsprogramm für Nordrhein-Westfalen vom 3. Februar 1947,* s. Dok. 19.

in denen Produzenten und Verbraucher gleichberechtigt neben den Unternehmern vertreten sein sollten. Gegenüber den vorausgegangenen Leitsätzen war im *Ahlener Programm* als Novum enthalten, daß ein soziales und wirtschaftliches Mitbestimmungsrecht in Großbetrieben postuliert und eine Vertretung der Lohnabhängigen im Aufsichtsrat vorgesehen wurde. Eine Besonderheit war überdies die Bestimmung, daß im Zuge der Machtdezentralisation von Unternehmen mit »monopolartigem Charakter«, zu denen vorab Bergbau und eisenschaffende Industrie gerechnet wurden, der private Aktienanteil nach Besitz- und Stimmrecht gesetzlich zu begrenzen sei. Adenauer erklärte auf dem Parteitag vom August 1947 in Recklinghausen, an welche Größenordnung dabei gedacht war, »nämlich, daß kein Vertreter privaten Kapitals mehr als 10% der Stimmen direkt oder indirekt beherrschen dürfe. Damit ist das Großkapital eo ipso ausgeschlossen«.[29]

Adressaten der CDU-Programme waren Besitzmittelstand und Lohnabhängige. So wurden im *Ahlener Programm* den letzteren neben der Erfüllung ihrer Verbraucherinteressen (Bedarfsdeckung) Teilhaberrechte an vergesellschafteten Großunternehmen, Ertragsbeteiligung und Mitbestimmung auf allen Ebenen versprochen. Dem Besitzmittelstand galt das Versprechen, sein Eigentum zu achten, wirtschaftliche Freiheit und Initiative durch Entflechtungen, Kartellgesetze, Anteilsbegrenzungen bei Großunternehmen zu schützen sowie leistungsfähige Klein- und Mittelbetriebe zu stärken.

Indem die Interessen des Besitzmittelstandes umfassend berücksichtigt wurden, fand der anfangs kritisierte private Kapitalismus wieder Eingang in das Programm; auch das *Ahlener Programm* ist deshalb nicht als antikapitalistisch, sondern als antimonopolistisch im mittelständischen Sinne zu bezeichnen.

Mittelständischer Antimonopolismus war eines der wenigen Residuen, die in den Düsseldorfer Leitsätzen der CDU/CSU (1949) von den Neuordnungsplänen der ersten Jahre geblieben waren. Dieser Antimonopolismus ist das seit dem Ende

---

29 Konrad Adenauer, in: *Erster Parteitag der CDU der britischen Zone am 14. und 15. August 1947 in Recklinghausen*, hrsg. v. Zonensekretariat der CDU der britischen Zone, Köln o. J., S. 9.

des 19. Jahrhunderts immerzu wiederholte Versprechen bürgerlicher Politiker, die durch Trennung von Eigentum und Verfügung verlorengegangene Legitimation des Privateigentums an Produktionsmitteln wiederherzustellen sowie den durch Monopolisierung aufgehobenen Marktgesetzen wieder zur Geltung zu verhelfen.

In den Düsseldorfer Leitsätzen war der mittelständische Antimonopolismus auch schon wieder auf ein Minimum, nämlich Sicherung des Leistungswettbewerbs durch Monopolkontrolle, reduziert. Von einer Übereignung der Großbetriebe anteilmäßig an Staat, öffentliche Körperschaften und Belegschaft, die das *Ahlener Programm* verheißen hatte, war keine Rede mehr. Planung und Lenkung des ökonomischen Prozesses wurden jetzt ausdrücklich und in jeder Form abgelehnt; Gültigkeit sollte nur noch eine Wirtschaftspolitik haben, die sich auf »organische Mittel« beschränkt. Zum neuen Verhältnis von Arbeit und Kapital, das einmal neben der Bedarfsorientierung der Wirtschaft die Substanz der Neuordnung bilden sollte, hieß es jetzt nur noch im Abschnitt zur Sozialpolitik: »Es gilt, die bestehenden Gegensätze zu überwinden und neue Formen der Zusammenarbeit im Sinne echter Partnerschaft, leistungsgemeinschaftlicher Verbundenheit und beiderseitiger Verantwortung für das gemeinsame Werk zu entwickeln. Die Verwirklichung des Rechts der Arbeitnehmer auf Mitberatung, Mitwirkung und Mitbestimmung soll dabei in betriebsgerechter Form unter Wahrung der echten Unternehmerverantwortung gesichert werden.«[30]

Die christlichen Sozialisten oder Sozialreformer, wie immer sie sich nannten, erhielten, indem sie der CDU/CSU zum Image einer Volkspartei verhalfen[31], mit den Düsseldorfer Leitsätzen endgültig die Funktion von Steigbügelhaltern jener Kräfte in der CDU/CSU, die die Restauration des Kapitalismus in Westdeutschland betrieben. Auf sie und ihre Ideen traf damit zu, was wenig früher in einer CDU-Schrift von

30 *Düsseldorfer Leitsätze v. 15. Juli 1949*, s. Dok. 20.
31 Wie weitgehend die bürgerliche Parteiführung auch später die »Linke« für ihre Zwecke einzuspannen wußte, zeigt sich daran, daß Adenauer Theodor Blank zum ersten Leiter der Wiederaufrüstungsorganisation machte, weil dieser als Gewerkschafter die Hinnahme der Remilitarisierung durch die Arbeiterschaft erleichtern helfen sollte (vgl. Arnulf Baring, *Außenpolitik in Adenauers Kanzlerdemokratie*, München/Wien 1969, S. 27 f.)

deren Kritikern gesagt worden war: »Oder glaubt auch jetzt noch Jemand im Ernst daran, daß einem solchen Programm die ›Reaktionäre‹ sich zu unterwerfen bereit sind, die ehemaligen Wirtschaftsgewaltigen, Zechenbarone, Großkapitalisten, Großagrarier? Hinter unserem Programm stehen vor allem die Millionen christlicher Arbeiter und Angestellten, Beamten, Bauern, Handwerker, Mittel- und Kleingewerbetreibenden. Wer wird es wagen, diesen Massen zuzumuten, daß sie sich eine Verfälschung des Programms gefallen lassen! Diesen Gedanken aussprechen, heißt ihn der Lächerlichkeit preisgegeben.«[32]

Sofern sie nicht, wie Teile der Frankfurter, inzwischen zu Kritikern der CDU/CSU geworden waren, glaubten sie entweder an das Lippenbekenntnis in den Düsseldorfer Leitsätzen, das dort zu den eigentumsrechtlichen und gesellschaftspolitischen Grundsätzen des *Ahlener Programms* abgelegt wurde[33], oder sie hatten sich mit der Preisgabe sozialreformerischer Ideen zugunsten neoliberaler Restaurationsideologie schon abgefunden; denn bei der Übergabe der Leitsätze an die Öffentlichkeit waren Johannes Albers, Jakob Kaiser und Anton Storch anwesend und dokumentierten damit, daß diese Leitsätze auch vom »linken Flügel« der Partei anerkannt wurden.[34]

Daß den christlichen Sozialreformern in der bürgerlichen CDU lediglich eine Hilfstruppenfunktion zukommen werde, hatte sich bereits 1946 in Bestrebungen angedeutet, die Vertreter der Lohnabhängigen in der Partei in einem Ausschuß zu organisieren. Adenauer gelang es zunächst, mit Hilfe des Vorstandes der CDU in der britischen Zone das Vorhaben zu verhindern.[35] Am 30. November 1947 wurde dann aber doch die »Reichsarbeitsgemeinschaft der Sozialausschüsse« gebildet. Der Initiator, Johannes Albers, beschrieb schon 1950 treffend ihre Funktion, ohne freilich darüber seine Illusionen zu verlieren: »Sie dienen zunächst einmal der UNION und ihrem Wollen. Der Bestand und die Kraft der UNION kann

---

32 *Die Christlich-Demokratische Union. Ihr Wesen und ihr Wollen*, a.a.O., S. 18 f.
33 *Düsseldorfer Leitsätze*, s. Dok. 20.
34 Vgl. Schulz, a.a.O., S. 102.
35 Vgl. Conze, a.a.O., S. 264.

nur gesichert sein, wenn die breiten Arbeitnehmerschichten zu ihr stehen. Ohne sie wäre die UNION eine rein bürgerliche Parteigruppe und würde ihr Wesen als echte Volkspartei nicht verwirklichen können.«[36]

Deutschlandpolitik zwischen Ost und West

Die Positionen in dem Stück parteiinternen Klassenkampf, als das man die Auseinandersetzung zwischen christlichen Sozialreformern und liberal-konservativen Bürgern in den ersten zwei Jahren der CDU bezeichnen kann, reproduzieren sich auch in den deutschlandpolitischen Konzeptionen innerhalb der Partei. Erheblich stärker noch als bei den gesellschaftspolitischen Streitfragen spielte in denen der Deutschlandpolitik die Zugehörigkeit zu einer der Westzonen oder zur sowjetischen Zone eine Rolle.

Ohne in den Fehler einer Personalisierung historisch-gesellschaftlicher Zusammenhänge zu verfallen, lassen sich die deutschlandpolitischen Gegensätze in der CDU/CSU an den Konzepten von zwei Führungspersonen analysieren, dem politisch bedeutendsten Vertreter der christlichen Sozialreformer, Jakob Kaiser, und dem Vorkämpfer des Bürgertums, Konrad Adenauer[37]; Kaisers und Adenauers Deutschlandkonzeptionen sind von repräsentativer Bedeutung, weniger im Sinne damals schon verbreiteter Meinungen als im Sinne der Repräsentanz bestimmter politisch-sozialer Interessen, die sich in ihnen manifestieren.

Auf der Tagung der Berliner Union im Juni 1946 entwickelte Jakob Kaiser als Vorsitzender der CDUD – in Berlin und in der sowjetischen Zone hieß die Partei zunächst »Christlich-Demokratische Union Deutschlands« – seine Vorstellung von der Zukunft Deutschlands. Auffallend sind dabei bis ins Detail reichende Übereinstimmungen mit sowjetischen Vorstellungen, wie sie wenig später Molotow in Paris vortrug.

36 Johannes Albers, *Sozialausschüsse, das soziale Gewissen der Union*, in: *Politisches Jahrbuch der CDU/CSU*, 1. Jg. (1950), S. 206.

37 Diesen methodischen Ansatz wählen Hans-Peter Schwarz, *Vom Reich zur Bundesrepublik*, Neuwied 1966; Conze, a.a.O. Über Adenauer vgl. auch Baring, a.a.O.

Kaiser kritisierte separatistische und partikularistische Tendenzen in Westdeutschland; in dem hier zutage tretenden extremen Föderalismus sah er eine Gefahr für die Einheit der Nation. Generell meldete er gegenüber dem Föderalismus Bedenken an, »weil der Hang unseres Volkes leicht zur Eigenbrödelei geht, die nichts mehr mit gesunder Eigenständigkeit zu tun hat«.[38] Den Föderalismusabsichten der Westalliierten, so meinte er, müsse gleichwohl Rechnung getragen werden; er schlug deshalb – wie später Molotow – einen dezentralisierten Einheitsstaat für Deutschland vor: »Ein Zweikammersystem, ein Reichstag und ein Ländertag, eine gesunde Teilung der Gewalten und Zuständigkeiten könnten Gewähr genug dafür bieten, daß die Synthese zwischen Eigenständigkeit der Länder und staatlicher Einheit des deutschen Volkes geschaffen würde, so daß von Zentralismus keine Rede mehr sein kann.«[39]

Europäischen Einigungsideen gegenüber zeigte sich Kaiser nicht grundsätzlich abgeneigt, aber bevor die Vereinigten Staaten von Europa ein Ziel der deutschen Politik werden könnten, so führte er aus, müßten die deutschen Aufgaben gelöst sein; die Idee einer europäischen Gemeinschaft dürfe nicht »als Ausweg aus der deutschen Verzweiflung verkündet« werden. Die internationale Aufgabe Deutschlands bestimmte Kaiser dahingehend, »Brücke zu sein zwischen Ost und West«.[40] In dieser Funktion, der innergesellschaftlich die Vorstellung eines mittleren Weges zwischen Kapitalismus und »Kollektivismus« entsprach, sah er eine Chance, die nationale Einheit Deutschlands in dem sich schon abzeichnenden Ost-West- Konflikt zu retten.

Verschiedentlich unternahm die CDU unter Kaisers Führung praktische Schritte, um Ansätze zur Realisierung dieses Konzepts auf deutscher Seite zu schaffen. Auf der Tagung der »Arbeitsgemeinschaft der CDU und CSU Deutschlands« im März 1947 in Berlin – die damals noch für die deutsche Frage als entscheidend angesehene Moskauer Außenminister-Konferenz hatte wenige Tage zuvor begonnen –, gelang es Kaiser, die Vertreter der CDU/CSU für die Bildung einer »Nationa-

38 Kaiser, a.a.O., S. 16.
39 Ebd.
40 Ebd., S. 17; vgl. auch Stegerwald, a.a.O., S. 21.

len Repräsentation« zu gewinnen. Zunächst war an eine Zusammenkunft der Parteiführungen gedacht, deren Aufgabe es sein sollte, eine gesamtdeutsche Vertretung des Volkes vorzubereiten.[41] Auf eine entsprechende Einladung der CDU/CSU-Arbeitsgemeinschaft an die anderen Parteien reagierten SED und LDPD positiv; beide Parteien hatten zuvor schon ähnliche Vorschläge unterbreitet. Die Parteiführung der SPD dagegen warf Kaiser vor, er habe sich ins Schlepptau der Kommunisten nehmen lassen; zur Bedingung ihrer Zustimmung machte sie die Auflösung der Zwangsvereinigung von SPD und KPD in der sowjetischen Zone. Ein nochmaliger Vorstoß Kaisers nach der Moskauer Konferenz stieß auf noch barschere Ablehnung; jetzt verstieg sich Schumacher gar zu der Behauptung, die Idee der nationalen Repräsentation stamme von Berija, dem Chef des russischen Geheimdienstes.[42] Im Herbst 1947 griff Kaiser in Moskau entwickelte Vorstellungen Bevins und Molotows auf, einen deutschen Konsultativrat als Vorstufe zur Errichtung deutscher Zentralverwaltungen zu konstituieren. Aber damit stieß er nicht nur abermals bei der SPD auf Ablehnung; auch die CDU/CSU-Arbeitsgemeinschaft zeigte sich kaum mehr interessiert.[43]

Obwohl also die Widerstände gegen Kaisers Initiativen von den Parteien Westdeutschlands ausgingen, während ihnen die Parteien der sowjetischen Zone zu folgen bereit waren, auch wenn sie damit Modifikationen ihrer eigenen Vorstellungen in Kauf nehmen mußten, verweigerte die CDU dann unter Kaisers Führung ihre Zustimmung, als die SED zur Wahl gesamtdeutscher Vertreter für die Londoner Außenminister-Konferenz vom November 1947 die Initiative zu einem Volkskongreß ergriff. Die Londoner Konferenz sollte über einen Friedensvertrag mit Deutschland beraten. Angesichts des Desinteresses der westdeutschen Parteien erklärte Kaiser, der Kongreß werde im gesamtdeutschen Sinne nicht repräsentativ sein. Den Beschluß des Parteivorstandes präjudizierte er dadurch, daß er seine eigene ablehnende Haltung vier Tage vor der Vorstandssitzung ver-

41 Vgl. ausführlich Conze, a.a.O., S. 139.
42 Ebd., S. 144.
43 Ebd., S. 177.

öffentlichte.[44] Indem Kaiser den Volkskongreß ablehnte, ohne dessen Verlauf und Ergebnis abzuwarten, verzichtete er auf Solidarisierung mit den einzig noch verbliebenen Kräften in Deutschland, die damals auf die Wiederherstellung der politischen und wirtschaftlichen Einheit hinarbeiteten und sich in organisierter Form gegen einen separaten westdeutschen Staat wandten.

Die sowjetische Militärregierung betrieb nach diesen Vorgängen und wohl auch wegen einiger Reden Kaisers, in denen er u. a. die neue Ostgrenze heftig kritisiert hatte und es als Absicht der SED bezeichnete, »in dem durch Hitler, den Krieg und Zusammenbruch ausgepowerten Lande eine Filiale der russischen Revolution« errichten zu wollen[45], die Ablösung Kaisers als Parteivorsitzenden.

Aber gerade wenn man diesen Eingriff für unberechtigt hält, muß man feststellen, daß Kaisers politische Aktivitäten nach seiner Absetzung und Übersiedlung in den Westen Zweifel daran aufkommen lassen, ob sein Brücken-Konzept objektiv jemals mehr als Voluntarismus gewesen ist. Es finden sich bei ihm nicht einmal Ansätze einer Analyse amerikanischer bzw. sowjetischer Interessen und Absichten hinsichtlich der Zukunft Deutschlands, sondern lediglich bekenntnishafte Äußerungen. So etwa hatte Kaiser noch im November 1947 auf der ersten Reichstagung der Sozialausschüsse erklärt: »Es ist die Aufgabe unserer Generation, Sowjetrußland zu begegnen, uns mit seinem Willen auseinanderzusetzen. Es ist die Aufgabe unserer Generation, uns mit Rußland zu verständigen, ohne uns der Idee des Marxismus zu beugen. Rußland ist die große Realität, mit der wir zu rechnen haben und mit der wir auch rechnen wollen.«[46]

Nur wenige Monate später, freilich nach seiner Absetzung und Übersiedlung nach West-Berlin, sah er bereits allenthalben, in Berlin, in Griechenland, in Finnland, nur noch kommunistische Expansion, die es einzudämmen galt.[47] Dieser offenbar mühelosen Anpassung an die angelsächsische Ideologie des Kalten Krieges entsprach die schon erwähnte

44 Ebd., S. 187.
45 Ebd., S. 182.
46 Zit. nach Conze, a.a.O., S. 189.
47 Vgl. die Zitate bei Conze, a.a.O., S. 238 ff.

Preisgabe des innergesellschaftlichen Äquivalents zum Brükken-Konzept, des »Sozialismus aus christlicher Verantwortung«; ganz zu schweigen von dem einmal verkündeten Anspruch, diesen Sozialismus verwirklichen zu wollen, trat er nicht einmal mehr als kritischer Maßstab in Erscheinung, wozu die Währungsreform, die Wiedereinführung der Marktwirtschaft durch die CDU/CSU, die Düsseldorfer Leitsätze nur die nächstliegenden Anlässe gewesen wären.

Eine hervorstechende Fähigkeit Konrad Adenauers, zumindest in seiner zweiten Lebenshälfte, war, den bürgerlichen Interessen günstige Entwicklungstendenzen frühzeitig zu erkennen und, indem er sie zum Ziel seiner Politik erklärte, als derjenige zu erscheinen, nach dessen Plan Geschichte gemacht wurde. Diese Fähigkeit ließ ihn zur überragenden Führungsfigur der Restaurationsphase in der Bundesrepublik werden. Bereits im Oktober 1945, zu einem Zeitpunkt also, zu dem Adenauer noch keinerlei Informationsprivilegien genoß, entwarf er ein Bild von der Lage Deutschlands und Europas, das sehr genau die Situation des Jahres 1948 aus bürgerlicher Perspektive antizipierte: »Rußland hat in Händen: die östliche Hälfte Deutschlands, Polen, den Balkan, anscheinend Ungarn, einen Teil Österreichs. Rußland entzieht sich immer mehr der Zusammenarbeit mit den anderen Großmächten und schaltet in den von ihm beherrschten Gebieten völlig nach eigenem Gutdünken. In den von ihm beherrschten Ländern herrschen schon jetzt ganz andere politische und wirtschaftliche Grundsätze als in dem übrigen Teil Europas. Damit ist die Trennung in Osteuropa, das russische Gebiet, und Westeuropa eine Tatsache. In Westeuropa sind die führenden Großmächte England und Frankreich. Der nicht von Rußland besetzte Teil Deutschlands ist ein integrierender Teil Westeuropas. Wenn er krank bleibt, wird das von schwersten Folgen für ganz Westeuropa, auch für England und Frankreich sein. Es liegt im eigensten Interesse nicht nur des nicht von Rußland besetzten Teiles Deutschlands, sondern auch von England und Frankreich, Westeuropa unter ihrer Führung zusammenzuschließen, den nicht russisch besetzten Teil Deutschlands politisch und wirtschaftlich zu beruhigen und wieder gesund zu machen.«[48]

48 Adenauer, *Erinnerungen*, a.a.O., S. 35.

Für Adenauer wie für die Führer des politischen Katholizismus in West- und Süddeutschland war die politische Ursache des Faschismus in der langen preußischen (protestantischen) Vormachtstellung in Deutschland, in der Vorherrschaft des preußisch-absolutistischen Staates und dessen Militarismus begründet.[49] Die Gefahr des Faschismus für die Zukunft zu bannen und die Vormachtstellung des (protestantischen) Preußen über die (katholischen) süd- und westdeutschen Länder ein für alle Mal auszuschalten, war deshalb für die bürgerlich-katholischen Kreise in der CDU/CSU das gleiche. Da man außerdem Faschismus und Kommunismus als »kollektivistische« Systeme und »materialistische« Weltanschauungen für zwei Seiten ein und derselben Sache hielt, war der gedankliche Sprung nicht mehr groß, die sozialistischen Kräfte auf ehemals preußischem Gebiet, also in der sowjetischen Zone, als die Erben des alten Preußen zu denunzieren. Geschickt wurden auf diese Weise alte und neue Ressentiments, berechtigte und unberechtigte Affekte gegen Preußen, gegen den Faschismus und gegen den Sozialismus zu einer neuen innergesellschaftlichen Feindfixierung gebündelt. So heißt es bei Peter Altmeier, damals Ministerpräsident in Rheinland-Pfalz: »Der zentralistische Machtstaatsgedanke, der durch Hegel seine philosophische Begründung und Ausprägung gefunden hat, war eine der Quellen des nationalen Unglücks, wie es durch den Nationalsozialismus über unser Volk hereingebrochen ist. [...] Es ist schmerzlich festzustellen, daß der Gedanke der Staatsomnipotenz in der Ostzone unseres Vaterlandes in Form eines nationalistischen Zentralismus seine Wiedererstehung feiert und eine innige Verbindung mit dem östlichen Kollektivismus eingegangen ist. Wenn auf dem letzten Parteitag der SED die Parole ausgegeben wurde, das ›freie und demokratische‹ Deutschland der Ostzone müsse das ›reaktionäre‹ Deutschland des Westens und Südens sich unterwerfen, dann zeigt das, was die Stunde geschlagen hat.«[50]

Hinter der Projektion einer Gefahr für den Westen aus dem sozialistischen »Preußen« verbarg sich, wie hinter Expan-

49 Vgl. dazu und zum folgenden ausführlich Kraiker, a.a.O., S. 47 ff.
50 Peter Altmeier, in: *Rheinischer Merkur* v. 25. 10. 1947.

sionsprojektionen des Westens auf sozialistische Länder in der Nachkriegszeit generell, der eigene Dominanzanspruch. In dem neu aufzubauenden Deutschland sollte die Führungsrolle den – dank den Besatzungsmächten ihrer Grundstruktur nach noch immer bürgerlichen – Ländern des Südens und Westens zufallen. Entsprechend setzt Altmeier seine Überlegungen fort: »Es muß daher unter allen Umständen verhindert werden, daß der Osten noch einmal für die Geschicke Deutschlands ausschlaggebend oder gar allein bestimmend wird, wenn die Möglichkeit des Zusammenschlusses der deutschen Länder einmal wieder gegeben ist. Vielmehr muß das geistige und politische Schwergewicht Deutschlands wieder dahin zurückverlegt werden, von wo die politische und kulturelle Entwicklung Deutschlands ihren Ausgang genommen hat, in die Länder an Rhein, Main und Donau.«[51]

Auch für Adenauer war es selbstverständlich, daß das Zentrum des künftigen Deutschland im Westen zu liegen habe. Ebenso wie die CSU-Führung ließ er keinen Zweifel daran aufkommen, daß für ihn Berlin als deutsche Hauptstadt nicht mehr in Frage komme. Den künftigen Mittelpunkt Deutschlands, zugleich die Mittlerinstanz zwischen Gesamtdeutschland und Westeuropa, sah er in Rheinland-Westfalen.[52]

So groß war die Angst vor dem »Osten«, daß man es nicht einmal wagte, die CDU als gesamtdeutsche Partei zu konstituieren.[53] Vielmehr versuchte Adenauer, dem Vorsitzenden der CDUD, Kaiser, dessen gesellschafts- und deutschlandpolitische Vorstellungen er für gefährlich hielt und in dem er außerdem einen Rivalen für den Vorsitz der Gesamtpartei witterte, die politischen Betätigungs- und Einflußmöglichkeiten in der Partei gezielt zu beschneiden.[54] Im April

51 Ebd.
52 Vgl. Interview im *Rheinischen Merkur* v. 21. 2. 1948.
53 Vgl. dazu die Bemerkungen Gustav Heinemanns gegenüber J. B. Gradl 1958 im Bundestag, abgedruckt bei Conze, a.a.O., S. 284.
54 Im Frühjahr 1946 verhinderte Adenauer eine Zusammenkunft Kaisers mit dem Parteivorstand der CDU des Rheinlandes, die der zweite Vorsitzende, Johannes Albers, arrangieren wollte. (Vgl. Conze, a.a.O., S. 76; vgl. auch die Schilderung der Vorgänge auf dem Königsteiner Treffen von CDU/CSU-Vertretern im Febr. 1947 bei Conze, insbesondere S. 123 ff.)

1946 gelang es Adenauer auf einer eigens einberufenen Sitzung mit CDU- bzw. CSU-Vertretern aus der britischen und amerikanischen Zone in Stuttgart – Kaiser selbst wurde nicht eingeladen, obwohl er sich gerade in Westdeutschland aufhielt[55] – einen Beschluß herbeizuführen, in dem sich die CDU/CSU beider Zonen von Kaisers gesellschafts- und deutschlandpolitischer Position distanzierte. Die Aufzählung der Äußerungen Kaisers bzw. der Berliner CDU, von denen man sich distanzieren wollte, ist ebenso aufschlußreich wie grotesk: »1. auf deutschem Boden, bzw. in Berlin, müsse eine Synthese zwischen Ost und West erfolgen; 2. die bürgerliche Epoche sei zu Ende; 3. das Kommunistische Manifest sei eine Großtat. Dr. Adenauer wurde weiter ersucht, Herrn Jakob Kaiser als einstimmige Ansicht der Versammelten mitzuteilen, daß Ausführungen wie ›Wir sind sozialistisch!‹ oder ›Christlicher Sozialismus‹ nicht am Platze seien. Es handele sich dabei nach der Ansicht der Anwesenden um Schlagworte ohne besonderen Inhalt, die eben geeignet seien, Verwirrung und tiefgehende Meinungsverschiedenheiten unter den Anhängern der CDU bzw. der bayrischen Christlich-Sozialen Union hervorzurufen.«[56]

Zwar heißt es in dieser Aktennotiz, es solle versucht werden, einen Zusammenschluß der bis dahin nur als Zonenparteien bestehenden CDU, eingeschlossen der der russischen Zone, zu erreichen; aber nicht nur schloß man Berlin für jeden Fall als Sitz der Parteileitung aus, man bezeichnete es auch als unerwünscht, Vertreter aus den westlichen Zonen zum Parteitag der Berliner zu entsenden, weil man von der »Atmosphäre der russischen Zone« geprägte Beschlüsse fürchtete.[57] Der hessische Minister Hilpert, selbst Teilnehmer in Stuttgart, verstand diesen Gründungsbeschluß richtig, wenn er in ihm einen Versuch der Ablösung der West-CDU von der im Osten sah.[58]

Die Furcht vor der Wiedererstehung preußischer Dominanz, dieses Mal sogar als sozialistische, war auch einer der Gründe, weshalb man sich in der CDU/CSU so entschieden für ein föderalistisches System einsetzte. Das gleiche Motiv veran-

55 Conze, a.a.O., S. 78.
56 Dokument Nr. 576, in: Flechtheim, a.a.O., Band 6, S. 8.
57 Ebd., S. 9.
58 Vgl. Conze, a.a.O., S. 79.

laßte auch die USA, ein föderalistisches Deutschland zu proklamieren. Durch extensive Rechte der Länder hoffte man sich auch für den Fall sichern zu können, daß die deutsche politische Einheit wiederhergestellt würde. Den Interessen, welche die bürgerlichen Kräfte in der CDU/CSU vertraten, entsprach freilich noch mehr, wenn sich die Wiederherstellung der politischen Einheit, die sowohl SPD und KPD als auch den sozialreformerischen Flügel der CDU erheblich gestärkt hätte, bis zur westlichen Konsolidierung im bürgerlichen Sinne hinauszögerte. Adenauer erklärte nach dem Zeugnis von H. Vockel schon im Januar 1947, »der Osten sei ideologisch verloren und müsse durch ein starkes Westdeutschland wiedererobert werden«.[59] Adolf Süsterhenn, damals u. a. politischer Berater Adenauers, empfahl ganz im Sinne der Marshallplan-Ideologie, erst einmal in Westeuropa und in Westdeutschland eine stabile Ordnung und Wohlstand zu schaffen, was dann solche Anziehungskraft auf die Ostblockländer ausüben werde, daß dieser Block zwangsläufig zerfalle.[60] Für den CSU-Vorsitzenden und bayrischen Ministerpräsidenten Hans Ehard wäre die Realisierung der politischen Einigung im Jahre 1948 gleichbedeutend gewesen mit der »Ein- und Unterordnung Gesamtdeutschlands unter den östlichen Machtbereich«, hingegen konnte ein separates Westdeutschland nach ihm »Grenz- und Schutzwall abendländischer Kultur und Zivilisation« sein.[61]

Während die CDU/CSU später, als alles von westlicher Seite getan war, die politische und wirtschaftliche Einheit auf absehbare Zeit auszuschließen, endlos von Wiedervereinigung redete, beruhigte sie sich vor Etablierung der bürgerlich-kapitalistischen Bundesrepublik gerade damit, daß das Reden sie nicht herbeiführe. So schrieb Ehard: »Alle Bekenntnisse zur deutschen Einheit, an denen in Deutschland nicht gespart wird, können an dieser Tatsache [der vorläufigen Spaltung, d. Verf.] nichts ändern! Sie sind deklaratorisch und somit für die praktische Politik belanglos.«[62]

59 Zit. nach Conze, a.a.O., S. 122.
60 Adolf Süsterhenn, in: *Rheinischer Merkur* v. 10. 7. 1948.
61 Hans Ehard, *Die europäische Lage und der deutsche Föderalismus*, München 1948, S. 22.
62 Ebd., S. 19.

Als Ludwig Erhard 1948 das Wirtschaftsdirektorat der Bizone übernahm, proklamierte er die »soziale Marktwirtschaft« und damit ein wirtschaftspolitisches Konzept, mit dem die bald sich abzeichnende wirtschaftliche Aufwärtsentwicklung in den Westzonen Deutschlands identifiziert wurde.

Zwischen Erhards Wahl zum Wirtschaftsdirektor und den ersten Bundestagswahlen im August 1949 hatte mit der Währungsreform 1948 und der Aufhebung wesentlicher Bewirtschaftungsmaßnahmen sichtbar eine Entwicklung begonnen, die sich für die Bürger wohltuend und verheißungsvoll von den vorangegangenen Jahren unterschied. Die Währungsreform wurde zwar als harte Maßnahme empfunden, aber im Bewußtsein weiter Bevölkerungskreise auch als ein guter Neuanfang. Die plötzlich vollen Schaufenster am 21. Juni 1948 – über Nacht mit lang entbehrten, von den Unternehmern gehorteten Waren gefüllt – weckten Hoffnungen auf eine bessere Zukunft, in der zu arbeiten sich lohnen würde, weil das Geld wieder Kaufkraft besaß. Die vom Wirtschaftsrat gebilligte Warenhortung der Unternehmer war politisches Kalkül Erhards, weil das Warenangebot am Tage nach der Geldreform den ersten erfolgreichen Akt der neuen Wirtschaftspolitik demonstrierte. Der selbst für die CDU/CSU in dieser Form überraschende Wahlerfolg im Herbst 1949 war nicht zuletzt eine Wählerprämie für die »soziale Marktwirtschaft«, die Westdeutschland so offensichtlich aus dem Nachkriegselend herauszuführen schien.

Dem Konzept der »sozialen Marktwirtschaft« liegt die Theorie des Neoliberalismus zugrunde, die in Deutschland bereits Ende der 30er Jahre und dann in den 40er Jahren als Reaktion auf die Weltwirtschaftskrise konzipiert worden war. Sie ist als Versuch anzusehen, die Inkongruenz von bürgerlich-klassischer Ökonomie und spätkapitalistischer Wirtschaftspraxis aufzuheben. In der Theorie der klassischen liberalen Ökonomie garantierte der Wettbewerb – einer auf Privateigentum an Produktionsmitteln beruhenden Wirtschaft – die Funktionsfähigkeit der Marktmechanismen, aber evident seit der Jahrhundertwende war der Marktautomatismus, der naturwüchsig Gerechtigkeit herstellen sollte, gestört: Zunehmende

Kapitalkonzentration und säkulare Inflationserscheinungen hatten die theoretischen Grundlagen des Liberalismus und damit die Gültigkeit der Marktwirtschaftsprinzipien in Frage gestellt. Vollends wurde mit der Weltwirtschaftskrise die Legitimationsbasis eines Wirtschaftssystems zweifelhaft, das theoretisch Gerechtigkeit und individuelle Freiheit garantierte und praktisch in weltweitem Chaos sein Ende gefunden zu haben schien.

Nach der Zerschlagung des Hitler-Faschismus 1945 in Deutschland war vor allem für diejenigen Bevölkerungskreise, die die Last des Krieges und dessen Folgen zu tragen hatten und weiterhin zu tragen haben würden, und die den Zusammenhang von Faschismus und Kapitalismus begriffen hatten oder doch zumindest ahnten, eine kapitalistische Restauration nicht mehr vorstellbar. Bezeichnenderweise hat es nach dem Zusammenbruch des Hitlerfaschismus keine Partei oder sonstige Gruppierung in Deutschland gegeben, die sich offen für eine Restauration des Kapitalismus eingesetzt hätte. Zwischen »zügellosem Kapitalismus« und »autoritärem Sozialismus« wurden von rechten und linken Parteien und von den Gewerkschaften »dritte Wege« gesucht und propagiert. Einen solchen »dritten Weg« versprach auch das von der CDU vertretene Konzept der Sozialen Marktwirtschaft.

Zwei konstitutive Bestandteile der neoliberalen Theorie, die auch nach 1945 besonders herausgestellt und den politischen und gesellschaftlichen Verhältnissen assimiliert wurden, kamen den in der unmittelbaren Nachkriegsperiode verbreiteten antikapitalistischen Stimmungen entgegen und legitimierten letztlich eine Wirtschaftspolitik, die sich später sehr wohl auf vorerst verborgene Implikationen besann und sich allmählich von ihrem vorgegebenen progressiven Anspruch zu lösen begann: Antimonopolismus und Antikollektivismus.

Walter Eucken warf der klassischen ökonomischen Theorie vor, der Monopolfrage zu wenig Aufmerksamkeit geschenkt zu haben: »Sie [die klassische Nationalökonomie] scheiterte hauptsächlich daran, daß ihre theoretische Lösung der Mannigfaltigkeit geschichtlichen Lebens nicht entsprach. [...] Ihre analytische Kraft wandte sich im wesentlichen auf *einen Fall,* der als der natürliche angesehen wurde: die Ordnung der vollständigen Konkurrenz auf allen Märkten. Hinter diesen Fall trat die Analyse z. B. des Monopols ganz zurück«.[63]

Eucken unterscheidet zwei idealtypische Wirtschaftsformen: Das System der freien Verkehrs- bzw. Marktwirtschaft, in dem einzelne Unternehmer und Haushalte Planträger sind und das sich durch freie Unternehmerinitiative und Marktpreiskonkurrenz auszeichnet, sowie das der zentralgeleiteten Verwaltungswirtschaft, in dem der Staat Planträger ist.

Weil und solange Wettbewerb im Neoliberalismus mit Freiheit ebenso identifiziert wird wie zentrale Planung mit Unfreiheit, muß dem Wettbewerbsprinzip als Legitimationsgrundlage der freien Marktwirtschaft Geltung zugesprochen werden. Andererseits machte vor allem das drohende Gespenst des Kollektivismus bzw. der Zentralverwaltungswirtschaft eine Korrektur offensichtlicher Unzulänglichkeiten der liberalen Marktwirtschaft notwendig. »Der Kampf gegen den Kollektivismus«, warnte Wilhelm Röpke, »[...] hat ja nur dann greifbare Erfolgsaussichten, wenn es uns gelingt, das liberale Prinzip so zu reaktivieren, daß wir für alle heute offenbaren Schäden, Ausfallerscheinungen und Fehlleistungen des *historischen* Liberalismus und Kapitalismus befriedigende Lösungen finden, ohne damit die innere Struktur des marktwirtschaftlichen Konkurrenzsystems und die Funktionsfähigkeit unseres Wirtschaftssystems anzutasten. Die nichtkollektivistische Welt wird mit der Gefahr des Kollektivismus nur dann fertig werden, wenn sie in ihrer Weise mit den Problemen des Proletariats, des Großindustrialismus, des Monopolismus, den mannigfachen Formen der Ausbeutung und der mechanisierenden Wirkungen der kapitalistischen Massenzivilisation fertig zu werden weiß.«[64] Gefahr drohe dem Kapitalismus vom »Wirtschaftsstaat«, dem von »rivalisierenden und interventionshungrigen Interessenhaufen«[65] abhängig gewordenen Staat, der infolge des aufgeblähten Staatsapparates, der wachsenden Etats und zunehmender

63 Walter Eucken, *Die Grundlagen der Nationalökonomie*, 6. Aufl., Berlin, Göttingen, Heidelberg 1950, S. 25/26.
64 Wilhelm Röpke, *Die Gesellschaftskrisis der Gegenwart*, 5. Aufl., Erlenbach/Zürich 1948, S. 286.
65 Franz Böhm, *Die Aufgaben der freien Marktwirtschaft*, München 1951, S. 17.

interventionistischer Maßnahmen (Subventionen, Zölle, staatliche Schlichtungen, steigende Steueransprüche etc.) weitaus stärker als der liberale Staat von der konjunkturellen Entwicklung abhängig geworden sei und von jeder wirtschaftlichen Depression erschüttert werde. Dieser »Versumpfungsprozeß« höre erst dann auf, wenn es dem Staat gelinge, sich vom Einfluß der wirtschaftlichen Interessengruppen freizumachen; d. h. daß mit der Entscheidung für die Wettbewerbswirtschaft auch die Verpflichtung einhergehe, ökonomische Macht zu verhindern.[66] Die Erhaltung bzw. Wiederherstellung des Wettbewerbs wird zur Conditio sine qua non einer freiheitlichen Entwicklung; er aktiviere die Selbststeuerungskraft des marktwirtschaftlichen Systems und die Funktionsfähigkeit der Privatrechtsordnung und entlaste gleichzeitig den Staatsapparat von obrigkeitlichen Lenkungsaufgaben und freiheitsbeschränkenden Eingriffen.[67] In Anbetracht der von den Neoliberalen konstatierten Vergewaltigung des Staates durch Interessengruppen nehmen sich ihre Vorschläge zur Reaktivierung des Wettbewerbs mehr als dürftig aus. »Wir müssen ein Klima schaffen«, heißt es beispielsweise bei F. Böhm, »in dem sich alle irgendwo vorhandenen Wettbewerbsenergien politisch und ideologisch ermutigt fühlen. Wo ein solches Klima entsteht, da bietet sich kein günstiger Nährboden für die Entstehung und Behauptung ökonomischer Macht dar.«[68] Bereits ein Kartellgesetz, ob gut oder schlecht, trage zu einem dem Wettbewerb günstigen Klima bei, weil die Bevölkerung sich mit dem Problem der ökonomischen Macht zu beschäftigen beginne und mit der Zeit die Idee des Wettbewerbs an Volkstümlichkeit gewinnen würde. An anderer Stelle heißt es: »Der Wettbewerb ist das großartigste und genialste Entmachtungsmittel der Geschichte. Man braucht es nur zu beschwören, alle andere Arbeit leistet es allein.«[69] Insofern die Neoliberalen davon ausgehen, daß der Staat in Abhängigkeit geraten sei von Interessengruppen, die ihm wirtschaftspolitische Entscheidungen aufzwingen, so daß von

66 F. Böhm, *Demokratie und ökonomische Macht*, Sonderdruck aus: *Kartelle und Monopole im modernen Recht*, Karlsruhe 1961, S. 21 f.
67 F. Böhm, ebd., S. 22.
68 Ebd., S. 24.
69 Ebd., S. 22.

staatlicher Willensbildung nicht gesprochen werden könne, muß die Forderung nach staatlichen Eingriffen und Maßnahmen, sich aus dieser Abhängigkeit zu lösen, ins Leere gehen. Da die Indienstnahme des Staates durch ökonomische Interessengruppen deren Existenz und politische Durchsetzungskraft ja bereits voraussetzt, ist die Forderung, durch wettbewerbsfördernde Maßnahmen die *Bildung* ökonomischer Macht zu verhindern, paradox. Und als hätten die Neoliberalen selbst erkannt, daß »Beschwörung« allein nicht hinreichend ist, und in der Ahnung, daß der postulierte allseitige Willensakt zur Herstellung eines wettbewerbsgünstigen Klimas Wunschtraum naiver Weltverbesserer bleiben könnte, sehen sie sich vor die Frage gestellt, »ob wir den dann noch verbleibenden Rest von ökonomischer Macht als einen Tribut an die notwendige Unvollkommenheit aller menschlichen Ordnungen in Kauf nehmen und uns mit dem marktwirtschaftlichen Lenkungsautomatismus zufrieden geben wollen, oder ob wir es vorziehen, unsere Regierung zu ermächtigen, monopolisierte Märkte durch bewußte wirtschaftliche Interventionen zu steuern, wenn es sich zeigen sollte, daß die automatische Lenkung durch den Marktpreismechanismus nicht zu den Ergebnissen führt, die wir von ihm erwarten«.[70]

Der »Antimonopolismus« der neoliberalen Theorie ist Ideologie. Ohne die Grundstrukturen des kapitalistischen Wirtschaftssystems in Frage stellen zu müssen, konnten Monopole für dessen »Denaturierungen« verantwortlich gemacht werden, und im erfolgreichen Kampf gegen sie wurde die Zukunft eines »sozialeren Kapitalismus« gezeichnet. Andererseits durfte die Kampfansage an die Monopole nicht allzu ernst genommen werden.[71] Das Problem wird schließlich dadurch gelöst, daß man alles so läßt, wie es ist. Unter Hinweis darauf, daß infolge des Wahlrechts auch die Massen über ausschlaggebenden (!) politischen Einfluß verfügen und die Gewerkschaften selbst Monopolorganisationen darstellen, wird der private Monopolist als der »harmloseste aller irgendwie in Betracht

70 Ebd., S. 5.
71 Böhm weist selbst darauf hin, daß es nicht der mangelnde ökonomische Nutzeffekt ist, der in einer monopolistischen Wirtschaft Antikartellgesetze notwendig macht, sondern die Bedrohung der sozialen Gerechtigkeit und der bürgerlichen Freiheit. Ebd., S. 6.

kommenden Monopolinhaber« angesehen, der angeblich im Scheinwerferlicht der Öffentlichkeit stehe: »Publikum, Gerichte und Antitrustbehörden liegen auf der Lauer, jederzeit bereit, ein Exempel zu statuieren.«[72] Und das Fazit: »Wenn sich schon irgendwo Macht ansammelt, die man nicht beseitigen kann, empfiehlt es sich dann nicht, diese Macht in die schwächsten Hände zu legen, die es gibt, nämlich in die Hände von Privatrechtspersonen?«[73]

Die in den ersten Nachkriegsjahren popularisierte betont antimonopolitische Komponente des Neoliberalismus suggerierte einen Kapitalismus, dem Monopole etwas Äußerliches sind. Ihre Behandlung als besondere »Marktform« verdeckt das dialektische Verhältnis von Konkurrenz und Monopolbildung; zunehmende Kapitalkonzentration, Marktmachtbildung und politische Einflußnahme der ökonomisch Mächtigen sind demnach nicht dem kapitalistischen Entwicklungsprozeß inhärent, sondern reversible Phänomene, die sich aus der geistigen Einstellung der Menschen, ihrer sittlichen Verkommenheit in der Massendemokratie etc. erklären lassen.[74] Dafür sind die moralischen Appelle der neoliberalen Theoretiker u. a. ebenso Indiz wie die späteren vergeblichen Maßhalte-Appelle des Wirtschaftspolitikers Erhard.

Die zweite stark akzentuierte Komponente der neoliberalen Theorie war der Antikollektivismus. Unter die kollektivistische Herrschaftsform wurde die faschistische schließlich ebenso subsumiert wie die sozialistische. Beide werden begriffen als verhängnisvolle Reaktionen der Menschen auf den ungezügelten und unbegriffenen Laissez-faire-Kapitalismus, der die vitalen Instinkte der Menschen und ihre elementarsten immateriellen Lebensbedürfnisse mißachte und durch die industriell großstädtischen Arbeits- und Lebensformen zur Denaturierung der Massenexistenz geführt habe. Sozialismus ist hier schlicht Ausdruck der affektiven Massenrebellion gegen den Kapitalismus.

Die Gleichsetzung von Nationalsozialismus und Sozialismus machte es leicht, die teilweise noch sehr starken gegen den Faschismus gerichteten Ressentiments in der deutschen Bevöl-

72 F. Böhm, *Die Aufgaben der freien Marktwirtschaft*, a.a.O., S. 60.
73 Ebd.
74 W. Röpke, a.a.O., S. 22 ff.

kerung nach dem Krieg auf den Sozialismus umzuleiten. Gleichwohl wurde es als Notwendigkeit empfunden, der sozialistischen Plan- und Zentralverwaltungsgesellschaft eine Alternative entgegenzusetzen. »Wir stehen in dem großen Wettkampf zwischen der freien Welt und dem bolschewistischen Osten. Um diesen großen Kampf bestehen zu können, brauchen wir nichts dringender als eine *eigenständige Wirtschaftsgesinnung* und ein eigenständiges Wirtschaftsprogramm, das wir dem Programm des Kommunismus entgegenstellen können. Die alte traditionelle unsoziale Marktwirtschaft des Spätkapitalismus genügt dieser Anforderung keinesfalls.«[75]

Zentrale Planung wird diskreditiert als ökonomisch ineffizient. Die Aufstellung von Wirtschaftsplänen sei problematisch; Kostenberechnungen stimmten nicht; die Bedarfsdeckung sei nivelliert; Preise als Lenkungsmittel fehlten oder seien unzuverlässige Produktionsindikatoren. Außerdem kämen die spontanen Kräfte der Konsumenten und Produzenten nicht zur Geltung, weil Leistungsanreize und Unternehmerinitiative nicht gegeben seien.[76] Abgesehen davon sei auch die Krisengefahr in der Zentralverwaltungswirtschaft nicht gebannt. Vielmehr seien Krisen, definiert als Anpassungsakte der Wirtschaftsgesellschaft an veränderte Außenwelttatsachen, in jeder Wirtschaftsordnung unvermeidlich, die Leiden aber und deren Verteilung seien verschieden. »Hier liegt bei der Zentralverwaltungswirtschaft der Hund begraben. Eine im Schweiße ihres Angesichts sich im Dienst der Fünfjahrespläne akkordmäßig abrackernde Nation, die in einem durch sklavische Abhängigkeit gekennzeichneten Arbeitsalltag ein Hungerdasein fristet, – so sieht die Krisensituation aus, die für dieses System eigentümlich ist. [...] Immer wird die Zentralverwaltungswirtschaft im Vergleich mit freiheitlichen Wirtschaftsordnungen ein Hungersystem bleiben, dazu ein System, bei dem in erster Linie für den außenpolitischen, militärischen und politischen Machtbedarf des Staates und erst in letzter Linie für den Bedarf des Konsumenten produziert wird.«[77]

Aus dieser kruden antisozialistischen und einer scheinbaren

---

75 A. Rüstow, *Das neoliberale Programm*, S. 97.

76 Müller-Armack, *Abhängigkeit und Selbständigkeit in den Wirtschaftsordnungen*, in: *Wirtschaftsordnung und -politik*, S. 212.

77 Böhm, *Die Aufgaben der freien Marktwirtschaft*, a.a.O., S. 32/35.

antikapitalistischen Einstellung der neoliberalen Theorie resultierte das Programm eines »Dritten Weges«, das das monopolkapitalistische, durch den Faschismus diskreditierte Wirtschaftssystem ebenso ablehnte wie eine sozialistische Planwirtschaft. Verglichen mit dem *Ahlener Programm* der CDU, werden im Konzept der Sozialen Marktwirtschaft allerdings schon Akzentverschiebungen in den gesellschafts- und wirtschaftspolitischen Vorstellungen sichtbar, die die Anpassung der Theorie an die bereits deutlich kapitalistisch-restaurative Entwicklung in der Bundesrepublik Deutschland reflektieren und mit den Prämissen der neoliberalen Wirt-schafts- und Gesellschaftstheorie nicht mehr ohne weiteres in Einklang zu bringen waren.

Die Soziale Marktwirtschaft, definiert als »die sozial gebun-dene Verfassung der gewerblichen Wirtschaft, in der die Lei-stung freier und tüchtiger Menschen in eine Ordnung gebracht wird, die ein Höchstmaß von wirtschaftlichem Nut-zen und sozialer Gerechtigkeit für alle erbringt«[78], soll durch gleiche Chancen und faire Wettkampfbedingungen in freier Konkurrenz einen echten Leistungswettbewerb garantieren. Marktgerechte Preise als Motor und Steuerungsmittel der Marktwirtschaft sollen auf der Basis eines geordneten Geld-wesens Kaufkraft und angebotene Gütermenge auf den Märk-ten zum Ausgleich bringen. Unterstellt wird ein Wettkampf der Erzeuger um die Gunst der Verbraucher, in dem der Tüchtige durch Gewinn belohnt, der falsch Planende durch Verlust bestraft wird. Indem der Verbraucher so unmittelbar Art und Umfang der Produktion bestimmt, wird er »zum Herrn der Wirtschaft«.[79]

Eine so beschaffene Wirtschaftsordnung, in der neben dem Leistungswettbewerb eine wirksame Monopolkontrolle ver-hindern soll, »daß Privatpersonen und private Verbände Len-kungsaufgaben in der Wirtschaft übernehmen können«, führe zu »wahrer Wirtschaftsdemokratie«.[80] »Zu dem Zweck hat die Monopolkontrolle dort, wo sich eine Konkurrenz nicht

---

78 *Düsseldorfer Leitsätze* vom 15. Juli 1949, in: *Dokumente zur parteipoliti-schen Entwicklung in Deutschland seit 1945*, 2 Bde., hrsg. v. O. K. Flechtheim, Berlin 1963, S. 59.

79 Ebd., S. 61.

80 Ebd.

herstellen läßt und einzelne Betriebe oder Verbände Macht auf dem Markt und Einfluß auf die Preise gewinnen oder wo eine Ausnahmegenehmigung notwendig wird, dafür zu sorgen, daß die Betriebe sich so verhalten, als ob sie keine Macht besäßen und daß die Preise festgesetzt werden, wie wenn sie sich im Wettbewerb gebildet hätten.«[81] Ein verschärfter Zwang zur Publizierung von Bilanzen soll Verschachtelungen in der Wirtschaft erschweren, der Abwälzung von Risiken entgegenwirken, die Monopolaufsicht erleichtern und erreichen, daß sich »Arbeiter und Angestellte sowie die Öffentlichkeit über die erzielten Gewinne in der Wirtschaft unterrichten können«.[82]

Die postulierte gesellschaftliche Neuordnung stellt sich bei näherer Betrachtung dar als durch soziale Absicherungen verbrämtes Altes.[83] Verglichen mit den Neuordnungsvorstellungen der CDU in den ersten Nachkriegsjahren ist in den *Düsseldorfer Leitsätzen* nur noch der mittelständische Antimonopolismus erhalten geblieben. Im Kontext zu den übrigen Leitsätzen, die sowohl die Sozialisierung der Grundstoffindustrien bzw. Großbetriebe als auch Planung und Lenkung des ökonomischen Prozesses ablehnen, erweist sich der Antimonopolismus in Gestalt einer wie auch immer vorgestellten Monopolkontrolle als Ideologie. Letztlich wird die Erhaltung bzw. Wiederherstellung der Wirtschaftsordnung nach marktwirtschaftlichen Grundsätzen gefordert: Privateigentum an Produktionsmitteln, Schutz und Förderung des freien Unternehmertums, Wettbewerb und Preiskonkurrenz sowie staatliche Maßnahmen zu ihrer Sicherung sollen den »sozialen Kapitalismus«, eben die *soziale* Marktwirtschaft garantieren.

In Anbetracht der tatsächlichen Entwicklung in der Bundesrepublik, in deren Verlauf die Ende der 40er Jahre ansatzweise entflochtenen Konzerne schon bald in alter Herrlichkeit wiedererstanden waren[84], die Preise kontinuierlich stiegen, die großen Unternehmungen noch größer wurden und die klei-

81 Ebd., S. 62.
82 Ebd., S. 63.
83 Vgl.: S. 224 f.
84 Vgl. dazu: Knut Borchardt, in: Gustav Stolper u. a., *Deutsche Wirtschaft seit 1870*, Tübingen 1966, S. 223 ff.

nen ebenso wie die Bauern trotz permanenter Subventionen keine Wettbewerbswirtschaft glaubhaft präsentieren konnten, drohte das Insistieren auf Wettbewerb und freier Unternehmerinitiative eine Wirtschaftsentwicklung zu diskreditieren, die zu legitimieren die neoliberale Theorie angetreten war.

Die allmähliche Akzentverschiebung in Theorie und Strategie der Sozialen Marktwirtschaft muß auf dem Hintergrund vor allem der sozialökonomischen Entwicklung in der Bundesrepublik Deutschland gesehen werden. Im Unterschied zu den orthodoxen Neoliberalen postulieren die Theoretiker der Sozialen Marktwirtschaft die Berücksichtigung der Realität. Müller-Armack konstatiert: »Eine Gesellschaftspolitik, die wirklich aus der aktuellen Situation heraus gestalten will, muß von der Realität ausgehen, um die Gesamtwirtschaft gestalten zu können, also auch Zielsetzungen entwickeln im Hinblick auf die in der heutigen Zeit einfach hinzunehmende Großorganisation der Wirtschaft, wenn sie nicht zu einer Ideologie werden will, die nur einer früheren Gesellschaftslage entspricht.«[85] Es dürfte seiner Meinung nach wenig Erfolg haben, einen programmatischen Kampf gegen die Machtkonzentration in der Wirtschaft aufzunehmen, deren Leistungen, wie er annimmt, einen wesentlichen Teil der Wohlstandsmehrung ermöglicht haben. »Man sollte sich darauf beschränken, alle restriktiv-monopolistische Marktbeherrschung durch Wettbewerbsgesetzgebung und Steuerpolitik zu hemmen. Überall dort, wo Marktbeeinflussung mit Preissenkung und sichtbar überdurchschnittlicher Expansion einhergeht, müssen wir ihre Unentbehrlichkeit anerkennen. Die Aufgaben, die sich künftig im Gemeinsamen Markt stellen, werden ohnehin größere Betriebseinheiten erfordern.«[86] Die Soziale Marktwirtschaft – so Müller-Armack – dürfe nicht in allzu große Nähe zum Neoliberalismus gebracht werden; sie verdanke ihm zwar wesentliche Anregungen, sei aber mit einem Wettbewerbsmechanismus als ausschließlichem Gestaltungsprinzip nicht zu vereinbaren.[87] Als Strategie im

85 Alfred Müller-Armack, *Die zweite Phase der Sozialen Marktwirtschaft* (1960), in: *Wirtschaftsordnung und Wirtschaftspolitik,* Freiburg i. Br. 1966, S. 274.
86 Ebd.
87 Ders., *Das gesellschaftspolitische Leitbild der Sozialen Marktwirtschaft* (1962) in: ebd., S. 297.

gesellschaftspolitischen Raum strebe die Soziale Marktwirtschaft einen Ausgleich zwischen persönlicher Freiheit, wirtschaftlicher und gesellschaftlicher Sicherung und Wachstum an und versuche, die wesentlichen Kräfte der Gesellschaft in eine echte Kooperation zu führen[88], die bestehenden Konflikte zu einem möglichst realistischen Ausgleich zu bringen. Hier steht nicht mehr ein gesellschaftspolitisches Modell im Mittelpunkt, das es gegen mögliche Widerstände zu verteidigen oder gar durchzusetzen gilt, sondern die Anerkennung und Absicherung einer wirtschaftspolitischen Entwicklung, die durch Machtkonzentration und wirtschaftliches Wachstum gekennzeichnet ist. Sicherung der Kapitalverwertungsbedingungen impliziert notwendig die Vermeidung von politisch-sozialen Krisen. In einer der Kapitalverwertung verpflichteten Politik haben sich notwendig alle sozialpolitischen Forderungen deren Primat unterzuordnen. Damit wird die Herstellung der politischen Loyalität der sozial Abhängigen zur Conditio sine qua non eines gesicherten ökonomischen Wachstumsprozesses, und die Forderung nach einer »echten Kooperation« aller »wesentlichen Kräfte der Gesellschaft« begreifliches Programm ihrer Nutznießer und Ideologen.

Angesichts der zunehmenden Exportabhängigkeit der deutschen Industrie wird verständlich, daß die Erhaltung der Konkurrenzfähigkeit deutscher Produkte auf dem Weltmarkt ein zentrales Problem deutscher Wirtschaftspolitik sein mußte, sollten die im Verhältnis zur unzureichenden Binnennachfrage potentiellen Überkapazitäten vermieden werden. Im Verlauf der 50er Jahre fiel der Anteil des Bruttosozialproduktes, der auf den privaten Konsum entfiel, von 65,8% (1949) auf 57,3% (1960) und war damit ca. 10% geringer als in vergleichbaren Volkswirtschaften (USA, England); die Bruttoinvestitionsquote hingegen stieg im gleichen Zeitraum kontinuierlich von 21,4% (1949) auf 26,4% (1960).[89] Die staatliche Wirtschaftspolitik zielte darauf ab, die durch »Marktkräfte« bedingte Entwicklung zu beschleunigen und durch öffentliche Komplementärinvestitionen abzusichern. Das schlug

88 Ebd., S. 299 f.
89 Vgl.: K. W. Roskamp, *Capital Formation in West Germany*, Detroit 1965, S. 36 f.

sich in zunehmender Kapitalkonzentration nieder: 1960 erzielten die 50 größten Industrieunternehmen rund ein Drittel des gesamten Industrieumsatzes und erhöhten ihren Anteil am Industrieumsatz 1967 auf 42,2 %. Während im Krisenjahr 1967 der gesamte Industrieumsatz um 1,9 % zurückging, stieg er bei den 10 größten Unternehmen in der Bundesrepublik Deutschland um 2,5 %, so daß sich deren Anteil am Gesamtumsatz um fast 1 % erhöhte.[90]

Indessen hat es bis in die zweite Hälfte der 60er Jahre hinein nur Ansätze zu einer langfristigen Wirtschaftspolitik gegeben. Verfehlte Strukturpolitik, zur Konjunktursituation dysfunktionale Abschreibungserleichterungen, den Konjunkturdaten nicht angemessene Steuer- und Finanzpolitik u.a.m. forcierten überproportionale Wachstumstendenzen und bereiteten Preissteigerungen den Boden, die das deutsche Inflationstempo dem der Konkurrenzländer deutlich annäherten.[91] Spätestens 1966 zeigte sich, daß die Wettbewerbsvorteile der deutschen Industrie gegenüber den Konkurrenzländern bedroht waren. Die Exportindustrie, Ursache und Folge des deutschen Wirtschaftswunders, mußte gestützt werden. Staatliche Investitionsanreize mußten müde Investoren wieder munter machen. Wirtschaftliches Wachstum ist nicht nur eine wirtschaftspolitische Zielprojektion, sondern zugleich eine eminent gesellschaftspolitische Kategorie: Legitimationsgrundlage und -nachweis des spätkapitalistischen politischen und gesellschaftlichen Systems, unabhängig davon, welche Partei die Regierungsgeschäfte betreibt. Die Erhaltung der Wachstumsbedingungen einer mit disproportionaler Struktur zugunsten der Investitionsgüterindustrie belasteten Wirtschaft erfordert die Erhaltung der außenwirtschaftlichen Konkurrenzfähigkeit ihrer Produkte. Kapitalkonzentration und zunehmende Organisierung der Wirtschaft, damit fortschreitende Eliminierung der binnenwirtschaftlichen Konkurrenz, werden daher unabdingbar.

Erhards Konzept der »Formierten Gesellschaft« war Integra-

90 Vgl. J. Huffschmid, *Die Politik des Kapitals. Konzentration und Wirtschaft in der Bundesrepublik*, Frankfurt/M. 1969, S. 44-46.
91 Vgl. Herbert Ehrenberg, *Die Erhard-Saga. Analyse einer Wirtschaftspolitik, die keine war.* Stuttgart o. J.

tionsideologie zur Sicherung wirtschaftlichen Wachstums und politischer Stabilität. Während in die wirtschaftspolitische Praxis keynesianische Instrumente zur Konjunktursteuerung Eingang fanden, blieben Elemente der neoliberalen Theorie lebendig: Wettbewerb, freie Unternehmerinitiative, Preisflexibilität, Geldwertstabilität, optimale gesellschaftliche Bedürfnisbefriedigung sind Bestandteile einer Wirtschaftstheorie, die der realökonomischen Entwicklung längst nicht mehr entsprach.

Als Ideologie des deutschen Wirtschaftswunders muß sie indessen so lange in Funktion bleiben, wie Wettbewerb[92] und freie Unternehmerinitiative mit der Freiheit der westlichen Demokratien schlechthin identifiziert werden.

Von der »akzentuierten Demokratie« zur »formierten Gesellschaft«

Auf dem CDU-Bundesparteitag 1965 in Düsseldorf erläuterte Erhard das Konzept der »Formierten Gesellschaft«. Der zentrale Gedanke ist folgender: »Es heißt, daß diese Gesellschaft nicht mehr aus Klassen und Gruppen besteht, die einander ausschließende Ziele durchsetzen wollen, sondern daß sie, fernab aller ständestaatlichen Vorstellungen, ihrem Wesen nach kooperativ ist, d. h., daß sie auf dem Zusammenwirken aller Gruppen und Interessen beruht. Diese Gesellschaft, deren Ansätze im System der Sozialen Marktwirtschaft bereits erkennbar sind, formiert sich nicht durch autoritären Zwang, sondern aus eigener Kraft, aus eigenem Willen, aus der Erkenntnis und dem wachsenden Bewußtsein der gegenseitigen Abhängigkeit.«[93]

Die hier propagierten Vorstellungen sind nicht neu; sie sind bereits 1933 mit sehr ähnlichen Intentionen entwickelt worden und deshalb von besonderem Interesse, weil ihr Autor,

92 »Der Wettbewerb ist und bleibt die Basis unserer Wirtschaftsordnung«, heißt es 1968 in der Stellungnahme der Bundesregierung zum Bericht des Bundeskartellamtes für 1967.
93 L. Erhard, Düsseldorfer Bundesparteitag der CDU, 28.-31. 3. 1965, (Hrsg.) CDU Deutschlands, Bundesgeschäftsstelle Bonn (Presse- u. Informationsdienst), S. 704 f.

248

Alfred Müller-Armack, als der profilierteste Vertreter der Sozialen Marktwirtschaft, auch zu den geistigen Vätern des Konzepts der »Formierten Gesellschaft« gehört.

Als Müller-Armack 1933 seine Vorstellungen zum Staat und zur Wirtschaftsordnung im neuen Reich[94] entwickelte, stimmte er in den Chor derjenigen ein, die aus dem »Versagen des parlamentarischen Regimes« die Notwendigkeit einer »neuen Form autoritärer Führung«[95] ableiteten. Er konstatierte eine allgemeine Ablehnung des Parlamentarismus, die sich am klarsten in der Einheitlichkeit der faschistischen Bewegungen in Europa ausdrücke, und prognostizierte, daß auch dort, wie noch nicht, wie in Deutschland und Italien, alternative Führungsformen gefunden seien, der »Zusammenbruch des Parteiensystems zur geistigen Auseinandersetzung mit dem Neuen und zu ähnlichen Regierungsmethoden« führen werde.

Der Parteienstaat, charakterisiert als untätig, engherzig, interessengebunden und korrumpiert[96], habe seine geschichtlichen Voraussetzungen verloren. Der liberal-demokratische Staat sei entstanden im Kampf des Bürgertums gegen den Absolutismus und für die Freiheitsrechte des Individuums. Die formale Verfassung sei das Mittel gewesen, die Macht des Absolutismus zu beschneiden, Machtmißbrauch (Gewaltausübung) durch das Prinzip der Gewaltenteilung zu binden[97]. Als politische Waffe gegen den Absolutismus habe der Parlamentarismus seinen Zweck erfüllt.[98] Im Verlauf der geschichtlichen Entwicklung habe sich indessen gezeigt, daß die bloß formalpolitische Verfassung weder die Einheit des Staates noch seine Souveränität gegenüber den gesellschaftlichen Gruppen zu sichern vermochte. Als nämlich der Absolutismus als Gegenspieler des Dritten Standes fortgefallen sei, sei evident geworden, daß trotz der Gliederung der widerstreitenden Gewalten »die Kraft, dem Staat selbst eine ihm fehlende Einheit zu geben«[99], gefehlt habe; daß die bloß formale Rege-

94 Alfred Müller-Armack, *Staatsidee und Wirtschaftsordnung im neuen Reich*, Berlin 1933.
95 Ebd., S. 32.
96 Ebd.
97 Ebd., S. 44.
98 Ebd., S. 33.
99 Ebd., S. 45.

lung des staatlichen Lebens den Staat denen in die Hände gespielt habe, die sich des formalen Apparates zu bemächtigen gewußt hätten: insbesondere den Parteien und wirtschaftlichen Verbänden. Damit habe sie die materiale Regelung der Lebensbedingungen der modernen kapitalistischen Entwicklung überlassen und den Kontakt mit der Realität verloren, mit einer Realität, bei der es »um die Form der wirtschaftlichen Arbeit und um die Eingliederung des Arbeiters in die Nation ging«.[100]

Im Parlament sollte sich – nach der liberalen Rechtsstaatstheorie – die politische Willensbildung als Resultat vernünftiger Diskussion vollziehen, doch lag der Irrtum – so Müller-Armack – in der den Menschen unterstellten Bereitwilligkeit, sich durch Argumente überzeugen zu lassen, sowie in dem Glauben, Politik könnte nach eindeutigen und durch vernünftige Diskussion auffindbaren Grundsätzen betrieben werden. Der Parlamentarismus scheiterte demnach an menschlichen Unzulänglichkeiten und nicht etwa daran, daß er mit den veränderten sozialökonomischen Verhältnissen seine Basis eingebüßt hatte: seiner politischen Intention und Konstruktion nach eine Institution besitzender, gegen den Absolutismus um politische Rechte kämpfender Bürger, deren grundsätzlich gleiche Interessenlage die Voraussetzung war für den in freier Diskussion zu erzielenden Konsens. Er scheiterte nach Auffassung Müller-Armacks auch daran, daß er die Frage nach der politischen Führung prinzipiell offengelassen, ja, deren Sinn überhaupt verkannt habe.[101] Sie sei reduziert gewesen auf Verwaltung und exekutive Funktionen des als vorhanden angenommenen Volkswillens, nicht aber als geschichtlich gestaltende Kraft tätig geworden: »Aber gerade hierin kommt das Eigentliche des Führertums gar nicht zum Vorschein. Seine Aufgabe erschließt sich erst, wenn man politische Führung als geschichtliche Gestaltung begreift, die über die bloße Durchführung gegenwärtiger Aufgaben und Ziele hinausgreift und deutend umgestaltend dem Volkswillen neue Richtungen gibt [...]. Aus dieser Einsicht heraus fordert die nationalsozialistische Bewegung überall eine autoritäre

100 Ebd.
101 Ebd., S. 33 f.

Regierungsführung.«[102] Ohne Status, der der Gesellschaft autoritär vorgegeben sein müsse, wurde jede Regierung in Verwaltungstätigkeit oder parlamentarischer Abhängigkeit ersticken.[103] Ihre Rechtfertigung empfange die neue Herrschaft einzig aus der »politischen Zusammenfassung eines Volkes«.[104]

»Daß autoritäre Regierungsführung heute in ihrem Endsinne *das Volk als Einheit formen* (Hervorh. v. Verf.) will und von seinem künftigen Gesamtwillen die endgültige Bestätigung ihres Rechtes erhofft, berechtigt, um ein Wort Mussolinis anzuwenden, das neue Reich direkt als ›akzentuierte Demokratie‹ zu bezeichnen.«[105]

Diese Funktion, das Volk als Einheit zu formen, habe der liberale Staat nicht erfüllt. Während er für Sicherheit, Rechtsschutz und allgemeine Verwaltung sorgte, blieb das gesellschaftliche Leben dem freien Spiel der individuellen Kräfte überlassen, d. h. der Liberalismus habe indifferent sich selbst überlassen, was nur vom Staate hätte gesichert werden können. Wie aber könne man, fragt Müller-Armack, optimistisch die Dinge einer Selbstentwicklung überlassen, wenn in dieser Entwicklung der Staat immer schwächer werde, der alle Erfolge einzig zu sichern vermöchte?[106] »Wir wissen ebenso, daß die Erhaltung der elementaren Bedingungen für das Leben des Einzelnen vom Staate mehr erfordert als die Proklamation von zwei oder drei Grundrechten.«[107] Die freie Entwicklung habe nicht verhindern können, daß nationale oder soziale Spannungen entstünden; eine Überwindung und Lösung dieser Schwierigkeiten könne nur durch einen starken Staat erfolgen.[108]

Mit diesem Postulat aber ist weder die konstatierte Antinomie von Staat und Gesellschaft (Volk) aufgehoben, noch der Klassenkampf eliminiert. Das Volk als die »Klassen umschließende historisch wirksame Einheit«[109] wird nun gegenüber

102 Ebd., S. 34.
103 Ebd.
104 Ebd., S. 35.
105 Ebd.
106 Ebd., S. 41.
107 Ebd., S. 45.
108 Ebd., S. 41.
109 Ebd., S. 36.

seiner staatlichen Organisation als das Entscheidende angesehen.[110]

Die Einsicht, daß es staatsfreie Sphären nicht gibt[111], zwingt zu einer Neubestimmung des Verhältnisses von Staat und Gesellschaft. Die anachronistische Auffassung einander feindlich gegenüberstehender Sphären habe mit dem Liberalismus auch die Wirtschaftsordnung des Interventionsstaates geteilt, der sich unter dem Einfluß von Parteien, wirtschaftlichen Verbänden, Kartellen und Trusts entwickelt habe; durch sie sei der Staat »verwirtschaftet« und in den Dienst des privaten Sektors hinübergezwungen worden. Gleichzeitig suche der Staat durch eine wahllos betriebene Ausdehnung seiner Eingriffe und durch wirtschaftliche Eigenbetätigung seine Macht auf Kosten der privaten Wirtschaft zu stärken. »Das Ende dieser ohne Sinn und Plan betriebenen Vermischung von Verantwortung und Kompetenz unter den Stößen der Weltwirtschaftskrise hat die Unzulänglichkeit dieses Zwischensystems deutlich genug erwiesen.«[112] Ähnlich verhalte es sich mit der bolschewistischen Doktrin, die den staatlichen und privaten Sektor voneinander trenne; ihr Ziel sei, den privaten in den staatlichen Sektor durch Verstaatlichung der Produktionsmittel aufgehen zu lassen.[113] Diese drei Wirtschaftsordnungen (Liberalismus, Staatsinterventionismus, Zentralverwaltungswirtschaft), denen die »Zweisphärentheorie« gemeinsam sei, lehne der neue Staat ab. Die Dinge würden nicht mehr daran gemessen, ob sie staatlich oder privat seien, sondern daran, ob sie das politische Ziel des Staates erfüllten.

Mit dieser Neubestimmung des Staates als aktiv gestaltende Kraft lasse sich zugleich das Ziel des Marxismus revidieren. Es gehe nicht mehr um eine Verschärfung der Klassengegensätze, sondern um deren Überbrückung, nicht um die Verfolgung eines starren Endzieles, sondern – so folgert Müller-Armack ganz im Sinne faschistisch-dezisionistischer Ideologie – um die geschichtlichen Bedingungen entsprechende freie Entscheidung des Staates zum aktuell Notwendigen.[114] Damit sei auch

110 Das hat nach Meinung Müller-Armacks auch Hitler in *Mein Kampf* klar ausgesprochen, S. 37.
111 Ebd., S. 20 f.
112 Ebd., S. 39.
113 Ebd., S. 38 f.
114 Ebd., S. 41.

die Halbheit des Interventionsstaates überwunden, der aus Hilflosigkeit auf liberale Prinzipien schwöre, obwohl er sie tausendfach verletze, ja, die Voraussetzungen für dieses Prinzip überhaupt nicht mehr vorhanden seien.[115] Die neue Wirtschaftsordnung überwinde die Trennung von Staat und Wirtschaft; beide werden »nicht mehr im Bilde sich beschneidender Sektoren gesehen, sondern in dem beschwingender Gemeinsamkeit«.[116] Die neue Wirtschaftsordnung ist 1. eine Organisation der Wirtschaft auf den Staat hin, »Formung und Sammlung der Wirtschaft zu diesem Zweck, den Staat stündlich, täglich neu zu bestätigen und fester zu schließen: Werkzeug der staatlichen Zusammenfassung und Integration. Sie ist 2. Einsatz des starken Staates für die Wirtschaft: Lenkung, Förderung ihrer Kräfte, um in letzter Freimachung der dem Volk innewohnenden Energie wieder neue Bewegung zum Staat hin auszulösen«.[117] Den höheren Zielen der Gemeinschaft habe der Einzelne zu dienen. »An die Stelle der gegen den Staat ausspielbaren Grundrechte tritt in der neuen Wirtschaftsordnung eine Reihe von feierlich ausgesprochenen Anerkennungen, durch die der Staat dem Einzelnen seinen Lebensbereich zuweist.«[118]

In das Konzept der neuen staatlichen und wirtschaftlichen Ordnung aufgenommen ist der *soziale* Gedanke. Ausdruck des »Sozialismus des Rechtes auf Arbeit und Brot hat [er] nichts gemein mit den klassenkämpferischen Forderungen des Marxismus, der die Idee einer höheren Gemeinschaft über den Klassen nicht anerkennt und der seine Forderungen im Sinne der alten Grundrechte als Rechte gegen den Staat ankündigte«.[119] Die neue Sozialpolitik sei »Ausdruck der sich im neuen Staat verwirklichenden Einheit aller Klassen und Mittel, bisher dem Staate mißtrauisch gegenüberstehende Schichten in ihn einzubeziehen«.[120] Anerkannt wird außerdem die individuelle unternehmerische Initiative, die lange Zeit durch den Staatsinterventionismus bedroht, mit dem wirklichen

115 Ebd., S. 42.
116 Ebd.
117 Ebd.
118 Ebd., S. 46.
119 Ebd., S. 47.
120 Ebd.

Totalwerden des Staates ein »neues rechtmäßiges Element«[121] der Wirtschaftsordnung werde. Betont wird im Interesse eines »gesunden Volksaufbaus« die Erhaltung der Zwischen- und Aufstiegsschichten und des auf individuelle Produktionsweise aufbauenden Bauerntums.[122] In dem Augenblick, in dem der Staat alle Macht in sich vereinigt und prinzipiell kein Gebiet als staatsfern oder staatsindifferent anerkennt, kommt er gerade über eine Steigerung seiner Macht zu einer neuen Bestimmung seiner Funktion.«[123]

In dem vorgestellten *korporativen System* soll die Vielheit der im Liberalismus miteinander konkurrierenden Arbeiter- und Unternehmerverbände durch staatlich privilegierte Einheitsorganisationen ersetzt werden; in ihnen ist das demokratische Abstimmungsprinzip durch die verantwortliche Führung eines Einzelnen abgelöst. Der berufsständische Aufbau schafft durch staatliche Korporationen Querverbindungen, »in denen die noch bestehenden und auch vom Faschismus durchaus zugegebenen widerstreitenden Interessen der Arbeiter und Unternehmer ihren Ausgleich im Sinne der nationalen Einheit der Stände und Klassen finden sollen. Sein letztes Ziel ist die Schaffung einer einheitlichen Hierarchie des gesamten wirtschaftlichen Verbandswesens. Ihr Zweck ist, die Wirtschaft zu der Einheit der Willensbildung zusammenzufügen, die sie befähigt, mit der einheitlichen Organisation des Staatsapparates und der der Partei die Einheit der Nation zu bilden.«[124]

Politische Aufgabe des ständischen Aufbaus ist explizit die Beseitigung der vielfältigen wirtschaftlichen Verbände, Gewerkschaften und Parteien, deren Konkurrenz ein Moment der Beunruhigung des Staates gewesen sei, d. h. Beseitigung auch des parlamentarischen Zustandes, in dem Interessenorganisationen die freie Entschlußkraft des Staates gefährdeten. »Dadurch, daß sich die wirtschaftliche Organisation in staatlichen oder zum mindesten staatlich privilegierten Verbänden vollzieht, symbolisiert das korporative System, daß wirtschaftliche Arbeit Dienst am Staat ist. Dadurch, daß die

121 Ebd., S. 48.
122 Ebd., S. 47.
123 Ebd., S. 48.
124 Ebd., S. 49 f.

Führung der Verbände durch Ernennung von der Spitze her erfolgt, sichert sich der Staat gegen eine dem Staatsziel widersprechende Leitung der Wirtschaft. Der hierarchische Aufbau der gesamten Verbandsbildung und die Verbindung ihrer Spitze mit dem Staat, sowie es in Italien, wo Mussolini die oberste Leitung des Korporativsystems innehat, geschehen ist, macht den gesamten wirtschaftlichen Aufbau für den Staat durchsichtig und gibt ihm ein unvergleichliches Instrument für wirtschaftspolitische Maßnahmen an die Hand.«[125]

Bereits 1942 hatte Ludwig Erhard[126] den aus der Eigengesetzlichkeit der wirtschaftlichen Entwicklung resultierenden Gleichgewichtszustand wirtschaftlicher Kräfte problematisiert und eine Marktpolitik gefordert, die nicht nur an ökonomischen Überlegungen sich orientiert, sondern an den »höchsten Werten völkischer, sittlicher und religiöser Natur«, deren Anerkennung erst eine zweckverbundene Gruppe von Menschen [die Wirtschaftsgesellschaft] zu einer Gemeinschaft werden läßt. An die Stelle miteinander um die Verteilung des Sozialprodukts kämpfender Gruppen, die sich zur Durchsetzung ihrer Interessen Staat und Gesellschaft dienstbar zu machen bestrebt seien, soll eine Wirtschaftsordnung treten, deren Mitglieder aus eigener Kraft und eigenem Willen dem allgemeinen Wohl dienen. Es bedürfe, wie Erhard feststellt, einer Synthese zwischen den wirtschaftlichen Realitäten und jenen höheren Gemeinschaftszielen. Träger einer solchen Politik, die das »Prinzip des Ordnen-Wollens« in sich aufgenommen habe, könne allerdings nur sein, wem ein Urteil über die Wirkung der Marktordnungspolitik zugemutet werden könne (im Konzept der Formierten Gesellschaft: die Experten), wer im Interesse der gesamten Gesellschaft eine »Rangordnung der Mittel und Aufgaben zur Erreichung des letzten wertbezogenen Ziels der Gemeinschaft aufstellen könne: der Staat, der einzig eine unparteiische und objektive Handhabung des Instruments der Marktordnung im Interesse eines Ausgleichs zwischen den höheren Notwendigkeiten einer Wirtschaftsgemeinschaft und den privaten Interessen gewährleiste.

125 Ebd., S. 52.
126 Ludwig Erhard, *Die Führung des Betriebes*, Festschrift zum 60. Geburtstag von Wilhelm Kalveram, hrsg. von Karl Theisinger, Berlin-Wien 1942.

Für die Realisierung solcher Vorstellungen, wie sie Müller-Armack und Erhard in weitgehender Übereinstimmung mit der faschistischen Ideologie vor 1945 publizierten, waren die ersten Nachkriegsjahre in Deutschland ungünstig. 1. waren die Leiden, die der Faschismus verursacht hatte, in der deutschen Bevölkerung noch nicht vergessen; sie war daher gegen offen autoritäre Lösungen politischer und sozialer Probleme sensibilisiert. 2. »emanzipierten« sich die Alliierten erst im Zuge des Kalten Krieges offener von den Demokratisierungsabsichten, auf die sie sich auf der Potsdamer Konferenz im August 1945 geeinigt hatten. Sie wären damals kaum bereit gewesen, der Restitution von politischen und sozialen Institutionen zuzustimmen, die sich von den faschistischen kaum unterschieden haben würden.

Aus diesen Gründen und vor allem, weil eine liberalere Ideologie – wie die der Sozialen Marktwirtschaft – der Wiederaufbauphase der Bundesrepublik adäquater war, traten die weitgehend mit faschistischer Ideologie konformen Vorstellungen Müller-Armacks und Erhards aus der Zeit vor 1945 in den ersten Jahren der CDU/CSU wenig in Erscheinung. Sie waren gleichwohl von Anfang an, und zwar in Gestalt der Integrationsideologie des katholischen Sozialkonservativismus, ein Moment in der Ideologie dieser Parteien. Die unter dem Einfluß Eberhard Weltys O.P. zustandegekommenen *Kölner Leitsätze* und das *Grundsatzprogramm* der CSU von 1946 waren von diesem Sozialkonservativismus geprägt. Es ist daher auch kein Zufall, daß im Konzept der »Formierten Gesellschaft« zentrale Begriffe der katholischen Integrationsideologie wie »Leistungsgemeinschaft«, »Gemeinwohl«, »organischer Pluralismus«, »gegliederte Gesellschaft« auftauchen, und daß eine Reihe der Inspiratoren der »Formierten Gesellschaft« Vertreter der katholischen Ideologie sind oder ihr zumindest nahestehen, so Johannes Meßner, Eric Voegelin, Goetz Briefs und auch Müller-Armack.

Der westdeutschen Rekonstruktionsperiode entsprach das wirtschaftspolitische Konzept der Sozialen Marktwirtschaft. Ihre konstitutiven Elemente, Privateigentum an Produktionsmitteln, freies Unternehmertum und Wettbewerb verloren allerdings ihren Legitimationscharakter in dem Maße, wie der Konzentrationsprozeß im Wirtschaftsbereich fortschritt und die Apologeten der Marktwirtschaft die Existenz von wirtschaftssteuerndem Wettbewerb nicht mehr glaubwürdig suggerieren konnten. Die überholte Theorie mußte die Praxis einholen, ohne allerdings das kapitalistische Wirtschaftssystem selbst in Frage zu stellen.

Die »Formierte Gesellschaft« ist in der Tat die gesellschaftspolitische Konsequenz der Sozialen Marktwirtschaft.[127] Allein mit der Technik der Sozialen Marktwirtschaft, gestand Erhard, »kommen wir heute nicht mehr weiter, sondern wir müssen ihr mehr und mehr gesellschaftspolitische Züge verleihen, um damit auch das ganze soziale Leben [...] in einen wohlgegliederten und aufeinander abgestimmten Prozeß einzuordnen«.[128]

Überdimensionen in einigen Produktionszweigen, d. h. Strukturkrisen wie im Bergbau und in der Stahlindustrie, steigende Preise, zunehmende technologische Konkurrenz des Auslandes signalisierten eine gestörte Wirtschaftsentwicklung und verlangten nach wirtschaftspolitischen Maßnahmen, die über punktuelle Interventionen hinausgehen und an langfristigen Zielen sich orientieren mußten. »Unsere politischen Institutionen«, so folgerte Erhard, »müssen in die Lage versetzt werden, der Dynamik des politischen und öffentlichen Lebens in höherem Maße gerecht zu werden. Nur eine Verfassung der Gesellschaft, in der wir alle Kräfte weitschauend einsetzen können, wird den Wohlstand, die soziale Sicherheit und die kulturelle Blüte unseres Volkes gewährleisten«.[129]

In 12 Thesen wird die »Formierte Gesellschaft« vorgestellt und erläutert. Sie versteht sich demnach als »dritte Phase« der modernen nicht-kommunistischen Industriegesellschaft, in der der Pluralismus widerstreitender Interessengruppen quasi naturwüchsig auf eine Formierung dränge. Merkmale dieses neuen Gesellschaftssystems seien u. a.: die Kooperation aller Gruppen und Interessen und ihre Unterordnung unter gesamtgesellschaftliche Ziele; gemeinwohlorientierte Gruppen, deren Macht zu begrenzen und zu kontrollieren sei (z. B.

127 Bundestagsprotokoll vom 10. 11. 1965, S. 19.
128 Ludwig Erhard, *Gesellschaftspolitische Ziele*, in: *Was müssen wir für die freie Welt tun?* Tagungsprotokoll der Aktionsgemeinschaft Soziale Marktwirtschaft Nr. 24, Ludwigsburg 1965.
129 Ders., *Programm für Deutschland*, Referat auf dem 13. Bundesparteitag der CDU im März 1965 in Düsseldorf.

Gewerkschaften); eine freiheitliche demokratische Gesellschaft, deren politische Institutionen »Spezialisten für allgemeine Interessen« vorstehen; ein dynamisches Gleichgewicht zwischen Leistungsfähigkeit der Gesamtwirtschaft und den Erfordernissen der Sozialpolitik, die allerdings hinter die Selbstvorsorge der Menschen zurückzutreten habe; eine hochgradige Interdependenz, die für die industrielle Betriebsform ebenso charakteristisch sei wie für die Gesamtgesellschaft (= Gesamtbetrieb!); ein gesamtgesellschaftliches Bewußtsein als einheitsstiftendes Moment, das noch schwach ausgebildet und deshalb zu fördern sei.[130]

Die Formierungsabsichten sind nicht nur auf die Bundesrepublik gerichtet, sondern »darüber hinaus geeignet, eine Leitidee für die Neugestaltung unseres Erdteils wie auch für die wirtschaftliche und soziale Entwicklung anderer Völker zu sein«.[131] Die Anziehungskraft einer so gegliederten Gesellschaft würde sich, so hoffen zuversichtlich ihre Ideologen, anderen Formen als überlegen erweisen, zugleich den Sozialismus politisch und ideologisch aufzehren.[132]

Expliziertes Ziel der Formierung ist ein »vitales Verhältnis« zwischen sozialer Stabilität und wirtschaftlicher Dynamik, »Konzentration auf eine fortdauernde Erhöhung der Wirtschaft«, eine »Gesellschaft des dynamischen Gleichgewichts«. Und Erhard folgert konsequent, daß eine derart formierte Gesellschaft, deren Interessengruppen sich dem Primat der ungebrochenen Wirtschaftsexpansion beugen, einer autoritären Führung nicht bedürfe – allerdings, und das ist mehr als nur ein Appendix um der Akribie willen, brauche sie »moderne Techniken des Regierens und der politischen Willensbildung«.[133] Das bedeutet erklärtermaßen: größere Autonomie des Parlaments, wobei an die Stelle von Gruppeninteressenten »Spezialisten für allgemeine Interessen« treten sollen. Der »formierten Gesellschaft« entspricht die technokratisch reformierte Demokratie.

Zur ökonomischen Krisenvermeidung müßten öffentliche Voraussicht und private Initiative sich verbünden; nur so

130 Ebd., S. 706 ff.
131 Ebd., S. 706.
132 Ebd.
133 Ebd.

könne Deutschlands politische Kraft sich mehren und seine geistige und technische Leistung erhöhen[134]. Der Preis dafür ist die Bereinigung der Sozialpolitik von »überflüssigem Gestrüpp«[135]. An die Stelle »rein konsumtiver Sozialleistungen«, »Auswüchse überwuchernder partieller Wünsche«, soll ein konjunkturpolitisch steuerbarer Fond treten, dessen Einnahmen mit dem erwirtschafteten Sozialprodukt korrelieren sollen – ein »parafiskalisches Gebilde«, das in mittelfristiger Vorausschau, orientiert an sachlichen und zeitlichen Dringlichkeitsmerkmalen, konjunkturabhängig über sozialpolitische Maßnahmen entscheiden soll.

Das bedeutet konkret, daß an die Stelle erkämpfter und zumindest temporär verbürgter Sozialleistungen deren Gewährung immer aufs neue abhängig würde von der konjunkturellen Situation. Jeder Streik um Lohnerhöhungen, Arbeitszeitverkürzungen oder bessere Arbeitsbedingungen würde als »unverantwortlich« denunziert werden können mit dem Hinweis auf die Beeinträchtigung des Produktionswachstums, der Gewinne und Steuern – und damit auf die Gefährdung wichtiger Gemeinschaftsaufgaben. Das meint letztlich die Verpflichtung aufs Gemeinwohl.

Mit diesen Vorstellungen sind in der Tat einander in ihren Zielen widerstreitende Klassen und Gruppen nicht zu vereinbaren. Ziel ist, die Klassengesellschaft in eine »Leistungsgemeinschaft« umzuwandeln, in der alle gesellschaftlichen Kräfte zusammenwirken, in der das Volk zu einer »großen Willenseinheit« zusammengeschlossen ist. Ihre Verpflichtung auf das immer wieder postulierte Gemeinwohl ist zugleich eine Verpflichtung auf ein wirtschaftspolitisches Konzept, das primär am wirtschaftlichen Wachstum sich orientiert. Wirtschaftliches Wachstum heißt Expansion der großen Unternehmensorganisationen. Solange die Investitionsneigung privater Unternehmer wichtigste Voraussetzung einer prosperierenden Wirtschaft ist, muß der Staat für die Bedingungen von Kapitalverwertung sorgen; daran ändert auch die Tatsache nichts, daß vor allem bei Großunternehmungen Manager statt Eigentümer-Unternehmer über Produktionsrichtung und -umfang entscheiden.

134 Ebd., S. 708.
135 Ebd., S. 710.

Selbst nicht-marxistischen Wissenschaftlern wird das undifferenzierte und unkritische Wachstumspostulat allmählich suspekt. Statistisch ermittelte globale Wachstumsraten verstellen den Blick dafür, daß sich trotz deren eindrucksvoller Größe das Pro-Kopf-Einkommen der Bevölkerung durchaus nicht zu erhöhen braucht, sondern sogar das Gegenteil eintreten kann. Nur bei wirtschaftlichem Wachstum, wird dem entgegengehalten, sei Konkurrenzfähigkeit gewährleistet, seien Sozialinvestitionen zu realisieren. Die immer wieder erhobene Forderung nach Umverteilung der Vermögen oder wenigstens des Vermögenszuwachses bleibt vieldiskutiertes, aber ungelöstes Problem. Indessen zeigt sich, daß auf der Basis des Status quo dem Problem der wachsenden Diskrepanz zwischen privatem Reichtum und öffentlicher Armut, zwischen steigendem volkswirtschaftlichen Sozialprodukt und stagnierender Lohnquote nicht beizukommen ist. Hinter dem Wachstums-Fetisch verbirgt sich das drohende Gespenst der Krise und damit die Legitimationsschwäche des Systems.

Die »Reform der Demokratie« hatte Müller-Armack bereits 1933 als notwendig angesehen. Der Staat sollte wieder stark werden. Die Überbrückung der Klassengegensätze, die Unterordnung aller Gruppen unter seine Autorität, ihre Verpflichtung aufs Gemeinwohl, die Kooperation objektiv antagonistischer Interessengruppen, eine einheitliche Willensbildung sind Elemente eines Konzepts, das, geringfügig modifiziert, im *Großen Plan* der CDU wiederauferstand und von dessen Realisierung die Bundesrepublik durch den Regierungswechsel 1969 bisher verschont blieb. Ihm zufolge hätten Interessengruppen sich dem Primat der wirtschaftlichen Expansion zu beugen. Der unterstellte Interessenpluralismus indessen ist Fiktion. Wirtschaftliches Wachstum kapitalistischer Wirtschaft heißt, optimale Bedingungen für Kapitalakkumulation zu schaffen bzw. zu erhalten, den Arbeitslohn, Kostenfaktor im Verwertungsprozeß, zu minimalisieren. Aufhebung des Interessenantagonismus meint – bei systemnotwendiger Berücksichtigung der Unternehmer-Prärogative – Integration der Gewerkschaften in eine Wirtschaftsgesellschaft, in der der Widerspruch zwischen Lohnarbeit und Kapital und der Klassencharakter der Gesellschaft überdeckt sind durch eine »konzertierte Aktion« aller im Interesse weniger.

Dokumente

1. Antwort des Genossen J. W. Stalin
auf die Frage des Hauptberichterstatters der englischen Presseagentur Reuter

Der Moskauer Berichterstatter der englischen Presseagentur Reuter, Herr King, wandte sich mit einem Brief an den Vorsitzenden des Rates der Volkskommissare der Sowjetunion, Genossen *J. W. Stalin*, und bat, eine Frage zu beantworten, die die englische Öffentlichkeit interessiere.

Genosse *J. W. Stalin* antwortete Herrn King mit folgendem Brief:

Herr King!
Ich wurde von Ihnen gebeten, eine die Auflösung der Kommunistischen Internationale betreffende Frage zu beantworten. Hiermit übersende ich Ihnen meine Antwort.

Frage: »Die britischen Kommentare zu dem Beschluß über die Liquidierung der Komintern waren sehr günstig. Welches ist der sowjetische Standpunkt in dieser Frage und über ihren Einfluß auf die Zukunft der internationalen Beziehungen?«

Antwort: Die Auflösung der Kommunistischen Internationale ist richtig und zeitentsprechend, da sie die Organisierung des gemeinsamen Angriffs aller freiheitliebenden Nationen gegen den gemeinsamen Feind – den Hitlerfaschismus – erleichtert.

Die Auflösung der Kommunistischen Internationale ist richtig, denn:

a) sie entlarvt die Lüge der Hitlerleute, daß »Moskau« angeblich beabsichtige, sich in das Leben anderer Staaten einzumischen und sie zu »bolschewisieren«. Dieser Lüge wird nunmehr ein Ende gemacht.

b) Sie entlarvt die Verleumdung seitens der Gegner des Kommunismus in der Arbeiterbewegung, daß die kommunistischen Parteien der verschiedenen Länder angeblich nicht im Interesse ihres eigenen Volkes, sondern auf Befehl von außen handelten. Dieser Verleumdung wird nunmehr ebenfalls ein Ende gemacht.

c) Sie erleichtert die Arbeit der Patrioten der freiheitliebenden Länder zur Vereinigung der progressiven Kräfte ihrer Länder – unabhängig von deren Parteizugehörigkeit und religiöser Überzeugung – zu einem einheitlichen nationalen Freiheitslager zwecks Entfaltung des Kampfes gegen den Faschismus.

d) Sie erleichtert die Arbeit der Patrioten aller Länder zur Vereinigung aller freiheitliebenden Völker zu einem einheitlichen internationalen Lager für den Kampf gegen die Gefahr der Weltherrschaft des Hitlerfaschismus, und macht dadurch den Weg frei für die zukünftige

Organisierung des Freundschaftsbundes der Völker auf der Grundlage ihrer Gleichberechtigung.

Ich glaube, daß alle diese Umstände zusammengenommen dahin führen werden, daß die Einheitsfront der Verbündeten und der übrigen vereinigten Nationen in ihrem Kampf für den Sieg über die Hitlertyrannei sich weiter festigen wird.

Ich bin der Auffassung, daß die Auflösung der Kommunistischen Internationale durchaus zeitentsprechend ist, da gerade jetzt, wo die faschistische Bestie ihre letzten Kräfte anspannt, der gemeinsame Angriff der freiheitliebenden Länder organisiert werden muß, um dieser Bestie den Garaus zu machen und die Völker vom faschistischen Joch zu erlösen.

Hochachtungsvoll
J. Stalin

28. Mai 1943

Aus: J. Stalin, *Über den großen Vaterländischen Krieg*, Stockholm 1945, S. 120 ff.

2. Gespräch des amerikanischen Sonderbotschafters Hopkins mit Stalin über die Polenfrage

Mr. Hopkins sagte sodann, er werde, wenn der Marschall es ihm erlaube, nun gern die Haltung der Vereinigten Staaten in der Frage Polens erklären. Er wünsche zunächst dem Marschall zu versichern, daß er nicht daran denke und auch gar nicht befugt sei, das polnische Problem während seines Besuchs hier in Moskau zu regeln, noch habe er die Absicht, sich hinter der amerikanischen öffentlichen Meinung zu verschanzen, wenn er die Stellungnahme der Vereinigten Staaten darlege.

Marschall Stalin sagte, er fürchte, Mr. Hopkins habe sich durch seine Bemerkung hinsichtlich der sowjetischen öffentlichen Meinung getroffen gefühlt; er habe es aber nicht so gemeint, als verberge sich Mr. Hopkins hinter diesem Schirm. Im Gegenteil sei ihm Mr. Hopkins als aufrichtiger und ehrlicher Mann bekannt.

Mr. Hopkins erwiderte, er wünsche die Angelegenheit so klar und durchsichtig wie möglich zu behandeln. Die polnische Frage, sagte er, sei an und für sich nicht so wichtig wie die Tatsache, daß sie zu einem Symbol für unsere Fähigkeit geworden sei, die Probleme mit der Sowjetunion zusammen zu regeln. Wir hätten keine besonderen Interessen gegenüber Polen wahrzunehmen und keine besonderen Wünsche hinsichtlich der Regierungsform zu vermelden. Wir würden jede Regierung in Polen anerkennen, die das polnische Volk sich wünsche, und die zugleich der Sowjetregierung freundlich gesinnt sei. Das Volk und die Regierung der Vereinigten Staaten hielten dies für ein Problem, das von den Vereinigten Staaten, der Sowjetunion und Großbritannien gemeinsam gelöst werden müsse, und wir meinten, dem polnischen Volk müsse das Recht gegeben werden, sich seine Regierung und Staatsform frei zu wählen, und Polen müsse wirklich unabhängig sein. Die Regierung und das Volk der Vereinigten Staaten seien beunruhigt, weil die vorbereitenden Maßnahmen zur Wiederherstellung Polens anscheinend einseitig von der Sowjetunion zusammen mit der gegenwärtigen Warschauer Regierung getroffen worden seien, unter völligem Ausschluß der Vereinigten Staaten. Er hoffe, sagte er, Stalin werde ihm glauben, daß diese Anschauung tatsächlich bestehe. *Mr. Hopkins bat Marschall Stalin eindringlich, die amerikanische Politik nach den Handlungen der Regierung der Vereinigten Staaten zu beurteilen und nicht nach der Haltung und den öffentlichen Kundgebungen der Hearst-Presse und der Chicago Tribune.* Er hoffe, der Marschall werde es sich zur Aufgabe machen, darüber nachzudenken, welche diplomatischen Methoden zur Regelung dieser Frage brauchbar seien, und dabei die Anschauungen des amerikanischen Volkes nicht vergessen. Er selbst, sagte er, sei nicht in der Lage anzugeben, was zu geschehen habe, aber geschehen müsse seiner Meinung nach etwas. Polen sei ein Symbol geworden, das sich unmittelbar auf die Bereitschaft der Vereinigten Staaten beziehe, auf einer weltweiten Grundlage an den internationalen Angelegenheiten teilzunehmen, und unser Volk müsse überzeugt sein, daß es seine Macht mit derjenigen der Sowjetunion und Großbritanniens vereine, um den internationalen Frieden und die Wohlfahrt der Menschheit zu fördern. Mr. Hopkins fuhr fort, die überwältigende Mehrheit des amerikanischen Volkes glaube daran, daß die Beziehungen zwischen den Vereinigten Staaten und der UdSSR im Geiste der Kooperation gefestigt werden könnten, trotz der ideologischen Unterschiede, und in Anbetracht all dieser begünstigenden Faktoren richte er seine Bitte an den Marschall, bei der Lösung des polnischen Problems zu helfen.

Marschall Stalin erwiderte, er wünsche, Mr. Hopkins möge folgende Faktoren in Erwägung ziehen: Es könne, sagte er, vielleicht merkwürdig erscheinen, daß die Sowjetregierung ein befreundetes Polen wünsche, obwohl dies in gewissen Kreisen der Vereinigten Staaten, übrigens auch von Churchill in seinen Reden, dem Anschein nach anerkannt werde. Im Laufe von 25 Jahren sei Deutschland zweimal über Polen in Rußland eingefallen. Weder die Engländer noch die Amerikaner hätten solche Invasionen erlebt, die kaum erträglich seien und deren Folgen man nicht so leicht vergessen könne. Diese deutschen Invasionen seien, sagte er, nicht einfach Kriegführung, sondern den Einfällen der Hunnen vergleichbar. Deutschland sei zu diesen Einfällen in der Lage gewesen, weil man Polen immer als einen Teil des *cordon sanitaire* um Sowjetrußland angesehen habe, und die frühere europäische Politik habe auf der Annahme beruht, daß die polnischen Regierungen Rußland feindlich gesinnt sein müßten. Unter diesen Umständen sei Polen entweder zu schwach zum Widerstande gewesen, oder es hätte die Deutschen durchmarschieren lassen. So habe Polen als Vorfeld für die deutschen Angriffe auf Rußland gedient. Polens Schwäche und Feindseligkeit, sagte er, habe zugleich eine erhebliche Schwächung der Sowjetunion bedeutet, Rußland sei daher wesentlich daran interessiert, ein starkes und befreundetes Polen zum Nachbarn zu haben. Die Sowjetunion, sagte er, habe keineswegs die Absicht, sich in die inneren Angelegenheiten Polens zu mischen. Polen werde unter demselben parlamentarischen System leben wie die Tschechoslowakei, Belgien und Holland, und alles Gerede über eine Sowjetisierung Polens sei Unsinn. Er sagte, die polnischen Führer selbst, von denen einige Kommunisten seien, lehnten das Sowjetsystem ab, da das Volk Polens landwirtschaftliche Kollektive und auch sonstige sowjetische Methoden nicht wünsche. Darin hätten die polnischen Führer ganz recht, denn das Sowjetsystem sei nicht übertragbar – es müsse sich auf Grund gewisser Bedingungen entwickeln, die in Polen nicht vorhanden seien. Die Sowjetunion habe lediglich den Wunsch, daß Polen nicht in die Lage komme, den Deutschen die Tore zu öffnen, und um dies zu verhindern, müsse Polen stark und demokratisch sein. Stalin sagte sodann, ehe er zu seinem Vorschlag einer praktischen Lösung der Frage komme, habe er noch einiges zu Mr. Hopkins' Bemerkungen über die Zukunftsinteressen der Vereinigten Staaten zu sagen. Die Vereinigten Staaten, sagte er, seien nun einmal, ob sie wollten oder nicht, eine Weltmacht und müßten sich daran gewöhnen, weltweite Interessen zu haben. Nicht nur dieser Krieg, schon der vorige hätte bewiesen, daß Deutschland ohne die Intervention der Vereinigten Staaten nicht besiegt werden konnte; alle Ereignisse und Entwicklungen der letzten dreißig Jahre hätten dies bestätigt. Tatsächlich hätten die Vereinigten Staaten mehr Grund, eine Weltmacht zu sein, als irgendein anderer Staat. Aus diesem Grunde erkenne er den Vereinigten Staaten als einer Weltmacht durchaus das Recht zu, in der polnischen Frage mitzusprechen, und das Interesse der Sowjetunion an Polen schließe in keiner Weise dasjenige Englands oder Amerikas aus. Mr. Hopkins habe von der einseitigen russischen Aktion in Polen und davon gesprochen, wie die öffentliche Meinung in Amerika darauf reagiere. Allerdings sei Rußland in der Tat in Polen selbständig vorgegangen, aber es sei dazu genötigt gewesen. Die Sowjetregierung, sagte er, habe die Warschauer Regierung anerkannt und zu einer Zeit, als die Alliierten diese Regierung nicht anerkannten, einen Vertrag mit ihr abgeschlossen. Zugegeben, dies seien einseitige Handlungen gewesen, die viel besser ungeschehen geblieben wären, aber die Tatsache sei die, daß die Russen bei ihren Verbündeten auf keinerlei Verständnis gestoßen seien. Auf Grund der Anwesenheit sowjetischer Truppen in Polen sei man zu diesen Schritten genötigt gewesen; man hätte unmöglich so lange warten können, bis die Alliierten sich über Polen verständigten. Es war eine logische Folge des Krieges gegen Deutschland, die rückwärtigen Verbindungen zu sichern, und das Lubliner Komitee habe der Roten Armee jederzeit große Hilfe geleistet, und aus diesem Grunde habe die Sowjetregierung jene Schritte unternommen. Es liege, sagte er, durchaus nicht im Sinne der sowjetischen Politik, auf fremdem Boden eine sowjetische Verwaltung einzurichten, weil dies nach Okkupation aussehe und von der einheimischen Bevölkerung abgelehnt werde. Aus diesem Grunde mußte irgendeine polnische Verwaltung in Polen eingerichtet werden, und dies konnte nur mit denen geschehen, die der Roten Armee geholfen hatten. Diese Schritte – das wünsche er noch einmal zu betonen – seien nicht mit dem Wunsch unternommen worden, Rußlands Verbündete zu übergehen oder auszuschließen. Immerhin müsse er darauf hinweisen, daß die sowjetische Aktion in Polen erfolgreicher gewesen sei als die der Engländer in Griechenland, und sie seien zu keiner Zeit zu solchen Maßnahmen genötigt gewesen, wie die Engländer sie in Griechenland angewandt hätten. Dann wandte sich Stalin seinem Vorschlag einer Lösung des polnischen Problems zu.

Er sagte, wir sollten doch die Zusammensetzung der zukünftigen Regierung der nationalen Einheit näher ins Auge fassen. In der gegenwärtigen polnischen Regierung, sagte er, seien 18 oder 20 Ministerien, und vier oder fünf dieser Portefeuilles könnten Vertretern anderer polnischer Gruppen gegeben werden aus der Liste, die Großbritannien und die Vereinigten Staaten vorgelegt hätten (Molotow flüsterte Stalin etwas zu, worauf dieser sagte, er meine vier und nicht fünf Regierungsposten). Er sagte, die Polen in Warschau würden seiner Meinung nach nicht mehr als vier Minister aus anderen demokratischen Gruppen zulassen. Wenn dies, fügte er hinzu, als eine brauchbare Basis erscheine, dann könnten wir zu der Frage übergehen, welche Personen für diese Posten ausgewählt werden können. Natürlich, sagte er, müßten sie gegenüber der UdSSR und den Alliierten freundlich gesinnt sein. Er erwähnte Mikolajczyk, der vorgeschlagen worden sei, er halte ihn für annehmbar, und es handle sich nur noch darum, wer sonst noch in Frage käme. Er fragte Mr. Hopkins, ob vielleicht Professor Lange geneigt sei, in die Regierung einzutreten.

Aus: Sherwood, Robert E.; *Roosevelt und Hopkins*, Hamburg 1950, S. 739–742.

3. Die Erklärungen der Alliierten (USA, UdSSR, Großbritannien) über Deutschland anläßlich der Jalta-Konferenz im Februar 1945

»Die folgende Feststellung über das Ergebnis der Krimkonferenz wird von dem Ministerpräsidenten Großbritanniens, dem Präsidenten der Vereinigten Staaten und dem Vorsitzenden des Rates der Volkskommissare der Union der Sozialistischen Sowjetrepubliken getroffen:

1. Niederwerfung Deutschlands
Wir haben die militärischen Pläne der drei Alliierten Mächte für die endgültige Niederwerfung des gemeinsamen Feindes erwogen und festgesetzt. Die militärischen Stäbe der drei Alliierten Mächte haben während der ganzen Dauer der Konferenz täglich Zusammenkünfte abgehalten. Diese Zusammenkünfte waren von jedem Gesichtspunkt aus äußerst befriedigend und ergaben eine engere Koordinierung der militärischen Maßnahmen der drei Alliierten als je zuvor.
Ein voller Austausch von Informationen hat stattgefunden. Zeitliche Folge, Umfang und Koordinierung von neuen und noch kraftvolleren, gegen das Herz Deutschlands von Osten, Westen, Norden und Süden her von unseren Heeres- und Luftstreitkräften zu führenden Schlägen sind in vollem Einvernehmen beschlossen und in allen Einzelheiten geplant worden.
Unsere zusammengefaßten militärischen Pläne werden erst anläßlich ihrer Ausführung laufend bekanntgegeben werden; wir glauben jedoch, daß die auf dieser Konferenz erreichte außerordentlich enge Zusammenarbeit zwischen den drei Stäben zu einer Verkürzung des Krieges führen wird. Zusammenkünfte der drei Stäbe werden auch in Zukunft stattfinden, wenn es die Notwendigkeit ergeben sollte.
Das nationalsozialistische Deutschland ist dem Untergang geweiht. Dem deutschen Volk wird seine Niederlage nur noch teurer zu stehen kommen, wenn es versucht, einen hoffnungslosen Widerstand fortzusetzen.

2. Besetzung und Kontrolle
Wir sind über die gemeinsame Politik und Planlegung zur Durchführung der Bestimmungen der bedingungslosen Kapitulation übereingekommen, die wir gemeinsam dem nationalsozialistischen Deutschland auferlegen werden, nachdem der bewaffnete deutsche Widerstand endgültig gebrochen ist. Diese Bestimmungen werden erst bekanntgegeben werden, wenn die endgültige Niederwerfung Deutschlands vollzogen ist.

Gemäß dem in gegenseitigem Einvernehmen festgelegten Plan werden die Streitkräfte der Drei Mächte je eine besondere Zone Deutschlands besetzen. Der Plan sieht eine koordinierte Verwaltung und Kontrolle durch eine Zentralkommission mit Sitz in Berlin vor, die aus den Oberbefehlshabern der Drei Mächte besteht.

Es ist beschlossen worden, daß Frankreich von den Drei Mächten aufgefordert werden soll, eine Besatzungszone zu übernehmen und als viertes Mitglied an der Kontrollkommission teilzunehmen, falls es dies wünschen sollte. Die Grenzen der französischen Zone werden von den vier beteiligten Regierungen durch ihre Vertreter bei der Europäischen Beratenden Kommission in gegenseitigem Einvernehmen festgelegt.

Es ist unser unbeugsamer Wille, den deutschen Militarismus und Nationalsozialismus zu zerstören und dafür Sorge zu tragen, daß Deutschland nie wieder imstande ist, den Weltfrieden zu stören. Wir sind entschlossen, alle deutschen Streitkräfte zu entwaffnen und aufzulösen; den deutschen Generalstab, der wiederholt die Wiederaufrichtung des deutschen Militarismus zuwege gebracht hat, für alle Zeiten zu zerschlagen; sämtliche deutschen militärischen Einrichtungen zu entfernen oder zu zerstören; die gesamte deutsche Industrie, die für militärische Produktion benutzt werden könnte, zu beseitigen oder unter Kontrolle zu stellen; alle Kriegsverbrecher vor Gericht zu bringen und einer schnellen Bestrafung zuzuführen sowie eine in gleichem Umfang erfolgende Wiedergutmachung der von den Deutschen verursachten Zerstörungen zu bewirken; die Nationalsozialistische Partei, die nationalsozialistischen Gesetze, Organisationen und Einrichtungen zu beseitigen, alle nationalsozialistischen und militärischen Einflüsse aus den öffentlichen Dienststellen sowie dem kulturellen und wirtschaftlichen Leben des deutschen Volkes auszuschalten und in Übereinstimmung miteinander solche Maßnahmen in Deutschland zu ergreifen, die für den zukünftigen Frieden und die Sicherheit der Welt notwendig sind.

Es ist nicht unsere Absicht, das deutsche Volk zu vernichten, aber nur dann, wenn der Nationalsozialismus und Militarismus ausgerottet sind, wird für die Deutschen Hoffnung auf ein würdiges Leben und einen Platz in der Völkergemeinschaft bestehen.

3. *Wiedergutmachung durch Deutschland*

Wir haben die Frage des Schadens, den Deutschland in diesem Krieg den Vereinten Nationen zugefügt hat, erörtert und für Recht befunden, daß Deutschland in größtmöglichem Umfange verpflichtet wird, in gleicher Form Ersatz für den verursachten Schaden zu leisten. Eine Schadenersatz-Kommission wird eingesetzt werden. Diese Kommission wird angewiesen, die Frage des Umfangs und der Art und Weise der Wiedergutmachung des von Deutschland den alliierten Ländern zugefügten Schadens zu behandeln. Die Kommission wird in Moskau arbeiten.

[...]

5. Erklärung über das befreite Europa

Wir haben eine Erklärung über das befreite Europa aufgesetzt und uns dazu bekannt. Diese Erklärung sieht eine Gleichschaltung der Politik der Drei Mächte und ihr gemeinsames Vorgehen bei der Lösung der politischen und wirtschaftlichen Probleme des befreiten Europa auf demokratischer Grundlage vor. Sie lautet wie folgt:

Der Premierminister der UdSSR, der Premierminister des Vereinigten Königreiches und der Präsident der Vereinigten Staaten von Amerika haben im gemeinamen Interesse der Völker ihrer Länder und des befreiten Europa Beratungen miteinander abgehalten. Sie erklären gemeinsam ihr gegenseitiges Einverständnis, die entsprechende Politik ihrer drei Regierungen während des zeitweiligen Vorherrschens ungeordneter Zustände im befreiten Europa gleichzuschalten, um den Völkern des von der Herrschaft des nationalsozialistischen Deutschland befreiten Europa und den Völkern der früheren Vasallenstaaten der Achse bei der auf demokratischem Wege herbeizuführenden Lösung ihrer dringenden politischen und wirtschaftlichen Probleme beizustehen.

Die Herstellung der Ordnung in Europa und der Wiederaufbau eines nationalen Wirtschaftslebens müssen in einer Weise zuwege gebracht werden, die es den befreiten Völkern gestattet, die letzten Spuren des Nationalsozialismus und Faschismus zu beseitigen und demokratische Einrichtungen nach eigener Wahl zu schaffen.

Der Grundsatz der Atlantik-Charta – das Recht aller Völker, sich die Regierungsform, unter der sie leben werden, selbst zu wählen – ist die Rückgabe der souveränen Rechte und der Selbstverwaltung an diejenigen Völker, die dieser durch die Angriffsvölker mit Gewalt beraubt worden sind.

Zur Schaffung von Bedingungen, unter denen die befreiten Völker diese Rechte ausüben können, werden die drei Regierungen, wo immer es die Umstände ihrer Ansicht nach erfordern, die Völker der befreiten europäischen Staaten oder der früheren europäischen Vasallenstaaten der Achse gemeinsam in folgendem unterstützen:

a) bei der Wiederherstellung von Friedensverhältnissen;

b) bei der Durchführung von Notmaßnahmen zwecks Unterstützung Hilfsbedürftiger;

c) bei der Schaffung vorläufiger Regierungsgewalten, die eine umfassende Vertretung aller demokratischen Elemente der Bevölkerung

darstellen und die zur baldestmöglichen Errichtung von dem Volkswillen entsprechenden Regierungen auf dem Wege freier Wahlen verpflichtet sind;

d) nötigenfalls bei der Durchführung solcher Wahlen.

Die drei Regierungen werden die anderen Vereinten Nationen und
provisorischen Gewalten oder andere Regierungen in Europa zu Rate
ziehen, wenn Angelegenheiten, die für diese von unmittelbarem Interesse sind, behandelt werden.

Falls die Verhältnisse in einem der befreiten Staaten Europas oder
einem früheren europäischen Vasallenstaat der Achse nach Ansicht
der drei Regierungen ein solches Vorgehen erfordern, werden diese
sofort über die notwendigen Maßnahmen zur Erfüllung der in dieser
Erklärung dargelegten gemeinsamen Verpflichtungen miteinander
beraten.

Mit dieser Erklärung bestätigen wir von neuem unseren Glauben an
die Grundsätze der Atlantik-Charta, unser in der Erklärung der
Vereinten Nationen gegebenes Gelöbnis und unseren Entschluß, in
Zusammenarbeit mit anderen friedliebenden Nationen eine auf Recht
und Gesetz gegründete Weltordnung zu schaffen, die dem Frieden, der
Sicherheit, der Freiheit und dem allgemeinen Wohl der gesamten
Menschheit geweiht ist.

Indem die drei Mächte diese Erklärung herausgeben, sprechen sie die
Hoffnung aus, daß die provisorische Regierung der Französischen
Republik sich an dem vorgeschlagenen Verfahren beteiligen möge.
[...]

I. Zerstückelung Deutschlands

Es wurde beschlossen, daß Artikel 12 (a) der Kapitulationsbedingungen für Deutschland folgendermaßen ergänzt werde: »Das Vereinigte
Königreich, die Vereinigten Staaten von Amerika und die Union der
Sozialistischen Sowjetrepubliken werden bezüglich Deutschlands
höchste Machtvollkommenheit haben. In der Ausübung dieser Macht
werden sie solche Maßnahmen treffen, einschließlich der völligen Entwaffnung, Entmilitarisierung und Zerstückelung, als sie für den künftigen Frieden und die Sicherheit für notwendig halten.«

Das Studium des Vorganges für die Zerstückelung Deutschlands
wurde einem Komitee übertragen, welches aus Mr. Eden (Vorsitzender), Mr. Winant und Herrn Gusev besteht. Diese Körperschaft wird
darüber beraten, ob es wünschenswert ist, einen französischen Repräsentanten beizuziehen.

II. Okkupationszone für die Franzosen und Kontrollrat für Deutschland

Es wurde beschlossen, daß eine Zone in Deutschland, welche von französischen Streitkräften besetzt werden wird, Frankreich zugeteilt wird. Diese Zone wird aus der britischen und amerikanischen Zone gebildet werden und ihre Ausdehnung wird von den Briten und Amerikanern in Beratung mit der provisorischen französischen Regierung bestimmt werden. Es wurde auch beschlossen, daß die französische provisorische Regierung eingeladen werden soll, ein Mitglied des alliierten Kontrollrates für Deutschland zu werden.

III. Wiedergutmachung

Das folgende Protokoll wurde beschlossen:

1. Deutschland muß in natura für die Verluste zahlen, welche es den alliierten Nationen im Laufe des Krieges zugeführt hat. Wiedergutmachung sollen in erster Linie diejenigen Länder erhalten, welche die Hauptlast des Krieges getragen, die schwersten Verluste erlitten und den Sieg über den Feind gestaltet haben.

2. Wiedergutmachung in natura ist von Deutschland in den drei folgenden Formen zu nehmen: (a) innerhalb zweier Jahre nach der Übergabe Deutschlands oder dem Aufhören organisierten Widerstandes, Wegschaffungen von deutschem Nationalvermögen, welches sich sowohl auf dem Gebiete Deutschlands selbst als auch außerhalb des Gebietes befindet (Werkzeugmaschinen, Schiffe, rollendes Material, deutsche Investitionen im Auslande, Aktien Industrieller, Transport- und anderer Unternehmungen in Deutschland), welche Wegschaffungen hauptsächlich für den Zweck der Zerstörung des Kriegspotentials Deutschlands durchzuführen sind; (b) jährliche Lieferungen von Gütern von der laufenden Produktion für eine festzusetzende Zeitspanne; (c) Benützung deutscher Arbeitskräfte.

3. Zur Ausarbeitung eines detaillierten Planes laut vorgenannter Grundsätze für die Einhebung von Reparationen von Deutschland wird eine alliierte Wiedergutmachungskommission in Moskau errichtet werden. Sie wird aus drei Vertretern bestehen – einem von der Union der Sozialistischen Sowjetrepubliken, einem vom Vereinten Königreich und einem von den Vereinigten Staaten von Amerika.

4. Bezüglich der Festsetzung einer Gesamtsumme der Wiedergutmachung als auch der Verteilung unter den Ländern, welche unter der deutschen Aggression gelitten haben, kamen die sowjetischen und amerikanischen Delegationen folgendermaßen überein: »Die Moskauer Reparationskommission soll in ihren anfänglichen Studien als

Unterlage für die Diskussion den Vorschlag der Sowjetregierung annehmen, daß die Gesamtsumme der Wiedergutmachungen in Übereinstimmung mit den Punkten a und b des § 2 20 Milliarden Dollar sein sollten und daß davon 50% die Union der Sozialistischen Sowjetrepubliken erhalten solle.«

Die britische Delegation war der Ansicht, daß während der Besprechungen über die Wiedergutmachungsfrage bei der Moskauer Wiedergutmachungskommission keine Wiedergutmachungsziffern genannt werden sollten. Der vorstehende sowjet-amerikanische Vorschlag wurde der Moskauer Reparationskommission als einer der Vorschläge, welche von der Kommission in Erwägung gezogen werden sollen, weitergegeben.

IV. Hauptkriegsverbrecher

Die Konferenz ist übereingekommen, daß die Frage der Hauptkriegsverbrecher der Gegenstand einer Untersuchung der drei Außenminister zur seinerzeitigen Berichterstattung nach dem Ende der Konferenz sein solle.

Aus: H. v. Siegler, *Dokumentation zur Deutschlandfrage,* Hauptband I, Bonn/Wien/Zürich 1961.

4. Die Bestimmungen des Potsdamer Abkommens der drei Alliierten vom 2. August 1945 über Deutschland

I.

Am 17. Juli 1945 trafen sich der Präsident der Vereinigten Staaten von Amerika, Harry S. Truman, der Vorsitzende des Rates der Volkskommissare der Union der Sozialistischen Sowjetrepubliken, Generalissimus J. W. Stalin, und der Premierminister Großbritanniens, Winston S. Churchill, sowie Herr Clement R. Attlee auf der von den drei Mächten beschickten Berliner Konferenz. Sie wurden begleitet von den Außenministern der drei Regierungen, W. M. Molotow, Herrn Dr. F. Byrnes und Herrn A. Eden, den Stabschefs und anderen Beratern.

In der Periode vom 17. bis 25. Juli fanden neun Sitzungen statt. Darauf wurde die Konferenz für zwei Tage unterbrochen, an denen in England die Wahlergebnisse verkündet wurden.

Am 28. Juli kehrte Herr Attlee in der Eigenschaft als Premierminister in Begleitung des neuen Außenministers, Herrn E. Bevin, zu der Konferenz zurück. Es wurden noch vier Sitzungen abgehalten. Während der Konferenz fanden regelmäßige Begegnungen der Häupter der drei Regierungen, von den Außenministern begleitet, und regelmäßige Beratungen der Außenminister statt.

Die Kommissionen, die in den Beratungen der Außenminister für die vorherige Vorbereitung der Fragen eingesetzt worden waren, tagten gleichfalls täglich. Die Sitzungen der Konferenz fanden in Cäcilienhof bei Potsdam statt.

Die Konferenz schloß am 2. August 1945. Es wurden wichtige Entscheidungen und Vereinbarungen getroffen. Es fand ein Meinungsaustausch über eine Reihe anderer Fragen statt. Die Beratung dieser Probleme wird durch den Rat der Außenminister, der auf dieser Konferenz geschaffen wurde, fortgesetzt.

Präsident Truman, Generalissimus Stalin und Premierminister Attlee verlassen diese Konferenz, welche das Band zwischen den drei Regierungen fester geknüpft und den Rahmen ihrer Zusammenarbeit und Verständigung erweitert hat, mit der verstärkten Überzeugung, daß ihre Regierung und Völker, zusammen mit anderen vereinten Nationen, die Schaffung eines gerechten und dauerhaften Friedens sichern werden.

II. Die Einrichtung eines Rates der Außenminister

Die Konferenz erreichte eine Einigung über die Errichtung eines Rates der Außenminister, welche die fünf Hauptmächte vertreten, zur Fortsetzung der notwendigen vorbereitenden Arbeit zur friedlichen Regelung und zur Beratung anderer Fragen, welche nach Übereinstimmung zwischen den Teilnehmern in dem Rat der Regierungen von Zeit zu Zeit an den Rat übertragen werden können.

Der Text der Übereinkunft über die Errichtung des Rates der Außenminister lautet:

1. Es ist ein Rat zu errichten, bestehend aus den Außenministern des Vereinigten Königreiches, der Union der Sozialistischen Sowjetrepubliken, Chinas, Frankreichs und der Vereinigten Staaten von Amerika.

2. (I) Der Rat tagt normalerweise in London, wo der ständige Sitz des Vereinigten Sekretariats sein wird, das durch den Rat zu schaffen ist. Jeder Außenminister wird durch einen Stellvertreter von hohem Rang begleitet werden, welcher gegebenenfalls bevollmächtigt ist, während seiner, des Außenministers, Abwesenheit die Arbeit weiterzuführen, sowie von einem kleinen Stab technischer Mitarbeiter.

(II) Die erste Sitzung des Rates findet in London nicht später als am

1. September 1945 statt. Die Sitzungen können nach allgemeiner Übereinkunft nach anderen Hauptstädten einberufen werden; diese Übereinkunft kann von Zeit zu Zeit herbeigeführt werden.

3. (I) Als eine vordringliche und wichtige Aufgabe des Rates wird ihm aufgetragen, Friedensverträge für Italien, Rumänien, Bulgarien, Ungarn und Finnland aufzusetzen, um sie den Vereinten Nationen vorzulegen und Vorschläge zur Regelung der ungelösten territorialen Fragen, die in Verbindung mit der Beendigung des Krieges in Europa entstehen, auszuarbeiten. Der Rat wird zur Vorbereitung einer friedlichen Regelung für Deutschland benutzt werden, damit das entsprechende Dokument durch die für diesen Zweck geeignete Regierung Deutschlands angenommen werden kann, nachdem eine solche Regierung gebildet sein wird.

(II) Zwecks Lösung jeder dieser Aufgaben wird der Rat aus Mitgliedern bestehen, welche diejenigen Regierungen vertreten, die die Bedingungen in der Kapitulation unterschrieben haben, diktiert an den Feindstaat, den die gegebene Aufgabe betrifft. Bei der Betrachtung der Fragen der Friedensregelung mit Italien wird Frankreich als Unterschriftleistender der Kapitulationsbedingungen Italiens betrachtet werden. Andere Mitglieder werden zur Teilnahme am Rat eingeladen werden, wenn Fragen erörtert werden, die sie direkt betreffen.

(III) Andere Angelegenheiten werden von Zeit zu Zeit dem Rat übertragen werden nach Übereinkunft zwischen den Regierungen, die seine Mitglieder sind.

4. (I) Wenn der Rat eine Frage erörtern wird, an der unmittelbar ein Staat interessiert ist, der in ihm nicht vertreten ist, so muß dieser Staat eingeladen werden, seine Vertreter zur Teilnahme an der Beratung und Prüfung dieser Frage zu entsenden.

(II) Der Rat kann seine Arbeitsweise dem Charakter des gestellten, von ihm zu prüfenden Problems anpassen. In gewissen Fällen kann er die Frage zunächst in seiner Zusammensetzung vor der Teilnahme anderer interessierter Staaten vorberaten. In anderen Fällen kann der Rat zu einer offiziellen Konferenz den Staat einberufen, der hauptsächlich an der Lösung eines besonderen Problems interessiert ist.

Der Entschließung der Konferenz entsprechend, schickte jede der drei Regierungen gleichlautende Einladungen an die Regierungen von China und Frankreich, diesen Text anzunehmen und sich ihnen zur Errichtung des Rates anzuschließen.

Die Errichtung des Rates der Außenminister für besondere Ziele, die in diesem Text genannt worden sind, widerspricht nicht der auf der Krim-Konferenz erzielten Übereinkunft über die Abhaltung periodischer Beratungen der Außenminister der Vereinigten Staaten, der Union der Sozialistischen Sowjetrepubliken und des Vereinigten Königreiches.

Die Konferenz überprüfte auch die Situation der europäischen konsultativen Kommission im Sinne der Übereinkunft über die Errichtung des Rates der Außenminister. Mit Genugtuung wurde festgestellt, daß die Kommission erfolgreich ihre Hauptaufgaben bewältigt hat, indem sie die Vorschläge betreffend die bedingungslose Kapitulation, die Besatzungszonen Deutschlands und Österreichs und das internationale Kontrollsystem in diesen Ländern vorlegte. Es wurde für richtig befunden, daß die speziellen Fragen, die die gegenseitige Angleichung der Politik der Alliierten hinsichtlich der Kontrolle über Deutschland und Österreich betreffen, in Zukunft der Zuständigkeit des Kontrollrats in Berlin und der Alliierten Kommission in Wien unterliegen sollen. Demgemäß ist man darüber einig geworden, die Auflösung der Europäischen Konsultativen Kommission zu empfehlen.

III. Deutschland

Alliierte Armeen führen die Besetzung von ganz Deutschland durch, und das deutsche Volk fängt an, die furchtbaren Verbrechen zu büßen, die unter der Leitung derer, welche es zur Zeit ihrer Erfolge offen gebilligt hat und denen es blind gehorcht hat, begangen wurden. Auf der Konferenz wurde eine Übereinkunft erzielt über die politischen und wirtschaftlichen Grundsätze der gleichgeschalteten Politik der Alliierten in bezug auf das besiegte Deutschland in der Periode der alliierten Kontrolle.

Das Ziel dieser Übereinkunft bildet die Durchführung der Krim-Deklaration über Deutschland. Der deutsche Militarismus und Nazismus werden ausgerottet, und die Alliierten treffen nach gegenseitiger Vereinbarung in der Gegenwart und in der Zukunft auch andere Maßnahmen, die notwendig sind, damit Deutschland niemals mehr seine Nachbarn oder die Erhaltung des Friedens in der ganzen Welt bedrohen kann.

Es ist nicht die Absicht der Alliierten, das deutsche Volk zu vernichten oder zu versklaven. Die Alliierten wollen dem deutschen Volk die Möglichkeit geben, sich darauf vorzubereiten, sein Leben auf einer demokratischen und friedlichen Grundlage von neuem wiederaufzubauen. Wenn die eigenen Anstrengungen des deutschen Volkes unablässig auf die Erreichung dieses Zieles gerichtet sein werden, wird es ihm möglich sein, zu gegebener Zeit seinen Platz unter den freien und friedlichen Völkern der Welt einzunehmen.

Der Text dieser Übereinkunft lautet:

Politische und wirtschaftliche Grundsätze, deren man sich bei der Behandlung Deutschlands in der Anfangsperiode der Kontrolle bedienen muß:

A. Politische Grundsätze

1. Entsprechend der Übereinkunft über das Kontrollsystem in Deutschland wird die höchste Regierungsgewalt in Deutschland durch die Oberbefehlshaber der Streitkräfte der Vereinigten Staaten von Amerika, des Vereinigten Königreichs, der Union der Sozialistischen Sowjetrepubliken und der Französischen Republik nach den Weisungen ihrer entsprechenden Regierungen ausgeübt, und zwar von jedem in seiner Besatzungszone, sowie gemeinsam in ihrer Eigenschaft als Mitglieder des Kontrollrates in den Deutschland als Ganzes betreffenden Fragen.

2. Soweit dieses praktisch durchführbar ist, muß die Behandlung der deutschen Bevölkerung in ganz Deutschland gleich sein.

3. Die Ziele der Besetzung Deutschlands, durch welche der Kontrollrat sich leiten lassen soll, sind:

(I) Völlige Abrüstung und Entmilitarisierung Deutschlands und die Ausschaltung der gesamten deutschen Industrie, welche für eine Kriegsproduktion benutzt werden kann oder deren Überwachung. Zu diesem Zweck:

a) werden alle Land-, See- und Luftstreitkräfte Deutschlands, SS, SA, SD und Gestapo mit allen ihren Organisationen, Stäben und Ämtern, einschließlich des Generalstabes, des Offizierkorps, der Reservisten, der Kriegsschulen, der Kriegervereine und aller anderen militärischen und halbmilitärischen Organisationen zusammen mit ihren Vereinen und Unterorganisationen, die den Interessen der Erhaltung der militärischen Tradition dienen, völlig und endgültig aufgelöst, um damit für immer der Wiedergeburt oder Wiederaufrichtung des deutschen Militarismus und Nazismus vorzubeugen;

b) müssen sich alle Waffen, Munition und Kriegsgerät und alle Spezialmittel zu deren Herstellung in der Gewalt der Alliierten befinden oder vernichtet werden. Der Unterhaltung und Herstellung aller Flugzeuge und aller Waffen, Ausrüstung und Kriegsgeräte wird vorgebeugt werden.

(II) Das deutsche Volk muß überzeugt werden, daß es eine totale militärische Niederlage erlitten hat und daß es sich nicht der Verantwortung entziehen kann für das, was es selbst dadurch auf sich geladen hat, daß seine eigene mitleidlose Kriegführung und der fanatische Widerstand der Nazis die deutsche Wirtschaft zerstört und Chaos und Elend unvermeidlich gemacht haben.

(III) Die Nationalsozialistische Partei mit ihren angeschlossenen Gliederungen und Unterorganisationen ist zu vernichten; alle nationalsozialistischen Ämter sind aufzulösen; es sind Sicherheiten dafür zu schaffen, daß sie in keiner Form wieder auferstehen können; jeder nazistischen und militaristischen Betätigung und Propaganda ist vorzubeugen.

(IV) Die endgültige Umgestaltung des deutschen politischen Lebens auf demokratischer Grundlage und eine eventuelle friedliche Mitarbeit Deutschlands am internationalen Leben sind vorzubereiten.

4. Alle nazistischen Gesetze, welche die Grundlagen für das Hitlerregime geliefert haben oder eine Diskriminierung auf Grund der Rasse, Religion oder politischer Überzeugung errichten, müssen abgeschafft werden. Keine solche Diskriminierung, weder eine rechtliche noch eine administrative oder irgendeiner anderen Art, wird geduldet werden.

5. Kriegsverbrecher und alle diejenigen, die an der Planung oder Verwirklichung nazistischer Maßnahmen, die Greuel oder Kriegsverbrechen nach sich zogen oder als Ergebnis hatten, teilgenommen haben, sind zu verhaften und dem Gericht zu übergeben. Nazistische Parteiführer, einflußreiche Nazianhänger und die Leiter der nazistischen Ämter und Organisationen und alle anderen Personen, die für die Besetzung und ihre Ziele gefährlich sind, sind zu verhaften und zu internieren.

6. Alle Mitglieder der nazistischen Partei, welche mehr als nominell an ihrer Tätigkeit teilgenommen haben, und alle anderen Personen, die den alliierten Zielen feindlich gegenüberstehen, sind aus den öffentlichen oder halböffentlichen Ämtern und von den verantwortlichen Posten in wichtigen Privatunternehmungen zu entfernen. Diese Personen müssen durch Personen ersetzt werden, welche nach ihren politischen und moralischen Eigenschaften fähig erscheinen, an der Entwicklung wahrhaft demokratischer Einrichtungen in Deutschland mitzuwirken.

7. Das Erziehungswesen in Deutschland muß so überwacht werden, daß die nazistischen und militaristischen Lehren völlig entfernt werden und eine erfolgreiche Entwicklung der demokratischen Ideen möglich gemacht wird.

8. Das Gerichtswesen wird entsprechend den Grundsätzen der Demokratie und der Gerechtigkeit auf der Grundlage der Gesetzlichkeit und der Gleichheit aller Bürger vor dem Gesetz ohne Unterschied der Rasse, der Nationalität und der Religion reorganisiert werden.

9. Die Verwaltung Deutschlands muß in Richtung auf eine Dezentralisation der politischen Struktur und der Entwicklung einer örtlichen Selbstverantwortung durchgeführt werden. Zu diesem Zwecke:

(I) wird die lokale Selbstverwaltung in ganz Deutschland nach demokratischen Grundsätzen, und zwar durch Wahlausschüsse (Räte), so schnell wie es mit der Wahrung der militärischen Sicherheit und den Zielen der militärischen Besatzung vereinbar ist, wiederhergestellt.

(II) sind in ganz Deutschland alle demokratischen politischen Parteien zu erlauben und zu fördern mit der Einräumung des Rechtes, Versammlungen einzuberufen und öffentliche Diskussionen durchzuführen.

(III) soll der Grundsatz der Wahlvertretungen in die Gemeinde-, Kreis-, Provinzial- und Landesverwaltungen, so schnell wie es durch die erfolgreiche Anwendung dieser Grundsätze in der örtlichen Selbstverwaltung gerechtfertigt werden kann eingeführt werden.

(IV) wird bis auf weiteres keine zentrale deutsche Regierung errichtet werden. Jedoch werden einige wichtige zentrale deutsche Verwaltungsabteilungen errichtet werden, an deren Spitze Staatssekretäre stehen, und zwar auf den Gebieten des Finanzwesens, des Transportwesens, des Verkehrswesens, des Außenhandels und der Industrie. Diese Abteilungen werden unter der Leitung des Kontrollrates tätig sein.

10. Unter Berücksichtigung der Notwendigkeit zur Erhaltung der militärischen Sicherheit wird die Freiheit der Rede der Presse und der Religion gewährt. Die religiösen Einrichtungen sollen respektiert werden. Der Schaffung Freier Gewerkschaften gleichfalls unter Berücksichtigung der Notwendigkeit der Erhaltung der militärischen Sicherheit wird gewährt werden.

B. Wirtschaftliche Grundsätze

11. Mit dem Ziele der Vernichtung des deutschen Kriegspotentials ist die Produktion von Waffen, Kriegsausrüstung und Kriegsmitteln, ebenso die Herstellung aller Typen von Flugzeugen und Seeschiffen zu verbieten und zu unterbinden. Die Herstellung von Metallen und Chemikalien, der Maschinenbau und die Herstellung anderer Gegenstände, die unmittelbar für die Kriegswirtschaft notwendig sind, ist streng zu überwachen und zu beschränken, entsprechend dem genehmigten Stand der friedlichen Nachkriegsbedürfnisse Deutschlands, um die in dem Punkt 15 angeführten Ziele zu befriedigen. Die Produktionskapazität, entbehrlich für die Industrie, welche erlaubt sein wird, ist entsprechend dem Reparationsplan empfohlen durch die interalliierte Reparationskommission und bestätigt durch die beteiligten Regierungen, entweder zu entfernen oder, falls sie nicht entfernt werden kann, zu vernichten.

12. In praktisch kürzester Frist ist das deutsche Wirtschaftsleben zu dezentralisieren mit dem Ziel der Vernichtung der bestehenden übermäßigen Konzentration der Wirtschaftskraft, dargestellt insbesondere durch Kartelle, Syndikate, Trusts und andere Monopolvereinigungen.

13. Bei der Organisation des deutschen Wirtschaftslebens ist das Hauptgewicht auf die Entwicklung der Landwirtschaft und der Friedensindustrie für den inneren Bedarf (Verbrauch) zu legen.

14. Während der Besatzungszeit ist Deutschland als eine wirtschaftliche Einheit zu betrachten. Mit diesem Ziel sind gemeinsame Richtlinien aufzustellen hinsichtlich:

a) der Erzeugung und der Verteilung der Produkte der Bergbau- und der verarbeitenden Industrie;

b) der Landwirtschaft, Forstwirtschaft und der Fischerei;

c) der Löhne, der Preise und der Rationierung;

d) des Import- und Exportprogramms für Deutschland als Ganzes;

e) der Währung und des Bankwesens, der zentralen Besteuerung und der Zölle;

f) der Reparationen und der Beseitigung des militärischen Industriepotentials;

g) des Transport- und Verkehrswesens.

Bei der Durchführung dieser Richtlinien sind gegebenenfalls die verschiedenen örtlichen Bedingungen zu berücksichtigen.

15. Es ist eine alliierte Kontrolle über das deutsche Wirtschaftsleben zu errichten, jedoch nur in den Grenzen, die notwendig sind:

a) zur Erfüllung des Programms der industriellen Abrüstung und Entmilitarisierung, der Reparationen und der erlaubten Aus- und Einfuhr;

b) zur Sicherung der Warenproduktion und der Dienstleistungen, die zur Befriedigung der Bedürfnisse der Besatzungsstreitkräfte und der verpflanzten Personen in Deutschland notwendig sind und die wesentlich sind für die Erhaltung eines mittleren Lebensstandards in Deutschland, der den mittleren Lebensstandard der europäischen Länder nicht übersteigt. (Europäische Länder in diesem Sinne sind alle europäischen Länder mit Ausnahme des Vereinigten Königreiches und der Sowjetunion);

c) zur Sicherung – in der Reihenfolge, die der Kontrollrat festsetzt – einer gleichmäßigen Verteilung der wesentlichsten Waren unter den verschiedenen Zonen, um ein ausgeglichenes Wirtschaftsleben in ganz Deutschland zu schaffen und die Einfuhrnotwendigkeit einzuschränken;

d) zur Überwachung der deutschen Industrie und aller wirtschaftlichen und finanziellen internationalen Abkommen einschließlich der Aus- und Einfuhr mit dem Ziel der Unterbindung einer Entwicklung des Kriegspotentials Deutschlands und der Erreichung der anderen genannten Aufgaben;

e) zur Überwachung aller deutschen öffentlichen oder privaten wissenschaftlichen Forschungs- oder Versuchsanstalten, Laboratorien usw., die mit einer Wirtschaftstätigkeit verbunden sind.

16. Zur Einführung und Unterstützung der wirtschaftlichen Kontrolle, die durch den Kontrollrat errichtet worden ist, ist ein deutscher Verwaltungsapparat zu schaffen. Den deutschen Behörden ist nahezulegen, in möglichst vollem Umfange die Verwaltung dieses Apparates zu fördern und zu übernehmen. So ist dem deutschen Volk klarzumachen, daß die Verantwortung für diese Verwaltung und deren

Versagen auf ihm ruhen wird. Jede deutsche Verwaltung, die dem Ziel der Besatzung nicht entsprechen wird, wird verboten werden.

17. Es sind unverzüglich Maßnahmen zu treffen zur:
a) Durchführung der notwendigen Instandsetzungen des Verkehrswesens,
b) Hebung der Kohlenerzeugung,
c) weitestmöglichen Vergrößerung der landwirtschaftlichen Produktion und
d) Durchführung einer beschleunigten Instandsetzung der Wohnungen und der wichtigsten öffentlichen Einrichtungen.

18. Der Kontrollrat hat entsprechende Schritte zur Verwirklichung der Kontrolle und der Verfügung über alle deutschen Guthaben im Auslande zu übernehmen, welche noch nicht unter die Kontrolle der alliierten Nationen, die an dem Krieg gegen Deutschland teilgenommen haben, geraten sind.

19. Die Bezahlung der Reparationen soll dem deutschen Volke genügend Mittel belassen, um ohne eine Hilfe von außen zu existieren. Bei der Aufstellung des Haushaltsplanes Deutschlands sind die nötigen Mittel für die Einfuhr bereitzustellen, die durch den Kontrollrat in Deutschland genehmigt worden ist. Die Einnahmen aus der Ausfuhr der Erzeugnisse der laufenden Produktion und der Warenbestände dienen in erster Linie der Bezahlung dieser Einfuhr. Die hier erwähnten Bedingungen werden nicht angewandt bei den Einrichtungen und Produkten, die in den Punkten 4a und 4b der Übereinkunft über die deutschen Reparationen erwähnt sind.

IV. Reparationen aus Deutschland

In Übereinstimmung mit der Entscheidung der Krim-Konferenz, wonach Deutschland gezwungen werden soll, in größtmöglichem Ausmaß für die Verluste und die Leiden, die es den vereinten Nationen verursacht hat, und wofür das deutsche Volk der Verantwortung nicht entgehen kann, Ausgleich zu schaffen, wurde folgende Übereinkunft über Reparationen erreicht:

1. Die Reparationsansprüche der UdSSR sollen durch Entnahmen aus der von der UdSSR besetzten Zone in Deutschland und durch angemessene deutsche Auslandsguthaben befriedigt werden.

2. Die UdSSR wird die Reparationsansprüche Polens aus ihrem eigenen Anteil an den Reparationen befriedigen.

3. Die Reparationsansprüche der Vereinigten Staaten, des Vereinigten Königreiches und der anderen zu Reparationsforderungen berechtigten Länder werden aus den westlichen Zonen und den entsprechenden deutschen Auslandsguthaben befriedigt werden.

4. In Ergänzung der Reparationen, die die UdSSR aus ihrer eigenen Besatzungszone erhält, wird die UdSSR zusätzlich aus den westlichen Zonen erhalten:

a) 15% derjenigen verwendungsfähigen und vollständigen industriellen Ausrüstung, vor allem der metallurgischen, chemischen und Maschinen erzeugenden Industrien, soweit sie für die deutsche Friedenswirtschaft unnötig und aus den westlichen Zonen Deutschlands zu entnehmen sind, im Austausch für einen entsprechenden Wert an Nahrungsmitteln, Kohle, Kali, Zink, Holz, Tonprodukten, Petroleumprodukten und anderen Waren, nach Vereinbarung.

b) 10% derjenigen industriellen Ausrüstung, die für die deutsche Friedenswirtschaft unnötig ist und aus den westlichen Zonen zu entnehmen und auf Reparationskonto an die Sowjetregierung zu übertragen ist ohne Bezahlung oder Gegenleistung irgendwelcher Art.

Die Entnahmen der Ausrüstung, wie sie oben in a) und b) vorgesehen sind, sollen gleichzeitig erfolgen.

5. Der Umfang der aus den westlichen Zonen zu entnehmenden Ausrüstung, der auf Reparationskonto geht, muß spätestens innerhalb sechs Monaten von jetzt ab bestimmt sein.

6. Die Entnahme der industriellen Ausrüstung soll so bald wie möglich beginnen und innerhalb von zwei Jahren, gerechnet vom Zeitpunkt der in § 5 spezifizierten Bestimmung, abgeschlossen sein. Die Auslieferung der in § 4 a) genannten Produkte soll so schnell wie möglich beginnen, und zwar in durch Vereinbarung bedingten Teillieferungen seitens der Sowjetunion und innerhalb von fünf Jahren von dem erwähnten Datum ab erfolgen. Die Bestimmung des Umfanges und der Art der industriellen Ausrüstung, die für die deutsche Friedenswirtschaft unnötig ist und der Reparation unterliegt, soll durch den Kontrollrat gemäß den Richtlinien erfolgen, die von der alliierten Kontrollkommission für Reparationen, unter Beteiligung Frankreichs, festgelegt sind, wobei die endgültige Entscheidung durch den Kommandierenden der Zone getroffen wird, aus der die Ausrüstung entnommen werden soll.

7. Vor der Festlegung des Gesamtumfanges der der Entnahme unterworfenen Ausrüstung sollen Vorschußlieferungen solcher Ausrüstung erfolgen, die als zur Auslieferung verfügbar bestimmt werden in Übereinstimmung mit dem Verfahren, das im letzten Satz des § 6 vorgesehen ist.

8. Die Sowjetregierung verzichtet auf alle Ansprüche bezüglich der Reparationen aus Anteilen an deutschen Unternehmungen, die in den westlichen Besatzungszonen in Deutschland gelegen sind. Das gleiche gilt für deutsche Auslandsguthaben in allen Ländern, mit Ausnahme der weiter unten in § 9 gekennzeichneten Fälle.

9. Die Regierungen der USA und des Vereinigten Königreichs ver-

zichten auf ihre Ansprüche im Hinblick auf Reparationen hinsichtlich der Anteile an deutschen Unternehmungen, die in der östlichen Besatzungszone in Deutschland gelegen sind. Das gleiche gilt für deutsche Auslandsguthaben in Bulgarien, Finnland, Ungarn, Rumänien und Ostösterreich.

10. Die Sowjetregierung erhebt keine Ansprüche auf das von den alliierten Truppen in Deutschland erbeutete Gold.

V. Die deutsche Kriegs- und Handelsmarine

Die Konferenz erzielte im Prinzip eine Einigung hinsichtlich der Maßnahmen über die Ausnutzung und die Verfügung über die ausgelieferte deutsche Flotte und die Handelsschiffe. Es wurde beschlossen, daß die drei Regierungen Sachverständige bestellen, um gemeinsam detaillierte Pläne zur Verwirklichung der vereinbarten Grundsätze auszuarbeiten. Eine weitere gemeinsame Erklärung wird von den drei Regierungen gleichzeitig zu gegebener Zeit veröffentlicht werden.

VI. Stadt Königsberg und das anliegende Gebiet

Die Konferenz prüfte einen Vorschlag der Sowjetregierung, daß vorbehaltlich der endgültigen Bestimmung der territorialen Fragen bei der Friedensregelung derjenige Abschnitt der Westgrenze der Union der Sozialistischen Sowjetrepubliken, der an die Ostsee grenzt, von einem Punkt an der östlichen Küste der Danziger Bucht in östlicher Richtung nördlich von Braunsberg–Goldap und von da zu dem Schnittpunkt der Grenzen Litauens, der Polnischen Republik und Ostpreußens verlaufen soll.

Die Konferenz hat grundsätzlich dem Vorschlag der Sowjetregierung hinsichtlich der endgültigen Übergabe der Stadt Königsberg und des anliegenden Gebietes an die Sowjetunion gemäß der obigen Beschreibung zugestimmt, wobei der genaue Grenzverlauf einer sachverständigen Prüfung vorbehalten bleibt.

Der Präsident der USA und der britische Premierminister haben erklärt, daß sie den Vorschlag der Konferenz bei der bevorstehenden Friedensregelung unterstützen werden.

VII. Kriegsverbrecher

Die drei Regierungen haben von dem Meinungsaustausch Kenntnis genommen, der in den letzten Wochen in London zwischen britischen,

USA-, sowjetischen und französischen Vertretern mit dem Ziele stattgefunden hat, eine Vereinbarung über die Methoden des Verfahrens gegen alle Hauptkriegsverbrecher zu erzielen, deren Verbrechen nach der Moskauer Erklärung vom Oktober 1943 räumlich nicht besonders begrenzt sind.

Die drei Regierungen bekräftigen ihre Absicht, diese Verbrecher einer schnellen und sicheren Gerichtsbarkeit zuzuführen. Sie hoffen, daß die Verhandlungen in London zu einer schnellen Vereinbarung führen, die diesem Zwecke dient, und sie betrachten es als eine Angelegenheit von größter Wichtigkeit, daß der Prozeß gegen diese Hauptverbrecher zum frühestmöglichen Zeitpunkt beginnt.

Die erste Liste der Angeklagten wird vor dem 1. September dieses Jahres veröffentlicht werden [...]

Aus: Heinrich v. Siegler (Hrsg.), *Dokumentation zur Deutschlandfrage*, Hauptband 1, Bonn/Wien/Zürich 1961.

5a Direktive an den Oberkommandierenden der Okkupationstruppen der Vereinigten Staaten hinsichtlich der Militärregierung für Deutschland (Direktive JCS 1067) vom April 1945, veröffentlicht am 17. Oktober 1945

1. Zweck und Umfang dieser Direktive [...]

Teil I: Allgemeine und politische Angelegenheiten

2. Die Grundlage der Militärregierung [...]

3. Der Kontrollrat und die Besatzungszonen [...]

4. Grundlegende Ziele der Militärregierung in Deutschland
a) Es muß den Deutschen klargemacht werden, daß Deutschlands rücksichtslose Kriegsführung und der fanatische Widerstand der Nazis die deutsche Wirtschaft zerstört und Chaos und Leiden unvermeidlich gemacht haben, und daß sie nicht der Verantwortung für das entgehen können, was sie selbst auf sich geladen haben.
b) Deutschland wird nicht besetzt zum Zwecke seiner Befreiung, sondern als ein besiegter Feindstaat. Ihr Ziel ist nicht die Unterdrükkung, sondern die Besetzung Deutschlands, um gewisse wichtige alliierte Absichten zu verwirklichen. Bei der Durchführung der Besetzung und Verwaltung müssen Sie gerecht, aber fest und unnahbar sein. Die Verbrüderung mit deutschen Beamten und der Bevölkerung werden Sie streng unterbinden.

c) Das Hauptziel der Alliierten ist es, Deutschland daran zu hindern, je wieder eine Bedrohung des Weltfriedens zu werden. Wichtige Schritte zur Erreichung dieses Zieles sind die Ausschaltung des Nazismus und des Militarismus in jeder Form, die sofortige Verhaftung der Kriegsverbrecher zum Zwecke der Bestrafung, die industrielle Abrüstung und Entmilitarisierung Deutschlands mit langfristiger Kontrolle des deutschen Kriegspotentials und die Vorbereitungen zu einem späteren Wiederaufbau des deutschen politischen Lebens auf demokratischer Grundlage.

d) Andere alliierte Ziele sind die Durchführung des Reparations- und Rückerstattungsprogramms, Nothilfe für die durch den Naziangriff verwüsteten Länder und die Betreuung und Rückführung der Kriegsgefangenen und Verschleppten der Mitgliedstaaten der Vereinten Nationen.

5. Wirtschaftskontrollen

a) Als Mitglied des Kontrollrats und als Zonenbefehlshaber werden Sie sich von dem Grundsatz leiten lassen, daß der deutschen Wirtschaft in dem Maße Kontrollen auferlegt werden können, als erforderlich ist, um die in der vorstehenden Ziffer 4 aufgezählten Ziele zu erreichen und außerdem soweit sie zum Schutz der Sicherheit und zur Befriedigung des Bedarfs der Besatzungsstreitkräfte und zur Sicherstellung der Produktion und Aufrechterhaltung von Lieferungen und Dienstleistungen notwendig sind, um Hungersnot oder Krankheiten und Unruhen, die eine Gefährdung dieser Streitkräfte darstellen würden, vorzubeugen. Sie werden bei der Durchführung des Reparationsprogramms anderweitig nichts unternehmen, was geeignet wäre, die grundlegenden Lebensbedingungen in Deutschland oder in Ihrer Zone auf einem höheren Stand zu halten als in irgendeinem benachbarten Mitgliedstaat der Vereinten Nationen.

b) Bei der Einführung und Durchführung der durch Sie oder den Kontrollrat vorgeschriebenen Kontrollmaßnahmen sollen die deutschen Behörden, soweit es praktisch durchführbar ist, angewiesen werden, die Durchführung dieser Kontrollen anzukündigen und zu übernehmen. Dadurch soll dem deutschen Volk klargemacht werden, daß die Verantwortung sowohl für die Durchführung dieser Kontrollen als auch für jegliches Versagen bei solcher Kontrolltätigkeit bei ihm selbst und bei den deutschen Behörden liegt.

6. Entnazifizierung

a) Der Kontrollrat soll einen Aufruf erlassen, durch den die Nazi-Partei, ihre Gliederungen, angeschlossenen Verbände und untergeordneten Organisationen und alle öffentlichen Nazi-Einrichtungen, die als Werkzeuge der Parteiherrschaft gegründet worden waren, aufgelöst werden und ihr Wiedererstehen in jeder Form untersagt wird. Sie werden dafür sorgen, daß diese Politik in Ihrer Zone schleunigst verwirklicht wird, und Sie werden alles tun, um das Wiedererstehen irgendeiner dieser Organisationen als Untergrundbewegung, in getarnter oder in geheimer Form, zu verhindern.

Die Verantwortung für die Fortsetzung erwünschter unpolitischer sozialer Einrichtungen von aufgelösten Parteiorganisationen kann durch den Kontrollrat auf eine geeignete zentrale Dienststelle oder durch Sie auf eine geeignete örtliche Dienststelle übertragen werden.

b) Die Gesetze, die den politischen Aufbau des Nationalsozialismus und die Grundlage für das Hitlerregime schaffen sollten, und alle Gesetze, Erlasse und Verordnungen, die eine unterschiedliche Behandlung auf Grund von Rassezugehörigkeit, Nationalität, Glaubensbekenntnis oder politischen Meinungen anordnen, sollen durch den Kontrollrat aufgehoben werden. Sie werden diese in Ihrer Zone außer Kraft setzen.

c) Alle Mitglieder der Nazipartei, die nicht nur nominell in der Partei tätig waren, alle, die den Nazismus oder Militarismus aktiv unterstützt haben, und alle anderen Personen, die den alliierten Zielen feindlich gegenüberstehen, sollen entfernt und ausgeschlossen werden aus öffentlichen Ämtern und aus wichtigen Stellungen in halbamtlichen und privaten Unternehmungen wie (1) Organisationen des Bürgerstandes, des Wirtschaftslebens und der Arbeiterschaft, (2) Körperschaften und andere Organisationen, an denen die deutsche Regierung oder Unterabteilungen ein überwiegendes finanzielles Interesse haben, (3) Industrie, Handel, Landwirtschaft und Finanz, (4) Erziehung und (5) Presse, Verlagsanstalten und andere der Verbreitung von Nachrichten und Propaganda dienenden Stellen. Als Personen, die nicht nur nominell in der Partei tätig waren und die den Nazismus oder Militarismus aktiv unterstützt haben, sind diejenigen zu behandeln, die (1) ein Amt innehatten oder anderweitig auf irgendeiner Stufe von den örtlichen bis zu den Reichsstellen der Partei und ihrer Gliederungen aktiv gewesen sind oder in Organisationen, die militaristische Lehren unterstützen, (2) irgendwelche Naziverbrechen, rassische Verfolgungen oder Diskriminierungen veranlaßt oder an ihnen teilgenommen haben, (3) sich als Anhänger des Nazismus oder rassischer und militaristischer Überzeugungen bekannt haben, oder (4) der Nazipartei oder Nazifunktionären oder Naziführern freiwillig beträchtliche moralische oder materielle Hilfe oder politische Unterstützung irgendwelcher Art geleistet haben. Keine dieser Personen darf in irgendeiner der oben angeführten Beschäftigungsarten aus Gründen der verwaltungstechnischen Notwendigkeit, Bequemlichkeit oder Zweckdienlichkeit beibehalten werden.

d) In Ihrer Zone befindliches unbewegliches und bewegliches Eigentum, das sich im Besitz oder unter der Kontrolle der Nazipartei, ihrer Gliederungen, angeschlossenen Verbände und untergeordneten Organisationen und aller derjenigen Personen befindet, die nach den Bestimmungen der Ziffer 8 in Haft zu nehmen sind, wird von Ihnen unter Kontrolle gestellt werden, bis der Kontrollrat oder eine höhere Stelle entscheidet, wie später darüber zu verfügen ist.

e) Alle Archive, Denkmäler und Museen, die von den Nazis eingerichtet worden sind oder der Verewigung des deutschen Militarismus gewidmet sind, werden ihrer Kontrolle unterstellt und ihr Vermögen wird einbehalten, bis der Kontrollrat entscheidet, wie darüber zu verfügen ist.

f) Sie werden besonders darauf bedacht sein, Akten, Pläne, Bücher, Dokumente, Papiere, Register und wissenschaftliche, industrielle und andere Informationen und Daten, die den folgenden Institutionen gehören oder von ihnen kontrolliert werden, von der Zerstörung zu bewahren und unter Ihre Kontrolle zu nehmen:

(1) Die deutsche Reichsregierung und ihre Unterabteilungen, deutsche militärische Organisationen, Organisationen, die mit militärischen Forschungen beschäftigt sind, und andere Regierungsstellen, soweit es ratsam erscheint;

(2) Die Nazipartei, ihre Gliederungen, angeschlossenen Verbände und untergeordneten Organisationen;

(3) Alle Polizeiorganisationen, einschließlich der Sicherheitspolizei und der politischen Polizei;

(4) Bedeutende Wirtschaftsorganisationen und Industrieanlagen, einschließlich derjenigen, die der Kontrolle der Nazipartei oder ihres Personals unterstehen;

(5) Institute oder Spezialbüros, die rassischer, politischer, militaristischer oder ähnlicher Forschung oder Propaganda dienen.

7. Entmilitarisierung

a) Sie werden in Ihrer Zone sicherstellen, daß alle Einheiten der deutschen Streitkräfte einschließlich der halbmilitärischen Organisationen als solche aufgelöst werden und daß ihre Angehörigen sofort entwaffnet und überwacht werden. Sie werden alle Militärpersonen, die unter die Bestimmungen der Ziffer 8 fallen, verhaften und gefangen halten, bevor endgültig über sie verfügt wird.

b) Die vollständige Auflösung aller militärischen und halbmilitärischen Organisationen einschließlich des Generalstabs, des deutschen Offizierkorps, des Reservekorps und der Kriegsschulen sowie aller

Verbände, die dazu dienen könnten, die militärische Tradition in Deutschland aufrechtzuerhalten, soll vom Kontrollrat verkündet und von Ihnen in Ihrer Zone verwirklicht werden.

c) Sie werden alle Waffen, Munition und Kriegsgeräte beschlagnahmen oder vernichten und deren Produktion einstellen lassen.

d) Sie werden alle geeigneten Schritte unternehmen, um das deutsche Kriegspotential zu vernichten, wie dies an anderer Stelle in dieser Direktive dargelegt wird.

8. *Als Kriegsverbrecher verdächtige Personen und Verhaftungen im Interesse der Sicherheit*

a) Sie werden Adolf Hitler, seine Haupt-Nazi-Komplizen, andere Kriegsverbrecher und alle diejenigen Personen, die an der Planung oder Durchführung von Naziunternehmungen beteiligt waren, die mit Greueltaten oder Kriegsverbrechen in Verbindung standen oder zu solchen führten, ausfindig machen, verhaften und gefangen halten, bis Sie weitere Anweisungen darüber erhalten, was mit ihnen geschehen soll.

b) Alle diejenigen Personen, die die Erreichung der Ihnen gesteckten Ziele gefährden würden, wenn man sie in Freiheit ließe, werden ebenfalls verhaftet und in Gewahrsam gehalten, bis sie vor eine von Ihnen zu errichtende geeignete gerichtsähnliche Körperschaft gestellt werden. Es folgt eine Teilliste der Gruppen von Personen, die in Durchführung dieser Richtlinien zu verhaften sind:

(Anmerkung: Es folgt an dieser Stelle der Direktive eine ins einzelne gehende Liste der Gruppen von Nazikriegsverbrechern und anderer Personen, die zu verhaften sind. Einige von ihnen sind noch nicht gefunden worden. Es ist anzunehmen, daß eine Veröffentlichung dieser Gruppen zu diesem Zeitpunkt die betreffenden Individuen warnen und damit ihre Ergreifung und gegebenenfalls notwendige Bestrafung erschweren würde. Die Liste wird daher gegenwärtig noch nicht veröffentlicht.)

Wenn Sie es im Hinblick auf die Zustände, die Sie in Deutschland vorfinden, nicht für sofort durchführbar halten, bestimmte Personen innerhalb dieser Gruppen einer solchen Behandlung zu unterwerfen, sollen Sie Ihrer Regierung Ihre Gründe und Vorschläge durch den Wehrmachtsgeneralstab melden. Wenn Sie es für wünschenswert halten, können Sie die Verhaftung solcher Personen verschieben, deren Fälle Sie gemeldet haben, bis Ihnen durch den Wehrmachtsgeneralstab ein Bescheid übermittelt wird. Auf keinen Fall sollen verhaftete Personen auf Grund ihres Reichtums, ihres politischen oder sonstigen Ranges oder ihrer industriellen Stellung eine unterschiedliche Behandlung oder besondere Berücksichtigung in bezug auf die Art der

Verhaftung oder die Bedingungen des Gewahrsams erfahren. Es bleibt Ihrer Entscheidung überlassen, Ausnahmen zu machen, soweit Sie es im Interesse von Abwehr- und anderen militärischen Zwecken für ratsam halten.

9. Politische Tätigkeit

a) Keine politische Tätigkeit irgendwelcher Art darf ohne Ihre Genehmigung begünstigt werden. Sie werden dafür sorgen, daß Ihre Militärregierung keine Bindung zu irgendeiner politischen Gruppe eingeht.

b) Sie werden jegliche Verbreitung von nazistischen, militaristischen oder pan-germanistischen Lehren verbieten.

c) Sie werden keine deutschen Aufmärsche militärischer, politischer, ziviler oder sportlicher Art gestatten.

d) Rede-, Presse- und Religionsfreiheit sind zu gewähren, soweit sie nicht militärische Interessen beeinträchtigen und vorausgesetzt, daß sie nicht den in den drei vorhergehenden Unterabschnitten und in Ziffer 10 enthaltenen Bestimmungen widersprechen. Soweit es mit den militärischen Erfordernissen zu vereinbaren ist, sollen alle religiösen Einrichtungen geduldet werden.

10. Öffentlicher Nachrichtendienst und Nachrichtenkontrolle
[...]

11. Deutsche Gerichtshöfe
[...]

12. Polizei
[...]

13. Politische Gefangene
[...]

14. Erziehung

a) Alle pädagogischen Einrichtungen in Ihrer Zone mit Ausnahme derjenigen, die schon vorher auf Grund einer Genehmigung alliierter Stellen wiedererrichtet worden sind, sind zu schließen. Die Schließung von nazistischen Erziehungsinstituten wie Adolf-Hitler-Schulen, Napolas und Ordensburgen und von Naziorganisationen innerhalb anderer pädagogischer Einrichtungen soll für immer gelten.

b) Ein koordiniertes Kontrollsystem über die deutsche Erziehung und ein bejahendes Programm der Neuausrichtung sollen aufgestellt werden, um die nazistischen und militaristischen Lehren völlig auszurotten und die Entwicklung demokratischen Gedankengutes zu fördern.

c) Sie werden die Wiedereröffnung von Volksschulen, Mittelschulen und Berufsschulen sobald wie möglich nach Ausschaltung des Nazipersonals genehmigen. Lehrbücher und Lehrpläne, die nazistische und militaristische Lehren enthalten, sollen nicht benutzt werden. Der Kontrollrat soll Programme aufstellen, in denen die Wiedereröffnung der höheren Schulen, Universitäten und anderer Institute für höhere Bildung in Aussicht genommen wird. Nach Entfernung der besonderen nazistischen Spuren und des Nazipersonals und bis zur Abfassung solcher Programme durch den Kontrollrat können Sie innerhalb Ihrer Zone ein vorläufiges Programm aufstellen und in Kraft setzen und auf jeden Fall die Wiedereröffnung derjenigen Einrichtungen und Abteilungen gestatten, in denen eine Ausbildung geboten wird, die Sie für die Verwaltung der Militärregierung und für die Zwecke der Besatzung für unmittelbar notwendig und nützlich halten.

d) Es ist nicht beabsichtigt, daß die Militärregierung sich in Fragen der konfessionellen Beaufsichtigung deutscher Schulen oder des Religionsunterrichts in deutschen Schulen einmischt, abgesehen von den Fällen, in denen dies notwendig ist, um sicherzustellen, daß der Religionsunterricht und die Verwaltung solcher Schulen in Übereinstimmung mit den alliierten Bestimmungen geführt wird, die hinsichtlich der Säuberung des Personals und der Lehrpläne getroffen worden sind oder noch getroffen werden.

15. Kunstgegenstände und Archive
[...]

Teil II: Wirtschaftliche Angelegenheiten

Allgemeine Ziele und Kontrollmethoden
16. Sie werden dafür sorgen, daß die deutsche Wirtschaft so verwaltet und kontrolliert wird, daß die in den Ziffern 4 und 5 dieser Direktive enthaltenen Hauptziele erreicht werden. Wirtschaftskontrollen sind nur in dem Maße einzuführen, wie sie zur Erreichung dieser Ziele notwendig sind, vorausgesetzt, daß Sie in vollem Ausmaß die für die Durchführung der industriellen Abrüstung Deutschlands notwendigen Kontrollen einführen. Abgesehen von den für diese Zwecke erforderlichen Maßnahmen werden Sie keine Schritte unternehmen, die (a) zur wirtschaftlichen Wiederaufrichtung Deutschlands führen könnten oder (b) geeignet sind, die deutsche Wirtschaft zu erhalten oder zu stärken.

17. Soweit es irgend möglich ist, ohne die erfolgreiche Durchführung der Maßnahmen zu gefährden, die notwendig sind, um die in den Ziffern 4 und 5 dieser Direktive umrissenen Ziele zu erreichen, werden Sie sich deutscher Behörden und Dienststellen bedienen und diese derart beaufsichtigen und für Nichtbefolgung von Anordnungen bestrafen, wie es notwendig ist, um zu gewährleisten, daß sie ihre Aufgaben ausführen.

Zu diesem Zweck werden Sie alle deutschen Dienststellen und Verwaltungsstellen, die Sie für unbedingt notwendig halten, angemessene Vollmachten erteilen. Vorausgesetzt allerdings, daß Sie sich jederzeit streng an die Bestimmungen dieser Direktive über die Entnazifizierung und die Auflösung oder Ausschaltung von Naziorganisationen, Einrichtungen, Grundsätzen, besondere Merkmale und Methoden halten. Sie werden, soweit notwendig, einen Verwaltungsapparat errichten, der nicht von deutschen Behörden oder Dienststellen abhängig ist, um die Durchführung der Bestimmungen der Ziffern 19, 20, 30, 31, 32, 39 und 40 und aller anderen Maßnahmen, die für die Erreichung Ihrer die industrielle Abrüstung betreffenden Ziele erforderlich sind, zu vollziehen oder sicherzustellen.

18. Um den Aufbau und die Verwaltung der deutschen Wirtschaft im größtmöglichen Ausmaß zu dezentralisieren, werden Sie

a) dafür sorgen, daß alles, was erforderlich ist, um die lebenswichtigen öffentlichen Versorgungsdienste und die industrielle und landwirtschaftliche Tätigkeit aufrechtzuerhalten oder wiederherzustellen, soweit wie möglich auf örtlicher und regionaler Grundlage unternommen wird;

b) im Kontrollrat auf keinen Fall die Errichtung einer zentralisierten Kontrollverwaltung über die deutsche Wirtschaft vorschlagen oder billigen, außer in den Fällen, wo eine solche Zentralisierung der Verwaltung zur Erreichung der in den Ziffern 4 und 5 dieser Direktive aufgeführten Ziele unbedingt notwendig ist. Die Dezentralisierung der Verwaltung darf nicht verhindern, daß im Kontrollrat die weitestgehende Einigkeit über die Wirtschaftspolitik erzielt wird.

[...]

Deutscher Lebensstandard
[...]

Arbeitsfragen, Gesundheitswesen und Sozialversicherung
[...]

Landwirtschaft, Industrie und Binnenhandel
[...]

30. Um die Abrüstung Deutschlands durchzuführen, soll der Kontrollrat

a) die Herstellung, die Einfuhr oder sonstigen Erwerb und die Entwicklung jeglicher Waffen, Munition und Kriegsgerät sowie aller Flugzeugtypen, Bau-, Ersatz- und Zubehörteile, die speziell zur Verwendung in diesen bestimmt sind, verhindern;

b) die Herstellung von Handelsschiffen, synthetischem Gummi und synthetischem Kraftstoff, Aluminium und Magnesium und anderen Erzeugnissen und Ausrüstungsgegenständen, über die Ihnen in der Folge noch Anweisungen zugehen werden, verhindern;

c) alle zur Herstellung von irgendeinem der in dieser Ziffer erwähnten Gegenstände benutzten Einrichtungen beschlagnahmen und sicherstellen und in folgender Weise über sie verfügen:

(1) alle diejenigen, die für Reparationsleistungen angefordert werden, entfernen;

(2) alle diejenigen, die nicht für Reparationsleistung übernommen werden, vernichten, wenn sie speziell für die Herstellung der in dieser Ziffer angeführten Gegenstände eingerichtet sind und nicht von einer Bauart sind, die allgemein in einem der Industriezweige verwendet wird, der Deutschland erlaubt ist (in Zweifelsfällen ist zugunsten einer Vernichtung zu entscheiden);

(3) die hiervon nicht betroffenen Bestände zur Verfügung halten, bis Ihnen weitere Vorschriften zugehen.

Bis zum Abschluß eines Übereinkommens im Kontrollrat werden Sie diese Maßnahmen in Ihrer eigenen Zone ergreifen. Sie werden die Durchsetzung der in den Unterabschnitten a) und b) enthaltenen Verbote und der in Unterabschnitt c) enthaltenen Vorschriften nicht ohne ausdrückliche, durch den Wehrmachtsgeneralstab übermittelte Genehmigung seitens Ihrer Regierung hinausschieben, mit der Ausnahme, daß Sie nach eigenem Ermessen die Erzeugung von synthetischem Gummi und synthetischem Kraftstoff, von Aluminium und Magnesium gestatten können, und zwar in der Mindestmenge, die notwendig ist, um die in den Ziffern 4 und 5 dieser Direktive dargelegten Ziele zu erreichen, bis der Wehrmachtsgeneralstab über die von Ihnen etwa vorgebrachten Empfehlungen für einen Aufschub entscheidet.

31. Als weitere Abrüstungsmaßnahme sollte der Kontrollrat

a) vorläufig alle Forschungstätigkeit verbieten und alle Laboratorien, Forschungsinstitute und ähnliche technische Organisationen schließen, mit Ausnahme derer, die zum Schutz der öffentlichen Gesundheit für notwendig gehalten werden;

b) alle diejenigen Laboratorien und ähnliche Institute abschaffen, deren Arbeit mit dem Aufbau der deutschen Kriegsmaschine im Zusammenhang stand, und diejenigen Laboratorien vorläufig sicherstellen und ihr Personal in Gewahrsam nehmen, die für Ihre technologischen Untersuchungen von Interesse sind, und ihre Einrichtungen danach entfernen oder vernichten;

c) die Wiederaufnahme der wissenschaftlichen Forschung in besonderen Fällen gestatten, und zwar nur nachdem durch sorgfältige Untersuchung festgestellt worden ist, daß die vorgesehenen Forschungen in keiner Weise zu Deutschlands zukünftigem Kriegspotential beitragen können, und nur unter geeigneten Bestimmungen, durch die (1) genau festgelegt ist, welche Art von Forschung gestattet wird, (2) alle die Personen, die früher Schlüsselstellungen in der deutschen Kriegsforschung innehatten, von der weiteren Forschertätigkeit ausgeschlossen werden, (3) Vorkehrungen für häufige Besichtigungen getroffen werden, (4) Bekanntgabe der Forschungsergebnisse gefordert wird und (5) strenge Strafen bis zur dauernden Schließung des betreffenden Instituts für jeden Verstoß gegen diese Bestimmungen verhängt werden.

Bis zum Abschluß eines Übereinkommens im Kontrollrat werden Sie diese Maßnahmen in Ihrer Zone einführen.

32. Bis zum Abschluß eines endgültigen Abkommens zwischen den Alliierten über Reparationen und die Kontrolle oder Ausschaltung der für die Kriegsproduktion geeigneten deutschen Industrien soll der Kontrollrat

a) die Produktion von Eisen und Stahl, Chemikalien, Nichteisenmetallen (ausschließlich Aluminium und Magnesium), Werkzeugmaschinen, Rundfunk- und elektrischen Geräten, Kraftfahrzeugen, schweren Maschinen und wichtigen Ersatzteilen für solche, verbieten und verhindern, außer für die in den Ziffern 4 und 5 dieser Direktive angeführten Zwecke;

b) die Wiederherstellung von Anlagen und Ausrüstungen für solche Industrien verbieten und verhindern, außer für die in den Ziffern 4 und 5 dieser Direktive angeführten Zwecke;

c) die Anlagen und Ausrüstungen dieser Industrien zur Übernahme auf Reparationskonto sicherstellen.

Bis zum Abschluß eines Übereinkommens im Kontrollrat werden Sie diese Maßnahmen in Ihrer Zone verwirklichen, sobald Sie Gelegenheit gehabt haben, zu übersehen und festzustellen, welche Produktion für die in den Ziffern 4 und 5 dieser Direktive angeführten Zwecke notwendig ist.

33. Der Kontrollrat soll Richtlinien annehmen, die eine Umstellung von Industrieanlagen, mit Ausnahme der in den Ziffern 30 und 32 erwähnten, auf die Herstellung leichter Verbrauchsgüter gestatten, vorausgesetzt, daß eine solche Umstellung die spätere Entfernung der Anlagen und Ausrüstungen auf Reparationskonto nicht beeinträchtigt und keine Einfuhr erfordert, die das, was zur Durchführung der in den Ziffern 4 und 5 dieser Direktive angeführten Zwecke erforderlich ist, übersteigt.

34. Unter Berücksichtigung der in den Ziffern 30 und 32 enthaltenen Bestimmungen soll der Kontrollrat dafür sorgen, daß alle durchführ-

baren Maßnahmen getroffen werden, um in dem Mindestmaß, das für die in den Ziffern 4 und 5 dieser Direktive angeführten Zwecke erforderlich ist, folgendes zu ermöglichen:

a) Reparaturen und Wiederherstellung wichtiger Transportmittel und öffentlicher Versorgungsbetriebe;

b) Notausbesserung und Bau der unbedingt erforderlichen Unterbringungsmöglichkeiten für die Zivilbevölkerung;

c) Kohlenförderung und Erzeugung anderer Waren sowie Dienstleistungen, die für die in den Ziffern 4 und 5 dieser Direktive angeführten Zwecke erforderlich sind (mit Ausnahme der in den Ziffern 30 und 32 aufgeführten Waren, es sei denn, daß Maßnahmen zur Ermöglichung dieser Produktion ausdrücklich von der Regierung über den Wehrmachtsgeneralstab genehmigt werden).

Sie werden dafür sorgen, daß diese Maßnahmen bis zum Abschluß eines Übereinkommens im Kontrollrat in Ihrer Zone ergriffen werden.

35. In Ihrer Eigenschaft als Befehlshaber der Zone und als Mitglied des Kontrollrats werden Sie Schritte unternehmen, um die gleichmäßige Verteilung und Freizügigkeit derjenigen Waren und Dienstleistungen in allen Zonen sicherzustellen, die für die in den Ziffern 4 und 5 dieser Direktive genannten Zwecke erforderlich sind.

36. Sie werden alle Kartelle und sonstigen privaten Geschäftsabmachungen oder kartellähnliche Organisationen verbieten, einschließlich solcher, die öffentlichen und halböffentlichen Charakter haben, wie zum Beispiel die Wirtschaftsgruppen, die einer Regulierung der Marktverhältnisse, einschließlich der Produktion, der Preise, des exklusiven technischen Erfahrungs- und Verfahrensaustausches und der Zuweisung von Absatzgebieten dienen. Die von diesen Organisationen ausgeübten notwendigen öffentlichen Funktionen sollen so schnell wie möglich von genehmigten öffentlichen Dienststellen übernommen werden.

37. Es ist die Absicht Ihrer Regierung, eine Aufteilung der Besitzrechte und der Kontrollverhältnisse über die deutsche Industrie herbeizuführen. Um die Durchführung dieser Absicht zu fördern, werden Sie eine Aufstellung aller Konzerne, Interessengemeinschaften, Zusammenschlüsse, Holdinggesellschaften und der Verflechtung der leitenden Stellen machen und Ihrer Regierung über den Wehrmachtsgeneralstab die Ergebnisse zusammen mit Ihren Empfehlungen mitteilen. Sie werden sich bemühen, im Kontrollrat Einigung über die Durchführung solcher Untersuchungen in den anderen Besatzungszonen zu erzielen, und Sie werden auf Angleichung der Methoden und Ergebnisse dieser Untersuchungen in den verschiedenen Zonen dringen.

38. Unter gebührender Berücksichtigung der Ziffer 4a soll der Kon-

trollrat solche Richtlinien annehmen, die offensichtlich notwendig sind, um eine Inflation von solcher Art und solchem Ausmaß zu verhindern oder einzudämmen, die die Erreichung der Ziele der Besatzungspolitik bestimmt gefährden würde. Der Kontrollrat soll insbesondere die deutschen Behörden anweisen und ermächtigen, Preis- und Lohnkontrollen aufrechtzuerhalten oder einzuführen und die dazu notwendigen fiskalischen und Finanzmaßnahmen zu treffen. Bis zum Abschluß eines Übereinkommens im Kontrollrat werden Sie dafür sorgen, daß in Ihrer Zone die Maßnahmen ergriffen werden, die Sie für notwendig halten. Die Verhinderung oder Eindämmung der Inflation soll weder als zusätzliche Begründung für die Einfuhr von Versorgungsgütern noch als zusätzliche Begründung für eine Einschränkung der Demontage, der Zerstörung oder der Beschränkung von Produktionsmöglichkeiten in Erfüllung des Reparations-, Entmilitarisierungs- und Demontage-Programms gelten.

Energiewirtschaft, Verkehr und Nachrichtenwesen

39. Als Mitglied des Kontrollrates und als Zonenbefehlshaber werden Sie geeignete Schritte unternehmen, um sicherzustellen,
a) daß die Betriebe der Energiewirtschaft, des Verkehrs und des Nachrichtenwesens so geleitet werden, daß die in den Ziffern 4 und 5 dieser Direktive umrissenen Ziele erreicht werden;
b) daß den Deutschen die Herstellung, Erhaltung und Benutzung aller Arten von Flugzeugen verboten wird und sie daran gehindert werden.
Sie werden das Ausmaß, in dem eine zentralisierte Kontrolle und Verwaltung der Energiewirtschaft, des Verkehrs und des Nachrichtenwesens zur Erreichung der in den Ziffern 4 und 5 dargelegten Ziele offensichtlich notwendig ist, bestimmen und auf Einrichtung einer entsprechenden zentralisierten Kontrolle und Verwaltung durch den Kontrollrat dringen.

Außenhandel und Reparationen

40. Der Kontrollrat soll eine zentrale Kontrolle über den gesamten Handel mit dem Ausland in Waren und Dienstleistungen errichten. Bis zum Abschluß eines Übereinkommens im Kontrollrat werden Sie in Ihrer Zone geeignete Kontrollen einführen.
41. Als Mitglied des Kontrollrats und als Zonenbefehlshaber werden Sie geeignete Schritte unternehmen, um sicherzustellen,
a) daß die Außenhandelskontrollen geeignet sind, die in den Ziffern 4 und 5 dieser Direktive angeführten Ziele zu erreichen;
b) daß Einfuhren, die für Deutschland zugelassen sind und an

Deutschland geliefert werden, auf das beschränkt werden, was für die in den Ziffern 4 und 5 angeführten Ziele unbedingt notwendig ist;

c) daß Ausfuhren nach Ländern, die nicht den Vereinten Nationen angehören, verboten werden, wenn sie von den Alliierten nicht besonders genehmigt sind.

42. Als Mitglied des Kontrollrats und als Zonenbefehlshaber werden Sie sich an Richtlinien halten, die es deutschen Firmen verbieten, sich an internationalen Kartellen oder anderen monopolartigen Verträgen und Abmachungen zu beteiligen, und Sie werden die sofortige Beendigung aller bestehenden deutschen Beteiligungen an solchen Kartellen, Verträgen und Abmachungen anordnen.

43. Sie werden in Ihrer Zone alle in Vereinbarungen der Alliierten niedergelegten Reparations- und Rückerstattungsprogramme durchführen und im Kontrollrat Übereinstimmung über alle Richtlinien und Maßnahmen zu erreichen suchen, deren Anwendung in ganz Deutschland notwendig erscheint, um die Ausführung solcher Programme sicherzustellen.

Teil III: Finanz-Angelegenheiten [. . .]

Aus: *Europa-Archiv*, (Hrsg.): W. Cornides u. H. Volle, Bd. 6, Oberursel/Taunus 1948.

5 b Richtlinien der amerikanischen Regierung an den Kommandierenden General der Besatzungsstreitkräfte der Vereinigten Staaten in Deutschland, General Lucius D. Clay, veröffentlicht am 17. Juli 1947

1. Zweck dieser Verordnung
Diese Verordnung, die Ihnen als dem Kommandierenden General der Besatzungsstreitkräfte der Vereinigten Staaten und Militärgouverneur in Deutschland zugeht, stellt eine Formulierung der Ziele der US-Regierung in Deutschland und der grundlegenden Politik dar, deren Durchführung sie in der Zukunft von Ihnen wünscht. Sie tritt an Stelle der Beschlüsse No. 1067/6 der vereinigten Stabschefs und ihrer Zusätze.

2. Machtvollkommenheiten der Militärregierung
a) Ihre Autorität als Militärgouverneur wird weit gefaßt und ermächtigt Sie, in Übereinstimmung mit internationalen Abkommen, der allgemeinen Außenpolitik unserer Regierung und mit der vorliegenden Direktive so zu handeln, wie es angemessen oder wünschens-

wert ist, um die Ziele unserer Regierung in Deutschland zu erreichen oder militärischen Erfordernissen Rechnung zu tragen.

b). Bis ein Abkommen, das die Behandlung Deutschlands als eine wirtschaftliche und politische Einheit in die Wirklichkeit umsetzt, erreicht ist, müssen Sie alles tun, um eine wirtschaftliche Einheit mit den anderen Zonen zu erzielen.

3. Die Politik der Vereinigten Staaten gegenüber Deutschland

Ein gerechter und dauernder Friede liegt im grundsätzlichen Interesse der Vereinigten Staaten. Ein solcher Friede kann nur erreicht werden, wenn die Bedingungen für öffentliche Ordnung und Wohlstand in ganz Europa geschaffen werden. Für ein geordnetes und blühendes Europa sind die wirtschaftlichen Beiträge eines stabilen und produktiven Deutschlands ebenso notwendig wie die Beschränkungen, die die Garantie geben sollen, daß der destruktive Militarismus in Deutschland nicht wieder aufleben wird.

Um dieses letztere Ziel zu erreichen, hat die Regierung der Vereinigten Staaten den anderen Besatzungsmächten einen Vertrag für die fortdauernde Entwaffnung und Entmilitarisierung Deutschlands vorgeschlagen und sich verpflichtet, eine amerikanische Besatzungsmacht so lange aufrechtzuerhalten, wie die fremde Besatzung Deutschlands andauern wird.

Als positives, sofort durchzuführendes Programm strebt die Regierung der Vereinigten Staaten die Herstellung von politischen, wirtschaftlichen und sittlichen Verhältnissen in Deutschland an, die den wirksamsten Beitrag für ein gesichertes und blühendes Europa liefern werden.

4. Entmilitarisierung

Die Bemühungen, die Entwaffnung und Entmilitarisierung Deutschlands zu vollenden und deren Fortdauer zu garantieren, dürfen nicht nachlassen.

5. Die politische Ziele der Vereinigten Staaten in Deutschland

Die amerikanische Regierung will, daß in Deutschland die politische Organisation und das politische Leben so schnell wie möglich eine Form annehmen sollen, die – auf der wesentlichen Grundlage wirtschaftlichen Wohlergehens – zu einer inneren Ruhe in Deutschland führen und zu dem Geist des Friedens zwischen den Nationen beitragen wird.

Ihre Aufgabe besteht daher im wesentlichen darin, daß Sie helfen, die wirtschaftliche und erzieherische Grundlage für eine gesunde deutsche Demokratie zu legen, daß Sie die aufrichtigen Bemühungen um eine Demokratie fördern und Bestrebungen, die die echte demokratische Entwicklung gefährden, unterbinden.

6. Die deutsche Selbstverwaltung

a) Sie haben weiterhin die Entwicklung einer demokratischen Selbstverwaltung in Deutschland und die Übernahme der direkten Verantwortlichkeit durch deutsche Regierungsstellen zu fördern und diesen die legislative, richterliche und Exekutivgewalt zuzusichern, soweit es sich mit der militärischen Sicherheit und den Zielen der Besatzung in Einklang bringen läßt.

b) Ihre Regierung ist der Ansicht, daß sich das deutsche politische Leben am besten entwickeln kann, wenn deutsche Bundesstaaten (Länder) und eine zentrale deutsche Regierung, deren Aufgaben und Machtvollkommenheiten sorgfältig definiert und begrenzt sind, gebildet werden. Alle Befugnisse mit Ausnahme derer, die ausdrücklich der Zentralregierung vorbehalten bleiben, sollen den Ländern übertragen werden.

c) Ihre Regierung will Deutschland nicht ihre eigenen, geschichtlich entwickelten Formen der Demokratie und der gesellschaftlichen Ordnung aufzwingen und ist ebenso fest davon überzeugt, daß ihm keine anderen, fremden Formen aufgezwungen werden sollten. Sie strebt in Deutschland die Bildung einer politischen Organisation an, die vom Volke ausgeht und seiner Kontrolle untersteht, die in Übereinstimmung mit demokratischen Wahlverfahren wirksam wird, und deren Ziel es ist, die grundlegenden bürgerlichen und menschlichen Rechte des einzelnen zu sichern. Die amerikanische Regierung lehnt eine übermäßig zentralisierte Regierung ab, die durch eine Machtkonzentrierung sowohl das Bestehen einer Demokratie in Deutschland als auch die Sicherheit der Nachbarn Deutschlands und die übrige Welt bedrohen könnte. Ihre Regierung ist schließlich der Überzeugung, daß im Rahmen der oben angeführten Richtlinien dem deutschen Volke die endgültige Entscheidung über die konstitutionelle Form seines politischen Lebens selbst überlassen werden sollte, und daß es sie frei und gemäß dem demokratischen Verfahren zu treffen hat.

7. Interzonale deutsche Verwaltungsstellen

Bis zur Bildung zentraler deutscher Verwaltungsstellen und einer deutschen Zentralregierung werden Sie auch weiterhin – in Übereinstimmung mit den Zielen des § 6 – mit den Gouverneuren der anderen Zonen Übereinkommen treffen, um interzonale deutsche Verwaltungsstellen zu bilden und deren Gültigkeit zu ermöglichen.

8. Politische Parteien

a) Sie werden weiterhin die Politik verfolgen, alle politischen Parteien zuzulassen und zu ermutigen, deren Programme, Tätigkeit und Struktur die Treue zu demokratischen Grundsätzen beweisen. Die politischen Parteien sollen miteinander konkurrieren und durch freiwillige Zusammenschlüsse von Bürgern gegründet sein, bei denen die Führer Ihren Mitgliedern verantwortlich sind. Keine Partei soll bevorzugt werden.

b) Sie haben ebenso den Grundsatz zu vertreten, daß sich die Militärregierung und die deutschen Behörden den zugelassenen politischen Parteien gegenüber neutral verhalten sollen. Jede zugelassene politische Partei soll das Recht haben, frei ihre Anschauungen zu äußern und ihre Kandidaten für die Wahlen aufzustellen. Sie dürfen nicht billigen, daß die Parteien in der Ausübung dieses Rechtes eingeengt oder behindert werden. Wenn Sie jedoch feststellen, daß eine zugelassene Partei undemokratisch handelt oder undemokratische Ideen vertritt, können Sie deren Rechte und Privilegien einschränken oder aufheben.

c) Sie haben im Kontrollrat die Anerkennung auf ganz Deutschland ausgedehnter politischer Parteien und die gleichmäßige Behandlung aller zugelassenen Parteien in allen Besetzungszonen zu vertreten. Sie haben eine Überwachung der politischen Tätigkeit und der Wahlen überall in Deutschland durch die vier Mächte zu befürworten.

9. Entnazifizierung

Sie haben in Ihrer Besetzungszone die am 23. April 1947 vom Rat der Außenminister gefaßten Beschlüsse über die Entnazifizierung so durchzuführen, wie es der Alliierte Kontrollrat bestimmen wird.

10. Kriegsverbrechen

Sie haben alle Anstrengungen zu machen, um die Durchführung der Maßnahmen zur Bestrafung von Kriegsverbrechern zu erleichtern und möglichst bald abzuschließen. Diese Maßnahmen müssen im Einklang stehen mit den Beschlüssen und Empfehlungen hinsichtlich der Organisationen und ihrer Mitglieder, wie sie im Urteil des internationalen Militärtribunals ausgesprochen sind.

11. Gerichte und gerichtliche Verfahren
[...]

12. Gesetzgebung
[...]

13. Umsiedlung von Personen
[...]

14. Kriegsgefangene
[...]

15. Allgemeine Wirtschaftsziele
Die allgemeinen Wirtschaftsziele der US-Regierung in Deutschland sind:
a) Die Eliminierung der Industrie, die lediglich Waffen, Munition und Kriegsgerät herstellte, und die Einschränkung der Industrie, die hauptsächlich zu deren Unterstützung arbeitete.
b) Die Eintreibung von Reparationen für die Verluste, die die Vereinten Nationen als Folge des deutschen Angriffs erlitten haben.
c) Die Unterstützung des deutschen Volkes beim Aufbau eines Staates, der sich selbst erhalten kann und friedliche Ziele hat und der sich in die europäische Wirtschaft eingliedert.
Obgleich der wirtschaftliche Wiederaufbau Deutschlands im Rahmen dieser Ziele die Aufgabe des deutschen Volkes ist und dieses die Verantwortung dafür trägt, sollten Sie allgemeine Richtlinien geben, die Entwicklung eines ausgeglichenen deutschen Außenhandels unterstützen und darauf achten, daß die deutschen Bemühungen mit den Zielen Ihrer Regierung übereinstimmen und zu deren Erreichung beitragen.

16. Wirtschaftliche Abrüstung und Reparationen
a) Ihre Regierung wünscht auch weiterhin, daß die Grundsätze des Potsdamer Abkommens in bezug auf Reparationen und industrielle Abrüstung erfüllt werden.
b) Ihre Regierung glaubt, daß durch die Festlegung des Industrieniveaus auf das man sich schließlich als Basis für die Reparationsentnahmen geeinigt hat, zwar die übermäßige Industriekapazität Deutschlands, die für Kriegszwecke Verwendung hat, eliminiert, nicht aber eine dauernde Beschränkung der deutschen Industriekapazität erreicht werden soll. Dem deutschen Volk soll nicht das Recht abgesprochen werden, nach der Periode der Reparationen seine Hilfsquellen zu entwickeln, um einen höheren Lebensstandard zu erreichen, vorausgesetzt, daß dadurch nicht die Gefahr einer Wiederaufrüstung entsteht.
c) Ihre Regierung wird nicht billigen, daß von Deutschland höhere Reparationen verlangt werden, als sie durch das Potsdamer Abkommen festgelegt worden sind. Ebensowenig ist Ihre Regierung gewillt, Reparationszahlungen Deutschlands an andere Vereinte Nationen dadurch zu finanzieren, daß sie ihre Ausgaben in Deutschland erhöht oder daß der Zeitpunkt hinausgeschoben wird, zu dem sich die deut-

sche Wirtschaft selbst erhalten kann. Ihre Regierung betont noch einmal den Grundsatz, daß der Erlös des zugelassenen Exports in erster Linie zur Bezahlung des zugelassenen Imports verwendet wird.

d) Sie werden versuchen, vom Kontrollrat die Anerkennung des Grundsatzes durchzusetzen, daß Entschädigung für Eigentum gezahlt wird, das für Reparationen beschlagnahmt oder auf Grund des Abkommens über die wirtschaftliche Abrüstung zerstört wurde. Solche Entschädigungen sollen zu Lasten der gesamten deutschen Wirtschaft gehen. Mit Ausnahme von verbotenen Industrien werden Sie versuchen, weitgehend sicherzustellen, daß keine Fabrik, die Ausländern gehört oder von Ausländern kontrolliert wird, für Reparationszwecke demontiert wird, solange noch Fabriken in deutschem Besitz für diesen Zweck verfügbar sind.

e) Sie haben weiterhin dabei zu helfen, daß getarnte deutsche Guthaben im Ausland aufgedeckt und wenn möglich liquidiert werden.

17. Zurückerstattung
[...]

18. Wirtschaftliche Einheit und Wiederaufbau
a) Es ist der Wunsch Ihrer Regierung, im Kontrollrat Übereinstimmung darüber zu erzielen, daß Deutschland als eine Wirtschaftseinheit behandelt wird, daß eine gemeinsame Politik in allen Deutschland betreffenden Angelegenheiten formuliert wird, und daß zur Durchführung dieser gemeinsamen Politik auf dem Gebiete des Finanz-, Nachrichtenübermittlungs- und Verkehrswesens, der Landwirtschaft, der Wirtschaft (einschließlich der Industrie und des Außenhandels) und auf allen anderen Gebieten, auf denen es der Kontrollrat für nötig und angebracht halten mag, deutsche Zentralverwaltungsbehörden eingesetzt werden.

b) Ebenso ist es der Wunsch Ihrer Regierung, daß ein für ganz Deutschland geltendes Produktions- und Außenhandelsprogramm angenommen wird, das auf eine Erhöhung des Lebensstandards in Deutschland und auf die möglichst baldige Errichtung einer sich selbst erhaltenden deutschen Wirtschaft abzielen soll. Dieses Programm soll in erster Linie eine erhöhte Kohlen-, Lebensmittel- und Ausfuhrgüterproduktion ermöglichen. Es soll dafür sorgen, daß die deutsche Inlandproduktion und die zugebilligten Importe über ganz Deutschland so verteilt werden, wie es notwendig ist, um das Produktionsprogramm zu verwirklichen und den festgesetzten Lebensstandard zu erreichen. Es soll weiter gewährleisten, daß alle Waren und Leistungen, die aus Deutschland exportiert werden (außer Reparationen und

Wiedergutmachungsleistungen) voll bezahlt werden, und zwar in Form von bewilligten Importen oder in ausländischer Währung, die zur Bezahlung bewilligter Importe verwendet werden kann. Außerdem soll das Programm eine Bestimmung enthalten über die Errichtung eines Fonds, in den alle Exporterlöse eingezahlt werden sollen. Aus diesem Fonds sollen in erster Linie die notwendigen Importe für ganz Deutschland bezahlt werden (Frist und Ausmaß hierfür sind später noch festzusetzen). Zweitens sollen die Besatzungsmächte nach noch festzulegenden Richtlinien für ihre bisherigen Ausgaben entschädigt werden. Im letzteren Fall sind den Besatzungsmächten vor allem die Kosten für wichtige Einfuhren zurückzuzahlen, und zwar in dem Verhältnis, in dem sie an den Auslagen beteiligt sind.

c) In Fällen, in denen die Wiederherstellung der normalen internationalen Handelsbeziehungen zwischen Deutschland und dem übrigen Europa eine Erhöhung der Dollarausgaben für die Verwaltung Deutschlands notwendig machen oder aber die Errichtung einer sich selbst erhaltenden deutschen Wirtschaft bei einem angemessenen Lebensstandard verzögern würden, sind die Posten für Deutschland-Ausgaben zu erhöhen oder die deutsche Wirtschaft ist dadurch zu entschädigen, daß die Vereinigten Staaten dem betreffenden Land oder den Ländern genügend Unterstützungsgelder zur Verfügung stellen, damit sie Deutschland bezahlen können.

In den obenerwähnten Fragen der deutschen Produktion und des deutschen Handels haben Sie sich mit anderen europäischen Ländern und mit internationalen Organisationen, die diese Länder vertreten, in Verbindung zu setzen und zu gewährleisten, daß bei der Auswahl von Artikeln für den deutschen Export der Nachdruck auf Waren gelegt wird, die von europäischen Ländern für ihren wirtschaftlichen Wiederaufbau benötigt werden; Voraussetzung dabei ist, daß diese Länder als Bezahlung Importe bieten können, die Deutschland braucht, oder Devisen, oder durch solche Importe bezahlt werden können. Beabsichtigte Transaktionen bedeutenderen Umfangs, die zu einer Erholung des allgemeinen Handels in Europa oder zur Herstellung normaler internationaler Handelsbeziehungen oder eines normalen Warenaustausches zwischen Deutschland und anderen europäischen Ländern führen würden, die aber nicht mit den in diesem Absatz aufgestellten Grundsätzen übereinstimmen, sollten der Regierung der Vereinigten Staaten zur Entscheidung vorgelegt werden.

d) Sie haben die Beseitigung bestehender Handelsbeschränkungen zu unterstützen und dabei zu helfen, daß der Auslandshandel wieder in seine normalen Bahnen gelenkt wird.

19. Finanzen
[...]

20. Landwirtschaft
[...]

21. Wirtschaftliche Einrichtungen

a) Bis zu einer Vereinbarung zwischen den Besatzungsmächten haben Sie in Ihrer Zone alle Kartelle und kartellähnlichen Organisationen zu verbieten und haben durch Auflösung von Kombinaten, Fusionen, Holdinggesellschaften und Direktionsverflechtungen, die eine tatsächliche oder mögliche Handelsbeschränkung darstellen oder die Regierungspolitik beherrschen oder wesentlich beeinflussen, eine Dezentralisierung der Besitzrechte und der Kontrolle über die deutsche Industrie herbeizuführen.

Sie dürfen jedoch nicht Preisregelungen der deutschen Regierung oder Monopole, die der Oberaufsicht der Regierung unterliegen, dort verbieten, wo eine freie Konkurrenz untunlich ist. Soweit es möglich ist, haben Sie Ihr Vorgehen auf diesem Gebiet mit dem der Gouverneure der anderen Besetzungszonen in Einklang zu bringen.

b) Sie haben die Bildung und die Tätigkeit von Genossenschaften zu gestatten, wenn die Mitgliedschaft in ihnen freiwillig ist, sie nach demokratischen Grundsätzen organisiert sind und wenn sie sich nicht in einer Weise betätigen, die den Bestimmungen des vorstehenden Paragraphen zuwiderläuft.

c) Während es zwar Ihre Pflicht ist, dem deutschen Volke die Möglichkeit zu geben, die Grundsätze und Vorteile einer freien Wirtschaft kennenzulernen, werden Sie in der Frage des öffentlichen Besitzes von Unternehmungen in Deutschland nur einschreiten, wenn es sich darum handelt, sicherzustellen, daß jegliche Entscheidung für oder gegen das öffentliche Besitzverhältnis frei und durch das normale Vorgehen innerhalb einer demokratischen Regierungsform getroffen wird. Eine Maßnahme zur Übernahme durch die öffentliche Hand darf sich nur dann auf ausländischen Besitz erstrecken, wenn Ihre Regierung mit der Vereinbarung über die Entschädigung des ausländischen Eigentümers einverstanden ist. Bis zu einer endgültigen Entscheidung über die Form und die Rechte der deutschen Zentralregierung dürfen Sie keine Maßnahmen in bezug auf ein öffentliches Besitzrecht billigen, die dieses Recht einer Zentralregierung vorbehalten wollen.

d) Bis zu einer Vereinbarung zwischen den Besatzungsmächten haben Sie neue ausländische Investitionen in Ihrer Besatzungszone Deutschlands einzuschränken. Sie haben weiterhin dafür zu sorgen, daß alles Eigentum, gleichgültig in wessen Besitz es ist, und alle Produktionsmittel und Arbeitskräfte in Ihrer Zone in jeder Beziehung den Entscheidungen und Direktiven des Kontrollrates und der Militärregierung sowie den deutschen Gesetzen unterliegen.

e) (I.) Sie haben die Organisation, die Arbeit und die freie Entwicklung von Gewerkschaften zu gestatten, vorausgesetzt, daß deren Führer den Mitgliedern verantwortlich sind und daß deren Ziele und Handlungen mit den demokratischen Grundsätzen in Einklang stehen. Jegliche Vereinigung von Gewerkschaften darf die finanzielle und organisatorische Selbständigkeit der Mitgliedsgewerkschaften nicht beeinträchtigen. Sie haben die Gewerkschaften zu ermutigen, das Fortbildungsprogramm zu unterstützen und unter ihren Mitgliedern das Verständnis für demokratische Vorgänge zu fördern. Sie haben zu gestatten, daß die Gewerkschaften die Interessen ihrer Mitglieder vertreten und im Rahmen einer sich als notwendig erweisenden Lohn- und Preiskontrolle über Löhne, Arbeitsstunden und Arbeitsbedingungen kollektiv verhandeln.

(II.) Entsprechend den in ihrer Verfassung niedergelegten Befugnissen dürfen Gewerkschaften die beruflichen, wirtschaftlichen und sozialen Interessen ihrer Mitglieder vertreten. Zu ihren grundsätzlichen Befugnissen kann auch die Zusammenarbeit mit den zuständigen Behörden bei der Errichtung und Entwicklung einer Friedenswirtschaft gehören.

f) Sie haben die Organisation und die Tätigkeit von Betriebsräten auf demokratischer Grundlage zur Vertretung der Interessen der Arbeitnehmer in den einzelnen Unternehmen zu gestatten und dürfen die Zusammenarbeit der Betriebsräte mit den Gewerkschaften nicht verbieten.

g) Sie haben auch zu gestatten, daß Vorkehrungen getroffen werden, um die Industriekonflikte freiwillig beizulegen.

[. . .]

Aus: *Europa-Archiv,* (Hrsg.): W. Cornides und H. Volle, Bd. 6, Oberursel/Taunus 1948.

6a. Rede des sowjetischen Außenministers Molotow vom 10. Juli 1946

Nun ist die Zeit gekommen, wo wir die Frage des Schicksals Deutschlands und des Friedensvertrags mit Deutschland erörtern müssen.

Die Sowjetregierung war stets der Meinung, daß der Wunsch nach Rache kein guter Ratgeber in solchen Dingen ist. Es wäre auch falsch, Hitlerdeutschland mit dem deutschen Volk gleichzusetzen, obwohl das deutsche Volk die Verantwortung für die Aggression Deutschlands und für deren außerordentlich schwere Folgen nicht von sich weisen kann.

Das Sowjetvolk hat die durch die Invasion der deutschen Armeen in die Sowjetunion verursachten unerhört schweren Leiden der Okkupation durchgemacht. Unsere Verluste sind groß und nicht abschätzbar. Auch die anderen Völker Europas, und nicht allein Europas, werden noch lange die schweren Verluste und Entbehrungen zu spüren haben, die der von Deutschland uns aufgezwungene Krieg hervorrief. Deshalb ist es verständlich, daß die Frage des Schicksals Deutschlands heute nicht nur das deutsche Volk beunruhigt, was durchaus natürlich ist, sondern auch die anderen Völker, die bestrebt sind, sich für die Zukunft zu sichern und keine neue Aggression von seiten Deutschlands zuzulassen. Dabei muß man stets eingedenk sein, daß Deutschland dank der von ihm erreichten industriellen Macht ein wichtiges Kettenglied im Gesamtsystem der Weltwirtschaft darstellt, andrerseits darf man aber auch nicht vergessen, daß diese industrielle Macht schon mehrmals zur Rüstungsbasis des aggressiven Deutschlands wurde.

Aus diesen Prämissen sind die Schlußfolgerungen abzuleiten.

Ich gehe davon aus, daß es vom Standpunkt der Interessen der Weltwirtschaft und der Ruhe in Europa falsch wäre, auf die Vernichtung Deutschlands als Staat oder auf seine Umwandlung in ein Agrarland mit Vernichtung seiner wichtigsten Industriezentren Kurs zu nehmen.

Eine solche Zielsetzung würde zur Untergrabung der Wirtschaft Europas, zur Zerrüttung der Weltwirtschaft und zu einer chronischen politischen Krise in Deutschland führen, deren Folgen eine Gefahr für den Frieden und die Ruhe heraufbeschwören würden.

Ich glaube, selbst wenn wir einen solchen Standpunkt einnehmen, würde uns die historische Entwicklung späterhin vor die Notwendigkeit stellen, diese Zielsetzung als irreal und unhaltbar aufzugeben.

Deshalb bin ich der Meinung, daß die Aufgabe nicht darin besteht, Deutschland zu vernichten, sondern darin, es zu einem demokratischen und friedliebenden Staat umzugestalten, der neben der Landwirtschaft seine Industrie und seinen Außenhandel besitzt, dem jedoch die wirtschaftlichen und militärischen Möglichkeiten genommen sind, sich neuerdings als aggressive Kraft zu erheben.

Bereits in den Kriegsjahren erklärten die Verbündeten, sie hätten nicht die Absicht, das deutsche Volk zu vernichten. Selbst damals, als Hitler in seinem Größenwahn offen verkündete, er wolle Rußland vernichten, machte sich J. W. Stalin, das Haupt der Sowjetregierung, über diese dumme Prahlerei lustig und sagte: »... es ist unmöglich, Deutschland zu vernichten, so wie es unmöglich ist, Rußland zu vernichten. Aber den Hitlerstaat vernichten – das kann man und muß man.«

Deutschland hat schon seit langem einen wichtigen Platz im System der Weltwirtschaft eingenommen. Bleibt Deutschland ein einheitlicher Staat, so wird es auch weiterhin ein wichtiger Faktor des

Welthandels sein, was auch den Interessen der anderen Völker entspricht. Nähme man andrerseits Kurs auf die Vernichtung Deutschlands als Staat oder auf seine Umwandlung in ein Agrarland und auf die Vernichtung seiner wichtigsten Industriezentren, so würde das dahin führen, daß Deutschland zu einer Brutstätte gefährlicher Revanchestimmungen wird, würde das der deutschen Reaktion in die Hand arbeiten und Europa der Ruhe und des stabilen Friedens berauben.

Man soll nicht zurück-, sondern vorwärtsblicken und sich darum sorgen, was zu tun ist, damit Deutschland ein demokratischer und friedliebender Staat mit entwickelter Landwirtschaft, Industrie und Außenhandel werde, dem jedoch die Möglichkeit entzogen ist, wieder als aggressive Kraft aufzuerstehen. Der Sieg über Deutschland gibt uns mächtige Mittel zur Erreichung dieses Zieles in die Hand. Unsere Pflicht ist es, von diesen Mitteln in vollem Umfang Gebrauch zu machen.

In der letzten Zeit ist es Mode geworden, von einer Zerstückelung Deutschlands in einzelne »autonome« Staaten zu sprechen, von einer Föderalisierung Deutschlands, von der Lostrennung des Ruhrgebiets von Deutschland. Alle derartigen Vorschläge entspringen der gleichen Zielsetzung, Deutschland zu vernichten und es in ein Agrarland zu verwandeln, denn es leuchtet unschwer ein, daß Deutschland ohne das Ruhrgebiet nicht als selbständiger und lebensfähiger Staat existieren kann. Ich habe aber schon gesagt, daß die Vernichtung Deutschlands nicht unsere Aufgabe sein darf, wenn uns die Interessen des Friedens und der Ruhe teuer sind.

Sollte sich allerdings das deutsche Volk im Ergebnis eines Volksentscheids in ganz Deutschland für die Umgestaltung Deutschlands in einen Föderativstaat oder im Ergebnis eines Volksentscheids in einzelnen ehemaligen deutschen Staaten für die Lostrennung von Deutschland aussprechen, so könnten unsrerseits selbstverständlich keinerlei Einwände erhoben werden.

Augenblicklich wird seitens der in den westlichen Besatzungszonen Deutschlands befindlichen Behörden der Verbündeten nicht selten der Gedanke eines föderativen Aufbaus Deutschlands unterstützt. Doch die Position der verbündeten Behörden ist eins, der wirkliche Wunsch des deutschen Volkes oder zumindest der Wunsch der Bevölkerung des einen oder anderen Teils des deutschen Territoriums dagegen etwas anderes. Wir Sowjetmenschen halten es für falsch, dem deutschen Volk die eine oder andere Lösung dieser Frage aufzuzwingen. Ein solches Aufzwingen würde sowieso zu nichts Gutem führen, allein schon deswegen, weil es nicht dauerhaft sein wird.

Dürfen wir den berechtigten Bestrebungen des deutschen Volkes nach der Wiedergeburt seines Staates auf den Grundlagen der Demokratie nicht im Wege stehen, so haben wir andrerseits die Pflicht, die Wiederherstellung Deutschlands als aggressive Kraft zu unterbinden. Es wäre ein Verbrechen, wollten wir diese heilige Pflicht den Völkern der ganzen Welt gegenüber vergessen.

Um die Welt vor einer eventuellen Aggression seitens Deutschlands zu sichern, ist es unerläßlich, seine vollständige militärische und wirtschaftliche Entwaffnung zu verwirklichen, wobei in bezug auf das Ruhrgebiet eine interalliierte Vierstaatenkontrolle errichtet werden muß, deren Aufgabe es ist, die Entstehung einer Rüstungsindustrie in Deutschland zu verhindern.

Das Programm der vollständigen militärischen und wirtschaftlichen Entwaffnung Deutschlands ist nichts Neues. In den Beschlüssen der Berliner Konferenz wird eingehend davon gesprochen. Dabei ist es natürlich, daß sich das Ruhrgebiet als Hauptbasis der deutschen Rüstungsindustrie unter der wachsamen Kontrolle der verbündeten Hauptmächte befinden muß. Der Aufgabe der vollständigen militärischen und wirtschaftlichen Entwaffnung Deutschlands hat auch der Reparationsplan zu dienen. Die Tatsache, daß bisher kein Reparationsplan aufgestellt wurde, ungeachtet der wiederholten Forderungen der Sowjetregierung, den einschlägigen Beschluß der Berliner Konferenz auszuführen, sowie der Umstand, daß bis auf den heutigen Tag das Ruhrgebiet keiner interalliierten Kontrolle unterstellt wurde, worauf die Sowjetregierung bereits vor einem Jahr bestand, sind bedrohliche Anzeichen vom Standpunkt der Gewährleistung der Interessen des künftigen Friedens und der Sicherheit der Völker. Wir sind der Ansicht, daß die Erfüllung dieser Aufgaben nicht länger aufgeschoben werden darf, wenn wir nicht riskieren wollen, daß der Beschluß über die Durchführung der vollständigen militärischen und wirtschaftlichen Entwaffnung Deutschlands zunichte gemacht wird.

Das ist die Meinung der Sowjetregierung über die Rüstungsindustrie und das Kriegspotential Deutschlands. Diese Erwägungen können die Entwicklung der Friedensindustrie Deutschlands nicht behindern.

Damit die Entwicklung der Friedensindustrie in Deutschland auch anderen Völkern zugute komme, die deutsche Kohle, Metall und Fertigwaren benötigen, muß man Deutschland das Aus- und Einfuhrrecht zugestehen, und im Fall der Realisierung dieses Außenhandelsrechts dürfen wir der gesteigerten Erzeugung von Stahl, Kohle und Waren der Friedensindustrie in Deutschland keine Hindernisse in den Weg legen, natürlich bis zu einer gewissen Grenze und bei unbedingter Errichtung einer interalliierten Kontrolle über die deutsche und insbesondere über die Ruhrindustrie.

Bekanntlich hat der Kontrollrat in Deutschland unlängst festgelegt, welches Entwicklungsniveau die deutsche Industrie in den nächsten Jahren erreichen soll. Vorläufig hat Deutschland dieses Niveau bei weitem nicht erreicht. Nichtsdestoweniger muß man schon heute zugeben, daß der deutschen Friedensindustrie die Möglichkeit einer breiteren Entwicklung geboten werden muß, wenn diese industrielle Entwicklung tatsächlich der Deckung des Friedensbedarfs des deutschen Volkes und den Bedürfnissen der Entwicklung des Handels mit anderen Ländern dient. All das erfordert, daß eine wirksame interalliierte Kontrolle über die deutsche Industrie und insbesondere über die Ruhrindustrie errichtet wird, für die nicht irgendein einzelnes der verbündeten Länder die Verantwortung tragen kann. Die Annahme eines entsprechenden Programms für die Entwicklung der deutschen Friedensindustrie, das auch die Entwicklung des deutschen Außenhandels vorsieht, sowie die Errichtung einer interalliierten Kontrolle über die gesamte deutsche Industrie werden der Notwendigkeit gerecht, die Beschlüsse der Berliner Konferenz, denen zufolge Deutschland als ein einheitliches wirtschaftliches Ganzes zu behandeln ist, in die Tat umzusetzen.

Ich habe nur noch auf die Frage des Friedensvertrags mit Deutschland einzugehen.

Wir sind natürlich im Prinzip für den Abschluß eines Friedensvertrags mit Deutschland, bevor aber ein solcher Vertrag abgeschlossen wird, muß eine einheitliche deutsche Regierung *geschaffen werden, die demokratisch genug ist, um alle Überreste des Faschismus in Deutschland auszurotten, und verantwortlich genug ist, um allen ihren Verpflichtungen den Verbündeten gegenüber nachzukommen, darunter besonders auch den Reparationslieferungen an die Verbündeten.* Es versteht sich von selbst, daß wir gegen die Bildung einer deutschen Zentralverwaltung als Übergangsmaßnahme zur Bildung einer künftigen deutschen Regierung nichts einzuwenden haben.

Aus dem Gesagten geht hervor, daß es notwendig ist, bevor man vom Friedensvertrag mit Deutschland spricht, die Frage der Bildung einer gesamtdeutschen Regierung zu lösen. Indessen ist bisher noch keinerlei deutsche Zentralverwaltung geschaffen worden, obwohl die Sowjetregierung diese Frage schon vor einem Jahr auf der Berliner Konferenz angeschnitten hat. Wurde diese Frage damals zurückgestellt, so gewinnt sie jetzt als erster Schritt zur Bildung einer künftigen Regierung Deutschlands besondere Aktualität. Doch selbst dann, wenn eine deutsche Regierung gebildet wird, dürfte eine Reihe von Jahren erforderlich sein, um zu prüfen, was die neue Regierung Deutschlands vorstellt und ob sie vertrauenswürdig ist.

Die künftige deutsche Regierung muß eine demokratische Regierung sein, die imstande ist, die Überreste des Faschismus in Deutschland auszurotten, und gleichzeitig imstande ist, den Verpflichtungen Deutschlands gegenüber den Verbündeten nachzukommen, wobei sie in erster Linie die Reparationslieferungen an die Verbündeten sicherzustellen hat. Erst wenn man sich vergewissert hat, daß die neue deutsche Regierung fähig ist, diese Aufgaben zu bewältigen und sie in der Tat ehrlich erfüllt, erst dann wird man ernsthaft vom Abschluß eines Friedensvertrags mit Deutschland sprechen können. Ohne dem kann Deutschland keinen Friedensvertrag beanspruchen, noch können die verbündeten Mächte sagen, sie hätten ihre Verpflichtungen gegenüber den Völkern erfüllt, die fordern, daß ein dauerhafter Frieden und Sicherheit gewährleistet werden.

Das ist der Standpunkt der Sowjetunion in den grundlegenden Fragen Deutschlands und in der Frage des Friedensvertrags mit Deutschland.

Aus: W. M. Molotow, *Fragen der Außenpolitik*, Moskau 1949.

6b. Rede des amerikanischen Außenministers Byrnes vom 6. September 1946

»Ich bin nach Deutschland gekommen, um mich an Ort und Stelle über die mit dem Wiederaufbau Deutschlands verbundenen Probleme zu orientieren und die Ansichten der Regierung der Vereinigten Staaten über einige der vor uns liegenden Probleme mit unseren Vertretern in Deutschland zu besprechen. Wir Amerikaner haben diesen Problemen beträchtliche Zeit und Aufmerksamkeit gewidmet, weil von ihrer erfolgreichen Lösung nicht nur das künftige Wohlergehen Deutschlands, sondern auch das Europas abhängt.

Wir haben wohl oder übel lernen müssen, daß wir alle in einer Welt leben, von der wir uns nicht isolieren können. Wir haben gelernt, daß Frieden und Wohlergehen unteilbar sind und daß Frieden und Wohlergehen in unserem Land nicht auf Kosten des Friedens und Wohlergehens eines anderen Volkes erkauft werden können.

Ich hoffe, daß das deutsche Volk nie wieder den Fehler machen wird, zu glauben, daß das amerikanische Volk, gerade weil es den Frieden liebt, in der Hoffnung auf Frieden abseits stehen wird, wenn irgendeine Nation Gewalt anwendet oder mit Gewalt droht, um die Herrschaft über andere Völker oder Regierungen zu erlangen.

Im Jahre 1917 wurden die Vereinigten Staaten zur Teilnahme am ersten Weltkrieg gezwungen. Nach diesem Krieg weigerten wir uns, dem Völkerbund beizutreten. Wir glaubten, uns den europäischen Kriegen fernhalten zu können, und verloren das Interesse an europäischen Angelegenheiten. Dies schützte uns aber nicht davor, zum Eintritt in den zweiten Weltkrieg gezwungen zu werden. Wir wollen jenen Fehler nicht wiederholen. Wir sind entschlossen, uns weiter für die Angelegenheiten Europas und der Welt zu interessieren. Wir haben zur Organisierung der Vereinten Nationen beigetragen und glauben, daß dadurch Angreifernationen davon abgehalten werden, Kriege anzufangen. Weil wir das glauben, wollen wir die Vereinten Nationen mit unserer ganzen Macht und allen unseren Hilfsquellen unterstützen.

Das amerikanische Volk will den Frieden. Es hat schon seit langem nicht mehr von einem strengen oder milden Frieden für Deutschland gesprochen. Darauf kam es auch niemals wirklich an. Was wir wollen, ist ein dauerhafter Friede. Wir werden uns gegen zu harte und von Rachsucht diktierte Maßnahmen wenden, die einem wirklichen Frieden im Wege stehen. Wir werden uns zu milden Maßnahmen widersetzen, welche zum Bruch des Friedens einladen.

Als die Vereinigten Staaten in Potsdam der Entwaffnung und Entmilitarisierung Deutschlands zustimmten und als sie vorschlugen, dafür zu sorgen, daß Deutschland für die Dauer einer Generation entwaffnet und entmilitarisiert bleibt, waren sie sich auf der ihnen und ihren Hauptverbündeten ruhenden Verantwortung für die Aufrechterhaltung und gesetzmäßige Durchführung des Friedens wohl bewußt.

Die Befreiung vom Militarismus wird dem deutschen Volke Gelegenheit geben, seine Kräfte und Fähigkeiten den Werken des Friedens zuzuwenden. Es braucht sie nur zu ergreifen. Sie gibt ihm die Gelegenheit, sich der Achtung und Freundschaft friedliebender Völker würdig zu erweisen und eines Tages einen ehrenvollen Platz unter den Mitgliedern der Vereinten Nationen einzunehmen.

Es liegt weder im Interesse des deutschen Volkes noch im Interesse des Weltfriedens, daß Deutschland eine Schachfigur oder ein Teilnehmer in einem militärischen Machtkampf zwischen dem Osten und dem Westen wird. Zweimal in einer Generation haben der deutsche Militarismus und der Nazismus die Gebiete von Deutschlands Nachbarn verwüstet. Es ist nur recht und billig, daß Deutschland sein Teil dazu beitragen soll, diese Verwüstungen wiedergutzumachen. Die meisten Opfer der Naziaggression waren vor dem Krieg weniger begütert als Deutschland. Deutschland darf nicht erwarten, daß diese Opfer ohne fremde Hilfe die Hauptkosten dieser Naziüberfälle tragen sollen.

Die Vereinigten Staaten sind daher bereit, die in den Potsdamer Beschlüssen über die Entmilitarisierung und die Reparationen niedergelegten Grundsätze in vollem Umfange durchzuführen. Wenn Deutschland jedoch nicht in der in den Potsdamer Beschlüssen vorgesehenen und geforderten Weise als wirtschaftliche Einheit verwaltet wird, müßten an dem von der Alliierten Kontrollkommission genehmigten Industrieniveau Änderungen vorgenommen werden.

Die Grundlage der Potsdamer Beschlüsse war, daß im Rahmen eines kombinierten Entmilitarisierungs- und Reparationsprogramms

Deutschlands Kriegspotential durch Ausschaltung und Demontage seiner Kriegsindustrie und durch Verminderung und Beseitigung schwerindustrieller Anlagen herabgesetzt werden sollte. Es war vorgesehen, dies so weit durchzuführen, daß Deutschland ein Industriepotential belassen bliebe, welches ihm die Aufrechterhaltung eines durchschnittlichen europäischen Lebensstandards ohne die Hilfe anderer Länder ermöglicht.

Die auf diese Weise zu entfernenden Fabriken sollten als Reparationen an die Alliierten abgeliefert werden. Die aus der russischen Zone zu entfernenden Fabriken sollten der Sowjetunion und Polen zufallen, während die aus den westlichen Zonen zu entfernenden Fabriken teilweise der Sowjetunion, in der Hauptsache jedoch den westlichen Alliierten zufallen sollten. Ferner wurde eine Aufteilung des deutschen Vermögens im Ausland unter den Alliierten vorgesehen.

Nach langen Verhandlungen einigten sich die Alliierten über den Stand, auf den die hauptsächlichsten deutschen Industrien zwecks Durchführung der Potsdamer Beschlüsse herabgesetzt werden sollten. Auf diesen Stand einigte man sich in der Annahme, daß Deutschlands einheimische Hilfsquellen für eine auf gerechter Grundlage erfolgende Verteilung an alle Deutschen in Deutschland zur Verfügung stehen sollten, und daß die für den Verbrauch in Deutschland nicht benötigten Erzeugnisse der Ausfuhr zur Verfügung stehen sollten, um damit die erforderliche Einfuhr zu bezahlen.

Bei Festsetzung des zulässigen Standes der Industrie wurden keinerlei Reparationsleistungen aus der laufenden Produktion vorgesehen. Aus der laufenden Produktion erfolgende Reparationsleistungen würden mit dem nach den Potsdamer Beschlüssen festgesetzten Stand der Industrie völlig unvereinbar sein. Offensichtlich hätte ein höherer Stand der Industrie festgesetzt werden müssen, wenn Reparationen aus der laufenden Produktion beabsichtigt gewesen wären. Der Stand der Industrie, wie er festgesetzt worden ist, reicht nur aus, das deutsche Volk in die Lage zu versetzen, sich selbst zu versorgen und einen Lebensstandard aufrechtzuerhalten, der den durchschnittlichen Lebensverhältnissen in Europa annähernd gleichkommt. Dieser Grundsatz bedeutet erhebliche Härten für das deutsche Volk, aber er verlangt von ihm lediglich, die Härten zu teilen, die der Angriff der Nazis dem Durchschnittseuropäer auferlegt hat.

Dem deutschen Volk wurde jedoch nicht die Möglichkeit genommen, sein Los im Lauf der Jahre durch harte Arbeit zu verbessern. Eine industrielle Entwicklung und industrieller Fortschritt wurden ihm nicht verweigert. Gleich den Völkern anderer verwüsteter Länder sollte das deutsche Volk den Wiederanfang mit einer Friedenswirtschaft machen, die nicht imstande ist, ihm mehr als den durchschnittlichen europäischen Lebensstandard zu gewähren. Dabei sollte ihm nicht das Recht verwehrt werden, mögliche, auf Grund harter Arbeit und einfacher Lebensweise erworbene Ersparnisse für den Aufbau einer Industrie zu verwenden, die friedlichen Zwecken dient.

Dieses war der Grundsatz der Reparationen, wie Präsident Truman ihm in Potsdam zugestimmt hat. Die Vereinigten Staaten werden nicht ihre Zustimmung geben, daß Deutschland größere Reparationen leisten muß, als in den Potsdamer Beschlüssen vorgesehen wurde.

Die Durchführung der Potsdamer Beschlüsse ist jedoch dadurch behindert worden, daß der Alliierte Kontrollrat nicht die notwendigen Maßnahmen getroffen hat, um es der deutschen Wirtschaft zu ermöglichen, als Wirtschaftseinheit zu arbeiten. Die notwendigen deutschen Zentralverwaltungskörper sind nicht geschaffen worden, obgleich die Potsdamer Beschlüsse sie ausdrücklich verlangten.

Die gerechte Verteilung der lebenswichtigen Güter zwischen den einzelnen Zonen mit dem Ziel, eine ausgeglichene Wirtschaft in ganz Deutschland herbeizuführen und den Einfuhrbedarf zu verringern, ist nicht in die Wege geleitet worden, obgleich die Potsdamer Beschlüsse auch dies ausdrücklich verlangten. Die Vorbereitung einer ausgeglichenen Wirtschaft in ganz Deutschland zur Beschaffung der für die Bezahlung der genehmigten Einfuhr erforderlichen Mittel ist nicht erfolgt, obgleich auch dies die Potsdamer Beschlüsse ausdrücklich verlangten.

Die Vereinigten Staaten sind der festen Überzeugung, daß Deutschland als Wirtschaftseinheit verwaltet werden muß und daß die Zonenschranken, soweit sie das Wirtschaftsleben und die wirtschaftliche Betätigung in Deutschland betreffen, vollständig fallen müssen.

Die jetzigen Verhältnisse in Deutschland machen es unmöglich, den Stand der industriellen Erzeugung zu erreichen, auf den sich die Besatzungsmächte als absolutes Mindestmaß einer deutschen Friedenswirtschaft geeinigt hatten. Es ist klar, daß wir, wenn die Industrie auf den vereinbarten Stand gebracht werden soll, nicht weiterhin den freien Austausch von Waren, Personen und Ideen innerhalb Deutschlands einschränken können. Die Schranken zwischen den vier Zonen Deutschlands sind weit schwieriger zu überwinden als die zwischen normalen unabhängigen Staaten. Die Zeit ist gekommen, wo die Zonengrenzen nur als Kennzeichnung der Gebiete angesehen werden sollten, die aus Sicherheitsgründen von den Streitkräften der Besatzungsmächte besetzt gehalten werden, und nicht als eine Kennzeichnung für in sich abgeschlossene wirtschaftliche oder politische Einheiten.

Das war der Gang der Entwicklung, wie er in den Potsdamer Beschlüssen vorgeschlagen war, und das ist auch der Gang der Entwicklung, den die amerikanische Regierung mit ihrer ganzen Autorität verfolgen wird. Sie hat offiziell ihre Absicht ausgedrückt, die Wirtschaft ihrer eigenen Zone mit einer oder mit allen anderen zu vereinigen, die hierzu bereit sind.

Bis jetzt hat sich nur die britische Regierung bereit erklärt, mit ihrer Zone daran teilzunehmen. Wir begrüßen diese Zusammenarbeit aufs wärmste. Selbstverständlich soll diese Vereinigungspolitik nicht jene Regierungen ausschließen, die heute noch nicht zum Beitritt bereit sind, die Vereinigung steht ihnen zu jeder Zeit frei.

Wir treten für die wirtschaftliche Vereinigung Deutschlands ein. Wenn eine völlige Vereinigung nicht erreicht werden kann, werden wir alles tun, was in unseren Kräften steht, um eine größtmögliche Vereinigung zu sichern.

So wichtig auch die wirtschaftliche Vereinigung für die Gesundung Deutschlands und Europas ist, so muß das deutsche Volk doch einsehen, daß der Hauptgrund seiner Leiden und Entbehrungen der Krieg ist, den die Nazidiktatur über die Welt gebracht hat. Aber gerade weil Leiden und Entbehrungen in Deutschland unvermeidlich sind, lehnt die amerikanische Regierung die Verantwortung für ein unnötiges Anwachsen der deutschen Not ab, die dadurch verursacht wird, daß es dem Alliierten Kontrollrat nicht gelingt, sich darüber zu einigen, dem deutschen Volk Gelegenheit zu geben, einige seiner dringenden wirtschaftlichen Probleme selbst zu lösen. In vielen lebenswichtigen Fragen wird Deutschland weder vom Kontrollrat regiert, noch gestattet ihm dieser, sich selbst zu regieren.

Für einen erfolgreichen Wiederaufbau Deutschlands ist eine gemeinsame Finanzpolitik wesentlich. Eine unkontrollierbare Inflation, begleitet von einer wirtschaftlichen Lähmung, ist fast mit Sicherheit zu erwarten, wenn keine gemeinsame Finanzpolitik zur Steuerung der Inflation besteht. Ein Programm drastischer Haushaltsreformen ist dringend erforderlich, um den Währungsumlauf und die Geldforderungen zurückzuschrauben, die Schuldenlast zu revidieren und Deutschlands Finanzen auf eine gesunde Grundlage zu stellen. Die Vereinigten Staaten haben große Anstrengungen gemacht, um ein solches Programm zu verwirklichen, wenn aber eine verheerende Inflation verhindert werden soll, müssen völlig aufeinander abgestimmte Maßnahmen beschlossen und in allen Zonen einheitlich angewandt werden. Um ein Programm dieser Art wirksam durchzuführen, ist eine zentrale Finanzbehörde offensichtlich notwendig.

Es ist auch notwendig, daß ein Verkehrs-, Nachrichten- und Postwesen in ganz Deutschland ohne Rücksicht auf Zonenschranken eingeführt wird. Der sich auf ganz Deutschland erstreckende Aufbau dieser öffentlichen Einrichtungen war in den Potsdamer Beschlüssen beabsichtigt. Zwölf Monate sind vergangen, und nichts ist geschehen. Deutschland benötigt die ganzen Nahrungsmittel, die es erzeugen kann. Vor dem Kriege konnte es nicht genug Nahrungsmittel für seine

Bevölkerung erzeugen. Das Gebiet Deutschlands ist verkleinert worden. Die Bevölkerung Schlesiens zum Beispiel ist in ein verkleinertes Deutschland zurückgedrängt worden. Besatzungsarmeen und Zwangsverschleppte erhöhen den Bedarf, während der Mangel an landwirtschaftlichen Maschinen und Düngemitteln die Versorgungsmöglichkeit herabsetzt. Um die größtmögliche Erzeugung und die zweckmäßigste Verwendung und Verteilung der Nahrungsmittel, die erzeugt werden können, sicherzustellen, müßte eine zentrale Verwaltungsstelle für Landwirtschaft geschaffen werden und unverzüglich mit der Arbeit beginnen.

Ebenso ist die Schaffung einer zentralen deutschen Verwaltungsstelle für Industrie und Außenhandel dringend notwendig. Deutschland muß bereit sein, seine Kohle und seinen Stahl mit den befreiten Ländern Europas zu teilen, die von diesen Lieferungen abhängig sind. Deutschland muß andererseits in die Lage versetzt werden, seine Fähigkeiten und Kräfte der Steigerung seiner industriellen Produktion dienstbar zu machen und für die zweckmäßigste Verwendung seiner Rohstoffe Sorge tragen zu können.

Deutschland muß die Möglichkeit haben, Waren auszuführen, um dadurch so viel einführen zu können, daß es sich wirtschaftlich selbst erhalten kann. Deutschland ist ein Teil Europas. Die Gesundung in Europa und besonders in den Nachbarstaaten Deutschlands wird nur langsam voranschreiten, wenn Deutschland mit seinen großen Bodenschätzen an Eisen und Kohle in ein Armenhaus verwandelt wird.

Nachdem die rücksichtslose Nazidiktatur zur bedingungslosen Kapitulation gezwungen worden war, gab es keine deutsche Regierung, mit der die Alliierten hätten verhandeln können. Die Alliierten mußten vorübergehend die Aufgabe des zertrümmerten deutschen Staates übernehmen, da sich die Nazidiktatur jeder wahren Rechenschaft dem deutschen Volke gegenüber enthoben hatte. Die Alliierten konnten die Führer und Günstlinge des Nazismus nicht in Schlüsselstellungen belassen, in denen sie ihren Einfluß wieder geltend gemacht hätten. Sie mußten gehen.

Es war jedoch niemals die Absicht der amerikanischen Regierung, dem deutschen Volk das Recht zu versagen, seine eigenen inneren Angelegenheiten wahrzunehmen, sobald es in der Lage sein würde, dies auf demokratische Art und unter aufrichtiger Achtung der Menschenrechte und grundsätzlichen Freiheiten zu tun.

Die nur wenige Monate nach der Kapitulation gefaßten Potsdamer Beschlüsse verpflichteten die Besatzungsmächte, die örtliche Selbstverwaltung wiederherzustellen und die Grundsätze einer gewählten Volksvertretung in den Verwaltungen der Bezirke, Provinzen und Länder einzuführen, und zwar so bald, wie es mit der militärischen Sicherheit und den Zwecken der militärischen Besetzungen vereinbar ist.

Der Hauptzweck der militärischen Besetzung war und ist, Deutschland zu entmilitarisieren und entnazifizieren, nicht aber den Bestrebungen des deutschen Volkes hinsichtlich einer Wiederaufnahme seiner Friedenswirtschaft künstliche Schranken zu setzen.

Die Nazikriegsverbrecher sollten für die Leiden, die sie über die Welt gebracht haben, bestraft werden. Die in den Potsdamer Beschlüssen enthaltenen Grundsätze für die Reparationen und die industrielle Abrüstung sollten durchgeführt werden. Die Ziele der Besetzung sahen jedoch weder eine lang anhaltende ausländische Diktatur über die Deutsche Friedenswirtschaft, noch eine lang anhaltende ausländische Diktatur über Deutschlands innerpolitisches Leben vor. Die Potsdamer Beschlüsse verpflichteten die Besatzungsmächte ausdrücklich, den Aufbau einer politischen Demokratie von Grund auf zu beginnen.

Die Potsdamer Beschlüsse sahen nicht vor, daß Deutschland niemals eine zentrale Regierung haben sollte. Sie bestimmten lediglich, daß einstweilen noch keine zentrale deutsche Regierung gebildet werden sollte, ehe eine gewisse Form von Demokratie in Deutschland Wurzel gefaßt und sich ein örtliches Verantwortungsbewußtsein entwickelt hätte.

Die Potsdamer Beschlüsse bestimmten in weiser Voraussicht, daß die Verwaltung der deutschen Angelegenheiten auf eine Dezentralisierung der politischen Struktur und auf die Entwicklung örtlichen Verantwortungsbewußtseins gerichtet sein sollte. Dies sollte nicht die Weiterentwicklung zu einer zentralen Regierung verhindern, welche die erforderlichen Machtbefugnisse besitzt, um Angelegenheiten zu behandeln, die einheitlich für ganz Deutschland geregelt werden müssen. Dagegen bestand die Absicht, die Bildung einer starken zentralen Regierung zu verhindern, welche das deutsche Volk beherrschen würde, ohne seinem demokratischen Willen zu entsprechen.

Die amerikanische Regierung steht auf dem Standpunkt, daß jetzt dem deutschen Volk innerhalb ganz Deutschlands die Hauptverantwortung für die Behandlung seiner eigenen Angelegenheit bei geeigneten Sicherungen übertragen werden sollte.

Seit dem Ende der Feindseligkeiten ist mehr als ein Jahr vergangen. Die Millionen deutscher Menschen sollten nicht gezwungen werden, in Ungewißheit über ihr Schicksal zu leben. Die amerikanische Regierung ist der Ansicht, daß die Alliierten dem deutschen Volk unverzüglich die wesentlichen Friedensbedingungen klarmachen sollten, deren Annahme und Befolgung sie vom deutschen Volk erwarten. Wir sind der Ansicht, daß dem deutschen Volk Erlaubnis und Unterstützung gewährt werden sollten, die notwendigen Vorbereitungen für eine demokratische deutsche Regierung zu treffen, die in der Lage ist, diese Bedingungen anzunehmen und zu befolgen.

Die denkenden Menschen der Welt werden von jetzt ab die Tätigkeit der Alliierten in Deutschland nicht nach ihren Versprechungen, sondern nach ihren Leistungen beurteilen. Die amerikanische Regierung hat die für die Entnazifizierung und Entmilitarisierung Deutschlands erforderlichen Maßnahmen unterstützt und wird dies weiterhin tun. Sie glaubt jedoch nicht, daß große Heere ausländischer Soldaten oder ausländischer Bürokraten, wie gut ihre Ansichten und Disziplin auch sein mögen, auf die Dauer die zuverlässigsten Beschützer der Demokratie eines anderen Landes sind.

Alles, was die alliierten Regierungen tun können und tun sollten, ist, Richtlinien festzusetzen, nach denen sich die deutsche Demokratie selbst regieren kann. Die Zahl der alliierten Besatzungskräfte sollte so beschränkt werden, daß sie genügt, um die Befolgung dieser Richtlinien zu sichern.

Die Frage für uns ist, welche Kräfte notwendig sind, um die Sicherheit zu schaffen, daß Deutschland nicht wieder wie nach dem ersten Weltkrieg aufrüstet. Unser Vorschlag, einen Vertrag mit den Großmächten zu schließen, um ihn für 25 oder sogar 40 Jahre beizubehalten, hätte eine kleinere Besatzungsarmee möglich gemacht. Zu seiner Durchführung könnten wir uns besser auf ausgebildete Überwachungsbeamte, als auf die Infanterie verlassen. Wenn zum Beispiel eine Automobilfabrik den Vertrag verletzt und ihre Anlagen auf die Herstellung von Kriegsmaterial umstellt, würden die Überwachungsbeamten dies dem Alliierten Kontrollrat melden und dieser würde die deutsche Regierung auffordern, die Herstellung zu unterbinden und den Schuldigen zu bestrafen. Leistet die deutsche Regierung der Aufforderung nicht Folge, würden die alliierten Nationen Schritte unternehmen, die Befolgung durch die deutsche Regierung zu erzwingen.

Unser Vorschlag für dieses Abkommen wurde nicht angenommen. Sicherungsstreitkräfte werden unglücklicherweise wahrscheinlich noch lange Zeit in Deutschland bleiben müssen. Man darf mich nicht mißverstehen. Wir wollen uns unseren Verpflichtungen nicht entziehen. Wir ziehen uns nicht zurück. Wir bleiben hier und werden unseren Anteil an der Last auf uns nehmen. Solange die Anwesenheit von Besatzungskräften in Deutschland notwendig ist, wird die Armee der Vereinigten Staaten einen Teil dieser Besatzungsmacht bilden.

Die Vereinigten Staaten treten für die baldige Bildung einer vorläufigen deutschen Regierung ein. Fortschritte in der Entwicklung der örtlichen Selbstverwaltung und der Landesselbstverwaltungen sind in der amerikanischen Zone Deutschlands erzielt worden, und die amerikanische Regierung glaubt, daß ein ähnlicher Fortschritt in allen Zonen möglich ist.

Die amerikanische Regierung steht auf dem Standpunkt, daß die vorläufige Regierung nicht von anderen Regierungen ausgesucht werden soll, sondern daß sie aus einem deutschen Nationalrat bestehen soll, der sich aus den nach demokratischen Prinzipien verantwortlichen Ministerpräsidenten oder anderen leitenden Beamten der verschiedenen Länder zusammensetzt, die in jeder der vier Zonen gebildet worden sind.

Unter Vorbehalt der Befugnisse des Alliierten Kontrollrats soll der deutsche Nationalrat für die sachgemäße Erfüllung der Aufgaben der zentralen Verwaltungsbehörden verantwortlich sein, die ihrerseits angemessene Machtbefugnisse besitzen sollen, um die Verwaltung Deutschlands als einer Einheit, wie sie in den Potsdamer Beschlüssen geplant war, zu sichern.

Der deutsche Nationalrat sollte auch mit der Vorbereitung des Entwurfes einer Bundesverfassung für Deutschland beauftragt werden, die unter anderem den demokratischen Charakter des neuen Deutschlands, die Menschenrechte, und die grundsätzlichen Freiheiten aller seiner Einwohner sichern soll. Nach grundsätzlicher Genehmigung durch den Alliierten Kontrollrat wäre die vorgeschlagene Verfassung einer gewählten Versammlung zur endgültigen Formulierung vorzulegen und sodann dem deutschen Volk zur Ratifizierung zu unterbreiten.

Während wir darauf bestehen werden, daß Deutschland die Grundsätze des Friedens, der gutnachbarlichen Beziehungen und der Menschlichkeit befolgt, wollen wir nicht, daß es der Vasall irgendeiner Macht oder irgendwelcher Mächte wird oder unter einer in- oder ausländischen Diktatur lebt. Das amerikanische Volk hofft, ein friedliches und demokratisches Deutschland zu sehen, das seine Freiheit und Unabhängigkeit erlangt und behält.

Nun ist es auch Zeit, die Grenzen des neuen Deutschlands festzusetzen. Österreich ist bereits als freies und unabhängiges Land anerkannt worden. Seine zeitweilige und erzwungene Vereinigung mit Deutschland war für beide Länder kein glücklicher Zustand, und die Vereinigten Staaten sind überzeugt, daß es im Interesse beider Länder und des Friedens für Europa liegt, wenn jedes seinen eigenen Weg geht.

In Potsdam wurden, vorbehaltlich einer endgültigen Entscheidung durch die Friedenskonferenz, bestimmte Gebiete, die einen Teil Deutschlands bildeten, vorläufig der Sowjetunion und Polen zugewiesen. Damals waren diese Gebiete von der Sowjetarmee und von der polnischen Armee besetzt. Es wurde uns gesagt, daß die Deutschen aus diesen Gebieten in großer Zahl flüchteten und daß es im Hinblick auf die durch den Krieg hervorgerufenen Gefühle tatsächlich schwierig sein würde, das wirtschaftliche Leben dieser Gebiete wieder in Gang zu bringen, wenn diese nicht als integrale Bestandteile der Sowjetunion beziehungsweise Polens verwaltet würden.

Die Staatsoberhäupter erklärten sich damit einverstanden, bei den

Friedensregelungen den Vorschlag der Sowjetregierung hinsichtlich der endgültigen Übertragung der Stadt Königsberg und des anliegenden Gebietes an die Sowjetunion zu unterstützen. Sofern die sowjetische Regierung ihre Auffassung diesbezüglich nicht ändert, werden wir an diesem Abkommen festhalten. Was Schlesien und andere ostdeutsche Gebiet anbetrifft, so fand die zu Verwaltungszwecken erfolgte Übergabe dieses Gebietes durch Rußland an Polen vor der Potsdamer Zusammenkunft statt. Die Staatsoberhäupter stimmten zu, daß Schlesien und andere ostdeutsche Gebiete bis zur endgültigen Festlegung der polnischen Westgrenze durch den polnischen Staat verwaltet und zu diesem Zwecke nicht als Teil der russischen Besatzungszone in Deutschland angesehen werden sollten. Wie aus dem Protokoll der Potsdamer Konferenz hervorgeht, einigten sich die Staatsoberhäupter jedoch dahingehend, die Abtretung eines bestimmten Gebietes zu unterstützen.

Rußland und Polen haben schwer durch Hitlers einfallende Armeen gelitten. Durch das Abkommen von Jalta hat Polen an Rußland das Gebiet östlich der Curzon-Linie abgetreten. Polen hat dafür eine Revision seiner nördlichen und westlichen Grenzen verlangt. Die Vereinigten Staaten werden eine Revision dieser Grenzen zugunsten Polens unterstützen. Der Umfang des an Polen abzutretenden Gebietes kann jedoch erst entschieden werden, wenn das endgültige Abkommen darüber getroffen ist.

Die Vereinigten Staaten finden, daß sie Frankreich, in welches Deutschland innerhalb von 70 Jahren dreimal eingefallen ist, seinen Anspruch auf das Saargebiet, dessen Wirtschaft mit Frankreich eng verbunden ist, nicht verweigern können. Natürlich müßte Frankreich, wenn ihm das Saargebiet eingegliedert wird, seine Reparationsansprüche an Deutschland entsprechend ändern.

Von diesen Veränderungen abgesehen, werden die Vereinigten Staaten keine Eingriffe in unbestritten deutsches Gebiet oder eine Aufteilung Deutschlands, die nicht dem echten Willen der Bevölkerung entspricht, unterstützen. Soweit den Vereinigten Staaten bekannt ist, wünscht die Bevölkerung des Ruhrgebiets und des Rheinlandes mit dem übrigen Deutschland vereinigt zu bleiben, und die Vereinigten Staaten werden sich diesem Wunsch nicht widersetzen.

Obgleich die Ruhrbevölkerung dem Nazieinfluß als letzte erlegen war, ist es Tatsache, daß die Nazis ohne alle Hilfsmittel des Ruhrgebietes niemals hätten die Welt bedrohen können. Nie wieder dürfen diese Hilfsmittel für Zerstörungszwecke benutzt werden. Sie müssen für den Wiederaufbau eines freien und friedlichen Deutschlands und eines freien und friedlichen Europas Verwendung finden. Die Vereinigten Staaten werden für solche Kontrollmaßnahmen für ganz Deutschland, einschließlich des Ruhrgebietes und des Rheinlandes, eintreten, die aus Sicherheitsgründen erforderlich sind. Sie werden helfen, diese Maßnahmen durchzusetzen. Sie werden jedoch nicht für solche Maßnahmen eintreten, die Ruhrgebiet und Rheinland – unmittelbar oder mittelbar – einer politischen Beherrschung oder politischen Manipulation seitens ausländischer Mächte unterwerfen.

Das deutsche Volk empfindet heute die verheerenden Folgen des Krieges, den Hitler und seine Günstlinge über die Welt gebracht haben. Andere Völker bekamen diese verheerenden Folgen lange vor dem deutschen Volk zu spüren. Das deutsche Volk muß einsehen, daß es Hitler und seine Günstlinge waren, die unschuldige Männer, Frauen und Kinder quälten und ausrotteten und die versuchten, mit den deutschen Waffen die Welt zu beherrschen und zu erniedrigen. Es waren die gesammelten und zornentbrannten Kräfte der Menschheit, die sich den Weg nach Deutschland hinein erkämpfen mußten, um der Welt die Hoffnung auf Freiheit und Frieden zu geben.

Das amerikanische Volk, das für die Freiheit gekämpft hat, hat nicht den Wunsch, das deutsche Volk zu versklaven. Die Freiheit, an welche die Amerikaner glauben und für die sie kämpfen, ist eine Freiheit, an der alle teilhaben sollen, die gewillt sind, die Freiheit anderer zu achten.

Die Vereinigten Staaten haben fast alle in ihrem Lande befindlichen Kriegsgefangenen nach Deutschland zurückgeschickt. Wir unternehmen unverzüglich Schritte, um die in anderen Teilen der Welt in unserer Hand befindlichen deutschen Kriegsgefangenen baldigst zurückzusenden.

Die Vereinigten Staaten können Deutschland die Leiden nicht abnehmen, die ihm der von seinen Führern angefangene Krieg zugefügt hat. Aber die Vereinigten Staaten haben nicht den Wunsch, diese Leiden zu vermehren oder dem deutschen Volk die Gelegenheit zu verweigern, sich aus diesen Nöten herauszuarbeiten, solange es menschliche Freiheit achtet und vom Wege des Friedens nicht abweicht.

Das amerikanische Volk wünscht, dem deutschen Volk die Regierung Deutschlands zurückzugeben. Das amerikanische Volk will dem deutschen Volk helfen, seinen Weg zurückzufinden zu einem ehrenvollen Platz unter den freien und friedliebenden Nationen der Welt.«

Aus: H. v. Siegler, *Dokumentation zur Deutschlandfrage*, Hauptband I, Bonn/Wien/Zürich 1961.

7a. Abkommen über die Zusammenlegung der britischen und der amerikanischen Besatzungszone vom 2. Dezember 1946.

Vertreter der beiden Regierungen sind in Washington zusammengekommen, um die Fragen zu besprechen, die sich aus der wirtschaftlichen Vereinigung ihrer Besatzungszonen in Deutschland ergeben. Ihren Beratungen haben sie die Tatsache zugrunde gelegt, daß beide Regierungen sich die wirtschaftliche Einheit ganz Deutschlands in Übereinstimmung mit dem Potsdamer Abkommen vom 2. August 1945 zum Ziel setzen. Die im folgenden für die Zonen der Vereinigten Staaten und Großbritanniens getroffenen Vereinbarungen sollten als der erste Schritt in der Richtung auf die wirtschaftliche Vereinigung ganz Deutschlands entsprechend jenem Abkommen betrachtet werden. Die beiden Regierungen sind jederzeit bereit, mit jeder der anderen Besatzungsmächte in Verhandlungen einzutreten, die auf eine Ausdehnung dieser Vereinbarungen auf ihre Besatzungszonen hinzielen.

Auf dieser Grundlage wurde eine Übereinstimmung über die folgenden Paragraphen erzielt:

1. Das Datum der Inkraftsetzung.

Dieses Übereinkommen über die wirtschaftliche Vereinigung der beiden Zonen soll am 1. Januar 1947 wirksam werden.

2. Zusammenfassung der wirtschaftlichen Hilfsquellen.

Die beiden Zonen sollen in allen wirtschaftlichen Angelegenheiten als ein einziges Gebiet behandelt werden.

Die einheimischen Hilfsquellen dieses Gebietes und alle Einfuhren des Gebietes, einschließlich Lebensmittel, sollen zusammengefaßt werden, damit ein gemeinsamer Lebensstandard hergestellt werden kann.

3. Deutsche Verwaltungsbehörden.

Der amerikanische und der britische Oberbefehlshaber sind verantwortlich dafür, daß unter ihrer gemeinsamen Kontrolle deutsche Verwaltungsbehörden eingesetzt werden, die zur wirtschaftlichen Vereinigung der beiden Zonen notwendig sind.

4. Außenhandelsamt.

Die Verantwortung für den Außenhandel wird zunächst bei dem gemeinsamen Ausfuhr- und Einfuhramt (Vereinigte Staaten – Großbritannien) oder bei einem anderen Amt liegen, das von den beiden Oberbefehlshabern errichtet werden kann. Diese Verantwortung soll auf das deutsche Verwaltungsamt für den Außenhandel unter gemeinsamer Überwachung übertragen werden, und zwar soweit es jeweils unter den bestehenden Beschränkungen im Ausland möglich ist. (Alle Hinweise auf das gemeinsame Ausfuhr- und Einfuhramt in diesem Abkommen sollen sich auf dieses Amt oder auf ein anderes Amt beziehen, das von den Oberbefehlshabern zu seiner Ablösung eingesetzt wird.)

5. Grundlage der wirtschaftlichen Planung.

Das Ziel der beiden Regierungen ist es, die wirtschaftliche Selbständigkeit des Gebietes bis Ende 1949 zu erreichen.

Die Kosten für die Einfuhren
6. Die Teilung der finanziellen Verantwortung.
Vorbehaltlich der Bereitstellung der nötigen Haushaltmittel werden die Regierungen der Vereinigten Staaten und des Vereinigten Königreiches gemäß den folgenden Bestimmungen im gleichen Verhältnis für die Kosten der genehmigten Einfuhren verantwortlich, die nach dem 31. Dezember 1946 in Rechnung gestellt werden (einschließlich der vorhandenen Vorräte, die von den entsprechenden Regierungen bezahlt sind), soweit diese nicht aus anderen Quellen finanziert werden können.

a) Zu diesem Zweck werden die Einfuhren des Gebietes in zwei Kategorien eingeteilt: Einfuhren, die benötigt werden, um Seuchen und Unruhen vorzubeugen (Kategorie A), finanziert in abnehmendem Maße aus dafür bestimmten Fonds; weiter solche Einfuhren (einschließlich Rohmaterialien), gleichgültig wie sie finanziert werden, die erforderlich sind, wenn das Gebiet sich wirtschaftlich so weit erholen soll, daß das in Paragraph 5 des vorliegenden Abkommens genannte Ziel erreicht wird (Kategorie B).

b) Es ist die Absicht der beiden Regierungen, daß die vollen Kosten für die in den Bereich der Kategorie A fallenden Einfuhren so bald wie möglich entsprechend dem folgenden Unterparagraphen c) aus den Einnahmen der Ausfuhr getragen werden. Der Teil der Einfuhrkosten der Kategorie A, der nicht durch Ausfuhrerlöse bestritten wird, wird zu gleichen Teilen aus dem dafür bestimmten Fond von den beiden Regierungen beglichen.

c) Die Ausfuhrerträge des Gebietes werden von dem gemeinsamen Ausfuhr- und Einfuhramt erfaßt und dienen in erster Linie zur Bereitstellung von Einfuhren der Kategorie B, bis ein Überschuß an Ausfuhrerträgen über die Kosten dieser Einfuhren erzielt ist.

d) Um die Mittel für die Einfuhren der Kategorie B sicherzustellen, wird vereinbart:

d 1) Die Regierung Großbritanniens wird der gemeinsamen Ausfuhr- und Einfuhragentur die Summe von 29 300 000 Dollar zur Verfügung stellen und damit das im September 1945 getroffene Übereinkommen erfüllen. Nach dem Übereinkommen von 1945 sollen die Einnahmen aus den Exporten der zwei Zonen im Verhältnis der Kosten der Einfuhren zusammengelegt werden, die dem Beitrag der Vereinigten Staaten gutgeschrieben werden.

d 2) Zusätzlich zu dieser Summe sollen die angesammelten Einnahmen der Ausfuhren aus der amerikanischen Zone in der auf 14 500 000 Dollars geschätzten Höhe der gemeinsamen Ausfuhr- und Einfuhragentur zum Einkauf von Einfuhren der Kategorie B zur Verfügung gestellt werden.

d 3) Zum gleichen Werte wie die Beiträge der Vereinigten Staaten auf

Grund der Bestimmungen unter d 1) und d 2) wird die Regierung Großbritanniens Güter der Kategorie B auf Anfordern der gemeinsamen Ausfuhr- und Einfuhragentur bereitstellen.

d 4) Die Regierungen der Vereinigten Staaten und Großbritanniens werden der gemeinsamen Ausfuhr- und Einfuhragentur in gleichen Raten die auf sie entfallenden Anteile der Kaufsumme für solche Güter zur Verfügung stellen, die für die deutsche Wirtschaft wesentlich sind und nach Ratifizierung des Vertrages durch die schwedische Regierung unter den Vertrag fallen, der am 18. Juli 1946 zwischen den Regierungen der Vereinigten Staaten, Großbritanniens und Frankreichs einerseits und Schwedens auf der anderen Seite geschlossen wurde.

d 5) Weitere Summen, die von der gemeinsamen Ausfuhr- und Einfuhragentur für den Einkauf von Gütern der Kategorie B bestimmt und abgerufen werden, sollen von den beiden Regierungen auf gleicher Basis in der Weise bereitgestellt werden, wie die Regierungen dann übereinkommen. In derselben Höhe, wie die eine Regierung zum Einkauf von Rohmaterialien für die Bearbeitung und die Wiederausfuhr unter besonderen Bedingungen wie Sicherheit und Rückzahlung Gelder vorschießt, soll die andere Regierung entsprechende Summen zu ähnlichen Bedingungen auslegen.

e) Die Kosten, die von beiden Regierungen für ihre zwei Zonen vor dem 1. Januar 1947 getragen wurden oder ihnen danach für das Gebiet erwachsen, sollen aus künftigen deutschen Ausfuhren in der allerkürzesten Zeit zurückerstattet werden, soweit es sich mit dem Wiederaufbau der deutschen Wirtschaft in gesundem, einen Angriff ausschließenden Rahmen verträgt.

Kurswerte

7. Lockerung der Handelsschranken.

Um die Erhöhung der deutschen Ausfuhr zu fördern, sollen die Schranken im Handelsverkehr mit Deutschland so schnell, wie die Weltlage es erlaubt, beseitigt werden. Aus dem gleichen Grunde soll so bald wie angängig ein Wechselkurs für die Reichsmark festgesetzt werden. Die Reform der Finanzen soll in Deutschland in naher Zukunft durchgeführt werden. Die Wiederherstellung technischer und geschäftlicher Verbindungen zwischen Deutschland und anderen Ländern soll so bald wie möglich erleichtert werden. Mögliche Käufer deutscher Waren sollen, so weit die Möglichkeiten gegeben sind, freien Zugang zu beiden Zonen erhalten, und der normale Geschäftsverkehr soll so bald wie möglich wieder aufgenommen werden.

8. Beschaffung.

Die Festlegung der erforderlichen Einfuhren wird dem gemeinsamen

Ausfuhr- und Einfuhramt obliegen. Die Beschaffung dieser Einfuhren soll wie folgt durchgeführt werden:

I) Für die Beschaffung von Einfuhren der Kategorie A, soweit sie aus bereitgestellten Fonds einer der beiden Regierungen finanziert werden, soll die betreffende Regierung verantwortlich sein.

II) Für die Beschaffung von Einfuhren der Kategorie B, und der Kategorie A, soweit sie nicht aus den bereitgestellten Fonds finanziert werden, soll das gemeinsame Ausfuhr- und Einfuhramt zuständig sein. Hierbei sollen die beiden Regierungen jede gewünschte Unterstützung leisten können.

Wenn nicht anders vereinbart – vorbehaltlich der Bestimmungen dieses Absatzes – soll die Beschaffung aus der wirtschaftlichsten Versorgungsquelle erfolgen. Die Versorgungsquellen sollen jedoch, sobald es irgend möglich ist, so gewählt werden, daß sie eine Beanspruchung der Dollarguthaben Großbritanniens auf das Mindestmaß herabsetzen.

Die beiden Regierungen werden in Washington einen gemeinsamen Ausschuß mit folgenden Aufgaben bilden:

a) Im Falle von Mangelwaren sollen die Bedürfnisse des gemeinsamen Ausfuhr- und Einfuhramtes vor den zuständigen Behörden vertreten werden.

b) Soweit nötig, sind Versorgungsquellen zu bestimmen und Beschaffungsstellen zu beauftragen unter Berücksichtigung der finanziellen Belastungen und der Devisenlage der beiden Regierungen.

Im Hinblick auf Unterabsatz a) beschließen die beiden Regierungen, den Ausschuß bei der Deckung der Anforderungen des gemeinsamen Ausfuhr- und Einfuhramtes zu unterstützen unter Berücksichtigung aller anderen berechtigten Ansprüche an die greifbaren Weltvorräte. Im Hinblick auf Unterabsatz b) wird, falls die finanzielle Belastung auf einer Regierung ruht und die beauftragte Lieferungsstelle in einem Gebiet liegt, das der anderen Regierung untersteht, diese letztere Regierung es auf Verlangen übernehmen, jene Lieferungen im Auftrage der ersteren zu beschaffen.

9. Währungs- und Finanzregelung.

Der Finanzausschuß der beiden vertragschließenden Mächte (Vereinigte Staaten – Großbritannien) wird bevollmächtigt, bei anerkannten Banken der Länder, in denen das gemeinsame Ausfuhr- und Einfuhramt arbeitet, Konten zu eröffnen, vorausgesetzt, daß mit jenen Ländern Abkommen abgeschlossen werden, nach denen Guthaben auf Anforderung in Dollar oder Sterling transferiert werden. Der Finanzausschuß wird ermächtigt, Bezahlung der Ausgleichssummen entweder in Dollar oder in Sterling anzunehmen, je nachdem die eine oder die andere Währung nach dem Urteil des gemeinsamen Ausfuhr- und Einfuhramtes besser zur Finanzierung wesentlicher Einfuhren verwendet werden kann.

10. Ernährung.

Die beiden Regierungen werden eine Erhöhung der jetzigen Rationen im Rahmen der zur Verfügung stehenden und anderer Mittel auf 1800 Kalorien für den Normalverbraucher befürworten, sobald es die Weltversorgungslage zuläßt. Dieser Versorgungsstandard wird als das Minimum dessen betrachtet, was einen vernünftigen wirtschaftlichen Wiederaufbau Deutschlands fördern kann. Mit Rücksicht auf die jetzige Weltversorgungslage muß jedoch die Ration von 1550 Kalorien für den Normalverbraucher zur Zeit beibehalten werden.

11. Einfuhren für verschleppte Personen.

Vorbehaltlich einer internationalen Regelung, die später zur Versorgung verschleppter Personen getroffen werden könnte, wird festgelegt, daß die Versorgung dieser Verschleppten in den beiden Zonen aus der deutschen Wirtschaft nicht die Versorgung der Deutschen aus dieser Wirtschaft übertreffen darf. Zusätzliche Rationen und andere Zuwendungen, die für verschleppte Personen über die für Deutsche verfügbaren Rationen hinaus beschafft werden, müssen nach Deutschland gebracht werden, ohne daß sie der deutschen Wirtschaft Kosten verursachen.

12. Die Geltungsdauer.

Es ist die Absicht der beiden Regierungen, durch dieses Abkommen die gegenseitigen Vereinbarungen zur wirtschaftlichen Verwaltung der Zonen zu regeln, bis ein Abkommen über die Behandlung ganz Deutschlands als wirtschaftliche Einheit abgeschlossen wird oder bis es mit Zustimmung beider Parteien abgeändert wird. In jährlichen Zwischenräumen soll das Abkommen überprüft werden.

Gezeichnet Ernest Bevin
James F. Byrnes.

New York, 2. Dezember 1946.

Aus: *Europa-Archiv*, (Hrsg.): W. Cornides u. H. Volle, Bd. 6, Oberursel/Taunus 1948.

7b. Abkommen zwischen den Vereinigten Staaten und Großbritannien vom 17. Dezember 1947: Änderung gewisser Bestimmungen des am 2. Dezember 1946 in New York unterzeichneten Abkommens über die Vereinigung der amerikanischen und britischen Zone Deutschlands

In Anbetracht dessen,
daß Abschnitt 12 des am 2. Dezember 1946 in New York unterzeichneten Abkommens über die Vereinigung der beiden Zonen vorsieht, daß das Abkommen auf Grund gegenseitiger Übereinkunft abgeändert werden kann;

daß die Regierung des Vereinigten Königreichs die Regierung der Vereinigten Staaten aufgefordert hat, an Besprechungen teilzunehmen, um die Bestimmungen des Abkommens über die Vereinigung der beiden Zonen, die sich auf die Teilung der durch die Einfuhr entstehenden Zahlungsverpflichtungen beziehen, im Lichte der gegenwärtigen internationalen Entwicklung auf finanziellem Gebiet zu revidieren;

daß die Regierung des Vereinigten Königreichs dargelegt hat, daß sie außerstande ist, für diese Einfuhr weiterhin Zahlung in Dollar zu leisten;

daß es die Absicht der beiden Regierungen ist, in dem ihnen unterstellten Teil Deutschlands eine von finanzieller Hilfe seitens der beiden Regierungen unabhängige Wirtschaft aufzubauen;

und daß die Vertreter der beiden Regierungen Besprechungen über die von der Regierung des Vereinigten Königreichs beantragte Revision des Abkommens über die Vereinigung der beiden Zonen aufgenommen und durchgeführt haben;

ist zwischen der Regierung der Vereinigten Staaten und der Regierung des Vereinigten Königreichs folgendes vereinbart worden:

Finanzielle Verpflichtungen für den am 31. Dezember 1948 endenden Zeitraum

1. A. Die Regierung des Vereinigten Königreichs ist nicht mehr verpflichtet, für Wareneinfuhren und Dienstleistungen der Kategorie A für die amerikanische und britische Besatzungszone Deutschlands (im nachfolgenden Bizone genannt) Zahlung in Dollar zu leisten. Vorbehaltlich der Bewilligung der erforderlichen etatmäßigen Mittel erfüllt die Regierung des Vereinigten Königreichs ihre Verpflichtung zur Stellung von Waren und Dienstleistungen der Kategorie A auf folgende Weise:

(I) durch Durchführung aller Lieferungen, die in der Zeit vom 1. November 1947 bis zum 31. Dezember 1947 im Rahmen der von der Regierung des Vereinigten Königreichs bereits eingegangen Verpflichtungen zur Beschaffung von Gütern und Dienstleistungen aus den Ländern des Sterlingblocks möglich sind (der Wert dieser Lieferungen wird mit 3 500 000 Pfund veranschlagt, was einem Gegenwert von ungefähr 14 000 000 Dollar entspricht); sowie durch Durchführung sonstiger Einkäufe in Ländern des Sterlingblocks, die die Regierung des Vereinigten Königreichs zur Lieferung innerhalb dieses Zeitraums tätigen kann (der Wert dieser Lieferungen wird mit 1 000 000 Pfund veranschlagt, was einem Gegenwert von ungefähr 4 000 000 Dollar entspricht);

(II) durch Stellung von Waren, Dienstleistungen und Pfundbeträgen im Rahmen der von der Regierung des Vereinigten Königreichs bereits eingegangenen Verpflichtungen zur Beschaffung von Waren und Dienstleistungen der Kategorie A für die Bizone aus Ländern außerhalb des Sterlingblocks im Gesamtwert von 4 000 000 Pfund (was einem Gegenwert von ungefähr 16 000 000 Dollar entspricht). (Die Regierung des Vereinigten Königreichs übernimmt die Bezahlung aller Lieferungen, die in Pfund bezahlt und in der Zeit vom 1. November 1947 bis zum 31. Dezember 1947 durchgeführt werden können, sowie alle Unkosten, die sich unter Umständen aus der Annullierung rückständiger Lieferungsverträge ergeben, und zahlt den aus dem vorerwähnten Betrag verbleibenden Rest in Pfund an die JEIA);

(III) durch Stellung eines Betrages von 4 250 000 Pfund (was einem Gegenwert von ungefähr 17 000 000 Dollar entspricht), in Erfüllung der von der Regierung des Vereinigten Königreichs auf Grund des Abkommens über die Vereinigung der beiden Zonen eingegangenen Verpflichtung zur Beschaffung von aus Ländern außerhalb des Sterlingblocks stammenden und nach dem 31. Dezember 1947 in die Bizone zu liefernden Gütern der Kategorie A. (Über diesen Betrag verfügt die Regierung des Vereinigten Königreichs; sie verwendet ihn zum Ankauf von Gütern und zur Bezahlung von Dienstleistungen der Kategorie A in Ländern des Sterlingblocks. Die Verwendung erfolgt im Einvernehmen mit der JEIA in Fällen, in denen die Zahlung für solche Güter und Dienstleistungen erfolgen kann, ohne daß die Dollarreserven des Vereinigten Königreichs mittelbar oder unmittelbar in Anspruch genommen zu werden brauchen);

(IV) durch Stellung von Gütern aus den Ländern des Sterlingblocks während des Kalenderjahres 1948 sowie von Dienstleistungen während des gleichen Zeitraums (wie im Anhang zum vorliegenden Abkommen vorgesehen) im Gesamtwert von 17 500 000 Pfund (was einem Gegenwert von ungefähr 70 000 000 Dollar entspricht).

B. Die von der Regierung des Vereinigten Königreichs auf Grund des vorstehenden Unterabschnittes dieses Abschnittes vorzunehmenden Dienstleistungen schließen, soweit durchführbar, die Stellung von ausreichendem Frachtraum für die Beförderung von 33 vollen Schiffsladungen von Häfen der Vereinigten Staaten nach der Bizone während der Zeit vom 1. November bis 31. Dezember 1947 mit ein. Diese Dienstleistungen umfassen ferner für das Kalenderjahr 1948 die Stellung von genügend Frachtraum, um monatlich zwölf volle Schiffsladungen von am Atlantischen Ozean und Golf von Mexiko gelegenen Häfen der Vereinigten Staaten nach der Bizone zu verschiffen. Je nach den gegebenen Marktverhältnissen werden die Frachtschiffe für drei aufeinanderfolgende Fahrten oder für einen Zeitraum von etwa sechs Monaten für Rechnung der Bizone gechartert.

C. Der verbleibende Bedarf der Bizone an Gütern und Dienstleistungen der Kategorie A für den Zeitraum vom 1. November 1947 bis 31. Dezember 1948 wird von der Regierung der Vereinigten Staaten gedeckt, vorausgesetzt, daß die hierfür erforderlichen etatmäßigen Mittel bewilligt werden.

D. Die JEIA ist verpflichtet, über die von den beiden Regierungen auf Grund der Bestimmungen der vorstehenden Unterabschnitte dieses Abschnittes durchgeführten Leistungen Buch zu führen und sich zu vergewissern, daß die hiernach gestellten Güter und Dienstleistungen angemessen bewertet werden.

2. Die von den beiden Regierungen gemäß dem vorliegenden Abkommen eingegangenen finanziellen Verpflichtungen beziehen sich nicht auf Aufwendungen, die von ihnen für ihre Besatzungstruppen und das Personal ihrer Militärregierungen in Deutschland gemacht werden.

Der Handel zwischen der Bizone und den Ländern des Sterlingblocks
3. A. Die JEIA nimmt sofort mit Vertretern der Regierung des Vereinigten Königreichs Verhandlungen auf zwecks Ausarbeitung eines Plans zur größtmöglichen Ausweitung des wechselseitigen Handels zwischen der Bizone und den Ländern des Sterlingblocks. Der amerikanische und der britische Militärgouverneur in Deutschland unterstützen die Vertreter der Regierung des Vereinigten Königreichs bei der Befriedigung des Bedarfs des Vereinigten Königreichs an schwerem Stahlschrott und Nutzholz, soweit der Eigenbedarf der Bizone und sonstige Ansprüche auf diese Erzeugnisse dies irgend zulassen.

B. Der Handel zwischen der Bizone und den Ländern des Sterlingblocks wird in beiden Richtungen in Pfunden abgewickelt. Ab 1. Januar 1948 werden die sich aus diesem Handelsverkehr ergebenden Zahlungen in folgender Weise geleistet:

(I) die JFEA (Joint Foreign Exchange Agency) eröffnet bei der Bank von England ein Konto unter der Bezeichnung: »The Joint Foreign Exchange Agency No. 1 Account«. (»JFEA Konto Nr. 1«);

(II) alle Zahlungen an in Ländern des Sterlingblocks ansässige Personen und Firmen für nach der Bizone eingeführte Güter oder für der Bizone zugute kommende Dienstleistungen (soweit es sich nicht um Zahlungen aus etatmäßigen Mitteln für Güter oder Dienstleistungen handelt, welche von der Regierung des Vereinigten Königreichs gemäß Abschnitt 1 (A) des vorliegenden Abkommens gestellt werden) werden aus dem Konto Nr. 1 geleistet;

(III) die Zahlungen für alle Ausfuhrgüter, die an in Ländern des Sterlingblocks ansässige Personen und Firmen verkauft werden, sowie für Dienstleistungen für solche Personen und Firmen, werden auf das Konto Nr. 1 geleistet;

(IV) die JFEA läßt, wenn erforderlich, von ihren anderen Konten ausreichende Beträge auf das Konto Nr. 1 überweisen, damit dieses stets ein Guthaben zu ihren Gunsten aufweist. Alle zu diesem Zweck überwiesenen Beträge können, sobald sie zur Aufrechterhaltung eines Habensaldos nicht mehr erforderlich sind, dem Konto Nr. 1 wieder entnommen werden;

(V) ein Kontoauszug, der den Stand des Kontos Nr. 1 bei Geschäftsschluß am letzten Tage der Monate März, Juni, September und Dezember ausweist, wird am ersten Geschäftstage des folgenden Kalendermonats von der Bank von England der JFEA zugestellt;

(VI) falls ein solcher Kontoauszug nach Abzug des Nettobetrages etwaiger Überweisungen, die entsprechend Ziffer (IV) vorgenommen wurden, einen Habensaldo von mehr als 1 500 000 Pfund auf Konto Nr. 1 ausweist, leistet die Bank von England für Rechnung der Regierung des Vereinigten Königreichs eine Zahlung in amerikanischen Dollars in Höhe des Mehrbetrages auf das Konto der JFEA bei der Federal Reserve Bank in New York. Dieser Betrag wird der Regierung des Vereinigten Königreichs aus dem Konto Nr. 1 in Pfund zurückerstattet;

(VII) falls ein solcher Kontoauszug nach Abzug des Nettobetrages etwaiger Überweisungen, die entsprechend Ziffer (IV) vorgenommen wurden, einen Sollsaldo von mehr als 1 500 000 Pfund auf Konto Nr. 1 ausweist, verkauft die JFEA amerikanische Dollars in Höhe des Mehrbetrages an die Bank von England für Rechnung der Regierung des Vereinigten Königreichs. Der Pfunderlös eines solchen Verkaufs wird dem Konto Nr. 1 gutgeschrieben;

(VIII) vorausgesetzt, daß auf Konto Nr. 1 ein Habensaldo aufrechterhalten wird, können von diesem Konto Überweisungen auf die anderen Pfundkonten der JFEA vorgenommen werden, falls dies zur Aufrechterhaltung der gemäß Abschnitt 4, Unterabschnitt B, dieses Abkommens erforderlichen Pfund-Mindestsalden erforderlich ist.

Konvertierbarkeit von Pfundbeträgen im Besitze der JFEA

4. A. Unbeschadet der Bestimmungen von Abschnitt 11 dieses Abkommens erkennt die Regierung des Vereinigten Königreichs die laufende Verpflichtung an, alle am Tage der Unterzeichnung dieses Abkommens im Besitz der JFEA befindlichen oder während der Laufzeit dieses Abkommens von ihr erworbenen Pfundbeträge gemäß Unterabschnitt B dieses Abschnittes in Dollar zu konvertieren.

B. Die auf den Dollarkonten der JFEA stehende Summe darf 20 000 000 Dollar und die auf den Pfundkonten der JFEA (ausschließlich des Kontos Nr. 1) stehende Summe den Pfundgegenwert von 20 000 000 Dollar nicht unterschreiten, es sei denn, daß die Gesamtsumme der auf diesen Konten befindlichen Beträge, wie sie in den Büchern der JFEA ausgewiesen wird, den Gegenwert von 40 000 000 Dollar unterschreitet. In diesem Fall sind die Beträge auf den Dollar- und auf den Pfundkonten auf gleicher Höhe (mit einer maximalen Abweichung im Gegenwert von 1 000 000 Dollar) zu halten. Überweisungen von den Pfund- auf die Dollarkonten und umgekehrt werden vorgenommen, wenn die Dollar- oder Pfundbeträge die oben angegebenen Mindestgrenzen unterschreiten. Solche Überweisungen sind in Beträgen von 1 000 000 Dollar bzw. deren Gegenwert in Pfund vorzunehmen.

C. Die Konvertierung von Pfund in Dollar gemäß Unterabschnitt A und B dieses Abschnittes wird durchgeführt, indem die JFEA Dollars von der Bank von England kauft. Diese Käufe werden zum Kurse von 1 Pfund = 4,03 Dollar getätigt. In Fällen, in denen die JFEA Pfunde gegen eine andere Währung erwirbt, werden solche Käufe über die Bank von England abgeschlossen.

D. In Anerkennung der ernsten Dollarschwierigkeiten des Vereinigten Königreichs ist es das Ziel und die Absicht der Regierung der Vereinigten Staaten, daß die Transaktionen der JEIA nach Möglichkeit so durchgeführt werden, daß vor dem 1. Januar 1949 der Pfundgegenwert von nicht mehr als 40 000 000 Dollar den vorstehenden Unterabschnitten dieses Abschnittes gemäß konvertiert zu werden braucht. Darüber hinaus kann, falls aus irgendeinem Grunde die Dollarentnahmen durch die Konvertierung von Pfunden während der Laufzeit dieses Abkommens so groß werden, daß sie zu einer unbilligen Inanspruchnahme der Dollarreserven der Regierung des Vereinigten Königreichs führen, die Angelegenheit beim Zweimächteamt (Bipartite Board) und schließlich, wenn nötig, zwischen beiden Regierungen zur Sprache gebracht werden, um einen für die Regierung der Vereinigten Staaten annehmbaren Weg zu finden, durch den die durch Pfundkonvertierung bedingten Dollarentnahmen verringert werden. Sofern von den beiden Regierungen nicht anders vereinbart, behalten die Unterabschnitte A, B und C dieses Abschnittes bis zur Regelung der Angelegenheit ihre Gültigkeit.

Außenhandelsstelle

5. Die Regierung des Vereinigten Königreichs erkennt an, daß, solange die Vereinigten Staaten den Hauptteil der Kosten für die lebensnotwendige Einfuhr in die Bizone tragen müssen, der Regierung der Vereinigten Staaten ein größeres Maß an Einfluß auf die Tätigkeit der JEIA und JFEA zusteht. Dementsprechend wird Abschnitt 4 des Abkommens über die Vereinigung der beiden Zonen wie folgt abgeändert:

»4. A. Die Zuständigkeit für den Außenhandel liegt zunächst bei der JEIA (Vereinigte Staaten/Vereinigtes Königreich). Unter der Aufsicht der JEIA wird diese Zuständigkeit an deutsche Verwaltungsstellen übertragen, soweit es die im Ausland jeweils bestehenden, einschränkenden Bestimmungen irgend gestatten.

B. Die für die Durchführung dieses Abkommens zur Verfügung stehenden etatmäßigen Mittel werden entsprechend einem von der JEIA ausgearbeiteten Plan verwandt, soweit nicht die beiden Regierungen die Art ihrer Verwendung im voraus vereinbart haben und unter Wahrung des Verfügungsrechtes, das jeder der beiden Regierungen bezüglich der Verwendung ihrer eigenen etatmäßigen Mittel zusteht, sowie unter Berücksichtigung der Beschränkungen, denen diese Mittel seitens der betreffenden gesetzgebenden Körperschaft gegebenenfalls unterworfen sind. Der von der JEIA ausgearbeitete Verwendungsplan muß mit der von den beiden Militärgouverneuren (die das Zweimächteamt bilden) verfolgten Politik übereinstimmen und als Grundlage für die Beschaffung der Einfuhr gemäß Abschnitt 8 dieses Abkommens dienen, unter Berücksichtigung etwaiger von den beiden Regierungen vereinbarter Abänderungen.

C. Die JEIA ist in Übereinstimmung mit den Verpflichtungen, wie sie in Abschnitt 8 dieses Abkommens festgesetzt sind, und unter Berücksichtigung etwaiger von den beiden Regierungen vereinbarter Abänderungen für die Genehmigung sämtlicher Ein- und Ausfuhren und für Beschaffungsfragen zuständig. Ihr obliegt die Aufstellung eines maximalen Exportprogramms, soweit dies mit der Erreichung der für Deutschland aufgestellten allgemeinen Ziele vereinbar ist, sowie die allmähliche Übertragung der Zuständigkeit an deutsche Verwaltungsstellen gemäß der von den beiden Regierungen verfolgten Politik. Bei der Aufstellung dieses Exportprogramms wird die JEIA vom Zweimächteamt unterstützt.

D. Die JEIA und JFEA üben ihre Tätigkeit in Übereinstimmung mit der vom Zweimächteamt bei der Durchführung und Überwachung des Ein- und Ausfuhrhandels der Bizone verfolgten Politik aus. Jedes dieser beiden Ämter wird von einem Direktorium geleitet, dessen Mitglieder in gleicher Zahl von den betreffenden Militärgouverneuren ernannt werden. Das Direktorium trifft seine Entscheidungen durch Mehrheitsbeschluß der Mitglieder. Die von dem amerikanischen bzw. britischen Militärgouverneur ernannten Mitglieder stimmen geschlossen als Gruppe. Das relative Stimmgewicht jeder Gruppe entspricht dem jeweiligen Verhältnis, in dem die auf Grund dieses Abkommens oder einer in Zukunft vereinbarten Abänderung von der betreffenden Regierung zur Verfügung gestellten etatmäßigen Mittel, zuzüglich der von derselben zum Kapital der JEIA eingeschossenen Beträge, zu den gesamten von beiden Regierungen zu diesem Zweck zur Verfügung gestellten Mitteln stehen.

E. Falls einer der beiden Militärgouverneure der Ansicht ist, daß eine in Aussicht genommene Aktion der JEIA oder JFEA die Interessen seiner Regierung beeinträchtigen oder zu der von ihr verfolgten Politik in Widerspruch stehen könnte, so kann er verlangen, daß die Angelegenheit zur Überprüfung an das Zweimächteam verwiesen wird. In einem solchen Falle wird die betreffende Aktion während der Überprüfung durch das Zweimächteam zurückgestellt. Die Durchführung der Aktion wird jedoch nur so lange zurückgestellt, bis das Zweimächteam ausreichende Gelegenheit gehabt hat, die Frage von allen Seiten zu untersuchen, falls es nicht einstimmig beschließt, die geplante Aktion abzulehnen oder abzuändern.

F. Unter Beobachtung der vorstehenden Unterabschnitte dieses Abschnittes überträgt das Zweimächteam an die JEIA und JFEA die für die Durchführung des Ein- und Ausfuhrhandels erforderlichen Vollmachten, einschließlich der Berechtigung, Ein- und Ausfuhrverträge durch die von ihm hierfür bestimmten Stellen abzuschließen, Gelder zu entleihen und zu verleihen, Forderungen zu bezahlen und einzuziehen und Devisen zu verwenden und zuzuweisen, sowie alle sonstigen zur Wiederherstellung und Förderung des friedlichen Handels und Warenverkehrs erforderlichen Vollmachten.«

Grundsätze der Wirtschaftsplanung

6. Abschnitt 5 des Abkommens über die Vereinigung der beiden Zonen wird wie folgt geändert:

»5. Der amerikanische und der britische Militärgouverneur in Deutschland bemühen sich nach besten Kräften in Übereinstimmung mit den erklärten Grundsätzen der beiden Regierungen, in dem ihnen unterstellten Teil Deutschlands zum frühestmöglichen Zeitpunkt ein von finanzieller Hilfe durch die beiden Regierungen unabhängiges Wirtschaftsleben zu entwickeln, das gleichzeitig zum friedlichen Wiederaufbau Europas beiträgt.«

Beschaffungsmaßnahmen

7. Abschnitt 8 des Abkommens über die Vereinigung der beiden Zonen wird wie folgt abgeändert:

»8. Die Festsetzung des Einfuhrbedarfs obliegt der JEIA. Die Beschaffung desselben wird wie folgt durchgeführt:

(I) Die Beschaffung von Einfuhrgütern, deren Finanzierung aus einer der beiden Regierungen zur Verfügung gestellten Mitteln erfolgt, ist Sache der betreffenden Regierung, soweit nicht die Zuständigkeit hierfür von der betreffenden Regierung auf die JEIA übertragen wird.

(II) Die Beschaffung aller sonstigen Einfuhrgüter ist Sache der JEIA; sie wird dabei, soweit erforderlich, von den beiden Regierungen unterstützt. Soweit nicht anders vereinbart, werden für die Beschaffung die vorteilhaftesten Bezugsquellen benutzt. Vorausgesetzt, daß die Beschaffung lebenswichtiger Einfuhrgüter nicht beeinträchtigt wird, sind, soweit irgend angängig, die Bezugsquellen so auszuwählen, daß die Inanspruchnahme der Dollarbestände der Regierung des Vereinigten Königreiches auf ein Mindestmaß beschränkt wird. (Dementsprechend werden in den Fällen, in denen die benötigten Einfuhrgüter sowohl aus Ländern mit Dollar- als auch aus Ländern mit Pfundwährung bezogen werden können, und Preis, Qualität und Lieferungsbedingungen keinen Unterschied aufweisen, die Einfuhrgüter in der Regel aus den Ländern des Sterlingblocks bezogen.)

(III) Handelt es sich um die Beschaffung von Gütern, welche zu Lasten einer der beiden Regierungen geht, während die vereinbarte Bezugsquelle in einem der anderen Regierung unterstehenden Gebiet liegt, so übernimmt letztere auf Ansuchen der ersteren die Verantwortung für die Beschaffung dieser Einfuhrgüter in ihrem Auftrage.«

8. Der Zweizonenbeschaffungsausschuß (Bizonal Supplies Committee), welcher gemäß Abschnitt 8 des Abkommens über die Vereinigung der beiden Zonen errichtet wurde, wird hiermit aufgelöst.

9. Vertreter der beiden Regierungen werden sich in Washington über folgende Punkte gemeinsam beraten:

A. Die Aufstellung des Beschaffungsplans für Güter der Kategorie A unter Berücksichtigung des von der JEIA ausgearbeiteten Einfuhrplans.

B. Das von den Dienststellen der beiden Regierungen anzuwendende Verfahren bei direkten oder über die JEIA erfolgenden Einkäufen gewisser Güter, wie Getreide, Erzeugnisse der Viehwirtschaft, Öle, Fette, Hülsenfrüchte und Düngemittel, auf Märkten, die – wie Kanada, Argentinien und Europa – für das Vereinigte Königreich von lebenswichtiger Bedeutung sind, zwecks Vermeidung nachteiliger Einwirkungen auf die Versorgung der Vereinigten Staaten oder des Vereinigten Königreichs durch nicht aufeinander abgestimmte Einkäufe auf diesen Märkten.

Begriffsbestimmungen

10. A. Im Sinne des vorliegenden Abkommens ist der Begriff »Länder des Sterlingblocks« gleichbedeutend mit dem Begriff »namentlich aufgeführte Gebiete«, wie er in dem im Jahre 1947 erlassenen Devisengesetz des Vereinigten Königreichs definiert ist.

Die »namentlich aufgeführten Gebiete« umfassen zur Zeit:
(I) Großbritannien und Nordirland
(II) Australien, Neuseeland, die Südafrikanische Union, Eire, Indien, Pakistan, Südrhodesien und Ceylon
(III) sämtliche britische Kolonien und sonstige Gebiete unter der Schirmherrschaft der britischen Krone
(IV) sämtliche Gebiete, für welche die britische Krone ein Völkerbundsmandat übernommen hat, sowie sämtliche unter der Treuhänderschaft der UN stehende Gebiete, soweit diese Gebiete für die britische Krone von der Regierung des Vereinigten Königreichs oder eines der Dominien verwaltet werden
(V) Burma
(VI) Irak und Transjordanien
(VII) Island und die Färöer.
Falls der Begriff »namentlich aufgeführte Gebiete« für die Zwecke des im Jahre 1947 erlassenen Devisengesetzes des Vereinigten Königreichs geändert wird, so verständigt die Regierung des Vereinigten Königreichs die JFEA sofort von dieser Änderung, und der Begriff »Länder des Sterlingblocks« gilt damit auch für die Zwecke des vorliegenden Abkommens als entsprechend abgeändert.
B. Für die Zwecke des vorliegenden Abkommens gilt der in dem Abkommen über die Vereinigung der beiden Zonen vorgesehene Zweimächte-Finanzausschuß (Vereinigte Staaten/Vereinigtes Königreich) als durch die JFEA ersetzt.
C. Jede Bezugnahme auf die JEIA und die JFEA in dem vorliegenden Abkommen bezieht sich auch auf etwaige Nachfolgeorganisationen dieser Stellen.

Inkraftsetzung, Abänderung und Erneuerung des Abkommens
11. A. Das vorliegende Abkommen tritt mit seiner Unterzeichnung in Kraft. Dieses Abkommen und das Abkommen über die Vereinigung der beiden Zonen sind als ein einziges, zwischen den beiden Regierungen abgeschlossenes Abkommen zu betrachten; es bleibt bis zum 31. Dezember 1948 in Kraft bzw. bis zum Abschluß einer Vereinbarung über die Behandlung Deutschlands als wirtschaftliche Einheit, falls eine solche Vereinbarung zu einem früheren Zeitpunkt erfolgt. In beiden Fällen setzen die JEIA und die JFEA ihre Tätigkeit fort, bis eine weitere Vereinbarung über sie getroffen worden ist.
B. Auf Ansuchen einer der beiden Regierungen überprüfen beide Regierungen vor dem 30. Juni 1948 gemeinsam die praktische Auswirkung des Abkommens und erwägen die Frage, ob irgendwelche Änderungen seiner Bestimmungen geboten sind. Vor dem 1. Dezember 1948 treten beide Regierungen erneut zusammen, um über ein neues,

für einen weiteren Zeitraum abzuschließendes Abkommen zu beraten. Urkundlich dessen haben die zur Zeichnung rechtmäßig bevollmächtigten Vertreter das vorliegende Abkommen unterschrieben.

Ausgestellt in zweifacher Ausfertigung in Washington am 17. Dezember 1947.

Für die Regierung der Vereinigten Staaten von Amerika:

(gez.) Robert A. Lovett

Für die Regierung des Vereinigten Königreichs von Großbritannien und Nordirland:

(gez.) William Strang.

Anhang

zum Abkommen vom 17. Dezember 1947 zwischen der Regierung der Vereinigten Staaten von Amerika und der Regierung des Vereinigten Königreichs von Großbritannien und Nordirland, betreffend die Änderung gewisser Bestimmungen des am 2. Dezember 1946 in New York unterzeichneten Abkommens über die Vereinigung der amerikanischen und britischen Zone Deutschlands.

Stellung von Gütern und Dienstleistungen der Kategorie A seitens der Regierung des Vereinigten Königreichs während des Kalenderjahres 1948

Gemäß den Bestimmungen von Abschnitt 1 A (IV) des Abkommens sind von der Regierung des Vereinigten Königreichs während des Kalenderjahres 1948 folgende Güter und Dienstleistungen zu stellen:

	Millionen-Pfund
Fische	5,55
Hülsenfrüchte	0,45
Saatgut	1,65
Öle, Gemüse und Nahrungsmittel verschiedener Art	2,00
Schädlingsbekämpfungsmittel	0,50
Düngemittel	1,10
Transporte	5,00
Waren verschiedener Art	1,25
	17,50

(entspricht einem Gegenwert von ungefähr 70 000 000 Dollar)

Die Regierung des Vereinigten Königreichs kann nach Rücksprache mit der JEIA in der obigen Zusammenstellung angebracht erscheinende Änderungen vornehmen.

Aus: *Europa-Archiv*, (Hrsg.) W. Cornides u. H. Volle, Bd. 6, Oberursel/Ts. 1948.

8. Kongreßbotschaft Trumans über die Lage im Mittelmeergebiet (Truman-Doktrin)
Washington am 12. März 1947

Herr Präsident, Herr Vorsitzender, Mitglieder des Kongresses der Vereinigten Staaten!

Der Ernst der Lage, vor die sich die Welt heute gestellt sieht, machte mein Erscheinen vor einer gemeinsamen Sitzung des Kongresses notwendig.

Ein Gebiet der Gegenwartslage, das ich Ihnen heute zur Erwägung und Entscheidung vorlegen möchte, betrifft Griechenland und die Türkei.

Die griechische Regierung hat an die Vereinigten Staaten einen dringenden Ruf nach finanzieller und wirtschaftlicher Unterstützung gerichtet. Die ersten Berichte der jetzt in Griechenland befindlichen amerikanischen Wirtschaftsmission und Berichte des amerikanischen Botschafters in Griechenland bestätigen die Erklärung der griechischen Regierung, daß Hilfe kommen muß, wenn Griechenland als freie Nation weiterbestehen soll.

Ich glaube nicht, daß das amerikanische Volk und der Kongreß den Hilferuf der griechischen Regierung überhören wollen.

Griechenland ist kein reiches Land. Es fehlen ihm die natürlichen Hilfsquellen, und das Volk hat immer hart arbeiten müssen, um ein Auskommen zu haben. Seit 1940 hat dieses fleißige, friedliebende Land die Invasion, vier Jahre brutaler Besetzung und erbitterte innere Kämpfe über sich ergehen lassen.

Als die Truppen der Befreier in Griechenland einmarschierten, mußten sie feststellen, daß die Deutschen auf ihrem Rückzuge praktisch alle Eisenbahnlinien, Straßen, Hafenanlagen, Nachrichtenverbindungen und die Handelsflotte zerstört hatten. Über 1000 Dörfer waren eingeäschert, 85 Prozent der Kinder waren fast gänzlich verschwunden. Die Inflation hatte praktisch alle Ersparnisse verschluckt.

Das Ergebnis dieser tragischen Zustände war, daß eine kampflustige bewaffnete Minderheit ein politisches Chaos zu schaffen imstande war, das bis jetzt die wirtschaftliche Gesundung des Landes unmöglich gemacht hat.

Griechenland hat heute nicht die Mittel, um die Einfuhr der Waren zu bezahlen, die für die bloße Existenz unerläßlich sind. Unter diesen Umständen kann das griechische Volk keine Fortschritte in der Lösung seiner Wiederaufbauprobleme machen. Griechenland hat eine wirtschaftliche und finanzielle Unterstützung verzweifelt nötig, um den Einkauf von Nahrungsmitteln, Kleidung, Brennstoffen und Saatgut wiederaufnehmen zu können. Diese Dinge sind für die Existenz seines Volkes unentbehrlich und können nur aus dem Auslande bezogen werden. Griechenland braucht Hilfe, um diese Güter einführen zu können, so daß es die für die wirtschaftliche und politische Gesundung des Landes so wichtige innere Ordnung und Sicherheit wiederherstellen kann.

Die griechische Regierung hat ferner um die Unterstützung amerikanischer Fachleute im Verwaltungswesen, in Wirtschaft und Technik gebeten, damit die Griechenland gewährte finanzielle und sonstige Hilfe richtig verwendet wird: zur Schaffung einer stabilen, selbständigen Wirtschaft und zur Verbesserung der öffentlichen Verwaltung.

Durch den Terror einiger tausend bewaffneter Männer, die von Kommunisten angeführt werden und der Regierungsautorität an verschiedenen Punkten, besonders längs der Nordgrenzen Trotz bieten, wird der griechische Staat heute in den Grundlagen seiner Existenz bedroht. Zur Zeit untersucht eine vom Sicherheitsrat der Vereinten Nationen ernannte Kommission die unruhigen Zustände in Nordgriechenland und angebliche Grenzverletzungen an den Grenzen zwischen Griechenland einerseits und Albanien, Bulgarien und Jugoslawien andererseits.

Inzwischen ist die griechische Regierung unfähig, der Lage Herr zu werden. Die griechische Armee ist klein und schlecht ausgerüstet. Sie braucht Nachschub und Ausrüstung, wenn sie die Autorität der Regierung auf dem gesamten griechischen Staatsgebiet wiederherstellen soll.

Griechenland muß Unterstützung haben, wenn es eine auf eigenen Füßen stehende und auf Selbstachtung begründete Demokratie werden soll.

Die Vereinigten Staaten müssen diese Unterstützung geben. Wir haben Griechenland schon gewisse Hilfsleistungen und wirtschaftliche Unterstützung zukommen lassen. Aber diese sind unzureichend. Es gibt kein anderes Land, an das sich das demokratische Griechenland wenden könnte. Keine andere Nation ist bereit und in der Lage, einer demokratischen griechischen Regierung den notwendigen Rückhalt zu geben.

Die britische Regierung, die Griechenland bisher geholfen hat, kann nach dem 31. März keine weitere finanzielle oder wirtschaftliche Unterstützung mehr leisten. Großbritannien sieht sich genötigt, seine Bindungen in verschiedenen Teilen der Welt, darunter auch in Griechenland, einzuschränken oder aufzulösen. Wir haben überlegt, wie die Vereinten Nationen in dieser Krise einspringen könnten, aber die Lage ist dringend. Es muß sofort etwas geschehen, und die Vereinten Nationen und die ihnen angeschlossenen Organisationen sind nicht in der Lage, eine Unterstützung, wie sie hier erforderlich ist, zu gewähren.

Es muß hervorgehoben werden, daß die griechische Regierung uns gebeten hat, ihr bei der richtigen Anwendung der finanziellen und anderen Unterstützung, die wir ihr gegebenenfalls gewähren, und bei der Verbesserung der öffentlichen Verwaltung zu helfen. Es ist von der größten Bedeutung, daß wir die Verwendung der Griechenland gewährten Mittel überwachen, so daß jeder Dollar, den wir ausgeben, dazu beiträgt, Griechenland auf eigene Füße zu stellen und ein Wirtschaftssystem zu errichten, in dem eine gesunde Demokratie gedeihen kann.

Keine Regierung ist vollkommen. Eine der Haupttugenden der Demokratie ist es jedoch, daß ihre Fehler immer sichtbar sind und im Verlauf demokratischer Vorgänge aufgezeigt und verbessert werden können. Die Regierung Griechenlands ist nicht vollkommen. Dennoch repräsentiert sie 85 Prozent der Mitglieder des griechischen Parlaments, die durch die Wahlen im vergangenen Jahre gewählt wurden. Auswärtige Beobachter, darunter 692 Amerikaner, hatten sich überzeugt, daß diese Wahlen die Ansichten des griechischen Volkes zum Ausdruck brachten.

Die griechische Regierung hat in einer Atmosphäre des Chaos und des Extremismus gewirkt. Sie hat auch Fehler gemacht. Wenn wir ihr Unterstützung gewähren, so bedeutet das nicht, daß die Vereinigten Staaten alles, was die griechische Regierung getan hat oder tun wird, für richtig halten und billigen. Wir haben in der Vergangenheit extremistische Maßnahmen der Rechten sowie der Linken verurteilt und verurteilen sie auch heute noch. Wir haben in der Vergangenheit zur Toleranz geraten, und wir raten auch heute noch dazu.

Griechenlands Nachbar, die Türkei, verdient ebenfalls unsere Beachtung. Die Zukunft der Türkei als unabhängiger und wirtschaftlich gesunder Staat ist für die freiheitsliebenden Völker der Welt von keiner geringeren Bedeutung als die Griechenlands. Die Verhältnisse, in die sich die Türkei heute gestellt sieht, sind ziemlich verschieden von denen Griechenlands. Der Türkei sind die Katastrophen erspart geblieben, die Griechenland heimgesucht haben. Und während des Krieges haben die Vereinigten Staaten und Großbritannien der Türkei materielle Hilfe zukommen lassen. Trotzdem braucht die Türkei jetzt unsere Unterstützung.

Seit dem Kriege hat sich die Türkei um zusätzliche finanzielle Hilfe von Großbritannien und den Vereinigten Staaten bemüht, um die für die Aufrechterhaltung ihrer nationalen Integrität notwendige Modernisierung durchführen zu können. Diese Integrität ist wichtig für die Erhaltung der Ordnung im Mittleren Osten.

Die britische Regierung hat uns mitgeteilt, daß sie auf Grund ihrer eigenen Schwierigkeiten der Türkei keine finanzielle oder wirtschaftliche Hilfe mehr gewähren kann. Wenn die Türkei die notwendige

Unterstützung haben soll, so muß diese, ebenso wie im Falle Griechenlands, von den Vereinigten Staaten kommen. Wir sind das einzige Land, das Hilfe leisten kann.

Ich bin mir vollkommen bewußt, was es bedeutet, wenn die Vereinigten Staaten Griechenland und der Türkei ihre Unterstützung zukommen lassen, und das möchte ich jetzt mit Ihnen besprechen.

Eins der ersten Ziele der Außenpolitik der Vereinigten Staaten ist es, Bedingungen zu schaffen, unter denen wir und andere Nationen uns ein Leben aufbauen können, das frei von Zwang ist. Das war ein grundlegender Faktor im Krieg gegen Deutschland und Japan. Wir überwanden mit unserem Sieg Länder, die anderen Ländern ihren Willen und ihre Lebensweise aufzwingen wollten.

Um die friedliche, ungezwungene Entwicklung der Nationen sicherzustellen, haben die Vereinigten Staaten sich an führender Stelle an der Errichtung der Vereinten Nationen beteiligt. Die Vereinten Nationen sollen dauernde Freiheit und Unabhängigkeit für alle ihre Mitgliedstaaten ermöglichen. Wir werden unser Ziel jedoch nicht verwirklichen, wenn wir nicht bereit sind, den freien Völkern zu helfen, ihre freien Einrichtungen und ihre nationale Integrität gegenüber aggressiven Bewegungen zu erhalten, die ihnen totalitäre Regimes aufzwingen wollen. Das ist nichts weiter als ein offenes Zugeständnis der Ansicht, daß totalitäre Regimes, die freien Völkern durch direkte oder indirekte Aggression aufgezwungen werden, die Grundlagen des internationalen Friedens und damit die Sicherheit der Vereinigten Staaten untergraben.

In einer Anzahl von Ländern waren den Völkern kürzlich gegen ihren Willen totalitäre Regimes aufgezwungen worden. Die Regierung der Vereinigten Staaten hat mehrfach gegen Zwang und Einschüchterung bei der Verletzung des Jalta-Abkommens in Polen, Rumänien und Bulgarien protestiert. Und weiter muß ich feststellen, daß in einer Anzahl anderer Staaten ähnliche Entwicklungen stattgefunden haben.

Im gegenwärtigen Abschnitt der Weltgeschichte muß fast jede Nation ihre Wahl in bezug auf ihre Lebensweise treffen. Nur allzuoft ist es keine freie Wahl.

Die eine Lebensweise gründet sich auf den Willen der Mehrheit und zeichnet sich durch freie Einrichtungen, freie Wahlen, Garantie der individuellen Freiheit, Rede- und Religionsfreiheit und Freiheit vor politischer Unterdrückung aus.

Die zweite Lebensweise gründet sich auf den Willen einer Minderheit, der der Mehrheit aufgezwungen wird. Terror und Unterdrückung, kontrollierte Presse und Rundfunk, fingierte Wahlen und Unterdrückung der persönlichen Freiheiten sind ihre Kennzeichen.

Ich bin der Ansicht, daß es die Politik der Vereinigten Staaten sein muß, die freien Völker zu unterstützen, die sich der Unterwerfung durch bewaffnete Minderheiten oder durch Druck von außen widersetzen.

Ich glaube, daß wir den freien Völkern helfen müssen, sich ihr eigenes Geschick nach ihrer eigenen Art zu gestalten.

Ich bin der Ansicht, daß unsere Hilfe in erster Linie in Form wirtschaftlicher und finanzieller Unterstützung gegeben werden sollte, die für eine wirtschaftliche Stabilität und geordnete politische Vorgänge wesentlich ist.

Die Welt steht nicht still, und der Status quo ist nicht heilig. Aber wir können keine Veränderungen im Status quo zulassen, die eine Verletzung der Charta der Vereinten Nationen durch Zwangsmethoden oder durch vorsichtigere Maßnahmen wie eine politische Durchdringung bedeuten. Wenn wir freien und unabhängigen Nationen helfen, ihre Freiheit zu bewahren, so werden wir damit die Prinzipien der Charta der Vereinten Nationen verwirklichen.

Man braucht nur einen Blick auf die Karte zu werfen, um zu erkennen, daß Existenz und Integrität der griechischen Nation von schwerwiegender Bedeutung im Rahmen einer viel umfassenderen Situation sind. Sollte Griechenland der Kontrolle einer bewaffneten Minderheit unterworfen werden, so würde das sofort schwerwiegende Auswirkungen auf seinen Nachbarn, die Türkei, haben. Verwirrung und Unordnung würden sich vielleicht durch den ganzen Mittleren Osten verbreiten.

Überdies würde das Verschwinden eines unabhängigen griechischen Staates tiefgreifende Auswirkungen auf alle diejenigen Länder Europas haben, deren Völker für die Erhaltung ihrer Freiheit und Unabhängigkeit gegen große Schwierigkeiten ankämpfen, während sie gleichzeitig mit der Beseitigung der Kriegsschäden zu tun haben.

Es wäre eine unbeschreibliche Tragödie, wenn diese Länder, die so lange gegen eine Übermacht angekämpft haben, verlieren sollten. Der Zusammenbruch freier Einrichtungen und der Verlust der Unabhängigkeit wären nicht nur für sie, sondern für die ganze Welt verheerend. Entmutigung und möglicherweise Fehlschläge würden bald die Nachbarvölker in ihrem Kampf für die Erhaltung von Freiheit und Unabhängigkeit treffen.

Sollten wir der Türkei und Griechenland in dieser entscheidenden Stunde unsere Hilfe versagen, so werden sich die Auswirkungen ebenso weit nach dem Westen wie nach dem Osten erstrecken. Wir müssen sofort mit Entschiedenheit handeln.

Ich bitte daher den Kongreß, eine Unterstützung an Griechenland und die Türkei in Höhe von 400 Millionen Dollar für die Zeit bis zum 30. Juni 1948 zu gewähren. Bei der Anforderung dieser Mittel ziehe ich das Maximum an Notstandshilfe in Rechnung, das Griechenland von den 350 Millionen Dollar zukommen würde, die ich kürzlich vom Kongreß zur Verhinderung von Hungersnot und Leiden in den vom Krieg verwüsteten Ländern forderte.

Abgesehen von der Bewilligung von Geldmitteln bitte ich den Kongreß, die Entsendung von zivilen und militärischen Fachkräften nach Griechenland und der Türkei auf Ersuchen dieser beiden Länder zu genehmigen, damit sie den Wiederaufbau fördern und die Auswertung der geleisteten finanziellen und materiellen Unterstützung überwachen können. Weiter empfehle ich, die Unterweisung und Ausbildung ausgewählten griechischen und türkischen Personals zu genehmigen.

Schließlich bitte ich den Kongreß, durch ausdrückliche Bestimmung der notwendigen Vorräte und Ausrüstungsgegenstände Vollmacht für eine möglichst beschleunigte und wirkungsvolle Verwendung der zu gewährenden Mittel zu erteilen.

Falls weitere Mittel oder weitere Vollmachten für die in dieser Botschaft angedeuteten Zwecke notwendig werden sollten, werde ich nicht zögern, dem Kongreß die Sachlage vorzutragen. In dieser Sache müssen der exekutive und der legislative Zweig der Regierung zusammenarbeiten.

Wir lassen uns hier auf eine ernste Sache ein, und ich würde nicht dazu raten, wenn nicht die Alternative noch viel ernster wäre.

Die Vereinigten Staaten haben einen Beitrag von 341 Milliarden Dollar geleistet, um den zweiten Weltkrieg zu gewinnen. Diese Summe ist eine Kapitalanlage in Weltfreiheit und Weltfrieden.

Der Beistand, den ich für Griechenland und die Türkei empfehle, beträgt wenig mehr als ein Zehntel von einem Prozent dieser Kapitalanlage. Wir würden nur unserm gesunden Verstand folgen, wenn wir dafür sorgen, daß diese Kapitalanlage nicht vergeblich war.

Die Saat der totalitären Regimes gedeiht in Elend und Mangel. Sie verbreitet sich und wächst in dem schlechten Boden von Armut und Kampf. Sie wächst sich vollends aus, wenn in einem Volk die Hoffnung auf ein besseres Leben ganz erstirbt. Wir müssen diese Hoffnung am Leben erhalten. Die freien Völker der Erde blicken auf uns und erwarten, daß wir sie in der Erhaltung der Freiheit unterstützen.

Wenn wir in unserer Führung zögern, können wir den Frieden der Welt gefährden und werden mit Sicherheit die Wohlfahrt unserer Nation gefährden.

Die schnelle Entwicklung der Ereignisse hat uns große Verantwortung auferlegt. Ich bin gewiß, daß sich der Kongreß dieser Verantwortung nicht entziehen wird.

Aus: *Europa-Archiv*, 2. Jg. (Juli 1947-Dezember 1947).

9. Vorschläge Marshalls zur amerikanischen Hilfsleistung für die europäischen Länder

Text der Rede vom 5. Juni 1947 an der Harvard-Universität

Ich brauche Ihnen, meine Herren, nicht zu erzählen, daß die Weltlage sehr ernst ist. Das ist allen intelligenten Menschen offenbar. Eine der Schwierigkeiten liegt meiner Ansicht nach darin, daß das Problem so ungeheuer verwickelt ist, so daß es bei der großen Menge von Tatsachenmaterial, das der Öffentlichkeit durch Presse und Rundfunk geboten wird, für den Mann auf der Straße überaus schwierig wird, zu einer klaren Beurteilung der Lage zu kommen. Außerdem sind die Menschen hier fern von den Notgebieten der Erde, und es ist für sie nicht leicht, sich eine Vorstellung von der Notlage und den sich daraus ergebenden Reaktionen der leidenden Völker oder von der Auswirkung dieser Reaktionen auf die Regierungen im Zusammenhang mit unseren Friedensbemühungen zu machen.

Bei unseren Erwägungen über die Bedürfnisse Europas für den Wiederaufbau wurden die Menschenverluste, die sichtbare Zerstörung der Städte, Fabriken, Bergwerke und Eisenbahnen richtig einkalkuliert, aber es hat sich in den letzten Monaten herausgestellt, daß diese sichtbare Zerstörung wahrscheinlich weniger schwerwiegend ist als die Tatsache, daß das gesamte europäische Wirtschaftssystem aus den Angeln gehoben wurde. Zehn Jahre lang haben höchst anormale Zustände geherrscht. Die fieberhaften Kriegsvorbereitungen und die noch fieberhaftere Aufrechterhaltung der Kriegsanstrengungen haben alle Gebiete der Volkswirtschaft in Mitleidenschaft gezogen. Der Maschinenbestand verfiel oder veraltete. Unter der willkürlichen und zerstörungswütigen Naziherrschaft wurde praktisch jeder geeignete Betrieb in die deutsche Kriegsmaschine eingespannt. Alte Handelsverbindungen, private Einrichtungen, Banken, Schiffahrtsgesellschaften und Versicherungsgesellschaften verschwanden durch Kapitalverlust, Verstaatlichung oder einfach durch Vernichtung. In vielen Ländern ist das Vertrauen in die Währung stark erschüttert. Das Geschäftsleben in Europa hat während des Krieges einen vollkommenen Zusammenbruch erlitten.

In dem Erholungsprozeß ist dadurch eine schwerwiegende Verzögerung eingetreten, daß man sich zwei Jahre nach Einstellung der Feindseligkeiten noch immer nicht auf eine Friedensregelung mit Deutschland und Österreich geeinigt hat. Aber selbst bei einer schnelleren Lösung dieser schwierigen Probleme würde die Gesundung der europäischen Wirtschaftsstruktur ganz offensichtlich eine sehr viel längere Zeitspanne und viel größere Anstrengungen fordern, als man anfangs angenommen hatte.

Diese Angelegenheit hat eine interessante und zugleich ernste Seite. Der Bauer hat schon immer Nahrungsmittel zum Tausch gegen andere lebenswichtige Güter für den Städter produziert. Diese Arbeitsteilung ist die Grundlage der modernen Zivilisation. Im Augenblick steht sie vor dem Zusammenbruch. Die städtischen Industrien bringen keine ausreichende Warenmenge zum Tausch gegen die Nahrungsmittel der Landbevölkerung hervor. Rohmaterialien und Brennstoffe sind knapp. Die Maschinen sind abgenutzt oder fehlen ganz. Der Landwirt oder Bauer kann die Waren nicht finden, die er kaufen möchte. Darum erscheint ihm der Verkauf seiner landwirtschaftlichen Produkte gegen Geld, das er nicht gebrauchen kann, als ein wenig einträgliches Geschäft. Er hat daher viele Felder dem Getreideanbau entzogen und benutzt sie als Viehweiden. Er verfüttert mehr Korn an das Vieh und hat für sich und seine Familie genug zu essen, wie knapp er auch an Kleidung und anderen Gaben der Zivilisation sein mag.

Inzwischen leidet die Stadtbevölkerung unter dem Mangel an Nahrungsmitteln und Brennstoffen. Die Regierungen sind also gezwungen, ihre Devisen und ausländischen Kredite zum Einkauf dieser lebensnotwendigen Dinge aus dem Auslande zu benutzen. Durch diesen Vorgang werden die Geldmittel erschöpft, die für den Wiederaufbau dringend benötigt werden und so entwickelt sich sehr bald eine ernste Lage, die der Welt nicht viel Gutes verheißt. Das moderne System der Arbeitsteilung, auf das sich der Warenaustausch gründet, steht vor dem Zusammenbruch.

In Wahrheit liegt die Sache so, daß Europas Bedarf an ausländischen Nahrungsmitteln und anderen wichtigen Gütern – hauptsächlich aus Amerika – während der nächsten drei oder vier Jahre um so viel höher liegt als seine gegenwärtige Zahlungsfähigkeit, daß beträchtliche zusätzliche Hilfsleistungen notwendig sind, wenn es nicht in einen wirtschaftlichen, sozialen und politischen Verfall sehr ernster Art geraten soll.

Die Lösung liegt in einer Durchbrechung des Circulus vitiosus und in der Wiederherstellung des Vertrauens bei den europäischen Völkern auf die wirtschaftliche Zukunft ihrer Länder und ganz Europas. Der Fabrikant und der Landwirt in weiten Gebieten müssen gewillt und in der Lage sein, ihre Produkte für eine Währung in Tausch zu geben, deren fester Wert außer Zweifel steht. Abgesehen von der demoralisierenden Wirkung auf die ganze Welt und von der Möglichkeit, daß aus der Verzweiflung der betroffenen Völker sich Unruheherde ergeben könnten, dürfte es auch offensichtlich sein, welche Folgen dieser Zustand auf die Wirtschaft der Vereinigten Staaten haben muß.

Es ist nur logisch, daß die Vereinigten Staaten alles tun, was in ihrer Macht steht, um die Wiederherstellung gesunder wirtschaftlicher Verhältnisse in der Welt zu fördern, ohne die es keine politische Stabilität und keinen sicheren Frieden geben kann. Unsere Politik richtet sich nicht gegen irgendein Land oder irgendeine Doktrin, sondern gegen Hunger, Armut, Verzweiflung und Chaos. Ihr Zweck ist die Wiederbelebung einer funktionierenden Weltwirtschaft, damit die Entstehung politischer und sozialer Bedingungen ermöglicht wird, unter denen freie Institutionen existieren können. Ich bin überzeugt, daß eine solche Unterstützung nicht nach und nach entsprechend der jeweiligen Entwicklung von Krisen geleistet werden darf. Wenn die Regierung der Vereinigten Staaten in Zukunft Hilfsleistungen gewährt, so sollten diese eine Heilungskur und nicht nur ein Linderungsmittel darstellen. Jeder Regierung, die bereit ist, beim Wiederaufbau zu helfen, wird die volle Unterstützung der Regierung der Vereinigten Staaten gewährt werden, dessen bin ich sicher. Aber eine Regierung, die durch Machenschaften versucht, die Gesundung der anderen Länder zu hemmen, kann von uns keine Hilfe erwarten. Darüber hinaus werden alle Regierungen, politischen Parteien oder Gruppen, die es darauf abgesehen haben, das menschliche Elend zu einem Dauerzustand zu machen, um in politischer oder anderer Hinsicht Nutzen daraus zu ziehen, auf den Widerstand der Vereinigten Staaten stoßen.

Eines ist schon jetzt klar: bevor die Vereinigten Staaten ihre Bemühungen zur Besserung der Lage fortsetzen und zum Gesundungsprozeß der europäischen Welt beitragen können, müssen die Länder Europas untereinander zu einer Einigung darüber kommen, was die gegenwärtige Lage am dringendsten erfordert und inwieweit die Länder Europas selbst dazu beitragen können, eine volle Auswertung der Maßnahmen unserer Regierung zu erzielen.

Es wäre weder angebracht noch zweckmäßig, wenn die Regierung der Vereinigten Staaten von sich aus ein Programm entwerfen würde, um die wirtschaftliche Wiederaufrichtung Europas durchzuführen. Das ist Sache der Europäer selbst. Die Initiative muß von Europa ausgehen, meine ich. Unsere Rolle sollte darin bestehen, den Entwurf eines europäischen Programms freundschaftlich zu fördern und später dieses Programm zu unterstützen, soweit das für uns praktisch ist. Es sollte ein gemeinsames Programm entworfen werden, hinter dem, wenn nicht alle, so doch eine Anzahl von europäischen Nationen stehen. Wesentlich für den Erfolg einer Maßnahme seitens der Vereinigten Staaten ist das Verständnis des amerikanischen Volks für die Natur des Problems selbst und der anzuwendenden Heilmittel. Politische Leidenschaften und Vorurteile müssen ganz ausgeschaltet werden. Mit der nötigen Voraussicht und Bereitwilligkeit seitens unseres Volkes, die ungeheure Verantwortung auf sich zu nehmen, die die Geschichte unserem Lande auferlegt hat, können und sollen die geschilderten Schwierigkeiten gemeistert werden.

Aus: *Europa-Archiv*, 2. Jg. (Juli 1947-Dezember 1947).

Über das Ergebnis der Konferenz wurde *folgendes Kommuniqué* ausgegeben:

»In Übereinstimmung mit der nach Beendigung der inoffiziellen Besprechungen über Deutschland zwischen den Vertretern der Vereinigten Staaten, Großbritanniens, Frankreichs und der Beneluxstaaten erfolgten Bekanntmachung wurde ein Bericht über die zu allen besprochenen Punkten gebilligten Vorschläge den entsprechenden Regierungen übermittelt. Diese Empfehlungen wurden als Ganzes vorgelegt, da ihre Hauptpunkte voneinander abhängen und ein unteilbares Programm darstellen. Die Hauptpunkte dieses Berichtes sind folgende:

1. Einbeziehung der Beneluxländer in die Deutschlandpolitik: Die Empfehlungen enthalten besondere Bestimmungen über eine enge Zusammenarbeit zwischen den Militärgouverneuren und den Beneluxvertretern in Deutschland in Angelegenheiten, die für die Beneluxstaaten von Interesse sind. Darüber hinaus wird den Vertretern der Beneluxstaaten jede Möglichkeit gegeben, über die Entwicklungen in den westlichen Besetzungszonen auf dem laufenden gehalten zu werden.

2. Die Rolle der deutschen Wirtschaft in der europäischen Wirtschaft und Kontrolle des Ruhrgebietes: a) Wie in dem Kommuniqué der Konferenz vom 6. März bekanntgegeben worden war, wurde Übereinstimmung darüber erzielt, daß für das politische und wirtschaftliche Wohlergehen der Länder Westeuropas und eines demokratischen Deutschlands eine enge Verbindung ihres wirtschaftlichen Lebens erzielt werden muß. Diese enge Verbindung, welche Deutschland in die Lage versetzen wird, am Wiederaufbau Europas teilzunehmen und dazu beizutragen, ist durch den Einschluß der Bizone und der französischen Besetzungszone in den europäischen Wiederaufbaurat als vollwertige Mitglieder am 16. April sichergestellt worden.

b) Es wurde vereinbart, die Bildung einer internationalen Körperschaft für die Kontrolle des Ruhrgebietes zu empfehlen, in der die Vereinigten Staaten, Großbritannien, Frankreich, die Beneluxländer und Deutschland vertreten sein sollen und die nicht die politische Abtrennung des Ruhrgebietes von Deutschland einschließt. Die Körperschaft hat jedoch völlige Kontrolle über die Verteilung von Kohle, Koks und Stahl des Ruhrgebietes, um auf der einen Seite die industrielle Zentralisierung in diesem Gebiet nicht zu einem Instrument der Aggression werden zu lassen und damit es auf der anderen Seite dem Ruhrgebiet ermöglicht wird, seinen Beitrag für alle am europäischen Wiederaufbauprogramm beteiligten Staaten, eingeschlossen natürlich Deutschland selbst, zu leisten. Ein Abkommenentwurf, in dem die Vorkehrungen für die Bildung dieser Körperschaft enthalten sind, ist dem Kommuniqué beigefügt. Das Abkommen soll von den USA, Großbritannien und Frankreich als Besatzungsmächten geschlossen werden. Die Beneluxländer nehmen an der Ausarbeitung eines ausführlichen Abkommens, wie es im Artikel 12 vorgesehen ist, voll und ganz teil und sollen über den Zeitpunkt befragt werden, an dem diese Körperschaft ihre Funktionen übernehmen soll.

c) Es wurde ferner bei der Ruhrdebatte empfohlen, das Prinzip der Nichtbenachteiligung ausländischer Interessen in Deutschland erneut zu bestätigen. Jede Regierung soll sich fortan mit dem Problem der Garantie ausländischer Interessen befassen, damit so bald wie möglich eine zwischenstaatliche Gruppe gebildet werden kann, um diese Fragen zu erörtern und ihren Regierungen Empfehlungen zu machen.

3. a) *Entwicklung der politischen und wirtschaftlichen Organisation Deutschlands:* Ferner wurde die weitere Entwicklung der politischen und wirtschaftlichen Organisation Deutschlands von allen Delegationen erörtert. Die Delegationen erkennen unter Berücksichtigung der gegenwärtigen Lage die Notwendigkeit an, dem deutschen Volk die Möglichkeit zu geben, auf der Basis einer freien und demokratischen Regierungsform die schließliche Wiederherstellung der gegenwärtig nicht bestehenden deutschen Einheit zu erlangen. Unter diesen Umständen sind die Delegationen zu dem Schluß gekommen, daß das deutsche Volk in den verschiedenen Ländern die Freiheit erhalten sollte, für sich selbst die politische Organisation und Einrichtungen zu schaffen, welche es in die Lage versetzen sollen, diejenigen staatlichen Aufgaben zu übernehmen, welche mit den Mindesterfordernissen der Besatzung und der Kontrolle vereinbar sind und welche letzten Endes das deutsche Volk in die Lage versetzen werden, volle Regierungsverantwortung zu übernehmen. Die Delegationen sind der Ansicht, daß das deutsche Volk die Schaffung einer Verfassung mit Bestimmungen wünschen wird, die von allen deutschen Ländern ratifiziert werden können, sobald die Umstände dies erlauben. Die Delegationen sind daher übereingekommen, ihren Regierungen zu empfehlen, daß die Militärgouverneure mit den Ministerpräsidenten der westlichen Besatzungszonen in Deutschland eine gemeinsame Sitzung abhalten sollten. Auf dieser Sitzung werden die Ministerpräsidenten ermächtigt werden, eine Verfassunggebende Versammlung einzuberufen, um eine Verfassung auszuarbeiten, die von den teilnehmenden Staaten gebilligt werden soll. Die Delegierten zu dieser Verfassunggebenden Versammlung werden in jedem Land in Übereinstimmung mit einem noch zu bestimmenden Verfahren und Verordnungen seitens der gesetzgebenden Körperschaften der einzelnen Staaten gewählt werden. Diese Verfassung soll es den Deutschen ermöglichen, ihrerseits zur Beendigung der augenblicklichen Teilung Deutschlands beizutragen, nicht

durch die Wiederherstellung eines zentral regierten Reiches, sondern durch eine föderalistische Regierung, die die Rechte der einzelnen Staaten angemessen schützt, zur gleichen Zeit eine angemessene zentrale Körperschaft vorsieht und die Rechte und Freiheiten des einzelnen Menschen garantiert. Wenn die von der Verfassunggebenden Versammlung ausgearbeitete Verfassung diesen Forderungen nicht entgegensteht, werden die Militärgouverneure genehmigen, daß sie der Bevölkerung der einzelnen Staaten zur Ratifizierung vorgelegt werden.

Bei der Sitzung mit den Militärbefehlshabern werden die Ministerpräsidenten das Recht haben, die Fragen der Grenzen der einzelnen Länder zu erörtern, um festzustellen, welche Abänderungen den Militärbefehlshabern vorgeschlagen werden sollen, um eine endgültige Lage zu schaffen, mit der die Bevölkerung einverstanden ist.

3. b) Zwischen den Delegationen der Vereinigten Staaten, Großbritanniens und Frankreichs haben weitere Besprechungen über die *Koordinierung der Wirtschaftspolitik in der Bizone und der französischen Zone* stattgefunden. Über die gemeinsame Durchführung und Kontrolle des Außenhandels des gesamten Gebietes wurde ein Einverständnis erzielt. Es wurde anerkannt, daß eine völlige wirtschaftliche Verschmelzung der beiden Gebiete erst dann tatsächlich in Kraft treten kann, wenn ein weiterer Fortschritt im Hinblick auf die Bildung der notwendigen deutschen Institutionen in dem gesamten Gebiet erzielt worden ist.

4. *Vorläufige territoriale Übereinkommen:* Die Delegationen sind übereingekommen, ihren Regierungen Vorschläge über bestimmte geringfügige Berichtigungen der Westgrenze Deutschlands zu unterbreiten.

5. *Sicherheit:* Dieses Problem wurde unter drei Gesichtspunkten erörtert: a) Allgemeine Vorkehrungen; b) Maßnahmen während der Zeit, in der die Besatzungsmächte die oberste Autorität in Deutschland ausüben; c) Maßnahmen nach diesem Zeitabschnitt.

a) Allgemeine Vorkehrungen: Die Delegationen der USA, Großbritanniens und Frankreichs wiederholten erneut die fest Ansicht ihrer Regierungen, daß es keinen allgemeinen Abzug ihrer Besatzungstruppen aus Deutschland geben dürfe, ehe nicht der Frieden in Europa gesichert ist und ehe vorherige Beratungen stattgefunden haben. Es wurde ferner vorgeschlagen, daß die betreffenden Regierungen untereinander beraten sollen, wenn eine von ihnen die Gefahr eines Wiederauflebens der deutschen Militärmacht oder die Verfolgung einer Aggressionspolitik seitens Deutschlands annimmt.

b) Maßnahmen während des Zeitraumes, in welchem die Besatzungsmächte die oberste Autorität in Deutschland beibehalten: Die Verbote über die deutschen bewaffneten Streitkräfte und den deutschen Generalstab, wie sie im Vier-Mächte-Abkommen enthalten sind, wurden erneut bestätigt, ebenso die Ausübung der Kontrolle durch die Militärgouverneure hinsichtlich der Entwaffnung und Entmilitarisierung, des Industrieproduktionsniveaus und auf gewissen Gebieten der wissenschaftlichen Forschung. Um im Interesse der Sicherheit die Beibehaltung der Entwaffnung und Entmilitarisierung sicherzustellen, sollen die drei Militärgouverneure eine militärische Sicherheitsbehörde in den drei westlichen Besatzungszonen Deutschlands errichten, um geeignete Prüfungen durchzuführen und die notwendigen Empfehlungen den Militärgouverneuren vorzulegen, welche über die zu treffenden Maßnahmen entscheiden.

c) Maßnahmen nach dem Zeitraum, in welchem die Besatzungsmächte die oberste Autorität in Deutschland beibehalten: Es wurde bestätigt, daß Deutschland nicht wieder gestattet werden darf, eine angreifende Macht zu werden, und daß vor der allgemeinen Zurückziehung der Besatzungsstreitkräfte ein Abkommen hinsichtlich der notwendigen Maßnahmen der Entmilitarisierung, Entwaffnung und Industriekontrolle sowie in bezug auf die Besetzung wichtiger Gebiete erreicht werden soll. Es soll ferner ein Inspektionssystem errichtet werden, um die Beibehaltung der vereinbarten Bestimmungen hinsichtlich der deutschen Entwaffnung und Entmilitarisierung zu sichern. Die vorliegenden Empfehlungen, welche in keiner Weise einem möglichen Vier-Mächte-Abkommen über das deutsche Problem vorgreifen, sondern im Gegenteil ein solches erleichtern sollen, sind dazu bestimmt, die dringenden politischen und wirtschaftlichen Probleme zu lösen, welche sich auf Grund der früheren Fehlschläge zur Erreichung umfassender Vier-Mächte-Entscheidungen über Deutschland aus der gegenwärtigen Lage in Deutschland ergeben. Die vorgeschlagenen Maßnahmen bedeuten einen weiteren Schritt vorwärts in der Politik, welche die bei diesen Besprechungen vertretenen Mächte zu befolgen entschlossen sind. Diese Politik erstrebt den wirtschaftlichen Wiederaufbau Westeuropas einschließlich Deutschlands und die Schaffung einer Grundlage für die Einbeziehung eines demokratischen Deutschlands in die Gemeinschaft der freien Völker.

Aus: H. v. Siegler, *Dokumentation zur Deutschlandfrage,* Hauptband I, Bonn/Wien/Zürich 1961.

11a. Fritz Heckert
Ist die Sozialdemokratie
noch die soziale Hauptstütze der Bourgeoisie? (1933)

Ob die Sozialdemokratie die soziale Hauptstütze der Bourgeoisie ist oder nicht, das hängt nicht davon ab, ob diese Partei von der Bourgeoisie zeitweilig von der Regierung ausgeschlossen ist oder aufgelöst wurde, wie das jetzt in Deutschland oder vor zehn Jahren in Italien geschah. Alle Elemente des Programms, der Strategie und Taktik der Sozialdemokratie, auf Grund deren wir Kommunisten sie als soziale Hauptstütze der Bourgeoisie bezeichneten, existieren noch wie ehedem. Jede Verkleinerung dieser Rolle der Sozialdemokratie durch Formulierungen wie: die Sozialdemokratie kann nur die soziale Hauptstütze der Bourgeoisie sein, solange sie eine bürgerliche Regierungspartei ist oder eine bürgerliche Regierung toleriert, ist grundsätzlich falsch und für den revolutionären Kampf des Proletariats äußerst schädlich.

Jetzt, da durch den schmählichen Bankrott der Sozialdemokratie in Deutschland breiten Massen sozialdemokratischer Arbeiter die Augen über die Verratspolitik dieser Partei aufgehen, versuchen gerissene sozialdemokratische Schreiber, die Massen unter ihrem Einfluß zu halten. Das geschieht durch allerlei Manöver und radikal klingende Formulierungen in der Art, wie sie die Wiener »Arbeiterzeitung« in ihrem Artikel »Das Ende der SPD« gebraucht, der mit den Worten schließt: »Die alte deutsche Sozialdemokratie ist tot. Es lebe die kämpfende deutsche Arbeiterklasse!« Diese Toterklärung des sozialdemokratischen Apparates soll die Kritik der ganzen Vergangenheit der Sozialdemokratischen Partei ersticken und auch von ihren gegenwärtigen Verbrechen ablenken. Warum noch über den toten Apparat reden, das ist nur Zeitverschwendung, es lebe die Arbeiterbewegung! – das eröffnet den alten sozialdemokratischen Führern den Weg zum neuen Massenbetrug. Die Sozialdemokratie darf man aber nicht nur als zerschlagenen Apparat betrachten: die Sozialdemokratie hält weiterhin noch breite Schichten von Arbeitern unter ihrem Einfluß und nützt wie früher diesen Einfluß dazu aus, die Errichtung der revolutionären Einheitsfront gegen den Faschismus zu verhindern. Es existiert auch noch die II. Internationale, deren Parteien in den kapitalistischen Ländern alle dieselbe Politik machen wie die deutsche Sozialdemokratie. Es kann gar kein Zweifel daran bestehen, daß die Sozialdemokratie auch unter den veränderten Umständen die soziale Hauptstütze der Bourgeoisie bleibt.

Wenn es jetzt Kommunisten gibt, die an der Richtigkeit unserer Formulierung zweifeln, so unterstützen sie dadurch die von der Sozialdemokratie erfundenen Manöver zum Betrug der Massen.

Hat sich mit der Zerschlagung des sozialdemokratischen Parteiapparats auch die Ideologie der Sozialdemokratie geändert? Darüber schreibt *Stampfer* in der Nummer 3 des »Neuen Vorwärts«: »Zerstört ist nur der Apparat der alten staatserhaltenden Sozialdemokratie, die es in der demokratischen Republik gegeben hat. Nachdem die Demokratie durch die Despotie ersetzt worden ist, ist an die Stelle der staatserhaltenden die revolutionäre Sozialdemokratie getreten.«

Das Verbot der SPD und solche Argumente, wie sie Stampfer vorführt, sind es, die Zweifel darüber entstehen lassen können, ob die kommunistische These: die Sozialdemokratie ist die soziale Hauptstütze der Bourgeoisie, noch richtig sei. Bevor wir diese Frage klären, soll erst noch die Vorfrage beantwortet werden, ob die kommunistische Behauptung: die Sozialdemokratie ist die soziale Hauptstütze der Bourgeoisie, nicht nur als eine Beschimpfung derselben gedacht war, um diese Partei in den Augen der Arbeiter verächtlich zu machen. Die Sozialdemokraten versuchten wie bekannt, die Sache so darzustellen, aber auch die Brandlerianer und Versöhner versuchten, uns dies zu unterstellen. So lesen wir z. B. in den Erklärungen der Versöhnler zum VI. Weltkongreß, daß die Sozialdemokratie »ein Bleiklotz an den Füßen der Bourgeoisie« sei. Ein Bleiklotz an den Füßen kann natürlich nicht die Rolle einer Stütze, und schon gar nicht einer *Haupt*stütze spielen. In Wirklichkeit charakterisieren wir die Sozialdemokratie als »soziale Hauptstütze der Bourgeoisie« aus denselben Gründen, aus denen wir sie »sozialfaschistisch« nannten. Diese Ausdrücke sind Bezeichnungen ihres tatsächlichen Charakters, sie kennzeichnen die Rolle, die die Sozialdemokratie spielt und als Sozialdemokratie spielen muß im Auftrage und im Interesse der um ihre Existenz kämpfenden Bourgeoisie.

»Ohne eine Stütze im Proletariat (durch die bürgerlichen Agenten der II. und II½ Internationale) ist die Bourgeoisie in Westeuropa und Amerika nicht imstande, die Macht zu behaupten«, schrieb *Lenin* in einem Brief an die deutschen Kommunisten schon nach dem III. Weltkongreß der Kommunistischen Internationale 1921. Hier ist schon die Frage beantwortet, warum die Sozialdemokratie die soziale Hauptstütze der Bourgeoisie ist. Sie hat die Aufgabe, die Herrschaft des Kapitals über das Proletariat zu erhalten, indem sie den Einfluß der Bourgeoisie in der Arbeiterklasse, deren Kampf sie sprengt und verrät, vertritt. Was damals Lenin schrieb, ist im Laufe der folgenden Jahre durch die Entwicklung bestätigt worden. Die Weltwirtschaftskrise hat die allgemeine Krise des Monopolkapitalismus vertieft und die Bourgeoisie gezwungen, in einigen Ländern von der »demokratischen Herrschaftsform über das Proletariat« zu den offenen Formen der Diktatur der Bourgeoisie, *zum Faschismus*, überzugehen. Auf diesem Wege folgte die Sozialdemokratie den Bedürfnissen der Bourgeoisie Schritt für Schritt. Je entschlossener der bürgerliche Staat zu faschistischen Kampfmethoden gegen das Proletariat überging, desto schneller faschisierte sich die Sozialdemokratie. Dieser Prozeß ging nicht nur vor sich, wenn die Sozialdemokratie Regierungspartei war, sondern auch dann, wenn sie die Regierung durch ihre Politik des »kleineren Übels« tolerierte. Daher schließen Faschismus und Sozialfaschismus sich gegenseitig nicht aus, sondern ergänzen einander. Diese Arbeitsgemeinschaft zwischen Faschismus und Sozialdemokratie im Dienste der Bourgeoisie charakterisierte Genosse *Stalin* 1924 in seiner Broschüre »Zur internationalen Lage« auf das treffendste: »Der Faschismus ist eine sich auf die aktive Unterstützung der Sozialdemokratie stützende Kampforganisation der Bourgeoisie. Die Sozialdemokratie ist objektiv der gemäßigte Flügel des Faschismus. Es ist kein Grund zu der Annahme vorhanden, daß eine Kampforganisation der Bourgeoisie in den Kämpfen oder bei der Regierung eines Landes ohne die aktive Unterstützung der Sozialdemokratie entscheidende Erfolge erzielen kann. Ebensowenig besteht ein Grund zur Annahme, daß die Sozialdemokratie in den Kämpfen oder bei der Regierung eines Landes ohne aktive Unterstützung durch die Kampforganisation der Bourgeoisie entscheidende Erfolge erzielen kann. Die Organisationen schließen sich gegenseitig nicht aus, sondern ergänzen einander, sie sind nicht Antipoden, sondern Zwillinge.«

Aus einer sozialreformistischen Partei verwandelte sich die Sozialdemokratie in eine sozialchauvinistische, vom Sozialverrat ging sie über zum Sozialfaschismus. Mit der Verschärfung der Krise des kapitalistischen Systems wurde die Sozialdemokratie immer konsequenter. Die Übernahme der Macht durch den Faschismus am 30. Januar 1933 ist darum das unmittelbare Ergebnis der sozialdemokratischen Politik. Zur Unterstreichung dieser Behauptung sollen nur noch einmal die letzten Taten der Sozialdemokratie in Deutschland seit dem Sturz der Brüning-Regierung im Sommer 1932 aufgezählt werden.

Als am 20. Juli 1932 der Vorläufer Hitlers, *Papen,* die preußische sozialdemokratische Regierung davonjagte, wandte sich die Kommunistische Partei an die Sozialdemokratie und die reformistischen Gewerkschaften mit dem Vorschlag, zum Generalstreik aufzurufen, um die Offensive des Faschismus zurückzuschlagen. Die sozialdemokratischen Führer antworteten aber mit einer Warnung an ihre Mitglieder, sich nicht zu unbedachten Handlungen durch die kommunistischen »Katastrophenpolitiker« hinreißen und sich nicht »provozieren« zu lassen. Als unter der Führung der Kommunisten und der RGO die deutschen Arbeiter die Abwehr gegen die Papensche Lohnabbauoffensive organisierten, wie auch beim Berliner Verkehrsarbeiterstreik, trat die Sozialdemokratie als Streikbruchorganisator auf. Als sich Anfang 1933 die Offensive der Bourgeoisie in immer stärkerem Maße entwickelte, als ein Teil der sozialdemokratischen Arbeiter selbst schon die Größe der Gefahr zu erkennen und die Herstellung der Einheitsfront des revolutionären Kampfes gegen den Faschismus zu fordern begann, da nahmen die sozialdemokratischen Führer zu neuen Sabotagemanövern ihre Zuflucht. Auf das neue Angebot der Kommunisten vom 30. Januar zur Einheitsfront und zum Generalstreik erfolgte wiederum eine scharfe Ablehnung. Die Sozialdemokratie gab statt der Losung des Kampfes gegen den Faschismus die Losung des *Abwartens* und des *Abwirtschaftenlassens* heraus. Hitler wartete aber nicht auf die »Erfüllung« der sozialdemokratischen Losung. Er zwang die Sozialdemokratie zur weiteren Kapitulation. Zum 1. Mai versuchten die Gewerkschaftsführer, die gewerkschaftlichen Organisationen geschlossen in das Hitlerlager zu überführen. Hitler antwortete mit der Gleichschaltung der Gewerkschaften. Am 17. Mai gingen die sozialdemokratischen Führer noch einen Schritt weiter. Um mit Hitler Frieden zu bekommen und einen »Generalpardon« für sich zu erwirken, sanktionierte die Sozialdemokratie die gesamte Hitler-Politik im Reichstag. Das sind genug Beweise für die Richtigkeit unserer These über die Rolle der Sozialdemokratie.

Ja, werden die Zweifler an der Richtigkeit unserer Einschätzung der Sozialdemokratie sagen, das mag richtig sein bis zu dem Tage, an dem die Sozialdemokratie verboten und zerschlagen wurde.

Darauf antworten wir: Prinzipiell hat sich an der Rolle der Sozialdemokratie nichts geändert, die Sozialdemokratie bleibt auch unter ihren jetzigen Verhältnissen weiter die soziale Hauptstütze der Bourgeoisie.

Was bedeutet die Machtübernahme durch die Faschisten? Ist das nicht ein Zeichen der Stärke, einer solchen Festigung der Bourgeoisie, daß sie die Sozialdemokratie als soziale Hauptstütze nicht mehr braucht? Das muß man doch feststellen, daß die Bourgeoisie in Deutschland zum Faschismus griff nicht am Vorabend einer Periode der relativen Stabilisierung des Kapitalismus, sondern in einer Situation, wo die kapitalistische Welt zu einem neuen Turnus von Revolutionen und Kriegen übergeht und der Zerfall des Kapitalismus in Deutschland besonders scharf in Erscheinung tritt. Im Bestreben, auf Kosten der Arbeiterklasse, der Bauernschaft und der Massen des städtischen Kleinbürgertums einen Ausweg aus der Krise zu finden und die Zerrüttung ihrer Wirtschaft, das Defizit im Staatsbudget zu beseitigen, greift die deutsche Bourgeoisie zu neuen Gewaltmethoden der Ausbeutung der Arbeiter und Bauern. Das Leben der Arbeiter unter dem Kapitalismus ist unerträglich geworden. Für die ganze Arbeiterklasse steht klar bis zur Handgreiflichkeit die Frage auf der Tagesordnung: Entweder Fortexistenz des Kapitalismus bei rascher Zunahme katastrophalen Massenelends oder Sturz des Kapitalismus und Aufrichtung der sozialistischen Gesellschaft. Die ganze Lage treibt auf diese Weise das Proletariat zum revolutionären Ausweg aus der Krise, zur sozialen Revolution.

Die Bourgeoisie ist sich dieser Alternative wohl bewußt. Um ihre eigene Lage zu retten, geht sie zur offenen faschistischen Diktatur über. Sie schreckt vor nichts zurück, um sich an der Macht zu halten.

351

Auch die sozialdemokratischen Führer begreifen dies sehr gut; sie wissen, daß die proletarische Revolution heranreift, und bereiten sich darauf vor, dem sich offen faschisierenden Bourgeoisstaat weitere Gefolgschaft zu leisten. Mit den Worten: »Wenn ich die Wahl hätte zwischen Faschismus und proletarischer Diktatur, würde ich mich für den Faschismus erklären«, gab Eduard Bernstein schon vor längerer Zeit der Sozialdemokratie den Hinweis für ihre Entscheidung in der kritischen Situation. Eine ganze Reihe prominenter Sozialdemokraten ließ gar nicht erst den Tag kommen, an dem die Wahl stand für oder gegen Hitler; sie schwenkten schon früher in die faschistische Front. Dem August Winnig folgten Regierungspräsident Grützner, Oberpräsident Bergemann, eine Anzahl Bürgermeister und andere. Nach dem 30. Januar beeilten sich viele sozialdemokratische Würdenträger, Anschluß an die Hitler-Partei zu finden. Wenn die Leipart und Graßmann die gewerkschaftlich organisierten Arbeiter aufforderten, teilzunehmen am 1. Mai, an dem Hitlerschen nationalen Tag der Arbeit, und wenn am 17. Mai die sozialdemokratische Reichstagsfraktion die Zustimmung zur Hitler-Politik beschloß, so beweist das nichts anderes als ihre Bereitschaft, für die *faschistische* »Lösung« der Krise des kapitalistischen Systems einzustehen. In Italien brauchte Mussolini sechs Jahre, um die faschistische Gleichschaltung durchzuführen. Hitler führte diesen Prozeß in sechs *Monaten* durch. Das erklärt sich daraus, daß der sich verschärfende wirtschaftliche Zerfall und das beschleunigte Heranreifen der revolutionären Krise von der Bourgeoisie ein gesteigertes Tempo bei der Durchführung der faschistischen Offensive fordern. Die Sozialdemokratie in Deutschland hat ihrerseits alles getan, um dem Faschismus den Weg zu bereiten. [. . . .]

Aus: *Die Kommunistische Internationale. Zeitschrift des Exekutivkomitees der Kommunistischen Internationale*, Heft 13/1933, Basel 1933, S. 571 ff.

11b. Stellungnahme des Exilvorstandes der SPD zum »Hitler-Stalin-Pakt«

Nach dem Abschluß des Hitler-Stalin-Paktes und der Entfesselung des Krieges durch Hitlers Angriff auf Polen hat der Vorstand der Sozialdemokratischen Partei Deutschlands eine Erklärung gegen den Hitler-Stalin-Pakt veröffentlicht, den er als einen Verrat am Frieden bezeichnete. (»Neuer Vorwärts« Nr. 325.) Der Parteivorstand hatte mit dieser Erklärung keine Revision einer früheren Haltung vorzunehmen. Die Ereignisse bestätigten die Linie seiner Politik. Gegenüber der Kommunistischen Partei Deutschlands erklärte er:

»Der Vorstand der Sozialdemokratischen Partei Deutschlands hat in Übereinstimmung mit den Vertrauensleuten der Partei in Deutschland die Zusammenarbeit mit den Kommunisten in den zurückliegenden Jahren stets abgelehnt. Angesichts der jetzt durch den Verrat Stalins geschaffenen internationalen Situation, angesichts der würdelosen Haltung der Leitung der Kommunistischen Partei Deutschlands unterstreicht der Vorstand der Sozialdemokratischen Partei Deutschlands seine Weigerung, in irgendeine Verbindung mit der Kommunistischen Partei Deutschlands zu treten, oder in Organisationen mitzuarbeiten, denen auch Vertreter der Kommunistischen Partei Deutschlands angehören. Er erwartet von allen Mitgliedern der Partei, daß sie im gleichen Sinne handeln.«

Nach dem Einmarsch der russischen Armee in Polen schrieb der »Neue Vorwärts«:

»Eine kommunistische Partei in einem befreiten Deutschland wäre nur möglich in trauter Bundesgenossenschaft mit einer extremen nationalistischen und imperialistischen Partei, einer Partei der direkten Nachfolger von Hitler, Göring, Ribbentrop und Genossen. Heute sind die deutschen Kommunisten dank Stalin die direkten Bundesgenossen von Hitler und Ribbentrop.«

Unser Urteil ist weiter durch die Erfahrung bestätigt worden. Der Angriff Stalins auf Finnland und die Haltung der kommunistischen Parteien dazu enthüllte die reaktionäre Rolle des Stalinsystems und der Komintern noch mehr. Zu allem Überfluß hat nun das Zentralkomitee der kommunistischen Partei Deutschlands sich selbst porträtiert. Der Vorsitzende *Walter Ulbricht* verbreitet in der in Stockholm erscheinenden kommunistischen Zeitschrift »Die Welt« (Nr. 4) einen Artikel gegen die Politik der deutschen Sozialdemokratie, der die Kommunisten als direkte Bundesgenossen Hitlers im Kriege und als Agenten der Gestapo entlarvt. Dieser Artikel, den wir hier in seiner Tendenz niedriger hängen, richtet sich gegen einen Artikel von Dr. Richard Kern im »Neuen Vorwärts« (Nr. 341) »Der Sinn des Krieges«. Er richtet sich gegen die sozialdemokratische Parole, daß Hitler geschlagen und gestürzt werden müsse.

Im Einklang mit der neuesten Goebbelspropaganda ist dieser Artikel auf den Ton gestimmt: Gott strafe England. Von der Kriegsschuld Hitlers und Stalins ist keine Rede, umsomehr von den »imperialistischen Kriegszielen Englands«. Dem »Neuen Vorwärts« wird vorgeworfen:

»Die besondere Aufgabe des »Neuen Vorwärts« besteht nun offensichtlich darin, daß Kriegsziel des englischen Imperialismus durch ein Trugbild von angeblicher »Freiheit und Demokratie« zu tarnen.

In dieser kommunistischen Selbstentlarvung ist unter der Hand aus dem zur gemeinsamen Beraubung Polens geschlossenen Pakt zwischen

Hitler und Stalin ein Freundschaftspakt zwischen dem deutschen Volke und dem Sowjetvolke geworden. Nach der These »Recht ist, was dem Stalinsystem nützt«, wird auseinandergesetzt, daß deutsche Kommunisten sich für Hitler gegen England zu entscheiden haben: »*Die deutsche Regierung erklärte sich zu friedlichen Beziehungen zur Sowjetunion bereit, während der englisch-französische Kriegsblock den Krieg gegen die sozialistische Sowjetunion will.* Das Sowjetvolk und das werktätige Volk Deutschlands haben ein Interesse an der Verhinderung des englischen Kriegsplanes.«

Nicht Hitler, sondern England wird als die »reaktionärste Kraft in der Welt« bezeichnet. »Der englische Imperialismus« – so geht es in diesem Artikel weiter – »stellte sein reaktinäres Wesen aufs neue unter Beweis, indem er den Vorschlag Deutschlands, der von der Sowjetunion unterstützt wurde, auf Beendigung des Krieges ablehnte.« Hatten wir nicht recht, daß wir die deutschen Kommunisten die direkten Bundesgenossen Hitlers und Ribbentrops nannten? Sie sind für »Beendigung des Krieges«, das heißt *für den Hitler-Frieden,* der Hitler alle Eroberungen sichert. Sie sind aber nicht nur für den Hitlerfrieden, sondern auch für die kräftigste Führung des Hitlerkrieges. Alles was sie dem Hitlersystem vorwerfen ist, daß es durch seine innere Politik die Kampfkraft des Volkes gegen England schwäche. Hauptfeind aber ist und bleibt ihnen die Sozialdemokratie:

»Wenn Hilferding und die anderen früher sozialdemokratischen Führer ihre Kriegspropaganda gegen den deutsch-sowjetischen Pakt richten, so deshalb, *weil der englische Plan umso weniger zum Ziele führt, je tiefer die Freundschaft zwischen dem deutschen Volke und Sowjetvolke in den werktätigen Massen verwurzelt ist.* Deshalb sehen nicht nur die Kommunisten, sondern auch viele sozialdemokratische Arbeiter und nationalsozialistische Werktätige ihre Aufgabe darin, *unter keinen Umständen einen Bruch des Paktes zuzulassen.* Wer gegen die Freundschaft des deutschen und des Sowjetvolkes intrigiert, ist ein Feind des deutschen Volkes und wird als Helfershelfer des englischen Imperialismus gebrandmarkt. Im werktätigen Volke Deutschlands verstärken sich die Bemühungen, die Anhänger der Thyssen-Clique, dieser Feinde des sowjet-deutschen Paktes, *aufzudecken. Vielfach wurde die Entfernung dieser Feinde aus der Armee und dem Staatsapparat und die Konfiszierung ihres Eigentums gefordert.*«

Das Reptil Stalins spricht weiter von dem »*Kampf der deutschen Werktätigen gegen die Agenten des englischen Imperialismus, gegen die Thyssen-Clique und ihre Freunde aus den Reihen der sozialdemokratischen und katholischen Führer in Deutschland . . .*«

Obwohl es überflüssig erscheinen könnte, wollen wir zunächst feststellen, daß alles, was in diesem Moskauer Machwerk über die »werktätigen Massen Deutschlands« und über »viele Sozialdemokraten« gesagt wird, reine Zweckerfindung ist. Das Faktum, an das wir uns halten, ist, daß auf Befehl Stalins die Leitung der illegalen kommunistischen Partei Deutschlands sich auf das schamloseste an Hitler und an die Gestapo heranwirft. Die Verwandtschaft der Goebbels'schen und der Moskauer Parolen springt dabei in die Augen. Die Freunde der Freiheit in Deutschland und in der Emigration als »die Thyssen-Clique« und »die Agenten des englischen Imperialismus« zu bezeichnen – das könnte beinahe eine Goebbels'sche Erfindung sein. Es ist indessen nichts anderes als eine Abwandlung der älteren kommunistischen Parole von den »Agenten der Bourgeoisie«. Wir stellen also fest:

Den deutschen Kommunisten wird von Moskau befohlen, sich für den Hitlerkrieg gegen die Demokratien zu begeistern. Es wird ihnen befohlen, als Spitzel für die Gestapo zu funktionieren gegen die deutsche Opposition, die für die Niederlage Hitlers und damit für die Befreiung des deutschen Volkes eintritt.

Aus dieser Selbstentlarvung ergibt sich eine Konsequenz für das kommende Deutschland: in einem von Hitler befreiten Deutschland darf es keine kommunistische Partei mehr geben – so wenig wie es noch eine nationalistische Partei geben darf. Die Vernichtung dieser Parteien ist eine der wesentlichsten Aufgaben der inneren deutschen Politik nach dem Sturze Hitlers, diese Vernichtung ist notwendig, um den Frieden zu sichern. Am Tage des Sturzes von Hitler werden freilich die kommunistischen Führer auf Befehl Moskaus wieder anders reden. Dann werden Sozialdemokraten und Katholiken nicht mehr als Thyssen-Clique und Agenten Englands bezeichnet werden, sondern wieder wie vor noch nicht allzulanger Zeit umworben werden als Partner für eine neue »Volksfront«, die dann abermals aus der Moskauer Parolenkiste aufsteigen wird. Wir haben ihnen jedoch immer auf die Fäuste gesehen, nicht aufs Maul, und der Tag der Abrechnung mit den Kriegsschuldigen wird auch der Tag der Abrechnung mit ihnen sein.

Indessen gestattet dieser Selbstverrat noch eine andere, allgemeinere Schlußfolgerung. Wenn Moskau in Deutschland Kriegshetze gegen England betreibt und damit offen das Spiel Hitlers spielt, so läßt dies Schlußfolgerungen zu für die künftige Politik Rußlands und für die Intensität des Kriegsbündnisses zwischen Hitler und Stalin.

C. G.

Aus: *Neuer Vorwärts*, hsg. vom Exilvorstand der SPD (z. Zt. Paris), Paris, 14. April 1940.

12. Aufruf des Zentralkomitees der KPD vom 11. Juni 1945 an das deutsche Volk zum Aufbau eines antifaschistisch-demokratischen Deutschlands

11. Juni 1945

[...]

Jetzt gilt es, gründlich und für immer die Lehren aus der Vergangenheit zu ziehen. Ein ganz neuer Weg muß beschritten werden!

Werde sich jeder Deutsche bewußt, daß der Weg, den unser Volk bisher ging, ein falscher Weg, ein Irrweg war, der in Schuld und Schande, Krieg und Verderben führte!

Nicht nur der Schutt der zerstörten Städte, auch der reaktionäre Schutt aus der Vergangenheit muß gründlich hinweggeräumt werden. Möge der Neubau Deutschlands auf solider Grundlage erfolgen, damit eine dritte Wiederholung der imperialistischen Katastrophenpolitik unmöglich wird.

Mit der Vernichtung des Hitlerismus gilt es gleichzeitig, die Sache der Demokratisierung Deutschlands, die Sache der bürgerlich-demokratischen Umbildung, die 1848 begonnen wurde, zu Ende zu führen, die feudalen Überreste völlig zu beseitigen und den reaktionären altpreußischen Militarismus mit allen seinen ökonomischen und politischen Ablegern zu vernichten.

Wir sind der Auffassung, daß der Weg, Deutschland das Sowjetsystem aufzuzwingen, falsch wäre, denn dieser Weg entspricht nicht den gegenwärtigen Entwicklungsbedingungen in Deutschland.

Wir sind vielmehr der Auffassung, daß die entscheidenden Interessen des deutschen Volkes in der gegenwärtigen Lage für Deutschland einen anderen Weg vorschreiben, und zwar den Weg der Aufrichtung eines antifaschistischen, demokratischen Regimes, einer parlamentarisch-demokratischen Republik mit allen demokratischen Rechten und Freiheiten für das Volk.

An der gegenwärtigen historischen Wende rufen wir Kommunisten alle Werktätigen, alle demokratischen und fortschrittlichen Kräfte des Volkes zu diesem großen Kampf für die demokratische Erneuerung Deutschlands, für die Wiedergeburt unseres Landes auf!

Die unmittelbarsten und dringendsten Aufgaben auf diesem Wege sind gegenwärtig vor allem:

1. Vollständige Liquidierung der Überreste des Hitlerregimes und der Hitlerpartei. Mithilfe aller ehrlichen Deutschen bei der Aufspürung versteckter Naziführer, Gestapoagenten und SS-Banditen. Restlose Säuberung aller öffentlichen Ämter von den aktiven Nazisten. Außer der Bestrafung der großen Kriegsverbrecher, die vor den Gerichten

der Vereinten Nationen stehen werden, strengste Bestrafung durch deutsche Gerichte aller jener Nazis, die sich krimineller Verbrechen und der Teilnahme an Hitlers Volksverrat schuldig gemacht haben. Schnellste und härteste Maßnahmen gegen alle Versuche, die verbrecherische nazistische Tätigkeit illegal fortzusetzen, gegen alle Versuche, die Herstellung der Ruhe und Ordnung und eines normalen Lebens der Bevölkerung zu stören.

2. Kampf gegen Hunger, Arbeitslosigkeit und Obdachlosigkeit. Allseitige aktive Unterstützung der Selbstverwaltungsorgane in ihrem Bestreben, rasch ein normales Leben zu sichern und die Erzeugung wieder in Gang zu bringen. Völlig ungehinderte Entfaltung des freien Handels und der privaten Unternehmerinitiative auf der Grundlage des Privateigentums. Wirkungsvolle Maßnahmen zum Wiederaufbau der zerstörten Schulen, Wohn- und Arbeitsstätten. Strenge Sparsamkeit in der Verwaltung und bei allen öffentlichen Ausgaben. Umbau des Steuerwesens nach dem Grundsatz der progressiven Steigerung. Sicherung der restlosen Ernteeinbringung auf dem Wege breiter Arbeitshilfe für die Bauern. Gerechte Verteilung der Lebensmittel und wichtigsten Verbrauchsgegenstände; energischer Kampf gegen die Spekulation.

3. Herstellung der demokratischen Rechte und Freiheiten des Volkes. Wiederherstellung der Legalität freier Gewerkschaften der Arbeiter, Angestellten und Beamten sowie der antifaschistischen, demokratischen Parteien. Umbau des Gerichtswesens gemäß der neuen demokratischen Lebensformen des Volkes. Gleichheit aller Bürger ohne Unterschied der Rassen vor dem Gesetz und strengste Bestrafung aller Äußerungen des Rassenhasses. Säuberung des gesamten Erziehungs- und Bildungswesens von dem faschistischen und reaktionären Unrat. Pflege eines wahrhaft demokratischen, fortschrittlichen und freiheitlichen Geistes in allen Schulen und Lehranstalten. Systematische Aufklärung über den barbarischen Charakter der Nazi-Rassentheorie, über die Verlogenheit der »Lehre vom Lebensraum«, über die katastrophalen Folgen der Hitlerpolitik für das deutsche Volk. Freiheit der wissenschaftlichen Forschung und künstlerischen Gestaltung.

4. Wiederaufrichtung der auf demokratischer Grundlage beruhenden Selbstverwaltungsorgane in den Gemeinden, Kreisen und Bezirken sowie der Provinzial- bzw. Landesverwaltungen und der entsprechenden Landtage.

5. Schutz der Werktätigen gegen Unternehmerwillkür und unbotmäßige Ausbeutung. Freie demokratische Wahlen der Betriebsvertretungen der Arbeiter, Angestellten und Beamten in allen Betrieben, Büros und bei allen Behörden. Tarifliche Regelung der Lohn- und Arbeitsbedingungen. Öffentliche Hilfsmaßnahmen für die Opfer des faschisti-

schen Terrors, für Waisenkinder, Invaliden und Kranke. Besonderer Schutz den Müttern.

6. Enteignung des gesamten Vermögens der Nazibonzen und Kriegsverbrecher. Übergabe dieses Vermögens in die Hände des Volkes zur Verfügung der kommunalen oder provinzialen Selbstverwaltungsorgane.

7. Liquidierung des Großgrundbesitzes, der großen Güter der Junker, Grafen und Fürsten und Übergabe ihres ganzen Grund und Bodens sowie des lebenden und toten Inventars an die Provinzial- bzw. Landesverwaltungen zur Zuteilung an die durch den Krieg ruinierten und besitzlos gewordenen Bauern. Es ist selbstverständlich, daß diese Maßnahmen in keiner Weise den Grundbesitz und die Wirtschaft der Großbauern berühren werden.

8. Übergabe aller jener Betriebe, die lebenswichtigen öffentlichen Bedürfnissen dienen (Verkehrsbetriebe, Wasser-, Gas- und Elektrizitätswerke usw.), sowie jener Betriebe, die von ihren Besitzern verlassen wurden, in die Hände der Selbstverwaltungsorgane der Gemeinden oder Provinzen bzw. Länder.

9. Friedliches und gutnachbarliches Zusammenleben mit den anderen Völkern. Entschiedener Bruch mit der Politik der Aggression und der Gewalt gegenüber anderen Völkern, der Politik der Eroberung und des Raubes.

10. Anerkennung der Pflicht zur Wiedergutmachung für die durch die Hitleraggression den anderen Völkern zugefügten Schäden. Gerechte Verteilung der sich daraus ergebenden Lasten auf die verschiedenen Schichten der Bevölkerung nach dem Grundsatz, daß die Reicheren auch eine größere Last tragen.

Werktätige in Stadt und Land!

Das sind die ersten und dringendsten Aufgaben zum Wiederaufbau Deutschlands, zur Neugeburt unseres Volkes. Diese Aufgaben können nur durch die feste Einheit aller antifaschistischen, demokratischen und fortschrittlichen Volkskräfte verwirklicht werden.

Erfüllt von der Erkenntnis des Ausmaßes der Katastrophe und der verhängnisvollen Folgen der bisherigen Spaltung des Volkes gegenüber Nazismus und Reaktion, bricht sich in Stadt und Land immer stärker der Drang zur Einheit Bahn. In Übereinstimmung mit diesem Willen des Volkes darf den Spaltern und Saboteuren der Einheit kein Zoll Raum für ihr verräterisches Werk gegeben werden. Notwendig ist die Schaffung einer festen Einheit der Demokratie für die endgültige Liquidierung des Nazismus und zum Aufbau eines neuen demokratischen Deutschlands!

Das Zentralkomitee der Kommunistischen Partei Deutschlands ist der Auffassung, daß das vorstehende Aktionsprogramm als Grundlage zur Schaffung eines Blocks der antifaschistischen, demokratischen

Parteien (der Kommunistischen Partei, der Sozialdemokratischen Partei, der Zentrumspartei und anderer) dienen kann.

Wir sind der Auffassung, daß ein solcher Block die feste Grundlage im Kampf für die völlige Liquidierung der Überreste des Hitlerregimes und für die Aufrichtung eines demokratischen Regimes bilden kann.

Ein neues Blatt in der Geschichte des deutschen Volkes wird aufgeschlagen. Aus den Lehren des Niederbruchs Deutschlands bahnen sich im Volk neue Erkenntnisse den Weg.

Wir erklären: Feste Einheit, entschlossener Kampf und beharrliche Arbeit bilden die Garantien des Erfolges unserer gerechten Sache!

Fester den Tritt gefaßt! Höher das Haupt erhoben! Mit aller Kraft ans Werk! Dann wird aus Not und Tod, Ruinen und Schmach die Freiheit des Volkes und ein neues würdiges Leben entstehen.

Berlin, den 11. Juni 1945

Zentralkomitee der Kommunistischen Partei Deutschlands

Aus: *Dokumente der Kommunistischen Partei Deutschlands 1945–1956*, Berlin 1965, S. 1 ff.

13. Aufruf vom 15. Juni 1945 zum Neuaufbau der Organisation vom Berliner Zentralausschuß der Sozialdemokratischen Partei Deutschlands

Arbeiter, Bauern und Bürger! Männer und Frauen! Deutsche Jugend! Der Nazifaschismus ist in einem grausigen Abgrund der Vernichtung versunken! Er hat das deutsche Volk in tiefster seelischer Qual, in einer unvorstellbaren Not zurückgelassen! Das Gefühl für Rechtlichkeit ist gelähmt! Die nackte Not grinst dem Volke aus den Ruinen vernichteter Wohnungen und geborstener Fabriken entgegen! Hitlers Cäsarenwahnsinn ist durch die siegreichen verbündeten Armeen ausgemerzt und damit die militärische Raubgier des deutschen Imperialismus für alle Zeiten vernichtet.

Das deutsche Volk muß die Kosten der faschistischen Hochstapelei bezahlen! Ehrlose Hasardeure und wahnwitzige Machtpolitikaster haben den Namen des deutschen Volkes in der ganzen Welt geschändet und entehrt.

Schweigend und voll Ergriffenheit senken wir unsere Fahnen vor unserem Johannes Stelling, Rudolf Breitscheid, Julius Leber, Wilhelm Leuschner und vor den tausendfachen Opfern aus allen Parteien, Konfessionen und Gesellschaftsschichten des deutschen Volkes, die der blutgierige Faschismus verschlungen hat. Aber all diese Opfer an Gesundheit und Blut, Hab und Gut in der illegalen Arbeit haben es leider nicht vermocht, die satanische Organisation der Unterdrückung zu beseitigen.

Das deutsche Volk wird nicht verzweifeln! Sein Lebenswille wird stärker sein als sein Unglück! Mit seinen letzten Kräften wird es sich aufraffen, denn es will, wird und muß weiterleben!

Die Geschichte erteilt dem deutschen Volk die eherne Lehre, sich auf seinem dornenvollen Opfergang, trotz Hunger und Elend, durch unermüdliche Arbeit und eisernen Willen die Achtung aller friedlichen, freiheitliebenden Völker zu erwerben.

Niemals und von niemanden soll das deutsche Volk je wieder als vertrauensseliges Opfer gewissenloser politischer Abenteurer mißbraucht werden. Der politische Weg des deutschen Volkes in eine bessere Zukunft ist damit klar vorgezeichnet: Demokratie in Staat und Gemeinde, Sozialismus in Wirtschaft und Gesellschaft!

Wir sind bereit und entschlossen, hierbei mit allen gleichgesinnten Menschen und Parteien zusammenzuarbeiten. Wir begrüßen daher auf das wärmste den Aufruf des Zentral-Komitees der Kommunistischen Partei Deutschlands vom 11. Juni 1945, der zutreffend davon ausgeht, daß der Weg für den Neubau Deutschlands von den gegenwärtigen Entwicklungsbedingungen Deutschlands abhängig ist, und daß die entscheidenden Interessen des deutschen Volkes in der gegenwärtigen Lage die Aufrichtung eines antifaschistischen demokratischen Regimes und einer parlamentarisch-demokratischen Republik mit allen demokratischen Rechten und Freiheiten für das Volk erfordern.

In dieser entscheidenden Stunde ist es wiederum die geschichtliche Aufgabe der deutschen Arbeiterklasse, Trägerin des Staatsgedankens zu sein: einer neuen antifaschistisch-demokratischen Republik! Jedes eigensüchtige Parteiengezänk, wie es das politische Schlachtfeld der Weimarer Republik erfüllte, muß im Keime erstickt werden. In einer antifaschistisch-demokratischen Republik können demokratische Freiheiten nur denen gewährt werden, die sie vorbehaltlos anerkennen. Demokratische Freiheiten sind aber denen zu versagen, die sie nur nutzen wollen, um die Demokratie zu schmähen und zu zerschlagen.

Das elementarste Lebensgesetz des neuen Staates verlangt die völlige Beseitigung aller Reste der faschistischen Gewaltherrschaft. Ebenso muß der Militarismus aus den Köpfen und Herzen getilgt werden. Die durch den Faschismus geistig entwurzelte Jugend muß wieder zu freien und kritisch denkenden Menschen erzogen werden.

Der neue Staat muß wieder gutmachen, was an den Opfern des Faschismus gesündigt wurde, er muß wieder gutmachen, was faschistische Raubgier an den Völkern Europas verbrochen hat. Dieser Staat muß zuerst und vor allem dem deutschen Volk die wirtschaftliche und moralische Kraft geben, diese übermenschliche Aufgabe zu erfüllen.

Deshalb fordert die Sozialdemokratische Partei Deutschlands:

1. Restlose Vernichtung aller Spuren des Hitlerregimes in Gesetzge-

bung, Rechtsprechung und Verwaltung. Einen sauberen Staat der Rechtlichkeit und Gerechtigkeit. Haftpflicht der Mitglieder der NSDAP und ihrer Gliederungen für die durch das Naziregime verursachten Schäden.

2. Sicherung der Ernährung. Bereitstellung von Arbeitskräften und genossenschaftlichen Zusammenschluß in der Landwirtschaft. Verbreitung der Fettgrundlage durch Einfuhr von Rohstoffen, Futtermitteln und Vieh. Förderung der Verbrauchergenossenschaften und Neuregelung des Kleinhandels.

3. Sicherung des lebensnotwendigen Bedarfs der breiten Volksmassen an Wohnung, Kleidung und Heizung mit Hilfe der kommunalen Selbstverwaltung.

4. Wiederaufbau der Wirtschaft unter Mitwirkung der kommunalen Selbstverwaltung und der Gewerkschaften. Beschleunigte Wiederherstellung der Verkehrsmittel. Beschaffung von Rohstoffen. Beseitigung aller Hemmungen der privaten Unternehmerinitiative unter Wahrung der sozialen Interessen. Beseitigung der nazistischen Überorganisation in der Wirtschaft. Klaren und einfachen Neuaufbau ehrenamtlich verwalteter Wirtschaftsverbände. Neuaufbau des Geldwesens. Sicherung der Währung. Kommunale Kredite für Industrie, Handwerk und Handel, Belebung des bargeldlosen Zahlungsverkehrs. Vereinfachung des Steuerwesens durch straffste Zusammenfassung der Steuerarten. Stärkere Berücksichtigung der sozialen Lage bei der Bemessung der Steuern.

5. Volkstümlichen Kulturaufbau. Erziehung der Jugend im demokratischen, sozialistischen Geiste. Förderung von Kunst und Wissenschaft.

6. Neuregelung des Sozialrechtes. Freiheitliche und demokratische Gestaltung des Arbeitsrechtes. Einbau der Betriebsräte in die Wirtschaft. Mitwirkung der Gewerkschaften und Verbrauchergenossenschaften bei den Organisationen der Wirtschaft. Ausbau der Sozialversicherung zur Sozialversorgung für Kranke, Wöchnerinnen und Mütter, Invalide und Unfallverletzte, Witwen, Waisen, Kriegsversehrte und Arbeitslose. Einbeziehung aller arbeitenden Menschen in die Sozialversorgung.

7. Förderung der Wohnungsfürsorge und des Siedlungswesens, Kommunale Wohnungsaufsicht. Anpassung der Mieten und Hypotheken an die durch die Kriegsfolgen geschaffene Wirtschaftslage. Aufteilung des Großgrundbesitzes zur Schaffung von Grund und Boden für umsiedlungsbereite Großstädter. Verpflanzung von mittel- und kleinindustriellen Betrieben in wirtschaftlich günstig gelegene Landbezirke.

8. Verstaatlichung der Banken, Versicherungsunternehmungen und der Bodenschätze, Verstaatlichung der Bergwerke und der Energie-

wirtschaft. Erfassung des Großgrundbesitzes und der lebensfähigen Großindustrie und aller Kriegsgewinne für die Zwecke des Wiederaufbaus. Beseitigung des arbeitslosen Einkommens aus Grund und Boden und Mietshäusern. Scharfe Begrenzung der Verzinsung aus mobilem Kapital. Verpflichtung der Unternehmer zur treuhänderischen Leitung der ihnen von der deutschen Volkswirtschaft anvertrauten Betriebe. Beschränkung des Erbrechtes auf die unmittelbaren Verwandten.

9. Anpassung des Rechtes an die antifaschistisch-demokratische Staatsauffassung. Staatlichen Schutz der Person. Freiheit der Meinungsäußerung in Wort, Bild und Schrift unter Wahrung der Interessen des Staates und der Achtung des einzelnen Staatsbürgers. Gesinnungsfreiheit und Religionsfreiheit. Strafrechtlichen Schutz gegen Rassenverhetzung.

Unser armes und gequältes Volk muß durch die Schuld Hitlers durch unsägliches Elend und ein tiefes Tal des Leides gehen! Wir wollen mithelfen, es wieder emporzuführen zu den Höhen einer menschenwürdigen Kultur, zu der Freundschaft mit allen Völkern der Welt.

Wir wollen vor allem den Kampf um die Neugestaltung auf dem Boden der organisatorischen Einheit der deutschen Arbeiterklasse führen! Wir sehen darin eine moralische Wiedergutmachung politischer Fehler der Vergangenheit, um der jungen Generation eine einheitliche politische Kampforganisation in die Hand zu geben. Die Fahne der Einheit muß als leuchtendes Symbol in der politischen Aktion des werktätigen Volkes vorangetragen werden! Wir bieten unsere Bruderhand allen, deren Losung ist: Kampf gegen den Faschismus, für die Freiheit des Volkes, für Demokratie und Sozialismus!

Darum rufen wir alle unsere Freunde, Genossinnen und Genossen in Stadt und Land auf, mit der alten Hingabe und neuem Mut sofort mit dem Aufbau der Organisation zu beginnen.

Vorwärts! An die Arbeit!

Zentralausschuß der Sozialdemokratischen Partei Deutschlands
Max Fechner
Erich W. Gniffke
Otto Grotewohl
Gustaf Dahrendorf
Karl Germer
Bernhard Göring
Hermann Harnisch
Helmuth Lehmann
Karl Litke
Otto Maier
Fritz Neubecker
Josef Orlopp

Hermann Schlimme
Richard Weimann

Aus: Flechtheim, O. K. (Hrsg.), *Dokumente zur parteipolitischen Entwicklung seit 1945*, Bd. III, Berlin (West) 1963, S. 1 ff.

14a. Kurt Schumacher: Aufgaben und Ziele der deutschen Sozialdemokratie,
Referat, gehalten auf dem Parteitag der SPD in Hannover im Mai 1946

[...]

Politische Parteien brauchen geistige Fundamente. Vielleicht kann man sie Weltanschauung nennen. Mindestens brauchen sie gewisse Geschichtsauffassungen. Und da ist die Debatte jetzt in unseren Reihen entbrannt, eine Debatte, die aus dem richtigen Versuch, den Turm zu sprengen, herauszukommen in die Allgemeinheit des Volkes, die methodologisch manchmal falsche Folgerungen zieht. Wir haben als Sozialdemokraten gar keine Veranlassung, den Marxismus in Bausch und Bogen zu verdammen und über Bord zu werfen. Einmal wissen ja die Kritiker am Marxismus gar nicht, was Marx ist. Zweitens haben aber die östlichen Entwicklungs- und Entartungsformen des Marxismus gar nichts mit dem zu tun, was die deutsche Sozialdemokratie aus und mit Marx macht.

Der Marxismus ist in seinen beiden wichtigsten Formen, der ökonomischen Geschichtsauffassung und der des Klassenkampfes, nichts Überaltertes, weil er durch die Realitäten ja wirklich bejaht wird. Er ist kein Ballast. Ich erkenne gern an, daß er nicht eine ausschließliche Begründung des Sozialismus ist, auf die jeder Sozialdemokrat hören muß. Ich gebe jedem Sozialdemokraten gern das Recht, aus anderen Motiven und mit anderen Argumentationen vom Philosophischen über das Ethische zum Religiösen her seinen Sozialdemokratismus zu begründen. Aber, Genossen, wenn der Marxismus uns auch kein Katechismus ist, so ist er doch die Methode, der wir, besonders in der Analyse angewendet, mehr Kraft und mehr Erkenntnisse und mehr Waffen zu verdanken haben, als jeder anderen wissenschaftlichen und soziologischen Methode in der Welt. Der Klassenkampf ist erst beendet, wenn alle Menschen gleiche Rechte und gleiche Pflichten haben. Wie immer wird die Befreiung der Arbeiterklasse das Werk der Arbeitenden aller Länder sein. Aber wir brauchen nicht die Klassengrenzen so eng zu ziehen. Wir wissen, daß zu uns, zu den Arbeitenden, alle Menschen gehören, die nicht mit den Mitteln der kapitalistischen Ausbeutung arbeiten. Zu uns gehört der Geistige und Kulturelle, zu uns gehört der kleine und mittlere Besitz, zu uns gehören alle diejenigen, die in einem Gegensatz zu den Eigentümern der großen Produktionsmittel stehen. Die Genossen und Genossinnen, das lassen sie mich offen sagen, sind auch froh über jeden großen Geist und jeden Träger der Kultur, der aus fremden Sphären zu uns stößt. Wir begrüßen auch jeden, der aus einer ganz anderen sozialen Klassenlage zu uns kommt. Er soll bei uns gleichberechtigt und gleichgeachtet sein. Aber im tiefsten, Genossen, ist und bleibt die Sozialdemokratie die Partei der armen Leute. In den politischen Parteien, wie sie sich jetzt herausbilden, sind gar zu viele Kräfte des bloßen Traditionalismus lebendig. Es ist beinahe eine Musterleistung der Ignoranz, wenn wir sehen, wie viele Menschen, die wir einmal früher als politisch aktiv und lebendig und tüchtig gekannt haben, heute die neuen Situationen nicht verstehen und erkennen wollen.

Besonders die Führer der wiedererstehenden bürgerlichen Parteien leben noch ganz in der Vorstellungswelt von vor 1932. Sie haben noch gar keine Ahnung, daß eine Welt zusammengestürzt ist und eine neue sich aus ihr herausarbeitet. Sie merken noch nicht, daß ihre Ambitionen auf Herrschaft und Führung gegenstandslos und im Effekt für das deutsche Volk auch ganz uninteressant sind. Die Art der politischen Praxis von damals hat sich im Eiskeller der Diktaturperiode leider nur zu gut erhalten. Es wäre besser gewesen, die vergilbten Manuskripte dieser Menschen wären verbrannt und nicht die wertvolle sozialistische Literatur.

Das wird besonders dann sichtbar, wenn man die CDU betrachtet, wie sie glaubt, die taktische und geistige Position des Zentrums der damaligen Zeit ausnützen zu können. Sie ist erstaunt und erschreckt, wenn man ihr klarmacht, daß sie nicht mehr in der Lage ist, andere Parteien aus ihrer besonderen Stellung in der Mitte zu dirigieren oder gar zu erpressen.

Ich glaube, es haben in Deutschland noch sehr viele Leute zu lernen, was Demokratie in ihrem eigentlichen Wesen und in ihrer Praxis ist. Ich möchte vor dem auch in der internationalen Presse überschätzten Moment der geistigen Manövrierfähigkeit der Kommunistischen Partei *warnen*. Ich glaube, im Augenblick wird niemand in der Welt so sehr überschätzt, wie die Kommunisten. Die Kommunisten haben nur eine Stärke. Das ist ihre Disziplin. Aber Disziplin haben ja auch die preußischen Unteroffiziere schon gehabt. Für die neue Meisterung und für die neue Erkenntnis der Verhältnisse liefern sie eigentlich nichts mehr als ein Übermaß von schmückenden Vokabeln für das Wort Demokratie. Aber das ist eine Demokratie, die sie falsch aussprechen und mit falscher Orthographie schreiben. Man muß in der Politik den Leuten nicht nur auf das Maul, man muß ihnen auf die Hände schauen. Nicht, was in den öffentlichen Kundgebungen an Demokratie propagiert wird, ist entscheidend für den demokratischen Charak-

ter einer Partei, sondern wie diese Partei auch wirklich praktiziert.
[...]
Wenn ihr die Demokratie nach ihrem wirklichen Fundament befragt, dann muß ich mit Schmerz feststellen, daß heute in Deutschland die Demokratie noch nicht sehr viel stärker ist als die Sozialdemokratische Partei. Alle anderen haben erst das Kriegspotential und die Suprematie der angelsächsischen Waffen gebraucht, um ihr Herz für die Demokratie zu entdecken. Wir haben das nicht nötig gehabt. Wir würden Demokraten sein, auch wenn England und Amerika faschistisch wären. Wenn die Situation bei den Bürgerlichen schon schlimm ist, bei den Kommunisten ist doch die Demokratie eine ganz substanzlose Phrase. Es ist die alte aus dem Jargon und dem Milieu der Mitte des vorigen Jahrhunderts bedingte Phrase von der Diktatur des Proletariats, der die deutschen Kommunisten auch heute im Herzen anhängen, die sie von Tag zu Tag mehr von der Ostzone auszustrahlen glauben, auch aktiv sichtbar.

Die ausdrückliche Berufung auf die Tradition des Leninismus bei dieser Zwangsvereinigung zeigt doch ganz deutlich, daß die kommunistische Politik in Deutschland eine bewußt antidemokratische Politik ist. Ich erinnere mich noch, im Jahr 1916 als Student das Buch von Lenin über Staat und Demokratie gelesen zu haben. Darin schildert er als das Ziel, das zu erkämpfen sei, die klassenlose Gesellschaft, die den Staat überflüssig mache. Und seinen starken Haß gegen die Demokratie drückt er dadurch aus, daß er formuliert: »Die Demokratie ist der Staat«. Jawohl: Die Demokratie ist der Staat, und der Staat, der in Europa leben kann, das ist die Demokratie, und jede andere Form lehnen wir ab.
Wir können uns nicht in die Spintisiererei einer klassenlosen Gesellschaft, eines erträumbaren Effektes hineinbegeben, von dem wir nicht wissen, wann und in welchem Umfange sich diese Dinge realisieren lassen, sondern wir müssen positiv das angreifen, was nötig ist, und das ist der demokratische Staat mit sozialistischem Inhalt. Was da jetzt an Vokabeln über die Demokratie verzapft wird, ist Geheimjargon, das ist der Jargon von Schülern, die ihre Lektion aufsagen.
[...]
Wir haben eine Periode der künstlichen Stillegung der revolutionären Beeinflussung, aber aus dieser Periode müssen wir als Partei und Land heraus. Wir können nicht mehr in der Defensive bleiben, wir müssen als Sozialdemokratische Partei offensiv werden. Das ist unsere Forderung und das ist unsere Haltung. Das Wort von der revolutionären Entwicklung hat für uns jeden Schreck verloren. Wir wissen ganz genau, daß seit langen Jahrzehnten die Welt und gerade Europa in einer Periode weltrevolutionärer Umgestaltung ist. Aber wir wissen

auch, daß diese *Periode weltrevolutionärer Umgestaltung* nicht in dem nötigen Umfange in das Bewußtsein der Masse eingedrungen ist. Die Zeit verlangt von uns bereits Taten des Neubaues Deutschlands, aber die machtpolitischen Verhältnisse – ich denke dabei an unsere Wirtschaft und an die außenpolitischen Verhältnisse unserer Wirtschaft – sind noch in der Periode der Zerstörung. Die Probleme sind da, ihre Lösung kann nicht länger auf sich warten lassen, aber die Voraussetzungen müssen noch geschaffen werden.

Ich denke da nur, um ein Beispiel von vielen herauszunehmen, etwa an die Baustoffindustrie oder an die Beschlagnahme von Baumaterialien. Ich denke daran, daß viele Leute in diesem Winter ein schützendes Dach über ihrem Kopfe hätten haben können, das sie nicht gehabt haben, weil andere Leute versagten. Wir werden erst dann festen Boden unter den Füßen haben, wenn wir genau wissen, woran wir sind. Genau wissen, woran wir sind, werden wir erst dann, wenn die Siegermächte eine gemeinschaftliche Regierung und Verwaltung für ganz Deutschland geschaffen haben und die Zonenregelung überwunden ist. Aber bis dieser Zustand in allen staatlichen Organisationen und die internationalen Voraussetzungen dafür geschaffen worden sind, können wir doch nicht einfach abwarten und mit Sehnsucht daran denken, was wohl am besten daraus geschehen könnte, sondern wir müssen selbst in Aktion treten.

Wir haben, und jetzt will ich offen sprechen, viele schwierig, fast unlösbar erscheinende deutsche Probleme, aber das schlimmste deutsche Problem, das ist das Siegerproblem. Nicht so sehr die Tatsache, daß wir als Besiegte den Siegern gegenüberstehen und die Lasten tragen müssen, als vielmehr die Tatsache, daß die Sieger in ihrer Politik keine gemeinsame Generallinie haben.

Ich weiß, diese Probleme werden nicht durch eine Einigung der Siegermächte über die Fragen, die auf deutschem Boden allein entstanden sind, gelöst. Ich weiß, daß es Fragen der ganzen Welt sind, und daß wir in die Situation kommen können, daß wir bis zur Regelung dieser Probleme bloß die Objekte der Regelung sind. Aber wir wollen heute, in diesen Tagen, bereits daran denken, daß wir mit Subjekt sein wollen, soweit es Deutschland angeht.

In der Hauptsache sind wir uns ja einig. Wir wollen unbeirrt festhalten an der Idee der Freiheit und der Völkerverständigung. Aber wir wollen auch der Welt sagen, daß wir glauben, daß bei den Maßnahmen, die jetzt gegenüber Deutschland in wirtschaftlicher Hinsicht ergriffen worden sind und ergriffen werden, ein bißchen zu viel von der Gefahr der Wiedererstarkung des deutschen Revisionismus und des deutschen Kriegspotentials gesprochen wird. Jedenfalls wird so viel davon gesprochen, daß ein wirklicher Aufbau Deutschlands dadurch unmöglich gemacht wird. Eine gewisse ökonomische und ökonomisch-industrielle Substanz ist für das deutsche Leben in jedem Falle nötig.

Wir müssen hier über die Minderung des deutschen industriellen Potentials sprechen. Wir Sozialdemokraten sind völlig damit einverstanden, daß das gesamte deutsche Kriegspotential vernichtet wird. Aber wir sind nicht damit einverstanden, daß man uns erzählt: »Ihr könnt schließlich mit jedem Hammer und Nagel auch Waffen schmieden.« So geht das nicht! Wenn wir mit ganzem Herzen bei der Vernichtung des deutschen Kriegspotentials sein sollen und sein werden, dann soll man uns den Aufbau des deutschen Friedenspotentials erlauben. Eine noch so große, totale Demontage aller Industriezweige erreicht ja das eigentliche Ziel der Sicherheitspolitik nicht. Ein Volk von hungernden und verhungernden Menschen ist kein Sicherheitsfaktor, sondern ein Herd der Fäulnis und der Zersetzung. Man muß uns ein industrielles Friedenspotential lassen, das es uns ermöglicht, nicht nur die Arbeiter zu beschäftigen, sondern auch Exporte in dem Umfange zu machen, daß wir unsere Rohstoffe und unsere Lebensmittel selbst bezahlen können. Wir wollen diesen fürchterlichen Zustand gar nicht haben, daß heute die Sieger Reparationsleistungen an uns in Gestalt von Lebensmitteln geben, sondern wir wollen mit unserer eigenen Arbeit und unserer eigenen Kraft diese Dinge leisten.

[...]

Wir können mit den Mitteln der Taktik nicht zum Neubau der deutschen Wirtschaft kommen. Es gibt eine ausreichende Sicherung für die Zerstörung der deutschen Kriegsindustrie. Es gibt eine ausreichende Sicherung für den Frieden und die Entmilitarisierung des deutschen Geistes. Aber diese ausreichende Sicherung kann nur geschaffen werden durch eine neue Wirtschaftsform in Deutschland, durch den Sozialismus unter demokratischer Kontrolle.

Ich brauche nicht an die Gefahren zu erinnern, die darin liegen, daß vor 1933 es ja nicht die bürgerliche Regierungstätigkeit, sondern die Privatleute und die privaten Konzerne gewesen sind, die die Bewegung Hitlers erst ermöglicht haben. Wir brauchen konstruktive Aktivität und sozialistisches Planen und Handeln, aber dazu brauchen wir auch freie Hand. Man muß uns diese lassen! Die Periode der Tatenlosigkeit, der Agonie und der Passivität in der wirtschaftlichen Verfassung ist der Grund des grauenhaften sozialen und menschlichen Verfalls, der sich neuerdings wieder bemerkbar macht. Ich weiß nicht, ob es gelingt, in Deutschland zentrale Stellen zu schaffen, und sieht aus, als ob es nicht gelingen würde. Dann muß aber die Aktivität auch in den Zonen, Ländern und Provinzen ergriffen werden! Von oben nach unten gibt es keine Stelle, die von der Verpflichtung entbunden werden könnte, und wenn unser Parteitag heute einen politischen Sinn hat, dann ist es der, aufzurufen und wachzurütteln. Fortzukommen von Worten und hinzukommen zum Handeln und Gestalten. Wir können uns die ganzen Diskussionen, die jetzt gepflogen werden, nicht mehr leisten. Was soll der Unsinn von der Unterscheidung zwischen östlichem Sozialismus und westlichem Kapitalismus. Wir glauben nicht, daß die ökonomische Struktur des Ostens sozialistisch ist. Wir sehen dort einen zentralistischen, diktatorischen Staatskapitalismus. Aber wir glauben auch nicht, daß die Verhältnisse im Westen einfach kapitalistisch sind. Dazu sehen wir viel zu viele Bemühungen der Labour-Party, der französischen Sozialisten usw.

Aber ein Land, ich möchte sagen, nicht nur mit den ökonomischen Voraussetzungen, sondern auch mit der geistigen Tradition Deutschlands, darf und kann sich nicht in Sachen des Sozialismus hinten anstellen. Dieses Land muß vorn sein, und wenn es zertrümmert ist und noch so wenig hat, dieses Deutschland von Marx und Engels, von Lassalle und Bebel hat ein Anrecht darauf, in der sozialistischen Gestaltung der Menschheit in vorderster Linie zu stehen! Ich weiß, in manchen anderen Ländern sind die Grundlagen der Arbeiterbewegung auf anderer geistiger Basis entstanden. Und doch, die sozialistische internationale Arbeiterbewegung wäre nicht möglich, ohne die deutschen Sozialdemokraten! ·

Wir müssen auch Sozialisten sein! Unser Sozialprodukt reicht nicht aus, um uns den Luxus einer planlosen Unternehmerprofitwirtschaft zu leisten. Wir brauchen unser Sozialprodukt nicht für Kapitaldividenden, Unternehmerprofite und Grundrenten, wir brauchen unser Sozialprodukt für geleistete Arbeit und für Hilfe für die, die nicht arbeiten können. Sozialökonomische Krisen sind politische Krisen, und wenn sie politische Krisen sind, können sie nicht bloß mit ökonomischen Mitteln, sondern müssen auch mit politischen Mitteln gelöst werden. Die Zahl der Proletarier ist gestiegen. Hütet euch, das so naiv zu nehmen, im Sinne des Fabrikarbeiters. Die Zahl der Halbproletarisierten oder Effektivproletarisierten, in deren Bewußtsein der Zwang zu einer neuen Geisteshaltung noch nicht eingedrungen ist, ist groß. Und das sind die Kreise, die wir haben müssen, wenn wir uns durchsetzen wollen.

Die Planung ist die allererste Voraussetzung zur Vermeidung der deutschen Katastrophe, und wir erleben bereits eine Opposition in den bürgerlichen Parteien gegen die Planwirtschaft. Die KPD will ich gar nicht erwähnen, denn die KPD ist in der Lage, jeden Tag ein anderes und ein neues Programm zu produzieren. Aber wir erleben auch in der Wissenschaft das Wiedererstehen neuer privatwirtschaftlicher Ideologien und Lehrmeinungen. Der Kapitalismus der bürgerlichen Menschen ist noch nicht tot.

Ebenso wichtig wie die Fragen der Organisation im Betriebe, in der Versorgung, in der Absatzverteilung ist die planmäßige Reihenfolge in der Bedarfsdeckung. Der Welt wollen wir zu unserem Teil beweisen, daß es auch einen europäischen Sozialismus gibt und daß in diesem europäischen Sozialismus der deutsche Sozialismus ein nicht wegzudenkender Bestandteil ist. Es ist die Aufgabe des Tages: Entweder wird es uns gelingen, Deutschland in seiner Ökonomie sozialistisch und in seiner Politik demokratisch zu formen oder wir werden aufhören, ein deutsches Volk zu sein.

[...]

Ich sage nicht zu viel, wenn ich behaupte: das deutsche Volk als Volk ist mit der Kommunistischen Partei absolut fertig. Und es ist kein Zufall, daß sie jetzt auf der Suche nach den Blutspendern so energisch und rücksichtslos gewesen ist. Es gibt für uns Deutsche und für uns Europäer keinen Sozialismus ohne Demokratie, aber die Idee und der Geist der Demokratie schließt von vornherein die Geistesfreiheit und die Freiheit der Kritik ein. Ein Sozialismus ohne solche Eigenschaften wäre kein Sozialismus, sondern eine sozialistisch figurierende Attrappe.

Der deutsche Sozialismus ist entstanden aus der deutschen klassischen Philosophie und aus dem Ideengehalt der großen westeuropäischen Revolutionen, vor allen Dingen aus den Ideen von 1789, wie sie damals an die Öffentlichkeit kamen und die Welt eroberten. Diese Idee der Menschenrechte ist nicht das Ideal der Bürger, darüber hinaus gibt es auch keine Idee besonderer Arbeiterrechte. In den menschlichen Rechten, der Freiheit, der Gleichheit, der Brüderlichkeit, der Menschlichkeit sind auch alle Klassenrechte und Klassenforderungen der Arbeiterschaft mit enthalten. Die Bourgeoisie hat sich in dem Augenblick von diesen Idealen gelöst, in dem sie selbst eine Herrscherrolle einnahm und ein vierter Stand unter ihr war. Aber der unterste Stand, der vierte Stand, die Partei der armen Leute kann und will auf diese Menschenrechte nicht verzichten. Es gibt in einem so europäischen Volke wie dem deutschen Volke keinen Verzicht auf diese Ideale. Es gibt wohl die Tatsache, daß man kämpft, mit großer Leidenschaft und Hingabe kämpft für soziale Vorteile, zu sterben bereit ist man nur für die große Idee der Freiheit.

Man glaubt jetzt mit der Verunglimpfung, mit der moralischen oder physischen Vernichtung einzelner Sozialdemokraten die Bewegung treffen zu können und sie entscheidend zu stören. Das sind außermarxistische und vormarxistische Vorstellungen, die nicht auf deutschem Boden entstanden sind. Das sind Ideen, die in einem Lande entstanden sind, das den eigentlichen Klassenkampf und eine Bourgeoisie nicht gekannt hat. Die Schmutzkübel, die jetzt die Kommunisten ausschütten, werden uns nicht veranlassen, uns jetzt auf dieselbe Ebene zu begeben. Es wäre sehr leicht, einmal die Geschichte der deutschen Konzentrationslager zu schreiben. Und noch leichter wäre es, festzustellen, wie es zu einem zweiten Weltkrieg gekommen ist. Dadurch, daß Hitler die Illusion des Einfrontenkrieges hatte. Am allerleichtesten wäre vielleicht die Geschichte der Dritten Internationale während des ersten Teiles des Krieges von 1939-1941 zu schreiben, als die Worte fielen von dem kapitalistisch-imperialistischen England, das zertrümmert werden müßte, und wer der Feind Hitlers sei, sei auch der Feind Rußlands.

Es gibt im Militärischen und Politischen verschiedene Methoden des Kampfes und verschiedene Linien. Bis zum Überdruß gebraucht ist das Wort von der äußeren und inneren Linie. Wir sind bereit, auf der inneren und äußeren Linie mit jedermann zu kämpfen. Wir sind aber nicht bereit, auf der Drecklinie zu kämpfen. Die Leute haben eine verhängnisvolle Torheit begangen. Sie haben uns ein Machtmittel in die Hand gegeben. Von dem kleinsten Ort bis zur größten Zone sind wir, wenn es uns paßt, in der Lage, sie zu fragen: Wollt ihr diese Behauptung aufrechterhalten? Dann müssen sie entweder in die Knie gehen oder ja sagen, und dann steht es bei uns, sie entweder als bündnisfähig zu betrachten oder als rotlackierte Nazis zu behandeln. [...]

Aus: Kurt Schumacher, *Aufgaben und Ziele der deutschen Sozialdemokratie.*
Hrg.: Sozialdemokratische Partei Groß-Hessen, Frankfurt/M. (1946) S. 5 ff.

14b. Viktor Agartz: Sozialistische Wirtschaftspolitik, Referat, gehalten auf dem Parteitag der SPD in Hannover, Mai 1946

Mit dem militärischen Zusammenbruch ist die deutsche Wirtschaft zusammengebrochen. Die Ursachen, die zur Herrschaft des Nationalsozialismus, zum zweiten Weltkrieg und zum Zusammenbruch Deutschlands geführt haben, ergeben sich aus einer Entwicklung, die seit Jahren Gegenstand von erkenntniskritischen Untersuchungen der sozialistischen Wissenschaft war und die in ihrem grundsätzlichen Ablauf den wissenschaftlichen Ergebnissen entsprochen hat.

Das Zeitalter des Imperialismus wurde von den Sozialisten stets als ein besonderes historisches Stadium des Kapitalismus bezeichnet. Die gesamte Wirtschaft nahm monopolistisch-parasitäre Formen an. An die Stelle des freien Unternehmers als der beherrschenden Gestalt der freien Wirtschaft traten Kartelle, Syndikate und Truste. Die Wirtschaftslage der großen Staaten wurde von wenigen Großbanken beherrscht, und mächtige, internationale Kartelle gannen mit der Neuaufteilung der Welt und leiteten damit den Auflösungsprozeß der Nationalstaaten ein. Monopolistische Expansionen bestimmten den internationalen Waren- und Kapitalverkehr. Die Besitzergreifung der

Rohstoffquellen durch das Finanzkapital führte zu wirtschaftlichen Kämpfen, die jeden Augenblick ins Politische umschlagen konnten. Aus dem politischen und wirtschaftlichen Zusammenbruch des ersten Weltkrieges hatte sich Deutschland schon nach wenigen Jahren zu einem Kapitalismus erhoben, der sich auf imperialistischer Grundlage reorganisiert hatte. In der Weltpolitik trat es mit wachsender Aktivität und Selbständigkeit auf. Auf wirtschaftlichem Gebiet schritt der Monopolisierungsprozeß weiter fort und führte in gewissen Produktionszweigen, wie Stahl, Eisen und Chemie, zu absoluten Monopolen. Ein ständig wachsender Kapitalexport ging die Straßen teils des alten deutschen Vorkriegsimperialismus, teils auch neue Wege. Der besondere Charakter des deutschen Nachkriegsimperialismus war dadurch gekennzeichnet, daß er an der durch den ersten Weltkrieg vorgenommenen Aufteilung der Welt nicht teilgenommen hatte. Eine dauernd expansive Weiterentwicklung des deutschen Imperialismus mußte daher zur wesentlichen Verschärfung der Gegensätze führen.

Der erste Weltkrieg hatte den Nationalismus in Europa als überholte historische Kategorie bewiesen. In voller Mißachtung dieser Erkenntnisse wurde die Neuordnung der Welt durchgeführt, die Zahl der Nationalstaaten erheblich vermehrt und durch die Steigerung der Zoll- und Verkehrsschranken der nationale Egoismus und die Blindheit gegenüber den dem Kapitalismus immanenten Gesetzen erheblich verschärft.

Die Ausweglosigkeit des deutschen Kapitalismus, der Mangel an Ventilen im Sinne einer kapitalistischen Lösung von Kriegserscheinungen, wie sie den übrigen kapitalistischen Staaten in Dominien, Protektoraten und Kolonien noch zur Verfügung stehen, mußte auf die Dauer zu einer neuen wirtschaftlichen Erschütterung Deutschlands führen. Die Aufrüstung dieser ungeheuren negativen Konsumentation war vollendet, der Weg des weiteren Druckes auf die Reallöhne der Werktätigen aber kein ausreichendes Mittel mehr, der drohenden Krise zu entgehen.

In dieser Lage hat die herrschende Klasse in Deutschland, die ihre neuen Waffen bereits im Todeskampf der spanischen Demokratie erprobt hatte, den kriegerischen Ausweg gewählt. So sehr heute die Welt entsetzt ist über die Greuel und Verbrechen aller derer, die in Nürnberg auf der Anklagebank sitzen, so fehlt auf dieser Anklagebank ein System und seine Dynamik, und somit fehlt in diesem Prozeß das entscheidende Relief. Die Folgerungen aus dieser Dynamik des kapitalistischen Systems ergeben sich zwangsläufig, und zwar hin zu einer neuen sozialistischen Wirtschaftsordnung.

Sofort mit klarem Ziel

Der deutsche Einfluß an der Gestaltung dieser Wirtschaftsordnung ist heute noch gering. Noch werden die Struktur und der Verlauf der deutschen Volkswirtschaft von den Besatzungsmächten bestimmt. Es ist aber die Aufgabe der Sozialdemokratie, Grundsätze und Richtlinien zu zeigen, diese Wirtschaft in einem dem deutschen Volk gemäßen Stil von Grund auf zu erneuern. Die deutsche Wirtschaft liegt zerstört am Boden. Ihre Reste und Teilbestände sind einer völlig desorganisierten Marktordnung eingegliedert. Trotz dieses Trümmerfeldes sieht die Sozialdemokratie keinen Grund gegen eine alsbaldige Neugestaltung des Geistes und der Verfassung der deutschen Volkswirtschaft. Nur mit einem klaren, neuen Ziel vor Augen kann der wirtschaftliche Wiederaufbau gelingen.

Die Partei lehnt daher jene Ansicht ab, die nach dem ersten Weltkrieg auch in ihren eigenen Reihen geäußert wurde, daß ein Scherbenhaufen nicht sozialisiert werden könne. Mit dieser Auffassung steht sie in voller Übereinstimmung mit der neueren marxistischen Forschung.

Die bürgerlichen Revolutionen haben mit der Erklärung der Grundrechte und staatlichen Befreiung des Individuums aus einer feudalistischen Hörigkeit geendet. Die wirtschaftliche Unfreiheit blieb aber bestehen, weil der rechtlich freie, aber besitzlose Arbeiter allein auf die Verwertung der eigenen Arbeitskräfte angewiesen war.

Ihm gegenüber stand der Besitz und das Klassenmonopol an Produktionsgütern. Somit ergab sich eine unterschiedliche Machtstellung im wirtschaftlichen Vertragsverhältnis. Es ist die Aufgabe der sozialistischen Epoche, neben der rechtlichen auch die wirtschaftliche Freiheit durchzusetzen.

Jeder Deutsche ist sich bewußt, daß die Beseitigung des heutigen Trümmerfeldes nur die Arbeit aller sein kann. Die SPD lehnt es aber ab, über diese Gemeinsamkeit der Aufgaben und über die Einigkeit zum Wiederaufbau nur zu reden, ohne ernsthafte Anstrengungen auf allen Seiten, die offenkundigen sozialen Ungerechtigkeiten zu beseitigen als wichtigste Vorbedingung dieser Einigkeit.

Die Bereinigung der sozialen Fragen ist keineswegs bedeutungslos geworden, weil die jetzige Not allgemeiner und weil großer Besitz im Kriege vernichtet und weil die Einkommenpyramide flacher geworden ist. Sicherlich ist die Not größer geworden und auf weitere Teile des Volkes ausgedehnt worden. An dieser Art Gleichheit aber liegt der Sozialdemokratie nichts. Diese Not macht die Grundsätzlichkeit unserer Forderungen nur dringender. Das hat mit einer Schürung des Klassenhasses nichts zu tun. Sie will im Gegenteil die Gegensätzlichkeit der Klassen durch eine gerechte soziale und wirtschaftliche Verfassung beseitigen. Ohne dem ist kein neuer Aufbau möglich. Der Neuordnung würde die entscheidenste Voraussetzung fehlen.

Sie muß alle Vorrechte beseitigen, die bestimmten Gruppen des Volkes auf Grund des Besitzes oder der Geburt gewährt werden, der breiten Masse der anderen Volksangehörigen aber verschlossen bleiben. Außer den historisch gewordenen sozialen Unterschieden mit ihren laufenden Störungen des sozialen Lebens ist das kapitalistische System mit erheblichen funktionellen Systemfehlern behaftet, die seine Überwindung zur unabweisbaren Notwendigkeit machen.

Die kapitalistische Verkehrswirtschaft bietet im Gegensatz zu ihren wissenschaftlichen Interpreten keine Gewähr gegen eine Wiederkehr krisenhafter Störung, keine Gewähr gegen imperialistische Tendenzen, weil diese ihr immanent sind, und keine Gewähr gegen faschistische Entwicklung. Im Gegenteil, die Krisen haben mit der Entwicklung vom Früh- über Hoch- zum Spätkapitalismus an Heftigkeit und Ausdehnung zugenommen.

Dabei ist diese Verkehrswirtschaft mit ihrem modernen Geld- und Kreditsystem selbst nicht in der Lage, die Kräfte zur selbsttätigen Überwindung dieser Krisen freizumachen. Ohne zentralen Eingriff können die jeweilig eintretenden Schäden nicht behoben werden.

Gewinnstreben und staatliche Planung

Das System der kapitalistischen Industriewirtschaft ist im Laufe der Zeit zunehmend mit monopolistischen Gebilden der verschiedensten Form durchsetzt worden. Heute kennzeichnen Truste, Konzerne und Kartelle seinen Charakter.

Es war das ursprünglichste wirtschaftlichste Grundprinzip der kapitalistischen Wirtschaft, durch freie Konkurrenz auch im Interesse eines gesamtwirtschaftlichen Nutzens in ununterbrochenem Zwang eine Senkung der realen Produktionskosten herbeizuführen. Diese ursprüngliche freie Konkurrenz mit Hilfe des technischen Fortschrittes bedrohte den nicht hinreichend anpassungsfähigen Unternehmer mit dem Risiko des Vermögensverlustes.

Durch die monopolistischen Wirtschaftsgebilde ist dieses wirtschaftliche Konkurrenzprinzip mehr und mehr zurückgegangen.

Es ändert an den funktionellen Fehlern des Systems nichts, daß diese Monopolorganisationen in erster Linie eine Folge der zunehmenden Kapitalintensität waren und nicht so sehr ein Schutz vor betriebsbedingten Verlusten. Die privaten Monopolgebilde setzen im marktwirtschaftlichen Verkehr eine Monopolrente durch und bringen damit einen zusätzlichen Teil des Sozialprodukts an sich.

Für diese zusätzliche Monopolrente haben sie jedoch keinen Anspruch, weder als Entgelt für ihren Kostenaufwand, noch als Gegenwert für unternehmerische Leistungen. Dieser zusätzliche Anspruch kann daher gesamtwirtschaftlich nicht gerechtfertigt werden. In volkswirt-

schaftlicher Hinsicht wird diese gegenwertlose Monopolrente aufge-
bracht, nicht nur von den unselbständigen Arbeitnehmern, sondern
auch von allen nicht monopolistisch organisierten Produzenten, vor
allem aber von den Bauern, Handwerkern, kleinen Industriellen und
freien Berufstätigen.

Mit der Beseitigung des Konkurrenzprinzips und mit der Bildung des
Monopolkapitalismus wurde aus dem Preiskampf ein Preisdiktat, aus
dem Marktgesetz ein Marktdekret, aus dem ursprünglich natürlichen
Wettbewerb eine Vereinbarung auf Kosten Dritter, aus einem Kampf
um den Kunden ein Kampf gegen den Kunden, und aus der Produktionsausdehnung eine Produktionsdrosselung.

Die Beseitigung der wirtschaftlichen Unfreiheit des einzelnen Menschen und ebenso die Beseitigung der den Fortschritt hemmenden
Fehler im System der kapitalistischen Wirtschaft kann nicht erfolgen,
indem man lediglich in die volkswirtschaftlichen Verteilungsvorgänge
eingreift.

Diese Ungerechtigkeiten und Fehler sind in erster Linie mit der kapitalistischen Organisation der Erzeugung verknüpft. Ohne grundsätzlichen Eingriff in diese Organisationen können die vorhandenen Fehler nicht beseitigt werden.

Deshalb ist es erforderlich, daß ein bestimmender zentraler Einfluß
auf Umfang und Richtung der Produktion erzielt wird. Notwendig ist
ebenfalls eine zentrale Beherrschung des Standes der Beschäftigung als
auch ein entscheidender Einfluß auf die Größe und Zusammensetzung
des zu verteilenden Sozialprodukts. Diese Forderung enthält keineswegs die Ablehnung einer einzelnen wirtschaftlichen unternehmeri-
schen Betätigung. Unternehmerische Initiative bedeutet nicht
schlechthin die Herstellung eines unzulässigen Klassenprivilegs. Nur
unter der Herrschaft bestimmter Formen der sozialen und Wirtschaftsverfassung, der Einkommen- und Besitzverteilung, ist diese
unternehmerische Betätigung abzulehnen.

Sind diese Formen kapitalistisch und bewegt sich diese Betätigung auf
unkontrolliert sich selbst überlassenen Märkten, dann wird das
Privateigentum an Produktionsmitteln zum sozialen Unrecht. Und an
diesen besonderen Bedingungen entsteht auch ein Mißverhältnis
zwischen den Teilen des Volkseinkommens, das vorwiegend Ver-
brauchszwecken dienen soll, und dem anderen Teil des Volkseinkommens, das der Schaffung neuer Anlagen dient.

Wir alle erkennen dieses Mißverhältnis aus den Untersuchungen über
das Absinken der Lohnquote. Diese Sozialdemokratie bekämpft daher
keineswegs die unternehmerische Initiative als solche, im Gegenteil,
sie fördert sie in allen Formen, die nicht zur Entstehung neuen sozialen
Unrechts führen. Sie wünscht eine Steigerung aller wirtschaftlichen
Energien und ist bereit, alle jene Kräfte zu unterstützen und zu

fördern, die das Risiko der wirtschaftlichen Unternehmung auf eigene Rechnung nehmen und die gewillt sind, unter voller Haftung des eigenen Vermögens dieses Risiko zu tragen. Sie lehnt jedoch jede private Machtballung ab.

Über den Umfang, über die Richtung und über die Verteilung der Produktion darf zukünftig nur noch der demokratische Rechtsstaat entscheiden. An die Stelle des privatkapitalistischen Gewinnstrebens hat die staatliche Planung zu treten als Hauptregulator der neu zu errichtenden Wirtschaft.

Höchstleistungen an Qualitätsarbeit

Diese staatliche Planung kann nicht ersetzt oder überflüssig gemacht werden – wie vielfach die Auffassung vorherrschend ist – durch ein noch so weitgehendes Mitbestimmungsrecht der Arbeitnehmer in den Betrieben. In den Betrieben können immer nur einzelne wirtschaftliche Teilpläne zustande kommen, niemals aber ein volkswirtschaftlicher Gesamtplan. Auf einen solchen Gesamtplan kommt es aber zur Überwindung der kapitalistischen Systemfehler an.

In der Führung der Wirtschaft muß der Kapitalismus abgelöst werden. Diese Ablösung kann ebenfalls nicht ersetzt werden durch einzelne wirtschaftlich gebundene Arbeitervertreter in den Betrieben, sondern nur durch die aus allgemeiner, gleicher und geheimer Wahl hervorgegangenen Repräsentanten der gesamten im Staat verbundenen Gesellschaft.

Diese sozialistische Planwirtschaft im demokratischen Rechtsstaat hat die folgenden sittlichen Hauptforderungen zu erfüllen:

a) die Elementarbedürfnisse aller Mitglieder des Staates sind in der Rangfolge ihrer naturgegebenen Dringlichkeit sicherzustellen;

b) jedem arbeitsfähigen und arbeitswilligen Mitglied muß jederzeit eine Arbeitsmöglichkeit eröffnet werden;

c) grundsätzlich ist die freie Wahl des Berufes und des Arbeitsplatzes ein unabdingbarer Bestandteil der ökonomischen Freiheit jedes einzelnen Menschen;

d) ein Anteil am gesamten Sozialprodukt kann zukünftig ohne produktive Gegenleistung nur dem noch nicht oder nicht mehr Arbeitsfähigen gewährt werden.

Das zukünftige Ziel der Produktion nach Überwindung der durch den Krieg verschuldeten Not ist nicht das technisch erreichbare Maximum an materiellen Gütern, ist insbesondere nicht eine Leistungssteigerung bis zur äußerst gesteigerten Investition.

Das Ziel der Produktion muß künftig sein: eine Versorgung der Bevölkerung ohne neue Gefährdung ihrer Existenz mit dem höchstmöglichen Maß an Befriedigung in der Arbeit. Nicht ein Maximum, sondern ein Optimum an Versorgung soll angestrebt werden.

Die deutsche sozialistische Volkswirtschaft wird bei dieser Zielsetzung sich im Einklang befinden mit allen denjenigen Ländern, die gleichfalls nicht mehr bereit sind, zu Rüstungszwecken zu investieren.

Die durch den Krieg gerissenen Lücken machen es notwendig, daß in erster Linie die Erzeugung von Verbrauchs- und Gebrauchsgütern im Vordergrund steht, nicht aber die Erzeugung von Anlagegütern. Die Sozialdemokratie lehnt daher auch alle Formen der industriellen Werktätigkeit ab, die Arbeit in den Betrieben zum Zweck einer erhöhten Investitionstätigkeit weitgehend zu schematisieren, wie das im Nationalsozialismus, insbesondere in der Rüstungswirtschaft, der Fall war, und die jede Freude an der Arbeit und an ihrem Erzeugnis ersticken ließ.

Die gegenwärtige Lage des deutschen Volkes erfordert Höchstleistungen an Qualitätsarbeit. Insbesondere während des Krieges sind aus dem Bedürfnis der Kriegswirtschaft die Arbeitsprozesse weitgehend vereinfacht worden in dem Bestreben, den Facharbeiter entbehrlich zu machen. Für die zukünftige deutsche Wirtschaft kommt es aber gerade darauf an, durch planmäßige Förderung fachlicher Leistungen die notwendigen Voraussetzungen für die Lebensexistenz des Volkes zu schaffen.

Bei den Methoden zur Verwirklichung der sozialistischen Planwirtschaft dürfen die Erfahrungen nicht übersehen werden, die im letzten Menschenalter bei den Versuchen zur schrittweisen Überwindung des kapitalistischen Wirtschaftssystems in allen fortschrittlichen Ländern gesammelt worden sind.

Besonders darf die Überführung von betrieblichen Unternehmungen auf die öffentliche Hand nicht mehr als das alleinige, sondern nur noch als ein Mittel neben anderen zur Bestimmung von Umfang, Richtung, Verteilung der Produktion angesehen werden.

In bestimmten Wirtschaftszweigen ist sicherlich die Übernahme des Betriebes in öffentliche Regie der beste Weg zur Erreichung des gesteckten Zieles, in anderen Wirtschaftszweigen dagegen vorläufig nicht oder sogar überhaupt nicht.

In der sozialistischen Planwirtschaft sieht die SPD nicht einen Selbstzweck. Sie fordert daher die Beschränkung der staatlichen Eingriffe auf das jeweils erforderliche Maß. Ganz allgemein gesehen müssen die groben und provisorischen Methoden der kriegswirtschaftlichen Steuerung durch wissenschaftlich durchdachte Methoden, auf der Grundlage volkswirtschaftlicher Kräftebilanzen, ersetzt werden.

Es dürfen insbesondere Löcher nicht dadurch gestopft werden, daß an anderer Stelle neue aufgerissen werden. Unter Einbau marktwirtschaftlicher Elemente des Wettbewerbes muß die Planung unbeschadet ihres umfassenden Charakters mehr und mehr zu den Methoden der indirekten Lenkung übergehen. Wenn auch nicht in allen Fällen auf Gebote und Verbote verzichtet werden kann, so sollen im Bereiche der Enderzeugung und der Endverteilung möglichst alle mittelbar wirkenden Methoden der Marktbeeinflussung angewendet werden.

Die weitgehend dezentralisierte Planungs- und Lenkungsarbeit muß dabei immer von unten nach oben gehen. Dabei sind die Bedürfnisse und Erfahrungen der einzelnen Landschaften und örtlichen Wirtschaftsbezirke und der einzelnen Wirtschaftszweige ausreichend zu berücksichtigen.

Die Investitionstätigkeit ist zukünftig ausschließlich dem Staat zur vollständigen Kontrolle zu überantworten. Diese Kontrolle hat auf der Grundlage langfristiger zentraler Planung zu erfolgen. Die staatliche Steuerung der Produktion muß daher im Investitionsbereich wesentlich umfassender und tiefgreifender gestaltet werden als im Bereich der Verbrauchsgüterwirtschaft.

Ein besonders wirksames und zugleich elastisches Mittel der zentralen Steuerung der Investition ist die Kreditpolitik. Bei dem völligen Mangel an Kapital kann der neue Aufbau der Wirtschaft nur mit Hilfe staatlicher Kredite vollzogen werden. Kapitalinvestierung und Kreditpolitik liegen daher ausschließlich im Bereich der staatlichen Planung. Art und Umfang der Finanzierung haben sich nach den Erfordernissen der Vollbeschäftigung zu richten.

Ein wichtiges Mittel zur Beeinflussung der Verteilung des Sozialproduktes ist neben der Steuerpolitik die Lohn- und Preispolitik. Diese darf daher nicht nur im Investitionssektor, sondern auch gerade im Verbrauchssektor voll wirksam sein.

Die staatliche Einkommenspolitik muß eine gerechte Verteilung des Ertrages der volkswirtschaftlichen Arbeit gewährleisten, wobei die Höhe der Einkommen auf das zur Anspornung der Leistung erforderliche Maß festgesetzt wird. Jedem Volksangehörigen muß ein ausreichender Anteil an den lebenswichtigen Gütern gesichert sein.

Selbstverwaltung der Wirtschaft
Neben der Beachtung der Einkommenpolitik von der steuerlichen Seite her, kommt dieser auch eine besondere Bedeutung zu als Lenkungsmittel zur Durchführung gelegentlich notwendiger Wirtschaftsprogramme.

Die Löhne und Gehälter sind wichtigste Kostenelemente der Produktion und können daher bei der staatlichen Planung nicht übersehen werden.

Es ist dabei selbstverständlich, daß auf eine mitwirkende Tätigkeit der Gewerkschaften hierbei nicht verzichtet werden kann.

Auch eine wirtschaftliche Selbstverwaltung ist in einer sozialistischen Planwirtschaft unentbehrlich. Diese Selbstverwaltung muß jedoch demokratisch aufgebaut sein.

Für die Wirtschaftsbereiche der Industrie, des Handwerks, des Handels, der Landwirtschaft usw. sind – soweit noch nicht vorhanden – getrennte Kammern zu bilden. Diese Kammern dürfen jedoch zukünftig keine reinen Unternehmerzusammenschlüsse mehr sein. Sie müssen vielmehr so besetzt werden, daß auch in gleicher Weise die Interessen der in den Unternehmungen unselbständig Arbeitenden vertreten sind.

Diese Kammern werden damit Repräsentanten aller in den Betrieben auf einem bestimmten Wirtschaftssektor berufstätigen Mitglieder der Wirtschaftsgesellschaft. Diese Kammern sind dann regional in Kammerorganisationen zusammenzufassen und erscheinen in dieser regionalen Kammerorganisation als geeignete Grundlage, die staatliche Planungs- und Lenkungsarbeit wirksam durch beratende Tätigkeit zu unterstützen.

Selbstverständlich ist ebenso, daß das Wahlverfahren und die Satzung durch den demokratischen Rechtsstaat verbindlich festgelegt werden muß. Zur Wahrung der Betriebsinteressen einer Wirtschaftsbranche können Fachverbände auf freiwilliger Grundlage geschaffen werden.

Die wirtschaftlichen Interessen der in den Betrieben tätigen Arbeitnehmer können nur kollektiv über die Gewerkschaften wirkungsvoll zur Geltung gebracht werden.

Wir weisen dieser Organisation der Selbstverwaltung zwar keine Hoheitsaufgaben zu. Es obliegt ihr aber die Pflicht, die staatliche Wirtschaftsverwaltung durch Beratung zu unterstützen. Zur Wahrnehmung allgemeiner Verbraucherinteressen bilden die Gewerkschaften zusammen mit den Vertretern der Konsumgenossenschaften die geeigneten Organisationen.

Die Sozialdemokratie lehnt daher als ungerecht und insbesondere für die heutige Lage des deutschen Volkes als ungeeignet ab:

a) den Liberalismus in seiner ursprünglichen Form, der dem Privatunternehmer ein vermeintliches Naturrecht auf ungehemmte Wirtschaftsbetätigung auf sich selbst überlassenen Märkten zuspricht, die weder vom Staate direkt noch indirekt gelenkt werden;

b) den Monopolkapitalismus mit imperialistischen Tendenzen, der zugleich zu gewichtslosen Märkten führt und das Bestreben hat, die öffentliche Gewalt zugunsten der privaten Macht in den Hintergrund zu verdrängen;

c) den Ständestaat, der die Staatssouveränität aushöhlt, alle dynamischen Kräfte des Wirtschaftslebens unterbindet und sie in eine starre Ordnung zwingt;

d) einen zentralistischen Staatskapitalismus in Form der marktlosen Wirtschaft. Eine Wirtschaftsform, die immer die Neigung hat, zu einer bevormundenden Diktatur zu werden;

e) den im Entstehen begriffenen Neu-Liberalismus, der die Bedeutung des Gewinnstrebens und des Wettbewerbes überschätzt, der die Unvermeidlichkeit der Verbrauchslenkung in jeder modernen Volkswirtschaft verkennt und damit praktisch sämtliche Verbraucher der Bevormundung durch das Gewinninteresse privater Unternehmer ausliefert.

[...]

Grundstoffindustrie und öffentliche Betriebe

Die spezielle Eignung der Grundstoffe zur kartellmäßigen Behandlung ermöglichte diese monopolistischen Formen. Damit ist aber die Grundstoffindustrie im besonderen Grade geeignet für eine Übernahme durch die öffentliche Hand. Im Hinblick auf die ausgesprochen nationalistische und kriegstreiberische Rolle der schwerindustriellen Unternehmer in Deutschland der letzten hundert Jahre, ist die völlige Übernahme der Grundstofferzeugung in die öffentliche Hand auch politisch eine unabweisbare Notwendigkeit.

Eine derartige Übernahme ermöglicht zugleich den wirtschaftlichen notwendigen weitreichenden staatlichen Einfluß auf die gesamte wirtschaftliche Investitionstätigkeit. Die Betriebe des Bergbaues, d. h. Kohlen, Erze, Erdöl und Kali, der Eisen- und Stahlerzeugung, der Eisen- und Stahlbearbeitung bis zum Halbzeug, der NE-Metallerzeugung und der Zementgewinnung, aber auch der synthetischen Erzeugung von Ammoniak, Treibstoffen und Kautschuk sowie der Zellstoff- und Zellwolle-Produktion sind daher in öffentliche Regie zu überführen.

Die öffentliche Versorgungswirtschaft, d. h. Strom, Gas und Wasser, kann ihrer ganzen Natur nach nur monopolistisch betrieben werden. Sie befindet sich bereits zum größten Teil in kommunaler oder staatlicher Regie. Soweit dies nicht der Fall ist, muß die Übernahme ausstehender Anteile noch durchgeführt werden. Konzessions-Verträge der öffentlichen Hand mit privaten Unternehmungen stellen für sie keinen ausreichenden Ersatz dar.

In der verarbeitenden Industrie wird die Organisation der Erzeugung überall dort zu einem besonderen Problem, wo die bestmögliche Versorgung der Verbraucher zur kapitalintensiven Massenproduktion in einigen wenigen großen Unternehmungen drängt, wie beispielsweise im Kraftzeugbau.

Die Frage, ob öffentliche, freigemeinnützige oder private Unternehmungen, tritt hier an Bedeutung zurück hinter dem Erfordernis, die vorhandenen Großbetriebe bei strenger Kontrolle der Löhne und Preise zu einem ständigen Wettbewerb um Qualitätsverbesserung und Kostensenkung durch technischen Fortschritt zu zwingen.

Unter Umständen kann dies mit besonderem Erfolg durch staatliche Produktionsauflagen geschehen. In jedem Fall bedarf die Kapazitätsbemessung dieser Betriebe der straffsten Lenkung durch die staatliche Wirtschaftsverwaltung.

Staatliche Produktionsauflagen können auch ein wichtiges Steuerungs- und Antriebsmittel in der Fertigwarenindustrie mit geringerer Kapitalintensität sein. In diesem Bereich bietet das im Wettbewerb stehende private Unternehmen noch immer den Vorteil der größeren Anpassungsfähigkeit an Verbraucherwünsche und technischen Fortschritt, sofern es strenger Lohn- und Preiskontrolle unterworfen ist.

In dem Maße, in dem sich jedoch eine Tendenz zu monopolistischer Marktbeherrschung durchzusetzen beginnt, wächst auch hier die Sozialisierungsreife.

Inwieweit in der Verbrauchsgüterherstellung die privatwirtschaftliche Produktionsweise im Rahmen einer sozialistischen Planwirtschaft noch sinnvoll und tragbar erscheint, bemißt sich nach der Bereitschaft, die Risiken eines durch staatliche Überwachung in bestimmte Schranken verwiesenen Wettbewerbes auf sich zu nehmen.

Aus vorkapitalistischer Zeit hat sich das Handwerk im ganzen als arbeitsintensive gewerbliche Produktionsweise durch alle Stadien der kapitalistischen Wirtschaft hindurch bis zur Gegenwart behauptet. Seine hohe volkswirtschaftliche Bedeutung ist unbestritten. Der mit einem bescheidenen Bestand an verhältnismäßig einfachen Produktionsmitteln ausgerüstete Handwerker, der im Regelfall die eigene Arbeitskraft in erster Linie mit einsetzt, hat mit dem kapitalistischen Klassenmonopol nichts zu tun.

Er hat mit seinem privaten Eigentum an Werkzeugen auch in der sozialistischen Wirtschaft seinen festen Platz. Bei der Neuordnung der deutschen Wirtschaft wird gerade dem Handwerker zukünftig eine besondere wirtschaftliche Rolle zufallen. Nicht nur wird er bei der Behebung aller Zerstörungen des Krieges, beim Wiederaufbau der Städte usw. große Aufgaben vor sich sehen, seine Bedeutung wird auch gerade für den notwendigen Export durch die Herstellung von Qualitätserzeugnissen wachsen.

Für die Lösung betrieblicher Gemeinschaftsaufgaben steht dem Handwerker die auch auf diesem Sektor bewährte Organisationsform der Genossenschaft zur Verfügung. In welchem Umfang die einzelnen Handwerkszweige nach gesamtwirtschaftlichen oder örtlichen Verhältnissen für den Neuzugang von fachlich ausreichend befähigten Berufsanwärtern zu öffnen oder zu schließen sind, ist in der sozialistischen Planwirtschaft Sache der staatlichen Verwaltung. Der staatlichen Lohn- und Preiskontrolle ist das Handwerk ebenso wie alle anderen Betriebe gleichermaßen unterworfen.

Auch der Handel ist an sich nicht kapitalistisch. Er wird ebenfalls in der sozialistischen Planwirtschaft bestimmte Funktionen zu erfüllen haben. Bei der gegenwärtigen Armut und bei der Notwendigkeit, jede Kraft produktiver Erzeugung zur Verfügung zu stellen, muß jedoch danach getrachtet werden, daß zukünftig der Weg vom Erzeuger zum Verbraucher der kürzeste ist. Dieser Weg ist in einer sozialistischen Planwirtschaft weitgehend zu vereinfachen. Aus diesem Grunde werden auch den Konsumgenossenschaften bei der Frage der Organisierung der Verteilung besondere Aufgaben zufallen.

In der Verkehrswirtschaft ist der seiner Natur nach zwar monopolistische Betrieb auf der Schiene so gut wie vollständig in öffentlicher Hand.

Soweit es sich noch um privatwirtschaftliche oder in gemischtwirtschaftlicher Form arbeitende Betriebe handelt, sind sie ebenfalls in der sozialistischen Planwirtschaft auch in die öffentliche Regie zu übernehmen.

In der Binnenschiffahrt mit ihrer Vielzahl von selbstfahrenden kleinen Eigentümern ist für private Betätigung unter staatlicher Lenkung und Kontrolle durchaus noch Raum.

In der neuen deutschen Wirtschaft wird dem landwirtschaftlichen Bereich als der Ernährungsgrundlage des deutschen Volkes eine besonders hohe Bedeutung zukommen. Hauptträger der agrarischen Erzeugung muß der ordentlich wirtschaftende Bauer auf eigener Scholle sein. Er ist ebensowenig wie der Handwerker keine kapitalistische Erscheinung.

Sein dingliches Eigentum, nicht dessen Geldwert, ist im Interesse der Ernährungssicherung grundsätzlich schutzwürdig. Als Formen des betrieblichen Zusammenschlusses von bäuerlichen Einzelwirtschaften zur Lösung bestimmter Produktions- und Absatzaufgaben verdienen die landwirtschaftlichen Genossenschaften nachdrücklichste Förderung durch den demokratischen Staat. Straffste Lenkung der gesamten agrarischen Produktion und schärfste Kontrolle der Ablieferungen durch die staatliche Wirtschaftsverwaltung, auch im Wege der Auflageerteilung, sind zur Sicherung der städtischen Ernährung solange unabweisbare Pflicht, inwieweit eine ausgesprochene Knappheit an Nahrungsmitteln vorherrscht. Der Bauer kann selbst entscheidend dazu beitragen, daß dieser Zustand überwunden wird und damit die staatliche Kontrolle über den Gang seiner Arbeit gelockert werden kann.

Für den Großgrundbesitzer als einen Hauptträger feudalistischer und kapitalistischer Gesinnung und als einen besonderen Hort militärischen Denkens ist im neuen Deutschland kein Platz mehr. Die unerläßliche Aufsiedelung muß aber so vorgenommen werden, daß mit ihr nicht eine Produktionssenkung, sondern eine Produktionssteigerung durch Intensivierung verbunden ist. Bei der Besitzreform soll der Grundbesitzer, sofern er unbelastet ist, nicht von Haus und Hof vertrieben werden, sondern nur in seinem Besitz auf das gebietsübliche Ausmaß einer durchschnittlichen Bauernwirtschaft beschränkt werden.

Landwirtschaftliche Großbetriebe, die aus produktionstechnischen Gründen oder zum Zwecke wissenschaftlicher Forschung als solche erhalten werden müssen, sind von der öffentlichen Hand oder in freien gemeinnützigen Formen zu übernehmen. [...]

Aus: Viktor Agartz, *Sozialistische Wirtschaftspolitik*, hrsg. v. SPD Groß-Hessen, Frankfurt/M. (1946).

15. Richtlinien für den Aufbau der Deutschen Republik, beschlossen auf dem Parteitag der SPD in Nürnberg vom 29. Juni bis 2. Juli 1947

A.

1. Die Sozialdemokratische Partei Deutschlands fordert, daß die Verfassung der Deutschen Republik die Möglichkeit einer künftigen Zugehörigkeit Deutschlands zu einem europäischen Staatenbund berücksichtigt. Die friedliche Entwicklung zu einem europäischen Bunde verlangt eine klare Absage an jede Politik eines nationalen Egoismus, der sich unter Ausnutzung der politischen Machtstellung durch den jeweils Mächtigen auf Kosten des jeweils Schwächeren insbesondere an Annexion äußert. Annexionen können nicht die Grundlage friedlicher Entwicklungen bilden.

Die allgemein anerkannten Regeln des Völkerrechts sind bindende Bestandteile des Reichsrechts. Sie sind für den Staat und für den einzelnen Staatsbürger verbindlich.

Die Verfassung soll Bestimmungen enthalten, die es ermöglichen, durch Reichsgesetz Hoheitsrechte im Rahmen internationaler Vereinbarungen an internationale Institution zu übertragen.

2. Die deutsche Sozialdemokratie bekennt sich zur politischen und staatsrechtlichen Einheit Deutschlands. Sie lehnt unter Anerkennung stammesmäßiger Besonderheiten jeden offenen oder versteckten Separatismus und Partikularismus ab. Die Verfassungen der Länder dürfen nichts enthalten, was der Reichseinheit entgegenstehen kann. Daher haben die Länderverfassungen einen Vorbehalt aufzunehmen, daß Reichsrecht Länderrecht bricht. Gesetzgebung, vollziehende Gewalt und Rechtsprechung müssen diesen Grundsätzen folgen.

3. Die deutsche Sozialdemokratie lehnt die Umwandlung der Deutschen Republik in einen Staatenbund ab, weil ein Staatenbund nach außen die Entwicklung zu einer europäischen Einheit hemmen und nach innen eine unerwünschte Zersplitterung der zur Gesundung und zum Aufbau erforderlichen Kräfte bedeuten würde. Deutschland wäre bei einer Auflösung in selbständige Staaten nicht lebensfähig. Es liegt kein Grund vor, Deutschland auf längst überlebte Zustände zurückzubringen. Die Entwicklung zu größeren staatlichen Einheiten ist nicht nur eine deutsche oder europäische Erscheinung, sondern eine Tatsache, die in der allgemeinen Entwicklung zur Universalität und in der Natur der modernen Technik liegt und darum eine generelle Erscheinung des politischen und wirtschaftlichen Lebens aller Kontinente ist.

4. Die Deutsche Republik wird ein Bundesstaat sein müssen, in dem sowohl die Einheitlichkeit der Regierungsgewalt als auch die damit vereinbarte Eigenständigkeit der Länder im Sinne einer gesunden Dezentralisation gewährleistet ist.

B

1. Die Reichsgewalt geht von dem ganzen deutschen Volk aus, das seinen Willen durch den Reichstag, gebildet auf Grund eines allgemeinen, gleichen, unmittelbaren und geheimen Wahlrechts aller wahlberechtigten Männer und Frauen, kundgibt.
Die Verfassung der Deutschen Republik ist von einer nach den gleichen Grundsätzen zu wählenden Nationalversammlung zu beschließen.

2. Neben dem Reichstag besteht der Reichsrat. Seine Mitglieder werden von den Landtagen gewählt. Sie können nicht zugleich Mitglieder des Reichstages oder eines Landtages sein. Der Reichsrat ist an der Gesetzgebung und an der Aufstellung des Reichshaushaltes zu beteiligen. Ihm steht gegen die vom Reichstag beschlossenen Gesetze ein Einspruchsrecht zu. Der Einspruch hat lediglich aufschiebende Wirkung. Zur erneuten Beschlußfassung des Reichstages bedarf es keiner qualifizierten Mehrheit. Die Bildung weiterer, insbesondere ständischer Organe oder Einrichtungen, wie der frühere Reichswirtschaftsrat, die an der gesetzgebenden Gewalt des Reiches zu beteiligen wären, wird abgelehnt, da sie in keinem Falle geeignet sind, das Gesamtinteresse des Volkes zu vertreten.

3. An der Spitze der Deutschen Republik steht der Präsident, dessen Amtszeit mindestens zwischen der einfachen und doppelten Legislaturperiode des Reichstages liegen soll.

4. Die vollziehende Gewalt liegt bei der Reichsregierung. Diese bedarf des Vertrauens des Reichstages. Ein Mißtrauensvotum führt

nur dann zu dem Rücktritt der Regierung, wenn binnen einer bestimmten Frist eine neue Regierung gebildet wird.

5. Die Verfassung darf keine Bestimmung über ein Notstandsrecht enthalten, die dem Parlament gestattet, sich der politischen Verantwortung zu entziehen.

6. Für die Deutsche Republik ist ein Staatsgerichtshof einzurichten, der für Verfassungsstreitigkeiten und Ministeranklagen ausschließlich zuständig ist.

C.

1. Die Verfassung hat die Grundrechte und Grundpflichten eines jeden Deutschen zu enthalten. Die unveränderlichen Ideen der Menschenwürde, der Freiheit und Gerechtigkeit, der Achtung vor der religiösen und der politischen Überzeugung des anderen, aber auch der Verpflichtung des einzelnen gegenüber der in einem Staat zusammengefaßten Lebensgemeinschaft müssen ein wesentlicher Bestandteil des staatlichen Lebens und der Verfassung sein.

2. Der Mensch ist berufen, in der ihn umgebenden Gemeinschaft seine Gaben in der Freiheit und in der Erfüllung des Sittengesetzes zu seinem und der anderen Wohle zu entfalten. Es ist die Aufgabe des Staates, dem Menschen hierbei zu dienen.

3. Der Krieg darf kein Mittel der Politik sein. Er ist daher in der Verfassung zu ächten.

D. 1. Gesetzgebende Gewalt

a) Die Bestimmung der Zuständigkeiten wird reichsrechtlich geregelt. Die Finanz- und Steuerhoheit, die Regelung des Finanz- und Lastenausgleiches ist Sache der Reichsgewalt. Die einheitliche Finanzpolitik ist notwendig, weil sie ein wesentliches Mittel zur Lenkung der Wirtschaft ist und weil der Neuaufbau eine gerechte Lastenverteilung verlangt. Innerhalb dieser Grenzen bleibt den Ländern und Selbstverwaltungskörperschaften das Recht, die ihnen überlassenen Einnahmequellen heranzuziehen.

b) Das Recht, Gesetze vorzuschlagen, liegt ausschließlich bei dem Reichstag oder bei der Reichsregierung. Die Gesetze werden vom Reichstag beschlossen. Ein Volksentscheid ist nur für bestimmte, in der Verfassung festzulegende Fälle unter Wahrung bestimmter Verfahrensvorschriften möglich.

2. Vollziehende Gewalt

a) Regierung: Regierungsfunktionen mit Hoheitscharakter sind ausschließlich Sache der Reichsgewalt.

b) Verwaltung: Reichseigene Sonderverwaltungen sind nur ausnahmsweise zulässig. Die Verwaltung wird in der Regel auf den Gebieten, die der Reichsgewalt zustehen, in deren Auftrag von den Ländern ausgeübt. Der Auftrag kann sich auch auf die organisatorischen Formen der Durchführung erstrecken (dezentralisierte Verwaltung).

3. Richterliche Gewalt
Die Einheit des Rechts in Deutschland wird nur durch eine Einheit der Rechtsprechung gesichert. Diese kann nur durch Reichsgerichte gewährleistet werden.

E. Aufbau der Länder
Die augenblicklichen Ländergrenzen können nur als vorläufige angesehen werden. Die endgültige Festlegung wird erst dann möglich sein, wenn die deutschen Grenzen feststehen und die Zonengrenzen nicht mehr als politische Trennungslinien wirken.

Die Aufgliederung der Deutschen Republik soll einen sinnvollen Ausgleich der Länder untereinander herbeiführen und die Hegemonie eines einzelnen Landes ausschließen. Die Länder sollen Gebiete umfassen, die kulturell, wirtschaftlich und verkehrstechnisch möglichst eine geschlossene Einheit bilden. Sie müssen genügend groß sein, um eine eigene innere Tragfähigkeit zu besitzen und um den ersten Ausgleich in sich selbst vollziehen zu können. Damit wird zugleich ein einfacher und übersichtlicher Verwaltungsaufbau ermöglicht und eine lebendige Anteilnahme der Bevölkerung auf allen Stufen der Verwaltung gewährleistet. Gebiete einseitiger Struktur oder Gebiete, denen wesentliche Lebensgrundlagen fehlen, eignen sich nicht zur Zusammenfassung, da sie in jeder Krise die nächsthöhere Instanz zur Hilfe heranholen müssen.

F. Die Landesgewalt
Der Landtag geht aus allgemeinen, gleichen, unmittelbaren und geheimen Wahlen aller wahlberechtigten Männer und Frauen hervor.
Für die Länder sind zweite Kammern abzulehnen.
Die Länder bedürfen keines besonderen Staatspräsidenten.

G. Aufbau der Landesverwaltung
Der Aufbau der Verwaltung in den Ländern ist Landesangelegenheit. Durch reichsgesetzliche Richtlinien kann gewährleistet werden, daß

die den Ländern übertragenen Auftragsangelegenheiten gleichmäßig und ohne Reibungen durchgeführt werden.
Erfüllt ein Land die ihm nach Reichsrecht obliegenden Pflichten nicht, so wird es zur Erfüllung des rechtmäßigen Zustandes angehalten.

H. Die gemeindliche Selbstverwaltung

Die Gemeinden haben in ihrem Gebiet unter eigener Verantwortung alle öffentlichen Aufgaben wahrzunehmen, soweit diese nicht nach gesetzlichen Vorschriften anderen Stellen ausdrücklich zugewiesen sind (Universalitätsprinzip).
Die Sozialdemokratie fordert daher eine Erweiterung des Wirkungsbereiches der gemeindlichen Selbstverwaltung. Die Größe der Gebietskörperschaften hat dem erweiterten Aufgabenkreis Rechnung zu tragen.
Aus: *Jahrbuch der Sozialdemokratischen Partei Deutschlands 1947*, hrsg. vom Vorstand der Sozialdemokratischen Partei Deutschlands, S. 71 ff.

16. Richtlinien der Politik der SPD im Bundestag (Dürkheimer 16 Punkte)

(Beschlossen in der Sitzung des Vorstandes der SPD am 29./30. August 1949 in Bad Dürkheim. Bestätigt von der Tagung führender Parteikörperschaften am 6. September 1949 in Köln.)

Die Sozialdemokratische Partei Deutschlands geht bei ihrer Politik von der Erkenntnis aus, daß eine lebenskräftige Demokratie nur auf dem Fundament sozialer Gerechtigkeit erbaut werden kann. Nur auf dieser Grundlage wird die Deutsche Bundesrepublik ihre Aufgabe erfüllen, die deutsche Einheit zu schaffen und Deutschland in ein neugeordnetes Europa einzugliedern.
Das Ergebnis der Wahlen am 14. August beschwört die Gefahr herauf, daß die bisherige Wirtschaftspolitik fortgeführt, die deutsche Arbeitskraft ruiniert und die Spannungen zwischen den Klassen so gesteigert werden, daß die staatsbildenden Kräfte gelähmt und die deutsche Demokratie zerstört wird.
Die Voraussetzungen für ein gesundes deutsches Staatswesen können nur geschaffen werden, wenn das deutsche Volk folgende Grundsätze im öffentlichen Leben durchsetzt:
1. Überwindung der Arbeitslosigkeit durch eine Politik der Vollbeschäftigung. Dazu ist die Stärkung der Kaufkraft und die Erhöhung des Reallohnes erforderlich. Abwehr weiterer Preissteigerungen. Umbau des Steuersystems durch Entlastung der kleinen Einkommen.
2. Planung und Lenkung der Kredite und Rohstoffe für Befriedigung des volkswirtschaftlichen Bedarfs. Ablehnung einer vom bloßen Profitinteresse bestimmten Wirtschaftspolitik.

3. Sozialer Lastenausgleich durch Zugriffe auch auf die Vermögen und nicht nur auf die Erträgnisse der Vermögen.

4. Sofortige Inangriffnahme des Wohnungsbaues unter besonderer Förderung des sozialen Wohnungsbaues durch den Bund.

5. Wirtschaftliche und gesellschaftliche Seßhaftmachung und Freizügigkeit für die Vertriebenen und Kriegsgeschädigten durch zentrale Maßnahmen. Schaffung eines Flüchtlingsministeriums, zusätzliche Finanzhilfe an die mit Flüchtlingen überbelegten Länder.

6. Neuordnung der Sozialversicherung, des Rentenwesens und der Versorgung der Kriegsbeschädigten mit dem Ziel der Verbesserung der Leistungen, Hilfe für die Opfer der Diktaturen.

7. Mitbestimmung der Arbeitenden in den Betrieben und gleichberechtigte Einbeziehung der Gewerkschaften in die Selbstverwaltung der Wirtschaft.

8. Politische und wirtschaftliche Entmachtung des großen Eigentums und der Manager durch Sozialisierung der Grundstoff- und Schlüsselindustrien.

9. Sicherung der freien Entfaltung des gewerblichen und bäuerlichen Mittelstandes.

10. Sicherung und Stärkung der kommunalen Selbstverwaltung insbesondere durch einen den Gemeindeaufgaben gerecht werdenden Bundesfinanzausgleich.

11. Beschränkung der alliierten Einwirkungen auf bestimmte und reine Kontrollmaßnahmen. Änderung des Ruhrstatuts. Abwehr der Demontage deutscher Friedensindustrien.

12. Einbeziehung Berlins als 12. Land in die Deutsche Bundesrepublik. Bis dahin schnelle und wirksame Hilfe für Berlin.

13. Ablehnung der Oder-Neiße-Linie als deutsche Ostgrenze. Verbleib des Saargebietes im deutschen Staatsverband. Abwehr neuer Gebietsabtretungen.

14. Unermüdlicher Appell an die moralischen Kräfte der Welt für die Freilassung der Kriegsgefangenen und Frauen. Rückführung der Verschleppten. Kampf gegen Sklavenarbeit in jeder Form und gegen die Konzentrationslager in der sowjetischen Besatzungszone.

15. Wahrung des im Grundgesetz vorgesehenen Vorrechts des Bundestags gegenüber partikularen Gewalten und Interessen. Die Bundesgewalt muß imstande sein, die äußeren und inneren Kriegsfolgelasten gerecht zu verteilen und die Funktionen des deutschen Staates zu erfüllen.

16. Sicherung der Freiheit der Lehre, der Verkündung und der Ausübung jeder Religion und jeder Weltanschauung. Bekämpfung des Mißbrauches kirchlicher Einrichtungen und Personen als Instrumente des politischen Machtkampfes. Abwehr jedes Versuches, die sozialen und politischen Probleme durch Entfachung eines Kulturkampfes zu vernebeln.

Die Sozialdemokratische Partei kämpft unter Ablehnung jeglicher Art von Nationalismus für die Gleichberechtigung aller Völker und für die Neuordnung Europas. Darum kämpft sie für die Wiedervereinigung Deutschlands auf der Grundlage der persönlichen und staatsbürgerlichen Freiheit und Gleichheit in allen Besatzungszonen, insbesondere der sowjetischen Zone.

Nur diese Politik hält die Sozialdemokratische Partei für möglich und erfolgreich. Sie ist bereit, hierfür mit allen ihr zu Gebote stehenden Kräften einzutreten. Jede andere Politik wird sie mit der gleichen Entschiedenheit bekämpfen.

Aus: *Jahrbuch der Sozialdemokratischen Partei Deutschlands 1948/1949,* hrsg. vom Vorstand der Sozialdemokratischen Partei Deutschlands, S. 139 f.

17. Wirtschaftspolitische Grundsätze des Deutschen Gewerkschaftsbundes

(Beschlossen auf dem Gründungskongress des DGB in München, 12.–14. Oktober 1949)

Die Gewerkschaften als Organisation der Arbeiter, Angestellten und Beamten nehmen die wirtschaftlichen, sozialen und kulturellen Interessen aller Werktätigen wahr. Sie setzen sich für eine Wirtschaftsordnung ein, in der die soziale Ungerechtigkeit und wirtschaftliche Not beseitigt und jedem Arbeitswilligen Arbeit und Existenz gesichert sind. Die Wirtschaftspolitik ist eines der wichtigsten Mittel zur Steigerung der wirtschaftlichen Gesamtleistung. Sie ist zugleich ein Kampfplatz, auf dem sich entscheidet, wieviel die einzelnen Interessengruppen an Arbeit und Leistung für die Gesamtheit aufzubringen haben und in welchem Umfange sie am volkswirtschaftlichen Ertrag beteiligt werden. Von diesen Tatsachen ausgehend, erheben die Gewerkschaften die folgenden

Grundsatzforderungen:
I. Eine Wirtschaftspolitik, die unter Wahrung der Würde freier Menschen die volle Beschäftigung aller Arbeitswilligen, den zweckmäßigsten Einsatz aller volkswirtschaftlichen Produktivkräfte und die Deckung des volkswirtschaftlich wichtigen Bedarfs sichert.

II. Mitbestimmung der organisierten Arbeitnehmer in allen personellen, wirtschaftlichen und sozialen Fragen der Wirtschaftsführung und Wirtschaftsgestaltung.

III. Überführung der Schlüsselindustrien in Gemeineigentum, insbesondere des Bergbaues, der Eisen- und Stahlindustrie, der Großchemie, der Energiewirtschaft, der wichtigen Verkehrseinrichtungen und Kreditinstitute.

IV. Soziale Gerechtigkeit durch angemessene Beteiligung aller Werktätigen am volkswirtschaftlichen Gesamtertrag und Gewährung eines ausreichenden Lebensunterhaltes für die infolge Alter, Invalidität oder Krankheit nicht Arbeitsfähigen.

Eine solche wirtschaftspolitische Willensbildung und Wirtschaftsführung verlangt eine zentrale volkswirtschaftliche Planung, damit nicht private Selbstsucht über die Notwendigkeiten der Gesamtwirtschaft triumphiert.

Volkswirtschaftliche Planung hat nichts gemein mit der Zwangswirtschaft der vergangenen Jahre. Die kriegswirtschaftliche Zielsetzung verhinderte nach dem Motto »Kanonen statt Butter« die Erzeugung wichtigster Konsumgüter und führte durch die Bevorzugung der unproduktiven Rüstungspolitik trotz Anspannung aller Kapazitäten zwangsläufig zur Bewirtschaftung aller knappen Wirtschaftsgüter. Die nach dem Kriege verbliebene Zwangswirtschaft vermochte an diesem Notstand zunächst nichts zu ändern, da alle produktiven Kräfte erschöpft, die staatlichen Zusammenhänge zerrissen waren und die deutsche Währung vernichtet war.

Die Zwangswirtschaft der vergangenen Jahre war nicht mehr als eine Notstandsmaßnahme zur Verteilung lebenswichtiger Güter, die zur Vollversorgung nicht ausreichten und ohne Zwangsbewirtschaftung zum Untergang der nicht zahlungsfähigen Bevölkerung geführt hätten. Wo der Gütermangel behoben ist, verlieren Bezugscheine und Rationierungskarten für Konsumgüter ihren Sinn.

Die ausreichende Güterversorgung wird um so schneller herbeigeführt und dauernd gesichert, je besser durch volkswirtschaftliche Planung die Ausnutzung aller produktiven Kräfte erreicht wird.

Volkswirtschaftliche Planung steht aber auch im Gegensatz zu der chaotischen Marktwirtschaft, die in Deutschland seit der Währungsreform herrscht und zu ungeheurer Kapitalverschwendung durch Fehlinvestitionen und Erzeugung von Luxusgütern, zur Ausbeutung der Verbraucher durch ungerechtfertigt hohe Preise, zu Kurzarbeit und Arbeitslosigkeit und sozialer Unsicherheit sowie zu einem weitgehenden Verfall der Wirtschaftseinheit geführt hat. Derartige wirtschaftliche Zustände sind nicht unabwendbares Schicksal, sondern Folgen einer fehlerhaften Wirtschaftsordnung und einer falschen Wirtschaftsführung.

Als die Wirtschaftswissenschaft die Gesetze der freien Marktwirtschaft niederschrieb, rechnete sie nicht mit der immer stärkeren Entwicklung jener Großunternehmungen, Trusts, Konzerne und Kartelle, die die Gesetze der freien Marktwirtschaft aufhoben. Heute ist die Marktwirtschaft weder frei noch sozial. Heute verhindert sie die freie Entfaltung; sie verschärft die ohnehin schon großen Gegensätze zwischen reich und arm. Sie ist unsozial und durch ihre Planlosigkeit unfähig, den schwierigen Aufgaben des Wiederaufbaues in Deutschland gerecht zu werden.

Volkswirtschaftliche Planung ist durchaus vereinbar mit den Grundrechten der menschlichen Freiheit. Die für die Mehrzahl der Menschen wichtigste Freiheit, die von Not und der Furcht vor Not, wird durch sie erst erreicht werden. Volkswirtschaftliche Planung und die freie Konsumwahl, das Recht auf den Wechsel des Arbeitsplatzes und die Freiheit der Berufswahl sind keine Gegensätze. Der privaten Initiative und dem Leistungswettbewerb der Betriebsleitungen verbleibt im Rahmen der Lenkungsmaßnahmen ein weiterer Spielraum.

Die Gewerkschaften fordern, daß der Auflösung des deutschen Wirtschaftslebens mit allen zur Verfügung stehenden Kräften entgegengearbeitet wird. Nur eine einheitlich geplante deutsche Wirtschaftspolitik kann den Wiederaufbau und die Existenzsicherung des schaffenden Volkes gewährleisten.

1. Volkswirtschaftlicher Gesamtplan

Jede konstruktive Wirtschaftsführung braucht einen volkswirtschaftlichen Gesamtplan, hinter dem der Wille stehen muß, alle Mittel der modernen Wirtschaftspolitik zur Durchführung des Planes einzusetzen. Eines der wichtigsten Mittel ist die Geld- und Kreditpolitik, die in die staatliche Konjunktur- und Investitionsplanung einzuordnen ist. Als Vertreter des Produktionsfaktors Arbeit haben die Gewerkschaften ein Anrecht darauf, an allen Planungs- und Lenkungsorganen maßgeblich beteiligt zu sein. Das Bankwesen ist entsprechend seiner gemeinwirtschaftlichen Aufgabe neu zu ordnen.

Die Organisation der Wirtschaftsverwaltung, insbesondere der verwaltungsmäßige Aufbau der Bundesregierung und der übrigen Bundes- und Landesbehörden, muß eine einheitliche und geschlossene Wirtschaftspolitik durch Koordination aller beteiligten Stellen, insbesondere der Wirtschafts-, Ernährungs-, Finanz- und Arbeitsministerien sowie der Zentralbankleitung gewährleisten.

In dem Maße, wie in der Wirtschaft die Willkür des freien Spiels der Kräfte durch bewußte Planung und Lenkung überwunden wird, müssen sich auch die Aufgaben und Funktionen der staatlichen Finanzpolitik verändern. Bisher beschränkt auf fiskalische Aufgaben, wird sie zu einem wichtigen Instrument der Wirtschaftsführung, insbesondere durch Regulierung der Kapitalbildung, Steuerung der Selbstfinanzierung und Lenkung der Investitions- und Betriebskredite. In einer planmäßig geführten Wirtschaft ist die staatliche Finanzpolitik in der

Lage, mit dem Mittel der Krediterweiterung brachliegende produktive Kräfte und Mittel zum Einsatz zu bringen, ohne inflatorische Schäden herbeizuführen.

2. Überführung der Schlüsselindustrien in Gemeineigentum

Lenkungsmaßnahmen allein reichen zur Sicherung einer einheitlichen Wirtschaftspolitik nicht aus, nachdem die Entwicklung der modernen Industriestaaten – insbesondere im Kohlenbergbau, in der Eisen- und Stahlindustrie sowie in der Großchemie – zur Zusammenballung von Großunternehmungen und damit zur Schaffung von Machtgebilden geführt hat, die das gesamte gesellschaftliche Leben durchdringen und unter bestimmten Voraussetzungen in der Lage sind, Parteien, Parlamente und Regierungen unter ihre Botmäßigkeit zu zwingen.

Die Gewerkschaften fordern daher, gestützt auf die Artikel 14 und 15 des Grundgesetzes, die Vergesellschaftung der gewerblichen Urproduktion (Kohle-, Erz- und Ölgewinnung), der Basisindustrien (Eisen- und Stahlerzeugung, Industrien chemischer Grundstoffe), der Energiewirtschaft, der Versorgungsbetriebe, der wichtigen Verkehrseinrichtungen und der Kreditinstitute. Die Überführung in Gemeineigentum soll nur in Ausnahmefällen, in denen dies besonders zweckmäßig erscheint, durch Verstaatlichung erfolgen. Im allgemeinen sind besondere Körperschaften der wirtschaftlichen Selbstverwaltung zu bilden. In allen Aufsichts- und Verwaltungsorganen ist den Gewerkschaften ein maßgeblicher Einfluß einzuräumen. Nur so ist es möglich,

die Produktion der Grundstoffindustrien zu lenken;

die Kapazitäten dieser Industrien dem Bedarf anzupassen und entsprechend auszunutzen;

die Verteilung der entscheidenden Grundstoffe auf die volkswirtschaftlich zweckmäßigste Weise vorzunehmen;

eine demokratische Kontrolle dieser Unternehmungen zu sichern, deren Vorstände heute keiner wirklichen Kontrolle unterliegen;

die privatwirtschaftliche Ausnutzung dieser Schlüsselpositionen, z. B. in Form unangemessener Monopolpreise, zu verhindern;

den politischen Mißbrauch wirtschaftlicher Machtstellungen, z. B. die Korruption der öffentlichen Meinung, der Parteien und des Staatsapparates mit Hilfe finanzieller Zuwendungen, unmöglich zu machen.

In den Bereichen, die schon im größeren Umfange unter der Kontrolle der öffentlichen Hand stehen – z. B. Elektrizitäts-, Gas- und Verkehrswirtschaft –, müssen die volkswirtschaftlichen Gesichtspunkte gegenüber allen regionalen, fachlichen, privatwirtschaftlichen und sonstigen Sonderinteressen durchgesetzt werden. Dies erfordert u. a. den zentralen Ausgleich von Elektrizitätsversorgung und -verbrauch sowie die organisatorische Zusammenfassung von Schienen-, Binnenschiffahrts- und Straßenverkehr.

3. Demokratisierung der Wirtschaft notwendig

Die Erfahrungen der Jahre 1918 bis 1933 haben gelehrt, daß die formale politische Demokratie nicht ausreicht, eine echte demokratische Gesellschaftsordnung zu verwirklichen. Die Demokratisierung des politischen Lebens muß deshalb durch die Demokratisierung der Wirtschaft ergänzt werden. Soweit der Staat im Interesse einer vernünftigen Dezentralisierung öffentliche Funktionen auf Organe der Selbstverwaltung der Wirtschaft überträgt, dürfen dies nur paritätisch besetzte Organe sein, in denen Arbeitnehmer und Unternehmer gleichberechtigt sind.

Die Betriebe als Zellen der Volkswirtschaft arbeiten nicht zum Selbstzweck, sondern müssen auf das gmeinsame Wohl der gesamten Bevölkerung abgestellt sein. Ihre Existenz ist nicht in erster Linie eine Frage des vorhandenen Kapitals, sondern entscheidend abhängig vom Faktor Arbeit. Das Kapital kann nur durch die Arbeit des Menschen eine nützliche und wirksame Rolle spielen; es kann deshalb in den Betrieben nicht alleinbestimmend sein. Wir fordern daher die verantwortliche soziale, personelle und wirtschaftliche Mitbestimmung der Arbeitnehmer in allen Betrieben der Wirtschaft.

Die Entwicklung unseres Gesellschaftsrechtes hat im übrigen gezeigt, daß bei den Großunternehmungen der Kapitalträger – oft aufgeteilt in Tausende von Aktionären – nicht mehr in der Lage und gewillt ist, die Unternehmungen unmittelbar zu beeinflussen, sondern die Leitung immer mehr angestellten Direktoren überlassen hat, die deshalb heute in der Großindustrie die entscheidende Rolle spielen. Die Gewerkschaften verlangen daher, daß die Aufsichts- und Verwaltungsorgane der Großindustrie nicht mehr ausschließlich durch die Vertreter des Kapitals bestimmt, sondern daß Vertreter der Arbeitnehmerschaft durch ihre gewerkschaftlichen Organisationen maßgeblich eingeschaltet werden.

Eine demokratische Führung der Wirtschaft darf nicht durch privatwirtschaftliche kartell- und monopolartige Einrichtungen und Abreden untergraben werden. Daher wird die staatliche Kontrolle derartiger Gebilde unter Beteiligung der Gewerkschaften gefordert.

Die Sicherung einer demokratischen Wirtschaftsverfassung ist nicht nur eine Frage der Wirtschaftsordnung, sondern ebensosehr eine Frage der vorbehaltlosen, schnellen Unterrichtung der Öffentlichkeit über alle entscheidenden wirtschaftlichen Zustände und Vorgänge. Die Kenntnis dieser Zusammenhänge darf nicht das Monopol einer kleinen Gruppe wirtschaftlicher Machthaber sein. Die Gewerkschaften fordern deshalb eine wesentlich erweiterte Publizität der wirtschaftspolitischen und wirtschaftspraktischen Arbeit von Verwaltung, Wirtschaft und Finanz durch Statistik, ausführliche Bilanzveröffentlichungen und sonstige geeignete Maßnahmen.

4. Gesamtproblem: Volkswirtschaftliche Rationalisierung

Planmäßig und mit aller Energie ist die volkswirtschaftliche Rationalisierung als Gesamtproblem voranzutreiben. Der industrielle Produktionsapparat ist durchgreifend zu überholen und damit auf den höchstmöglichen Leistungsgrad zu bringen. Forschung und Entwicklung bedürfen einer planmäßigen Unterstützung und Förderung. Der Verteilungs- und Verkehrsapparat muß rationalisiert werden. Die Bauwirtschaft bedarf angesichts eines Fehlbestandes von fünf Millionen Wohnungen einer völligen Umstellung und Industrialisierung.

Die Rationalisierung in der kapitalistischen Wirtschaft führt zur Freisetzung von Menschen durch Maschinenkräfte und damit zur Gefahr hartnäckiger Arbeitslosigkeit. In der planmäßig gelenkten Wirtschaft erstreckt sich die Rationalisierung auf den gesamten Wirtschaftsprozeß, damit alle Kräfte und Mittel dem Ziele einer optimalen wirtschaftlichen Gesamtleistung dienen. Sie erstrebt Vollbeschäftigung aller Arbeitswilligen, damit höchstmögliche Erzeugung und steigende Kaufkraft zur Hebung des allgemeinen Lebensstandards beitragen.

Besondere Anstrengungen sind erforderlich, um die Produktivität der deutschen Landwirtschaft zu steigern. Rückständige Betriebe müssen unter Umständen unter genossenschaftlicher Bewirtschaftung auf einen Produktionsstand gebracht werden, der den Erkenntnissen der modernen Agrarwirtschaft entspricht.

Die Herstellung einer Ordnung, in der der arbeitende Mensch Subjekt und nicht nur Objekt wirtschaftlichen Geschehens ist, ist die Voraussetzung für den Bestand einer freiheitlichen Demokratie.

Sie gewährleistet erst jedem Menschen ohne Unterschied des politischen Bekenntnisses, des Glaubens und der Rasse ein freies und menschenwürdiges Leben; sie ist die Grundlage gesellschaftlichen und kulturellen Fortschrittes und sichert die friedliche Zusammenarbeit der Völker.

Seit ihren Anfängen hat die Gewerkschaftsbewegung diesen hohen Zielen gedient. Heute ist die Zeit reif für ihre Verwirklichung. Das Tempo der Verwirklichung hängt ab von der Erkenntnis und Einigkeit derer, die mehr als alle anderen Volksschichten ein unmittelbares Interesse an der Schaffung und Sicherung einer gerechten und sozialen Wirtschaftsordnung, einer freien Demokratie und friedlichen Zusammenarbeit aller Völker haben müssen.

In diesen entscheidenden Jahren nach dem Zusammenbruch des volksfeindlichen Systems des Terrors und der Diktatur rufen die deutschen Gewerkschaften alle Werktätigen auf, geeint im Wollen und bewußt ihrer Verpflichtung, für diese großen Ziele tatkräftig und unerschrokken zu wirken.

18a. Auszug aus der Rede Konrad Adenauers in der Aula der Kölner Universität 1946

Ich danke Ihnen für diesen herzlichen Willkomm. Er gilt naturgemäß in erster Linie dem Vorsitzenden unserer Partei, er gilt aber auch – das fühle ich – dem Kölner, der früher unter Ihnen und mit Ihnen gearbeitet hat. Und dafür danke ich Ihnen von ganzem Herzen. Ich darf auch den Mitgliedern des Kölner Männergesangvereins danken. Es war mir eine Freude zu sehen, daß der Kölner Männergesangverein sich verjüngt hat. Er hat sehr viele junge Stimmen unter sich. Ich hoffe, daß es mit unserer Partei auch einmal so wird, daß wir Alten abtreten können und daß dann sehr viele junge Kräfte an unsere Stelle treten. Der Kölner Männergesangverein sang als zweites Lied das schöne Morgenlied von Eichendorff, und zum Schluß klang hieraus hervor, was uns alle beleben muß: Morgenrot funkle empor! Trotz aller Nacht, die auch jetzt noch über uns liegt, meine lieben Freunde, wollen wir daran festhalten, daß doch Morgenrot wieder empor tritt. Als ich heute vormittag von Deutz in die Stadt einfuhr, war es mir wie immer: es legte sich wie würgend auf mich dieses Bild unserer armen, geschändeten Stadt. Ich habe manche große Stadt gesehen seit Kriegsende, ich habe Vergleiche gehört von unbefangenen Ausländern: keine große Stadt ist vom Krieg so schwer getroffen wie Köln. Und dabei hatte sie von allen deutschen Großstädten es am wenigsten verdient; denn nirgendwo ist dem Nationalsozialismus bis 1933 so offener und seit 1933 so viel geistiger Widerstand geleistet worden, nirgendwo waren die nationalsozialistischen Stimmen sogar noch bei den letzten freien Wahlen im Jahre 1932 prozentual so niedrig wie in Köln. Aber Katastrophen, Entfesselung elementarer, dämonischer Gewalten treffen den Schuldigen wie den Nichtschuldigen. So hart auch Köln getroffen ist, ich bitte Euch, verzaget nicht! Unglück, Leid und Not wecken schlummernde Kräfte im Menschen.
Lassen Sie mich an die Jahre 1918–1924 erinnern. Sicher ist heute das Geschick Kölns, die Lage ganz Deutschlands, die Lage eines jeden Einzelnen unvergleichlich viel härter und dunkler. Aber es ist doch gut, wenn man einmal zurückdenkt an diese schweren Jahre, und wenn man dann weiter daran denkt, was das deutsche Volk, was wir besonders hier in Köln in anderthalb Jahrzehnten geschaffen haben.

Auch damals war Not, ungeheure Arbeitslosigkeit, Unsicherheit und Verbrechen, eine unvorstellbare Inflation, Separatismus, Sorge um Deutschlands Zukunft. Den vereinten Kräften der gesamten Bürgerschaft ist es damals gelungen, alle diese Nöte und Gefahren zu überwinden. Diesen vereinten Kräften ist noch mehr gelungen. Wir haben trotz aller Schwierigkeiten große Aufgaben gelöst. Lassen Sie mich einiges in Ihr Gedächtnis zurückrufen: Die Messe, die Mühlheimer Brücke, der Niehler Hafen, die Universität, die großen Wohnsiedlungen, der Grüngürtel. Die Messe ist heute zerstört, die Mühlheimer Brücke, die unser Stolz war, ist dahin, aber die Wohnsiedlungen, wenn auch beschädigt, stehen noch. Der Niehler Hafen, der bei seiner Planung so heiß umkämpfte Niehler Hafen, ist gerade jetzt von lebenswichtiger Bedeutung für Köln geworden. Die Universität steht auch, der Grüngürtel, wenn auch verwildert, lebt noch, hoffentlich bald wieder in alter Ordnung und Schönheit. Ich bin niemals so glücklich gewesen, daß es uns gelungen ist, allen Schwierigkeiten zum Trotz gerade den Grüngürtel zu schaffen, wie jetzt, da so weite Teile der Stadt zerstört sind, da so viele Kölner verurteilt sind, unter Trümmern ihre Tage zu verbringen. Jetzt kann er noch mehr als vordem seine Bestimmung erfüllen, den Kölnern, die es ja jetzt mehr nötig haben als je zuvor, seelischen und körperlichen Ausgleich, seelische und körperliche Erholung zu bringen.

Die Universität lebt. Pflegt sie! Denkt daran, daß sie eine große Aufgabe hat, daß wir sie ins Leben zurückgerufen haben in schwerer und gefahrvoller Zeit als Hort deutschen Geistes am Rhein.

Deutscher Geist!
Wie war es möglich, daß das Aufleben deutschen Geistes so kurz war? Wie ist es möglich, daß die nach 1918 entstandene Deutsche Republik nur 15 Jahre Bestand hatte, wie war es möglich, daß das Bismarcksche Reich, 1871 gegründet, bald schon der mächtigste Staat der Welt, bereits 1918 nach 47 Jahren zusammenbrach, ein Reich, das so stark und fest schien wie kaum ein anderes europäisches Land jener Zeit! Wie war das nationalsozialistische Reich, zuerst von vielen Harmlosen mit Jubel begrüßt, dann wegen seiner abgründtiefen Gemeinheit und Niedertracht von vielen, sehr vielen Deutschen zwar gefürchtet, aber auch verachtet und verflucht, wie war das im deutschen Volke möglich?
Wie war es möglich, daß dieser Krieg von der nationalsozialistischen Regierung begonnen werden konnte, ein Krieg, der trotz anfänglicher blendender Erfolge notwendigerweise verloren werden mußte? Wie war es möglich, daß in diesem Kriege Wunder an Tapferkeit und Pflichttreue geleistet werden konnten, und daß dicht daneben im

selben Volke Verbrechen über Verbrechen größten Ausmaßes begangen wurden? Wie war es möglich, diesen Krieg weiter fortzuführen, trotzdem sein Verlust lange feststand, forzuführen bis zur eigenen Selbstvernichtung!

Wie war dieser Absturz des deutschen Volkes bis ins Bodenlose möglich? Und wie trägt jetzt das deutsche Volk sein furchtbares Geschick: Hunger und Kälte, Not und Tod, ein Leben einstweilen ohne jede Hoffnung auf eine bessere Zukunft, in völliger politischer Machtlosigkeit, verachtet von allen Völkern der Erde!

Das deutsche Volk trägt diese schwerste Zeit seiner Geschichte mit heldenhafter Stärke, Ausdauer und Geduld, mit einer geduldigen Stärke, die stärker ist als alle Not. Ich habe mich seit 1933 oft geschämt, ein Deutscher zu sein, in tiefster Seele geschämt; vielleicht wußte ich mehr als manche andere von den Schandtaten, die von Deutschen an Deutschen begangen wurden, von den Verbrechen, die an der Menschheit geplant wurden.

Aber jetzt, jetzt bin ich wieder stolz darauf, ein Deutscher zu sein. Ich bin so stolz darauf, wie ich es nie zuvor, auch nicht vor 1933 und nicht vor 1914 gewesen bin. Ich bin stolz auf den Starkmut, mit dem das deutsche Volk sein Schicksal erträgt, stolz darauf, wie jeder einzelne duldet und nicht verzweifelt, wie er versucht, nicht unterzugehen, sich und die Seinigen aus diesem Elend hinüberzuretten in eine bessere Zukunft. Gerade Köln, das heilige Köln, das zerstörte, das geschändete, das in Trümmern liegende Köln, hat uns so unzählige Beispiele stillen, duldenden Heldentums gezeigt!

Wenn man so die Geschichte Deutschlands seit mehr denn hundert Jahren an sich vorüberziehen läßt, dann drängt sich jedem, der nur etwas nachdenkt, die Frage auf, was ist denn nun mit dem deutschen Volke, wie ist das alles gekommen? Das ist keine müßige Frage, das ist eine Frage, die man sich stellen muß, trotz Wohnungsnot, trotz Kälte, trotz Hunger. – Wir wollen doch wieder heraus aus diesem Elend, aus dieser Tiefe; aber wie können wir den rechten Weg finden zum Aufstieg, wenn wir nicht erkennen, was uns in die Tiefe geführt hat?

Wir wollen nicht verzweifeln, wir wollen nicht dahindämmern, wir wollen wieder aufwärts. Und wenn wir nicht mehr bessere Tage erleben, dann sollen unsere Kinder und Kindeskinder dereinst wieder bessere Zeiten sehen. Das ist doch unser aller Wille, aber den richtigen Weg zu unserem Ziel finden wir nur, wenn wir erkennen, wie wir in diese verhängnisvolle Periode der Geschichte des deutschen Volkes hineingekommen sind.

Ich verlange kein Schuldbekenntnis des gesamten deutschen Volkes, obgleich viele Deutsche eine sehr schwere, viele eine Schuld trifft, die zwar minder schwer ist, aber doch Schuld bleibt. Ich glaube auch

nicht, daß die vernünftigen und ruhiger denkenden Menschen in den nichtdeutschen Ländern ein solches öffentliches Schuldbekenntnis verlangen.
Aber eine Gewissenserforschung müssen wir für uns anstellen in unserem eigenen Interesse, damit wir den richtigen Weg finden zum Wiederaufstieg.

Kein Schuldbekenntnis, aber eine Gewissenserforschung tut not
Was sind die tiefsten Gründe dafür, daß wir schließlich in einen solchen Abgrund gestürzt sind? Auf die Einzelheiten kommt es bei einer solchen Untersuchung nicht an; sie sind auch vielfach noch nicht klar gestellt, aber die tieferen, die wirkenden Ursachen dieser Katastrophe liegen klar zutage. Sie reichen weit zurück vor das Jahr 1933. Der Nationalsozialismus hat uns unmittelbar in die Katastrophe hineingeführt. Das ist richtig. Aber der Nationalsozialismus hätte in Deutschland nicht zur Macht kommen können, wenn er nicht in breiten Schichten der Bevölkerung vorbereitetes Land für seine Giftsaat gefunden hätte. Ich betone, in breiten Schichten der Bevölkerung. Es ist nicht richtig, jetzt zu sagen, die Bonzen, die hohen Militärs oder die Großindustriellen tragen allein die Schuld. Gewiß, sie tragen ein volles Maß an Schuld, und ihre persönliche Schuld, deretwegen sie vom deutschen Volk vor deutschen Gerichten zur Rechenschaft gezogen werden müssen, ist um so größer, je größer ihre Macht und ihr Einfluß waren. Aber breite Schichten des Volkes, der Bauern, des Mittelstandes, der Arbeiter, der Intellektuellen, hatten nicht die richtige Geisteshaltung, sonst wäre der Siegeszug des Nationalsozialismus in den Jahren 1933 und folgende im deutschen Volk nicht möglich gewesen.

Die falsche Auffassung vom Staat und der Stellung der Einzelperson
Das deutsche Volk krankt seit vielen Jahrzehnten in allen seinen Schichten an einer falschen Auffassung vom Staat, von der Macht, von der Stellung der Einzelperson. Es hat den Staat zum Götzen gemacht und auf den Altar erhoben. Die Einzelperson, ihre Würde und ihren Wert hat es diesem Götzen geopfert. Die Überzeugung von der Staatsomnipotenz, von dem Vorrang des Staates und der im Staat gesammelten Macht vor allen anderen, den dauernden, den ewigen Gütern der Menschheit, ist in zwei Schüben in Deutschland zur Herrschaft gelangt. Zunächst breitete sich diese Überzeugung von Preußen ausgehend nach den Freiheitskriegen aus. Dann eroberte sie nach dem siegreichen Krieg von 1870/71 ganz Deutschland.
Der Staat wurde durch den von Herder und den Romantikern aufge-

deckten Volksgeist, vor allem durch Hegels Auffassung vom Staat als der verkörperten Vernunft und Sittlichkeit, in dem Bewußtsein des Volkes zu einem fast göttlichen Wesen. Mit der Überhöhung des Staates war zwangsläufig verbunden ein Absinken in der Bewertung der Einzelperson. Macht ist mit dem Wesen des Staates untrennbar verbunden. Die Einrichtung, in der sich staatliche Macht am sinnfälligsten und eindruckvollsten äußert, ist das Heer. So wurde der Militarismus zum beherrschenden Faktor im Denken und Fühlen breitester Volksschichten.

Die materialistische Weltanschauung

Nach der Gründung des Kaiserreiches unter preußischer Vorherrschaft wandelte sich der Staat aus seinem ursprünglich lebendig gefügten Wesen mehr und mehr in eine souveräne Maschine. Die großen äußeren Erfolge, die, wenn auch historisch gesehen nur für kurze Zeit dem Bismarckschen Reich, seiner Auffassung vom Staat und der Macht beschieden waren, die schnell zunehmende Industrialisierung, die Zusammenballung großer Menschenmassen in den Städten und die damit verbundene Entwurzelung der Menschen machten den Weg frei für das verheerende Umsichgreifen der materialistischen Weltanschauung im deutschen Volk. Die materialistische Weltanschauung hat zwangsläufig zu einer weiteren Überhöhung des Staats- und Machtbegriffs, zur Minderbewertung der ethischen Werte und der Würde des einzelnen Menschen geführt.

Die materialistische Weltauffassung des Marxismus hat zu dieser Entwicklung in sehr großem Umfange beigetragen. Wer eine Zentralisierung der politischen und der wirtschaftlichen Macht beim Staate oder bei einer Klasse erstrebt, wer demzufolge das Prinzip des Klassenkampfes vertritt, ist ein Feind der Freiheit der Einzelperson, er bereitet zwangsläufig den Weg der Diktatur im Fühlen und Denken seiner Anhänger vor, wenn schließlich auch ein anderer den so vorbereiteten Weg der Diktatur beschreitet. Daß diese Entwicklung zwangsläufig ist, zeigt die Geschichte solcher Staaten, in denen Karl Marx der Messias und seine Lehre das Evangelium ist.

Der Nationalsozialismus war nichts anderes als eine bis ins Verbrecherische hinein vorgetriebene Konsequenz der sich aus der materialistischen Weltanschauung ergebenden Anbetung der Macht und Mißachtung, ja Verachtung des Wertes des Einzelmenschen.

In einem Volk, das so erst durch die preußische überspitzte und übertriebene Auffassung vom Staat, seinem Wesen, seiner Macht, den ihm geschuldeten unbedingten Gehorsam, dann durch die materialistische Weltanschauung geistig und seelisch vorbereitet war, konnte sich, begünstigt durch die schlechte materielle Lage weiter Volkskreise, verhältnismäßig schnell eine Lehre durchsetzen, die nur den totalen Staat und die willenlos geführte Masse kannte, eine Lehre, nach der die eigene Rasse die Herrenrasse und das eigene Volk das Herrenvolk ist und die anderen Völker minderwertig, zum Teil vernichtungswürdig sind, nach der aber auch in der eigenen Rasse und im eigenen Volk der politische Gegner um jeden Preis vernichtet werden muß.

Der Nationalismus hat den stärksten geistigen Widerstand gefunden in denjenigen katholischen und evangelischen Teilen Deutschlands, die am wenigsten der Lehre von Karl Marx, dem Sozialismus, verfallen waren!!! Das steht absolut fest!

Vom Sinn christlicher Demokratie

Diese Auffassung von der Vormacht, von der Allmacht des Staates, von seinem Vorrang vor der Würde und der Freiheit des Einzelnen widerspricht dem christlichen Naturrecht. Wir wollen die Grundsätze des christlichen Naturrechtes wiederherstellen.

Nach der dem Programm der CDU zugrunde liegenden Auffassung ist die Person dem Dasein und dem Range nach *vor* dem Staat. An ihrer Würde, Freiheit und Selbständigkeit findet die Macht des Staates sowohl ihre Grenze als ihre Orientierung. Freiheit der Person ist nicht Schrankenlosigkeit und Willkür, sie verpflichtet jeden beim Gebrauche seiner Freiheit, immer eingedenk zu sein der Verantwortung, die jeder einzelne für seine Mitmenschen und für das ganze Volk trägt.

Der Fundamentalsatz des Programms der CDU, der Satz, von dem alle Forderungen unseres Programms ausgehen, ist ein Kerngedanke der christlichen Ethik: die menschliche Person hat eine einzigartige Würde, und der Wert jedes einzelnen Menschen ist unersetzlich. Aus diesem Satz ergibt sich eine Staats-, Wirtschafts- und Kulturauffassung, die neu ist gegenüber der in Deutschland seit langem üblichen. Nach dieser Auffassung ist weder der Staat, noch die Wirtschaft, noch die Kultur Selbstzweck; sie haben eine dienende Funktion gegenüber der Person. Die materialistische Weltanschauung macht den Menschen unpersönlich, zu einem kleinen Maschinenteil in einer ungeheuren Maschine, sie lehnen wir mit der größten Entschiedenheit ab.

Sinn des Staates ist es, die schaffenden Kräfte des Volkes zu wecken, zusammenzuführen, zu pflegen und zu schützen. Das ganze Volk soll zu Verantwortungsbewußtsein und zu Selbständigkeit erzogen werden. Der Staat soll sein eine auf Recht und Freiheit ruhende Schicksalsgemeinschaft verantwortlicher Personen, die die verschiedenen Interessen, Weltanschauungen und Meinungen zusammenfaßt. Wir wollen Erziehung, aber nicht zu der Bereitwilligkeit, sich kontrollieren und führen zu lassen, sondern zu dem Willen und der Fähigkeit, sich als freier Mensch verantwortungsbewußt in das Ganze einzuordnen. Diese Erziehung soll in christlichem und demokratischem Geiste geschehen, und sie soll insbesondere allen jüngeren Menschen den Zugang in ihnen bisher verschlossene, jedoch allgemein gültige menschliche Überzeugungen und Haltungen öffnen.

In der heimatlosen, durcheinandergeschobenen, atomisierten Masse, als die sich jetzt unser Volk darstellt, muß jedes Einzelwesen angesprochen und zu Selbstbewußtsein und Verantwortungsgefühl geführt werden. Wie weit das gelingt, ist heute die Schicksalsfrage unseres Volkes und nicht etwa die Frage, wieviele und welche der wenigen uns noch verbliebenen Betriebe sozialisiert oder wieviel Hektar Land enteignet werden sollen.

Wenn aber diese Aufgabe überall in Angriff genommen und mit Sachkunde und Hingabe durchgeführt wird, werden nach und nach aus dem lebendig erfaßten Volk *die* Menschen sich herausheben, die durch Charakterstärke und Urteilssicherheit zur politischen, sittlichen und geistigen Leitung geeignet und gewillt sind.

Es ergeben sich aus unserer Grundeinstellung folgende Sätze für das Verhältnis zwischen Einzelperson und Staat: der Staat besitzt kein schrankenloses Recht, seine Macht findet ihre Grenze an der Würde und den unveräußerlichen Rechten der Person. Die Mehrheit hat kein willkürliches und uneingeschränktes Recht gegenüber der Minderheit. Auch die Minderheit hat Rechte und Pflichten. Gleiches Recht, Rechtssicherheit und Gerechtigkeit für jeden. Recht auf politische und religiöse Freiheit; Anerkennung der grundlegenden Bedeutung der Familie für das Volk; Recht der Frau auf freie Betätigung im beruflichen und öffentlichen Leben.

Die Demokratie erschöpft sich für uns nicht in der parlamentarischen Regierungsform oder gar in der Herrschaft einer Mehrheit über eine Minderheit. Wie die parlamentarische Regierungsform sogar zur Herbeiführung der Diktatur mißbraucht werden kann, wenn die Menschen nicht wirklich demokratisch denken und fühlen, das haben uns die ersten Monate des Jahres 1933 gezeigt. Demokratie ist mehr als parlamentarische Regierungsform; sie ist eine Weltanschauung, die ebenfalls wurzelt in der Auffassung von der Würde, dem Werte und den unveräußerlichen Rechten eines jeden einzelnen Menschen, die das Christentum entwickelt hat. Demokratie muß diese unveräußerlichen Rechte und den Wert eines jeden einzelnen Menschen achten im staatlichen, im wirtschaftlichen und kulturellen Leben. Wer wirklich demokratisch denkt, muß sich immer leiten lassen von der Achtung vor dem anderen, vor seinem ehrlichen Wollen und Streben.

Ich glaube, daß aus meinen bisherigen Ausführungen hervorgeht, warum wir uns *christlich demokratisch* nennen.

Wir nennen uns christliche Demokraten, weil wir der tiefen Überzeugung sind, daß nur eine Demokratie, die in der christlich-abendländischen Weltanschauung, in dem christlichen Naturrecht, in den Grundsätzen der christlichen Ethik wurzelt, die große erzieherische Aufgabe am deutschen Volke erfüllen und seinen Wiederaufstieg herbeiführen kann.

Wir nennen uns *Union*, weil wir alle diejenigen, die auf diesem Boden stehen, zu politischer Arbeit zusammenführen wollen, gleichgültig welchem Bekenntnis sie angehören.

Wir legen Wert darauf, sogar entscheidenden Wert, in unserem Namen unsere weltanschauliche Einstellung offen und klar zu bekennen.

Die politische Tätigkeit jeder Partei wird wohl auf längere Zeit hinaus in gewisser Weise abhängig sein von der Beurteilung, die ihr Programm bei den Militärregierungen erfährt. Ich habe zeitweise den Eindruck gehabt, als ob man nicht bei allen britischen Stellen die Betonung der christlichen Weltanschauung bei einer politischen Partei verstehe. Es gibt auch deutsche Kreise, die meinen, es sei nicht nötig, in unserem Namen das Wort »*christlich*« zu führen. Es sind das Kreise der Freien Demokraten und – man höre und staune – des Zentrums. Ja, die Sozialdemokratie empfindet es nach Herrn Dr. Schumacher fast als beleidigend für die anderen Parteien, daß wir uns christlich nennen; wir unterstellten damit anderen Parteien, sie seien weniger christlich oder gar christentumsfeindlich.

Nun, meine Damen und Herren, um auf das letztere vorweg zu antworten: wir alle würden uns von Herzen freuen, wenn die Sozialdemokratie erklären würde, sie sei ebenso christlich ihrer Gesinnung nach wie wir. Ich werde im Verlaufe meiner Rede noch Gelegenheit haben, wenn ich auf das Verhalten der Sozialdemokratie uns gegenüber eingehe, hierauf zurückzukommen.

Ich könnte mir denken, daß diese religiös-weltanschauliche Untermauerung einer politischen Partei für England fremd und nicht ohne weiteres verständlich ist. In England gibt es eine ähnliche Partei nicht. Das hat meines Erachtens einen einfachen Grund. In England ist religiöses, christliches Empfinden in weiteren Kreisen verbreitet als in Deutschland. Daher stehen in allen seinen Parteien viele Mitglieder auf christlichem Fundament. Das ist aber im übrigen Westeuropa und insbesondere in Deutschland anders. Ich meine, es ist nicht zufällig und ohne inneren Grund, daß sich in Holland, in Belgien, in Frankreich, in Italien, in Österreich, in Deutschland Parteien gebildet haben, die auf christlichen Grundsätzen sich aufbauen und das auch in ihrem Namen zum Ausdruck bringen.

Für Deutschland kommt noch eins hinzu. Deutschland ist eines der religionslosesten und unchristlichsten Völker Europas. Das war es schon vor 1914. Trotzdem die Berliner manche wertvollen Eigenschaften aufwiesen, habe ich damals schon immer in Berlin das Gefühl gehabt, in einer heidnischen Stadt zu sein. So haben sich in Deutschland Parteien gebildet, die bewußt und gewollt das Christentum bekämpften. Dazu gehörte die nationalsozialistische Partei, die zwölf Jahre lang mit allen Mitteln versucht hat, das Christentum in Deutschland zu unterdrücken und auszurotten; sie hat das öffentliche Leben in Deutschland planmäßig entchristlicht. Dazu gehörte früher die Deutsche Sozialdemokratie; dazu gehört der deutsche Kommunismus. Die SPD betont jetzt, daß sie nicht christentumsfeindlich sei, sie ist aber sicherlich auch nicht christentumsfreundlich. Es ist doch schon bezeichnend, wenn sich in ihr religiös eingestellte Mitglieder zu einer besonderen Gruppe zusammenschließen müssen. Das kann doch nur daran liegen, daß diese Mitglieder der SPD fürchten, ohne engeren Zusammenschluß gänzlich einflußlos zu bleiben. Aber auch sie nennen sich »Gruppe religiöser Sozialisten«, nicht etwa Gruppe christlicher Sozialisten; und wie stark sie sind, das ist nicht zu erfahren.

Es liegt auf der Hand, daß sich als Gegenpol zu solchen, dem Christentum ablehnend oder weniger freundlich gegenüber stehenden Parteien in Deutschland Parteien bilden, die auf dem Christentum fußen und das auch betonen. Es kommt ein weiteres hinzu, was ich besonders auch im Ausland zu beachten bitte. In Deutschland ist nun einmal die Parteipolitik »weltanschaulich« fundiert, in England meines Wissens nicht. Der anerkannte Führer der SPD, Herr Dr. Schumacher, predigt immer wieder den Sozialismus als Weltanschauung, nicht etwa als politische oder wirtschaftliche Idee.

Ich führe noch eine weitere entscheidende Tatsache an, die es notwendig macht, daß eine große Partei sich zusammenfindet und bildet auf dem Boden des Christentums.

Das deutsche Volk ist zur Zeit in einem derartigen geistigen und seelischen Zustand, es ist derartig alles, schlechthin alles bei ihm zusammengebrochen, die Erziehung der jüngeren Generation ist so vernachlässigt, es ist in einer solchen materiellen Not, daß man schon die tiefsten Kräfte, die in jedes Menschen Seele schlummern, erwecken muß: das sind die religiösen, um es wieder der Gesundung entgegenzuführen. In erster Linie ist das Sache der Kirchen. Aber bei unseren chaotischen Zuständen überschneiden sich noch mehr als sonst öffentliches Leben und religiöse Bereiche. Das deutsche Volk muß in seinem ganzen Denken und Fühlen umerzogen werden. Das ist auch eine wesentliche Aufgabe der politischen Parteien. Diese Aufgabe kann aber nur von einer weltanschaulich fundierten Partei wirklich gelöst werden. Die SPD bezeichnet den Sozialismus als ihre Weltanschauung, wir das Christentum.

Für das wirtschaftliche und soziale Leben stellen wir folgende Grund
sätze auf: es ist nicht damit getan, daß sich jemand Sozialist nennt,
ohne zu sagen, was er will. Wir ziehen es vor, mit klaren und einfachen
Worten zu sagen, was wir auf wirtschaftlichem und sozialem Gebiet
wollen.

Wir sind der Auffassung, daß die Wirtschaft der Bedarfsdeckung des
Volkes zu dienen hat. Die Wirtschaft soll dem Menschen dienen, nicht
der Mensch der Wirtschaft. Unsere grundsätzliche Auffassung verbietet es uns, als Sinn der Wirtschaft nur das ungehemmte Gewinnstreben
des einzelnen zu sehen. Die Wirtschaft hat sich dem Gemeinwohl
unterzuordnen. Eine vernünftige Planung und Lenkung der Wirtschaft, ein ständiges Koordinieren der Kräfte in unserer Zeit ist unerläßlich. Dies geschieht vielleicht am besten in Selbstverwaltungskörperschaften, in denen Arbeitgeber und Arbeitnehmer und unbeteiligte
Konsumenten gleichberechtigt vertreten sind. Wir wollen Beteiligung
der Arbeiterschaft an Führung und Verantwortung, und zwar nicht
nur im Rahmen der genannten Selbstverwaltungskörperschaften, sondern auch in großen anonymen Kapitalgesellschaften, in denen das
Eigentumsrecht mehr oder weniger an Einfluß hinter dem Direktions-
recht zurückgetreten ist. Wir wollen weiter Beteiligung der Arbeiterschaft am Ertrag, gerechten Ausgleich zwischen Unternehmer und
Arbeiter. Für uns ist der Arbeitsvertrag nicht ein rein schuldrechtli-
ches Verhältnis, sondern auch ein Gemeinschaftsvertrag. Der Arbeiter
verkauft seine Arbeit nicht als Ware, wie es der Anschauung des
Hochkapitalismus und auch des ökonomischen Materialismus entspricht. Er geht vielmehr mit dem Unternehmer ein Gemeinschafts-
verhältnis ein.

Diese Auffassung steht in engem Zusammenhang mit unserer Ansicht
über das Zustandekommen des wirtschaftlichen Ertrages. Das Kapital
und der dahinter stehende unternehmerische Geist können nicht ohne
die Arbeit und die Arbeit kann nicht ohne das Kapital und die schöp-
ferische Initiative des Unternehmers bestehen. Hierin liegen die sittliche Grundlage für eine gerechte Verteilung des Arbeitsertrages.

Unsere Auffassung von der Freiheit und Würde der Einzelperson
verbietet eine die wirtschaftliche und die politische Freiheit gefähr-
dende Zusammenballung wirtschaftlicher Macht an einzelnen Stellen,
sei es an privaten oder an öffentlichen. Daß der Staat, der die politische Macht hat, ein grausamer Arbeitgeber sein kann, hat uns das
nationalsozialistische Regime bewiesen. Verstaatlichung der Produktionsmittel ist in unseren Augen deshalb nicht unbedingt und immer
mit sozialem Fortschritt gleichzusetzen. Solange die deutsche Wirtschaft nicht frei ist, kann im übrigen die Frage der Vergesellschaftung
kaum praktisch werden. Um auch nicht kapitalkräftigen, aber

arbeitsfreudigen Menschen eine unternehmerische Betätigung zu ermöglichen, ist das Genossenschaftswesen zu fördern.

Besondere Bedeutung messen wir dem Neubau des deutschen Gewerkschaftswesens zu. Die Zusammenfassung der Arbeiterschaft in parteipolitisch neutralen Gewerkschaften wird von uns begrüßt, aber auch nur unter der Voraussetzung, daß diese Gewerkschaften wirklich parteipolitisch neutral sind.

Die CDU verfügt in ihren Reihen über eine große Zahl gewerkschaftlich geschulter Arbeiterführer aus den früheren Christlichen Gewerkschaften. Es wird von weiten Kreisen der Arbeiterklasse in allen Teilen der britischen Zone mit Recht verlangt, daß diese Männer in den neuen Gewerkschaften an leitenden Stellen tätig sind, um den reichen Schatz an Erfahrungen, den sie als Führer der Christlichen Gewerkschaften sich erworben haben, zur Geltung zu bringen und um auf alle Fälle einer Gefährdung der politischen Neutralität vorzubeugen.

Ich rufe deshalb die früheren christlichen Gewerkschaftsführer zur Mitarbeit und zur Verantwortung in den neuen deutschen Gewerkschaften auf und erinnere sie an die stolze Tradition der ehemaligen Christlichen Gewerkschaften.

Bei der Kohle handelt es sich um einen wirtschaftlichen Grundstoff von entscheidender Bedeutung. Daher erstreben wir die möglichst baldige Vergesellschaftlichung der Bergwerke.

Die Sicherung der wirtschaftlichen und politischen Freiheit des einzelnen wie der Gesamtheit verlangt die Anerkennung des Privateigentums. Das Eigentumsrecht verdient den gleichen Schutz und erleidet die gleiche Einschränkung wie andere Privatrechte. Es hat zu weichen gegenüber einem auch nach ethischen Grundsätzen höheren Recht. Mäßiger Besitz möglichst vieler ist eine wesentliche Sicherung des demokratischen Staates. Der Erwerb mäßigen Besitzes ist daher nach Möglichkeit zu fördern. Das gilt besonders auch für den Erwerb eines Eigenheims.

Wir wollen Arbeit für jeden, der arbeiten will.

Weil beim Handwerker, beim Bauern, beim Mittel- und Kleinbetrieb die Forderung nach einer größeren Freiheit der Arbeit und der Leistung für Arbeitnehmer wie für Arbeitgeber aus der inneren Struktur heraus leichter zu verwirklichen ist, verlangen wir für sie eine besondere Förderung. Der Handarbeiter, der Handwerker und der Bauer darf sich nicht der Erkenntnis verschließen, daß Würde nicht nur in der Arbeit liegt, die Materie verwandelt und wirtschaftliche Werte unmittelbar erzeugt, sondern auch in der Arbeit, die dem Geiste dient und geistige Werte schafft. Ein Wort noch zum Berufsbeamtentum, welches heute morgen mit einer Kundgebung in diesem Saal an die Öffentlichkeit getreten ist. Ich bin gewiß der Ansicht, daß das Berufsbeamtentum von einigen Schlacken zu befreien ist. Es ist uns aber ein Bedürfnis festzustellen, daß wir das Berufsbeamtentum für unentbehrlich beim Neuaufbau halten. Experimente in dieser Hinsicht lehnen wir als gefährlich ab.

Kulturpolitik

Ich gehe über zur Auswirkung unserer Grundeinstellung auf die kulturelle Arbeit. Wir wollen, daß unsere alte Kultur zurückfindet zu ihrer Grundlage, zur christlich-abendländischen Kultur, deren Kern die hohe Auffassung von der Würde der Person und dem Werte jedes einzelnen Menschen ist. Der Schule und der Erziehung, die während der nationalsozialistischen Zeit so vernachlässigt worden sind, gilt unsere besondere Sorge, weil wir trotz aller wirtschaftlichen Not nur in wahrhaft guten Schulen aller Art, die das Wissen und die Erziehung des Charakters in gleicher Weise pflegen, das Heil des deutschen Volkes sehen. Auf allen Gebieten macht sich infolge der geistigen Öde der letzten zwölf Jahre und der Verluste, die der Krieg gebracht hat, ein erschreckender Mangel an wirklich tüchtigen und auf ihren Gebieten führenden Menschen bemerkbar. Trotz der wirtschaftlichen Not wird der Staat den über den Durchschnitt Begabten durch materielle Hilfe den Weg zum Aufstieg ebnen müssen. Es besteht sonst die große Gefahr, daß das deutsche Volk tief unter das Niveau sinkt, das es früher einmal eingenommen hat.

Die Regelung der Volksschulfrage hat in der Vergangenheit zu erbitterten Kämpfen der Parteien geführt, bis es zu einer vorläufigen Verständigung kam, die durch die Zustimmung der sozialdemokratischen Landtagsfraktion zu dem preußischen Konkordat 1929 auch nach außen hin ihren sichtbaren Ausdruck fand. Die sich auf diese Verständigung gründende bekenntnismäßige Schule hat die nationalsozialistische Regierung im Jahre 1939 durch Einführung der sogenannten deutschen Einheitsschule unter Bruch des Rechts beseitigt. Was soll jetzt werden?

Auf allen anderen Gebieten werden die Rechtsbrüche, die die nationalsozialistische Regierung begangen hat, beseitigt. Der frühere Rechtszustand wird wieder hergestellt. Das wollen wir auch für das Volksschulwesen. Es geht nicht an, gerade den Rechtsbruch der Nationalsozialisten zu sanktionieren, der von den breitesten Schichten der Bevölkerung als besonders schwer empfunden wird. Darum verlangen wir für die preußischen Teile der britischen Zone Wiederherstellung der bekenntnismäßig gegliederten Volksschule als Regelschule entsprechend dem preußischen Gesetz von 1906 und dem preußischen Konkordat von 1929. Dieser Rechtszustand muß wieder hergestellt werden und muß bleiben, es sei denn, daß ein frei gewähltes Parlament ihn auf verfassungsmäßigem Wege ändert. Für eine solche Neuregelung, die durch ein gewähltes Parlament etwa vorgenommen würde, fordern wir, daß der Wille der Erziehungsberechtigten, der Eltern, über die weltanschauliche Gestaltung der Volksschule entscheiden soll. Die Erziehung ist bei der Volksschule wesentlicher als die Vermittlung von Wissen. Für die Erziehung der Kinder sind aber in erster Linie die Eltern verantwortlich und nicht der Staat. Ihr Wille muß daher entscheidend sein auch hinsichtlich der weltanschaulichen Art der Schule, auf die sie ihre Kinder schicken wollen.

Es ist bei der Bedeutung, die das Wirken der christlichen Kirchen und aller Religionsgesellschaften für das deutsche Volk hat, die Pflicht des Staates, sie zu schützen. Das vertrauensvolle Zusammenwirken von Staat und Kirchen ist eine Grundforderung unseres Programms. Die staatliche Erziehung soll Achtung vor den Kirchen, die kirchliche Erziehung Achtung vor dem Staat sorgfältig pflegen. Die christlichen Bekenntnisse sollen unbeschadet und unter voller Wahrung ihres Wesens und ihrer Eigenart im öffentlichen Leben zusammenwirken.

Die größte Aufmerksamkeit werden wir der Ausmerzung des nationalsozialistischen und militaristischen Geistes in Deutschland widmen müssen. Die aktiven Nationalsozialisten und die aktiven Militaristen, die für den Krieg und seine Verlängerung Verantwortlichen, dazu gehören insbesondere auch gewisse Wirtschaftsführer, müssen aus ihren Stellungen entfernt werden. Sie müssen je nach Lage des Falles von deutschen Gerichten bestraft, ihr Vermögen muß ganz oder teilweise beschlagnahmt werden. Das Elend, das sie über Deutschland, über die ganze Welt gebracht haben, schreit zum Himmel. Deutsche Gerichte sollen ihnen das Urteil sprechen. Die nationalsozialistischen Konjunkturgewinne und die Kriegsgewinne müssen eingezogen werden. Aber wir wollen nur den treffen, der wirklich schuldig ist; die Mitläufer, diejenigen, die nicht andere unterdrückten, die sich nicht bereicherten, keine strafbaren Handlungen begangen haben, soll man endlich in Ruhe lassen. Sie selbst sollen Zurückhaltung üben, weil sie, wenn auch nur zu einem manchmal sehr kleinen Teil, mit Schuld tragen, an dieser entsetzlichen Entwicklung. Sie können in unsere Partei eintreten, wenn sie zunächst auch keine Funktion darin ausüben sollen. Aktiver Militarist ist nicht der Soldat, gleichgültig welchen Ranges, ob Offizier oder nicht, der in anständiger Weise seine Pflicht erfüllt und nichts anderes getan hat. Er darf deswegen keine Zurücksetzung erfahren.

Wenn man harmlose Mitläufer und Soldaten, die glaubten, ihre Pflicht zu erfüllen, deswegen zurückstößt, so züchtet man geradezu einen verstiegenen und extremen Nationalismus.

Die Jugend

Eine ernste Sorge sind für uns die Altersjahrgänge, die ihre Ausbildung und Erziehung ganz oder zum größten Teil unter der Herrschaft des Nationalsozialismus erhalten haben. Man muß sich einmal vor Augen führen, daß der heutige 22jährige 1933 erst zehn Jahre alt war. Zunächst ist ihre berufliche Ausbildung schlecht infolge des Krieges und der Vernachlässigung der Schulen durch den Nationalsozialismus. Daher sind ihre Aussichten für die Zukunft besonders trüb. Wir müssen versuchen, dem abzuhelfen. Vor allem aber besitzen sie eine völlig falsche politische Sicht. Die Altersjahrgänge, um die es sich handelt – sie gehen bei Männern und Frauen bis über das 30. Lebensjahr hinauf – werden verhältnismäßig bald die Träger des politischen Lebens in Deutschland sein; ihre Einstellung, ihre Denkungsart wird maßgebend werden. Es ist abwegig, ihnen Vorwürfe zu machen. Sie haben alle die Jahre hindurch in politischer Hinsicht nichts gehört als das, was der Nationalsozialismus ihnen sagte. Wie kann man da von ihnen politische Urteilsfähigkeit verlangen, da sie noch Kinder waren, als der Nationalsozialismus die Macht an sich riß.

Es würde ganz falsch sein, nach einer Bestrafung zu rufen, wie es vielfach gerade sogar von deutscher Seite geschieht. Man züchtet dadurch einen wütenden Nationalismus. Es gibt nur ein Mittel gegen diesen Geist, und das ist Aufklärung und Belehrung. Man muß sie darüber aufklären, was der Nationalsozialismus und seine Führer in Wirklichkeit waren, ihnen zeigen, daß die heutige Situation Deutschlands, ihre eigene traurige Lage, eine Folge der nationalsozialistischen Politik und Führung sind. Diese Aufklärung und Belehrung wird vergebens sein, wenn sie von alliierter Seite kommt. Die Jugend wird ihr nicht glauben. Und auch das muß man verstehen. Sie muß von autoritativen deutschen Stellen planmäßig und ruhig, nicht agitatorisch erfolgen, sonst erreicht man nichts. Bei dieser Aufklärung, nicht nur der Studenten, müssen unsere Universitäten und Hochschulen aller Art, führende Männer und Frauen aller Richtungen mitwirken. Strafe für den, der Schuld hat, aber Belehrung und Aufklärung für die weiten Kreise unseres Volkes, die ohne eigene Schuld planmäßig irregeleitet worden sind.

Gut wäre es, wenn die politisch Interessierten aus den jüngeren Jahrgängen sich in Arbeitskreisen der CDU zusammenfänden, wie dies in ausgezeichneter Weise und ohne jede Einwirkung der älteren Generation in Köln geschehen ist, um sich in gemeinsamer Arbeit die Grundlage einer neuen politischen Sicht zu erarbeiten. Die Voraussetzungslosigkeit der jüngeren Generation scheint mir dabei ein besonders wertvoller Ansatzpunkt zu einer ungetrübten Sicht und einer wahrhaft realpolitischen Haltung werden zu können.

Noch ein Wort zu der Zugehörigkeit jüngerer Menschen zu national-sozialistischen Formationen. Ich meine, es entspricht dem Gebot der natürlichsten Gerechtigkeit, hier mit besonders milden Maßstäben zu messen. Es ist ein Unding, einen jungen Menschen heute ins soziale Elend zu stoßen, weil er als Kind hinter einer Maultrommel und einem Wimpel hergelaufen und vielleicht sogar dabei Häuptling einer Jugendhorde gewesen ist. Ich würde es begrüßen, wenn die britische Besatzungsmacht besondere Anweisung für die Behandlung der Jüngeren in dieser Beziehung erteilte.

Boden- und Siedlungsfragen

Unser Land wird im Höchstfall 40 Millionen Menschen ernähren können, aber unsere Einwohnerzahl wird über 60 Millionen sein. Das Gespenst des Hungertodes für viele Millionen können wir nur bannen, wenn wir unserem Boden auch das Letzte abringen und wenn andererseits die Alliierten uns genügend industrielle Produktionsstätten belassen, um durch Export und Import unsere Menschen ernähren und kleiden zu können. Wenn wir 40 Millionen aus eigener Scholle ernähren wollen, dürfen wir bodenreformerische Experimente nicht machen. Die Bodenverteilung in der britischen Zone ist auch nicht so, daß hierzu Veranlassung bestünde, abgesehen von gelegentlichen Korrekturen.

Was wir bisher über den zukünftigen Umfang unserer Industrie und unseres Exportes gehört haben, übersteigt unsere schlimmsten Befürchtungen. Wir hoffen, daß das letzte Wort noch nicht gesprochen ist.

Über die Beseitigung der unmittelbaren Kriegsschäden hat die CDU Ihnen folgendes zu sagen: Wir wollen einen billigen Ausgleich der Kriegsschäden. Es handelt sich dabei um eine so elementare Forderung der Gerechtigkeit, daß ich zur Begründung kaum etwas zu sagen brauche.

Ich möchte auf folgendes hinweisen: wenn man durch die britische Zone fährt, so sieht man beträchtliche Strecken Landes, die äußerlich vom Kriege unberührt sind. Allerdings haben auch sie an der Sorge für die Flüchtlinge zu tragen. Dennoch ist ein gerechter Ausgleich mit den zerstörten Gebieten, besonders des Westens, notwendig. Auch die Wirtschaftsverwaltungen sollten sich darüber klar sein, daß ein Schematismus hier ungerecht ist. Ich führe als Beispiel Köln an. Köln ist mehr zerstört als andere Städte. Es kann nur hochkommen, wenn es mehr Zuteilungen an Baustoffen und anderen Dingen erhält als weniger zerstörte Städte, und zwar solange, bis deren Vorsprung aufgeholt ist.

Wir wollen Sorge und Hilfe in materieller, sozialer und kultureller

Hinsicht für die Millionen von Flüchtlingen, die aus allem herausgerissen sind und vielfach überhaupt nichts mehr besitzen. Die Sorge für sie ist ebenso ein Gebot christlicher Barmherzigkeit wie politischer Klugheit, um das Überhandnehmen asozialer Elemente zu verhindern.

Wenn wir an den Wiederaufbau unserer zerstörten Städte und Ortschaften, unserer industriellen Unternehmungen gehen, dann wollen wir lernen aus den Fehlern der Zeit der Industrialisierung, des Entstehens unserer großen Städte. Die Zusammenballung großer Menschenmassen auf engstem Raum darf sich unter keinen Umständen wiederholen, und ebenso wenig darf die sich daraus ergebende Wertsteigerung des Grund und Bodens einzelnen zugute kommen. Ich erblicke seit vielen Jahren in dieser verfehlten Boden- und Siedlungspolitik der früheren Zeit eine der Hauptquellen für die materialistische Einstellung weiter Kreise unseres Volkes, für seine Entwurzelung und innere Haltlosigkeit. Hier sehe ich eine bodenreformatorische Aufgabe größten Ausmaßes von vitaler Bedeutung für unsere Zukunft.

Eine Partei muß Stellung nehmen zu den anderen Parteien, zu ihren Programmen, ihren Ansprüchen und, soweit es die Selbstachtung erfordert, auch zu den Agitationsmethoden der anderen Parteien. Bei den notwendigen Auseinandersetzungen muß man sich von der Überzeugung leiten lassen, daß keine Partei für sich allein Deutschland aus seiner Not retten kann, daß daher im Interesse des deutschen Volkes alle Parteien zur ehrlichen Zusammenarbeit bereit sein müssen.

Wir und die Sozialdemokratie

Ich will zuerst über die Sozialdemokratische Partei sprechen. Ich werde mich dabei auf das absolut Notwendigste beschränken und soweit es das Gebot der Selbstachtung irgendwie zuläßt, alles vermeiden, was die im Interesse des deutschen Volkes einmal notwendig werdende Zusammenarbeit mit ihr unsererseits gefährden könnte. Eins möchte ich an die Spitze meiner Ausführungen stellen. Seit einiger Zeit gefährdet die SPD diese zukünftige Zusammenarbeit sowohl durch ihre Ansprüche wie ihre Agitationsmethoden. Und zwar tut das kein Geringerer als Herr Dr. Schumacher, der anerkannte Führer der SPD, seit einigen Monaten in Wort und Schrift. Er hat das getan u. a. in Reden in Bonn und in Köln, in Nr. 2 der Schriftenreihe für die Unterrichtung und die Arbeit der sozialdemokratischen Funktionäre. Das ist nicht immer so gewesen. Ende September 1945 war in Godesberg eine Zusammenkunft von führenden Männern der SPD und der CDU; führende Männer beider Parteien hatten gemeinsam zu dieser Besprechung eingeladen. Als Führer der SPD war nicht Herr Dr. Schumacher anwesend, wohl aber Herr Severing. Dort kam man aus der Überzeugung heraus, daß die CDU und die SPD in gemeinsamer Arbeit das deutsche Volk retten müssen, zu dem Gentleman's Agreement gegenseitiger Rücksichtnahme ohne Verwischung der Verschiedenheit der politischen Auffassungen in prinzipiellen Fragen.

Im September 1945 hat Herr Dr. Schumacher vertrauliche Richtlinien für die SPD in ihrem Verhältnis zu den anderen politischen Faktoren für den Gebrauch der führenden Funktionäre herausgegeben. Auch auf diese Richtlinien werde ich im Laufe meiner Ausführungen noch zurückkommen. Auch sie melden zwar schon einen für uns unerträglichen Führungsanspruch für die SPD an, sie sind aber in dem gegen uns angewandten Ton noch erträglich.

Das alles ist im Laufe der letzten Monate völlig, von Grund auf anders geworden. Herr Dr. Schumacher beleidigt uns fortgesetzt in der gröblichsten Weise. Er hat damit nicht nur das Godesberger Abkommen gebrochen, er gefährdet damit auch die künftige, im Interesse des deutschen Volkes notwendige Zusammenarbeit auf das stärkste. Wenn ich mich lediglich als Parteiführer fühlte, könnte ich mich über diese neue Methode des Herrn Dr. Schumacher freuen; denn sie liefert uns ein prachtvolles Agitationsmaterial, aber als Deutscher bedauere ich sie tief. Ich appelliere an die SPD und den Herrn Dr. Schumacher vom Herbste 1945: wir sind bereit, das Godesberger Abkommen weiter zu halten, wenn es kein einseitiges Abkommen bleibt, sondern auch von der SPD gehalten wird.

Mit Herrn Dr. Schumacher muß ich mich über folgende Punkte auseinandersetzen:

1. er behauptet, die CDU betreibe eine rücksichtslose und reaktionäre Politik bei der Besetzung wichtigster Ämter;

2. die CDU von heute sei nicht die Partei, wie sie bei ihrer Gründung geplant worden sei.

3. Die CDU sei keine weltanschauliche, sondern eine reine Besitzverteidigungspartei, die sich des Christentums nur als Tarnung bediene.

4. Die SPD habe in Deutschland den Führungsanspruch, weil sie allein von allen Parteien seit 80 Jahren die Prinzipien des Friedens und der Demokratie hochgehalten habe.

Lassen Sie mich zunächst die Behauptung Dr. Schumachers von der rücksichtslosen und reaktionären Personalpolitik der CDU abtun. Hören Sie, was Dr. Schumacher darüber am 3. Februar 1946 von dieser Stelle aus gesagt hat:

»Es gibt in Deutschland keine Stelle, in der die Sozialdemokratie sich so benehmen würde wie die CDU in der Rheinprovinz. Es ist keine gute Demokratie, wenn alter Wein in neue Schläuche gegossen wird. Man wird nicht ein christlicher Aufbaupolitiker, wenn man, um Oberpräsident zu werden, von den Deutschnationalen in eine neue Partei übergeht. Diese Figur ist ja nicht vereinzelt.«

An einer anderen Stelle: »Was soll ich denn dazu sagen, wenn eine solch belastete und in sich der Zukunft so wenig zugewandte Figur wie dieser Oberbürgermeister a. D. Jarres der Beichtvater und politische Berater der CDU im Rheinland ist.«

Demgegenüber stelle ich folgendes fest: Ehe der Oberpräsident der Nord-Rheinprovinz, Dr. Lehr, – diesen hat Herr Dr. Schumacher gemeint – auf den Posten berufen wurde, hat die britische Militärregierung Vertreter der KPD, der SPD und der CDU kommen lassen und sie gefragt, ob sie mit der Berufung von Herrn Dr. Lehr auf den Posten eines Oberpräsidenten der Nord-Rheinprovinz einverstanden seien. Alle drei Parteivertreter haben erklärt: jawohl. Der Vertreter der britischen Militärregierung hat dann weiter gefragt, ob die Herren auch für ihre Parteiangehörige im Lande sprächen. Auch diese Frage ist von allen drei Parteivertretern ausdrücklich bejaht worden. Was nun Herrn Dr. Jarres angeht, so könnte ich mir Herrn Jarres in allen möglichen Stellungen vorstellen, aber nicht in der, die ihm Herr Dr. Schumacher zuweist, Beichtvater der CDU im Rheinland zu sein. Ich bin der Vorsitzende der CDU in der Nord-Rheinprovinz, und wenn Herr Jarres unser parteipolitischer Beichtvater wäre, so würde man sich doch schon mal sehen oder sprechen. Ich erkläre hiermit ausdrücklich, daß ich Herrn Dr. Jarres seit Jahren weder gesehen, noch gesprochen, noch mit ihm Briefe gewechselt habe.

Ich will mich nicht in Einzelheiten ergehen, aber darf ich Herrn Dr. Schumacher in aller Zurückhaltung an die Verhältnisse im Regierungsbezirk Aachen und der Stadt Aachen erinnern? Regierungspräsident in Aachen ist ein höchst aktiver Sozialdemokrat. Oberbürgermeister der Stadt Aachen ist ebenfalls ein Sozialdemokrat. Dabei hat sowohl der Regierungsbezirk Aachen wie die Stadt Aachen immer eine prozentual sehr geringe sozialdemokratische Stimmenzahl bei den freien Wahlen gehabt.

Hören Sie weiter, was Herr Dr. Schuhmacher über die CDU bei ihrer Gründung und die heutige CDU sagt: »Als die CDU gegründet worden ist, da meinten sicher wackere und wohlmeinende Männer, die Dinge der Politik auf eine neue Plattform zu heben, aber in der Zwischenzeit sind die Nazis, die Deutschnationalen und die Deutsche Volkspartei böser kapitalistischer und klassenkämpferischer Färbung in diese CDU hineingeströmt. Die Struktur und die politische Physiognomie dieser CDU hat sich seit diesen Tagen grundlegend geändert ... Die CDU hat, ob mit oder ohne ihren Willen, das Bett gemacht, in dem die Reaktionäre der Harzburger Front bereits kräftig schnarchen.« Nun, meine Damen und Herren, an sich wäre es doch auch sicher im Sinne des Herrn Dr. Schumacher erwünschter, wenn die Reaktionäre im Bett lägen, schliefen und schnarchten, als wenn sie wühlten und tätig wären. Er müßte uns also, von seinem Standpunkt aus eigentlich dafür danken, daß wir die Reaktionäre der Harzburger Front zur Ruhe gebracht hätten. Aber seine ganzen Behauptungen sind völlig falsch. Die Struktur und die politische Physiognomie der CDU hat sich seit den Tagen ihrer Gründung in keiner Weise geändert. Wir achten mit der größten Sorgsamkeit darauf, daß wir die Partei eigener Prägung entsprechend unserem Programm sind und bleiben. Es ist nicht wahr, daß Mitglieder der von Herrn Dr. Schumacher genannten Parteien in unsere CDU hineingeströmt wären. Gewiß, wir nehmen genau wie die SPD und die KPD unbelastete frühere Nationalsozialisten als Mitglieder auf; sie können aber bis auf weiteres keine führenden Stellungen bei uns erhalten. Wir lehnen es durchaus ab, eine Rechtspartei zu sein, wir lehnen es auch ab, eine Linkspartei zu sein. Über alles dies herrscht bei uns vollste Einmütigkeit.

Hören Sie, was Herr Dr. Schumacher von unserer Partei weiter sagt: Er behauptet, die CDU sei eine reine Besitzverteidigungspartei, der eigentliche Beweggrund ihrer Existenz seien die wirtschaftlichen Interessen derjenigen, die noch etwas hätten und von ihrem Besitz möglichst nichts abgeben wollten. Bei uns herrsche nicht der Geist der Bergpredigt, wohl aber der Geist einer Besitzverteidigung, die Deutschland zugrunde gehen ließe, wenn bloß das eigene Portemonnaie geschont bliebe. Jetzt müsse bei uns der Begriff christlich zur Tarnung für unsere Besitzverteidigungsbestrebungen herhalten. Diese beleidigenden Behauptungen werden immer und immer wieder vorgetragen und in die Welt geschleudert, damit sie sich allmählich in den Gehirnen festsetzen und zur Überzeugung werden. Irgendeinen Beweis für seine Behauptungen versucht Dr. Schumacher nicht einmal zu erbringen. Die ganze Methode erinnert in peinlicher Weise an die Propagandamethoden einer hinter uns liegenden Zeit. Ich bedaure die schweren Beleidigungen, die Herr Dr. Schumacher gegen die CDU schleudert, aufs tiefste. Er wirft uns nicht mehr und nicht weniger vor, als daß wir krasse, egoistische Motive hätten und uns heuchlerischer Weise christlich tarnten.

Ist sich eigentlich Herr Dr. Schumacher klar, was er mit solchen Beleidigungen anrichtet? Ich kann es mir gar nicht vorstellen, daß ein politisch denkender Kopf im heutigen Deutschland derartig mit der Ehre einer großen Partei umspringt. Man möge sich doch einmal klarmachen, welches Echo ein Führer der CDU haben würde, wenn er etwa behauptete, die Sozialdemokraten seien im Grunde genommen gar keine Sozialisten; sie seien reine Opportunisten und Machtpolitiker, genau wie die früheren preußischen Junker, den Sozialismus hängten sie sich nur als Mäntelchen um, um ihre rein machtpolitischen Ziele dahinter zu verbergen. Die Behauptungen Herrn Dr. Schumachers sind besonders absurd, weil die westlichen Provinzen Deutschlands, in denen der Hauptteil unserer Anhänger wohnt, unendlich viel mehr durch den Krieg gelitten und verloren haben als diejenigen Landesteile, in denen hauptsächlich Anhänger der Sozialdemokratie wohnen. Ich weise diese Behauptungen für meine Parteifreunde mit Entrüstung zurück, und ich mache die Sozialdemokratische Partei mit Nachdruck auf die Folgen aufmerksam, die die Wiederholung derartiger Beleidigungen bei uns nach sich ziehen müssen.

Ich komme zu dem von Herrn Dr. Schumacher immer wieder wiederholten Führungsanspruch der Sozialdemokratie in Deutschland. Wir haben zu beanstanden sowohl die Erhebung dieses Führungsanspruches, wie seine Begründung. Zur Begründung führt Herr Dr. Schumacher aus: die bürgerlichen Parteien, das sind nach ihm alle Parteien mit Ausnahme der SPD und der KPD, hätten zusammen mit dem Kapitalismus den Nationalsozialismus geschaffen, um sich an der Herrschaft zu halten. Die Sozialdemokratie dagegen habe allein von allen Parteien seit 80 Jahren die Prinzipien des Friedens und der Demokratie vertreten. Die bürgerlichen Parteien, die Vertreter des Kapitalismus, seien mit ihrer Politik restlos zusammengebrochen. Die von der Sozialdemokratie allein vertretenen Prinzipien des Friedens und der Demokratie hätten sich bewährt, darum gebühre der SPD jetzt die Führung in Deutschland.

Derartige Ausführungen werden in der britischen Zone in der Öffentlichkeit, sowohl wie in den zahlreichen Besprechungen, die sozialdemokratische Funktionäre mit Vertretern der britischen Militärregierung haben, immer wieder wiederholt. In London werden diese Gedanken von sozialdemokratischen Emigranten verbreitet. Die SPD hat damit bisher nennenswerte Erfolge in der öffentlichen Meinung Englands und wohl auch bei der britischen Militärregierung gehabt. Der »Economist« führte am 2. Februar 1946 in einem »Zerstückeltes Deutschland« überschriebenen Artikel aus: »Es muß nochmals gesagt werden, daß ein Entschluß zur Verlängerung der Zonenverwaltung keineswegs einem Versuch gleichkommen darf, aus der Zonenaufteilung eine ständige Zerstückelung werden zu lassen. Er kann lediglich auf der Überzeugung aufgebaut werden, daß eine auf Sozialdemokratie, Verstaatlichung und Erweiterung der Produktion aufgebaute Politik das richtige für ganz Deutschland ist; und die beste Methode, diese Politik auf ganz Deutschland zu übertragen, wäre, in der britischen Zone den Beweis ihres einwandfreien Funktionierens zu erbringen.«

Hier wird also in dem sehr angesehenen Blatt ausdrücklich erklärt, daß die Politik der britischen Regierung auf der Sozialdemokratie aufgebaut werden müsse.

Bei den Behauptungen, die Herr Dr. Schumacher zur Begründung des Führungsanspruches der SPD in Deutschland aufstellt und die ich oben wiedergegeben habe, handelt es sich um eine Geschichtsklitterung schlimmster Art. Darum muß ich ausführlicher auf sie eingehen.

Es ist nicht richtig, wie Herr Dr. Schumacher behauptet, daß das Großkapital den Nationalsozialismus ins Leben gerufen habe, um die bürgerlichen Parteien am Ruder zu halten. Ich bin kein Freund von Großkapitalisten und ebenso wenig ein Freund der Trusts und Kartelle. Ich erkläre, daß sie zum weitaus größten Teil einen falschen und nicht genügend sozialen Gebrauch von ihren Machtmitteln gemacht haben, daß ich nicht wünsche, daß wieder »Großkapitalisten« entstehen – zur Zeit weiß ich wirklich keine –, daß Großkapitalisten niemals eine die Freiheit bedrohende politische Macht gewinnen dürfen. Aber: den Nationalsozialismus hat das Großkapital nicht geschaffen. Der Nationalsozialismus war nicht ihre Erfindung, das läßt sich klar und eindeutig beweisen. Der Nationalsozialismus war vom ersten Augenblick an scharf gegen die Juden eingestellt. Im Großkapital aber waren Juden durchaus maßgebend. Glaubt einer, daß diese maßgebenden jüdischen Herren ihren Todfeinden nämlich den Nationalsozialisten, zur politischen Macht verholfen haben? Nein, das hieße doch die Intelligenz und Klugheit dieser Herren gewaltig unterschätzen.

Die Erfinder des Nationalsozialismus waren militärische Kreise, waren hohe Militärs. Sie erkannten, daß es zwei Schlagworte von fabelhafter Zugkraft für die große Masse des deutschen Volkes gab, die Worte »national« und »Sozialismus«. Übrigens gibt es jetzt sozialdemokratische Führer, die die gleiche Erkenntnis haben. Sie betonen in ihren Reden sehr stark den nationalen Akzent, und sie stellen den Sozialismus hin als die Erlösung der Menschheit von allen Übeln. Verzeihen Sie die kurze Abschweifung; ich wiederhole: diese Militaristen, die in sehr hohen militärischen Stellen waren oder gewesen waren, erkannten die propagandistische Zugkraft der Worte »national« und »Sozialismus«. Sie verbanden sie zu einem Wort und schufen eine neue Art von Sozialismus, den Nationalsozialismus. Sie sagten sich, daß man, um dem Instinkt breiter Massen entgegenzukommen, einen namenlosen Soldaten an die Spitze stellen müsse. So verfielen sie auf Hitler, der in politischen Diskussionsabenden, die von Formationen der Reichswehr in München veranstaltet wurden, durch seine populäre Rhetorik aufgefallen war.

Seine ganze militärische Organisation hat der Nationalsozialismus von seinen militärischen Vätern, nicht von Hitler, der niemals systematisch arbeiten konnte, nicht von Göring, der sich jahrelang vorsichtig zurückhielt, bis er sah, daß diese Partei eine Macht zu werden versprach und daß er durch den Anschluß an sie persönliche Chancen habe. Das Geld, das nötig war, um eine solche ungeheure Organisation wie die nationalsozialistische Partei aufzubauen, kam *zuerst* aus den Schwarzen Fonds der Reichswehr, der Reichswehr, die von sozialdemokratischen Ministern und auch von dem mir hochverehrten Reichspräsidenten Ebert immer mit größter Zartheit und Rücksicht behandelt wurde.

Die Wirtschaftskreise sind erst der nationalsozialistischen Partei mit finanziellen Mitteln zur Hilfe gekommen, als diese Partei die stille Approbation und Unterstützung der Reichswehr gefunden hatte. Ich verurteile scharf diese militärischen und die wirtschaftlichen Kreise; sie tragen große Schuld und müssen deshalb zur Rechenschaft gezogen werden, ich mußte aber diese Feststellungen treffen, einmal um der historischen Wahrheit willen, dann aber auch um entschieden gegen die Behauptungen Dr. Schumachers Front zu machen, es gebe nur noch ein Heilmittel für das deutsche Volk, den Sozialismus, weil der Kapitalismus das Nazitum über Deutschland und die Welt gebracht habe, um sich und die bürgerliche Klasse zu retten. [...]

Das Reich als Bundesstaat

[...] Eine deutsche Reichsgewalt existiert zur Zeit nicht mehr. Die ganze Gewalt in Deutschland ist in den Händen der Alliierten. Alle deutschen Stellen und Behörden arbeiten kraft ihres Auftrages. Daß dieser Zustand möglichst bald ein Ende haben muß, auch nach der Auffassung der Alliierten, brauche ich nicht zu betonen. Was soll werden?

Wir wollen, daß Deutschland neu ersteht. Wir wollen nicht das Bismarcksche Reich unter preußischer Führung. Wir wollen nicht das zentralistische Deutschland des Nationalsozialismus, wir wollen nicht den deutschen Staatenbund, den der der Sozialdemokratischen Partei angehörende bayerische Ministerpräsident Högner in seiner Eröffnungsrede für den bayerischen Beratenden Ausschuß verlangt hat. Wir wollen, daß ein Bundesstaat geschaffen wird, ein Bundesstaat, dessen Zentralgewalt alles das bekommt, was zum Bestehen des Ganzen vernünftigerweise nötig ist, aber auch nicht mehr als das. Wir wollen, daß die einzelnen Länder dieses Bundesstaates weitgehend eigene Verantwortung tragen auf allen Gebieten, in denen eine zentrale Verwaltung nach dem oben Gesagten nicht nötig ist. Das ganze Deutschland, sowohl die Zentralverwaltungen wie auch die Länderverwaltungen, soll möglichst dezentralisiert werden.

Es sollen von den Gemeinden her die Menschen erfaßt und zur Beteiligung an den öffentlichen Angelegenheiten aufgerufen werden. Die Gemeinde ist für uns die Keimzelle jedes staatlichen Lebens. In ihr üben sich die politischen Kräfte, und durch sie erst erhält der Bürger das konkrete Staatsgefühl.

Westeuropäische Probleme

Ich kenne die Besorgnisse der westlichen Nachbarn Deutschlands. Ich verstehe und würdige sie nach den Erfahrungen, die sie in den letzten hundert Jahren gemacht haben, in vollem Umfange. Ich halte es für unrichtig, sie zur Beruhigung auf die heutige politische Machtverteilung in Europa hinzuweisen. Alles ist ständig im Fluß und ändert sich unter der Sonne!

Es muß eine Lösung der deutschen Frage gefunden werden, die organischer Natur und darum von Dauer ist und die unseren westlichen Nachbarn beruhigt und ihm das Gefühl von dauernder Sicherheit gibt, auf daß er einen berechtigten Anspruch hat. Eine Abtrennung dieser Gebiete von Deutschland ist keine derartige Lösung.

Mit der Abtrennung allein ist es nicht getan. Wer eine solche Abtrennung vornimmt, muß sich auch die Frage vorlegen, was denn aus dem übrigen Deutschland werden soll, ob das übrige Deutschland nicht dadurch, um einen Ausspruch eines ausländischen Blattes zu gebrauchen, zu einem verwesenden Leichnam mitten in Europa wird, der genauso tödlich für dieses sein würde, wie ein siegreiches nationalsozialistisches Deutschland es gewesen wäre. – Ich bin Deutscher und bleibe Deutscher, aber ich war auch immer Europäer und habe als solcher gefühlt. Deshalb bin ich von jeher für eine Verständigung mit Frankreich eingetreten, und ich habe ihr in den zwanziger Jahren bei den schwersten Krisen gegenüber der Reichsregierung das Wort geredet. Ich bin nie eingetreten für eine Abtrennung deutscher Gebietes, sondern immer nur für eine vernünftige, beiden Interessen gerecht werdenden Verständigung. Ich bin deshalb in den zwanziger Jahren für eine organische Verflechtung der französischen, der belgischen und der deutschen Wirtschaft zur Sicherung eines dauernden Friedens eingetreten, weil parallel laufende, gleichgeschaltete wirtschaftliche Interessen das gesundeste und dauerhafteste Fundament für gute politische Beziehungen zwischen den Völkern sind und immer bleiben werden. Heute sind ganz andere Zukunftsmöglichkeiten für Westeuropa, für ganz Europa möglich als damals.

Aus: Rede des Ersten Vorsitzenden der Christlich-Demokratischen Union für die britische Zone Oberbürgermeister a. D. Konrad Adenauer in der Aula der Kölner Universität am Sonntag, den 24. März 1946, Schriftenreihe der Christlich-Demokratischen Union des Rheinlandes, Heft 8, Köln o. J.

18b. Auszug aus der Rede Jakob Kaisers auf der Berliner Tagung der CDU 1946

[...] Hätte nicht eine hundertjährige Arbeiterbewegung schon fortgesetzt am Strukturwandel der gesellschaftlichen Ordnung gewirkt, hätte nicht der erste Weltkrieg und wirtschaftliche und soziale Auseinandersetzungen, die dem ersten Krieg folgten, ihr Werk der Nivellierung des Volkes getan, so hätte Hitler, sein Krieg und sein Zusammenbruch allein schon genügt, um den Strukturwandel zu einem radikalen zu machen.

Wollen wir nicht ein Volk werden, dessen Gesicht von Almosenempfängern, Bettlern und Proletariern geprägt wird, dann müssen wir uns bewußt zu einem Gliederungswillen des Volkskörpers bekennen, der die Massen der Enteigneten, der grenzenlos Verarmten zumindest auf das Niveau des werktätigen Volkes hebt.

Die gesamte Eigentumsordnung ist durch Hitler und seinen Krieg ins Wanken gekommen. Es gilt eine überkritische Lage zu meistern. Das bedeutet, daß auch der Rest der Menschen besitzbürgerlicher Lebensorientierung seinen Anspruch auf Besitz, auf Lebenssicherung, auf ein bestimmtes Maß von Sorglosigkeit auf ein Minimum herabschrauben muß. *Das heißt, vor aller Sorge um den Einzelbesitz, vor jeder bevorzugten Sicherung des einzelnen oder eines begrenzten Kreises von Privilegierten steht die Sorge um ein Mindestmaß an menschenwürdigen Lebensmöglichkeiten für die Gesamtheit des Volkes, steht die Sorge für den Lebensstandard des gesamten Volkes, wie er nach den Gegebenheiten unserer Situation noch im Bereich des Möglichen liegt. Um dieser Sorge gerecht zu werden, bedarf es eines Neubaus unserer Gesellschafts- und Wirtschaftsordnung von Grund auf, und zwar eines Neubaus, dessen Wesensmerkmal das Soziale ist.*

Wer das bejaht – und kein Christ und wahrer Demokrat kann anders, als es bejahen –, tut den Schritt zum Sozialismus.

Sozialismus bedeutet nichts anderes, als daß im Willen zum Neubau der Volksordnung die sozialen Erfordernisse die erste Stelle einnehmen. Nur so ist der Neubau möglich. Vor der würgenden Not unseres Volkes erscheint jeder Rückgriff auf das Gestern überlebt. Erkennen wir, was nötig ist: Der Sozialismus hat das Wort.

Wer solche Einsicht, solche Erkenntnis als ein »Spiel mit dem Sozialismus« bezeichnet, wie Liberaldemokraten es zu tun beliebten, dem kann man nur sagen: »Wenn ihr's nicht fühlt, ihr werdet's nicht erjagen.« Aber schließlich, wenn man die Kraft seiner Sehnsucht darauf konzentriert, einmal wieder ganz laut »Deutschland, Deutschland über alles« singen zu können, kann man leicht den schwachen Pulsschlag eines totkranken Volkes überhören. Dann sieht man bei anderen auch als Spiel an, was das Ergebnis ernsten Ringens um den besten Weg zur Gesundung ist. Möglich, daß man damit sogar ein paar ängstliche Bürger von gestern gewinnt. Der Ernste, Fortschrittliche, der um sein Volk Besorgte aber geht mit dem wahrhaft Ringenden.

Diesen mit uns um unser Volk Besorgten mag gleich gesagt werden, daß uns der Sozialismus niemals ein System des grundsätzlichen Hasses gegen Besitz und höheres Lebensniveau sein oder werden kann. *Wir wollen nicht vermassen, nicht herabziehen, wir wollen aufrichten. Ein Besitz allerdings muß jedem in unserem Volke wiedergegeben werden:*

Das ist der Besitz der Menschenwürde
Millionen haben ihn heute nicht, weil ihnen das Notdürftigste zum menschenwürdigen Dasein fehlt. Deshalb sind wir auch gewiß, daß wir bei allen sozial Gerechten und sozial Klugen Zustimmung zu unserer radikal sozialen Haltung finden.

Denen aber, die meinen, wir hätten kein Recht, unsere entschiedene soziale Haltung eine sozialistische zu nennen, mag gesagt sein: *Der Sozialismus ist kein Monopol irgendeiner Partei.* Der Marxismus ist nur eine der geschichtlichen Formen des Sozialismus. Er entstand aus dem Geiste eines Marx, der sich vom Standpunkt seiner Weltanschauung und seiner wissenschaftlichen Erkenntnis aus mit der hoffnungslosen Lage der damaligen Arbeiterschaft auseinandersetzte. Der Marxismus ist allerdings zu einer Form geworden, die dogmatischen Anspruch erhebt. Das ist den Marxisten natürlich unbenommen.

In einem demokratischen Staat hat eine politische Richtung schließlich auch das Recht, ihre Anschauung zum Dogma zu erklären. Nur hat sie kein Recht, den Versuch zu machen, Andersdenkende zur Anerkennung ihres Dogmas zu zwingen, das heißt, sie zwangsmäßig zu Gläubigen zu machen. Das wäre der Weg zur Diktatur.

Wir in der Union werden uns doppelt angelegen sein lassen, so undogmatisch wie möglich zu sein. Denn die christliche Idee in ihrer Anwendung auf das politische Leben ist von kluger und weiser Großzügigkeit. Diese Großzügigkeit gibt gesunden Spannungen und fruchtbaren Eigenheiten durchaus Raum. Nur gegen die Reaktion im Politischen und Sozialen und gegen Untreue gegenüber dem Lebensgesetz unseres Volkes wollen wir unerbittlich sein.

Unser Sozialismus ist wesensverschieden vom Marxismus. Das christliche Sozialgesetz kann uns sozialistische Wege führen, da es an eine bestimmte Gesellschafts- und Wirtschaftsordnung nicht gebunden ist. Aber im christlichen Sozialgesetz und im Marxismus begegnen sich zwei Weltanschauungen, die einander ausschließen. Wir lehnen die materialistische Weltauffassung, die dem Marxismus zugrunde liegt, ab. Wir lehnen es ab, den Menschen im Grunde als das Ergebnis der wirtschaftlichen Umwelt zu sehen. *Freiheit und Eigengesetzlichkeit der menschlichen Persönlichkeit sind uns unantastbare Lebensgesetze.* Wir lehnen die Wirtschaft als beherrschende Macht im Leben ab, und wir verneinen die Diktatur einer Klasse und den revolutionären Weg des Klassenkampfes, der zu diesen Zielen führen soll.

Wenn wir uns zum Sozialismus, zum beherrschenden Faktor des Sozialen bekennen, so in dem Sinne, daß wir aus unserem Volk eine organische Gemeinschaft von freien, unabhängigen Persönlichkeiten machen wollen, Persönlichkeiten, die frei von Not, Armut und Elend in der Harmonie einer glücklich und sinnvoll gegliederten Gemeinschaft zu leben in der Lage sind. Nur auf dieser Grundlage scheint uns auch die Verwirklichung einer wahren Demokratie möglich.

Die Wesensverschiedenheit der Weltanschauungen hindert uns nicht, mit den Männern des Marxismus in gemeinsamer Front zur Wiederaufrichtung unseres Vaterlandes zu arbeiten. Wir üben diese Zusammenarbeit in aller Loyalität. Wir haben das bisher getan und werden es auch weiter tun. Daß es dabei immer in restloser Harmonie zugeht, wird keiner annehmen, der vom politischen Leben eine Ahnung hat. Das Wesentliche ist aber, daß uns die aufrichtige Sorge für unser Volk und der Wille, ihm zu helfen, verbindet. Dabei darf man uns natürlich keine Dinge zumuten, die sich mit unserem christlich-sozialistischen und unserem politischen Gewissen nicht vereinbaren lassen.

Wir beharren vor allem darauf, daß alle Handlungen und Maßnahmen im öffentlichen Leben unter das unbeugsame Gesetz des Rechtes und der Gerechtigkeit gestellt werden.

Wir beharren darauf um unseres Gewissens und um Deutschlands willen.

Meine Freunde, ich begnüge mich mit der Andeutung dessen, was uns unser sozialistisches Bekenntnis und Anliegen bedeutet. Die Sprecher der Tagung werden uns ein Mehr darüber zu sagen haben. *Die Frage, die uns gestellt ist, heißt Deutschland.*

Um die Einheit der Nation

Sie ist nur zu lösen durch höchstmöglichen Zusammenhalt des deutschen Volkes. Und hier habe ich eine große, die größte Sorge. Meine Freunde aus dem Süden und Westen werden meine Sorge gut und bereit anhören. Wir sind ja alle Männer des gleichen, durch Schuld eines Verbrechers und durch schweres Irren geschlagenen Volkes. Wir sind geeint in der Union eines gleichen Willens für dieses Volk. Viele von Ihnen haben mit mir in der Zeit der Tyrannei des Bösen gegen das Verhängnis gekämpft: Ihr, meine Freunde aus der Arbeiterschaft des

Westens und Südens: Karl *Arnold*, Hans *Albers*, Bernhard *Deutz*, Michel *Rott*, Peter *Busen*, Heinrich *Strunk* und Sie, Josef *Müller*, Freund *Lukaschek*, Pater *Siemer* und Ihr anderen. Wir konnten die Katastrophe nicht aufhalten. Nun kommt es darauf an, das Reich soweit zu retten und zusammenzuhalten, es sinnvoll auszugestalten, wie es nur immer in unseren schwachen Möglichkeiten liegt.

Unsere äußeren Möglichkeiten sind nicht groß, denn wir sind nichts als die einfachen Vertrauensmänner eines geschlagenen Volkes. Aber wenn auch nur ein Funke von der Kraft in uns schlägt, die uns im Widerstand der zwölf Hitlerjahre beseelte, dann werden wir so viel von Deutschland retten, daß sich das Leben der heutigen Generation noch lohnt – um des neuen, fortschrittlichen Deutschlands willen, für das wir nur den Anfang schaffen können.

Die Veranlassung zur Diskussion der innerstaatlichen Gestaltung Deutschlands, die in oft peinigender Weise zwischen den beiden Polen Separatismus und Zentralismus in allen Schattierungen und Nuancierungen hin und her wogt, liegt nicht bei uns Deutschen allein. Ich hätte deshalb auch dieses und jenes ernste Anliegen bezüglich der Einflußnahme der Besatzungsmächte auf die innerstaatliche Gestaltung Deutschlands, die mir nicht immer sinnvoll für eine gute Zukunft erscheinen will. Ich möchte mir das Aussprechen dieser Anliegen am liebsten versagen, weil ich billigen Beifall vermeiden will, der in Zeiten angespannten Gefühls eines Volkes leicht zu ernten ist. Ich will auch nicht den Schein von Demagogie erwecken, um der schmählichen demagogischen Vergangenheit der zwölf Jahre willen. Aber ganz kann ich die Sorge nicht übergehen, die uns bedrückt.

Es ist uns klar, daß man beim staatlichen Neubau Deutschlands die europäischen Notwendigkeiten berücksichtigen muß. Die innere Ausgestaltung Deutschlands wird so sein müssen, daß sie Besorgnisse beseitigt, die nun einmal gegen Deutschland bestehen. Besorgnisse, die Hitlers Wahnsinn ungeheuer vertieft hat.

Aber die Entwicklung kann und darf nicht dahin führen, daß in Deutschland und damit mitten in Europa ein Zustand der Auflockerung entsteht, bei dem jeder gegen jeden arbeiten könnte.

Presse und Rundfunk haben gerade in den letzten Tagen Pläne einer Neugestaltung Deutschlands veröffentlicht, die nicht ungefährlich erscheinen. Es ist von einem deutschen Staatenbund die Rede, der im wesentlichen nur durch eine Zollunion zusammengehalten werden soll.

Wir sind erschüttert über diese Nachrichten. Sollte man wirklich die Geschichte so weit rückwärts drehen wollen? Will man nochmals einen Zustand herbeiführen, in dem man deutsche Länder gegeneinander ausspielt? Oder will man gar jeweils eine Gruppe deutscher Länder in den Dienst bestimmter Interessen stellen?

Eine solche Entwicklung müßte in Deutschland zu ständigen Unruhen und zu ständiger Bewegung gegeneinander führen. Der deutsche Geist würde wieder verengen, und niemals würde er auf solche Weise europäisch denken lernen.

Die künftige innerstaatliche Ordnung in Deutschland kann doch wohl kaum geschaffen werden, ohne daß man die Auffassung des gesamten deutschen Volkes hört. Oder sollte es so sein, daß man zuviel auf separatistische und partikularistische Kräfte in Deutschland hört? Das wäre kein guter Weg für die Gesundung Deutschlands und Europas. Daß Kräfte der Zersplitterung da sind, ist bei dem beispiellosen Zusammenbruch schließlich zu verstehen. Gewinnen sie aber auf die Gestaltung unseres Volksschicksals Einfluß, so bedeutet das gewiß eine Schwächung Deutschlands, niemals aber eine Quelle der Beruhigung. *Man lasse die echten Demokraten wirken, die Kräfte, die bewiesen haben, daß sie gegen Tyrannei und sinnlosen Zentralismus und Mechanismus zu kämpfen wissen, wie sie heute gegen einen Zerfall des Reiches kämpfen müssen und werden. Sie sind auf die Dauer gesehen die besten Europäer.*

Ich muß um der inneren Wahrhaftigkeit willen bekennen: Ich bin kein Mann des Föderalismus, und zwar bin ich es nicht, weil der Hang unseres Volkes leicht zu Eigenbrötelei geht, die nichts mehr mit gesunder Eigenständigkeit zu tun hat. Ich bin der Meinung, daß auch in einem gut gegliederten deutschen Nationalstaat ausreichende Garantien für eigenständige Entwicklung der Landschaften gegeben sein können. Ich weiß aber auch, daß das Leben eines zusammengebrochenen Volkes von Gesetzen bestimmt wird, die nach Lage der Verhältnisse einen bestimmten Weg als vorgeschrieben erkennen lassen.

In Erkenntnis dieser Verhältnisse müssen wir uns wohl alle auf den Standpunkt einigen, daß die künftige innerstaatliche Gestaltung Deutschlands eine föderalistische Form finden wird. Bekennen wir uns also zum Gesetz föderalistischer Gliederung. Das Reich, sinnvoll in Ländern gegliedert, mag der Ausdruck der künftigen deutschen innerstaatlichen Gestaltung sein. Aber lassen Sie uns einig darin sein, daß wir nicht zu Staatenbildungen im Staate kommen dürfen. Gott verhüte, daß Deutschland noch einmal auf einen Staatenbund zurückgeworfen wird! *Eine einzige Staatsangehörigkeit, die deutsche, sei das Zeichen der Einheit aller Deutschen, die im Leid der Hitlerjahre – weiß Gott – geschmiedet sein dürfte.*

Ein Zweikammersystem, in Reichstag und ein Ländertag, eine gesunde Teilung der Gewalten und Zuständigkeiten könnten Gewähr genug dafür bieten, daß die Synthese zwischen Eigenständigkeit der Länder und staatlicher Einheit des deutschen Volkes geschaffen würde, so daß von Zentralismus keine Rede mehr sein kann.

Dabei sind wir uns alle bewußt, daß Einheit nicht nur eine Frage der Organisation sein kann und Eigenständigkeit der Länder kein Hindernis für die Einheit der Nation zu sein braucht. *Auf den inneren Gehalt unseres nationalen Bewußtseins kommt es an.* Und für die Eingliederung unseres Volkes in den Kreis der übrigen Völker kommt es darauf an, daß das nationale Bewußtsein zur inneren Verpflichtung gegen das eigene Volk, gegen die anderen Völker, zur Verpflichtung auf Recht, Anstand, Vertragstreue nach innen und außen wird.

Noch aber ist die Zeit für die innere Ausgestaltung des Reiches nicht da. Erst müssen *die Zonengrenzen* fallen und die Möglichkeit der Verständigung ohne Behinderung gegeben sein. Das sollte aber nicht hindern, daß sich innerhalb unserer Partei schon die Männer aus Ost und West, aus Süd und Nord zusammenfinden, die zur Arbeit an der Ausgestaltung Deutschlands berufen sind. Vielleicht könnte so der Zerfahrenheit und Gereiztheit der öffentlichen Diskussion vorgebeugt werden. Vor allem aber könnten vorzeitige und einseitige Festlegungen verhindert werden.

Meine Freunde, ich sage es aus der tiefsten Sorge um Deutschland und um die Männer, die heute als Vertrauensmänner des Volkes zu sprechen und zu handeln berufen sind: *Die deutsche Jugend wird uns einst verurteilen, wenn wir uns zu schwach, zu klein im deutschen Unglück erweisen, zu unfähig, aus dem deutschen Leid die Einheit zu retten und zu erhalten.*

Und noch eine Bitte an unsere Freunde im Süden und im Westen: Seht die Zonengrenzen, die den Osten noch von euch scheiden, nicht als wirkliche Grenzen an, die durch deutsches Land und deutsche Gesinnung gehen. Ihr wißt, daß auch hier deutsche Herzen schlagen. Wir müßten den Glauben an uns selbst, an die Möglichkeit der Erfüllung unserer Aufgabe verlieren, wenn wir eurer vertrauensvollen Verbundenheit mit uns nicht gewiß sein könnten.

Wir dienen dem Frieden

Für einen Frevel aber sehe ich es an, wenn da und dort von der Möglichkeit eines Krieges zwischen Ost und West geredet wird. Meine Freunde, dieser Krieg würde Deutschland – das ganze Deutschland – zermalmen. Deshalb laßt uns dem Frieden dienen, dem Frieden und dem friedlichen Ausgleich zwischen Ost und West, an den wir glauben müssen, um ihm dienen zu können und dem wir dienen müssen, um Deutschland zu retten. *Ich stehe zu meiner Erkenntnis der Aufgabe von Berlin, von Deutschland: Wir haben Brücke zu sein zwischen Ost und West um Deutschlands, um Europas willen.*

Wenn wir so unsere Aufgabe sehen und so auf die Ausgestaltung Deutschlands hinstreben, dann werden durch die Kraft unseres Glaubens und unseres Willens die auseinanderstrebenden Kräfte in unserem Volk besiegt, die Leid und Not eines Volkes immer an die Oberfläche treiben. Auch die separatistischen Kräfte, wie sie an der Saar, am Rhein glauben wirksam sein zu dürfen. Es sind keine guten Kräfte. Die Gesichtspunkte ihres Handelns sind von üblem Egoismus diktiert. Die Männer der Politik in den anderen Ländern täten gut, nicht auf sie zu hören.

Die europäische Schicksalsgemeinschaft
In diesem Zusammenhang noch ein Wort zu dem Verlangen nach den Vereinigten Staaten von Europa, das in den letzten Wochen in Reden deutscher Politiker aufgetaucht ist. Um es gleich zu sagen: Auch ich bekenne mich zur europäischen Schicksalsgemeinschaft, deren Notwendigkeit das Erdbeben des letzten Jahrzehntes mit beispielloser Deutlichkeit bewiesen hat. Ich bekenne mich nicht nur zu ihr, weil wir sie als Brotgemeinschaft der europäischen Menschen in Zukunft kaum entbehren können, ich bekenne mich zu ihr um der geistigen Werte, um der Kultur des Abendlandes willen, denen die Vereinigten Staaten von Europa zu dienen, die sie zu erhalten, zu pflegen und weiterzugeben haben. Und doch empfinde ich immer ein inneres Widerstreben, wenn ich heute von deutschen Politikern den Ruf nach den Vereinigten Staaten von Europa höre.
Was ist unser heutiges Deutschland? Kein Reich, kein Staat, keine Gemeinschaft, kein Volk. Eine gestaltlose Masse von Heimatlosen, Hungernden, Leidenden. Mir will scheinen, als sei dieser Zustand Deutschlands nicht der geeignete Augenblick, nach den Vereinigten Staaten von Europa zu rufen. Es gilt vielmehr zunächst das Schicksal zu meistern, das Deutschland heißt. Dieses Schicksal ist die gemeinsame Aufgabe aller, die sich Deutsche nennen. Mögen sie in der Süd-, West- oder Ostgrenze oder in Berlin wohnen.
Wir können nicht wünschen, daß der Wille zur europäischen Gemeinschaft von uns als Ausweg aus der deutschen Verzweiflung verkündet wird. Wir möchten ihn vielmehr erwachsen sehen aus dem Bewußtsein eines neugeschaffenen fortschrittlichen Deutschlands. Der Wille zu den Vereinigten Staaten von Europa soll nicht Flucht aus dem deutschen Schicksal, sondern Bereitschaft zu engster europäischer Gemeinschaft aus einem gesunden und geläuterten Selbstbewußtsein heraus sein.
Die Frage nach dem deutschen Dasein ist neu gestellt. Sie ruft aus Trümmern, Blut und Elend nach Lösung. Sie ruft die Welt nach Lösung. [...]

Aus: *Deutschland und die Union. Die Berliner Tagung 1946*, Reihe »Wege in die Neue Zeit«, Nr. 4, Berlin o. J.

19. Das Ahlener Wirtschaftsprogramm der CDU für Nordrhein-Westfalen vom 3. Februar 1947

Das kapitalistische Wirtschaftssystem ist den staatlichen und sozialen Lebensinteressen des deutschen Volkes nicht gerecht geworden. Nach dem furchtbaren politischen, wirtschaftlichen und sozialen Zusammenbruch als Folge einer verbrecherischen Machtpolitik kann nur eine Neuordnung von Grund aus erfolgen.

Inhalt und Ziel dieser sozialen und wirtschaftlichen Neuordnung kann nicht mehr das kapitalistische Gewinn- und Machtstreben, sondern nur das Wohlergehen unseres Volkes sein. Durch eine gemeinwirtschaftliche Ordnung soll das deutsche Volk eine Wirtschafts- und Sozialverfassung erhalten, die dem Recht und der Würde des Menschen entspricht, dem geistigen und materiellen Aufbau unseres Volkes dient und den inneren und äußeren Frieden sichert.

In dieser Erkenntnis hat das Parteiprogramm der CDU vom März 1946 folgende Grundsätze aufgestellt:

Ziel aller Wirtschaft ist die Bedarfsdeckung des Volkes

Die Wirtschaft hat der Entfaltung der schaffenden Kräfte des Menschen und der Gemeinschaft zu dienen. Ausgangspunkt aller Wirtschaft ist die Anerkennung der Persönlichkeit. Freiheit der Person auf wirtschaftlichem und Freiheit auf politischem Gebiet hängen eng zusammen. Die Gestaltung und Führung der Wirtschaft darf im einzelnen nicht die Freiheit seiner Person nehmen. Daher ist notwendig:

Stärkung der wirtschaftlichen Stellung und Freiheit des einzelnen, Verhinderung der Zusammenballung wirtschaftlicher Kräfte in der Hand von Einzelpersonen, von Gesellschaften, privaten oder öffentlichen Organisationen, durch die die wirtschaftliche oder politische Freiheit gefährdet werden könnte. Kohle ist das entscheidende Produkt der gesamten deutschen Volkswirtschaft. Wir fordern die Vergesellschaftung der Bergwerke.

Im Verfolg dieser Grundsätze ist nunmehr von der CDU folgendes Programm für die Neuordnung der Wirtschaft beschlossen worden:

I. Die deutsche industrielle Wirtschaft in der Vergangenheit

1. Die deutsche industrielle Wirtschaft war technisch und wissenschaftlich in der Zeit von 1918 bis 1945 im allgemeinen auf der Höhe. Sie konnte jeden Vergleich mit der Wirtschaft anderer Länder nach dieser Richtung aushalten. Das gilt auch vom Bergbau. Den klarsten Beweis für die technische und wissenschaftliche Höhe der deutschen

Industrie liefern die Erklärungen ausländischer Staatsmänner und Zeitungen über den ungeheuren Wert der von ihnen beschlagnahmten deutschen Patente und Geheimverfahren. Sie erklären, daß die deutsche Wissenschaft, Technik und Industrie in vielen Beziehungen voraus gewesen ist.

2. Das Verhältnis zwischen der deutschen industriellen Wirtschaft und dem Staate, der Gesamtheit des Volkes und dem einzelnen Arbeitnehmer zeigte in vieler Hinsicht schwere Mängel. Es darf auch hier nicht verkannt werden, daß in Deutschland, ehe es 1933 zum getarnten Staatssozialismus überging, erhebliche Teile der industriellen Wirtschaft in Gemeinbesitz waren; Bahnen fast restlos, einschließlich der Kleinbahnen und Straßenbahnen, Post, Telegraf, Rundfunk, Gas- und Wasserversorgung, der größte Teil der Erzeugung elektrischer Kraft, ein erheblicher Teil des Bergbaus in der britischen Zone, der Saarbergbau ganz.

Auch das Genossenschaftswesen war in Deutschland auf allen Gebieten einschließlich dem des Geldwesens sehr stark entwickelt. Auf dem Gebiete des Geld- und Bankwesens war der gemeinwirtschaftliche Einfluß durch Reichsbank, Staatsbanken, Giroverbände der Sparkassen, Landesbanken, Sparkassen sehr groß. Dasselbe gilt vom Versicherungswesen durch die staatlichen und provinziellen Versicherungen.

Aber auf den wichtigsten Gebieten des Bergbaus und der Schlüsselindustrien waren schwere Schäden vorhanden. Die Zeit vor 1933 hat zu große Zusammenballungen industrieller Unternehmungen gebracht. Diese bekamen dadurch einen monopolartigen Charakter. Sie wurden für die Öffentlichkeit undurchsichtig und unkontrollierbar. Wenn der Aktienbesitz der großen industriellen Unternehmungen, abgesehen von wenigen Ausnahmen, wie z. B. Krupp, auch stark gestreut war, so wurde doch die Zusammensetzung des Aufsichtsrats und Vorstandes infolge der Vertretung der zahlreichen Aktionäre durch wenige Banken von einem verhältnismäßig kleinen Kreis von Personen bestimmt. Die zu dem engen Kreis der Vertreter der Großbanken und der großen industriellen Unternehmungen gehörigen Personen hatten infolgedessen eine zu große wirtschaftliche und damit zu große politische Macht.

Das Verhältnis des Arbeitnehmers zu seinem Betriebe war vor 1933 im Beginn einer die Interessen des Arbeitnehmers berücksichtigenden Entwicklung. Diese Entwicklung war aber 1933 noch nicht zu einem befriedigenden Abschluß gelangt. Während der Jahre 1933 bis 1945 waren auch die größeren industriellen Unternehmungen der Sache nach, wenn auch nicht dem Namen nach, Staatsbetriebe. Der nationalsozialistische Staat nahm sich das Recht, jede leitende Persönlichkeit, wenn sie ihm politisch oder wirtschaftlich widerstrebte, ohne weiteres zu entfernen, er vergab Aufträge, er verteilte dementsprechend die Rohstoffe, die Arbeitskräfte, er setzte Preise, Löhne usw. fest.

Der Arbeitnehmer war gegenüber seinem Betrieb machtlos. Es gab keine Lohnbewegungen, keine Lohnerhöhungen, keinen Wechsel des Arbeitsplatzes, kein Mitspracherecht bei der Führung der Betriebe. Es herrschte in vollem Umfange ein getarnter Staatssozialismus.

II. Neue Struktur der deutschen industriellen Wirtschaft

Die neue Struktur der deutschen Wirtschaft muß davon ausgehen, daß die Zeit der unumschränkten Herrschaft des privaten Kapitalismus vorbei ist. Es muß aber ebenso vermieden werden, daß der private Kapitalismus durch den Staatskapitalismus ersetzt wird, der noch gefährlicher für die politische und wirtschaftliche Freiheit des einzelnen sein würde. Es muß eine neue Struktur der Wirtschaft gesucht werden, die die Mängel der Vergangenheit vermeidet und die Möglichkeit zu technischem Fortschritt und zur schöpferischen Initiative des einzelnen läßt.

1. Konzerne und ähnliche wirtschaftliche Gebilde, die nicht technisch, sozial oder wirtschaftlich absolut notwendig sind, sind zu entflechten und in selbständige Einzelunternehmungen zu überführen. Die technische Entwicklung verlangt bei gewissen Unternehmungen eine bestimmte Mindestgröße, namentlich auch, um gegenüber dem Ausland konkurrenzfähig zu sein. Diese Mindestgröße muß derartigen Unternehmungen unbedingt belassen werden.

2. Unternehmungen monopolartigen Charakters, Unternehmungen, die eine bestimmte Größe überschreiten müssen, verleihen eine wirtschaftliche und damit eine politische Macht, die die Freiheit im Staate gefährden kann. Dieser Gefahr muß dadurch vorgebeugt werden, daß entsprechende Kartellgesetze erlassen werden. Darüber hinaus soll bei diesen Unternehmungen das machtverteilende Prinzip eingeführt werden, damit jede mit dem Gemeinwohl unverträgliche Beherrschung wesentlicher Wirtschaftszweige durch den Staat, Privatpersonen oder Gruppen ausgeschlossen wird.

a) Zu diesem Zweck sollen öffentliche Körperschaften wie Staat, Land, Gemeinde, Gemeindeverbände, ferner Genossenschaften und die im Betrieb tätigen Arbeitnehmer an diesen Unternehmungen beteiligt werden, der dringend notwendigen Unternehmerinitiative ist der erforderliche Spielraum zu belassen.

b) Weiter soll bei solchen Unternehmungen der private Aktienbesitz, der in einer Hand dem Eigentum oder dem Stimmrecht nach vereinigt ist, in der Höhe gesetzlich begrenzt werden.

3. Bergbau. Monopolartigen Charakter haben die Kohlenbergwerke schlechthin wegen des von ihnen geförderten, für das gesamte Volk lebenswichtigen Urprodukts. Daher ist die Anwendung der in Ziffer II/2 aufgestellten Grundsätze auf sie vordringlich, sie sind somit zu vergesellschaften.

Wenn in besonderen Fällen die Form des Staatsbetriebes zweckmäßiger erscheint, so sollen die vorstehenden Grundsätze der Anwendung dieser Form nicht entgegenstehen.

4. Eisenschaffende Großindustrie. Auch bei der eisenschaffenden Großindustrie ist der Weg der Vergesellschaftung zu beschreiten.

5. Das Genossenschaftswesen ist mit aller Kraft auszubauen und die Rechtsform der Stiftungen auch in wirtschaftlichem Bereich nachdrücklich zu fördern.

6. Die schon vor 1933 begonnene gesetzliche Kontrolle des Geld- und Bankwesens sowie des Versicherungswesens muß weiter ausgebaut werden.

7. Leistungsfähige Klein- und Mittelbetriebe sind um ihres volkswirtschaftlichen Wertes und ihrer sozialen Aufstiegsmöglichkeiten willen zu fördern. In Industrie, Handel, Handwerk und Gewerbe ist die private Unternehmertätigkeit zu erhalten und zu entwickeln.

8. Rechtmäßig erworbenes Eigentum, mit dem politischer Mißbrauch nicht getrieben wurde, ist im übrigen bei der Durchführung dieser wirtschaftlichen Neuordnung im Rahmen der allgemeinen Gesetze zu achten.

III. Neugestaltung des Verhältnisses zwischen Arbeitgeber und Arbeitnehmer im Betriebe

In den Betrieben, in denen wegen ihrer Größe das Verhältnis zwischen Arbeitnehmer und Unternehmer nicht mehr auf einer persönlichen Grundlage beruht, ist ein Mitbestimmungsrecht der Arbeitnehmer an den grundlegenden Fragen der wirtschaftlichen Planung und sozialen Gestaltung sicherzustellen. Dies muß zunächst dadurch geschehen, daß die Arbeitnehmer des Betriebes in den Aufsichtsorganen, z. B. im Aufsichtsrat des Unternehmens, die ihnen zustehende Vertretung haben. Zu diesem Zweck bedarf es einer Reform des Gesellschaftsrechts. Insbesondere ist dem Aufsichtsrat eine stärkere Stellung gegenüber der Verwaltung zu verleihen.

Bei Großbetrieben mit mehrköpfigem Vorstand sollte Betriebsangehörigen, die in langjähriger Betriebszugehörigkeit sich um den Betrieb verdient gemacht haben, Mitwirkung in der Leitung des Unternehmens durch Berufung in den Vorstand gewährt werden. Die Berufung erfolgt auf Vorschlag der Betriebsangehörigen, die dem Aufsichtsrat mindestens drei Vorschläge zu unterbreiten haben.

Dem von der Belegschaft gewählten Vorsitzenden des Betriebsrates ist Gelegenheit zur Mitwirkung in allen Fragen zu geben, welche die sozialen Interessen der Betriebsangehörigen berühren. Darüber hinaus hat die Betriebsleitung in jedem Fall dem Betriebsrat einmal monatlich Bericht über die Lage des Unternehmens zu erstatten, und den Betriebsangehörigen ist ein Anspruch auf Auskunftserteilung in diesen Besprechungen zuzubilligen.

Durch geeignete Maßnahmen soll den Arbeitnehmern eine Beteiligung am Ertrage gesichert werden. Die Formen dieser Beteiligung können verschiedenartig sein und unterliegen besonderer Vereinbarung.

IV. *Planung und Lenkung der Wirtschaft*

wird auf lange Zeit hinaus in erheblichem Umfange notwendig sein; es ist aber ein Unterschied, ob die Planung und Lenkung im Hinblick auf die Schwierigkeiten der wirtschaftlichen Lage erfolgt oder von Fall zu Fall als notwendig betrachtet wird, oder ob die Planung und Lenkung der Wirtschaft als Selbstzweck angesehen wird. Planung und Lenkung wird auch in normalen Zeiten der Wirtschaft in gewissem Umfang notwendig sein, was sich aus unserer Auffassung ergibt, daß die Wirtschaft der Bedarfsdeckung des Volkes zu dienen hat.

Diese Planungs- und Lenkungsaufgaben sollen von Selbstverwaltungskörperschaften der Wirtschaft in Wirtschaftskammern vorgenommen werden. Ob diese Wirtschaftskammern identisch sein werden mit den Industrie- und Handelskammern, ist eine Frage von sekundärer Bedeutung. Notwendig ist auf jeden Fall, daß die breiten Massen der Arbeitnehmer und Konsumenten an dieser Planung und Lenkung innerhalb der wirtschaftlichen Selbstverwaltung neben den Unternehmern gleichberechtigt teilnehmen. In ihren letzten Entscheidungen unterliegen auch die Selbstverwaltungskörperschaften der parlamentarischen Kontrolle.

V. *Bei allen Reformen der deutschen Wirtschaft,*

mag es sich um Bodenreform, Neuaufbau der industriellen Wirtschaft oder Neugestaltung des Verhältnisses zwischen Arbeitnehmern und Betrieb handeln, ist das erste und vornehmste Ziel das Wohl des gesamten Volkes. Die deutsche Wirtschaft hat weder in erster Linie dem Wohle einer bestimmten Schicht zu dienen, noch dem Auslande. Die Alliierten insbesondere haben ein Recht und ein Interesse an der Beseitigung der ausgesprochenen Kriegsindustrie und an Wiedergutmachungsleistungen nach Befriedigung der Lebensnotwendigkeiten des deutschen Volkes. Sie haben aber kein Recht, unter Hintansetzung der notwendigen Lebensbedürfnisse des deutschen Volkes, die deutsche Industrie so zu beschneiden oder so zu gestalten, wie es das Exportbedürfnis ihrer eigenen Industrien verlangt. Demontage nicht kriegsindustrieller Werke dient ebenso diesem Zweck wie die Übertragung des Eigentums an den Grundindustrien auf den deutschen Staat, da sich dann jede gewollte wirtschaftliche Maßnahme durch politischen Druck auf den politisch schwachen Staat erreichen läßt. Es ist ferner zu berücksichtigen, daß die deutsche Wirtschaft nicht nur industriell ist, sie umfaßt alle wesentlichen Teile: die industrielle Wirtschaft, die bäuerliche Wirtschaft, das Handwerk, Handel, Gewerbe und Verkehr, Geld- und Bankwesen.

Alle Teile der Wirtschaft greifen ineinander und stehen in Wechselwirkung. Kein Teil darf losgelöst vom andern betrachtet werden. Bei der Gestaltung der industriellen Wirtschaft muß deshalb der Zusammenhang mit den übrigen Wirtschaftsteilen berücksichtigt werden.

20. Düsseldorfer Leitsätze der CDU/CSU vom 15. Juli 1949

Das wirtschaftliche und soziale Leben des deutschen Volkes ging nach dem Kriege immer mehr einem Zustand völliger Auflösung entgegen.

In der ersten Hälfte des Jahres 1948 war der Tiefpunkt erreicht. Produktion und Arbeitsmoral waren auf ein Minimum abgesunken. Der Kampf um die Ware, der ein Kampf gegen den Hunger war, führte zu rücksichtslosem Egoismus. Die Korruption griff in erschreckendem Maße um sich. Die niedrigsten Instinkte wurden geweckt. Die allgemeine Demoralisierung drang sogar bis in die Kreise der Jugend vor.

Der 20. Juni 1948 brachte den Umschwung
Die von der CDU vertretene Wirtschaftspolitik führte zu einer wirtschaftspolitischen Wende. Die menschliche Arbeit erhielt wieder ihren Sinn. Die Arbeitsleistung der Menschen aller Schichten erfuhr eine bedeutende Erhöhung. Die industrielle Produktion stieg rasch und steil an und erreichte in wenigen Monaten eine Verdoppelung. Die Aufhebung der Bezugscheinwirtschaft gab dem Verbraucher wieder die Freiheit zurück. Nach langen Jahren bitterster Entbehrung konnte erstmalig wieder dringendster Bedarf gedeckt werden. Die Läden füll-

ten sich, Mut, Kraft und Energie wurden entfacht und das ganze Volk aus dem Zustand der Lethargie gerissen.

Die Währungsreform allein hat diesen Umschwung nicht herbeigeführt. Sie schaffte die technischen Voraussetzungen. Der wesentlichste Impuls aber kam aus der Inkraftsetzung marktwirtschaftlicher Grundsätze. Diese marktwirtschaftlichen Grundsätze wurden durch die von der CDU vertretene »soziale Marktwirtschaft« am 20. Juni 1948 zur Grundlage der deutschen Wirtschaftspolitik gemacht.

Dies beweist eindeutig die Tatsache, daß in der Ostzone, wo die Währungsreform nicht mit der marktwirtschaftlichen Politik verbunden wurde, der Umschwung, den wir im vereinigten Wirtschaftsgebiet erzielten, nicht eintrat.

Der mit dem Übergang zur Marktwirtschaft eingeleitete Gesundungsprozeß konnte nicht ohne Störungen und soziale Spannungen vor sich gehen. Die CDU hat daher in Erkenntnis ihrer planvollen marktwirtschaftlichen Politik das deutsche Volk immer wieder darauf hingewiesen, daß solche Störungen vorübergehender Natur seien und mit Sicherheit überwunden werden.

Von gegnerischer Seite wurden die Spannungen zu dem Versuch benutzt, das Volk durch parteipolitische Doktrin und Demagogie in eine Verzweiflungsstimmung hineinzutreiben. Wer diesen Auffassungen folgte, wer auf Unternehmerseite sich zu Spekulationen hinreißen ließ oder wer als Verbraucher schlechte Ware zu überhöhten Preisen kaufte, mag sich bei denen bedanken, welche die Bevölkerung zu diesen Fehlleitungen veranlaßten.

Nachdem die Kritiker durch die Entwicklung der Ereignisse widerlegt worden sind, melden sie sich erneut mit dem Vorwurf, unsere Wirtschaftspolitik führe zurück zu kapitalistischen Formen und zum alten Liberalismus unsozialer, monopolistischer Prägung. Nichts liegt der CDU ferner als ein solcher Weg. Aufbauend auf dem Ahlener Programm erstrebt sie die soziale Marktwirtschaft.

Was versteht die CDU unter sozialer Marktwirtschaf?

Die »soziale Marktwirtschaft« ist die sozial gebundene Verfassung der gewerblichen Wirtschaft, in der die Leistung freier und tüchtiger Menschen in eine Ordnung gebracht wird, die ein Höchstmaß von wirtschaftlichem Nutzen und sozialer Gerechtigkeit für alle erbringt. Diese Ordnung wird geschaffen durch Freiheit und Bindung, die in der »sozialen Marktwirtschaft« durch echten Leistungswettbewerb und unabhängige Monopolkontrolle zum Ausdruck kommen. Echter Leistungswettbewerb liegt vor, wenn durch eine Wettbewerbsordnung sichergestellt ist, daß bei gleichen Chancen und fairen Wettkampfbedingungen in freier Konkurrenz die bessere Leistung belohnt wird.

Das Zusammenwirken aller Beteiligten wird durch marktgerechte Preise gesteuert.

Marktgerechte Preise sind Motor und Steuerungsmittel der Marktwirtschaft. Marktgerechte Preise entstehen, indem Kaufkraft und angebotene Gütermenge auf den Märkten zum Ausgleich gebracht werden. Wichtigste Vorbedingung, um diesen Ausgleich herbeizuführen, ist ein geordnetes Geldwesen.

In einer solchen Wirtschaftsordnung ist jeder Betrieb und jeder Haushalt im Rahmen der für alle gleichen Gesetze an Stelle einer lenkenden Behörde Herr seiner wirtschaftlichen Entschlüsse. Die einzelnen Betriebe planen in eigener Verantwortung, was sie erzeugen, und bieten ihre Erzeugnisse dem Markt an. Auf dem Markt findet ein Wettkampf der Erzeuger um die Gunst der Verbraucher statt. Wenn die Erzeuger richtig geplant haben, bezahlen die Verbraucher gute Preise, wenn sie falsch planen, werden die Erzeugnisse von den Verbrauchern abgelehnt oder nur zu niedrigeren Preisen abgenommen. Im ersteren Falle werden die Erzeuger durch Gewinn belohnt und zu größerer Produktion angeregt, im letzteren Falle werden sie durch Verlust gestraft und zur Umstellung auf eine andere, dem Verbraucher genehmere Produktion angehalten. Auf diese Weise bestimmen die Verbraucher mittelbar, was produziert werden soll, und können gleichzeitig frei über ihr Einkommen verfügen.

Die »soziale Marktwirtschaft« steht im scharfen Gegensatz zum System der Planwirtschaft, die wir ablehnen, ganz gleich, ob in ihr die Lenkungsstellen zentral oder dezentral, staatlich oder selbstverwaltungsmäßig organisiert sind.

Das System der Planwirtschaft beraubt den schaffenden Menschen seiner wirtschaftlichen Selbstbestimmung und Freiheit. Die Planwirtschaft bringt die Unternehmer in Abhängigkeit von der Staats- und Selbstverwaltungsbürokratie und verwandelt sie dadurch in Beamte und Kommissare. Sie schaltet den Einfluß der Verbraucher auf die Erzeugung aus und bringt damit auch den Arbeitern und Angestellten keine Vorteile. Die Planwirtschaft hemmt die Erzeugung, indem sie in die Hand der Lenkungsstellen Machtvollkommenheiten legt, denen die Menschen in keiner Weise gewachsen sind. Sie mutet ihnen Aufgaben zu, die ihre Einsicht weit übersteigen. Stattet man die Lenkungsstellen mit den umfassenden Vollmachten aus, die zur Lösung ihrer Aufgabe erforderlich sind, so führt dies zur Diktatur der Verwaltungsbeamten und zum Ende der Demokratie und des Rechtes. Versucht man aber die Lenkungsstellen einer demokratischen Aufsicht zu unterwerfen, können sie ihre Aufgabe nicht lösen, weil die Natur der Aufgabe schnelles Handeln erfordert und keine umständlichen Kontrollen verträgt. Die Planwirtschaft kann weder das Problem der höchstmöglichen Produktion noch das Problem einer gerechten Verteilung der Erzeugnisse meistern. Sie kann letzten Endes nicht auf die Lenkung des Absatzes verzichten und beschränkt damit den Verbraucher in der freien Bestimmung über sein Einkommen. Statt einer freiheitlichen Ordnung entsteht mit zwingender Folgerichtigkeit die Diktatur oder das Chaos.

Ein geschichtlich fast tragischer Irrtum ist es, zu glauben, daß arme Volkswirtschaften bzw. Völker sich zur Überwindung der Not der Planwirtschaft bedienen müssen, während die Marktwirtschaft nur reichen Volkswirtschaften zieme. Das Gegenteil ist richtig. Arme Volkswirtschaften können sich den Luxus und die Verschwendung der Planwirtschaft nicht leisten, während reiche Volkswirtschaften meist zu spät die Fehler des Systems der Planwirtschaft erkennen. Wirtschaftliche Not kann man durch zwei Verfahren zu überwinden suchen: die Planwirtschaft will die Armut gerecht verwalten und verteilen, die Marktwirtschaft will durch den Leistungswettbewerb auf allen Stufen die Armut überwinden. Es ist würdiger und erfolgreicher, sich durch einen Notstand durchzuarbeiten als durchzuhungern.

Die »soziale Marktwirtschaft« steht auch im Gegensatz zur sogenannten »freien Wirtschaft« liberalistischer Prägung. Um einen Rückfall in die »freie Wirtschaft« zu vermeiden, ist zur Sicherung des Leistungswettbewerbs die unabhängige Monopolkontrolle nötig. Denn so wenig der Staat oder halböffentliche Stellen die gewerbliche Wirtschaft und einzelne Märkte lenken sollen, so wenig dürfen Privatpersonen und private Verbände derartige Lenkungsaufgaben übernehmen.

Die freie Wirtschaft alten Stils hat es den Unternehmern erlaubt, sich zu Kartellen und Marktverbänden zusammenzuschließen, um die Preise zu diktieren, die Erzeugung nach Belieben einzuschränken und den Wirtschaftskampf mit Mitteln der Gewalt, der Verdrängung und der Schadenszufügung, mit Sperren, Kampfpreisen und Boykott zu führen. Dabei wurde der Gedanke des Wettbewerbs verfälscht, verschleiert und seiner motorischen Wirkung beraubt. Nur allzu oft waren nicht gleiche und gerechte Startbedingungen für alle Marktbeteiligten verwirklicht. So kam es in der freien Wirtschaft alten Stils oft zu wirtschaftlicher Ausbeutung der Schwachen durch die Mächtigen und zu wirtschaftlichem Gewalt- und Schädigungskrieg. Die Leidtragenden waren die wirtschaftlich und sozial Schwachen, insbesondere die Verbraucher.

Weil wir die unsozialen Auswüchse einer solchen »freien« Wirtschaft vermeiden wollen, weil wir in ihr eine verfälschte Marktwirtschaft sehen, fordern wir neben dem Leistungswettbewerb die Monopolkontrolle. Erst eine wirksame Monopolkontrolle verhindert, daß Privatpersonen und private Verbände Lenkungsaufgaben in der Wirtschaft übernehmen können. Erst die Monopolkontrolle führt dazu, daß der Verbraucher mittelbar Art und Umfang der Produktion bestimmt und damit zum Herrn der Wirtschaft wird. Dadurch führt die von uns geforderte Wirtschaftsordnung neben den im Ahlener Programm genannten Mitteln zu wahrer Wirtschaftsdemokratie und deshalb nennen wir sie die »soziale Marktwirtschaft«.

Die »soziale Marktwirtschaft« verzichtet auf Planung und Lenkung von Produktion, Arbeitskraft und Absatz.

Dadurch ist der Staat von der Sorge der zentralen Lenkung entlastet. Ihm bleibt die Aufgabe, das Recht zu setzen und zu hüten, den Wettbewerb zu fördern und das Geldwesen zu ordnen. In der »sozialen Marktwirtschaft« treten die durch Gesetz verankerte Ordnung und das Preissystem, d. h. also ein übersehbares und berechenbares System von Ordnungsmitteln an die Stelle eines behördlichen oder privaten monopolistischen Ermessens, das von niemand wirksam kontrolliert werden kann.

Die »soziale Marktwirtschaft« bejaht jedoch die planvolle Beeinflussung der Wirtschaft mit den organischen Mitteln einer umfassenden Wirtschaftspolitik auf Grund einer elastischen Anpassung an die Marktbeobachtung. Diese Wirtschaftspolitik führt in sinnvoller Kombination von Geld- und Kredit-, Handels- und Zoll-, Steuer-, Investitions- und Sozialpolitik sowie anderen Maßnahmen dazu, daß die Wirtschaft in Erfüllung ihrer letzten Zielsetzung der Wohlfahrt und der Bedarfsdeckung des ganzen Volkes dient. Diese Bedarfsdeckung hat selbstverständlich auch eine angemessene Versorgung des notleidenden Teiles der Bevölkerung zu umfassen.

Die vorwiegend eigentumsrechtlichen und gesellschaftspolitischen Grundsätze des Ahlener Programms werden anerkannt, jedoch nach der marktwirtschaftlichen Seite hin ergänzt und fortentwickelt.

Zur Verwirklichung der sozialen Marktwirtschaft stellen wir folgende Leitsätze auf:

1. Der Leistungswettbewerb ist gesetzlich sicherzustellen. Monopole und Träger marktwirtschaftlicher Macht sind einer institutionell verankerten, unabhängigen und nur dem Gesetz unterworfenen Monopolkontrolle zu unterstellen.

Das Gesetz muß dafür sorgen, daß jeder Betrieb durch den Wettbewerb anderer Betriebe kontrolliert wird, daß also kein Betrieb unkontrollierte Macht auf dem Markt besitzt. Es muß konkurrenzbeschränkende Marktabreden und Kartellverträge verbieten. Aus den bestehenden Gesetzen müssen alle Bestimmungen ausgemerzt werden, die eine durch Leistung nicht begründete Entwicklung zum Großbetrieb und zur Konzernbildung ermöglichen. Konzerne und Großbetriebe finden nur da ihre ökonomische und sittliche Berechtigung, wo bessere Eignung und höhere Leistung sie rechtfertigen. Grundsätzlich aber werden wir der Pflege des Mittel- und Kleinbetriebes besondere Aufmerksamkeit und Unterstützung widmen.

Das Gesetz muß jede wirtschaftliche Machtbildung verhindern, die überhaupt verhindert werden kann. Zu dem Zweck hat die Monopolkontrolle dort, wo sich eine Konkurrenz nicht herstellen läßt und einzelne Betriebe oder Verbände Macht auf dem Markt und Einfluß auf die Preise gewinnen oder wo eine Ausnahmegenehmigung notwendig wird, dafür zu sorgen, daß die Betriebe sich so verhalten, als ob sie keine Macht besäßen und daß die Preise festgesetzt werden, wie wenn sie sich im Wettbewerb gebildet hätten.

2. Wir erstreben gesetzliche Maßnahmen zur Vertiefung einer echten Verantwortung in der Wirtschaft.

Die bestehenden Gesetze, insbesondere das Konkursrecht, das Geschäftsaufsichtsverfahren und das Gesellschaftsrecht, sind unter dem Gesichtspunkt der Vertiefung der Verantwortung einer Revision zu unterziehen.

Sicherheit zu fordern, ist das Recht der wirtschaftlich Schwachen. Sicherheit zu gewähren und damit Risiko und Verantwortung zu tragen, ist die Pflicht des wirtschaftlich Starken. Wenn dieser Grundsatz verletzt wird und jeder Sicherheit fordert, kann nur das Kollektiv die Sicherheit gewähren. Die Folge ist übermäßige Macht des Staates. Die Unternehmer müssen gezwungen werden, im freien Leistungswettbewerb ihr Daseinsrecht zu beweisen. Die künstliche Erhaltung alles dessen, was krank, faul und morsch ist, schmälert nicht den Gewinn der Unternehmer, sondern belastet das Volk in seiner Gesamtheit und verteuert seine Lebenshaltung. Nicht der Unternehmer, sondern der Verbraucher ist deshalb am Wettbewerb interessiert. Das durch die Planwirtschaft und auch im gewissen Umfang durch die »freie Wirtschaft alten Stils« gezüchtete unternehmerische Rentnertum führt zu einer unsozialen Einkommensverteilung. Die Planwirtschaft ernährt ebenso wie die überwundene »freie Wirtschaft« überflüssige Nutznießer in Wirtschaft, Verwaltung und Politik. Nur die soziale Marktwirtschaft vermag das Schmarotzertum auf allen Gebieten auszuschalten.

Es ist dafür zu sorgen, daß jeder, der an der Leitung von Betrieben teilhat, mit seinem persönlichen Vermögen am Risiko für Mißerfolge teilnimmt. Nicht nur die Eigentümer, sondern auch die angestellten Vorstandsmitglieder und Geschäftsführer von Betrieben müssen mit Haftung belegt werden, damit auf diese Weise der Gedanke der Verantwortung und des echten Leistungswettbewerbs auch in diesen Kreisen vertieft wird.

3. Gesetzliche Maßnahmen zur Verschärfung der Publizität vor allem bei den Kapitalgesellschaften müssen getroffen werden.

Hierdurch sollen die Verschachtelungen in der Wirtschaft erschwert, der Abwälzung von Risiken entgegengewirkt, die Monopolaufsicht erleichtert und darüber hinaus erreicht werden, daß sich Arbeiter und Angestellte sowie die Öffentlichkeit über die erzielten Gewinne in der Wirtschaft unterrichten können.

4. Eine zentrale Aufsicht des Geldwesens ist zum Schutze der Währung erforderlich.

Sie hat mit allen Mitteln dafür zu sorgen, daß das Geldwesen in Ordnung bleibt, damit die Funktion des Marktes nicht beeinträchtigt wird. Insbesondere müssen Deflationskrisen, die eine alle Wirtschaftszweige erfassende Massenarbeitslosigkeit zur Folge haben, durch eine verantwortungsbewußte Geld- und Kapitalpolitik sowie durch eine den Verhältnissen anzupassende Steuerpolitik vermieden werden. Auf der anderen Seite muß aber auch jede inflationistische Entwicklung im Keime unterdrückt werden. Jede Inflation erzeugt in ihrem Anfangsstadium eine Scheinblüte und ist daher – hierin besteht die Gefahr – zu Beginn fast immer volkstümlich.

5. Marktgerechte Preise müssen entstehen und dürfen weder von staatlicher noch von privater Seite durch Willkür oder Diktat verfälscht werden. Solche Eingriffe verdrängen die Ware vom Markt. Wir bejahen jedoch die organische Preisbeeinflussung mit den Mitteln der Wirtschaftspolitik, insbesondere der Geld-, Kredit- und Steuerpolitik, damit die Ware bei sinkenden Preisen in steigendem Maße zum Markt drängt.

Es ist das Ziel der »sozialen Marktwirtschaft«, den nach Maßgabe der volkswirtschaftlichen Produktivität höchsten Lebensstandard zu erreichen und das günstigste Verhältnis zwischen Löhnen und Preisen herbeizuführen.

Das absolute Preisniveau war seit 1936 durch den Preisstopp gebunden. Er entfernte den deutschen Preis von den Weltmarktpreisen und den Gestehungskosten.

Die Entfernung der Preise von den Gestehungskosten wurde ausgeglichen durch Subventionen. Subventionen als Mittel der Lohn- und Preispolitik lehnen wir im Prinzip ab, da sie zu einer Verfälschung der Tatbestände führen, ohne der Gesamtheit Lasten ersparen zu können.

Die Rückkehr Deutschlands zur Marktwirtschaft und zum Welthandel setzt voraus, daß unsere Preise den Weltmarktpreisen angeglichen werden müssen und daß insbesondere auch unsere Ausfuhr zu Weltmarktpreisen abgerechnet werden muß.

Würde man nach der Währungsreform die Preise nicht freigegeben haben oder ein selbständiges Preisamt mit der Zwecksetzung einer behördlichen Preisbindung gegründet haben, so wäre die deutsche Wirtschaft nie bis zu der jetzt schon erreichten Gesundung gekommen. Die Ware wäre von den legalen Märkten verschwunden und zu überhöhten Schwarzmarktpreisen für den normalen Verbraucher unerschwinglich geworden.

6. Im Interesse der deutschen Wettbewerbsfähigkeit auf den Weltmärkten streben wir eine Senkung des deutschen Preisniveaus an. Hierdurch wird zugleich eine Erhöhung des Realeinkommens erzielt.

Hierzu zwingt uns besonders auch die Tatsache, daß die weltwirtschaftliche Situation durch absinkende Preise gekennzeichnet ist. Die Beschreitung dieses Weges bedeutet, daß die Erhöhung der Kaufkraft nicht durch Erhöhung der Löhne, sondern durch Senkung der Preise erreicht wird. Hierin liegt für die arbeitende Bevölkerung keineswegs eine Gefährdung; denn unter den derzeitigen Verhältnissen wird die Erhöhung des Realeinkommens sicherer durch organische und langsame Senkung der Preise als durch Lohnerhöhungen erzielt.

7. Die Bildung von Löhnen und die Festsetzung von Arbeitsbedingungen muß dem Tarifvertragssystem überlassen sein. Leistungslohn und Lohnerhöhungen im Rahmen marktwirtschaftlich richtiger Preise sind zu bejahen. Sie erhöhen Kaufkraft und Nachfrage ebenso wie Senkung der Preise.

Die CDU ist sich dessen bewußt, daß die Verluste des Krieges, die weitgehende Vernichtung des deutschen Produktivkapitals, die technische Rückständigkeit durch die Abschnürung von der übrigen Welt, der Einstrom von Millionen Flüchtlingen, die Zerreißung der Wirtschaftseinheit, die immer noch nicht vollgültige menschliche Arbeitsleistung sowie schließlich die erheblichen Kosten der Besatzung die Produktivität der deutschen Volkswirtschaft im Vergleich zu glücklicheren Ländern erheblich gemindert haben und daß demzufolge der deutsche Lebensstandard in allen Schichten unseres Volkes zunächst ein bescheidener sein muß. Das deutsche Volk wird daher vorläufig nicht zu dem Realeinkommen von 1939 kommen.

Trotzdem müssen wir, wenn auch die augenblickliche Not eine stärkere Differenzierung der Lebenshaltung verhindert, den Leistungsanreiz durch Leistungslohn herbeiführen, um aus der Armut und Not wieder einen Weg zu neuem Wohlstand zu finden.

In der Lohnpolitik ist außerdem zu berücksichtigen, daß Löhne nicht nur betriebswirtschaftliche Kosten, sondern die Hauptquellen der Kaufkraft und der Nachfrage darstellen. Wo marktwirtschaftlich richtige Preise eine Lohnerhöhung zulassen, ist daher grundsätzlich auch dieser Weg zu beschreiten.

Eine chaotische Lohnbewegung jedoch würde sich nur zum Schaden der Lohnempfänger selbst auswirken. Wenn durch Lohnerhöhungen die deutsche Wettbewerbsfähigkeit und der deutsche Export Schaden leiden würden, muß Arbeitslosigkeit eintreten. Die Nutznießer wären nur diejenigen, welche die deutsche Ware vom Weltmarkt fernhalten wollen.

8. Technik und Wissenschaft sind mit Nachdruck zu fördern. Sie schaffen neue Bedürfnisse und Arbeitsmöglichkeiten. Sie senken die Gestehungskosten.

Wissenschaft und Technik sind die Grundlage des Fortschritts. Technischer Fortschritt bewirkt Rationalisierung in Erzeugung und Vertrieb sowie schafft neue Produktionsmöglichkeiten. Beides vermehrt und verbilligt die Produktion und erhöht das Realeinkommen. So entsteht Nachfrage und zusätzlicher Konsum. Der Schutz des geistigen Eigentums ist so schnell wie möglich wieder herzustellen.

9. Die »soziale Marktwirtschaft« schließt freie Berufswahl, Niederlassungsfreiheit, Gewerbefreiheit und Freizügigkeit ein. Beim Handwerk muß jedoch wie bisher der Befähigungsnachweis (Meisterprüfung) erbracht werden. Das gleiche gilt für alle Berufe, für deren Ausübung der Befähigungsnachweis sachlich notwendig ist.

Den Betrieben des gewerblichen Mittelstandes müssen gleiche Startbedingungen wie den Großbetrieben und Konsumgenossenschaften gesichert werden. Dies gilt nicht nur für die Besteuerung, sondern auch für jegliche Art des Wettbewerbs.

Die freien Berufe sind wichtige Glieder im Leben des Volkes und müssen sich daher im Rahmen der Wirtschafts- und Sozialordnung nach eigenen Kräften frei und voll entfalten können. Sozialisierung oder Verbeamtung der freien Berufe lehnen wir nachdrücklichst ab.

10. Die »soziale Marktwirtschaft« bejaht und fördert das private Eigentum. Eine gerechte Verteilung der wirtschaftlichen Erträge und eine soziale Gesetzgebung müssen aus den vermögenslosen Schichten unseres Volkes in großem Umfange besitzende Eigentümer machen. Neben größtmöglichster Streuung des Eigentums bejahen wir im industriellen Raum Unternehmungsformen in Gemeindeeigentum dann, wenn sie wirtschaftlich zweckmäßig, betriebstechnisch möglich und politisch notwendig sind.

Persönliche Freiheit wird durch wirtschaftliche Unabhängigkeit gefördert. Wirtschaftliche Unabhängigkeit beruht auf dem privaten Eigentumsrecht. Das private Eigentumsrecht muß daher verfassungsrechtlich geschützt werden. Im Interesse der von uns angestrebten breiten Streuung des vorhandenen Volksvermögens wollen wir privatwirtschaftlichen Unternehmensformen besondere Aufmerksamkeit zuwenden.

Die »soziale Marktwirtschaft« verschafft möglichst vielen Tüchtigen Eigentum. Das Sozialisierungsproblem erhält zugleich durch sie eine nachgeordnete Bedeutung. Wirtschaftliche Machtpositionen einzelner waren es, welche die Forderung nach Sozialisierung entstehen ließen. Durch Leistungswettbewerb und Monopolkontrolle werden wirtschaftliche Machtpositionen zerstört oder unter die Kontrolle des Monopolamts gestellt. Dadurch wird der sozial schädliche Charakter, den zusammengeballtes Eigentum durch Machtmißbrauch annehmen kann, beseitigt.

11. Die Bildung von Sparkapital wollen wir nachdrücklich fördern.

Die Vernichtung oder der Verzicht auf Sparkapital wirkt sich nicht nur zu Lasten der direkt Betroffenen, sondern auch zu Lasten der Besitzlosen aus. Wenn die Kapitalbildung zurückgeht, geht die Wirtschaft zurück. Denn die deutsche Volkswirtschaft muß ihre ungeheuren Zerstörungen überwinden und wieder den Anschluß an den Leistungsstandard der übrigen Welt gewinnen. Die hierfür erforderlichen Investitionen können im wesentlichen nur mit Hilfe von Sparkapital durchgeführt werden. Je mehr das Volk in seiner Gesamtheit spart, desto schneller können die Investitionen durchgeführt werden. Sparen bedeutet für den einzelnen Verzicht auf Konsumkaufkraft in der Absicht, die gesparte Kaufkraft später verwenden zu können.

Wir lehnen jedwede Form des Zwangssparens mit Entschiedenheit ab, da sie den Sparwillen im Keime erstickt. Das deutsche Volk hat mit dem Zwangssparen die schlechtesten Erfahrungen gemacht. Künstliche Sparkapitalbildung durch staatliche Preisbindungen und durch Steuererhöhungen lehnen wir mit der gleichen Entschiedenheit ab, denn auf diese Weise spart der Staat zu Lasten der Allgemeinheit und die Staatsbürger kommen nicht in den Genuß des Sparens. Nutznießer ist der Staat, dessen Macht dadurch eine gefährliche Ausweitung erfährt. Das steuerbegünstigte Sparen, insonderheit auch das Zwecksparen, wollen wir jedoch mit allen Mitteln unterstützen.

Eine organische und sozial gerechte Sparkapitalbildung auf breitester Grundlage wird am besten durch die »soziale Marktwirtschaft«, durch die steigende Produktivität im Rahmen eines echten Leistungswettbewerbes und durch die dadurch ausgelöste Verbesserung der Realeinkommen aller Schichten erreicht. Solange nicht äußerste Sparsamkeit in der öffentlichen Verwaltung erkennbar wird, kann kein Vertrauen zur Währung vertieft werden. Solange kein Vertrauen zur Währung besteht, kann keine Sparbereitschaft geweckt werden, weil nur dann gespart wird, wenn der Sparer weiß, daß das gesparte Geld die Kaufkraft behält.

12. Wir fordern eine umfassende Steuerreform insbesondere durch Abbau der geltenden Steuertarife in allen Stufen und durch Vereinfachung des gesamten Steuerwesens.

Die Reform muß vor allem den Sparwillen anregen und die Kapitalbildung ermöglichen.

Außerdem ist das selbständige Unternehmertum durch steuerliche Gleichstellung mit den Kapitalgesellschaften zu fördern.

Im Zusammenhang mit der Steuerreform ist eine Reorganisation der gesamten öffentlichen Verwaltung, wie sie durch den Abbau der Planwirtschaft schon begonnen ist, fortzusetzen.

13. Es müssen wirksame Sicherungen gegen Wirtschaftskrisen und Massenarbeitslosigkeit geschaffen werden.

Wirtschaftskrisen sind keine Naturereignisse, sondern Folgen falscher wirtschaftlicher Entschlüsse und Handlungen in Betrieben, Gewerbe und in der Wirtschaftspolitik. Sie können durch eine sachverständige und elastische Wirtschaftspolitik, z. B. durch eine konstruktive Kredit- und Währungspolitik, ferner aber auch durch eine richtige öffentliche Investitionspolitik verhindert werden. Alle öffentlichen Körperschaften müssen in Zeiten der Konjunktur die ihnen obliegenden Investitionen verlangsamen und sparen. In Zeiten der Depression müssen sie die gesparten Mittel verwenden, um in erhöhtem Maße zu investieren und damit die Arbeitslosigkeit zu überwinden.

Strukturelle Arbeitslosigkeit, die auf einzelne Wirtschaftszweige und Gegenden beschränkt ist, kann die soziale Marktwirtschaft durch planmäßige Bemühungen um Freizügigkeit, Marktübersicht und Arbeitsvermittlung auf ein Mindestmaß eindämmen.

14. Den Außenhandel wollen wir mit allen Mitteln fördern. Der Marshallplan (ERP) wird von uns bejaht.

Die Sicherstellung eines ausreichenden Lebensstandards verlangt bis zum Jahre 1952/53 eine Erhöhung des Exports auf mindestens 9 Milliarden DM. Nicht nationalistische oder gar imperialistische Ziele zwingen also zu erhöhten Anstrengungen im Außenhandel, sondern die Notwendigkeit, die Existenz des deutschen Volkes sicherzustellen. Die CDU ist dafür eingetreten, daß im zwischenstaatlichen Güteraustausch jedwede Subvention offener oder versteckter Art beseitigt wird. Sie hat damit den Weg zur Befriedung und Entgiftung des Welthandels beschritten. Der Welthandel muß wieder zurückfinden zu der Idee einer internationalen Arbeitsteilung und eines echten Leistungswillens, woraus alle Beteiligten Nutzen ziehen. Die Mittel der Handels- und Zollpolitik und vor allem der Währungspolitik dürfen nicht dazu mißbraucht werden, um sich auf dieser Ebene Vorteile zu erlisten oder zu erschleichen. In diesem Sinne bekennen wir uns zu den Grundsätzen der Havanna-Charta, die das Prinzip des freien Leistungswettbewerbs in der Welt voranstellt. Kein Land kann exportpolitische Erfolge erzielen, ohne daß es nicht im gleichen Umfange Käufer fremder Waren werden müßte. Die CDU will, daß Deutschland alles dazu beiträgt, um den planwirtschaftlichen Geist aus dem zwischenstaatlichen Handel zu verbannen, denn es entspricht ihrer marktwirtschaftlichen Auffassung, daß bei einer befriedigenden

Lösung alle Beteiligten Nutzen ziehen. Es bedeutet eine völlige Verkennung der Zusammenhänge, wenn jedes einzelne Land dem Glauben huldigt, daß es nur darauf ankomme, an einer geplanten Aufnahmefähigkeit irgendeines Marktes möglichst weitgehend beteiligt zu werden. Die Aufnahmefähigkeit jedes Marktes ist keine feste Größe, sie kann ständig erweitert werden, wenn alle Volkswirtschaften sich einer gleichen Haltung und Aufgeschlossenheit befleißigen. Die befriedigende Lösung dieses Problems liegt also nicht allein in deutscher Hand, sondern erfordert eine enge Zusammenarbeit aller Völker im gleichen Geiste. Es ist undenkbar, daß ein befriedigender Außenhandel nur auf der Basis des Austausches von lebenswichtigen Gütern durchgeführt werden kann. Dieses Prinzip basiert auf verhängnisvollen Autarkievorstellungen, an deren Überwindung gerade einem industriellen Veredelungsland wie Deutschland alles gelegen sein muß. Durch nichts kann Deutschland seinen Willen zur Demokratie und zum Frieden besser dokumentieren, als durch die Hinnahme starker struktureller Einseitigkeiten, vorausgesetzt, daß ihm ein freier Welthandel Gewähr dafür bietet, daß die übrige Welt bereit ist, die Lebenssicherung des deutschen Volkes durch die Aufnahme deutscher Waren und Hergabe entsprechender Gegenleistungen sicherzustellen. Autarkie verleitet die Völker, wie geschichtliche Erfahrungen lehren, nur allzu leicht zu politischen Experimenten und imperialistischen Handlungen.

Ohne den zusätzlichen Kapitaleinstrom des Marshallplanes (ERP) müßte das deutsche Volk an der Möglichkeit einer wirtschaftlichen Erholung verzweifeln. Der Marshallplan trägt dazu bei, die notwendigen volkswirtschaftlichen Investitionen durchzuführen, ohne daß die Lebenshaltung durch Konsumverzicht unerträglich geschmälert werden müßte. Durch die im Marshallplan gegebene Verzahnung der europäischen Volkswirtschaften soll zugleich eine bessere gegenseitige Entsprechung der Produktivkräfte dieser Länder und durch die güterwirtschaftliche Verflechtung eine Erhöhung der Leistung aller erreicht werden. Wenn sich auch im Hinblick auf dieses Ziel zunächst planungsmäßig Ansätze erkennen lassen, so ist diese Tatsache im Interesse einer europäischen politischen Befriedigung hinzunehmen. Es muß aber dafür gesorgt werden, daß aus dem Verfahren heraus die Funktionsfähigkeit der Marktwirtschaft nicht über das notwendige Maß hinaus gestört wird und daß Deutschland dabei als gleichberechtigter Partner in das Gesamtgefüge der europäischen Volkswirtschaften eingeordnet wird. Die Anerkennung der Verpflichtung für die deutsche Volkswirtschaft, Beiträge zum europäischen Wiederaufbau zu leisten, setzt voraus, daß die deutsche Wirtschaft die ihr aus der Zerstörung verbliebenen Produktivkräfte auch voll zum Einsatz bringen darf. Die CDU ist der Auffassung, daß das deutsche Volk für

Opfer Verständnis haben wird, nicht aber dafür, daß es im Dienste für den europäischen Wiederaufbau seine volle Arbeitskraft nicht zum Einsatz bringen darf. Es wird auf die Dauer durch kein politisches Mittel erreichbar sein, den Lebensstandard eines Volkes dadurch zu senken, daß man das Ausmaß seiner Anstrengungen, seines Fleißes und seiner Fähigkeiten beschneidet. Demontagen und willkürliche Restitutionen stehen im Gegensatz zu dem Sinn und Zweck des Marshallplanes und dienen nur dazu, Deutschland von der internationalen Wirtschaft zurückzuhalten. Dadurch entsteht ein Schaden, der sowohl für Deutschland wie auch für die Welt bedeutend ist.

15. Eine deutsche Handelsflotte muß wieder geschaffen werden.

Sie ist notwendig, um die Devisenausgaben für die Frachten zu vermindern. Unter den gegenwärtigen Verhältnissen werden fast 200 Millionen Dollar jährlich für Frachten ausgegeben. Die von den Besatzungsmächten in Aussicht genommenen Erleichterungen können nicht als genügende Befreiung des deutschen Schiffbaues angesehen werden. Für die ihm obliegenden Aufgaben werden wir weiterhin um eine vollständige Befreiung des deutschen Schiffbaues von den einschränkenden Bestimmungen bemüht sein.

Der Finanzierung des Schiffbaues, gegebenenfalls auch mit öffentlichen Kreditmitteln, werden wir unsere besondere Aufmerksamkeit zuwenden.

16. Die »soziale Marktwirtschaft« kann nur dann verwirklicht werden, wenn sie das Vertrauen aller Schichten des Volkes besitzt, d. h., wenn sich Unternehmer, Arbeiter, Angestellte und Verbraucher aktiv an ihrer Durchführung beteiligen.

Wenn sich die Arbeiter und Angestellten der »sozialen Marktwirtschaft« versagen, entartet sie in eine freie Wirtschaft alten Stils, d. h. in eine privat vermachtete unsoziale Wirtschaft, die gekennzeichnet ist durch Gruppenkämpfe, Ausnutzung des Staates durch Interessenten, durch soziale Spannungen und übermäßige Wirtschafts-, Staats- und Völkerkrisen. Wird dagegen die »soziale Marktwirtschaft« vom politischen Willen des ganzen Volkes getragen, so wird es möglich werden, eine Wirtschaft aufzubauen, die zugleich frei und sozial ist, eine Wirtschaft, die den Arbeitern und Angestellten das Einkommen, das ihrer Leistung entspricht, voll sichert, die ihnen die freie Wahl des Arbeitsplatzes und des Berufes öffnet, die ihnen die Freiheit verschafft, mit ihrem Einkommen zu kaufen, was sie wünschen, und die ihnen vor allem die Chance des Aufstieges bietet. Die Arbeitnehmer sind deshalb in ihren besten Köpfen mit maßgebendem Einfluß am Aufbau und an der Pflege der Arbeitsverfassung, an der Durchführung der Monopolkontrolle, an den Einrichtungen, die zur Belebung und Überwachung des Wettbewerbes dienen, an dem Schutz, dem Aufbau der Geldordnung, von der in erster Linie die gleichmäßige Wirtschaftsentwicklung abhängig ist, mit einem Wort: an den gesamten Aufgaben der Wirtschafts- und Sozialpolitik zu beteiligen.

»Die soziale Marktwirtschaft« ist diejenige Ordnung, welche die Ausrichtung der Erzeugung auf die wirklichen Wünsche der Verbraucher und die billigste Versorgung des Gesamtbedarfs mit dem geringsten Aufwand an politischer und gesellschaftlicher Macht gewährleistet. Die Eindämmung von Macht aber ist die Aufgabe, vor die uns die Erfahrungen unserer eigenen jüngsten Vergangenheit und gewisser außerdeutscher Entwicklungsvorgänge stellen. Es sind also nicht nur wirtschaftliche und soziale Überlegungen, sondern auch politische und kulturelle Gründe, die uns veranlassen, die »soziale Marktwirtschaft« zu fordern. Wir sehen in ihr eine Wirtschaftsordnung, die zu echter Freiheit führt. Wer frei sein will, muß sich dem Wettbewerb unterwerfen und darauf verzichten, Macht auf dem Markt zu erstreben. Wer Macht auf dem Markt besitzt, d. h. wer nicht durch Wettbewerb kontrolliert ist, darf nicht frei sein.

Leitsätze der CDU für die zukünftige Landwirtschaftspolitik
A. Die Landwirtschaft ist ein lebenswichtiger Teil der deutschen Gesamtwirtschaft. Ihre Kräfte zur vollen Entfaltung zu bringen, ist eine der bedeutsamsten Aufgaben der Gegenwart, die befriedigend nur gelöst werden kann in verständnisvoller Zusammenarbeit aller Bevölkerungsschichten.

Das alte Deutschland führte rund 20 % seines Bedarfes an Lebensmitteln ein. Die Westzonen erzeugen rund 50 % des Nahrungsbedarfes und müssen die restliche Hälfte einführen, wenn die Verbraucher satt werden sollen. Diese Nahrungsmitteleinfuhr belastet unsere Handelsbilanz derart, daß bis zum Jahre 1953 und vielleicht noch länger ein menschenwürdiger Standard in der Ernährung nur mit Hilfe der Siegermächte gehalten werden kann, da die Ausfuhr deutscher Waren nicht ausreichen dürfte, die Gesamteinfuhr zu bezahlen.

B. Deshalb erhebt sich die Kardinalforderung: Äußerste Steigerung der landwirtschaftlichen Produktion.

Daraus ergibt sich:

1. Weitgehender Abbau der bisherigen Form der staatlichen Zwangswirtschaft. Sie diente in der Zeit größter Not der gerechten Verteilung der Mangelwaren. Mit gebesserter Versorgung löst sie sich selbst auf. In der heutigen Form bringt sie den Bedenkenlosen Vorteil und benachteiligt die Anständigen. Besonders aber fällt in die Waagschale, daß sie in ihrer jetzigen Form ein starker Hemmschuh ist für eine rasche Steigerung der landwirtschaftlichen Erzeugung. Diese setzt gesicherte und ausgeglichene Produktions- und Absatzverhältnisse

voraus, die Schwankungen ausschalten, die nur den spekulativen Elementen Nutzen bringen.

Deshalb muß ein System der Lebensmittelerzeugung und -versorgung erarbeitet werden, in dem

a) möglichst keine landwirtschaftlichen Erzeugnisse im Ausland gekauft werden, die in Deutschland produziert werden können;

b) das inländische Angebot – von berufsständischer Hand zusammengefaßt – an den Markt gebracht wird;

c) stabile Preise für landwirtschaftliche Erzeugnisse festgelegt werden, die dem Auslandspreisniveau angenähert sind, aber dessen Schwankungen vermeiden und die Produktionskosten von Betrieben, die Mittelgut herstellen, decken.

2. Zu diesem Zweck ist das landwirtschaftliche Genossenschaftswesen stärker auszubauen, insbesondere die Verbindung der Absatzgenossenschaften, mit den Genossenschaften des Einzelhandels und der Verbraucher.

3. Das landwirtschaftliche Kreditwesen muß in seinem Neuaufbau für kurzfristige und langfristige Darlehen den besonderen Bedürfnissen des bäuerlichen Betriebes angepaßt werden.

4. Eine notwendige Vorbedingung für Höchstleistungen in der Landwirtschaft ist ein gut ausgebautes, umfassendes Beratungswesen, das durch vertrauensvolle Einzelberatung, Fortbildungskurse und Erfahrungsaustausch die Fortschritte von Wissenschaft und Technik allen Strebenden vermitteln kann.

5. In der Sozialversicherung hat die Landwirtschaft Anspruch auf eigene, von ihr verwaltete Versicherungträger, insbesondere Berufsgenossenschaften und Krankenkassen, die sich in der Vergangenheit bewährt haben. Die Einbeziehung der Landwirtschaft in die Arbeitslosenversicherung ist abzulehnen, soweit die Landwirtschaft einjährige Arbeitsverträge abschließt.

6. Von grundlegender Bedeutung ist die Erhaltung und Stärkung des bäuerlichen Eigentums, Schutz der Pächter vor Willkür und Ausbeutung, Schaffung von Siedlungsmöglichkeiten für Vertriebene und Einheimische, Bau von Wohnungen und Eigenheimen für Landhandwerker und Land- und Forstarbeiter, um die ländliche Bevölkerung zu verdichten und damit den vermehrten Einsatz von Landarbeitern zu ermöglichen.

7. Die Landarbeiter müssen durch entsprechende Berufsausbildung des Nachwuchses die Anerkennung als Facharbeiter erhalten, die in der Entlohnung hinter entsprechenden Berufen nicht zurückstehen.

8. Als Vorbedingung für stärkere Mechanisierung und Verbilligung der landwirtschaftlichen Erzeugung ist eine beschleunigte Flurbereinigung und eine vereinfachte Zusammenlegung von Grundstücken durch verstärkten Einsatz von Staatsmitteln besonders zu fördern.

9. Der Hauptfaktor für eine Leistungssteigerung in der Landwirtschaft ist der Mensch. Feste Verwurzelung in heimatlicher und bäuerlicher Tradition, Anerkennung der Bindungen, die der hohe Beruf allen Mitgliedern auferlegt, Erhöhung des Fachwissens durch Ausbau der ländlichen Volksschulen zu Ausbildungsstätten, die zur besten Leistung befähigen, Einrichtung der erforderlichen Berufsschulen in allen Kreisen und Besetzung mit hauptamtlichen, besonders ausgebildeten Lehrkräften.

10. Die Besteuerung der Landwirtschaft darf das wirtschaftlich gerechtfertigte Maß nicht übersteigen und muß darauf Rücksicht nehmen, daß die Erhöhung der Produktion nur erreicht werden kann, wenn dem landwirtschaftlichen Betriebsinhaber das notwendige Kapital zu Neuinvestierungen aus Ersparnissen zur Verfügung steht.

11. Die Forstwirtschaft ist einer der wichtigsten Rohstofflieferanten für die deutsche Wirtschaft. Von ihrer Erhaltung sind abhängig Wasserwirtschaft und Klima als wichtigste Vorbedingung für eine erfolgreiche landwirtschaftliche Produktion. Der Wald ist die Lunge der gesamten Bodenkultur.

Deshalb: Erhaltung größerer Forstbetriebe, Zusammenfassung des forstlichen Kleinbesitzes zu Waldbauvereinen zwecks rationeller Bewirtschaftung und schnellste Aufforstung der Kahlflächen.

Sozialpolitische Leitsätze der CDU

Im Bewußtsein christlicher Verantwortung bekennt sich die CDU zu einer gesellschaftlichen Neuordnung auf der Grundlage sozialer Gerechtigkeit, gemeinschaftsverpflichtender Freiheit und echter Menschenwürde.

Sie erstrebt eine umfassende Sozialpolitik für alle wirtschaftlich- und sozialabhängigen Volksschichten.

Diese Grundsätze verlangen vom Staat, die herrschenden wirtschaftlichen und sozialen Notstände zu beseitigen und ein gesundes Verhältnis zwischen den Volksschichten herbeizuführen. Dabei müssen die natürlichen Rechte und Freiheiten des einzelnen wie aller Gesellschaftsgruppen geschützt werden.

Die wichtigste staats- und gesellschaftserhaltende Gemeinschaft ist die *Familie*. Ihre Rechte und Pflichten sind zu vertiefen und gesetzlich zu schützen. Die geistigen und materiellen Voraussetzungen für ihren natürlichen Bestand und die Erfüllung ihrer Aufgaben sind herzustellen und zu sichern.

Der Zusammenschluß zu Gewerkschaften und Berufsverbänden im

Rahmen der demokratischen Ordnung ist zu gewährleisten. Gewerkschaften und Berufsverbände sind in den Grenzen der ihnen obliegenden Aufgaben als Organe des öffentlichen Lebens anzuerkennen.

Die christliche Arbeitsordnung geht von der Würde des arbeitenden Menschen aus. Sie unterscheidet sich grundsätzlich von einer Auffassung, die den Menschen nur nach seiner Arbeitskraft wertet. Die menschliche Arbeit ist keine Ware, sondern sittliche Leistung und Grundlage der körperlichen und seelischen Entfaltung des Menschen.

Die technisch-organisatorischen Voraussetzungen großwirtschaftlicher Zusammenarbeit fordern eine grundlegende Neuordnung des Verhältnisses von Unternehmern und Arbeitnehmern. Es gilt, die bestehenden Gegensätze zu überwinden und neue Formen der Zusammenarbeit im Sinne echter Partnerschaft, leistungsgemeinschaftlicher Verbundenheit und beiderseitiger Verantwortung für das gemeinsame Werk zu entwickeln. Die Verwirklichung des Rechts der Arbeitnehmer auf Mitberatung, Mitwirkung und Mitbestimmung soll dabei in betriebsgerechter Form unter Wahrung der echten Unternehmerverantwortung gesichert werden. (Siehe auch Nr. 16 der wirtschaftspolitischen Leitsätze.)

Eine gesunde Arbeits- und Sozialordnung bedarf eines fortschrittlichen Arbeitsrechts sowie einer entsprechenden Neuordnung der Sozialversicherung und der Fürsorgeeinrichtungen.

Im einzelnen werden folgende Forderungen erhoben:

1. Das Recht auf Arbeit

Jeder Mensch hat ein natürliches Recht auf Arbeit. Es muß möglichst durch eine auf Vollbeschäftigung abzielende Wirtschaftspolitik verwirklicht werden. Die Politik der Vollbeschäftigung darf jedoch nicht dazu führen, daß sie unter dem Deckmantel eines proklamierten »Rechts auf Arbeit« sich in eine »Pflicht zur Arbeit« verwandelt, welche nur mit Aufhebung der freien Berufswahl und des freien Arbeitsplatzwechsels und schließlich nur mit Dienstverpflichtungen durchzuführen ist.

Der Frauenarbeit kommt erhöhte Bedeutung zu. Den Frauen ist in der Wirtschaft und Verwaltung grundsätzlich gleiches Recht wie den Männern einzuräumen. Den Frauen darf jedoch keine Arbeit zugemutet werden, die ihrer Wesensart widerspricht.

2. Freie Berufswahl, freier Arbeitsplatzwechsel und Sicherung des Arbeitsplatzes.

Die Berufswahl soll grundsätzlich frei sein. Eine staatliche Begabtenförderung soll allen Schichten Aufstiegsmöglichkeiten bieten. Die Berufsberatung hat die Aufgabe, den Jugendlichen dabei helfend zur Seite zu stehen.

Die Arbeitsvermittlung darf die persönliche Freizügigkeit nicht beschränken. Dienstverpflichtungen sind abzulehnen.

Das Arbeitsvertragsrecht muß dem Charakter des Treueverhältnisses zwischen Arbeitnehmern und Unternehmern gerecht werden und politische und religiöse Entscheidungsfreiheit des Arbeitnehmers respektieren. Der Kündigungsschutz ist zu erweitern. Entlassungen dürfen nur erfolgen, wenn die Notwendigkeit hierzu nachgewiesen ist. Bei unverschuldeter Arbeitslosigkeit müssen die Arbeitslosen und ihre Familien vor wirtschaftlicher Not ausreichend geschützt werden.

3. Angemessene Entlohnung

Der Lohn muß der Arbeitsleistung entsprechen und soll nicht nur für eine angemessene Lebensführung des Arbeitnehmers, zu der auch die Teilnahme am Kulturleben gehört, ausreichen, sondern auch die Gründung und Erhaltung einer Familie sichern. Der Ertrag einer wirtschaftlichen Unternehmung ist das Ergebnis der Zusammenarbeit von Arbeit, Kapital und Unternehmerleistung. Die Arbeitnehmer haben daher Anspruch auf einen gerechten Anteil am Ertrag des Unternehmens. Bereits bestehende Formen solcher Beteiligung am Ertrag sind auf weitere Betriebe auszudehnen und neue Formen zu entwickeln.

Die Tariflöhne sind durch freie Vereinbarung zwischen den Vertretern der Arbeitnehmer und Unternehmern festzusetzen. Eine unterschiedliche Entlohnung von Männern und Frauen darf bei gleicher Arbeit und Leistung nicht mehr vereinbart werden.

Das Tarifvertragsrecht ist gesetzlich zu verankern und das Schlichtungswesen ist auszubauen.

4. Arbeitszeit

Die Dauer der Arbeitszeit ist so zu bemessen, daß dem Arbeitnehmer ausreichende Zeit zur Erholung und zur Teilnahme am kulturellen Leben zur Verfügung steht. Normalarbeitszeit, Pausen, Freizeit und Urlaub bedürfen gesetzlicher und tariflicher Regelung nach Maßgabe neuzeitlicher wissenschaftlicher Erkenntnisse. Sonntage und gesetzliche Feiertage gelten als Ruhetage.

5. Arbeits-, Jugend- und Frauenschutz

Die Arbeitsschutzbestimmungen und sozialen Einrichtungen sind den gegenwärtigen gesundheitlichen und technischen Verhältnissen entsprechend zu erweitern. Die Erhaltung der Gesundheit und Arbeitskraft der Arbeitnehmer soll durch Verbesserung des Arbeitsvorganges und der betrieblichen sozialen Einrichtungen gefördert werden. Der gesetzliche Jugend-, Frauen- und Mutterschutz ist auszubauen. Das Lehrverhältnis dient der gründlichen praktischen und theoretischen Ausbildung des jungen Menschen. Durch Gesetz ist der Mißbrauch jugendlicher Arbeitskraft zu verhindern und die Berufsausbildung im Betrieb und in der Berufsschule sicherzustellen. Dem Schutz und der

Erziehung der gefährdeten Jugend ist besondere Aufmerksamkeit zu widmen.

6. Sozialversicherung

Die Sozialversicherung ist so zu gestalten, daß sie ihre Aufgabe zur Förderung der Volksgesundheit und zum Wohl der Versicherten erfüllen kann. Sie muß zur Sicherung ihrer Leistungsfähigkeit unter Berücksichtigung der Eigenwüchsigkeit der einzelnen Versicherungszweige im Sinne echter Solidarität weiter entwickelt werden. Hierbei sind auf dem Gebiete der vorbeugenden Gesundheitsfürsorge und der Bekämpfung von Volkskrankheiten alle Volkskreise heranzuziehen. Das Versicherungsrecht der Arbeiter soll im Sinne des Sozialversicherungsanpassungsgesetzes – ohne Schmälerung der Rechte der Angestellten – weiter entwickelt werden.

7. Versorgung der Kriegsopfer und Kriegsheimkehrer

Es ist Pflicht der Gemeinschaft, für die Ansprüche der Kriegsbeschädigten und Kriegshinterbliebenen aufzukommen. Den Kriegsbeschädigten, den Kriegerwitwen, Kriegereltern und Kriegerwaisen ist eine ausreichende gesetzliche Versorgung zu gewährleisten. Den Kriegsbeschädigten und Kriegsheimkehrern ist die Wiedereingliederung ins Wirtschaftsleben durch Berufsausbildung und Umschulung zu erleichtern.

8. Einordnung der Heimatvertriebenen

Die Einordnung der Heimatvertriebenen in unser Wirtschaftsleben muß als Pflicht des ganzen Volkes angesehen werden. Jede Art von Selbsthilfe soll größtmögliche Förderung erfahren, damit die Heimatvertriebenen in freizügiger Weise am Wirtschafts- und Gesellschaftsleben teilnehmen können.

9. Wohlfahrtspflege

Bei vorliegender Bedürftigkeit muß, soweit ein Rechtsanspruch gegenüber Dritten gegeben ist, ausreichende Hilfe aus öffentlichen Mitteln gewährt werden.

10. Lastenausgleich und Bodenreform

Der Lastenausgleich ist keine Fürsorgeangelegenheit, sondern eine soziale Rechtsforderung, insbesondere für die Vertriebenen und Kriegsgeschädigten. Darüber hinaus bildet die Bodenreform die Grundlage für Neubildung von Eigentum. Zur Förderung selbständiger Existenzen soll eine weitgehende Abgabe von Boden auch aus öffentlichem Besitz an Siedlungswillige erfolgen. Die Pacht- und Mietgesetzgebung ist auf diese Ziele hin umzuformen.

11. Wohnungsbau

Die besondere Bedeutung des sozialen Wohnungsbaues verlangt außerordentliche Maßnahmen, die in einem eigenen Wohnungsbauprogramm der CDU festgelegt sind.

12. Internationale Sozialpolitik

Die Wiederaufnahme der Beziehungen zur Internationalen Arbeitsorganisation ist zu erstreben. Eine großzügige internationale Sozialpolitik wird wesentlich dazu beitragen, die Beziehungen der Völker zueinander zu bessern und den Zusammenschluß zu einem neuen Europa zu erleichtern.

Die Durchführung einer fortschrittlichen Sozialpolitik soll der inneren Befriedung unseres Volkes dienen, das Vertrauen der breiten Schichten in die neue demokratische Ordnung stärken und den Willen zur Mitarbeit am Wiederaufbau unseres Staats- und Volkslebens fördern.

Mit besonderem Nachdruck ist jedoch darauf hinzuweisen, daß die Grundlage einer gesunden Sozialordnung eine erfolgreiche Wirtschaftspolitik ist. Die besten Versicherungsgesetze nützen nichts, wenn eine unsachverständige Kredit- und Finanzpolitik die Kaufkraft, die Produktionshöhe, den Beschäftigtenstand, die Sparkapitalien mindert oder gar vernichtet. Die beste Sozialpolitik nützt nichts, wenn sich nicht Wirtschafts- und Sozialordnung wechselseitig ergänzen und fördern.

Wohnungsbauprogramm der CDU

1. Die CDU beobachtet mit tiefer Sorge, wie die Wohnungsnot die geistigen, sittlichen und physischen Grundlagen unseres Volks- und Staatslebens bedroht und den Wiederaufbau unserer Wirtschaft zerstört. Sie fordert deshalb als dringlichste öffentliche Aufgabe die Schaffung neuer Wohnungen nach folgenden Grundsätzen:

Die Lösung der Wohnungsnot muß in ganz anderer Weise als bisher von Bund, Ländern, Gemeinden und Privatwirtschaft in die Hand genommen werden. In 10 Jahren muß die dringlichste Wohnungsnot behoben sein.

2. Alle privatrechtlichen und gemeinwirtschaftlichen Kräfte werden aufgerufen mitzuwirken. Sie müssen dabei für gleiche Leistungen die gleiche Förderung durch Staat und Gemeinden erfahren.

3. Bei der Notwendigkeit, eine möglichst große Zahl von Wohnungen mit dem geringsten Aufwand von Kapital und Baustoffen zu erstellen, fordert die CDU, daß beim Neubau wie auch beim Wiederaufbau von Dauerwohnungen in erster Linie Kleinwohnungen mit sozial tragbaren Mieten für breite Bevölkerungsschichten gebaut werden.

Zur stärkeren Verwurzelung der Bevölkerung, insbesondere der Vertriebenen, mit dem Grund und Boden, ist einer wirtschaftlichen Form des Kleinhauses – Einfamilienhaus und Kleinsiedlung – überall dort der Vorzug zu geben, wo nicht aus städtebaulichen Gründen mehrgeschossige Mietwohnungen gefördert werden müssen. Eine Eingliederung der Vertriebenen in den Wirtschaftsprozeß ist vor allem in mittleren und kleineren Gemeinden durch planmäßigen Ausbau von Arbeits- und Wohnstätten zu fördern.

4. Die Überteuerung der Baukosten und der Mangel an Facharbeitern verlangen eine durchgreifende Rationalisierung überlieferter Bauweisen und bauwirtschaftlicher Betriebsformen mit dem Ziel, moderne Baumethoden zur Anwendung zu bringen, die durch ihre Technisierung eine entscheidende Einsparung von Arbeitskräften sowie Holz und Eisen verbürgen. Eine völlige Ausnutzung der Kapazität der Bauwirtschaft und eine Senkung der Baukosten ist durch weitgehende Anwendung von Normen und Haustypen anzustreben. Die erforderlichen Entwicklungsarbeiten sind daher mit öffentlichen Mitteln so zu beschleunigen, daß sie in kürzester Zeit nutzbar werden.

Die Umschulung der Bauarbeiter und die Heranbildung eines genügenden Nachwuchses sind durch alle geeigneten Maßnahmen, insbesondere durch Steuervergünstigungen und Wohnungserleichterungen zu fördern.

Der vermehrte Bedarf an Baustoffen erfordert die sofortige Steigerung der Baustofferzeugung, erhöhte Kohlezuteilung und die Förderung kohle- und holzsparender Bauweisen.

5. Wir fordern günstige Erwerbs- und Nutzungsbedingungen für Baugelände und öffentlichen Besitz. Die gemeindlichen Anforderungen an Geländeaufschließung und Anliegerleistungen sind auf ein Mindestmaß zu beschränken. Der Neubau und Wiederaufbau von Wohnungen ist auf die Dauer von 5 Jahren von allen Gebühren und Steuern der Länder und öffentlichen Körperschaften möglichst freizustellen.

6. Die CDU fordert ein übersichtliches und einfaches Städtebaurecht, das die notwendigen Voraussetzungen für den Aufbau in Stadt und Land nach neuzeitlichen Gesichtspunkten schafft. Bei der Neuregelung des Bau- und Bodenrechts müssen die berechtigten Interessen der Eigentümer unter Zubilligung einer angemessenen Entschädigung gesichert werden.

7. Um die vorhandenen Wohnungen zu erhalten und den Wohnungsbau zu fördern, müssen grundsätzlich die Mieten die Bewirtschaftungskosten und den Kapitaldienst aufbringen. Soweit die Wirtschaftlichkeit des vorhandenen Wohnungsbestandes zwangsläufig verlorengegangen ist, ist eine angemessene Angleichung der Mieten an die gestiegenen Kosten unvermeidlich.

Für Kleinwohnungen in Neu- und Wiederaufbauten, die infolge der Baukostensteuerung teilweise unrentierlich sein würden, bleiben zweckgebundene Beihilfen aus öffentlichen Mitteln erforderlich.

8. Für den Wohnungsbau steht durch den Währungsschnitt und dessen Folgen wenig privates Kapital zur Verfügung. Es ist erforderlich, die nach der Währungsreform bisher gebildeten Kapitalien bei der öffentlichen Hand, bei Versicherungseinrichtungen und auch bei den Spar-

instituten vordringlichst für den Wohnungsbau einzusetzen. Die Bildung von weiteren Sparkapitalien muß gefördert werden durch die fühlbare steuerliche Vergünstigung für freiwilliges Zwecksparen; Zwangssparen wird abgelehnt. Das Bewußtsein unseres Volkes muß von der Einsicht durchdrungen sein, daß Wohnungen nur durch Verzicht auf entbehrliche Konsumgüter gebaut werden können. Selbsthilfe und Nachbarhilfe sind unentbehrlich. Jeglicher weiterer Kapitaleinsatz durch Selbsthilfe, Nachbarhilfe und Unternehmerbeteiligung ist weitgehendst durch steuerliche Vergünstigung zu fördern. Die Privatinitiative ist durch jede nur mögliche Weise anzuregen. Schaffung von Wohnungen durch private Mittel sollen durch bedingte Auflockerung der Zwangswirtschaft begünstigt werden.

Schließlich muß der Wohnungsbau eine vordringliche Aufgabe auch des Lastenausgleichs sein, dessen Mittel nicht mit rein konsumtiven Maßnahmen verbraucht werden dürfen.

Eine Wohnungsabgabe, gleichgültig in welcher Erhebungsform, auch wenn sie zeitlich begrenzt und zweckgebunden ist, darf nur im äußersten Fall erhoben werden.

9. Die Wiederaufbaubank muß der Anlage von Mitteln für den Wohnungsbau die erste Dringlichkeitsstufe zuerkennen. Bis zur Bildung eines leistungsfähigen Kapitalmarktes bei tragbaren Zinsen sind die vorhandenen Mittel nach folgenden Grundsätzen einzusetzen:

Die Mittel aus den öffentlichen Haushalten müssen nicht nur zur Finanzierung des unrentierlichen Teiles, sondern auch zur Vorfinanzierung des Kleinwohnungsbaues verwandt werden. In jedem Fall muß der Einsatz der Finanzierungsmittel so erfolgen, daß ein ständiger Druck auf die Baukosten und den Zinssatz des Kapitalmarktes ausgeübt wird.

10. Der künftigen Bundesregierung (einstweilen der Zweizonenverwaltung) muß die Beeinflussung der gesamten Wohnungspolitik vorbehalten bleiben. Denn die Lösung der Wohnungsfrage ist eine grundlegende Voraussetzung für den Aufbau des Staatswesens und die Wiederherstellung menschenwürdiger Lebensbedingungen.

Literaturhinweise

Die folgende Literaturliste erhebt keinen Anspruch auf Vollständigkeit. Sie soll lediglich als Orientierungshilfe für die weitere Beschäftigung mit den in den einzelnen Abschnitten behandelten Themenkomplexen dienen.

Grundlagen des Systemkonflikts

Alperovitz, Gar, *Atomic Diplomacy: Hiroshima and Potsdam*, New York 1965 (die deutsche Ausgabe, *Atomare Diplomatie*, München 1966, ist wegen des fehlenden wissenschaftlichen Apparates nur begrenzt brauchbar).

Fleming, D. F., *The Cold War and its Origins 1917-1960* Vol. I, London 1961.

Horowitz, David, *Kalter Krieg – Hintergründe der US-Außenpolitik von Jalta bis Vietnam*, Bd. I, Berlin (West) 1969.

Ders., (Hrsg.), *Strategien der Konterrevolution*, Darmstadt 1969.

Ders. (Hrsg.), *Big Business und Kalter Krieg*, Darmstadt 1971.

Krippendorff, Ekkehart, *Die amerikanische Strategie*, Frankfurt/M. 1970.

Sherwood, Robert Emmit, *Roosevelt und Hopkins*, Hamburg 1950.

Die Spaltung Deutschlands

Badstübner/Thomas, *Die Spaltung Deutschlands 1945-1949*, Berlin 1966.

Byrnes, J. F., *In aller Offenheit*, Frankfurt/M. o. J.

Clay, Lucius D., *Entscheidung in Deutschland*, Frankfurt/Main, o. J.

Cornides/Volle, *Um den Frieden mit Deutschland. Dokumente und Berichte des Europa-Archivs*, Bd. 6, Oberursel 1948.

Deutsches Institut für Zeitgeschichte (Hrsg.), *Zur Deutschlandpolitik der Anti-Hitler-Koalition (1943 bis 1949)*. Dokumentation, Berlin 1968.

Fischer, Alexander (Hrsg.), *Teheran-Jalta-Potsdam. Die sowjetischen Protokolle von den Kriegskonferenzen der »Großen Drei«*, Köln 1968.

Fürstenau, Justus, *Entnazifizierung*, Neuwied 1969.

Gimbel, John, *Amerikanische Besatzungspolitik in Deutschland 1945-1949*, Frankfurt/M. 1971.

Hartwich, Hans-Hermann, *Sozialstaatspostulat und gesellschaftlicher Status quo*, Köln/Opladen 1970 (mit Bibliographie).

Kahn, Arthur D., *Offiziere, Kardinäle und Konzerne. Ein Amerikaner über Deutschland*, Berlin o. J.

Molotow, W. M., *Fragen der Außenpolitik*, Moskau 1949.

Murphy, Robert, *Diplomat unter Kriegern, zwei Jahrzehnte Weltpolitik in besonderer Mission*, dt. Berlin 1964².

Pünder, Tilmann, *Das Bizonale Interregnum. Die Geschichte des Vereinigten Wirtschaftsgebiets 1946-1949*, Waiblingen 1966 (mit Bibliographie).

Schwarz, Hans-Peter, *Vom Reich zur Bundesrepublik. Deutschland im Wider-*

streit der außenpolitischen Konzeptionen in den Jahren der Besatzungsherr-schaft 1945-1949, Neuwied 1966 (mit Bibliographie).

Siegler, Heinrich von, *Dokumentation zur Deutschlandfrage,* Hauptband I, Bonn/Wien/Zürich 1961².

Stein, H. (Hrsg.), *American Civil-Military Decisions,* Univ. of Alabama Press 1963.

Thilenius, Richard, *Die Teilung Deutschlands,* Hamburg 1957.

Ökonomische Faktoren des Restaurationsprozesses

Baade, Fritz, *Der europäische Longterm-Plan und die amerikanische Politik,* Kiel 1949.

Badstübner, Rolf, *Restauration in Westdeutschland 1945-1949,* Berlin 1965.

Borchardt, Knut, in: Gustav Stolper u. a., *Deutsche Wirtschaft seit 1870,* Tübingen 1966.

Bremer Ausschuß für Wirtschaftsforschung, *Am Abend der Demontage. Sechs Jahre Reparationspolitik,* Bremen 1951.

Ders., *Reparationen, Sozialprodukt, Lebensstandard. Versuch einer Wirt-schaftsbilanz,* Bremen 1948.

Bundesministerium für den Marshall-Plan, *Schrifttum zum Marshall-Plan und zur wirtschaftlichen Integration Europas,* Bad Godesberg 1953.

Ders., *Wiederaufbau im Zeichen des Marshall-Plans 1948-52,* Bonn 1953.

Czichon, Eberhard, *Der Bankier und die Macht. Hermann Josef Abs in der deutschen Politik,* Köln 1970.

Deutsches Institut für Wirtschaftsforschung (Hrsg.), *Die Deutsche Wirtschaft zwei Jahre nach dem Zusammenbruch. Tatsachen und Probleme,* Berlin 1947.

Deutschland-Jahrbuch 1949.

Geschäftsbericht der Bank Deutscher Länder 1948/49.

Hartwich, Hans-Hermann, *Sozialstaatspostulat und gesellschaftlicher Status quo,* Köln und Opladen 1970.

Katzenstein, Robert, *Die Investitionen und ihre Bewegung im staatsmonopoli-stischen Kapitalismus,* Berlin 1967.

Kretzschmar, Winfried W., *Auslandshilfe als Mittel der Außenwirtschafts- und Außenpolitik. Eine Studie über die amerikanische Auslandshilfe von 1945 bis 1956,* München 1964.

Pritzkoleit, Kurt, *Gott erhält die Mächtigen. Rückblick auf den deutschen Wohlstand,* Düsseldorf 1963.

Shonfield, Andrew, *Geplanter Kapitalismus. Wirtschaftspolitik in Westeuropa und USA,* Köln-Berlin 1968.

Wagenführ, Rolf, *Die deutsche Industrie im Kriege 1939 bis 1945,* 2. Aufl. (Hrsg.) Deutsches Institut für Wirtschaftsforschung, Berlin 1963.

Wallich, Henry C., *Triebkräfte des deutschen Wiederaufstiegs,* Frankfurt/M. 1955.

Wirtschaftliche und soziale Aspekte des technischen Wandels in der Bundesre-publik, 1. Bd. Sieben Berichte, Kurzfassung der Ergebnisse, Frankfurt/Main 1970.

Bahne, Siegfried, *Die Kommunistische Partei Deutschlands,* in: Erich Matthias und Rudolf Morsey, *Das Ende der Parteien 1933,* Düsseldorf 1960.
Flechtheim, Ossip K., *Die KPD in der Weimarer Republik,* Frankfurt/M. 1969.
Geschichte der deutschen Arbeiterbewegung, herausgegeben vom Institut für Marxismus-Leninismus beim Zentralkomitee der SED, Bd. IV und V, Berlin 1966.
Griepenburg, Rüdiger, *Volksfront und deutsche Sozialdemokratie,* Marburg/L. 1971.
Matthias, Erich, *Die Sozialdemokratische Partei Deutschlands,* Düsseldorf 1960, in: *Das Ende der Parteien 1933.*
Pieck, W., Dimitroff, G., Togliatti, P., *Die Offensive des Faschismus und die Aufgaben der Kommunisten im Kampf für die Volksfront gegen Krieg und Faschismus,* Berlin 1955.
Trotzki, L. D., *Wie wird der Nationalsozialismus geschlagen?* Frankfurt/M. 1971.

Sozialdemokratie und Restauration

Abendroth, Wolfgang, *Aufstieg und Krise der deutschen Sozialdemokratie,* Frankfurt 1969, 2. A.
Agartz, Viktor, *Sozialistische Wirtschaftspolitik,* Referat, gehalten auf dem Parteitag der SPD in Hannover, Mai 1946, hrsg. v. d. SPD Groß-Hessen, Frankfurt o. J.
Edinger, Lewis J., *Kurt Schumacher, Persönlichkeit und politisches Verhalten,* Köln und Opladen 1967.
Flechtheim, Ossip K. (Hrsg.), *Dokumente zur parteipolitischen Entwicklung seit 1945,* Bd. III. Berlin 1963.
Kaden, Albrecht, *Einheit oder Freiheit. Die Wiedergründung der SPD 1945/46,* Hannover 1964.
Köser, Helmut, *Die Grundsatzdebatte in der SPD von 1945/46 bis 1958/59. Entwicklung und Wandel der Organisationsstruktur und des ideologisch-typologischen Selbstverständnisses der SPD,* Freiburg i. Br. 1971 (Diss.-Druck) (ausführliche Bibliographie).
Naphtali, Fritz, *Wirtschaftsdemokratie – Ihr Wesen, Weg und Ziel* (1928), neu: Frankfurt 1966.
Narr, Wolf-Dieter, *CDU-SPD, Programme und Praxis seit 1945,* Stuttgart/Berlin/Köln/Mainz 1966.
Pirker, Theo, *Die SPD nach Hitler. Die Geschichte der Sozialdemokratischen Partei Deutschlands, 1945-1964.* München 1965.
Schumacher, Kurt, *Reden und Schriften,* in: *Turmwächter der Demokratie,* Hrsg. Arno Scholz u. Walter G. Oschilewski, Band II, Berlin-Grunewald 1953.
Schütz, Klaus, *Die Sozialdemokratie im Nachkriegsdeutschland,* in: *Parteien in der Bundesrepublik. Studien zur Entwicklung der deutschen Parteien bis zur Bundestagswahl 1953,* Stuttgart und Düsseldorf 1955.
Sörgel, Werner, *Konsensus und Interessen. Eine Studie zur Entstehung des Grundgesetzes für die Bundesrepublik Deutschland,* Stuttgart 1969.

Vorstand der Sozialdemokratischen Partei Deutschlands (Hrsg.), *Jahrbuch der Sozialdemokratischen Partei Deutschlands* (1946, 1947, 1948/49, 1950/51).

Die Politik der KPD in der Nachkriegsphase

Deutscher, Isaac, *Stalin,* Stuttgart 1962.
Dokumente der Kommunistischen Partei Deutschlands 1945-1956, Berlin 1965.
Duhnke, Horst, *Die KPD von 1933 bis 1945,* Köln 1972.
Geschichte der deutschen Arbeiterbewegung, herausgegeben vom Institut für Marxismus-Leninismus beim Zentralkomitee der SED, Bd. VI, Berlin 1966.
Leonhard, Wolfgang, *Die Revolution entläßt ihre Kinder,* Köln-Berlin 1955.
Mannschatz, Wolfgang/Seider, Josef, *Zum Kampf der KPD im Ruhrgebiet für die Einigung der Arbeiterklasse und die Entmachtung der Monopolherren 1945-1947,* Berlin 1962.
Stern, Carola, *Porträt einer bolschewistischen Partei,* Köln 1954.
Sywottek, Arnold, *Deutsche Volksdemokratie,* Düsseldorf 1971.
Thalheimer, August, *Grundlinien und Grundbegriffe der Weltpolitik nach dem zweiten Weltkrieg,* o. O. 1950².
Ders., *Die Potsdamer Beschlüsse. Eine marxistische Untersuchung der Deutschlandpolitik der Großmächte nach dem 2. Weltkrieg,* o. O., 1950².

Die Gewerkschaften als Integrationsfaktor

Abendroth, Wolfgang, *Die deutschen Gewerkschaften; Wege demokratischer Integration,* Heidelberg 1954.
Ders., *Zum Begriff der Gewerkschaften in der Gesetzgebung und im Verfassungsrecht nach 1945,* jetzt in: *Antagonistische Gesellschaft und politische Demokratie – Aufsätze zur politischen Soziologie,* Neuwied und Berlin 1967.
Deppe, Frank, *Das Bewußtsein der Arbeiter. Studien zur politischen Soziologie des Arbeiterbewußtseins,* darin: *Gewerkschaftspolitik und Arbeiterbewußtsein in der Periode der Neugründung der westdeutschen Gewerkschaften nach 1945,* Köln 1971.
Deppe, Frank; von Freyberg, Jutta; Kievenheim, Christof, Meyer, Regine und Werkmeister, Frank, *Kritik der Mitbestimmung,* Frankfurt 1969.
(DGB) *Vorschläge des DGB zur Neuordnung der deutschen Wirtschaft,* Hrsg. DGB-Bundesvorstand, April 1950.
Pirker, Theo, *Die blinde Macht. Die Gewerkschaftsbewegung in Westdeutschland,* 2. Bde. München 1960.
Potthoff, Erich, *Der Kampf um die Montanmitbestimmung,* Köln 1957.
Schmidt, Eberhard, *Die verhinderte Neuordnung 1945-1952. Zur Auseinandersetzung um die Demokratisierung der Wirtschaft in den westlichen Besatzungszonen und in der Bundesrepublik Deutschland,* Frankfurt 1970 (ausführliche Bibliographie).
Ders.: *Ordnungsfaktor oder Gegenmacht. Die politische Rolle der Gewerkschaften,* Frankfurt/M. 1971.

Schneider, Dieter / Kuda, Rudolf F., *Mitbestimmung, Weg zur industriellen Demokratie?* München 1969.

Die politische Reorganisation des Bürgertums

Adenauer, Konrad, *Erinnerungen 1945-1953*, Frankfurt/M. 1967.
Baring, Arnulf, *Außenpolitik in Adenauers Kanzlerdemokratie. Bonns Beitrag zur europäischen Verteidigungsgemeinschaft*, München/Wien 1969.
Christlich-Demokratische Union Deutschlands: Ihr Wesen und ihr Wollen, Schriftenreihe der Christlich-Demokratischen Union Deutschlands, Landesverband Rheinland, Heft 1, Köln o. J.
Deutschland und die Union. Die Berliner Tagung 1946, Reihe »Wege in die neue Zeit«, Nr. 4, Berlin o. J.
Berliner Tagung der Union, 15. bis 17. Juni 1946. Die Entschließungen, Reihe »Wege in die neue Zeit«, Nr. 5 Berlin o. J.
Erster Parteitag der CDU der britischen Zone am 14. und 15. August 1947 in Recklinghausen, hrsg. v. Zonensekretariat der CDU der brit. Zone, Köln o. J.
Fragen der Zeit. Schriftenreihe der Christlich-Sozialen Union in Bayern, Heft 1-5, Würzburg o. J.
Politisches Jahrbuch der CDU/CSU, hrsg. v. Generalsekretariat der Arbeitsgemeinschaft der CDU/CSU für Deutschland, 1. Jg. (1950).
Conze, Werner, *Jakob Kaiser. Politiker zwischen Ost und West 1945-1949*, Stuttgart 1969.
Flechtheim, O. K. (Hrsg.), *Dokumente zur parteipolitischen Entwicklung in Deutschland seit 1945*, Bd. II (1963) Bd. VI (1968), Berlin.
Kraiker, Gerhard, *Politischer Katholizismus in der Bundesrepublik*, Stuttgart 1972 (mit Bibliographie).
Marchal, Jutta, *Demokratie und Marktwirtschaft in der Theorie des Neoliberalismus* (Diss.), Gießen 1970 (mit Bibliographie).
Meißner, Herbert (Hrsg.), *Bürgerliche Ökonomie im modernen Kapitalismus*, Berlin 1967.
Narr, Wolf-Dieter, *CDU-SPD, Programm und Praxis seit 1945*, Stuttgart 1966.
Schulz, Gerhard, *Die CDU – Merkmale ihres Aufbaus*, in: *Parteien in der Bundesrepublik. Studien zur Entwicklung der deutschen Parteien bis zur Bundestagswahl 1953*, Stuttgart/Düsseldorf 1955.
Sörgel, Werner, *Konsensus und Interessen. Eine Studie zur Entstehung des Grundgesetzes für die Bundesrepublik Deutschland*, Stuttgart 1969 (mit Bibliographie).
Wieck, Hans-Georg, *Die Entstehung der CDU und die Wiedergründung des Zentrums im Jahre 1945*, Düsseldorf 1953.

To whom it may concern

Indem wir darauf verzichteten, die Verfasser der einzelnen Kapitel zu nennen, wollten wir zum Ausdruck bringen, daß uns das Zustandekommen einer kollektiven Arbeitsleistung wichtiger ist als einer individuellen. Inzwischen haben wir die Erfahrung gemacht, daß deutsche Universitätsgremien noch weiterhin allein auf individuellen Leistungsnachweisen beharren. Deshalb sehen wir uns gezwungen, in dieser zweiten Auflage anzugeben, wer die einzelnen Kapitel erarbeitet hat:
I. Kapitel Scherer/Schlotmann
II. Kapitel Kraiker
III. Kapitel Welteke
IV. Kapitel, Teil 1 (S. 120–128) Scherer
IV. Kapitel, Teil 2 (S. 128–175) Huster
IV. Kapitel, Teil 3 (S. 175–193) Scherer
IV. Kapitel, Teil 4 (S. 193–213) Huster
V. Kapitel, Teil 1 (S. 214–235) Kraiker
V. Kapitel, Teil 2 (S. 236–260) Welteke

Die Autoren

Inhalt

Dokumente

edition suhrkamp